周易

裴元祥／注译

民主与建设出版社

图书在版编目（CIP）数据

周易 / 裴元祥注译 . — 北京：民主与建设出版社，2023.4

ISBN 978-7-5139-4159-4

Ⅰ . ①周… Ⅱ . ①裴… Ⅲ . ①《周易》– 译文②《周易》– 注释 Ⅳ . ① B221.2

中国版本图书馆 CIP 数据核字（2023）第 062824 号

周易

ZHOUYI

注　　译　裴元祥
责任编辑　刘树民
封面设计　翟俊峰
出版发行　民主与建设出版社有限责任公司
电　　话　（010）59417747　59419778
社　　址　北京市海淀区西三环中路 10 号望海楼 E 座 7 层
邮　　编　100142
印　　刷　三河市天润建兴印务有限公司
版　　次　2023 年 4 月第 1 版
印　　次　2023 年 10 月第 2 次印刷
开　　本　889mm × 1194mm　1/32
印　　张　20
字　　数　403 千字
书　　号　ISBN 978-7-5139-4159-4
定　　价　68.00 元

注：如发现质量问题，请联系调换。电话 0731-84252551

前 言

预知未来的大智慧

古人说："知（智）莫大于知来。"最大的智慧就是预知未来。用八卦推演六十四卦和三百八十四爻的变化来预测吉凶、警示悔咎，这标志着我们的先民预知未来的智慧开启了，自省的能力增长了，对自身力量和天地万物的哲学思考开始了。

《周易》约形成于西周初年（公元前 1046 年），原来是卜筮用的工具书。这种由人类文明轴心期产生的经典，正如其他文化原典一样具有跨越时空的力量。其中寄寓着深邃哲学原理的思维方法，使得《周易》生发和影响了整个中国文化。中国传统文化的六经及所有天文、地理、数学、历法、中医、体育、文学、艺术、建筑、军事等无不与《周易》有着密切联系。

它还是我们历代智者"进德修业"和"安身立命"的处世宝典，融知识、信仰、实践于一体。太极世界，宇宙乾坤、阴阳变化……理解自然宇宙，生生不息，厚德载物，天下之事，无平不陂、无往不复，亢龙有悔、物极则反……认识人生社会；谦受益，满招损，终日乾乾，革故鼎新。六十四卦中蕴藏着博大精深的中国智慧、中华精神及文化。

中国古代哲学蕴含着丰富的辩证法思想，这精析事物整体发展变化的规律的辩证法思想的源头，就是《周易》。《周易》不仅用阴、阳两爻从根本上简要明白地说明了宇宙、人生的现象，而且揭示出了阳卦多阴、阴卦多阳、阴阳相抱的特点，这是对立统一规律在中国古代哲学中的表达。

《周易》用一个符号推演系统生动地揭示了天地万物和人生祸福的演化规律，而且还说明了“物极则反”的特点。

虽说《周易》是卜筮之书，但是它可不像有些人所认为的是算命的迷信书籍，它是中国文化基石之一，是中国一切文化的智慧的源泉。

在古代,先民们“当事之难决则筮之,其说解奇中,揆之人事,大小皆验”。为什么根据《周易》能预测得这样准呢？因为《周易》是根据事物的现象，总结其规律，依“阴阳消长之理”，所以能“知幽明之故，知鬼神之情状，见万物之情,天地之心”。任何事情的发生发展都有因才有果,事情发生之前,必有征兆。如气温低了，见霜，就会逐渐形成坚冰。

进入现代，人生规划、事业战略，都是要根据过去及现在的具体情况，抓住事物发展的根本规律才能预知未来。《周易》是一本总结预见智慧的最好的书。其实，人人每天的生活、事业都与易理相合。但是，大家并不一定了解这个易理，就像《周易·系辞传》中所说的“仁者见之谓之仁，智者见之谓之智，百姓日用而不知”。我们现在就来了解它，通晓它。

中国现代哲学家冯友兰先生称《周易》的思想是任何事物都可以套进去的空套子，并且说：“我说《周易》可以称为宇宙代数学。”这句话说得很好，代数就是数学中引进了变量。《周易》可以说是天地万物与人的一个大函数。

解读中国文化的万能钥匙

《四库全书》的“总目提要”是这样介绍《周易》的：“易道广大，无所不包，旁及天文、地理、乐律、兵法、韵学、算术，以逮方外之炉火，皆可援易以为说。”

《周易》的哲学思想渗透到了中华文化的方方面面，它是一个大筐，把什么往里装都能装得下。它可以解释和运用于中医、军事、政治、艺术、男女爱情……

中医的理论基础就是《周易》。中医追求的医疗效果是人体的阴阳平衡，达到中和的境界。中医的方法是阴阳五行、辨证论治，可以说要想深究医理，就要深究《易》理。

中国的军事、政治、经济无一不同于《易》理。中国的儒、释、道教也都与《周易》密切相关。《周易》是儒家的第一经典，自不必说；道教从一开始便胎息于《周易》的体系之中。佛教虽然来自印度，但在传入中国之后，历经魏、晋、隋、唐，也与《周易》的思想相融。总之《周易》的智慧为中华传统文化的儒、释、道、墨、法、兵、名等诸子百家和武术、书画、医学、建筑等艺术、百工提供了足够的思想支持。

《周易》是人生的智慧书

自强不息，是学习和事业成功的基石；厚德载物，是为人处世成功的前提。“自强不息，厚德载物”两句成了清华大学的校训。

在六十四卦中，只有谦卦是六爻皆吉，谦受益，如此之重要，令人深思。

《周易》里面讲述了深刻的做人道理，做事原则。乾卦《爻辞》就系统论述了做事业的人发展的原则，数千年来一直被政治家们奉为圭臬。临卦说的是管理的智慧，观卦讲的是执政的原则，益卦则讲的是社会与人生的利害得失的深刻道理。

《周易》有很多具体启示，这些都是最平凡的道理。

1. 人生要奋斗。在奋斗过程中要掌握发展的规律。在自己弱小的时候，要低调做人，踏实做事。在有了些许成绩之后，会有新的危机出现，此时更要勤于努力。在大有成就之后，更要谦虚谨慎，以防“亢龙有悔”。

2. 要正确对待好事和坏事。这就是泰卦告诉人们的泰极生否、否尽泰来的事物互相转化的道理。人不可能永远一帆风顺，事物也不可能总是滞于困顿，人要处泰思危，处否奋进，总要抱持希望，永远看到光明。

3. 要做谦谦君子。谦卦是六十四卦中唯一一个六爻皆吉的卦，它的卦象是下艮上坤，山在大地之中，也就是大地包容了高山，这是多么大的容量啊！所谓“谦谦君子”，不是谨小慎微，过于谦恭的那种小气，而是一种大气，一种“有容乃大”的大气，有了这种大气，就会有人缘、人气旺。

4. 这里还要提到咸卦，所谓“咸”，就是“感”，阴、阳二气交相感应。这一卦象是泽润于上，山承于下，说的是少男少女相互交感的情形。爱情的基点是两情相悦。爱心真诚纯正自然会尊重对方，随着感情的深入和升华而“憧憧往来”。这是提出了一个男女爱情的原则——“止而说（悦）”。“止”这一原则可以适用于一切人际关系。“止而说”，要“止”于人，就是要给人留下实实在在的益处；“说”（悦）是让人快乐！如果一个人什么都没有留下，而且从来不能令人悦服，那是谈不上给人感动的。

《周易》最重“中”和“正”

《周易》的思想体系中，最受尊重的是卦德中的“中”和“正”。中，就是右面内卦中的第二爻和上面外卦中的第五爻。阳爻处在阳位（初、三、五）和阴爻处在阴位（二、四、上）时为正。

在卦象中，既中又正的情况是很吉利的。实际上，人生中，在做人和做事上做到中和正也是很吉利的。

《周易》的内容就是经和传

《周易》以神秘莫测、复杂深奥著称，读者往往觉得繁杂万端。其实，《周易》的内容只不过是“经”和“传”两部分。

《周易》“经”的部分包含六十四卦的卦形符号和卦爻辞，“传”的部分包含阐释《周易》经文的十篇专著，又称《十翼》。经是本体，传是解经的十翼，就是经的十个羽翼。

《彖传》依上、下经分为上、下两篇，共有64节，分别阐释六十四卦的卦名、卦辞及一卦的主旨。“彖”，就是“断”的意思，谓“断定一卦之义”。《彖传》在阐释卦名、卦辞、卦义的体例时，一般取上下卦象、主要爻象为说，以简要明了的文字论断该卦的主旨。

《象传》是以卦的“象”——模样，也就是形态符号为根据解释卦和爻的。对一个卦象作总体解说的叫“大象”。对一卦之中的每一爻作解说的叫“小象”。“大象”分两部分：前一部分以卦的形态解释卦义，后一部分根据卦象之义揭示人文意义。如谦卦《象辞》，先讲象征天的坤在上，象征地的艮在下，高山低处在地下，说明谦道。后面即讲君子如卦谦谦之意。

《文言传》只有在乾卦和坤卦中有。这里的“文言”是“修饰、发明”的意思，“言”就是“辞”，“文言”就是很生动、美妙地阐明乾、坤两卦的卦辞。读一读看，果真是非常博大深厚而有文采！

《系辞传》是联结“卦”和“爻”的“辞”。《系辞》是从六十四卦和384爻（乾、坤两卦分别多出“用九”“用六”文辞，所以总计有386文辞）的总体上、根本上系统阐述《周易》的思想的。《系辞传》对爻的变化原理、自然哲理、人生哲学，对理、象、数及占筮等都做了系统的说明。所以汉代以后《系辞传》又称为《易大全》。“太极”“道”等中国哲学的主要概念正是从《系辞传》中而来。

《说卦传》主要说明三爻卦中八个卦的“象”和象征意义。全文先讲述《周易》的演卦历史，再讲八卦的两种排列方位（宋代人分别称为“先天”和“后天”方位），最后系统说明了八卦的取象特征，这已经成为《周易》六十四卦象征义理中必用的象喻条例。

《序卦传》阐明了六十四卦的排列根据，按卦序表明思想体系，揭示各卦相承相受的意义。六十四卦排列的顺序本身象征着自然和人间社会变化的过程。从象征天地的乾卦和坤卦起始，至第 30 卦离卦结束上篇，主要记述自然的发展过程。从说明夫妻关系的咸卦开始，以未济卦完结的下篇，主要是象征地记述了人世间的事。终了一卦，不是象征完成的既济卦，而是象征未完成的未济卦，形象地阐明了《周易》无穷发展的哲学思想。

《杂卦传》与周易六十四卦的排列方式不一样，是使意思相反的一对成为一卦。从乾、坤卦开始，以夬卦结束。“杂”卦就是“杂糅众卦，错综其义”的意思，文中对举的两卦卦形或“错”或“综”，揭示事物发展过程中正反相对的变化规律。

《周易》有三义：变易、不易、简易

《周易》的“周”，就是周代。

唐代孔颖达《周易正义》中说《周易》是“因代以称周”。

汉代郑玄《易赞》云：“《易》之为名也，一名而含三义：易简一也，变易二也，不易三也。”

《周易》的“易”，有三义。

“易”的“三义”，就是：（一）变易；（二）不易；（三）简易。这“三义”可以说包含了中国文化的全部智慧，也是人类文明中的大智慧。

我们先说《周易》的第一义——“变易”。

许慎《说文解字》认为，“易”是“蜥蜴”的名字，是个象形字。蜥蜴是一种能够随着环境而变色的动物，《周易》以“易”为名，是说它是讲万事万物的变化之理。

在甲骨文被发现之后，很多学者根据甲骨文字及其演变规律得出了新的结论，认为“易”字是个象形字，像用手把一个器皿中的水注入另一个器皿中之形。这个字形后来经过不断变化，变成现在的“易”字。依照这种结论，“易”的本义为“给予”，又有“交换、更换、改变”之意。

总之，宇宙万物，永远变动不居，四季更替，寒来暑往，岁月流逝，人事代谢，世界一切都在变化之中，这是《周易》告诉我们的一个大道理。

欧美各国学习中国文化特别重视对《周易》的研究，多年以来有大量的《周易》译本，书名多译作《变化的书》（*The Book of Changes*），译意十分确切。

再来说“不易”。

“不易”，就是永恒不变的道理。我们研究宇宙万物的真理，就是要在纷繁错杂的万事万象中发现其中的基本规律。我们如果掌握了这种道理，就能把世界上的一切事物看明白，也能把世界上一切的事做得更好。

最后说“简易”。

把复杂的问题简单化，抓住要点（主要矛盾），加以解决，这才是智慧。所以，有哲人说过，简要是智慧之魂。《周易》用阴阳和六十四卦来象征宇宙的万事万物，以简驭繁，这种“简易”，是大智慧。

谁是《周易》的作者

根据汉代司马迁《史记》中的说法，伏羲“始作八卦”，文王“演《周易》”，孔子作《彖》《象》《系辞》《文言》之属十篇。三位都是圣人，经历了三古时代，即“伏羲为上古，文王为中古，孔子为下古”。这就是汉代学者所说的《周易》“人更三圣，世历三古”的说法。

河图洛书

“河图”“洛书”是两种图表。先秦时代就有“河图”“洛书”之名，而其图像则始出于宋代。历代学人用“河图”“洛书”来探讨《周易》八卦的起源。

《易传·系辞传》云：“是故，天生神物，圣人则之；天地变化，圣人效之；天垂象，见吉凶，圣人象之；河出图，洛出书，圣人则之。”

据说远古时从黄河里钻出一匹神马，其毛旋自然形成一组图案，称为“河图”；后来又从原洛水中钻出一只神龟，龟壳上也有一些奇妙的条纹图案，称为“洛书”。这些都被看作是上天为了启迪人类智慧而展示的“玄机”图符，传说伏羲氏就是根据这两幅图上显示的“玄机”开解出“八卦”来的。

目录

壹　上经

贰　下经

叁　系辞传

壹

上　经

周易最重“中”和“正”

《周易》首先立乾䷀、坤䷁两卦，象征天地，开天辟地，然后万物始生。⇒开辟鸿蒙，万物初生。后面是象征事物“初生”的屯卦䷂。⇒万物初生，蒙昧无知，所以接着要发蒙、启蒙，是为蒙卦䷃。⇒万事万物幼稚时需要时间来养育，所以接着是象征“需待”的需卦䷄。⇒有饮食大欲必然有所争讼，接着是象征“争讼”的讼卦䷅。⇒争讼必然要组织武装众人的力量，所以接着是师卦䷆。⇒兴师动众，接着是象征“亲密比辅”的比卦䷇。⇒相互比辅必然要有聚畜，接着是象征“小有畜聚”的小畜卦䷈。⇒有所畜聚，必然行动，动必依礼，接着是履卦䷉。⇒循礼而行则天地通泰，所以接着是象征“通泰”的泰卦䷊。⇒事物不可能永久亨通安泰，所以接着是象征“否闭”的否卦䷋。⇒否极必然求同于人，接着是象征“和同于人”的同人卦䷌。⇒与人和同，有大同大有之象，故有大有卦䷍。⇒大有之时切记要戒骄戒躁，所以接着是象征“谦虚”的谦卦䷎。⇒大有而谦和便能愉悦快乐，所以接着是象征“欢乐”的豫卦䷏。⇒欢乐之事必然有人随从，所以接着是象征“随从”的随卦䷐。⇒燕乐过久必然产生积弊，所以接着是象征“拯弊治乱”的蛊卦䷑。⇒可以临众治事，所以接着是象征“高临”于众人的临卦䷒。⇒事物崇高盛大便可以受人观瞻景仰，所以接着是象征“观仰”的观卦䷓。⇒观仰而受教化，然后上下之间就有所交合，故有噬嗑卦䷔。⇒事物必须讲究文饰，才有贲卦䷕。⇒过分文饰将使事物剥蚀，所以接着是象征“剥落”的剥卦䷖。⇒剥尽于上将要回复于下，所以接着是象征“回复”的复卦䷗。⇒要回复正道，就不能妄为，故有无妄卦䷘。⇒能够不妄为然后可以大量畜聚，才有大畜卦䷙。⇒事物大为畜聚然后可以用于颐养众人，才有颐卦䷚。⇒接着是象征“大为过甚”的大过卦䷛。⇒事物如果长久过甚地发展，必然遭遇危险，故有坎卦䷜。⇒遭遇危险时必须有所附着和依靠，接着是象征“附丽”的离卦䷝。

乾 卦

乾为天
（乾下乾上）

卦辞

【经文 + 传文】

乾元亨利贞[①]。

《彖》曰：大哉乾元[②]，万物资始[③]，乃统天[④]。云行雨施[⑤]，品物流形[⑥]。大明终始[⑦]，六位时成[⑧]。时乘六龙以御天[⑨]。乾道变化，各正性命[⑩]，保合大和[⑪]，乃利贞。首出庶物[⑫]，万国咸宁[⑬]。

《象》曰：天行健[⑭]，君子以自强不息。

《文言》曰：元者[⑮]，善之长也[⑯]；亨者，嘉之会也[⑰]；利者，义之和也；贞者，事之干也[⑱]。君子体仁足以长人[⑲]，嘉会足以合礼，利物足以和义[⑳]，贞固足以干事[㉑]。君子行此四德者[㉒]，故曰：“乾：元亨利贞。”乾“元”者[㉓]，始而亨者也；“利贞”者，性情也。乾始能以美利利天下，不言所利。大矣哉！大哉乾乎！刚健中正，纯粹精也。六爻发挥[㉔]，旁通情也[㉕]。时乘六龙，以御天也；云行雨施，天下平也。

【注释】

①乾：卦名。元：大。亨：亨通。利：有利。贞：正。②彖：指《彖传》，又叫《彖辞传》。《彖传》是解读六十四卦卦名、卦义以及卦辞的文字。元：本义是指人的头部，这里是指创始之意。《易传》释《卦辞》“元亨利贞”四字，断为元、亨、利、贞，元，释为“创始、大”；亨，释为“亨通”，利，释为“有利”；贞，释为“正”。也有一说，断为“元亨，利贞”。古人举行的大亨之祭叫作“元亨”，在举行大亨之祭时占问，出现此卦，记录下来，表示利于占问，行事顺利。③资：依赖。④统：属于。⑤施：降下。⑥品：种类。品物，指万物。流形：指形态千变万化。⑦大明：太阳。⑧六位：指上、下和东、西、南、北六个方位。⑨时：于是。御：行。⑩性命：指事物的特性和命运。⑪保：保持。合：指成就。⑫首：始。庶：指众多，庶物，指万物。⑬咸：都。⑭象：指《象传》。《象传》是解读六十四卦卦名、卦义（没有解释卦辞）以及三百八十六爻爻辞的文字。天行健：《乾》卦下乾上乾，乾是天，又是健，所以说“天行健”。刚健是天道的秉质，自强是君子的标志，所以下文说“君子以自强不息”。天行：天道；以：取法。⑮文言：《文言》

是专门解释乾、坤两卦的文字，其他卦无。⑯长：始。⑰嘉：美。会：荟萃。⑱干：主干，指根据。⑲体：践行。长人：为人君长。⑳和：响应。㉑贞：正，指正道。固：固定，指坚守。㉒四德：指仁、礼、义、正。㉓元：当作“元亨”。㉔发挥：推演变化。㉕旁：广。

【译文】

乾　元始，亨通，和合有利，贞正坚固。

《彖传》解释道：真是伟大啊，乾的创始！万物都依赖它诞生，万物都是属于天的。云朵漂浮，雨水降下，万物的形态千变万化。太阳东升西落，于是上、下和东、西、南、北这六个方位就定下了。太阳驾着六条龙按时在天上往返。乾道不断变化，使万物各归其位，使宇宙保持着大和谐的状态，于是万物受益，正道运行。乾道始生天下万物，使万国都得到安定。

《象传》解释道：天道刚健，君子取法天道，自强不息。

《文言》解释道：元，是善的开始；亨，是美的荟萃；利，是义的和谐；贞，是行事的根据。君子践行仁德，足以为人君长；荟萃美好，足以合乎礼仪；利人利物，足以响应道义；坚守正道，足以干出事业。君子能践行仁、礼、义、正这四德，所以说：“乾：元亨利贞。”《乾》卦中的“元亨”，是说天创始和亨通万物；“利贞”，是说天具有利益和规正万物的性情。天创始时用美利来利益天下，却不夸耀它对天下的利益，真是伟大啊！真是伟大啊，天！它刚健中正，达到了纯精的地步。《乾》卦的六爻推演变化，就能广通万物的情状。太阳按时驾着六条龙，为的是在天上运行；云朵漂浮，雨水降下，于是天下太平。

爻辞

【经文+传文】

初九[①] **潜龙勿用。**

《象》曰“潜龙勿用”，阳在下也[②]。

《文言》曰：初九曰“潜龙勿用”，何谓也？子曰[③]：“龙，德而隐者也。不易乎世[④]，不成乎名，遁世无闷，不见是而无闷[⑤]，乐则行之，忧则违之[⑥]，确乎其不可拔[⑦]，潜龙也。”“潜龙勿用”，下也[⑧]。“潜龙勿用”，阳气潜藏。君子以成德为行[⑨]，日可见之行也。“潜”之为言也，隐而未见，行而未成，是以君子“弗用”也。

【注释】

①初九：指倒数第一枚阳爻（“九”表示阳爻）。②阳在下：本爻初九是阳爻，

居下卦下位，所以说“阳在下”。“阳在下”象征君子尚居下位。③子：指孔子。④易：转移。⑤是：赞同。⑥违：避开。⑦确：坚定。⑧下：本爻初九居下卦下位，是君子尚居下位的象征。⑨行：目标。

【译文】

初九　龙藏水中，暂时不宜妄动。

《象传》解释道：“潜龙勿用”，是因为君子还居于下位。

《文言》解释道：初九说“潜龙勿用”，是什么意思呢？孔子说：“潜龙，是指有德的隐者，他不为世俗所转移，不求虚名，避世却不觉苦闷，不被世人赞同也不苦闷，喜欢的事就去做，忧恼的事就避开，意志坚忍不拔，这就是潜龙。”“潜龙勿用”，是因为君子尚居下位。“潜龙勿用”，因为阳气还在潜伏中。君子以成就德业为目标，每天都可看见他在行动。说是“潜”，是因为君子隐伏不现，行动未成，所以君子不妄动。

【爻意分析】

此为本卦的初始之爻。初九位于乾卦的开始，阳气潜藏，为龙藏于地下之象。初九虽为阳爻，但身居最下之位，故宜将阳气深潜于渊，暗中积聚力量，蓄龙德于内。故虽有时不为他人所理解，亦不要将刚锐之势形诸于外。宜韬光养晦，谋求发展之时机。

【经文 + 传文】

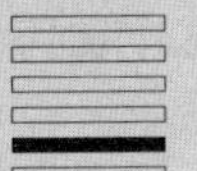

九二　见龙在田[①]，利见大人。

《象》曰：“见龙在田”，德施普也。

《文言》曰：九二曰“见龙在田，利见大人”，何谓也？子曰：“龙，德而正中者也[②]。庸言之信[③]，庸行之谨，闲邪存其诚[④]，善世而不伐[⑤]，德博而化。《易》曰：‘见龙在田，利见大人。’君德也。”“见龙在田”，时舍也[⑥]。“见龙在田”，天下文明[⑦]。君子学以聚之，问以辩之[⑧]，宽以居之，仁以行之。《易》曰：“见龙在田，利见大人。”君德也。

【注释】

①见：读为“现”，出现。②正中：即中正。③庸：常。④闲：防范。⑤善：益。伐：夸耀。⑥舍：舒展。时舍：指时机到了。⑦文：文采，指万物锦绣。⑧辩：同“辨”，辨别。

【译文】

九二　龙出现于田间，见大人有利。

《象传》解释道：“见龙在田”，这是说君子要广施德泽了。

《文言》解释道：九二说“见龙在田，利见大人”，是什么意思呢？孔子说：“龙，是指有德又中正的人，他常言有信，常行谨慎，防范邪僻，秉持真诚，有益于世却不自夸，德泽广大感化了天下。《周易》说：‘见龙在田，利见大人。’这就是君主的品德。”“见龙在田”，是因为时机到了。“见龙在田”，因为万物正当锦绣光明。君子通过学习积累知识，通过问询辨别是非，宽容处世，仁慈办事。《周易》说：“见龙在田，利见大人。”这就是君主的品德。

【爻意分析】

九二爻位居第二爻，位置在地面之上，象征纯阳之气已从地下升至地面，就像龙离开潜藏的地下而显露于地面。此时，九二爻君子应该施展自己的抱负。

【经文 + 传文】

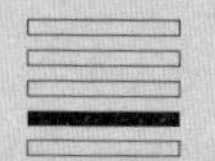

九三　君子终日乾乾[①]，夕惕若[②]，厉无咎[③]。

《象》曰：“终日乾乾”，反复道也。

《文言》曰：九三曰“君子终日乾乾，夕惕若，厉无咎”，何谓也？子曰：“君子进德修业，忠信所以进德也，修辞立其诚[④]，所以居业也[⑤]。知至至之[⑥]，可与言几也[⑦]；知终终之[⑧]，可与存义也。是故居上位而不骄，在下位而不忧，故乾乾因其时而惕[⑨]，虽危无咎矣。”“终日乾乾”，行事也。“终日乾乾”，与时偕行[⑩]。九三重刚而不中[⑪]，上不在天[⑫]，下不在田[⑬]。故乾乾因其时而惕，虽危无咎矣。

【注释】

①乾乾：勤勉。②惕：警惕。若：语气助词，无实际意义。③厉：危险。④修辞：指说话。⑤居：积累。⑥至：事物发展的方向。⑦几：精微。⑧终：目标。⑨因：随着。⑩偕：俱。⑪重刚：本爻九三是阳爻，居九二阳爻上，阳爻是刚，两刚重叠，所以说“重刚”。下文“九四重刚”中的“重刚”与此同理。不中：六十四卦中，一卦又分为上卦（上卦又称外卦）和下卦（下卦又称内卦），上、下卦各占三个爻位，下卦的三爻位是初二、初三，上卦的三爻位是四、五上，下卦以中间的一个爻位为中位，即第二爻位，叫下卦中位；上卦以中间的一个爻位为中位，即第五爻位，叫上卦中位。本爻九三既不居上卦中位，又不居下卦中位，所以说“不中”。⑫天：指天位。六十四卦中，一卦中的第二爻位象征地位，第三爻位象征人位，第五爻位象征天位。本爻九三未居第五爻位，所以说“不在天”。⑬田：指地位。

【译文】

九三　君子整天勤勉不懈，谨小慎微，纵使遇险也能化险为夷。

《象传》解释道："终日乾乾。"是说君子反复行道。

《文言》解释道：九三说"君子终日乾乾，夕惕若，厉无咎"，是什么意思呢？孔子说："这说的是君子增进道德，治理事业。忠信可以增进道德，说话立足真诚，可以积累功业。知道方向并走上了正确方向，就可以跟他谈事业的精微的道理了；知道目标并达成目标，就可以和他一道秉守事业的大义了。所以君子居高位时不骄傲，处低位时不自暴自弃，随时勤勉警惕，纵使遇险，也能化险为夷。""终日乾乾"，是说君子勤勉行事。"终日乾乾"，是说君子与时俱进。九三与九二重刚，又未居上卦或下卦中位，上不在天位，下不在地位，所以只有随时勤勉警惕，才能即使有危险，也能转危为安。

【爻意分析】

九三爻位于上卦乾卦。其处境尴尬，是个危厉之地。幸而九三以阳爻居阳位，是个刚健君子，若能终日勤勉，亦可无咎。

【经文+传文】

九四　或跃在渊：无处[①]。

《象》曰："或跃在渊"，进无咎也。

《文言》曰：九四曰"或跃在渊，无咎"，何谓也？子曰："上下无常，非为邪也；进退无恒，非离群也。君子进德修业，欲及时也，故无咎。""或跃在渊"，自试也。"或跃在渊"，乾道乃革[②]。九四重刚而不中，上不在天，下不在田，中不在人[③]，故"或"之。"或"之者，疑之也，故"无咎"。

【注释】

①咎：祸害。②乾道：天道。革：改变。③人：指人位。本爻九四未居第三爻位，所以说"不在人"。

【译文】

九四　（龙或飞腾上天），或遁守深渊：无害。

《象传》解释道："或跃在渊"，这是说向前进取无害。

《文言》解释道：九四说"或跃在渊，无咎"，这是什么意思呢？孔子说："（君子像龙一样）或上或下不定，不是为了使坏；或进或退不定，不是脱离群众。君子增进道德，治理事业，只是想把握时机罢了，所以是无害的。""或跃在渊"，是说君子自试才能。"或跃在渊"，是说天道开始变化。九四与九三重刚，又未居上卦或下卦中位，上不在天位，下不在地位，中不在人位，所以说"或"。所谓"或"，是说君子的位置疑而未定，所以说"无咎"。

【爻意分析】

此爻居本卦之上卦，上卦之下爻，正在从下体进入上体之时，其地位未定，进退两难；又兼阳爻居阴位，有不当位之过。其处九五爻尊位之侧，所处之位特殊，易遭受上尊位之疑忌。故居此位者应进退得当，审时度势，切忌妄动。

【经文＋传文】

九五　飞龙在天，利见大人。

《象》曰："飞龙在天"，大人造也[①]。

《文言》曰：九五曰"飞龙在天，利见大人。"何谓也？子曰，"同声相应，同气相求；水流湿，火就燥；云从龙，风从虎。圣人作而万物睹[②]。本乎天者亲上，本乎地者亲下，则各从其类也。"

"飞龙在天"，上治也。"飞龙在天"，乃位乎天德[③]。

夫"大人"者，与天地合其德[④]，与日月合其明，与四时合其序，与鬼神合其吉凶，先天而天弗违，后天而奉天时。天且弗违，而况于人乎？况于鬼神乎？

【注释】

①造：作。②作：兴起。物：指人。睹：仰望。③位：具有。④合：等同，指比得上。

【译文】

九五　龙在天上飞，见大人有利。

《象传》解释道："飞龙在天。"是说大人可以大有作为。

《文言》解释道：九五说"飞龙在天，利见大人"，这是什么意思呢？孔子说："同类的声音互相应和，同种的气息互相觅求；水流向湿处，火烧向干处；云伴从龙，风伴从虎。圣人兴起就会万人景仰。本属天的亲近上面，本属地的亲近下面，那么万物就都能各得其所。""飞龙在天"，是说君子居高治国。"飞龙在天"，是说君子具有天一样的品德。所谓"大人"，品德可比天地，贤明可比日月，行为有序可比四季，察知吉凶可比鬼神，走在天之前办事却能不违背天，落在天之后办事却能奉行天时。天道尚且不违背他，何况人呢，何况鬼神呢？

【爻意分析】

九五爻，"九"为阳数之至高，"五"为阳数之至中，故位极尊。乾卦的六爻皆属阳爻，乃纯阳而至为刚健。乾卦变化到九五爻之时，其阳气已壮盛于天。九五爻居中位，又为阳爻居阳位，其深得乾道精义，故极为中正刚健，纯粹而精，不偏不倚。若能与"天、地、人"三才相和，顺应天道法则，必能以其刚健中正之德，向上腾飞至于天位，为万民景仰。是大德大才之人大展宏图，有大作为之爻。

【经文 + 传文】

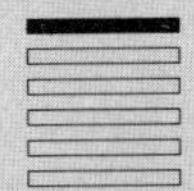

上九　亢龙有悔[①]。

《象》曰："亢龙有悔"，盈不可久也[②]。

《文言》曰：上九曰"亢龙有悔"，何谓也？子曰："贵而无位[③]，高而无民，贤人在下位而无辅，是以动而有悔也。""亢龙有悔"，穷之灾也[④]。"亢龙有悔"，与时偕极[⑤]。"亢"之为言也，知进而不知退，知存而不知亡，知得而不知丧。其唯圣人乎[⑥]，知进退存亡而不失其正者，其唯圣人乎！

【注释】

①亢：过度。②盈：满，指过度。③位：与尊位相宜的美德，指君德。④穷：本爻上九居上卦上位，在一卦的尽头，是君子途穷的象征。⑤极：穷。⑥其：大概。

【译文】

上九　飞得过高的龙会有麻烦而陷入困境。

《象传》解释道："亢龙有悔。"是说凡事过度就久不了。

《文言》解释道：上九说"亢龙有悔"，是什么意思呢？孔子说："尊贵却没有君德，居高却脱离群众，贤人屈居下位而丧失辅助，所以君主一妄动就有悔恨（的事发生）。""亢龙有悔"，因为君子途穷遭灾了。"亢龙有悔"，因为君子与时途穷了。'上九'说是"亢"，是因为君子知进而不知退，知存而不知亡，知得而不知失。大概只有圣人吧——既知道进退存亡，又不失正道的，大概只有圣人吧。

【爻意分析】

此爻上九之位既为本卦最高位，又为本卦之末位，阳气将消，阴气欲长，高而无民，贵而无位，处于不利之境。

【经文 + 传文】

用九[①] **见群龙无首：吉**。

《象》曰："用九"，天德不可为首也。

《文言》曰：乾元"用九"，天下治也。乾元"用九"，乃见天则[②]。

【注释】

① 用九：通九，指六爻都是“九”（阳爻）。“用九”是乾卦特有的爻题。② 则：规律。

【译文】

用九　群龙出现，都不以首领自居：吉祥。

《象传》解释道：“用九。”六条龙都具有天一样的德行，彼此势均力敌，谁也不能成为谁的首领。

《文言》解释道：乾元“用九”，是说天下大治。乾元“用九”——“用九”体现了天的规律。

【爻意分析】

“用九”是指占筮时得到六个“九”而不是六个“七”。九为变爻，所以六个阳爻要变为阴爻，乾卦将变为坤卦。“群龙”是指乾卦的六个爻都从阳爻变为阴爻。值得注意的是，“用九”之卦，既不完全是乾卦，也不完全是坤卦。是乾卦将转变坤卦之时，所以兼有乾、坤两卦的美德。

坤 卦

坤为地
（下坤上坤）

卦辞

【经文 + 传文】

坤　元亨[①]，利牝马之贞[②]。君子有攸往[③]，先迷后得主；利。西南得朋，东北丧朋；安贞吉[④]。

《彖》曰：至哉坤元[⑤]！万物资生，乃顺承天。坤厚载物，德合无疆[⑥]。含弘光大[⑦]，品物咸亨。牝马地类[⑧]，行地无疆，柔顺利贞。君子攸行，先迷失道，后顺得常[⑨]。“西南得朋”，乃与类行[⑩]；“东北丧朋”，乃终有庆[⑪]。安贞之吉，应地无疆[⑫]。

《象》曰：地势坤[⑬]。君子以厚德载物[⑭]。

《文言》曰：坤至柔而动也刚[⑮]，至静而德方[⑯]。后得主而有常[⑰]。含万物而化光。坤道其顺乎，承天而时行。

【注释】

①坤：卦名。②牝马：母马。③攸：所。④安：平安。⑤至：极致。⑥合：配合。⑦弘：大。光：“广”的通假字。“光大”指地面广大。⑧地类：与地同类。“牝马”属阴性，地也属阴性，所以说“牝马地类”。⑨常：正路。⑩类：朋友，即“西南得朋”中的“朋”。⑪庆：福庆。⑫应：适应。⑬地势坤：坤卦分下坤、上坤，坤是地，其形虽曲，其义为顺，所以说“地势坤”。⑭厚：增厚。载物是厚重的大地的秉质。⑮动：指地生养万物的运动。⑯德方：德：道。地道方正。古人见大地上的山川湖海等都不移位，不能旋转，认为是具有方正秉质的地道在起作用，所以说“德方”。⑰后得主：地道是取法天道的，后天道而运动，以天道为主人，所以说“后得主”。常：规律。

【译文】

《坤》元始，亨通，像雌马一样柔顺而守正道必然吉祥；安祥守正就会吉祥。

《彖传》说：真是达到了极致啊！坤的创始！万物都依赖它诞生长成，它是顺承天道的。坤道的大地深厚，承载万物，坤德配合乾德，没有止境。大地涵容一切，广阔无垠，万物都亨通畅达。母马和地同类，在地上奔驰无疆，它性情柔顺，利于秉守正道。君子出行，起初因抢行而迷失道路，后来随于人后顺利得回正路。往西南去得到朋友，于是伴友同行；往东北去失去朋友，却能终获福庆。安守正道是吉祥的，能适应大地的广大无边。

《象传》解释道：地势柔顺，君子取法大地厚德载物。

《文言》解释道：大地极其柔顺，但运动却是刚健的；大地极其宁静，但地道却是方正的。地道随天道之后，以天道为主人，有稳固的规律。地包容万物而化育广大。地道是柔顺的，顺承天道且按时运行。

爻辞

【经文 + 传文】

初六[①] 履霜，坚冰至。

《象》曰："履霜""坚冰"[②]，阴始凝也；驯致其道[③]，至"坚冰"也。

《文言》曰：积善之家，必有余庆[④]，积不善之家，必有余殃。臣弑其君[⑤]，子弑其父，非一朝一夕之故，其所由来者渐矣，由辩之不早辩也[⑥]。《易》曰："履霜，坚冰至。"盖言顺也[⑦]。

【注释】

①初六：指倒数第一阴爻（"六"表示阴爻）。后文"六二""六三""六四""六五"分别指倒数第二、第三、第四、第五阴爻，"上六"指最上阴爻。②坚冰："坚冰"两字当是衍文。③驯：顺着。致：发展。道：指自然规律。④余：多。⑤弑：以下杀上叫"弑"。⑥辩：同"辨"，指察觉。⑦盖：大概。顺：指趋势。

【译文】

初六　当脚踩到秋霜时，寒冬的坚冰即将来临。

《象传》解释道："履霜。"是说阴气开始凝结；顺着自然规律发展下去，就会形成"坚冰"。

《文言》解释道：积善的人家，必然多福庆；积不善的人家，必然多灾殃。臣弑君，儿弑父，不是一朝一夕的缘故，它之所以变成这样，是逐渐形成的，是由可以察觉却没有早点察觉造成的。《周易》说："踩上霜，坚冰也将来临。"大概说的就是这种事物发展的必然趋势吧。

【爻意分析】

此爻处六爻阴气之极下，是阴气初生之象。阴气凝结，其始甚微，及其积增渐盛，以致为霜，所以要及时察觉征兆，早做预防。此爻以阴爻居阳位，不当位，故而此爻处境不利，要谨慎小心。

【经文 + 传文】

六二　直方大[1]，不习[2]，无不利。

《象》曰：六二之动[3]，“直”以“方”也[4]；“不习无不利”，地道光也[5]。

《文言》曰：“直”，其正也，“方”，其义也。君子敬以直内，义以方外，敬义立而德不孤[6]。“直方大，不习无不利”，则不疑其所行也。

【注释】

①直方大：直，正直。方，端方。大，博大，指宽容。②习：学习，熟习。③动：指人的行动。④以：且。⑤地道光：本爻六二是阴爻，居第二爻位，是地位，所以说“地道光”。地道博大柔顺，人若博大柔顺，即使不熟悉环境也无不利，所以说“‘不习无不利’，地道光也”。⑥孤：孤立。

【译文】

六二　正直、端方、博大，即使不修习也没有什么不利。

《象传》解释道：六二君子们的行为，趋于正直端方；“不习无不利”，这是因为地道广大。

《文言》解释道：“直”，是指正直，“方”，是指行事合乎道义。君子通过诚敬成就内在的正直，通过道义成就外在的方正。诚敬、道义确立了，德行就不会孤立了。“直方大，不习无不利”，那么人们就不会怀疑他所做的了。

【爻意分析】

此爻居地之上，地气蒸腾而旺盛；阴爻居阴位而当位，又居下卦之中位，有地之象（初、二为地，三、四为人，五、上为天），可以说是纯正的坤道的体现者，中正纯粹，为本卦之主爻，居有利之势位。

【经文 + 传文】

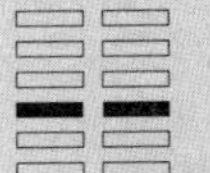

六三　含章可贞[1]；或从王事，无成有终。

《象》曰：“含章可贞”，以时发也[2]；“或从王事”，知光大也[3]。

《文言》曰：阴虽有美，含之以从王事[4]，弗敢成也[5]。地道也，妻道也，臣道也。地道“无成”，而代“有终”也[6]。

【注释】

①章：文采。②以时：适时。发：使用。③知：同“智”，智慧。④含：内敛。⑤成：以成功者自居。⑥代：代替。

【译文】

六三　内蕴文采，能守持正道，或从事辅佐君王的事业，即使不能成功，也有好结果。

《象传》解释道：“含章可贞”，要适时使用；“或从王事”，是因为他智慧大。

《文言》解释道：臣子虽有美德，却能收敛着从事王事，不敢以成功者自居。地道就是妻道、臣道。地道无所谓成功，它只是替天道成功罢了。

【爻意分析】

六三爻位于下卦上方，是得位的人臣。其以阴爻居阳位，不中不正，形势并不利。但六三爻能含蓄才能，所行唯王命是从，等到事情成功之后，也不居功自傲，其将功劳都视为自己的职分所在而已。

【经文 + 传文】

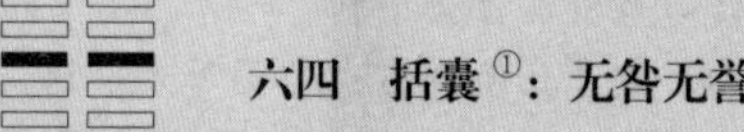

六四　括囊[①]：无咎无誉。

《象》曰：“括囊无咎”，慎不害也。

《文言》曰：天地变化，草木蕃[②]；天地闭，贤人隐。

《易》曰：“括囊，无咎无誉。”盖言谨也。

【注释】

①括：捆。②蕃：茂盛。

【译文】

六四　捆紧囊袋（比喻遇事缄口，不理是非）：无害也无赞誉。

《象传》解释道：“括囊无咎。”是说君子行事谨慎就会无害。

《文言》解释道：天地变化，草木就旺盛；天地闭塞，贤人就退隐。

《周易》说：“括囊，无咎无誉。”大概说的就是谨慎处世的道理吧。

【爻意分析】

此爻居上卦之最下位，阴爻居阴位，而位居不中，而又乍离下体，位处上体之卑位，上下均不可即，处势尴尬，乃危惧之地。

【经文＋传文】

六五　黄裳[①]：元吉。

《象》曰：六五“黄裳元吉”，文在中也[②]。

《文言》曰：君子“黄”中通理[③]，正位居体[④]，美在其中，而畅于四支[⑤]，发于事业，美之至也。

【注释】

①黄裳：黄下衣。古人认为黄色是尊贵吉祥之色，故黄裳象征尊贵吉祥。②文：指美德。中：心中。③黄：指本爻六五中的“黄裳”。“黄裳”象征美德。中：内心。通理：通达事理。④体：为“礼”的通假字，仪礼。⑤畅：达，指外现。支：同“肢”。

【译文】

六五　黄下衣（象征富贵）：大吉。

《象传》解释道：“黄裳元吉”，是因为君子心怀美德。

《文言》解释道：君子内怀美德，通达事理，端正位置，秉守仪礼，美德在心中，外现在行动上，发扬在事业上，美德真是达到了极致啊。

【爻意分析】

此爻居上卦之中位，然非本卦之正位；阴居阳位，故能刚柔相济，具柔顺之德。坤卦第五爻时，坤阴发展到鼎盛时期，升居卦中尊位，但仍能保持柔顺之德，谦恭而能居下，极尽辅佐之力，所以是大吉之兆。

【经文＋传文】

上六　龙战于野，其血玄黄。

《象》曰：“龙战于野”，其道穷也[①]。

《文言》曰：阴疑于阳必战[②]，为其嫌于无阳也[③]，故称“龙”焉[④]，犹未离其类也[⑤]，故称“血”焉。夫“玄黄”者，天地之杂也，天玄而地黄。

【注释】

①道穷：本爻上六居上卦上位，在一卦的尽头，是坤阴之道已发展至穷尽的象征。②疑：同“拟”，拟等。本爻上六是阴爻，居上卦上位，在一卦是尽头，达到了阴的极盛，可与阳势均力敌，所以说“阴疑于阳”。③嫌：与上文的“疑”同义。无：“无”当为衍字。④龙：本爻上六是阴属，龙是阳属，因上六可与阳势均力敌，所以上六也可称“龙”。⑤类：指阴类。上六虽可与阳势均力敌，毕竟仍是阴属，

“血”也是阴属，所以说“犹未离其类也，故称‘血’焉”。

【译文】

上六　二龙在野外搏斗，淌出黑黄色的血。

《象传》解释道：“龙战于野”，是说君子途穷了。

《文言》解释道：阴和阳势均力敌时，一定起争斗。本是阴与阳战而说成“龙战”，是因为怕人们误以为无阳，但上六还没脱离它的阴类属性，不能离开阳，所以称“血”，表示阴阳交合。所谓“玄黄”，这是天地杂合的颜色，天是玄色，地是黄色。

【爻意分析】

此爻居本卦之末极，又阴居阴位，故阴气凝重而向外逸散。物极而必反，势极而必衰，阴极而宣阳。本卦至此柔顺之德转为刚逆之势，大有与乾阳一决高下之态。

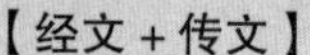

【经文＋传文】

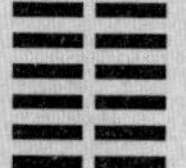

用六[①] 利永贞。

《象》曰：“用六永贞”，以大终也。

【注释】

① 用六：通六，指六爻都是“六”（阴爻）。用六是乾坤卦特有的爻题。

【译文】

用六　永远坚守正道就会有利。

《象传》说：用六说，永远正直，就会大有收获。

【爻意分析】

“用六”是指占筮时得到六个“六”而不是六个“八”。六为变爻，所以六个阳爻要变为阴爻，坤卦将变为乾卦。

为什么六十四卦只有乾、坤两卦有“用九用六”？

用九为乾卦最上的一个爻名。乾卦的卦象全部由阳爻组成，六爻都称“九”，是纯阳之卦，所以在六爻之外增加一个“用九”爻。用，是“通”的意思，“用九”是通观全卦之意。古人占筮时遇乾卦变坤卦，就据用九《爻辞》占断凶吉。

用六为坤卦最上的一个爻名。坤卦是纯阴之卦，故多出一个“用六”爻，这是通观六爻皆阴的全卦之意。古人占筮时遇坤卦变乾卦，一般就用六爻辞占断吉凶。

用九、用六这两爻只有爻题和《爻辞》，而无相应的爻位爻象，所以称为“无位之爻”。故《周易》六十四卦中只乾、坤两卦有此无位之爻。

屯 卦 ䷂

下震上坎

卦辞

【经文 + 传文】

屯[1] 元亨，利贞；勿用有攸往[2]，利建侯[3]。

《彖》曰：屯，刚柔始交而难生[4]，动乎险中[5]，大亨贞[6]。雷雨之动满盈，天造草昧[7]。宜建侯而不宁[8]。

《象》曰：云雷[9]，屯。君子以经纶[10]。

【注释】

①屯（zhūn）：卦名，象征初生。②勿用：不可用，不利于。③建侯：封侯。④刚柔：指阴、阳二气。⑤动乎险中：屯卦下震上坎，坎是险，震是动，所以说“动乎险中”。⑥亨：亨通。贞：正直。⑦草昧：指草木。⑧不：应读为“丕”，指大。⑨云雷：屯卦下震上坎，坎是云，震是雷，所以说“云雷”。云在雷上，是将要下雨的预兆，君子由此领悟未雨绸缪的道理，所以下文说“君子以经纶”。⑩经纶：治理。

【译文】

屯象征事物的初生：元始、亨通，利于坚守正固；不宜有所前往，利于建立诸侯。

《彖传》说：屯卦的象征是，阴、阳二气开始相交，艰难也随之萌生，事物在艰险下运动发展，（如同雷雨，动生万物而润泽之，）有元大、亨通、正直的美德。雷雨动行天下，大自然虽然蒙昧，却一片生机。适宜封侯得大安宁。

《象传》说：云行于上，雷动于下，这就是屯卦。君子取法屯卦，在事业初创之际即规划治国方略。

爻辞

【经文＋传文】

初九　磐桓[①]；利居贞[②]，利建侯。

《象》曰：虽“磐桓”，志行正也。以贵下贱[③]，大得民也。

【注释】

① 磐桓：即“盘桓”，徘徊迟疑。② 居：家居。③ 下：谦待。

【译文】

初九　徘徊迟疑；静居守持，正固有利，利于建立诸侯。

《象传》解释道：虽然徘徊难以前进，志向和行为却是端正的。地位虽高但能以谦和态度对待人民，就能大获民心。

【爻意分析】

此爻阳爻居初位，上有两阴爻相阻，故阳气不足，需要积蓄力量。初九爻处于艰难创始时期，只有固守正道，才能安然渡过屯难时期，前途大有可为。

【经文＋传文】

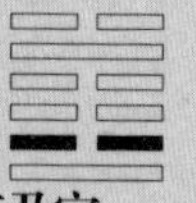

六二　屯如邅如[①]，乘马班如[②]，匪寇，婚媾；女子贞不字[③]，十年乃字。

《象》曰：六二之难，乘刚也[④]。“十年乃字”，反常也。

【注释】

① 屯：屯聚。邅：盘桓的样子。如：语气助词，无实际意义。② 班：同“般”，回旋的样子。③ 字：许嫁。④ 乘刚：“乘刚”前省略了“柔”字。本爻六二是阴爻，是柔，居初九上，初九是阳爻，是刚，所以说“（柔）乘刚”。“（柔）乘刚”是女凌驾男的象征。

【译文】

六二　（他们）聚集前来，乘马回旋，不是抢劫的，是求婚的；女子守持正固，不急出嫁，十年后才能嫁。

《象传》解释道：六二中的“女子贞不字，十年乃字”是艰难的，是因为女凌驾男。“十年乃字”，是反常的事。

【爻意分析】

此爻阴居阴位，又为中位，当为中正之爻。然又阴乘初九阳位之上，故而难以驾驭，亦为盘桓难进之爻。

【经文 + 传文】

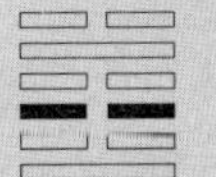

六三　即鹿无虞[①]，惟入于林中[②]，君子几不如舍[③]，往吝[④]。

《象》曰：“既鹿无虞”，以从禽也[⑤]。君子舍之，“往吝”，穷也。

【注释】

①即：就，追逐。虞：虞官，掌管山林鸟兽的官。②惟：只是。③几：谋求。④吝：艰难。⑤从：追捕。

【译文】

六三　逐鹿而没有虞官的帮助，只是空入林海之中，这时与其继续追捕，不如舍弃；继续追捕则将有不利。

《象传》说：“即鹿无虞”，这是说追捕禽兽。君子弃追，是因为“往吝”，前去也难有得，而且会受困。

【爻意分析】

六三阴爻居于阳位，不正不中，又与上六同为阴爻，亦不相应，其力弱而急于求进，好比无虞人相助而入林逐鹿（古人打猎，虞人负责驱赶出禽兽以供猎人捕捉），只能白白深入林海，不如放弃不逐。若轻率冒进，深入山林，不仅徒劳无功，说不定还会陷入险境。

【经文 + 传文】

六四　乘马班如，求婚媾，往吉，无不利。

《象》曰：求而往，明也。

【译文】

六四　乘马徘徊去求婚，前去吉祥，没有不利。

《象传》说：有求于下而前往——这是明智的。

【爻意分析】

六四爻为阴爻居于阴位，当位得正，上承九五刚正之君。但六四为阴柔之质，尚不足以独自济难出险，有待于外援。六四爻于是下应与它有正应关系的初九，以成婚配。六四与初九阴阳相应，同舟共济，刚柔相得，共同辅佐九五君王，如此以往，则吉而无不利。

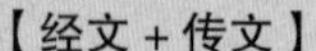

【经文 + 传文】

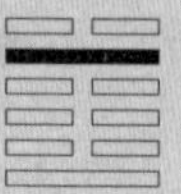

九五　屯其膏[①]，小贞吉，大贞凶。

《象》曰："屯其膏"，施未光也[②]。

【注释】

① 膏：肥肉。② 光：大。

【译文】

九五　处初创之艰难，需要普施恩泽。柔小而守正可得吉祥，若刚大，则守正也凶险。

《象传》说："屯其膏"，是说君子尚未广施德泽。

【爻意分析】

此爻居中正之位，又位居本卦至尊，然陷于上之坎卦中心，而致举措艰难，需辅佐之力。

【经文 + 传文】

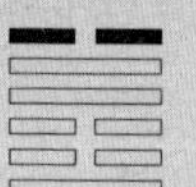

上六　乘马班如；泣血涟如[①]。

《象》曰："泣血涟如"，何可长也？

【注释】

① 涟：泪流不断的样子。

【译文】

上六　乘马之人徘徊不前；血泪直流。

《象传》说："血泪直流"，这种状况怎能长久呢？

【爻意分析】

此爻位于屯卦之终，在屯难之极，因其为阴柔之质，与六三不成正应，显孤立无援之状，忧惧交加，血泪交流。上六欲乘马而去，无奈无处可去，已然是困厄到了极点。“泣血涟如”比喻上六急切地想挣脱出险境而无可奈何，以致悲痛欲绝。

蒙 卦 ䷃

下坎上艮

卦辞

【经文 + 传文】

蒙　亨；匪我求童蒙[①]，童蒙求我，初筮告，再三渎[②]，渎则不告；利贞。

《彖》曰：蒙，山下有险[③]，险而止，蒙。“蒙亨”，以亨行时中也[④]。“匪我求童蒙，童蒙求我”，志应也；“初筮告”，以刚中也；“再三渎，渎则不告”，渎蒙也。蒙以养正，圣功也。

《象》曰：山下出泉[⑤]，蒙。君子以果行育德[⑥]。

【注释】

① 童蒙：问筮者。问筮者之问筮，乃因有所不明，有如蒙昧童子，故曰“童蒙”。② 渎：亵渎。③ 山下有险：蒙卦下坎上艮，艮是山，坎是险，所以说“山下有险”。艮又是止，所以下文说“险而止”。④ 时：及时。中：中正。⑤ 山下出泉：蒙卦下坎上艮，艮是山，坎是水，所以说“山下出泉”。泉水流时一泻而下，象征果断，又象征仁德，仁德果断是成功的前提，所以下文说“君子以果行育德”。⑥ 果：果断。

【译文】

蒙，亨通；不是我去求幼童占筮，是幼童求我占筮，初次求教就施以教诲，再三乱问，这就渎犯了神圣的筮法，乱问就不再为之筮。此卦是有利的占问。

《彖传》解释道：蒙卦的象征是，山下有危险，君子遇险止步，这就是蒙卦。蒙卦是亨通的，是因为遇险止步是及时的和中正的。“匪我求童蒙，童蒙求我”，这是说双方的想法一致；“初筮告”，是因为蒙童求问的是刚健中正的事；“再三渎，渎则不告”，是因为这种行为是渎犯神灵的和蒙昧的。通过培养中正的道德去除蒙昧，这是圣人的功业。

《象传》说：山下涌出泉水，这就是蒙卦的象征。君子取法蒙卦果断行动，培养道德。

爻辞

【经文 + 传文】

初六　发蒙[①]**；利用刑人**[②]**，用说桎梏**[③]**；以往吝。**

《象》曰：“利用刑人”，以正法也。

【注释】

①发：除去。②刑人：刑，法也。③说：同“脱”，解除。

【译文】

初六　启发蒙昧；利于以法教育人，使其脱离桎梏。但有所前往则会发生艰难之事。

《象传》解释道：“利用刑人”，是说君子按照法令办事。

【爻意分析】

此爻为本卦之初始，其位置最下，且以阴爻居于阳位，不中不正，好似个蒙昧不守正道的学童，需要九二刚中师长的教导。启蒙之始，宜严以施教，必要时应给以惩罚，使之回归正途。若姑息迁就，任其自由散漫，劣性滋长，日后铸成大错，则后悔莫及。所以初六犯下小错之时，就要予以适当惩戒，使其铭记在心。如此才能避免其日后的无穷祸患。

【经 + 传文】

九二　包蒙[①]**：吉；纳妇：吉，子克家**[②]**。**

《象》曰：“子克家”，刚柔接也[③]。

【注释】

①包：包容。②克：成。③刚柔接：本爻九二是阳爻，是刚，居六三下，六三是阴爻，是柔，所以说“刚柔接”。“刚柔接”象征男女相配。

【译文】

九二　包容蒙昧之人：吉祥；为子娶妻：吉祥；儿子能够继承父志兴家立业。

《象传》说：“子克家”，是说男女相配。

【爻意分析】

九二爻阳爻居阴位，虽不正，但又居中位，故可包容初、三、四、五诸阴爻，师尊于上，远近皆至，故而吉祥。九二爻上应六五，下应诸阴爻，又好比男子娶妻纳妾一般，意指能够包容接纳。九二爻位于下卦中位，虽然地位低下，却能像儿子继承父志一样，兴家立业，所以爻辞上说："子克家。"

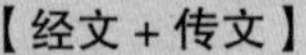

【经文＋传文】

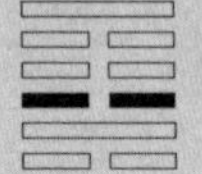

六三　勿用取女①，见金夫②，不有躬，无攸利。

《象》曰："勿用取女"，行不顺也③。

【注释】

①取：同"娶"。②金夫：有钱男人。③行不顺：本爻六三是阴爻，是柔，居九二上，九二是阳爻，是刚，柔在刚上，是女凌驾男的象征，所以说"行不顺"。

【译文】

六三　不能娶那样的女人，她看见有钱人，就会失身，娶她没有什么好处。

《象传》说："勿用取女"，是说事情不顺。

【爻意分析】

此爻阴居阳位，不中不正，兼处蒙卦下体之末，乘凌位卑而中正刚明的良师九二，攀附于与之同样不中不正而位居极位的上九，故而现邪辟妄行、见利忘义之端倪，行有不顺。

【经文＋传文】

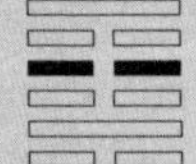

六四　困蒙①：吝。

《象》曰："困蒙"之"吝"，独远实也。

【注释】

①困：受困。

【译文】

六四　困于蒙昧之中：有艰难。

《象传》说："困蒙"是艰难的，是因为远离实际。

【爻意分析】

此爻阴居阴位，又处于六三、六五两阴爻之间，虽得位而阴气太重，而与九二与上九两阳爻相距甚远，既非亲比，又无正应，故困于蒙昧之中。

【经文 + 传文】

六五　童蒙：吉。

《象》曰："童蒙"之"吉"，顺以巽也[①]。

【注释】

① 顺以巽：巽：顺从。本爻六五是阴爻，居上九阳爻下，是柔顺从刚、儿童服从大人的象征，所以说"顺以巽"。

【译文】

六五　童子蒙昧受启发（能够听从教导）：吉祥。

《象传》解释道："童蒙"是吉祥的，是因为蒙童柔顺又能服从大人。

【爻意分析】

此爻居尊位而柔善，又与九二相正应并得其相助。面对九二刚中之师，六五谦恭好学，欣然接受九二的教诲，其智慧日益增长，其学业日益精进，故为此卦之吉爻。

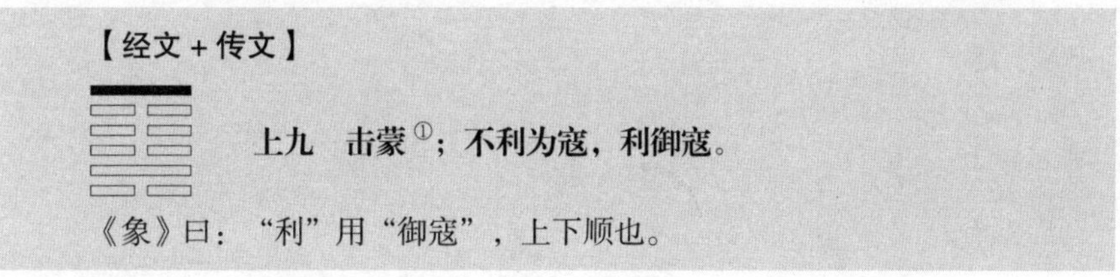

【经文 + 传文】

上九　击蒙[①]；不利为寇，利御寇。

《象》曰："利"用"御寇"，上下顺也。

【注释】

① 击：攻击。

【译文】

上九　以猛击开启蒙昧；过于暴烈则不利，用抵御盗寇之法有利。

《象传》解释道："御寇"是有利的，是因为御寇是自卫，臣民都会顺从支持。

【爻意分析】

阳爻居阳位，阳刚之气过重，下临三爻阴爻，又兼居至上之位，故而刚勇无羁，柔性不足。上九个性刚猛，其教育过于严厉，任意处罚学生，结果会适得其反，其所作所为对启迪蒙昧毫无帮助。

需 卦

水天需
（下乾上坎）

卦辞

【经文＋传文】

需　有孚①，光亨，贞吉，利涉大川。

《彖》曰：需，须也②。险在前也③，刚健而不陷，其义不困穷矣④。需，“有孚，光亨，贞吉”，位乎天位⑤，以正中也。“利涉大川”，往有功也。

《象》曰：云上乎天⑥，需。君子以饮食宴乐。

【注释】

①孚：即“俘”，俘获。此“孚”的本义是“信”的意思，故也有一说称“有孚”是指“有信”。②须：等待。③险在前：需卦的后卦（下卦）是乾，前卦（上卦）是艮，艮是险，所以说“险在前”。④义：同“宜”。⑤位乎天位：位，处于；天位，指第五爻位。九五是阳爻，居第五爻位，阳爻居于阳位，所以说“位乎天位”。“位乎天位”象征人居尊位。九五又居上卦中位，所以下文说“以正中”。“以正中”象征人道德中正。⑥云上乎天：需卦下乾上坎，坎是水，也是云，乾是天，所以说“云上乎天”。云在天上，是雨降润物的先兆，君子也要饮食宴乐滋养身心，所以下文说“君子以饮食宴乐”。

【译文】

《需》　真诚守信，光明亨通，守正吉祥，渡大河有利。

《彖传》说：需，指等待。前有危险，人却能凭着刚健避免使自己陷险，宜其不会困穷。需卦说：“有孚，光亨，贞吉。”这是因为人居尊位，道德中正。“利涉大川”，这是说前往有收获。

《象传》解释道：云在天上，这就是需卦的象征。君子取法需卦安于饮食宴乐。

爻辞

【经文＋传文】

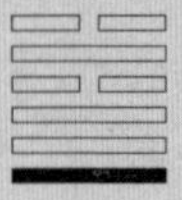

初九　需于郊[①]，利用恒，无咎。

《象》曰："需于郊"，不犯难行也[②]；"利用恒，无咎"，未失常也[③]。

【注释】

① 需：稽留。② 犯难：冒险。③ 常：常道。

【译文】

初九　停留郊野外，恒心等待有利，无害。

《象传》解释道："需于郊"，是说不要冒险前进；"利用恒，无咎"，是因为没有违反常道。

【爻意分析】

古人称居住于城墙之内为"邑"，城墙之外为"郊"。"需于郊"，说明初九离开城邑，来到郊外，知道前面有坎水之险，所以停下来等待。此爻为阳爻居阳位，又为本卦初爻，故有阳刚之勇；又与六四柔爻相应，所以有上行之势，容易为意气所动而执意前行。初九动辄接近坎水之险，唯有安分守己，以恒常之心处之，才可以远离祸患而无咎。

【经文＋传文】

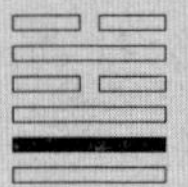

九二　需于沙，小有言[①]，终吉。

《象》曰："需于沙"，衍在中也[②]，虽小有言，以终吉也。

【注释】

① 言：谴责。② 衍：一说宽舒，一说过错。

【译文】

九二　停留在难行的沙地上，会受到小的谴责，但终获吉祥。

《象传》说："需于沙"，是说君子停于不当停之处而有过失，受到小的谴责，结果却还是好的。

【爻意分析】

此爻虽阳居阴位而不正，然又处下卦之中位，上无应与，不求遽进，其居柔守中，静待不躁。九二离坎险尚隔九三，犹如在靠近水旁之沙滩上等待时机，接近危险但未陷入危险，虽然有小小的语言中伤，但并无大碍。

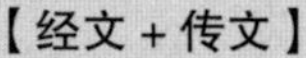

【经文 + 传文】

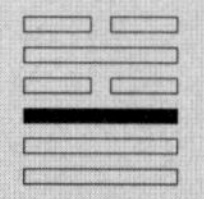

九三　需于泥，致寇至①。

《象》曰："需于泥"，灾在外也。自我"致寇"，敬慎不败也。

【注释】

①致：招致。

【译文】

九三　停留淤泥里，会招致盗寇到来。

《象传》解释道："需于泥"，是说灾祸就在外面。虽是自己招来的寇盗，但谨慎防御，还是能避免失败的。

【爻意分析】

"泥"为与水相接的泥淖之地，是险陷之地；"寇"指大灾祸。九三最接近上卦的坎体，身处河边的泥地，其处境非常容易招致寇至。此爻处需下卦之上，濒临坎险，又以阳居阳位，有刚亢躁进之象，若稍有不慎，则会致祸。

【经文 + 传文】

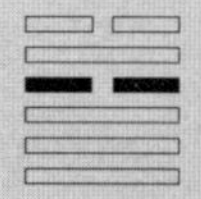

六四　需于血①**，出自穴**。

《象》曰："需于血"，顺以听也②。

【注释】

①血：血泊。②顺以听：本爻六四是阴爻，居九五阳爻下，是顺从的象征，所以说"顺以听"。

【译文】

六四　停留血泊中（形势凶险），但终能逃出洞穴（渡过灾难）。

《象传》说："需于血"，是说要顺乎时势应乎天命。

【爻意分析】

此爻阴居阴位，柔弱有加，又居坎险下位，有血泊之象；然又居正位，得上之尊爻九五之庇护，虽在伤地而终得出也。六四虽已在坎险中受伤，却能以柔顺之道应对自处，即便在血泊中，也能冷静等待脱险的时机，加上九五的帮助，最终化险为夷。

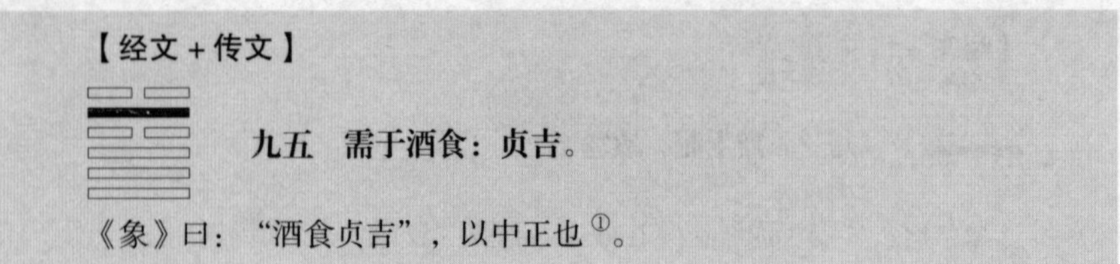

【经文 + 传文】

九五　需于酒食：贞吉。

《象》曰："酒食贞吉"，以中正也[①]。

【注释】

① 中正：本爻九五是阳爻，居上卦中位，象征道德中正，所以说"以中正"。

【译文】

九五　停留酒食之地：占问说吉祥。

《象传》解释道："酒食贞吉。"是因为君子能行中正之道。

【爻意分析】

九五爻已深入坎险中间，本来是非常值得担忧的；但此爻阳居中位，又高居君位，阳刚中正，其德足以服人。中则左右逢源，正则长久不已。九五爻知上下协助不力，在困境中仍能自得其乐，处变不惊，乐以待之。其乐观宽容的态度最终等到圆满的结果。

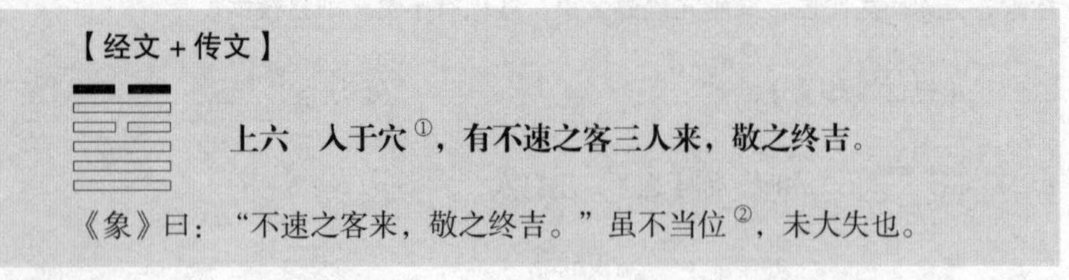

【经文 + 传文】

上六　入于穴[①]，有不速之客三人来，敬之终吉。

《象》曰："不速之客来，敬之终吉。"虽不当位[②]，未大失也。

【注释】

① 穴：古人穴居，穴代表居所。② 位："位"当为衍字。

【译文】

上六　进入居住之处，有三个不速之客来访，恭敬接待就会终获吉祥。

《象传》说："不速之客来，敬之终吉。"上六处的位置虽有不当，但不会酿成大过失。

【爻意分析】

此爻虽阴柔得正，而身居险境，有陷而入穴之象。九三与之相应，携初九、二九相助，敬之则可获吉。

讼 卦 ䷅

天水讼
（下坎上乾）

卦辞

【经文 + 传文】

讼 有孚，窒[①]，惕，中吉，终凶；利见大人，不利涉大川。

《彖》曰：讼，上刚下险[②]，险而健，讼。讼“有孚，窒惕，中吉”，刚来而得中也[③]；“终凶”，讼不可成也；“利见大人”，尚中正也；“不利涉大川”，入于渊也。

《象》曰：天与水违行[④]，讼。君子以作事谋始。

【注释】

① 窒：通“恎”，指恐惧。一说指窒塞。② 上刚下险：讼卦下坎上乾，乾是刚，坎是险，所以说“上刚下险”。乾又是健，所以下文说“险而健”。③ 刚来而得中：九二、九五都是阳爻，是刚，所以说“刚来”；九二居下卦中位，九五居上卦中位，所以说“得中”。“刚来而得中”象征君子刚健中正。④ 天与水违行：讼卦下坎上乾，乾是天，坎是水，古人认为天是朝西运行的，水是东流的，水天相背，所以说“天与水违行”。水天相背，象征人和人意见相背，会起争讼，做事宜谋好开局，所以下文说“君子以作事谋始”。

【译文】

讼 有俘获；心中恐惧警惕，事情中途吉祥，结果凶险；见大人有利，渡大河不利。

《彖传》解释道：讼卦的象征是，君子刚健时遇险，遇险时依然刚健，这就是讼卦。讼卦说“有孚，窒，惕，中吉”，这是因为君子刚健中正；“终凶”，这是说君子争讼不会赢；“利见大人”，是因为君子崇尚中正；“不利涉大川”，是因为强渡会落水。

《象传》解释道：天和水反向运动，这就是讼卦的象征。君子取法讼卦，做事考虑好布局谋篇（以绝争讼之源）。

爻辞

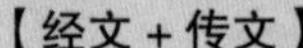

【经文+传文】

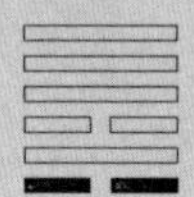

初六　不永所事①，小有言，终吉。

《象》曰："不永所事"，讼不可长也。虽小有言，其辩明也。

【注释】

① 永：长久。

【译文】

初六　事情做不长久，会受到小的谴责，但终获吉祥。

《象传》解释道："不永所事。"是说争讼时间不可拖太久。虽然受到（官吏）小的谴责，是非却已辩明白了。

【爻意分析】

初六爻以阴爻居于卦下，阴居阳位而不正，虽与九四爻阴阳相应，但中有九二爻阻碍。幸而九四爻阳刚，有呼应之势，故终能平息争讼。

【经文+传文】

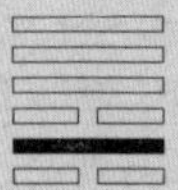

九二　不克讼①，归而逋②，其邑人三百户无眚③。

《象》曰："不克讼"，归逋窜也。自下讼上，患至掇也④。

【注释】

① 讼：官司。② 逋：逃跑。③ 邑：封邑。眚：灾祸。④ 掇：取。

【译文】

九二　争讼输了，回家后逃跑，他封邑内的三百户人家就能免于灾祸了。

《象传》说：争讼赢不了，回来后就逃跑。居于下位而和上位发生争讼，招来祸患十分容易。

【爻意分析】

此爻以阳爻居阴位，又处坎险之中，又与阳刚而处尊位的九五爻不相应，两刚相遇而不相应，造成争讼。九二爻居下位而必败无疑。

【经文＋传文】

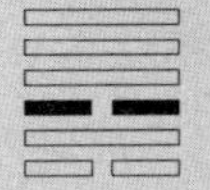

六三　食旧德[1]：贞厉，终吉；或从王事，无成。

《象》曰："食旧德"，从上吉也[2]。

【注释】

①旧德：祖业。②从上：本爻六三是阴爻，居九四阳爻下位，是柔顺从刚、小民顺从君主的象征。

【译文】

六三　靠祖业过活：守持正固以避免危险，终获吉祥；或者从事君王事业，不以成功而自居。

《象传》解释道："食旧德。"是说顺从上位就能吉祥。

【爻意分析】

此爻以阴柔之质居九二、九四两阳爻之间，为危厉之地，又兼处上下卦之间，更为进退两难是非之地，应顺上息讼。

【经文＋传文】

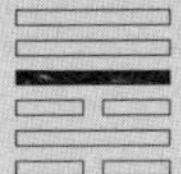

九四　不克讼，复即命渝[1]；安贞吉。

《象》曰："复即命渝""安贞"，不失也。

【注释】

①复：返回。即：顺从。渝：同"谕"，谕令。

【译文】

九四　官司输了，回来后服从命令；安守正道则吉祥。

《象传》解释道：回来后服从命令，安守正道，这就不会有过失。

【爻意分析】

此爻以阳刚之势居于阴位，不正不中，与初六爻位置相对，有以强凌弱、以上压下之势；初六爻阴柔势弱，不想与之相争，其以"不永所事"为戒，并不与九四爻争讼。因此九四爻虽然刚强好讼，但终究不能成讼。

【经文 + 传文】

九五　讼元吉。

《象》曰："讼元吉"，以中正也[①]。

【注释】

① 中正：本爻九五是阳爻，居上卦中位。

【译文】

九五　明断讼事，大吉。

《象传》说：争讼大吉，是因为君子居中守正。

【爻意分析】

此爻阳居阳位，又兼居尊位，故能中正刚直，行中正之道。九五爻阳气充沛，立于正义之上，由九五爻来仲裁讼事，则正义必得伸张，非常吉祥。

【经文 + 传文】

上九　或锡之鞶带[①]，终朝三褫之[②]。

《象》曰：以讼受服[③]，亦不足敬也。

【注释】

① 锡："赐"的通假字，赐给。鞶带：古代官员所系的一种皮革腰带。② 终朝：一日。褫：剥夺。③ 服：即鞶带，象征官位。

【译文】

上九　偶或（讼胜）得到显贵的大腰带，但一天里多次得到又多次被剥夺。

《象传》说：通过争讼捞得官位，是不值得人敬重的。

【爻意分析】

此爻以阳刚居于本卦终极，具争强好胜之本性，与下卦六三爻相对；六三爻忍让而不争不讼，故而一时胜诉。这种通过争讼而获得的高官厚禄，不仅不光彩，而且饱受舆论谴责，非常凶险。

师 卦 ䷆

地水师
（下坎上坤）

卦辞

【经文 + 传文】

师 贞[①]，丈人吉[②]，无咎。

《彖》曰：“师”，众也；“贞”，正也。能以众正，可以王矣。刚中而应[③]，行险而顺[④]，以此毒天下[⑤]，而民从之，吉，又何咎矣。

《象》曰：地中有水[⑥]，师。君子以容民畜众。

【注释】

① 师：为军队兵众之义。本卦讲述了行师、择将、进退等各方面的军事活动，系统论述了战争理论。指出要慎重对待战争，因为战争关系到百姓的生命财产安全和国家的生死存亡。② 丈人：贤明长者。③ 刚中而应：九二是阳爻，居下卦中位，与居上卦中位的六五阴爻相应，所以说“刚中而应”。“刚中而应”象征君子的号召有人响应。④ 行险而顺：师卦下坎上坤，坤是顺，坎是险，所以说“行险而顺”。“行险而顺”象征君子身处危险仍能顺应正道。⑤ 毒：同“督”，指治理。⑥ 地中有水：师卦下坎上坤，坤是地，坎是水，所以说“地中有水”。地蓄养水，君子也要供养民众，所以下文说“君子以容民畜众”。

【译文】

师卦 坚守正固，贤明长者率兵吉祥，无害。

《彖传》解释道：“师”，指众人；“贞”，指正道。能使众人都来归顺正道，就可以称王。刚健中正又能得人响应，身处危险仍能顺应正道，这样治理天下，百姓就会归附，这是吉祥的，哪里会有害处呢？

《象传》解释道：地中有水，这就是师卦的象征。君子取法师卦保护和供养百姓。

爻辞

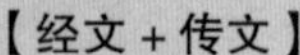

【经文+传文】

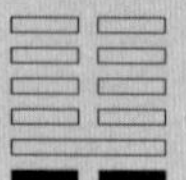

初六　师出以律[1]，否臧凶[2]。

《象》曰：“师出以律”，失律凶也。

【注释】

①律：军纪。②臧：同“藏”，有，藏有。

【译文】

初六　行军靠军纪，不守军纪会有凶险。

《象传》解释道：“师出以律。”失了纪律是凶险的。

【爻意分析】

此爻阴居阳位，又为本卦之起始，阴柔之象明显，为初出茅庐之征，又处卦主之左右，以其柔弱之质恐难治军以律，所以《爻辞》告诫，军纪不佳会有风险。

【经文+传文】

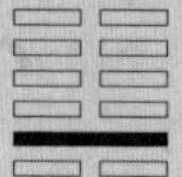

九二　在师中：吉，无咎，王三锡命[1]。

《象》曰：“在师中吉”，承天宠也；“王三锡命”，怀万邦也[2]。

【注释】

①锡命：即“赐命”，奖赏。②怀：指收服。

【译文】

九二　在军统兵，持中不偏者吉祥，无害，天子多次奖赏他。

《象传》解释道：“在师中吉。”是因为受到上天的宠爱；“王三锡命”，为的是收服万国的心。

【爻意分析】

此爻为阳爻，居下卦之中位，为中庸之象；又为本卦之唯一阳爻、一卦之主，受众阴爻之拱卫；上之六五爻虽阴柔，然位居尊位，为卦中之君，与之相应。九二爻为主爻，居于军中，总摄用兵行师之事，因其具备刚中之德，所以吉祥没有咎错。

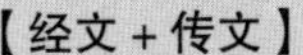

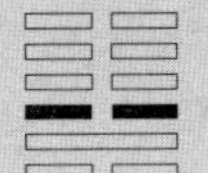

六三　师或舆尸[①]：凶。

《象》曰："师或舆尸"，大无功也。

【注释】

①舆：用车装载。

【译文】

六三　军队或会用车载着尸体回来：凶险。

《象传》解释道："师或舆尸。"是说征伐不仅毫无战绩，而且出师的军队可能载尸而归。

【爻意分析】

此爻阴居阳位，不正不中，才能有限；又乘于九二之上，刚愎自用，故行事易失。这象征将领有勇无谋，才弱志刚。其轻率用兵，大意轻敌，所以吃了败仗，军队最后载尸而归，可见是多么凶险！

【经文 + 传文】

六四　师左次[①]：无咎。

《象》曰："左次无咎"，未失常也。

【注释】

①次：驻扎。

【译文】

六四　军队撤退至安全处驻扎：免遭灾害。

《象传》解释道："左次无咎。"撤退至安全处驻守，没有出现灾祸，是因为军队没有违反行军的常道。

【爻意分析】

"左次"为"退避、歇止"之义，六四爻处上、下两卦之交，为"多惧之地"；下又无阳爻为继，处势不利，所以暂时退后一步，按兵不动，因此而得无咎。六四爻柔居阴位，阴柔而得正，故可处险自警，不致一意孤行；一时受阻，能暂退而按兵不动，所以没有灾祸。

【经文 + 传文】

六五　田有禽：利执言[①]，无咎；长子帅师，弟子舆尸[②]：贞凶。

《象》曰："长子帅师"，以中行也[③]；"弟子舆尸"，使不当也。

【注释】

① 执：捕捉。② 弟子：次子。③ 中：本爻六五居上卦中位，象征中道。

【译文】

六五　田野上有野禽，利于捕捉，无害；可以委任长者统率军队出征；委任幼稚者就会战亡，尸体用车载着回来：要保持贞正以防凶险。

《象传》解释道："长子帅师"，是因为长子能行中道。"弟子舆尸"，是因为用人不当。

【爻意分析】

六五爻以阴爻居于处上卦中央的至尊之位，显柔顺、中庸之象，不会贸然犯险，是柔顺中正而能用师的明君。"田有禽：利执言"比喻敌人来侵犯领土，应该予以打击。这是师出有名的正义之战，所以是有利的，没有灾祸。

【经文 + 传文】

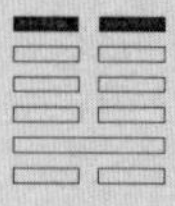

上六　大君有命[①]，开国承家[②]，小人勿用。

《象》曰："大君有命"，以正功也；"小人勿用"，必乱邦也。

【注释】

① 大君：即九二中的"王"。② 开国：分封侯国。

【译文】

上六　天子有奖赏，有功者封为诸侯或大夫，小人不得受封。

《象传》解释道："大君有命"，为的是论功行赏。"小人勿用"，不然必定乱邦。

【爻意分析】

此爻为本卦之终极，阴居阴位而得位，象征战争结束，君王论功行赏。强调小人即便在战争中有功，也不可以重用。

比 卦 ䷇

下坤上坎

卦辞

【经文 + 传文】

比：　　吉，原筮[①]，元[②]，永贞无咎；不宁方来[③]，后夫凶。

《彖》曰：比，吉也；比，辅也，下顺从也。“原筮元。永贞无咎”，以刚中也[④]；“不宁方来”，上下应也[⑤]；“后夫凶”，其道穷也。

《象》曰：地上有水[⑥]，比。先王以建万国，亲诸侯。

【注释】

①原：初次。②元：当为“元亨”，指大亨通。③宁：安宁。方：邦国。④刚中：九五是阳爻，居上卦中位。⑤上下应：居上卦中位的九五阳爻，与居下卦中位的六二阴爻相应。⑥地上有水：比卦下坤上坎，坎是水，坤是地，所以说“地上有水”。水象征百姓。大地上百姓遍布，先王治理百姓，就要建国亲侯，巩固政权，所以下文说“先王以建万国，亲诸侯”。

【译文】

比卦：亲密比辅则吉祥，初次占问大亨通，长久坚持正固则无害；不获安宁的邦国前来朝拜，迟来的有凶险。

《彖传》说：比卦是吉祥的，“比”，指辅佐，指臣子顺从君主。“原筮元，永贞无咎”，是因为君主刚健中正；“不宁方来”，是因为君臣能彼此响应；“后夫凶”，这是说后到者将无路可走。

《象传》说：地上有水，这就是比卦的象征。先王取法比卦建立众国，亲近诸侯。

爻辞

【经文 + 传文】

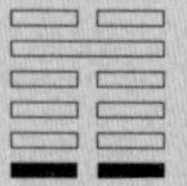

初六　有孚；比之[①]，无咎；有孚盈缶，终来，有它吉。

《象》曰：比之“初六”，“有它吉”也。

【注释】

① 比：辅佐。

【译文】

初六　心怀诚信，亲比天子则无害；积累的诚信有如水装满瓦器，最终还有别的收获到来：吉祥。

《象传》解释道：比卦初六爻认为“终会有他人来亲近自己”，吉祥。

【爻意分析】

此爻以阴柔之质居下，地位低微；又远离九五至尊，故与九五爻至尊结交不易。初六想要亲比九五，应当内心充满诚信，犹如缶中盈满物品，满腹皆诚，这样不但没有咎错，还会有意想不到的吉祥降临。初六爻虽然没有刻意亲比于谁，但其诚信守正，自然会获得亲比而得吉。

【经文 + 传文】

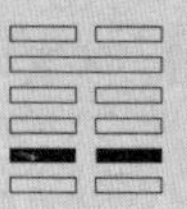

六二　比之自内[①]：贞吉。

《象》曰：“比之自内”，不自失也。

【注释】

① 内：朝廷内。

【译文】

六二　在朝廷内辅佐天子：守持正固吉祥。

《象传》说：从内部相亲相辅，是没有失去自己本来就有的正应关系（强调亲比要从自己做起）。

【爻意分析】

此爻以阴柔居下卦之中，处中正之位，又与本卦之至尊九五爻成正应关系，能上下呼应，故而条件优越。“自内”意谓由己而发，与人亲比能固守正道，则得吉。

【经文 + 传文】

六三　比之匪人[①]。

《象》曰：“比之匪人”，不亦伤乎[②]？

【注释】

① 匪人：匪，通“非”，非人，指天子不贤。② 伤：伤害。

【译文】

六三　亲近辅佐了不该亲近的人。

《象传》解释道：“比之匪人。”岂不是会被伤害？

【爻意分析】

此爻以阴柔之气居阳位，又处下卦之末，与其相对应之爻上六爻位居不中，且其与刚正的九五爻无对应关系，故而处境不利。在比卦中，初六爻亲比九五爻“有它吉”，六二爻以中正之道亲比九五爻，六四爻以正德亲比九五爻，而六三爻缺乏亲比九五爻的德行和对应关系。所以六三爻是“比之匪人”，不能和恰当的对象亲比，必有悔吝。

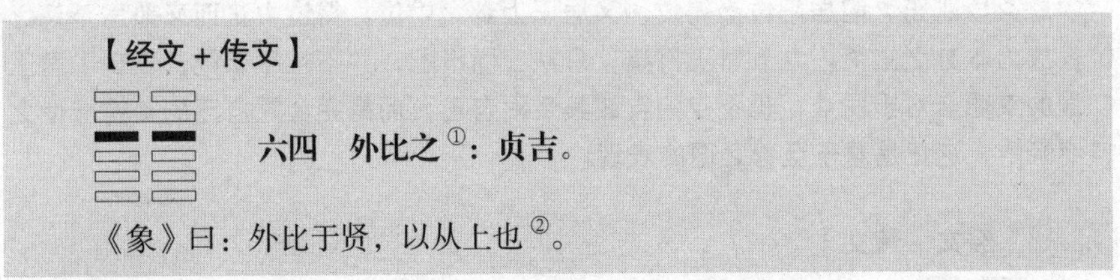

【经文 + 传文】

六四　外比之[①]：贞吉。

《象》曰：外比于贤，以从上也[②]。

【注释】

① 外：朝廷外。② 从上：本爻六四是阴爻，居九五阳爻下位，是臣顺从君的象征。

【译文】

六四　在外亲比于上：守持贞正则吉祥。

《象传》解释道：在朝廷外辅佐贤君，是因为臣子要服从君主。

【爻意分析】

此爻本与初六爻相应，而阴阴相斥，故而既不能相应，亦无法相比。然又阴居阴位而当位得正，与九五爻至尊之位相比邻，刚柔相济，故可吉祥。

【经文 + 传文】

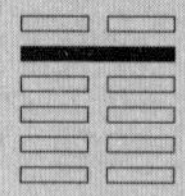

九五 显比①，王用三驱②，失前禽，邑人不诫③：吉。

《象》曰：九五“显比”之“吉”，位正中也④。舍逆取顺⑤，“失前禽”也。“邑人不诫”，上使中也。

【注释】

①显比：显，明也。上下相比，大公无私之比。②三驱：古代的一种狩猎法，三面设围，前面放空，如果野兽从前面逃走，就不追捕，故而下句说“失前禽”。③诫：通“骇”，惊奇。④正中：本爻九五是阳爻，居上卦中位。⑤逆：迎面奔来。

【译文】

九五 用光明之道广获亲比；天子用三驱法狩猎，放掉逃向前面的野禽，当地人对此不感到惊奇：吉祥。

《象传》说：用光明之道辅佐君主是吉祥的，是因为君主中正。舍弃迎面奔来的野兽不射杀，却去射杀往前跑远的，是“失前禽”的原因。当地人对此不感到惊奇，是因为君主中正。

【爻意分析】

此爻以刚正之阳居阳位而得位，又居于上卦之中位，得位中正而又兼居至尊之位，故为本卦之主爻。九五君王打猎，只从三面设围，并不赶尽杀绝，表现了君王仁爱的美德。对于民众，也不专门告诫其亲附自己，而是完全凭自己的美德而使之自愿亲附，这正是君子至善之德的表现。

【经文 + 传文】

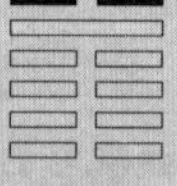

上六 比之，无首：凶。

《象》曰：“比之无首”，无所终也。

【译文】

上六 亲比而没有好的开端：凶险。

《象传》解释道："比之无首。"是说事情没有好收场。

【爻意分析】

此爻位居本卦之末，阴居阴位而得位，位置甚高而紧邻九五，故本有有利之势；但其"比之无首"，是说上六在开始的时候不愿亲比九五，直到看到其他爻都已亲附九五，自己已陷入孤立的困境，才求比于九五；但已错过时机。这就是《卦辞》所说的"后夫凶"。

小畜卦

下乾上巽

卦辞

【经文+传文】

小畜　亨；密云不雨，自我西郊。

《彖》曰：小畜，柔得位而上下应之①，曰“小畜”。健而巽②，刚中而志行③，乃“亨”。“密云不雨”，尚往也④；“自我西郊”，施未行也。

《象》曰：风行天上⑤，小畜。君子以懿文德⑥。

【注释】

①柔得位：六四是阴爻，是柔，第四爻位是阴位，阴爻居阴位，是“得位”（当位）；六四阴爻又是柔，所以说“柔得位”。“柔得位”象征小民地位得当。上下应：居上卦下位的六四阴爻，与居下卦下位的初九阳爻相应。②健而巽：巽，谦逊。小畜卦下乾上巽，乾是健，所以说“健而巽”。“健而巽”象征君子刚健谦逊。③刚中：九五、九二都是阳爻，分居上下卦中位。④尚：同“上”。⑤风行天上：小畜卦下乾上巽，巽是风，乾是天，所以说“风行天上”。风象征德教，天象征朝廷，朝廷实施德教，靠的是德才兼备的人，所以下文说“君子以懿文德”。⑥懿：美，指磨炼。文：指才能。

【译文】

小畜卦　亨通；浓云不下雨，从我的西邑郊外涌来。

《彖传》说：小畜卦的象征是，六四阴爻居阴位，即是柔顺者得其位，上下五阳爻与之相应，所以小有蓄聚，所以卦名叫“小畜”。君子刚健谦逊，道德中正，志向得以推行，所以亨通。“密云不雨”，这是说乌云上涌聚集；“自我西郊”，这是说雨尚未降下，说明阴阳交和之功方积，而未施展魔力。

《象传》解释道：风在天上刮，这就是小畜卦的象征。君子取法小畜卦，磨炼自己的才能和道德。

爻辞

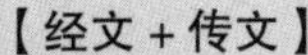

【经文 + 传文】

初九　复自道[①]：何其咎？吉。

《象》曰："复自道"，其义吉也。

【注释】

① 道：旧路。

【译文】

初九　从正路返回，能有什么灾祸呢？吉祥。

《象传》解释道："复自道。"是吉祥的。

【爻意分析】

此爻阳居阳位而得位，与卦唯一阴爻六四爻相应，成正应关系。而因此爻处阳之初，阳气尚弱，如为六四爻所蓄积，则会失去本身德性。

【经文 + 传文】

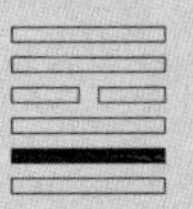

九二　牵复[①]：吉。

《象》曰："牵复"在中[②]，亦不自失也。

【注释】

① 牵：受人牵连。② 在中：本爻九二是阳爻，居下卦中位。

【译文】

九二　受人牵引返回：吉祥。

《象传》解释道："牵复"，是因为君子能守中道，不会有什么过失。

【爻意分析】

此爻处于下卦中位，向上与九五爻相敌无应，所以容易受到其同类初九爻牵连。九二爻以刚爻居于阴位，资质刚健而能用柔顺之道。其处于下卦正中，刚健中正，又不急于上行，同样避免了受六五爻牵连。

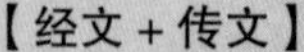
【经文＋传文】

九三　舆说辐[①]；夫妻反目。

《象》曰：“夫妻反目”，不能正室也。

【注释】

① 说：通“脱”，脱落。辐：车轮上的直条。

【译文】

九三　车轮辐条脱落；夫妻反目成仇。

《象传》解释道：“夫妻反目。”这是因为丈夫不能使夫妻关系正常，使家庭和睦。

【爻意分析】

此爻阳居阳位，又处下爻之上位，刚亢而躁动；与六四相比，因处六四阴质之下，六四乘凌于此爻之上，此爻为六四所蓄积，故为六四所制而失去主导，阴阳平衡被打破。

【经文＋传文】

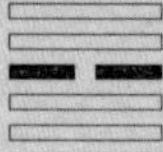

六四　有孚，血去惕出[①]，无咎。

《象》曰：“有孚惕出”，上合志也。

【注释】

① 血：“恤”的通假字，忧患。惕：“逖”的通假字，远去。

【译文】

六四　心怀诚信，忧患将会过去；出远门无害。

《象传》解释道：“有孚惕出。”是指能与居于上位的阳刚者心志相合。

【爻意分析】

“孚”是诚信的意思。“血去”指远离杀伤之地。“惕出”指免于危险惊惧。此爻阴居阴位而得正，又与九五相比邻，与初九相应并蓄积其余上下五阳，故内外上下都有利。六四之位正如近君大臣，其如能以其至诚之心、柔顺之道得君王的信任和重用，则可以避免凶险，没有咎错。

【经文 + 传文】

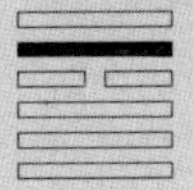

九五 有孚挛如[①]，富以其邻。

《象》曰：“有孚挛如”，不独富也。

【注释】

① 挛如：连成一串的样子。如：语气助词，无实际意义。

【译文】

九五 心怀诚信，密切相连，与近邻共同富裕。

《象传》解释道：“有孚挛如。”是说不要一家独富。

【爻意分析】

九五爻与六四爻相承，是为诚信牵系；阳居阳位，以刚正之态居巽卦之中，为本卦之主。六四爻积存诚心以蓄辅九五爻，九五爻也能以诚相待加强与六四爻的紧密合作。“富以其邻”指九五爻将自己的中正诚信之德推及到了其邻六四爻。

【经文 + 传文】

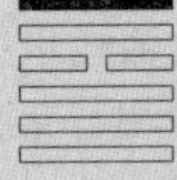

上九 既雨既处[①]，尚德载[②]；妇贞厉；月几望[③]，君子征凶。

《象》曰：“既雨既处”，德积载也[④]；“君子征凶”，有所疑也。

【注释】

① 既：已经。② 尚德载：要积德载物。③ 几：接近。望：阴历十五日（有时是十六日或十七日）的圆月，指阴历十五。④ 德：指可以。

【译文】

上九 雨下过了，停了，此时应当积德载物，妇女应保持贞正以防危险；接近阴历十五时，君子出征有凶险。

《象传》解释道：“既雨既处。”是说这时可以装货出行。“君子征凶。”是因为出兵前对敌我形势、战争策略判断失误而致出兵时迟疑不决。

【爻意分析】

此爻居巽卦之上位，又居全卦之顶端，为蓄止之终极，小蓄之道亦至极盛。阴气已经充分积累，阳气也已经蓄积完成，阴、阳二气相合而成雨水，功德已经圆满。

履 卦

下兑上乾

卦辞

【经文＋传文】

履 履虎尾，不咥人[①]**：亨。**

《彖》曰：履，柔履刚也[②]。说而应乎乾[③]，是以“履虎尾，不咥人”，“亨”。刚中正[④]，履帝位而不疚，光明也。

《象》曰：上天下泽[⑤]，履。君子以辩[⑥]上下，安民志。

【注释】

① 咥（xì）：笑的样子，此处指咬。② 柔履刚：六三是阴爻，居九二阳爻上，柔在刚上，是小民凌驾于君子之上的象征。这也可以比喻成有人蹑行于猛虎之后，这诚然是很危险的事；但是老虎却不咬人。这是怎么回事呢？一定是自己小心谨慎的功夫到家。③ 说：通“悦”，和悦。应乎乾：履卦下兑上乾，乾是刚，兑是柔，柔刚相应，是小民和悦地响应君子号召的象征。其实这也是说明柔弱者应以和悦的态度对待刚强者，要让刚强者的猛烈无法施展，最终以温柔和悦将其驯服。你不去捋虎须，而是顺势而为，就不会遭到它的攻击。④ 刚中正：九五是阳爻，居上卦中位。此爻是君临天下的地位，如果能做到中和、公正，避免刚愎自用，那可真算得上是“明君”了。⑤ 上天下泽：履卦下兑上乾，乾是天，兑是泽，所以说“上天下泽”。天象征君主，泽象征百姓，君主统治百姓，就要区别尊卑，安定民心，所以下文说“君子以辩上下，安民志”。⑥ 辩：通“辨”，区别。“上天下泽”实际上还包含了“礼”的规范，古人说，“履”和“礼”是密切相关的，天下有礼则安，无礼则危。

【译文】

《履》 踩到老虎尾巴，老虎不咬人：亨通。

《彖传》说：履卦的象征是，小民凌驾于君子之上。小民和悦地响应君子号召，这就是“履虎尾，不咥人”，“亨”的象征。君子刚健中正，即使登临帝位也毫无愧疚，前途光明。

《象传》说：上天下泽，这就是履卦的象征。君子取法履卦建立秩序，分别上下名分，安定百姓思想。

爻辞

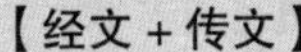

【经文 + 传文】

初九　素履往[①]**：无咎。**

《象》曰："素履"之"往"，独行愿也[②]。

【注释】

① 素履：白色无纹的鞋。② 独行愿：指行事坚定。

【译文】

初九　穿着朴素无华的鞋子前往：无害。比喻人以朴实坦白的态度行事，则无害。

《象传》说：朴素无华地往前走，是说君子行事坚定。

【爻意分析】

此爻阳居阳位而得正，因而能履行正道；居本卦之最下位，为本卦之初始，故能有大的发展前途。《象传》中说，以质朴的态度行事而继续前进，说明初九能独力实现自己的意愿。初九初涉世事，做事安分守己，为人朴实无华，虽然未必得吉，但起码没有过错。

【经文 + 传文】

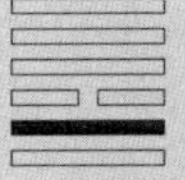

九二　履道坦坦[①]**：幽人贞吉**[②]**。**

《象》曰："幽人贞吉"，中不自乱也[③]。

【注释】

① 坦坦：平坦。② 幽人：恬淡无争的人，一说指囚犯。③ 中：本爻九二是阳爻，居下卦中位。

【译文】

九二　大路平坦：幽静无争的人吉祥。

《象传》说：安静、中和、恬淡的人是幽人，能坚持守住中正之道，自然是可以获得吉祥的。

【爻意分析】

此爻阳居阴位，故而阳刚而能柔；又处下卦之中位，得中而不偏，故而内心安恬清静，前途平易坦荡。《象传》说，安静恬淡的人坚持正道可得吉祥，说明九二没有扰乱自己的内心世界。只有安静自守的幽人才能固守正道，永远走在平坦的大道上自然会得到吉祥，所以爻辞中说“履道坦坦，幽人贞吉”。

【经文 + 传文】

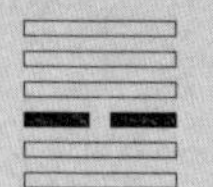

六三　眇能视[1]，跛能履；履虎尾，咥人，凶；武人为于大君。

《象》曰：“眇能视”，不足以有明也；“跛能履”，不足以与行也；“咥人”之“凶”，位不当也[2]；“武人为于大君”，志刚也。

【注释】

①眇：独眼。能：而。②位不当：本爻六三是阴爻，第三爻位是阳位，阴爻居阳位，是“位不当”。“位不当”象征地位失当。

【译文】

六三　眼盲却自以为视力好，瘸腿的却自以为能走路；踩到老虎尾巴，老虎咬人：凶险；粗猛武人要担当君主给的大任。

《象传》解释道：“眇能视。”是说独眼看不清东西；“跛能履。”是说瘸腿走不了路；“咥人”是凶险的，是因为地位失当；“武人为于大君”，是说武人刚愎自用。

【爻意分析】

此爻阴居阳位而不当，无阳刚之质而心志刚强，以柔乘刚而涉险，处于上、下两卦之间而身居多惧之地。

【经文 + 传文】

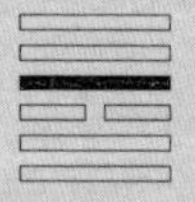

九四　履虎尾，愬愬[1]，终吉。

《象》曰：“愬愬终吉”，志行也。

【注释】

①愬：惊恐。

【译文】

九四　踩到老虎尾巴，心里戒惧，终获吉祥。

《象传》解释道：“愬愬终吉。”是因为君子得志。

【爻意分析】

此爻以阳爻处阴位而不中不正，又居九五之下而“履虎尾”，内刚而外柔，能以阴柔行事。《象传》说，保持畏惧谨慎，最终能获得吉祥，是说九四紧随九五之虎尾，不但内具阳刚之质，而且能柔顺行事，小心翼翼，那么终究可以免于危难而得吉。

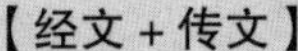

【经文 + 传文】

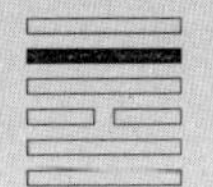

九五　夬履[①]：贞厉。

《象》曰：“夬履贞厉”，位正当也[②]。

【注释】

①夬：通“决”。②位正当：本爻九五是阳爻，第五爻位是阳位，阳爻居阳位，是“位正当”。“位正当”象征地位得当。

【译文】

九五　决然行事但不可一意孤行：要守正以防危险。

《象传》解释道：“夬履贞厉。”不过他的地位毕竟是得当的。

【爻意分析】

此爻阳爻居阳位，兼处上卦乾体之正中，故而处中正之位，为本卦之主卦；又因本卦上乾下兑，故本爻气质刚硬果决而失之以柔，所以九五英明刚决有余，而兼包容不足。如果一味主观武断，听不得不同意见，长此以往，必有“危厉”。

【经文 + 传文】

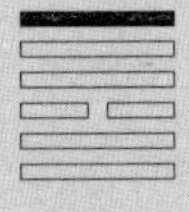

上九　视履考祥，其旋元吉[①]。

《象》曰：“元吉”在上[②]，大有庆也。

【注释】

①旋：返回。②在上：本爻上九居上卦上位。

【译文】

上九　小心回顾走过的路，考察其中福祸得失的征兆，返回时就能大吉。

《象传》解释道："元吉"在上九出现，是说上位君子大获福庆。

【爻意分析】

此爻居于本卦之末，处履卦之终，故可借前车之鉴履行本身之责任，善于周详考察前五爻的经历，总结它们的胜败得失，从中总结经验教训，故而能吉。

泰 卦 ䷊

下乾上坤

卦辞

【经文＋传文】

泰　小往大来，吉，亨。

《彖》曰："泰：小往大来，吉，亨。"则是天地交而万物通也，上下交而其志同也。内阳而外阴，内健而外顺，内君子而外小人。君子道长，小人道消也。

《象》曰：天地交[①]，泰。后以财成天地之道[②]，辅相天地之宜[③]，以左右民。

【注释】

① 天地交：泰卦下乾上坤，坤是地，乾是天，所以说"天地交"。天地相交是自然规律，君主治国宜顺应规律。② 后：君主；财：同"裁"，制定；天地之道：指符合天地之道的制度。③ 天地之宜：适宜在天地生长的作物，这里指生产。

【译文】

泰卦象征和畅通泰：小的去了大的来，吉祥，亨通。

《彖传》解释道："泰　小往大来。吉，亨。"这是说天地阴、阳二气相交，就会万物亨通，君臣相互沟通就能心意一致。泰卦内卦是阳，外卦是阴，内卦是健，外卦是顺，内卦是君子，外卦是小人。君子的道将会发展，小人的道将要衰落。

《象传》说：天地阴、阳二气相交，这就是泰卦的象征。君主取法泰卦，制定符合天地之道的制度，辅助百姓从事生产，以便统治百姓。

爻辞

【经文＋传文】

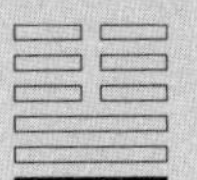

初九　拔茅茹以其汇[①]；征吉。

《象》曰："拔茅征吉"，志在外也。

【注释】

① 茅茹：茅草的根。以：连及。汇：种类。

【译文】

初九　拔茅草的根，连同茅草的同类也一同拔起来；如此同根同志地团结出征，吉祥。

《象传》解释道："拔茅征吉。"是说君子志在向外发展。

【爻意分析】

此爻处下卦乾卦之初，阳爻居阳位，又处坤乾上下交泰之时，阳气盛长，必与六四相应，又可兼带九二、九三分别与六五、上六相应，一阳动而三阳俱动，呈君子并进之象。《爻辞》中说，拔起茅草，根系连同并出，比喻君子相互影响共同上进。《象传》中说，拔起茅草，前进可获吉祥，说明初九志在外取。

【经文＋传文】

九二　包荒[①]，用冯河[②]，不遐遗[③]，朋亡[④]，得尚于中行[⑤]。

《象》曰："包荒，得尚于中行"，以光大也。

【注释】

① 包：通"匏"，葫芦。荒：空。② 冯："淜"的通假字，"冯河"就是徒步过河，浮水渡河。③ 遐：远。遗：遗弃。④ 朋：朋党。⑤ 中行：半路上。

【译文】

九二　有包容大川的胸怀，涉越长河的能力，不遗弃远方的贤人，也不结党营私，要中道行事。

《象传》解释道："包荒，得尚于中行。"是因为君子光明正大。

【爻意分析】

此爻以阳爻居阴柔之位，内刚外柔；又得下卦之中位，能以中正之道行事；上与六五正应，为君臣相得之象。九二爻好比刚柔相济的中正大臣，能包容污秽，又刚健果决，不遗弃远方之人，且不结党营私。九二德行合于中道，与六五君王同心同德，合作无间，所以《象传》中赞其"光明正大"。

【经文＋传文】

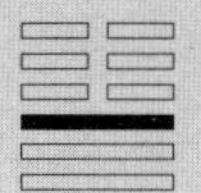

九三　无平不陂[①]，无往不复；艰贞，无咎；勿恤其孚，于食有福[②]。

《象》曰："无往不复"，天地际也[③]。

【注释】

①陂：倾斜。②福：通"富"，富足。③天地际：本爻九三居下卦乾（天）和上卦坤（地）的交接处，所以说"天地际"。"天地际"象征事物发展的临界点。

【译文】

九三　没有哪种平坦，永远不会倾斜，没有哪种失去，永远不会得回；即使世事艰难，也要坚守正道，自然是无害的；不用忧虑无法取信于人，生活是会变富足的。

《象传》解释道："无往不复。"是说事物发展到了临界点（就要转变了）。

【爻意分析】

此爻阳居阳位而得正，处泰卦上、下二体乾坤之交接之处，又处阴、阳两爻之交界处，为本卦阳爻之最后一爻，虽有艰险而无咎。

【经文＋传文】

六四　翩翩[①]，不富，以其邻不戒以孚。

《象》曰："翩翩不富"，皆失实也[②]；"不戒以孚"，中心愿也。

【注释】

①翩翩：鸟疾飞的样子。这里比喻人像鸟一样。②实：财物。

【译文】

六四　像鸟飞那样轻飘自得，难保财富。但与邻居相互信任而不必加以戒备。

《象传》解释道："翩翩不富。"是说君子丧失财物；有诚信，不戒备，这是君子的心愿。

【爻意分析】

此爻以阴爻居阴位，处上卦之初，柔顺谦逊，并与初九相应。当下卦之三阳上升求阴之时，带动六五、上六相随而主动下降以应，故而上下交济，形成一派通泰之气。《卦辞》中的"翩翩"谓三阴爻像飞鸟一样翩然而下，上下交济，阴阳通泰。《象传》中也说，无须互相告诫，都心怀诚信，因为内心有应下的意愿。这是指上卦三爻无须告诫就自然信从六四，成群联翩而降。

【经文 + 传文】

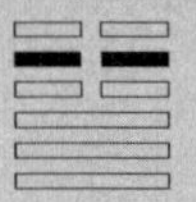

六五　帝乙归妹[①]，以祉[②]，元吉。

《象》曰："以祉元吉"，中以行愿也[③]。

【注释】

①帝乙：商纣王的父亲。归：嫁。妹：少女的通称。②祉：福。③中：本爻六五是阴爻，居上卦中位。行愿：指行事。

【译文】

六五　帝乙之女出嫁贤臣，因而得福，大吉。

《象传》解释道："以祉元吉。"是因为君子行事中正。

【爻意分析】

此爻以阴爻居中，为上卦之中位，位尊而性柔，并与下体九二相应，故能屈尊而下，主动与九二相交。帝王之女下嫁给贤臣，比喻君位六五阴爻屈尊与下卦中的九二阳爻相应，阴阳交泰因此而实现，获得了莫大的吉祥。

【经文 + 传文】

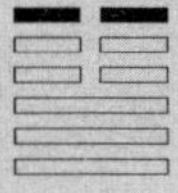

上六　城复于隍[①]，勿用师，自邑告命，贞吝。

《象》曰："城复于隍"，其命乱也。

【注释】

①复：通"覆"，倒塌。隍：城墙外的壕沟。

【译文】

上六　城墙倒塌在壕沟里。命令说是不要用兵，只能自我检讨，坚守正道来防止危害。

《象传》解释道："城复于隍。"是说统帅的命令错乱失当。

【爻意分析】

此爻阴居阳位而不得位，又处泰卦之终末，与下卦九三相应，大有"泰极否来"之象，故而处凶险之境。

否 卦 ䷋

天地否
（下坤上乾）

卦辞

【经文 + 传文】

否　否之匪人[①]，不利，君子贞；大往小来。

《彖》曰：“否之匪人，不利，君子贞；大往小来。”则是天地不交而万物不通也[②]，上下不交而天下无邦也。内阴而外阳，内柔而外刚，内小人而外君子。小人道长，君子道消也。

《象》曰：天地不交[③]，否。君子以俭德辟[④]难，不可荣以禄。

【注释】

① 否：闭塞，指排斥。匪，即“非”，否定。② 天地不交：否卦下坤上乾，坤是地，乾是天，天地都各居其位不动，没有相交的迹象，所以说“天地不交”。否卦的内卦是坤卦，外卦是乾卦，乾卦又是阳卦，象征君主、刚健、君子，坤卦又是阴卦，象征臣子、柔顺、小人，所以下文说“上（君）下（臣）不交”“内阴而外阳”“内柔而外刚”“内小人而外君子”。③ 天地不交：否卦下坤上乾，坤是地，乾是天，天地都只各居其位不动，没有相交的迹象，所以说“天地不交”。“天地不交”象征君臣隔阂，统治腐化，进仕危险，所以下文说“君子以俭德辟难，不可荣以禄”。④ 辟，通“避”，躲避。

【译文】

否卦象征天下闭塞不通：否闭之世排斥贤人，天下不得其利，君子此时应坚守贞正；大的阳刚去，小的阴柔来了（事业由盛转衰）。

《彖传》说：“否之匪人，不利，君子贞；大往小来。”这是说天地阴、阳二气不相交，就会万物不亨通，君臣不相沟通，国家就会衰亡。否卦内卦是阴，外卦是阳，内卦是柔，外卦是刚，内卦是小人，外卦是君子。小人的道将要发展，君子的道将要衰落。

《象传》说：天地阴、阳二气不相交，这就是否卦的象征。君子取法否卦，崇尚俭德，躲避祸难，不以利禄为荣。

爻辞

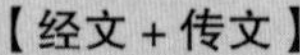

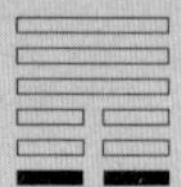

初六　拔茅茹以其汇：贞吉，亨。

《象》曰：“拔茅贞吉”，志在君也。

【译文】

初六　拔茅草的根，连同茅草的同类也一起拔除：君子应当坚守正道，吉祥亨通。

《象传》解释道：“拔茅贞吉。”这是说君子志在辅佐君王。

【爻意分析】

此爻阴居阳位，质弱而欲亢动，然又处于上下否塞之时，阴阳阻隔，不能通达。故而做事应符合自然规律，不可轻举妄动。初六像“拔茅茹”一样牵引下卦六二、六三阴爻贞固自守才能得吉。初六爻以柔爻居于阳位，应该克服其资质柔弱却轻躁易动的缺点。

【经文＋传文】

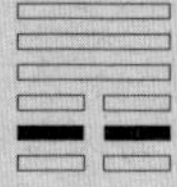

六二　包承[①]：小人吉，大人否，亨。

《象》曰：“大人否，亨”，不乱群也[②]。

【注释】

①包承：包容，承受。②群：指小人。

【译文】

六二　被包容并顺承尊者：对小人有利，大人闭塞，以后才亨通。

《象传》解释道：“大人否，亨。”是因为大人不和小人厮混。

【爻意分析】

此爻以阴爻居阴位，又处于下体之中位，有至顺之象。而本卦有小人处下之象，故而居此位者当防小人作乱。六二爻以阴爻居于阴位，好像一位善于阿谀逢迎的小人，顺承于上位者，以求取上位者的包纳和信任。这种行为对于小人来讲是吉利的。而对于君子来说，处于否塞的险境时，宁可固守原则，安于否塞，也不应随波逐流，自毁原则。正因其坚守节操，令人敬佩，所以亨通。《象传》中也说，大人闭塞，可以获得亨通，说明君子不与群小混乱在一起，而有自己的原则。

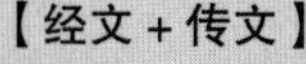

【经文＋传文】

六三　包羞[①]。

《象》曰：“包羞”，位不当也[②]。

【注释】

①羞：羞辱，一说通“馐”。②位不当：本爻六三是阴爻居阳位，是“位不当”。

【译文】

六三　位置不当，包藏羞辱。

《象传》解释道：“包羞。”是因为地位失当。

【爻意分析】

此爻处于上、下两体之间，迫近于上，又以阴质居于阳位，又偏离中位，不中不正，当处于否塞之世时，则不能守中正之道。六三爻是个地位较高却又不中不正的小人，其处于否塞之世时，不能固守正道，安守本分，反而急于向上九刚爻求应。而上九爻乃是守贞的君子，所以六三爻的所作所为只能是自取其辱。

【经文＋传文】

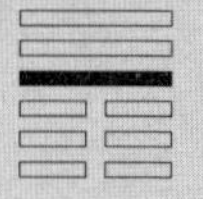

九四　有命：无咎，畴离祉[①]。

《象》曰：“有命无咎”，志行也。

【注释】

①畴：通“俦”，同类。离：“丽”的通假字，附丽。祉：福祉。

【译文】

九四　保有天命：无害，同志都来会一起享有福祉。

《象传》解释道：“有命无咎。”是说君子得志了。

【爻意分析】

此爻阳居阴位，柔中有刚，处上卦乾卦之始，有否塞过中、否极泰来之象，又与其他二阳爻相比邻，故能同心协力。九四处于否塞转为泰通之时，奉九五君王之命，与初六相交相应，因此没有咎错。《爻辞》中说“畴离祉”，是指九四与和它同类的九五及上九两阳爻相互依附，齐心协力，共成大业，所以能一同受福。

【经文 + 传文】

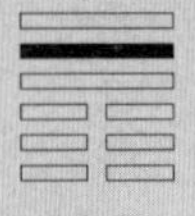

九五 休否，大人吉，其亡其亡，系于苞桑。

《象》曰："大人"之"吉"，位正当也。

【译文】

九五 终止闭塞的局面，大人才能吉祥，（但还要时刻警惕）将要灭亡，将要灭亡，才会像系结于桑树一样安然无恙。

《象传》说：大人是吉祥的，是因为他地位得当。

【爻意分析】

此爻阳居阳位，又占上卦之中位，中正得当，故而具阳刚之气而能行中正之道，处于泰来而否休之时。九五爻有其德而居其位，但能身处治世而不忘乱亡，其要到达彻底休否的境地，所以居安而思危，时时告诫自己"将要灭亡，将要火亡"！以免掉以轻心。也正是因为能够时常保持警惧之心，九五才能如系绑于根深蒂固的桑树般稳固不移。

【经文 + 传文】

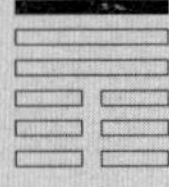

上九 倾否①，先否后喜。

《象》曰：否终则倾，何可长也？

【注释】

① 倾：倾覆。

【译文】

上九 倾覆闭塞的局面，起初闭塞，后来通泰喜悦。

《象传》说：事情闭塞到了极点就要变化，怎么可能长久不变呢？

【爻意分析】

此爻以阳爻居于阴位，兼居乾体之上，积乾阳之气至极盛，故具刚健勇猛、无坚不摧之力以待天时。否极泰来，故云"先否后喜"。

同人卦 ䷌

下离上乾

卦辞

【经文＋传文】

同人　同人于野[1]**：亨；利涉大川，利君子贞。**

《彖》曰：同人，柔得位得中[2]，而应乎乾[3]，曰“同人”。同人曰：“同人于野，亨，利涉大川”，乾行也。文明以健[4]，中正而应[5]，君子正也。唯君子为能通天下之志。

《象》曰：天与火[6]，同人。君子以类族辨物[7]。

【注释】

①同：聚集。②柔得位得中：六二是阴爻，居阴位，又是居下卦中位，所以说“柔得位得中”。③应乎乾：同人卦的上卦是乾卦，是刚，六二阴爻是柔，居乾卦下，所以说“应乎乾”。“应乎乾”象征小民响应君子。④文明以健：同人卦下离上乾，乾是健，离是文明，所以说“文明以健”。⑤中正而应：九五是阳爻，居上卦中位，与居下卦中位的六二阴爻相应，所以说“中正而应”。⑥天与火：同人卦下离上乾，乾是天，离是火，所以说“天与火”。天象征君子，火象征明察，辨明事物是君子明察的表现，所以下文说“君子以类族辨物”。⑦类：区分；族：族类。

【译文】

同人　在郊野外聚集众人：亨通；渡大河有利，君子坚守贞正有利。

《彖传》解释道：同人卦的象征是，柔顺者地位得当，秉守中正，响应刚健者，所以卦名叫“同人”。同人卦说：“同人于野，亨，利涉大川。”这是因为君子行事刚健。文明刚健，中正又得人响应，这是因为君子秉守正道。唯有君子能通晓天下人的心思。

《象传》解释道：天和火，这就是同人卦的象征。君主取法同人卦的卦象以区分物类，辨明事物。

爻辞

【经文＋传文】

初九　同人于门：无咎。

《象》曰：出门同人，又谁咎也？

【译文】

初九　出了门和同众人：无害。

《象传》说：刚出门就能与人和睦相处，又有谁会来怪罪你呢？

【爻意分析】

此爻居于本卦之初始，阳居阳位而当位，与九四爻同阳而相斥，却与本卦之唯一阴爻相比邻，故易与之相接近而不心怀私念。初九爻处于同人卦之始，象征刚出家门就与人和同，打破门户之见，不分亲疏远近，其行为大公无私，符合同人卦的卦义，所以没有咎错。

【经文＋传文】

六二　同人于宗[①]：吝。

《象》曰："同人于宗"，吝道也。

【注释】

① 宗：宗庙。

【译文】

六二　在宗庙聚集众人：危险。

《象传》说："同人于宗。"是危险的举动。

【爻意分析】

此爻阴居阴位，处中正之位，又居于下卦之中位，与上卦之九五阳爻阴阳相合，为正应关系，故而能相互和同。六二爻与九五爻正应，本来是好事；但在同人卦中，五个刚爻都想与六二柔爻相和同，而六二爻只想亲近位于君位的九五爻，违背了同人卦"同人于野"的精神，有攀高附贵之嫌。所以有所鄙吝。

【经文＋传文】

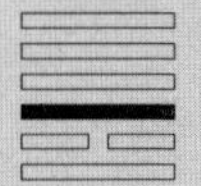

九三　伏戎于莽[①]**，升其高陵**[②]**，三岁不兴**[③]。

《象》曰："伏戎于莽"，敌刚也；"三岁不兴"，安行也[④]？

【注释】

① 伏：埋伏。戎：军队。莽：草丛。② 升：登上。③ 兴，胜利。④ 安：怎能。"安行"指不能出兵。

【译文】

九三　在草丛中埋伏军队，又登上高地瞭望，三年了都不能取胜。

《象传》解释道："伏戎于莽。"这是因为敌兵强大；"三岁不兴"，怎能贸然行动呢?

【爻意分析】

此爻以阳刚之质居阳位，又处下卦之上位而不能得中，与六二爻相比邻而乘于其上。九三爻欲夺取与九五爻正应的六二爻，其横亘于六二、九五爻之间，埋下伏兵，伺机而动，但忌惮九五爻实力雄厚，所以不敢轻举妄动。所以《爻辞》中不言结果。

【经文＋传文】

九四　乘其墉[①]**，弗克攻，吉**。

《象》曰："乘其墉"，义弗克也。其"吉"，则困而反则也[②]。

【注释】

① 乘：登上。墉：城墙。② 反：通"返"，回归。则：指正确的作战计划。

【译文】

九四　登临敌城了，但又放弃了进攻，是吉祥的。

《象传》解释道：虽然登临敌城了，不过按照道义是不宜赶尽杀绝的；军队是吉祥的，是因为军队受困时能制订正确的作战计划。

【爻意分析】

此爻阳刚而居阴位，不中不正，有刚阳之质而兼具阴柔之德；处上卦之下位，与初九爻不能成正应，势单力孤，故于攻而不胜之时能反躬自省。九四爻与初九爻不应，也想与唯一阴爻六二爻相和同，但被九三爻所阻隔，九四爻居于九三爻之上，所以说“乘其墉”，也想以武力争取六二爻。九四爻攻而不能取，自知其行为不合义理，所以反躬自省，及时回归于正道，因而能得吉祥。

【经文＋传文】

九五　同人，先号咷而后笑，大师克[①]，相遇。

《象》曰：“同人”之“先”，以中直也[②]；大师相遇，言相克也。

【注释】

① 大师：大部队。② 中直：本爻九五是阳爻，居上卦中位。直：正。

【译文】

九五　和同于众人，先是号哭，然后大笑，（原来是因为）大部队攻克了敌军，会师成功。

《象传》解释道：赞同他人，先是哀哭，后破涕为笑，是因为君子能守中正；军队和大部队会师，是说战争打赢了。

【爻意分析】

此爻阳居阳位，刚阳之气充盈，又居上卦之正中尊位，故而得中得正，阳刚而中正；然虽与本卦之唯一一阴爻六二爻成对应关系，却为九三、九四爻相阻隔，所以九五爻为之痛哭。为了争夺阴爻六二爻，九五爻准备与九三、九四爻作战，而九三、九四爻终究因为实力不足、行为不合义理而退避。

【经文＋传文】

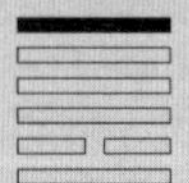

上九　同人于郊：无悔。

《象》曰：“同人于郊”，志未得也。

【译文】

上九　在野外聚集众位同仁：无悔。

《象传》解释道：“同人于郊。”这是说君子尚未得志。

【爻意分析】

此爻以阳爻居阴位，处本卦之极末，居六爻之边缘，与之相应者九三阳刚，故而内无和同之人，大志无法实现。

大有卦 ䷍

下乾上离

卦辞

【经文 + 传文】

大有　元亨。

《彖》曰：大有，柔得尊位大中①，而上下应之②，曰"大有"。其德刚健而文明③，应乎天而时行，是以"元亨"。

《象》曰：火在天上④，大有。君子以遏恶扬善，顺天休命。

【注释】

①柔得尊位大中：六五是阴爻，居第五爻位（第五爻位是尊位），又居上卦中位，所以说"柔得尊位大中"。"柔得尊位大中"象征阴爻赢得了尊位并能秉守中道。②上下应之：六五是阴爻，六五的上下各爻都是阳爻，是刚，刚应柔，所以说"上下应之"。"上下应之"象征小民得到众人响应。③刚健而文明：大有卦下乾上离，离是文明，乾是刚健，所以说"刚健而文明"。④火在天上：大有卦下乾上离，离是火，乾是天，所以说"火在天上"。火象征明察，天象征君子，遏恶扬善是君子明察的表现，所以下文说"君子以遏恶扬善，顺天休命"。休：指磨炼。

【译文】

《大有》象征大获富有：事业大亨通。

《彖传》说：大有卦的象征是，阴爻赢得了尊位，秉守中道，得到众阳刚的响应，所以卦名叫"大有"。君子的道德刚健而又文明，能顺应天道适时行事，所以说前途必是至为亨通。

《象传》说：火在天上，这就是大有卦的象征。君子取法大有卦遏恶扬善，顺应天道，磨炼命运。

爻辞

【经文＋传文】

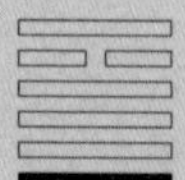

初九　无交害①，匪咎②，艰则无咎。

《象》曰：《大有》初九，“无交害”也。

【注释】

①无交害：指初九处“大有”之始，以阳居下，与九四无应，有与人不交往之象，故而无祸。交：交往；害：祸害。②匪：即“非”，没有。

【译文】

初九　没有因不当的交往受祸害，就无灾殃，身处艰难时也无害。

《象传》解释道：大有初九“无交害”。（传对此爻没有释读。）

【爻意分析】

此爻虽阳居阳位而得位，然处本卦之最下一爻，不但与本卦之主六五相距甚远，无比无应，与位置相对的九四亦不能相应，独立无持。“无交害”意谓不与事物相交涉，所以没有祸害。初九爻象征富有而地位低下的人，与六五、九四均不相交涉，没有利害关系，没有咎害。

【经文＋传文】

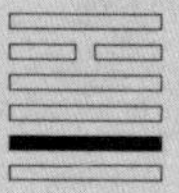

九二　大车以载，有攸往：无咎。

《象》曰：“大车以载”，积中不败也。

【译文】

九二　用大车运载货物出行：无害（因为有良好之工具、设备）。

《象传》解释道：“大车以载。”是说货物堆在车上塌不了。

【爻意分析】

“大车”是古代用牛牵引，承载重物的交通工具。九二辅佐虚中的六五明君，犹如以牛牵引承载重物的大车。此爻为阳爻，故有刚健之气；而又居于阴位，又兼谦和之德；同时居下卦之中位，能中道而行；上与居本卦之主的六五阴阳相应，为其倚重与信任。九二爻处于大有丰盛之时，其所承载虽然盛大，但还没有到达顶点，又与六五相应，所以可以前往而没有咎错。

【经文 + 传文】

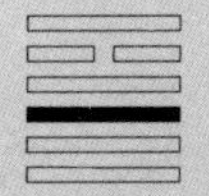

九三　公用亨于天子①，小人弗克②。

《象》曰："公用亨于天子"，"小人"害也。

【注释】

① 亨：即"享"，指宴席。② 克：能。

【译文】

九三　公侯向天子献礼，小人不能担当重任。

《象传》解释道："公用亨于天子。"是说小人担当重任会有害。

【爻意分析】

"亨"同"享"，指诸侯朝觐时向天子献礼。此爻阳刚之爻居于阳位，处下体乾卦之末，乘九二阳刚强健之上，而履得阳刚之位，与九五同功而异位，威权达到了极盛的阶段。九三就好像执守正道的封疆大吏，不把其管辖之物据为己有，而将之送给天子，向天子做出物质上的贡献和致以精神上的敬意，增益天子的所有。而小人若居此位，非但会营私舞弊，不能"用亨于天子"，减损天子所有，还会危害社会，害人害己。

【经文 + 传文】

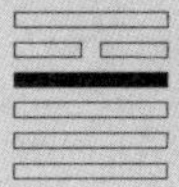

九四　匪其彭①：无咎。

《象》曰："匪其彭，无咎"，明辨晢也②。

【注释】

① 彭：盛，指富有。② 晢：明察。

【译文】

九四　富盛而不炫耀：无害。

《象传》解释道："匪其彭，无咎。"是因为君子明辨事理。

【爻意分析】

此爻以阳刚之爻居于阴柔之位，具内刚而外柔之质；然上近至尊之六五，下比分权之九三，身又处危惧之地。九四处大有之时，已经进入上体，所有极为丰大壮盛，身处多惧招嫌之地。幸而九四刚而能柔，能够谦逊自处，不以富有骄人，自觉抑制减损自身的丰有盛大，所以得以免过。

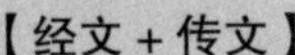

【经文 + 传文】

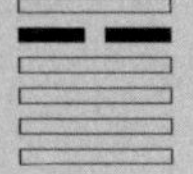

六五　厥孚交如威如①**：吉。**

《象》曰：“厥孚交如”，信以发志也。“威如”之“吉”，易而无备也。

【注释】

① 厥孚交如：厥，其，他的。孚，诚信。交，通“皎”，明亮。

【译文】

六五　他与人交往诚信敞亮威严：吉祥。

《象传》解释道：“厥孚交如。”是说君子能老实地表达愿望。办事威严是吉祥的，是因为他平易近人，毫无心机。

【爻意分析】

此爻以本卦之唯一一阴爻居阳位，处本卦之尊位，柔而居中，有处事中正之象，故五阳爻俱心系之。六五爻居于尊位而能用柔守中，以诚信的态度与众阳爻交往，众阳爻因其诚信无私而心悦诚服，心生敬畏，六五的威信因此而得以彰显。六五既能以诚信待下，又不失威严，因此盛大而得吉。

【经文 + 传文】

上九　自天佑之①**：吉，无不利。**

《象》曰：大有上“吉”，“自天佑”也。

【译文】

上九　上天降下保佑：吉祥，没有不利。

《象传》解释道：大有卦上九是吉祥的，是因为有上天的保佑。

【爻意分析】

上九居于大有卦之终，刚爻居于阴位，以刚顺柔，以阳从阴。上九刚爻亲比六五，为辅佐君王之臣。其将所拥有之物归诸六五，有自上天协助六五之象。因其富而不骄，不私蓄其所有，所以得到吉祥，无往不利。

谦 卦 ䷎

下艮上坤

卦辞

【经文＋传文】

谦　亨，君子有终。

《彖》曰：谦，“亨”。天道下济而光明[①]，地道卑而上行[②]。天道亏盈而益谦[③]，地道变盈而流谦[④]，鬼神害盈而福谦，人道恶盈而好谦。谦，尊而光，卑而不可逾[⑤]，君子之终也。

《象》曰：地中有山[⑥]，谦。君子以裒多益寡，称物平施[⑦]。

【注释】

①天道下济而光明：即“天道光明而下济”，与下文“地道卑而上行”相对。“光明”是为了使“明”“行”谐韵而调后。光明：指尊贵。济：成就。②上行：指地气上升。③亏：减损。④变：毁坏。流：增益。⑤逾：越，指羞辱。⑥地中有山：谦卦下艮上坤，坤是地，艮是山，所以说“地中有山”。山上突，是有余，地下凹，是不足，“地中有山”象征不公平的社会现象，所以下文说“君子以裒多益寡，称物平施”。⑦裒：取。称：称量。平：平均。

【译文】

谦卦象征谦虚：亨通，君子能保持谦虚，最终才有好结果。

《彖传》说：谦卦是亨通的。天道屈尊向下，照耀成就地上的万物；地道谦逊卑下，从而使地气得以上升。天道减损盈满的，补充谦虚的；地道毁坏盈满的，增益谦虚的；鬼神道伤害盈满的，造福谦虚的；人道厌恶盈满的，喜爱谦虚的。秉守谦虚，居尊位时是光荣的，居卑位时也不会遭人羞辱，这就是君子的好结果。

《象传》解释道：地中有山，这就是谦卦的象征。君子取法谦卦取多补少，称物平分。

爻辞

【经文＋传文】

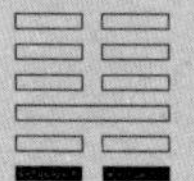

初六　谦谦[①]：君子用涉大川，吉。

《象》曰："谦谦君子"，卑以自牧也[②]。

【注释】

①谦谦：非常谦虚。②牧：培养。

【译文】

初六　非常谦虚的君子：这种态度可以渡过大河，吉祥。

《象传》解释道："谦谦君子。"是君子就要培养谦逊的品格。

【爻意分析】

初六在谦卦中已是谦下之位，又处全卦最下位。初六前临互坎（六二九三六四），坎为水，故言"用涉大川"，意为遭遇山难水险重重阻碍。但是初六爻因其谦谦君子之风，即便跋山涉水，行难涉险，也可保处境无虞。

【经文＋传文】

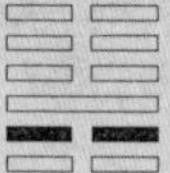

六二　鸣谦[①]：贞吉。

《象》曰："鸣谦贞吉"，中心得也[②]。

【注释】

①鸣：有名。②中心得：即"心得中"，心中获得中正。"得"字是为了和前文"吉"字谐韵而调后。

【译文】

六二　名声在外，但仍能保持谦虚：吉祥。

《象传》解释道："鸣谦贞吉。"是因为君子心怀中正。

【爻意分析】

此乃谦卦第二阴爻，在谦卦中，六二爻是阴爻，又位于阴位，居中得正，有上升之势，意为事业成就稳步高升，前程远大，所以《爻辞》中写道："鸣谦。"鸣为鸣放，声名广扬之意。

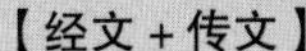

【经文＋传文】

九三　劳谦[①]**，君子有终：吉。**

《象》曰："劳谦君子"，万民服也。

【注释】

①劳：功劳。

【译文】

九三　功劳很大，但仍能保持谦虚：吉祥。

《象传》解释道："劳谦君子。"使万民都敬服。

【爻意分析】

此爻乃是谦卦之主，乃是阳爻居于阳位，当位得正，故而十分吉祥。九三爻与六二爻相辅相成，无应不合。九三爻因位于本卦的中爻，上下皆为阴爻，一阳居于众阴之中，乃是下卦的上位，位高权重责任重大，自然劳心劳力，所以《爻辞》中写道："劳谦。"

【经文＋传文】

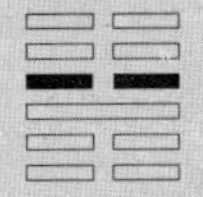

六四　无不利，㧑谦[①]。

《象》曰："无不利，㧑谦"，不违则也。

【注释】

①㧑：通"挥"，发扬。

【译文】

六四　在事业上发扬谦虚作风，没有不利。

《象传》解释道："无不利，㧑谦。"是因为没有违反法则。

【爻意分析】

六四爻为谦卦中的阴爻，且身居阴位，象征柔顺守正。然而此爻在谦卦之中位于第四爻，四处于多惧之位，六四爻在谦卦之中又属于小过卦，特别是其上是位于谦卦尊位的六五爻，而其下是位于谦卦之主的九三爻，六四爻处于这两者之间，动辄会有失误之忧。

【经文+传文】

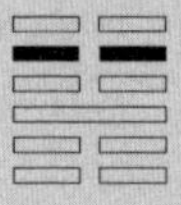

六五 不富以其邻，利用侵伐，无不利。

《象》曰："利用侵伐"，征不服也。

【译文】

六五 不能和邻国共富的国家，可以对它进行征伐，没有不利。

《象传》解释道："利用侵伐。"君子前去讨伐的是不臣服的国家。

【爻意分析】

六五爻为谦卦中的阴爻，居于本卦的尊位。而阴爻象征空虚贫穷，意为国力不够强盛富裕；但是有君临天下的威严，所以言行能够左右自己的邻国。但是阴柔者居于尊位，震慑之力较弱，难免有不甘心服从者出现。

【经文+传文】

上六 鸣谦：利用行师，征邑国。

《象》曰："鸣谦"，志未得也。可"用行师"，"征邑国"也。

【译文】

上六 名声在外，但仍能保持谦虚：用这种态度出兵征讨邑国有利。

《象传》解释道："鸣谦。"是因为尚未得志。出兵征伐不臣服的邑国是可以的。

【爻意分析】

此爻是谦卦中的第六爻，主身居高位之意。而《爻辞》又道"鸣谦"，意为此时虽然身份显赫，却未改初衷，依然秉持和宣扬谦逊之道。

豫 卦 ䷏

下坤上震

卦辞

【经文＋传文】

豫 利建侯行师。

《彖》曰：豫，刚应而志行①，顺以动②，豫。豫顺以动，故天地如之③，而况“建侯行师”乎？天地以顺动，故日月不过，而四时不忒④。圣人以顺动，则刑罚清而民服。豫之时义大矣哉！

《象》曰：雷出地奋⑤，豫。先王以作乐崇德，殷荐之上帝，以配祖考⑥。

【注释】

①刚应：九五是阳爻，是刚，九五的上、下各爻都是阴爻，是柔，柔应刚，所以说“刚应”。“刚应”象征君子得到小民响应。②顺以动：豫卦下坤上震，震是动，坤是顺，所以说“顺以动”。③如：顺从。④忒：差错。⑤雷出地奋：豫卦下坤上震，震是雷，坤是地，所以说“雷出地奋”。雷声可以震动万物，音乐可以感动天人鬼神，所以下文说“先王以作乐崇德，殷荐之上帝，以配祖考”。奋：动。⑥殷：丰盛。荐：祭献。配：献。祖考：祖先。

【译文】

《豫》象征欢乐：利于建立诸侯出征打仗。

《彖传》说：豫卦的象征是，君子得到小民的响应，心意得以推行，顺应规律办事，这就是豫卦。豫卦象征君子顺应规律办事，所以天地会顺从君子，何况是“建侯行师”这种愿望呢！天地顺应规律运转，所以日月的更替没有过失，四季的循环不会出错。圣人顺应规律办事，于是赏罚清明，百姓服从。豫卦这种顺应规律办事的道理真是大啊！

《象传》解释道：雷出地动，这就是豫卦的象征。先王取法豫卦制作音乐，推崇道德，用丰盛的祭品祭献天帝和祖先。

爻辞

【经文 + 传文】

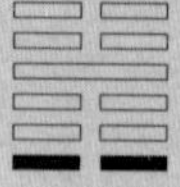

初六 鸣豫[①]：凶。

《象》曰："初六鸣豫"，志穷"凶"也[②]。

【注释】

① 鸣豫：自鸣得意沉迷快乐。② 志穷"凶"也：志穷，就是志气已经穷尽，用一句古语，就是"小器易盈"。没有理想、没有志气的人是很容易满足的。志气穷尽，就呈现凶险之象。

【译文】

初六 人有名声而耽于享乐：凶险。

《象传》解释道："初六鸣豫。"是玩物丧志的表现，会有凶险。

【爻意分析】

豫卦为上震下坤，震为阳，坤为阴。初六爻为豫卦中的阴爻，居于阳位有失正体，且初六阴柔居于卦之初位，其地位卑下而又不中不正，却与本卦唯一的阳爻九四相应。这就好像一个行为不端的小人居于下位却与上层有势力者拉上关系，而洋洋自得，这结果当然不会好。"豫"意为喜悦，与"谦"之意思正相反。《爻辞》为"鸣豫，凶"，又可以理解为：自鸣得意，沉溺于欢乐之中难以自控，浮夸之气大涨，志气丧失，乃是凶险之兆。

【经文 + 传文】

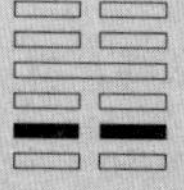

六二 介于石，不终日：贞吉。

《象》曰："不终日贞吉"，以中正也[①]。

【注释】

① 中正：本爻六二是阴爻居下卦中位，是中道的象征。

【译文】

六二 坚贞如石，不用一天就明白坚守中道，吉祥。

《象传》解释道："不终日，贞吉。"是因为君子能守中正。

【爻意分析】

六二爻是豫卦中的阴爻，居阴位，位置中正。此爻中二阴相逢，主极晦暗，安静之至。但此爻的静并非沉寂不动，而是要在暗中静观其变，周围的福祸，事态的吉凶当可一目了然。

此爻动静有致，配合相当，刚柔相济，且柔要大于刚，是以沉稳宁静，虽强敌在外，也不能乱其心志，御外敌，除内患，开新局，功不可没，是豫卦六爻中最值得称道的一爻。

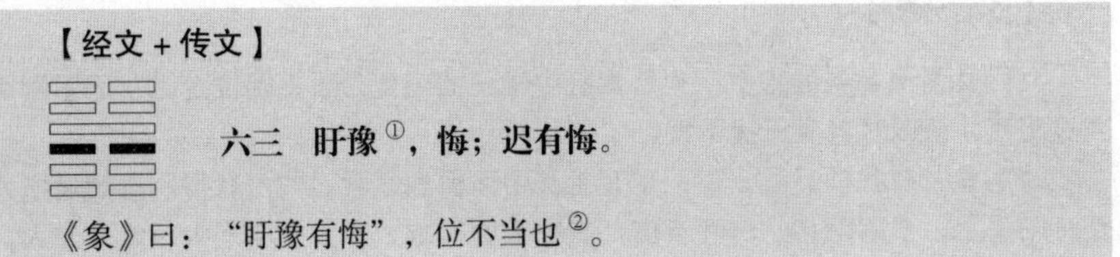

【经文＋传文】

六三　盱豫[①]，悔；迟有悔。

《象》曰："盱豫有悔"，位不当也[②]。

【注释】

①盱：眼睛向上看，贪慕之义。②位不当：本爻六三是阴爻，居阳位，是"位不当"。

【译文】

六三　贪慕他人放肆享乐，会有悔恨；迟疑不改，又有悔恨。

《象传》解释道："盱豫有悔。"是因为地位失当。

【爻意分析】

六三爻是豫卦中的阴爻，此爻以阴而居于阳位，位置不当，有失稳妥。

好在六三爻毕竟受到所处的阳位之影响，对自身的失误已经有所察觉，所以《爻辞》中写道："悔，迟有悔。"第一个"悔"字，悔在醒悟自己已经失掉了最好的时机，而第二个"悔"字才是真正有感而发，即对自身决策失误的后悔。

豫卦之六爻，阴盛阳衰，全卦只有九四为阳爻，其余皆是阴爻，六三阴爻居阳，位置不当，阴阳难以调和，此种情形也导致思想反复，会不经过深思熟虑就贸然行动抉择，随后又顿生悔意。

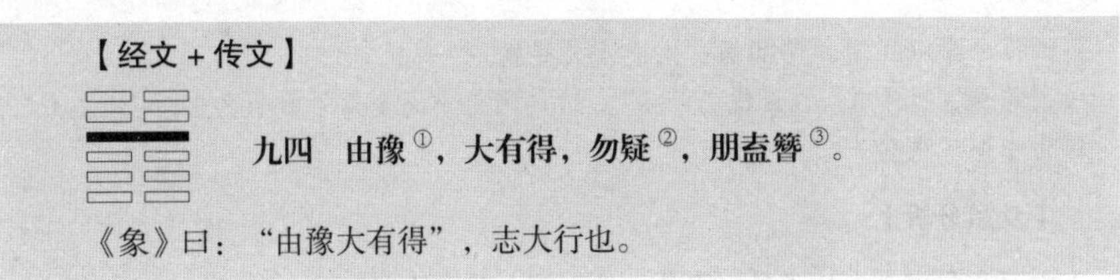

【经文＋传文】

九四　由豫[①]，大有得，勿疑[②]，朋盍簪[③]。

《象》曰："由豫大有得"，志大行也。

【注释】

① 由豫：省略句，“由之以豫”的意思。② 疑：猜忌。③ 盍：通“阖”，都。

【译文】

九四 人们由于他而得到欢乐，必将大有所得；但不能猜忌，这样朋友就都聚集来了。

《象传》解释道：“由豫大有得。”是说君子大大得志。

【爻意分析】

九四爻为豫卦中的主爻，也是本卦中唯一的阳爻，居于阴位之上；因阳刚之气盖过阴气，所以对自身干扰不大。

“由豫”有犹豫迟疑之意，也有由其中而得到之意。“大有得”自然是指九四爻一阳居上，众阴附和，一呼百应，有很大的影响力，其志向宏大，能力过人，自然成绩斐然，有大成就与大收获。因《爻辞》前面说到“由豫”二字，所以后面称“勿疑”，意思是无须多虑，更无须计较旁人的飞短流长，只要一心一意去做事即可。

“朋盍簪”，簪是古人梳拢头发后固定用的簪子，此处意为九四爻如发中的簪子一般，是能将众人都积聚在一起的关键人物。九四居于主位，其他五爻有在其上者，亦有在其下者，在其上者为朋友，而在其下者为随从，而九四的凝聚力很强，可以将各类人等都汇聚到自己身边。

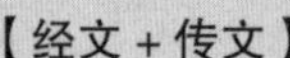

【经文 + 传文】

六五 贞疾，恒不死。

《象》曰：“六五贞疾”，乘刚也[①]；“恒不死”，中未亡也[②]。

【注释】

① 乘刚：本爻六五是阴爻，居九四阳爻上，是“乘刚”。② 中：本爻六五是阴爻，居上卦中位，是中道的象征。

【译文】

六五 坚守正道预防疾病：人能永久健康。

《象传》解释道：六五说“贞疾”，这是因为小民凌驾于君子之上；“恒不死”，是因为中道尚未丧失。

【爻意分析】

六五爻是豫卦中的阴爻，身处主位之尊，而强臣九四爻在下威望极高，不免令六五爻有所顾忌。六五身为阴爻，其质阴柔，身居刚位，力不从心，对自身的掌控之力较差，对自己的要求又甚低，这些因素导致这位柔弱的君主沉溺于享乐安宁之中，胸无大志，毫无责任心与使命感。

六五凌驾于全卦唯一的阳爻之上，以阴乘阳，是为不吉，所以《爻辞》中写道："贞疾。"所幸贞在柔道中为中正，所以《爻辞》中又道"恒不死"，意为六五虽然身染疾患，但是只要不失其中正之位，便可确保无性命之虞。

【经文＋传文】

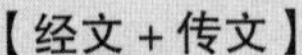

上六 冥豫成[①]，有渝无咎[②]。

《象》曰："冥豫"在上[③]，何可长也？

【注释】

①冥：沉迷。②渝：改变。③在上：本爻上六居上卦上位，是上级的象征。

【译文】

上六 沉迷享乐成性，但能及时改好就无害。

《象传》解释道：作为上级而沉迷享乐，这种享乐怎能长久呢？

【爻意分析】

上六是豫卦中的阴爻，位处上爻，尊位之六五爻已经纵情声色，而上六爻又处豫卦之终。《爻辞》中写道："冥豫。"冥乃昏沉不清之意，显然上六爻如同六五爻一般，依旧沉迷于享乐之中，毫无清醒悔悟之意。此时局面急转直下，已经危如累卵，如同头上悬挂千斤巨石，动辄有灭顶之灾。

终极之爻沉溺享乐，说明其所作所为之极端，乐极必定生悲，《爻辞》中的"有渝无咎"实为警醒之言。"渝"是"背弃、改变"之意，"无咎"本意为没有过错，在此是说可以免责。此句话的意思是，此时悬崖勒马，浪子回头，还来得及。

随 卦

下震上兑

卦辞

【经文 + 传文】

随 元亨，利贞，无咎。

《彖》曰：随，刚来而下柔[①]，动而说，随。大“亨利贞无咎”，而天下随之。随之时义大矣哉！

《象》曰：泽中有雷[②]，随。君子以向晦入宴息。

【注释】

①刚来而下柔：随卦下震上兑，兑是柔，震是刚，阳刚能自降身价前来居于阴柔之下，所以说“刚来而下柔”。“刚来而下柔”象征君主礼遇臣子。震又是动，兑又是悦（说），所以下文说“动而说”。“动而说”象征臣子对君主的行动感到欣喜。②泽中有雷：随卦下震上兑，兑是泽，震是雷，这是象征着大泽中响起雷声，所以说“泽中有雷”。这个卦象象征着随从。古人认为天寒时，雷会进入地泽中休息；人是在夜间休息的，所以下文说“君子以向晦入宴息”。晦：夜。宴息：休息。

【译文】

随象征追随：人有元创、亨通、利物、坚守正道之美德，旁人都愿意随从之，无危害。

《彖传》解释道：随卦的象征是，君主礼遇臣子，臣子对君主的行动感到欣喜，这就是随卦。君主正直，大亨通无害，天下人都追随他。随卦这种因时随人的道理真是大啊！

《象传》解释道：泽中有雷，这就是随卦的象征。君子取法随卦，夜来时休息。

爻辞

【经文 + 传文】

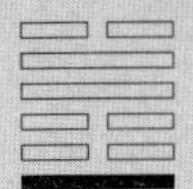

初九　官有渝[①]：贞吉；出门交有功[②]。

《象》曰："官有渝"，从正"吉"也；"出门交有功"，不失也。

【注释】

① 渝：改变，变化。② 交：出门与人交往。

【译文】

初九　做官既要懂得变化之理，又要坚守正道，吉祥；前往与人交往必能成功。

《象传》解释道："官有渝。"是说有错的官吏改邪归正是吉祥的；"出门交有功"，是因为没有迷失正道。

【爻意分析】

初九爻为随卦中的阳爻。"渝"，意为"变动、改变"，"官有渝"意为因官家的命令，而导致自身发生变动。"贞吉"意为安守中正则会吉祥，"出门交有功"意为出门与人交往便会得到功劳和利益。

【经文 + 传文】

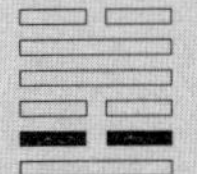

六二　系小子，失丈夫。

《象》曰："系小子"，弗兼与也[①]。

【注释】

① 与：有。

【译文】

六二　追随了小子，却失去了丈夫。

《象传》解释道："系小子。"是说丈夫和小子不可兼得。（这句是说鱼和熊掌不可兼得，必须二者选一。）

【爻意分析】

六二爻为随卦中的阴爻，此爻过于柔弱，以女人取相，有心中无坚守之志，难以安于寂寞之迹象，对于身边所临近的初九爻，有依附之势。初九在六二爻之下方，位置临近，而阴柔的六二爻最易为初九爻的阳刚之气所吸引，大有追随之意。

本卦中处于尊位的九五爻与六二爻虽然也是阴阳相合，但是所居甚远，令六二爻难以仰仗，以至于六二爻生出叛离九五爻之心，所以才有“系小子，失丈夫”之《爻辞》。

【经文＋传文】

六三　系丈夫，失小子；随有，求得，利居贞。

《象》曰：“系丈夫”，志舍下也。

【译文】

六三　追随丈夫，却失去了小子；追随就会有，追求就能得，坚守正道乃为有利。

《象传》解释道：“系丈夫。”是说君子的意见是放弃小子。

【爻意分析】

六三爻是随卦中的阴爻，依旧做女相，“系丈夫，失小子”之《爻辞》意为此爻与之前的六二爻相比已经开始拨乱反正，放弃了不切实际的想法，重新依附于九五爻，是弃下而随上之势。

“随有，求得”意为六三爻已经开始意识到自身的欠缺，因此去追随真正强大而有学识的人物，并从中有所增益和收获。

【经文＋传文】

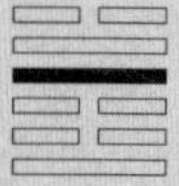

九四　随有获：贞凶。有孚在道[①]，以明[②]，何咎？

《象》曰：“随有获”，其义凶也；“有孚在道”，明功也。

【注释】

①孚：诚信。②明：明察。

【译文】

九四　追随能有所收获（但不免相争）：坚守正道以防凶险；行路有诚信，又能明察，这样能有什么害处呢？

《象传》解释道：“随有获。”是凶险的；“有孚在道。”是君子明察的功劳。

【爻意分析】

本卦中的九四爻是阳爻，处于同样身为阳爻却是一卦之尊的九五爻之下，意为强臣辅佐强盛的君主，相得益彰。“随有获”意为跟随在君主的身后，就会有所收获，这种收获所指为官禄的封赏。但是《爻辞》中道“贞凶”，意为九四爻阳爻身居阴位，身居不正，难免生出些不当的心思，并因此而扰乱言行。

贞守本身并没有过错，但九四并非能安于静默，而是心中怀有远大的志向，所以追随九五，意欲建立一番功绩。贪天之功不可行，但是有建功立业的机会而苟且偷安，犹豫畏缩，一派丧志之相，无疑是有悖天道，有渎职之罪的，所以《爻辞》中写道：“贞凶。”

【经文 + 传文】

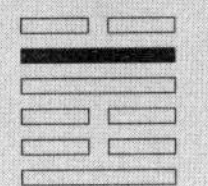

九五　孚于嘉[1]：吉。

《象》曰：“孚于嘉吉”，位正中也[2]。

【注释】

①嘉：美善。②位正中：本爻九五是阳爻，居上卦中位。

【译文】

九五　对美德者广施诚信：吉祥。

《象传》解释道：“孚于嘉吉。”是因为君子能守中正。

【爻意分析】

随卦中的九五爻是阳爻，居于尊位，代表其居尊而得正。《爻辞》中的“孚”为“信服、信用”之意，“嘉”意为美善的人与事物。九五爻的《爻辞》意为一国之君以诚恳之心治国，唯善是从，感化天下，并因此得到天下臣民的信服与赞美，吉祥。

【经文 + 传文】

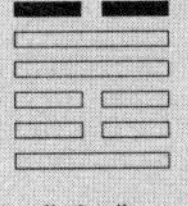

上六　拘系之[1]，乃从维之[2]；王用亨于西山[3]。

《象》曰：“拘系之”，上穷也[4]。

【注释】

①拘：拘囚。②从：同“纵”，释放。维：“趯”的通假字，奔走。③亨：同“享”，祭祀。④上：本爻上六居上卦上位，是上级的象征。

【译文】

上六 绑了他，又放走了他；获释后的周文王在西山举行祭祀大礼。

《象传》解释道："拘系之。"是说上六处于上位而陷入困境。

【爻意分析】

上六爻是随卦中的阴爻，但身处本卦最高之位，任何事物到了极致之时，往往产生逆向的变化，于是，此爻中的"随"开始向着"不随"而发展。

象征上六爻不轻易随从于人，此爻是随卦中的无妄之卦。无妄即是无妄之灾的意思，在随卦中出现无妄卦，有因为追随的问题而惹来灾祸的意思。

《爻辞》中写道："拘系之，乃从维之；王用亨于西山。"意思是说上六爻因不愿臣服顺从于九五而遭到捆绑拘禁，不得已才从之。而后随同帝王于西山进行宴享，席间受到帝王诚挚爱重之心的感召，以不从变为心愿从之。

蛊 卦 ䷑

下巽上艮

卦辞

【经文＋传文】

蛊　元亨，利涉大川，先甲三日[①]**，后甲三日。**

《彖》曰：蛊，刚上而柔下[②]，巽而止，蛊。蛊“元亨”，而天下治也。“利涉大川”，往有事也；“先甲三日，后甲三日”，终则有始，天行也。

《象》曰：山下有风[③]，蛊。君子以振民育德[④]。

【注释】

①甲：甲是“天干”数之首，甲有重新开始之义，故取“甲日”作为治理混乱的象征。一说古人把每月分为三旬，每旬十天，依次以甲、乙、丙、丁、戊、己、庚、辛、壬、癸为标记。甲日是每旬的第一天，“先甲三日”即辛日，“后甲三日”即丁日。②刚上而柔下：蛊卦下巽上艮，艮是阳卦，是刚，巽是阴卦，是柔，所以说“刚上而柔下”。“刚上而柔下”象征君主居上，臣子居下。艮又是静止（巽又是谦逊），所以下文说“巽而止”。“巽而止”象征君臣谦逊清静。③山下有风：蛊卦下巽上艮，艮是山，巽是风，所以说“山下有风”。山象征君子，风象征德教，君子是通过道德感化百姓的，所以下文说“君子以振民育德”。④振：感化。

【译文】

蛊卦象征要整弊治乱：大亨通，利于渡过大河。物极必反，宜先想好“甲”日前三天的情况，然后定好“甲”日后三天的治乱方针（符合“七日来复的自然规律”）。

《彖传》说：蛊卦的象征是，君主居上，臣子居下，都谦逊清静，这就是蛊卦。蛊卦是大亨通的，会天下大治。“利涉大川”，这是因为有事要办；“先甲三日，后甲三日”，这是说事物到头后又是新的开始，这就是天道。

《象传》说：山下有风，这就是蛊卦的象征。君子取法蛊卦感化百姓，培育他们的道德。

爻辞

【经文 + 传文】

初六　干父之蛊[①]，有子，考无咎[②]，厉，终吉。

《象》曰："干父之蛊"，意承考也。

【注释】

① 干：纠正。蛊：毒虫，比喻过失。② 考：父亲。

【译文】

初六　纠正父辈积累的弊端：这种儿子能继承先业而且于父辈没有危害；即使有危险，也能终获吉祥。

《象传》解释道："干父之蛊。"整治父辈留下的弊病，是说儿子志在继承父亲的事业。

【爻意分析】

初六爻是蛊卦的第一爻，身为阴爻而处于阳位之上，《爻辞》中的"蛊"是"弊端、祸害"之意，"干父之蛊"意为干预、纠正父辈的弊端与失误，避免由此造成的祸害与影响。

【经文 + 传文】

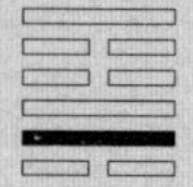

九二　干母之蛊：不可贞。

《象》曰："干母之蛊"，得中道也[①]。

【注释】

① 得中道：本爻九二是阳爻，居上卦中位。

【译文】

九二　纠正母辈的过失：情势难行时不能强行，要守正以待。

《象传》解释道："干母之蛊。"是合乎中道的。

【爻意分析】

九二爻是蛊卦中的阳爻，身处下卦居中之位，与处于本卦之尊位的六五爻相对应，呈辅佐之势；处于尊位的六五爻是蛊卦中的阴爻，阴柔的统治者领导阳刚的下属，恰与《爻辞》中的“干母之蛊”之说相符。《爻辞》中父母之称谓“考、母”，只是比喻，在理解上并不必拘泥于此。

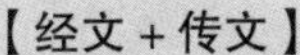

【经文＋传文】

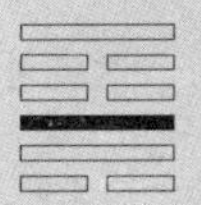

九三　干父之蛊：小有悔，无大咎。

《象》曰：“干父之蛊”，终“无咎”也。

【译文】

九三　纠正父辈的过失：小有不幸，但无大害。

《象传》解释道：“干父之蛊。”结果“无咎”。

【爻意分析】

九三爻是蛊卦中的阳爻，且居于阳位之上，身端位正，阳气刚猛无亏，此爻与初六爻一样，都是“干父之蛊”；但与初六爻不同的是，初六爻乃是在父亲有错误之初上前干预。一则初六爻身为阴爻，行事不会过于激烈；二则此时一切初始，即便有错误，也并未演变至很严重的状态，所以纠正的过程会相对温和，出现大冲突的可能性微乎其微。

【经文＋传文】

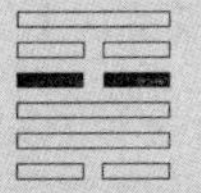

六四　裕父之蛊[①]，往见吝。

《象》曰：“裕父之蛊”，往未得也[②]。

【注释】

①裕：放任。②得：得当。

【译文】

六四　放任父辈的过失，这样发展下去会出现危险。

《象传》说：“裕父之蛊。”这种做法是不得当的。

【爻意分析】

六四爻是蛊卦中的阴爻，居于阴位。九三爻阳刚之气过猛。而六四爻与之相反，以其重柔之气居中位，志向纯静，行事却难免优柔寡断，缺少决策之力；尤其是见到自己的尊长犯了错误时，往往无法直面指正，而是持着宽容拖延的态度。所以《爻辞》上写道："裕父之蛊。"此言意为对父亲所犯的错误宽缓不争，一任事态发展下去，势必造成令自己悔恨的结果，所以《爻辞》上又写道："往见吝。"

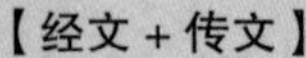

【经文＋传文】

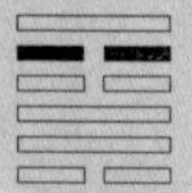

六五　干父之蛊，用誉①。

《象》曰：六五"干父用誉"，承以德也。

【注释】

① 用：享用，指得到。

【译文】

六五　纠正父辈的过失，会得到称赞。

《象传》解释道："干父用誉。"是说儿子以美德来继承先业。

【爻意分析】

六五爻乃是蛊卦中的阴爻，以阴柔之身居于本卦的尊位，六五爻位高权重却安守中正之道，有承顺父辈的德行，"干父之蛊，用誉。"意为纠正了父亲因被蛊惑而犯下的错误，并且对外宣称这改正错误的功劳在父亲身上，因此保住了父亲的声誉。

蛊卦之大用卦在于六五爻，六五爻统领众爻，与九二爻内外应和，与九三爻刚柔并济，与六四爻并柔行刚，调度有理，为众望所归；并且，六五爻高居上位，勤勉谦和，德行显著，自然名满天下。

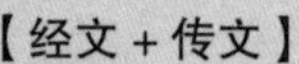

【经文＋传文】

上九　不事王侯，高尚其事①。

《象》曰："不事王侯"，志可则也②。

【注释】

① 高尚：尊尚，指重视。② 则：效法。

【译文】

上九　不去侍奉王侯，以先培养自己的志向为重。

《象传》解释道："不事王侯。"这种志向值得效法。

【爻意分析】

上九爻是蛊卦中的升卦，以此爻来看，这个“升”在这里是“升华、超脱”之意，所以《爻辞》中道：“不事王侯，高尚其事。”上九爻在经历了之前的整治弊端之后，似有所悟，已经开始超然物外，不再将功名利禄放在心上，开始将全部心身投入自己所热爱的事业之中，甚至连王侯这样的权贵都无法令他听命于自己。上九爻心怀高远，志向凌云，不愿自己再被世俗之事所干扰，将逍遥物外看作至高无上的行事准则。

临 卦

下兑上坤

卦辞

【经文＋传文】

临 元亨，利贞。至于八月有凶。

《彖》曰：临，刚浸而长[①]。说而顺[②]，刚中而应[③]。大亨以正，天之道也。“至于八月，有凶”，消不久也。

《象》曰：泽上有地[④]，临。君子以教思无穷，容保民无疆。

【注释】

①刚浸而长：临卦的初九、九二是阳爻，是刚，在四个阴爻的下面生出两个阳爻，又因初二爻位是处于低位置的爻位，有向上发展的空间和势头，所以说“刚浸而长”，此象为阳刚之气逐渐增长，万物悦从，刚健者居中而得到上下响应。“刚浸而长”象征君子的道德逐渐增长。②说而顺：临卦下兑上坤，兑是悦（说），坤是顺，所以说“说而顺”。“说而顺”象征君子性情和悦，顺应天道。③刚中而应：九二是阳爻，居下卦中位，和居上卦中位的六五阴爻相应。④泽上有地：临卦下兑上坤，坤是地，兑是泽，所以说“泽上有地”。地包容泽，君子包容教化百姓，所以下文说“君子以教思无穷，容保民无疆”。

【译文】

临卦阳临阴消，象征自上至下治理民众之事：大亨通，利于坚守正道。到了阳气日衰的八月份有凶险。

《彖传》解释道：临卦的象征是，君子的道德逐渐增长，性情和悦，顺应天道，刚健中正，得人响应。中正才能亨通，这就是天道。“至于八月有凶”，这是因为八月时阳气渐消，不能长久保持。

《象传》说：泽上有地，这就是临卦的象征。君子取法临卦不懈地教导百姓，关心百姓，包容和保护百姓。

爻辞

【经文 + 传文】

初九　咸临[1]：贞吉。

《象》曰："咸临贞吉"，志行正也。

【注释】

① 咸：通"感"，感化。临：治理。

【译文】

初九　用感化的政策治理百姓：正固吉祥。

《象传》解释道："咸临贞吉。"是因为君子品行端正。

【爻意分析】

初九爻是临卦中的阳爻且居于阳位，与本卦六四爻阴阳应和；而六四爻与临卦中处于尊位的六五爻相临近，是近君之臣；初九爻与君王的近臣相和，说明同样是受到君王信任的臣子。

【经文 + 传文】

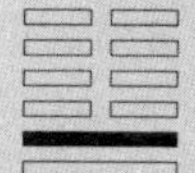

九二　咸临：吉，无不利。

《象》曰："咸临吉无不利"，未顺命也。

【译文】

九二　用感化的政策治理百姓：吉祥，没有不利。

《象传》解释道："咸临吉无不利。"是因为民众不从王命。

【爻意分析】

九二爻是临卦中的阳爻，居于下卦的中位，居中得正，又与处于尊位的六五爻相应和，身份地位更高于初九爻。九二爻比起初九爻之意气昂然，更多了持重与使命感。处本卦之尊位的六五爻阴柔而无所作为，全靠九二爻与初九爻努力辅佐。而初九爻又有听命于九二爻之势，所以九二爻在临卦之中至关重要。

【经文 + 传文】

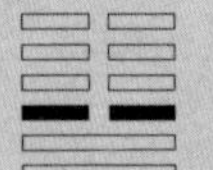

六三　甘临[1]，无攸利；既忧之，无咎。

《象》曰："甘临"，位不当也[2]。"既忧之"，"咎"不长也。

【注释】

① 甘：甜言蜜语。一说为"钳"的通假字，钳制。② 位不当：本爻六三是阴爻，居阳位，是"位不当"。

【译文】

六三　用巧言令色来治理百姓，无利可得；若是已经知道忧虑这种政策，则无害。

《象传》解释道："甘临。"是说君主地位失当；既忧之，这样危机就久不了了。

【爻意分析】

六三爻是临卦中的阴爻，居于阳位，阴柔失正，好比资质平平之人，心中对自己怀有较高的期望。六三爻与初九阳爻相应和，其阴柔得到初九爻阳刚之力的协助；然而《爻辞》上道"甘临"，意为这种协助是六三爻以巧言妄语施惠于人而换取的，并非初九爻与其意气相投，出于欣赏而自发做出的帮助。

【经文 + 传文】

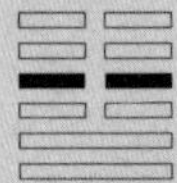

六四　至临[1]：无咎。

《象》曰："至临无咎"，位当也[2]。

【注释】

① 至：至善。② 位当：本爻六四是阴爻，居阴位，是"位当"。

【译文】

六四　用极为亲和的态度治理百姓：无害。

《象传》解释道："至临无咎。"是因为君主地位得当。

【爻意分析】

六四爻乃是临卦中的阴爻，且居于阴位，位置得当，虽柔而不失其正。《爻辞》中的"至临"，意为其正处于极好的位置，以居高临下之势管理下属。因六四爻柔顺中正，所以其对待下属既公正严明又不失礼仪，实有利贞和贞静之正道，所以《爻辞》中道"无咎"，意为毫无错咎。

【经文＋传文】

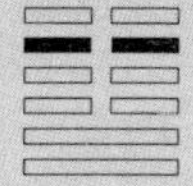

六五　知临[1]，大君之宜：吉。

《象》曰："大君之宜"，行中之谓也[2]。

【注释】

①知：通"智"，明智。②中：本爻六五是阴爻，居上卦中位，是中道的象征。

【译文】

六五　用明智的政策治理百姓，这是君主适宜的做法：吉祥。

《象传》解释道："大君之宜。"是说君主能行中道。

【爻意分析】

六五爻是临卦中的阴爻，处于尊位，如同一国之君，位于外卦之中，在临卦中是节卦，"节"是"节制、有度"之意。《爻辞》中的"知临"意为将自己的知识与智慧加临于平日的接人待物处理国事之中；"大君之宜：吉。"意为用一国之君的大气作风去处理身边事宜，必定会吉祥。

【经文＋传文】

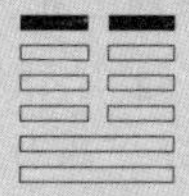

上六　敦临[1]：吉，无咎。

《象》曰："敦临"之"吉"，志在内也。

【注释】

①敦：厚道。

【译文】

上六　用诚恳厚道宽容的政策治理百姓：吉祥，无害。

《象传》说："敦临"是吉祥的，是因为君主心怀治好国家的愿望。

【爻意分析】

上六爻为阴爻，在临卦中是损卦，意为此爻可以做到自我减损，性格极其忠厚，所以《爻辞》中道"敦临：吉，无咎"。意为诚恳朴实的监临者，可以做到消减个人的利益而去增益于民众，此举大得人心，民众被他的行为所感动，大加拥戴。监临者的做法，毫无错误，非常吉祥。

观 卦

下坤上巽

卦辞

【经文+传文】

观 盥而不荐[①]，有孚颙若[②]。

《彖》曰：大观在上[③]，顺而巽[④]，中正以观天下，观。“盥而不荐，有孚颙若”，下观而化也。观天之神道，而四时不忒，圣人以神道设教，而天下服矣。

《象》曰：风行地上[⑤]，观。先王以省方观民设教[⑥]。

【注释】

①盥：祭祀前洗手。一说祭祀时用酒洒地迎神。荐：供献。②孚：诚信。颙：虔敬的样子。③大观：遍观。一说为众人仰观。④顺而巽：观卦下坤上巽，巽是谦逊，坤是顺，所以说“顺而巽”。“顺而巽”象征君主柔顺谦逊。⑤风行地上：观卦下坤上巽，巽是风，坤是地，所以说“风行地上”。风象征德教，“风行地上”象征德教在各地推行，所以下文说“先王以省方观民设教”。⑥省：视察。方：邦国。

【译文】

观卦象征观仰：观看用酒洒地迎神，即使没看到神供献祭品，心中已充满虔信恭敬。

《彖传》说：君主遍观下民，柔顺谦逊，观察天下时能秉守中正，这就是观卦的象征。“盥而不荐，有孚颙若”，这是为了使下面的臣民看到并受感化。圣人观察上天神妙的规律，发现四季循环不会出错；圣人根据这种神妙的规律设立教化，使得天下都顺服。

《象传》说：风刮地上，这就是观卦的象征。先王取法观卦视察邦国，观察民情，设立教化。

爻辞

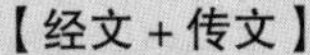

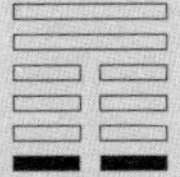

初六　童观[①]，小人无咎，君子吝。

《象》曰："初六童观"，"小人"道也。

【注释】

① 童：幼稚。

【译文】

初六　像儿童一样幼稚地观仰事物，在小人不算过失，在君子则有害。

《象传》解释道："初六童观。"这是小人的观察方法。

【爻意分析】

初六爻是观卦中的初始之爻，身为阴爻而居于阳位，身居不正，距离处于本卦尊位的九五爻甚远，观察周围环境与自己应当仰望的九五爻，却因为视线模糊不清，而难以看明白。

所以《爻辞》中道"童观"，意思是初六爻本身阴柔无为，如同孩童一般，视角稚嫩，蒙昧无知，难以窥到事物的全貌及其本质。

而"小人无咎，君子吝"的意思为平民百姓因为地位低下，见识浅薄，难以看清楚天子诸侯的治世之道，自然是寻常之事；但是若是饱览群书，见识广博的君子或者贤士也无法理解君侯的为世之道，那就令人难以谅解了。

【经文＋传文】

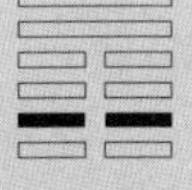

六二　窥观[①]，利女贞。

《象》曰："窥观制女贞"，亦可丑也。

【注释】

① 窥：从缝隙中偷看。

【译文】

六二　从暗中偷偷地观仰，有利于女子坚守正道（但对于君子来说就不好了）。

《象传》解释道："窥观制女贞。"是丑陋的行为。

【爻意分析】

六二爻是观卦中的阴爻，居于阳位之上，有阴云蔽日之象；且六二爻是观卦中的涣卦，“涣”是“涣散”之意。《爻辞》中的“窥观”解释为暗中偷看，也有暗地里有所谋求之意。“利女贞”意为此时六二爻心摇志动，应当如同女子守贞一般才能得到利益。

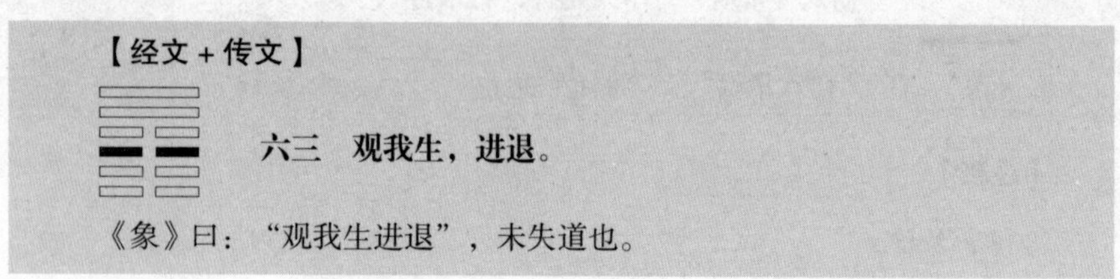

【经文＋传文】

六三　观我生，进退。

《象》曰：“观我生进退”，未失道也。

【译文】

六三　观察自己的成长过程，以决定进退。

《象传》解释道：“观我生进退。”是说君子没有迷失正道。

【爻意分析】

六三爻为阴爻，居于阳位上，是观卦中的渐卦。“渐”为“逐渐、循序渐进”之意。《爻辞》中道“观我生，进退”，意为先观察自己所处的境遇与局势，以保证自身以生存为目的，以德行为标准，谨慎地做出前进或是后退的决策。而不可凭自己的臆想急功近利；必须循序渐进，时刻反省，审时度势，步步为营。

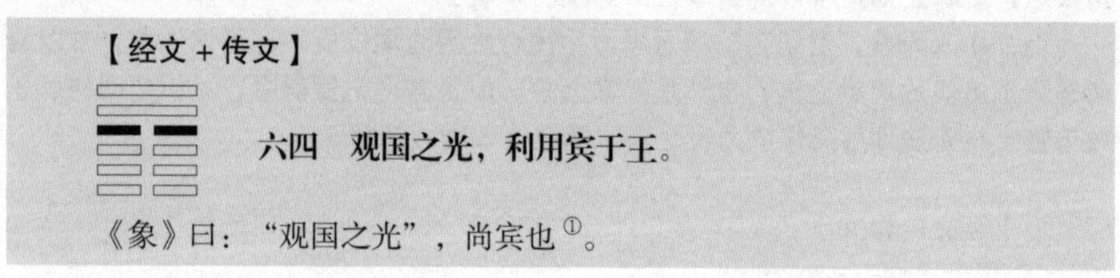

【经文＋传文】

六四　观国之光，利用宾于王。

《象》曰：“观国之光”，尚宾也[①]。

【注释】

① 尚宾：注重做君主宾客的身份，指出仕从政。

【译文】

六四　观仰国家的光荣，明白这时出仕辅佐君主有利。

《象传》解释道：“观国之光。”是说君子是时候出仕从政了。

【爻意分析】

六四爻身为处观卦之外卦的中爻，阴爻阴位居中守正，且临近观卦中处尊位的九五爻，乃是国君身边亲近的重臣。

“观国之光”，国光乃是国之光华，意为六四爻身在君王身侧，十分准确地看清国家里所有光明与有希望的一面，心神为之振奋。“利用宾于王”意思为，想要实现自己的志向，最为有利的做法是成为幕下之宾，以臣子的身份去辅佐君王治理天下。

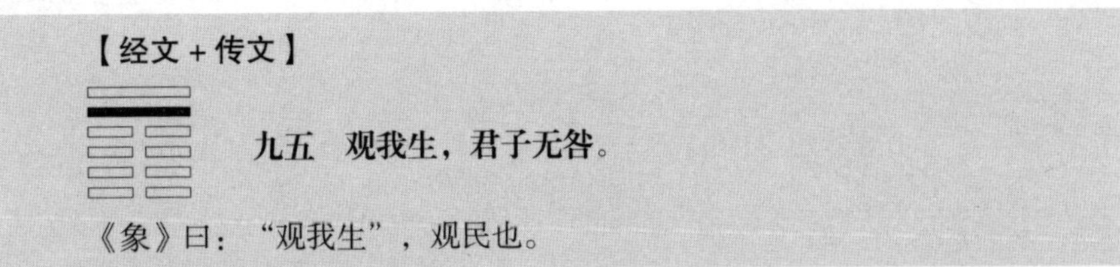

【经文 + 传文】

九五　观我生，君子无咎。

《象》曰：“观我生”，观民也。

【译文】

九五　观察自己的成长，（时时自省）这样君子就可以无咎害了。

《象传》解释道：反观自己的生命历程，也是说君主观察民生。

【爻意分析】

九五爻为阳爻，居于阳位，乃是一卦之君主，乘时得位，自上俯下，其影响力如中天之日，普照天下。观的意图与结果便是明，而观卦之大用在于，将自己所观之结果明示于人，在九五爻身上意为应当向天下施以明德仁政。

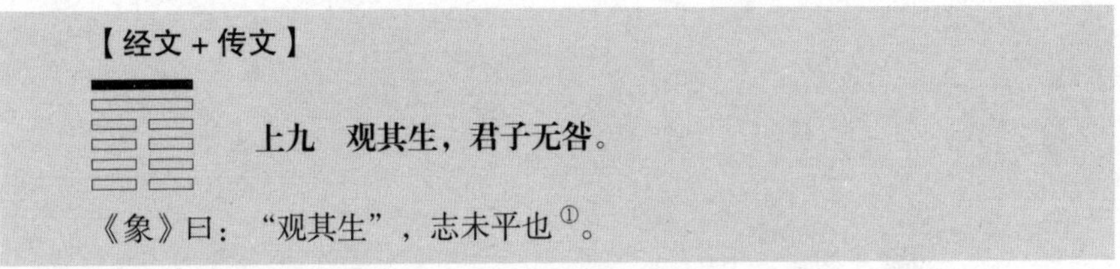

【经文 + 传文】

上九　观其生，君子无咎。

《象》曰：“观其生”，志未平也[①]。

【注释】

① 平：平静，安逸，意谓松懈。

【译文】

上九　观察别人的成长，（从中借鉴）这样君子就可以无咎害了。

《象传》解释道：“观其生。”是说君子修养道德的心志不可松懈。

【爻意分析】

上九爻是观卦中的终结之爻，身为阳爻，居于上极之地，此时上九爻极则生变，如同天上的太阳已经偏西，处于无可作为的境地；但若是君子处于此境地，则无论返本还源还是功成身退，都毫无错咎。因为君子行事，进依从于道，退亦依从于道，退则独善其身，进则思虑天下，所以《爻辞》中写道：“观其生，君子无咎。”

“观其生”是指上九爻怀忧国忧民之思绪，观天下众生而自省。上九爻与尊爻九五十分亲近，同心同德，所以常怀着君王才会有的忧思。在观众生的过程中，谦逊的上九爻心志从不松懈，时时想着增益自己的德行。像上九爻这样足以令人仰视的君子，自然诸事无咎。

噬嗑卦

下震上离

卦辞

【经文 + 传文】

噬嗑 亨，利用狱[①]。

《彖》曰：颐中有物，曰噬嗑。噬嗑而“亨”，刚柔分[②]，动而明，雷电合而章[③]。柔得中而上行[④]，虽不当位[⑤]，“利用狱”也。

《象》曰：雷电[⑥]，噬嗑。先王以明罚敕法[⑦]。

【注释】

① 用：决断。狱：官司。② 刚柔分：噬嗑卦由三枚阳爻和三枚阴爻组成，数量相当，所以说“刚柔分”。“刚柔分”象征君子刚柔均衡。③ 动而明：噬嗑卦下震上离，离是明，震是动，所以说“动而明”。“动而明”象征君子办事明察。离又是电，震又是雷，所以下文说“雷电合”。“雷电合”象征君子威与明结合。章：显明。④ 柔得中：六五是阴爻，居上卦中位，是“柔得中”。“柔得中”象征小民守中道。上行：六二、六三和六五都是阴爻，爻位渐次上升，所以说“上行”。“上行”象征势力增长。⑤ 不当位：六五是阴爻居阳位，是“不当位”。⑥ 雷电：噬嗑卦下震上离，离是电，震是雷，所以说“雷电”。雷象征刑罚，电象征明察，明察刑罚是君主的责任，所以下文说“先王以明罚敕法”。⑦ 敕：整饬。

【译文】

噬嗑卦象征啮合：亨通，利于决断刑事案件。

《彖传》说：腮帮鼓动，口腔中有食物，这就叫“噬嗑”。噬嗑卦是亨通的，这是因为此卦三阳爻三阴爻刚柔均衡，下震上离，有雷有电，象征办事明察，威明结合。六五阴爻居上卦中位，能守中道，虽然地位失当，但和人打官司还是有利的。

《象传》说：雷和电，这就是噬嗑卦的象征。先王取法噬嗑卦明察刑罚，严正法令。

爻辞

【经文 + 传文】

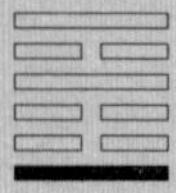

初九　屦校[①]，灭趾[②]：无咎。

《象》曰："屦校灭趾"，不行也。

【注释】

①屦：鞋子。这里用作动词，指脚上拖着。校：刑具。②灭：割除。

【译文】

初九　脚拖着刑具，脚趾被伤及：倒也无害。

《象传》解释道："屦校灭趾"——这是为了使他不再犯罪。

【爻意分析】

噬嗑卦之初九爻是阳爻。《爻辞》中写道："屦校灭趾。""屦校"意为双脚被套上了枷锁，用以限制其行动，是惩戒罪犯的举措；"灭"为伤灭，指用刑具而使脚趾受伤，并非砍足，这意味着对罪犯还有改造的期许，"无咎"意为这种惩戒对于犯罪者来说十分得当，毫无过咎。

【经文 + 传文】

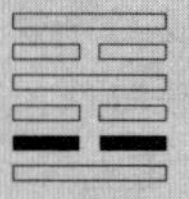

六二　噬肤[①]，灭鼻：无咎。

《象》曰："噬肤灭鼻"，乘刚也[②]。

【注释】

①噬：吃，咬。②乘刚：本爻六二是阴爻，居初九阳爻上，是"乘刚"。

【译文】

六二　偷吃肉，被施割鼻的轻刑（由此惩前毖后，所以说）：也无害。

《象传》解释道："噬肤灭鼻。"是因为小民凌驾于君子之上。

【爻意分析】

六二爻是噬嗑卦阴爻，位于初九之上，柔居柔位，却以阴凌阳，如同一得势的小人出于私心而压制有才能的下属，长此以往，必然会给自身带来麻烦，引致灾祸。

《爻辞》中写道："噬肤，灭鼻：无咎。"灭鼻是指对罪犯施以劓刑，将其鼻子割掉。这种刑罚毁坏人容貌，可谓重刑；然而《爻辞》中却道"无咎"，意味刑罚得当，六二爻所犯的罪过不轻。

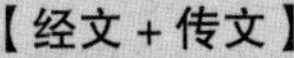

【经文＋传文】

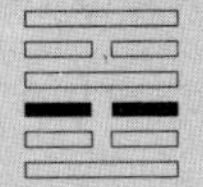

六三　噬腊肉，遇毒：小吝，无咎。

《象》曰："遇毒"，位不当也[①]。

【注释】

①位不当：本爻六三是阴爻，居阳位，是"位不当"。

【译文】

六三　像吃坚硬的腊肉，遇毒：未咽小有不好，没有大害。

《象传》解释道："遇毒。"是因为他地位失当。

【爻意分析】

六三爻为噬嗑卦中的阴爻，却居于阳位，身居不正，阳遇阴爻，是《爻辞》中认为遇毒的原因。腊肉是将鲜肉腌制后风干制成的，味道鲜美，口感有韧性。"噬腊肉，遇毒：小吝，无咎。"意为腊肉在储藏时变了质，但所幸是干肉中所含有的毒素，毒性较轻。引申意为，弊端的积累并非朝夕之间完成的；但一直未被察觉，直到其威力强大才显露出来。

【经文＋传文】

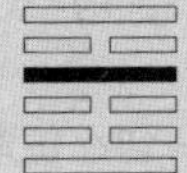

九四　噬干胏[①]，得金矢[②]：利艰贞吉。

《象》曰："利艰贞吉"，未光也。

【注释】

①胏：带骨头的干肉。②金矢：铜箭头。

【译文】

九四　吃带骨的干肉，吃到铜箭头：在艰难中要坚持守正，吉祥。（"噬干胏"比喻办事，"得金矢"比喻办事遇到了困难；但扔掉金矢，肉还可继续吃，比喻艰难可除，所以说吉祥。）

《象传》解释道："利艰贞吉。"是说君子这时还未获得光明。

【爻意分析】

九四阳爻居于阴位，身居不正，其想施行之事必定受到阻碍，《爻辞》中道“噬干胏，得金矢”，是说口中吃着带骨头的干肉脯，竟然吃到了金属的箭头。这种突兀的情况，有柔在外而刚居其内之象，寓意为内有乾坤，意外之收获。“利艰贞吉。”意为此爻对于占问艰难困苦之事有利，只要知道事情的艰难，人便会警醒不松懈，再以贞正为行事的根本，便会一切吉祥。

【经文+传文】

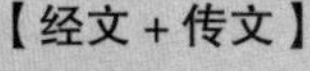

六五 噬干肉，得黄金：贞厉，无咎。

《象》曰：“贞厉，无咎”，得当也。

【译文】

六五 吃干肉，吃到黄金：固守正道，勤勉努力，终可无害。（黄金吃进肚里，能致病甚至致死，比喻事有危险；“得黄金”比喻危险发现了，终获无害。）

《象传》解释道：“贞厉无咎。”是因为君子行为得当。

【爻意分析】

六五爻是噬嗑卦中的阴爻，居于本卦的尊位，原本以柔乘刚，以阴居阳是不当的；但是，六五爻虽然是阴爻，与其临近的九四爻与上九爻却皆为阳爻，六五处于两阳之间，上爻下爻对其皆有辅助，乃是个得当的位置，六五爻身居正位又生逢其时，是本卦之大用卦，噬嗑卦至此已经集齐天下精华，君主六五爻阴以绾阳，大富大贵，福禄优厚，既能享用珍馐美味，又拥有数不尽的财富，所以《爻辞》中道“噬干肉，得黄金”，意为六五爻居君王之尊，既有干肉可以随时噬食，又有黄金随时待他取用，一人在上，万民供奉。

六五爻虽然能享用甘美的食物与贵重的珍宝，但是并不可自觉一切都是理所当然的；而应当经常自我反省，看看自己上能否对得起生养万物的天地，下是否没有辜负供养自己的民众，享用这些美食与财富是否可以无愧于心。所以《爻辞》中还有“贞厉，无咎”的说法。“贞”自然是指中正贞静，“厉”是勤勉努力，其意思为，九五爻只要能做个德行中正、勤勉努力的明君，就可安享天下的美食与财富，而毫无错咎。

【经文+传文】

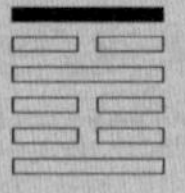

上九 何校[①]，灭耳：凶。

《象》曰：“何校灭耳”，聪不明也。

【注释】

① 何：借为“荷”，扛着。

【译文】

上九　肩扛着刑具，耳朵被割掉：凶险。

《象传》解释道：“何校灭耳。”是因为他闭目塞听。

【爻意分析】

上九爻是噬嗑卦中的阳爻，处于一卦之极。全卦之富贵已经止于六五爻。如今上九爻虽然高高在上，却毫无地位，悬悬而起，上下不得呼应协助，既无用武之地，又无可立之功，原本每卦的终极之爻都会面临如此尴尬的境地。但是噬嗑卦中的上九爻这种境况尤其严重，所以此爻反吉为凶。

《爻辞》上写道：“何校，灭耳：凶。”“何”是负荷之意，“校”是木制的枷锁，“灭耳”是伤害到了耳朵，意为上九爻犯了重罪身受重刑的惩罚，肩上负荷着沉重而粗大的木制枷锁，连耳朵也被割掉了，处境很凶险。

贲 卦

下离上艮

卦辞

【经文 + 传文】

贲　亨。小利有攸往。

《彖》曰：贲亨，柔来而文刚[①]，故“亨”。分[②]，刚上而文柔，故“小利有攸往”。刚柔交错，天文也；文明以止[③]，人文也。观乎天文，以察时变，观乎人文，以化成天下。

《象》曰：山下有火[④]，贲。君子以明庶政，无敢折狱[⑤]。

【注释】

① 柔来而文刚：贲卦下离上艮，艮是阳卦，是刚，离是阴卦，是柔，所以说“柔来而文刚”。“柔来而文刚”象征臣子辅佐君主。下文的“刚上而文柔”，象征君主援助臣子。② 分：指艮、离两卦各居其位，象征君、臣各居其位。③ 文明以止：贲卦下离上艮，艮是止，离是文明，所以说“文明以止”。“文明以止”象征用文明约束人。社会建立的制度及文化教育这些文明都是使人知所止。止：指约束。④ 山下有火：贲卦下离上艮，艮是山，离是火，所以说“山下有火”。火象征明察，山象征政务，明察政务是君子的责任，所以下文说“君子以明庶政，无敢折狱”。⑤ 庶：众多。折：判决。

【译文】

贲卦象征文饰：亨通。前往有小利。

《彖传》说：贲卦是亨通的，臣子辅佐君主，所以亨通。君、臣各居其位，君主援助臣子，所以说“小利有攸往”。刚柔交错，就形成了自然景观；用文明约束人，就形成了人文。圣人观察自然景观，从中洞察时序的变迁，观察社会制度与教化，以此教化并成就天下之人。

《象传》说：山下有火，这就是贲卦的象征。君子取法贲卦，明察各种政务，不乱断官司。

爻辞

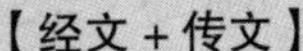

【经文＋传文】

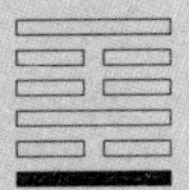

初九　贲其趾[①]**，舍车而徒**[②]**。**

《象》曰："舍车而徒"，义弗乘也。

【注释】

①贲：指文饰或打扮。②徒：徒步。

【译文】

初九　修饰自己的脚，舍车走来。

《象传》解释道："舍车而徒。"是因为他乘车是不合理的。

【爻意分析】

初九爻是贲卦的初始之阳爻，《爻辞》中写道："贲其趾，舍车而徒。""贲"为文辞修饰，表面意为修饰好了脚趾之后，舍弃坐车，改为徒步而行。实际上是指文饰的阶段，初九爻之"贲"此时如同人之足趾，尚在最低的阶段。

【经文＋传文】

六二　贲其须。

《象》曰："贲其须"，与上兴也[①]。

【注释】

①与上兴：本爻六二是阴爻，居九三阳爻下，所以说"与上兴"。"与上兴"象征臣子辅佐君主。与：助。

【译文】

六二　修饰自己的胡子。

《象传》解释道："贲其须。"是说六二辅佐居上位者振兴事业。

【爻意分析】

六二爻是贲卦中的阴爻，上应和本卦处尊位的六五爻，外接应九三爻，以自己之阴柔去文饰阳刚，其阴在内而阳在外，柔中居正，德行具备，虽然居于下位，却大有追随上面的九三爻而升起的志向。

《爻辞》中道“贲其须，与上兴也”，意为文饰尊者的胡须。胡须为男人所有，这里代指阳爻，而与六二爻所临近的阳爻是九三爻，《爻辞》正说明了六二爻以文饰其须的方式，来表达对九三爻的仰慕与追随之心。

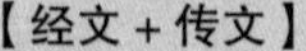

【经文 + 传文】

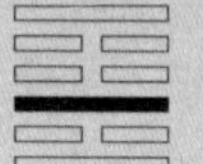

九三　贲如濡如[①]，永贞吉。

《象》曰：“永贞”之“吉”，终莫之陵也[②]。

【注释】

①濡：浸湿、润泽。如：语气助词，无实际意义。②陵：同“凌”，欺凌。

【译文】

九三　扮靓了，又与人相润泽，长期坚守正固必然吉祥。

《象传》解释道：永远正直是吉祥的——这样就没人敢来欺凌他。

【爻意分析】

九三爻是贲卦中的阳爻，上爻六二爻与下爻六四爻同为阴爻，九三爻位于两阴之间备受瞩目，将得到这两爻的共同文饰。文饰到了九三爻这里，开始呈现文过饰非的走势。世间的事物，太过极致便会向着相反的方向发展，文饰之道，在于增添本质的光彩；但若太过，就会有遮掩本质之嫌，成为本末倒置之举。

【经文 + 传文】

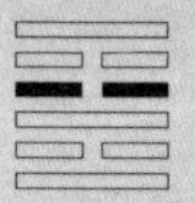

六四　贲如皤如[①]，白马翰如[②]，匪寇，婚媾。

《象》曰：“六四”，当位疑也[③]；“匪寇婚媾”，终无尤也[④]。

【注释】

①皤：白，素洁之貌。②翰：高飞，出众。一说指毛色洁白。③当位：本爻六四是阴爻，居阴位，是“当位”。④尤：怨尤，指祸害。

【译文】

六四　打扮得美素，骑白马奔来，他们不是抢劫的，是求婚的。

《象传》解释道：六四说的是，君子地位得当，但遇事会起疑心；“匪寇，婚媾”——这结果是无害的。

【爻意分析】

六四爻是本卦中的阴爻，居于阴位之上，与初九爻应和，贲卦中全仗阴柔来文饰阳刚，六四爻重柔之身，虽然未处于尊位，但是因为其性至柔，擅长文饰一切，且其文饰并不像其他爻一般绚烂华丽，而是自然，真诚，有返璞归真之象，实为贲卦之大用。

【经文 + 传文】

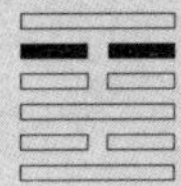

六五　贲于丘园[①]；束帛戋戋[②]，吝，终吉。

《象》曰：“六五”之“吉”，有喜也。

【注释】

① 丘园：山上园林。② 戋戋：物品稀少的样子。

【译文】

六五　装点山丘田园，礼物却是微薄的丝帛，这样求婚就难了，但终获吉祥。

《象传》解释道：六五中的“吉”，是指喜事临头。

【爻意分析】

六五爻是本卦的尊位之爻，身为阴爻却居于中位，是位阴柔的君主。

【经文 + 传文】

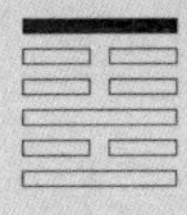

上九　白贲[①]：无咎。

《象》曰：“白贲无咎”，上得志也。

【注释】

① 白：朴素。

【译文】

上九　朴素的打扮：没有过错。

《象传》解释道：“白贲无咎。”是说君子得志。

【爻意分析】

上九阳爻是贲卦的终极之爻，无疑会面临所有终爻共同的问题，便是穷极返始。贲卦以文饰为用，到了穷极之时，原本华美富丽、绚烂多彩的文辞已经转变成为无色无形、质朴平实的言语。

剥 卦 ䷖

下坤上艮

卦辞

【经文+传文】

剥 不利有攸往。

《彖》曰：剥，剥也[①]。柔变刚也[②]。“不利有攸往”，小人长也。顺而止之[③]，观象也。君子尚消息盈虚[④]，天行也。

《象》曰：山附于地[⑤]，剥。上以厚下安宅[⑥]。

【注释】

①剥：剥落，指衰落。②柔变刚：剥卦由五枚阴爻和一枚阳爻组成，阳爻是刚，量少势力小；阴爻是柔，量多势力大，有改变刚的力量；所以说“柔变刚”。“柔变刚”象征小人改变君子。此时天时、人事等力量的对比都显示出对君子极为不利的态势。③顺而止：剥卦下坤上艮，艮是止，坤是顺，所以说“顺而止”。“顺而止”象征君子在处于“剥”的不利情况下，要顺应形势，停止进取，以保存实力。④消息：消长。⑤山附于地：剥卦下坤上艮，艮是山，坤是地，这是说高山崩颓，附着于地，所以说“山附于地”。山象征王侯，地象征百姓，王侯是依附百姓生存的，宜厚待百姓，所以下文说“上以厚下安宅”。⑥厚：厚待。

【译文】

剥卦象征剥落：前往不利。

《彖传》说：剥，指衰落。小人改变了君子。“不利有攸往”，这是因为小人猖獗。这时君子要顺服清净，这是君子由观察卦象得到的启示。君子按自然消长盈虚的规律决定行动，这就是天道。

《象传》说：山依附在地上，这就是剥卦的象征。王侯取法剥卦厚待百姓，使百姓安居乐业。

爻辞

【经文 + 传文】

初六　剥床以足[①]**，蔑：贞凶**[②]。

《象》曰："剥床以足"，以灭下也[③]。

【注释】

① 剥：剥落。② 蔑：灭。③ 下：根基。

【译文】

初六　床腿剥蚀了，床将毁掉，应守正道以防凶险。

《象传》解释道："剥床以足。"是说根基坏了。

【爻意分析】

初六阴爻是剥卦的初始爻，《爻辞》中道"剥床以足，蔑"，意为床脚因腐朽而脱落，床将被剥落。初六爻处一卦初始却遇到这样的爻辞，有基层不稳定，潜藏隐患之象，若是不谨慎检查，恐生大祸端。此床乃以此比喻国家，初六爻此时处境危机四伏，有宵小之辈正在做祸国殃民之事，此种境况已经威胁到了君王的政权，所以《爻辞》中警醒道："贞凶。"此时应当固守自省以防不测。

【经文 + 传文】

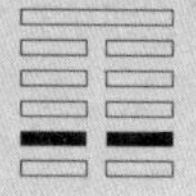

六二　剥床以辨[①]**，蔑：贞凶**。

《象》曰："剥床以辨"，未有与也[②]。

【注释】

① 辨：通"牑（yǒu）"，床板。② 与：辅佐。

【译文】

六二　床身与床足脱落，床板剥蚀，床将毁掉，应守持正道以防凶险。

《象传》解释道："剥床以辨。"是说剥蚀到了床身，六二没有相应相助的人（王侯失去了辅佐他的人）。

【爻意分析】

六二爻身为阴爻，居于下卦之中位，本来居身得正，其位安稳，不易为剥落所影响。但是此时事态的发展已经到了危及六二爻的界域。《爻辞》中写道："剥床以辨，蔑：贞凶。"床为托器，此时已经剥落至床头，《爻辞》中的"辨"指的是膝盖左右高的位置，"剥床以辨"意为大床现在已经剥落到了床身，其足已经蚀坏。此时六二爻与六五爻同为阴爻，无法应和互助，所以呈孤掌难鸣之势。

此时事态恶化，床身已经倾斜，六二爻孤立无援，只得仰仗自身的中正，固守持正以防备凶险。

【经文 + 传文】

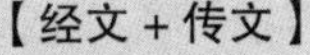

六三　剥之[1]：无咎。

《象》曰："剥之无咎"，失上下也。

【注释】

①之：指初六和六二中的"足"和"辨"。

【译文】

六三　床腿和床板都剥落时，却无咎害。

《象传》解释道："剥之无咎。"是因为敌人失去了上下人的拥戴。

【爻意分析】

六三爻是剥卦中的阴爻，居于阳位，虽然身为阴柔者，但是有阳刚之质。六三爻身居阳位，本应受小人剥之所害；但是因为与上九阳爻相应和，刚柔相济，虽然居位不正，但是能得到朋友的援助，声应气求，同仇敌忾，所以虽然处于剥卦之中，依旧能做到固守君子之道，居于险地而不遭受凶险，处于乱世而心神不被其搅乱，因为人道昌盛，所以天道之剥可避免。

【经文 + 传文】

六四　剥床以肤[1]：凶。

《象》曰："剥床以肤"，切近灾也。

【注释】

①肤：床席。

【译文】

六四　床面剥蚀：凶险。

《象传》解释道：“剥床以肤。”是说剥蚀到了床面，六四接近凶险（灾祸就要来了）。

【爻意分析】

六四爻是剥卦中的阴爻，居于阴位，又是上卦之初始，与初二爻同有剥至于床之象。六四爻于剥卦中的位置大抵与床面相当，是与床上人最接近的位置。

《爻辞》中道“剥床以肤：凶”，意为床之损坏已经贴近人的肌肤，床毁身伤之祸迫在眉睫。此时，六四爻因床随时都会倾覆，所以身心难以安稳。六四爻正当小人当道亨通之际，遭受剥害，处境无可退守，所以有凶无吉。

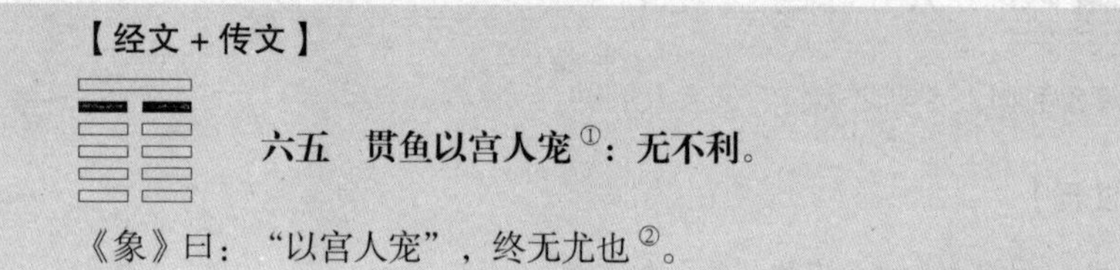

【经文 + 传文】

六五　贯鱼以宫人宠[①]：无不利。

《象》曰：“以宫人宠”，终无尤也[②]。

【注释】

① 贯：依次进入。这里用作形容词，指井然有序。以：相当于“之”，指进入。② 尤：怨尤，指灾祸。

【译文】

六五　像贯串一起的鱼一样的宫女依次得到君王的宠爱，没有不利。

《象传》解释道：“以宫人宠。”——这结果是无害的。

【爻意分析】

六五爻是剥卦的尊位之爻，身在阳位，虽然是阴柔之身，但是所幸其阴依附在阳之上，此种境况与六三爻类似，并非重阴，因其身处于尊位，才能与德行都非其他阴爻所能相比，志向也自迥出伦辈。虽然柔弱却能统领众爻，皆因其有贞固之心。《爻辞》上道“贯鱼以宫人宠：无不利”，意为宫女们列队整齐，如鱼贯般进入宫中，并得到君主的宠爱，无任何不利之处。

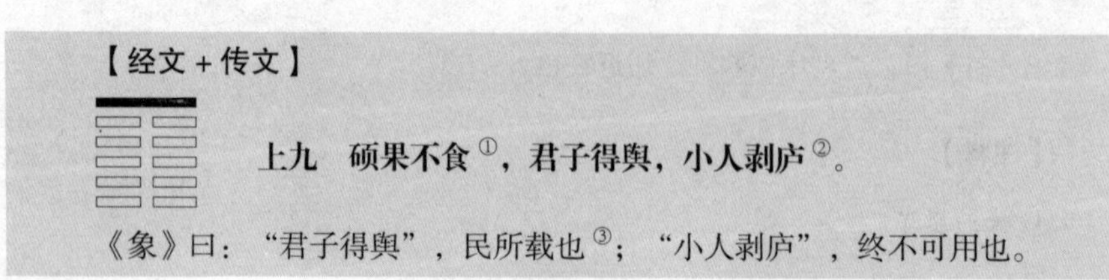

【经文 + 传文】

上九　硕果不食[①]，君子得舆，小人剥庐[②]。

《象》曰：“君子得舆”，民所载也[③]；“小人剥庐”，终不可用也。

【注释】

①食：捕食。②庐：房子。③载：指拥戴。

【译文】

上九　硕大的果子没被摘食，这意味着君子将得到车马，小人将失去房子。

《象传》解释道："君子得舆。"是说君子得到百姓的拥戴。"小人剥庐。"是说小人是不能任用的。

【爻意分析】

上九爻是剥卦的终极之爻，并且是本卦中唯一的阳爻。但凡上爻，都处于极位，位处于极，其奉行之道则趋于穷尽，而剥卦之上九爻便是一个极为明显的例子。上九爻以阳之身应对卦中群阴，虽然势单力孤，但是因为其所处的位置十分有利，刚好可以运用自己的极位而衍生变化。

全卦用到上九爻这里已经截然相反，上九爻大行君子之道，反穷极而变亨通，一阳在上，众阴相继折服，这也是天道使然，阳不可亡，而阴无法长久。

《爻辞》中道："硕果不食，君子得舆，小人剥庐。"意为树上硕大的果子，若是落于君子之手，便会为君子带来乘坐大车的荣耀；若是为小人所窃取，那么小人会剥落得百姓民不聊生，流离失所。

复 卦 ䷗

下震上坤

卦辞

【经文 + 传文】

复 亨，出入无疾，朋来无咎，反复其道，七日来复；利有攸往。

《彖》曰：复“亨”。刚反[①]，动而以顺行[②]，是以“出入无疾，朋来无咎”。“反复其道，七日来复[③]”，天行也。“利有攸往”，刚长也[④]。复，其见天地之心乎[⑤]。

《象》曰：雷在地中[⑥]，复。先王以至日闭关，商旅不行，后不省方[⑦]。

【注释】

①刚反：复卦的内卦是震，外卦是坤，坤是柔，震是刚，刚返居内卦，所以说“刚反”。“刚反”象征君子回归正道。②动而以顺行：复卦下震上坤，坤是顺，震是动，所以说“动而以顺行”。“动而以顺行”象征顺应规律办事。③反复其道，七日来复：这句是万物以七为周期单位循环往复。④刚长：复卦由五枚阴爻和一枚阳爻组成，初九是阳爻，是刚，居低爻位，有向上增长的力量和空间，所以说“刚长”。“刚长”象征君子的刚健在增长。⑤心：指规律。⑥雷在地中：复卦下震上坤，坤是地，震是雷，所以说“雷在地中”。古人认为天寒时，雷会进入地泽中休息；冬天是百姓休养生息的时候，所以下文说“先王以至日闭关，商旅不行，后不省方”。⑦至日：冬至日。后：君主。省：视察。方：邦国。

【译文】

复卦象征阳气回复事物复兴：亨通，出入无病，朋友也都挺好，从路上往来，七天就可一个来回；前往有利。

《彖传》说：复卦是亨通的。君子将回归正道，顺应规律办事，所以说“出入无疾，朋来无咎”。万物循环往复，以七为周期单位，这就是天道。“利有攸往”，这是因为君子的刚健在增长。复卦大概体现了这种天地循环的规律吧。

《象传》说：雷在地中，这就是复卦的象征。先王取法复卦，冬至日时关闭城门，杜绝商旅出行，君主停止视察邦国。

爻辞

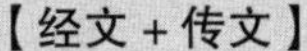

【经文+传文】

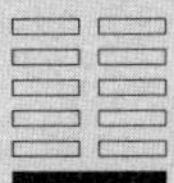

初九　不远复：无祇悔[1]，元吉。

《象》曰："不远"之"复"，以修身也。

【注释】

①祇：大。

【译文】

初九　走出不远就返回正道来：没有大悔恨，大吉。

《象传》解释道：才走不远就回来了——这是为了修身养性（如果人偏离了正道，最可贵的是及时回复）。

【爻意分析】

初九爻是复卦中的初始之爻，身为阳爻，居于阳位，居身得正，阳气刚猛，为复卦之大用爻。初九是全卦唯一的阳爻，全卦之生机皆系于其一身，所以虽然身处于最下之位，但是无疑是复卦之主爻。

【经文+传文】

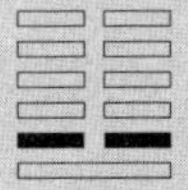

六二　休复[1]：吉。

《象》曰："休复"之"吉"，以下仁也。

【注释】

①休：美好的。

【译文】

六二　美好的回复：吉祥。

《象传》解释道："休复"是吉祥的，是因为君主能谦恭地亲近贤人。

【爻意分析】

六二爻居于内卦之中位，阴爻居于正位，原本是重阴之身。但所幸临近阳爻初九，大有以阴就阳之势。《爻辞》中写道："休复：吉。""复"有成全初九爻复返之道的意思，凡在复卦《爻辞》中带“复”字之爻，皆与阳爻之意相合不悖，愿促其成事。其成就与才能虽然难比初九，但是因中正仁和，可以吉祥无忧。

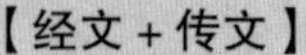

【经文+传文】

六三　频复[①]：厉，无咎。

《象》曰：“频复”之“厉”，义“无咎”也。

【注释】

① 频：通“颦”，皱眉。

【译文】

六三　皱着眉头回来：有危险，终获无害。

《象传》解释道：“频复”是危险的，不过按理终获无害。

【爻意分析】

六三爻是复卦中的阴爻，阴行阳位，其位与上六应和，志同道合。《爻辞》中的“频”一是形容六三爻反复，二也有皱眉之意，指六三爻对自己言行的修正并不情愿。六三爻见初九爻之阳刚微弱，不能胜过阴柔，于是心生疑虑。这也是他反复的原因之一。

【经文+传文】

六四　中行独复[①]。

《象》曰：“中行独复”，以从道也。

【注释】

① 中行：指六四爻处于五个阴爻的中间，可谓居中行正。

【译文】

六四　持中行正，专心回复。

《象传》解释道：“中行独复。”是为了遵从正道。

【爻意分析】

六四爻是复卦中的阴爻，居于阴位，居身得正，与阳爻初九上下应和，大有阴柔者遵从辅助阳刚者之势。《爻辞》中写道：“中行独复。”中行与中道意思相符，意为从容行中正之道。六四爻夹身于两个阴爻中间，是为中行，而其与初九爻是正向应和的位置，作为唯一与初六相应之爻，其情弥专，是为独复。自《爻辞》上看，六四爻是奉行中正之道的，行为举止毫无偏颇。

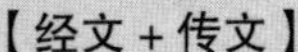

【经文＋传文】

六五　敦复[①]：无悔。

《象》曰："敦复无悔"，中以自考也。

【注释】

① 敦：敦促，指匆忙。一说敦厚。

【译文】

六五　诚恳地返回：无悔。

《象传》解释道："敦复无悔。"是因为君子能用中道内省。

【爻意分析】

六五爻是复卦中的阴爻，居于上卦的中位，居中得正，内心敦厚。虽然居于尊位，但是却失位于阳爻初九，所以与初九爻并无应和。

【经文＋传文】

上六　迷复：凶，有灾眚[①]；用行师，终有大败，以其国君凶[②]，至于十年不克征[③]。

《象》曰："迷复"之"凶"，反君道也。

【注释】

① 眚：灾祸。② 以：连及。③ 克：能。

【译文】

上六　迷失回来的路：凶险，有祸；行军打仗，结果大败，连他的国君也有凶险，以致十年不能出兵作战。

《象传》解释道："迷复"是凶险的，是因为君主违反为君之道。

【爻意分析】

上六爻是复卦中的终极之爻，是阴爻，处于极位之上。事情到了极致的时候，会形势反转，这是事物循环的常理。复卦全卦亨通，待到了上六爻这里，运数气势都已用尽，致使上六爻倒行逆施，与之前五爻作为大相径庭。

上六爻位置与初九阳爻相距甚远，对阳刚之气的感应十分微弱，蒙昧不清，有迷途失路之象，并且处于落势，上下难以辅助，自身又不顺应天道，致使上下不和睦，内外不协调。

无妄卦 ䷘

下震上乾

卦辞

【经文 + 传文】

无妄　元亨，利贞，其匪正，有眚[1]**；不利有攸往。**

《彖》曰：无妄，刚自外来而为主于内[2]，动而健[3]，刚中而应[4]。大“亨”以正，天之命也。“其匪正有眚，不利有攸往”，无妄之往何之矣？天命不佑，行矣哉！

《象》曰：天下雷行，物与，无妄。先王以茂对时育万物[5]。

【注释】

① 眚：灾祸。② 刚自外来而为主于内：无妄卦的外卦是乾，内卦是震。外卦有三枚阳爻，量多势众，是大刚，内卦只有一枚阳爻，量少势小，是小刚；内卦的小刚是从外卦的大刚而来，所以说“刚自外来”。内卦震卦是阳卦，初九阳爻是该卦主爻，是刚，所以说“（刚）主于内”。“刚自外来而为主于内”象征君子从外部进来，成为百姓的主人。③ 动而健：无妄卦下震上乾，乾是健，震是动，所以说“动而健”。④ 刚中而应：九五是阳爻，居上卦中位，和居下卦中位的六二阴爻相应。⑤ 天下雷行：无妄卦下震上乾，乾是天，震是雷，所以说“天下雷行”。春雷惊起，万物生长，都遵循一定的时令，所以下文说“先王以茂对时育万物”。与：生长。茂：同“懋”，勉力。对：应。

【译文】

无妄卦象征不妄为：大为亨通，守持正固有利，如果不守正道，就会遭灾；前往不利。

《彖传》解释道：无妄卦的象征是，初九阳爻从外部进来，成为一卦之主，其动势健进，刚健中正，得居下卦之中位的阴爻响应。中正才能亨通，这就是天理。“其匪正，有眚，不利有攸往。”这是说君子就算不是妄意前往，又能往哪里去呢？上天不保佑，能往哪里去啊！

《象传》说：天的下面有雷震动，万物生长，这就是无妄卦的象征。先王取法无妄卦勉力应时，养育万物。

爻辞

【经文 + 传文】

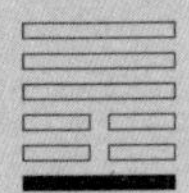

初九　无妄，往吉。

《象》曰："无妄"之"往"，得志也。

【译文】

初九　不胡来妄为，前往会吉祥。

《象传》解释道：不妄为而前往——这是说君子得志。

【爻意分析】

无妄卦初始之爻初九，身为阳爻居于阳位之上，居身得正，内心纯正毫无隐晦之处，且阳气刚猛，意气昂扬，一副积极上进的姿态，是无妄卦之主爻。与初九爻相应和的九四爻也是阳爻，所以初九爻因为有所辅助，更加稳妥。重刚纯阳之爻处于众阴之下，是谦恭谨慎，不妄言妄动之象，是以《爻辞》中道："无妄，往吉。"意为初九爻不妄为，前程必定吉祥。

【经文 + 传文】

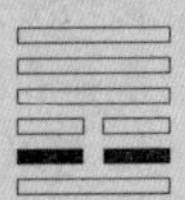

六二　不耕获，不菑畬[①]，则利有攸往。

《象》曰："不耕获"，未富也。

【注释】

① 菑：开荒。畬：开垦过的熟田。

【译文】

六二　不耕种，不在乎收获，不开荒，无意于良田，人心平和如此，外出做事有利。

《象传》解释道："不耕获。"——这样是换不来富裕的。

【爻意分析】

六二爻是无妄卦中的阴爻，居于下卦之中位，与本卦处于尊位的九五爻相呼应，刚柔相济，内外相合。六二爻以阴顺阳而因此得到九五爻的信任倚重。

《爻辞》中道："不耕获，不菑畬，则利有攸往。""菑"是因为耕耘时间很短所以收获不多的薄田；而“畬”是指耕耘多年，收获丰厚的熟田。《爻辞》中的意思是说，不去耕耘，便不会期待收获；不开垦田地，便不会渴望得到良田。这样心无挂碍，更适合轻身向前。

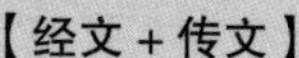

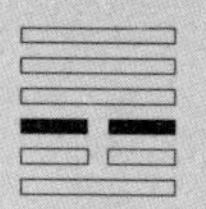

六三　无妄之灾，或系之牛，行人之得，邑人之灾。

《象》曰：“行人”得牛，“邑人灾”也。

【译文】

六三　没有胡来妄为却遭灾了：有人拴牛在外，路人顺手把牛牵走了，这就是邑人的灾祸。

《象传》说：路人顺手牵走了牛——这就是邑人的灾难。

【爻意分析】

六三爻的《爻辞》中道：“无妄之灾，或系之牛，行人之得，邑人之灾。”意为并未妄言妄动却凭空灾祸临身。有村民将牛系于道旁，过路之人看见之后将牛偷走。牛的主人回来见失了牛，怀疑是附近的邻居所偷。这种无端的猜忌，令这位邻人遭受了难以解释的冤枉。

【经文＋传文】

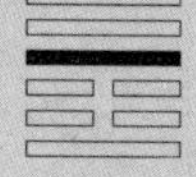

九四　可贞，无咎。

《象》曰：“可贞无咎”，固有之也。

【译文】

九四　固守正道，无害。

《象传》说：“可贞无咎。”是因为君子本来就具有美德。

【爻意分析】

九四爻是无妄卦中的阳爻，临近本卦之尊爻九五。伴君如伴虎，故九四爻的心中常怀不安。君王身侧，乃是非之地，言行稍有差池，便会大祸临头；但所幸九四身为阳刚之爻，谦恭守正，行事光明磊落，志向高洁，固守心中之贞静，恪守无妄之道，为修身正德的君子，所以《爻辞》中道“可贞无咎”，意为九四爻心甘情愿地安守其贞，所以毫无过咎。

【经文 + 传文】

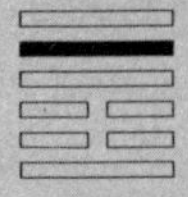

九五　无妄之疾，勿药有喜[1]。

《象》曰："无妄"之"药"，不可试也。

【注释】

① 喜：指病愈。

【译文】

九五　没有胡来妄为而得的小病，不吃药也能好。

《象传》说：没有妄行的疾病却试图服药——这是不必试的。

【爻意分析】

九五爻是无妄卦中的阳爻，居中得正，作为一卦之尊，无妄而无为，顺应天命，恭顺自然。《爻辞》中道"无妄之疾，勿药有喜"，意为九五爻并因未妄为而损身，却患上了疾病，此病全为外因所致，所以不必以医药治疗，稍后便会自行痊愈，身上的疾病不药而愈，怎不令人欣喜?

【经文 + 传文】

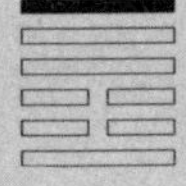

上九　无妄行，有眚，无攸利。

《象》曰："无妄"之"行"，穷之灾也。

【译文】

上九　不要胡来妄为，不然将有灾，无利可得。

《象传》说：妄意前行，就会导致途穷的灾难。

【爻意分析】

本卦之上九爻为阳爻，处于阴位，居位不正，又是无妄卦中的终极之爻，所以事事更需谨慎小心。此时正是无妄卦的穷极反转之时。《爻辞》中写道："无妄行，有眚，无攸利。"这句话是说，上九爻不可妄动，若有所行动，必会招致灾祸。

大畜卦 ䷙

下乾上艮

卦辞

【经文+传文】

大畜　利贞，不家食①：吉；利涉大川。

《彖》曰：大畜，刚健笃实②，辉光日新。其德刚上而尚贤，能止健③，大正也。“不家食吉”，养贤也；“利涉大川”，应乎天也。

《象》曰：天在山中④，大畜。君子以多识前贤往行，以畜其德⑤。

【注释】

①家食：靠家里吃饭。②刚健笃实：大畜卦下乾上艮，乾是刚健，艮是山，山的特点是笃实，所以说“刚健笃实”。③止：留住。④天在山中：大畜卦下乾上艮，艮是山，乾是天，所以说“天在山中”。天象征君主，山象征贤人，尚贤效贤是治国的大法，所以下文说“君子以多识前贤往行，以畜其德”。⑤识：记住。

【译文】

畜卦象征大为积畜：有利于守持正道，不要守食于家（而是外出做事业），吉祥；渡大河有利。

《彖传》说：大畜卦的象征是，君子刚健笃实，道德光辉，天天有新气象。他的德行是，刚正居尊而尚贤，能留住刚健的贤人，这就是伟大的正道。“不家食吉”，这是说君主能培养贤人；“利涉大川”，这是因为顺应天道。

《象传》解释道：天在山中，这就是大畜卦的象征。君子取法大畜卦，多多记取前贤的良言德行，来积累自己的道德。

爻辞

【经文+传文】

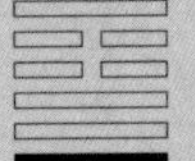

初九　有厉，利已。

《象》曰："有厉利已"，不犯灾也。

【译文】

初九　有危险，暂时停止行动有利。

《象传》解释道："有厉，利已。"——这样就不会引祸上身。

【爻意分析】

大畜卦之初九爻，是居于阳位之阳爻，不仅居身得正，而且是纯阳重刚之爻，有奋发而起之象，易躁动而贸然行事；但是，初九爻一阳初始，根基还未稳固，此时并不适宜有太大的举措，若是急功近利，必定招致灾祸。

《爻辞》中道"有厉，利已"，意为前方有危险，继续行动将惹来祸患，对自己有利的举措是停止行动。

【经文+传文】

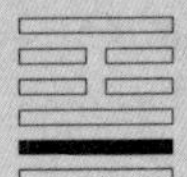

九二　舆说輹[①]。

《象》曰："舆说輹"，中无尤也[②]。

【注释】

①说：通"脱"，松脱。輹：车轴。②中：本爻九二是阳爻，居下卦中位。

【译文】

九二　车轴脱了车箱了。

《象传》解释道："舆说輹。"是说（君子虽然脱离了组织），仍能秉守中道，所以是无害的。

【爻意分析】

九二爻身为阳爻却居于阴位，与本卦的身处尊位的六五爻相应和，以九二爻之刚行六五爻之柔，两爻不甚协调，导致九二爻其志难伸，其情易躁，因此《爻辞》中有"舆说輹"之说，意为在行进中车辇下面与车辕相连接的木头掉落，致使车辇难以继续前行。

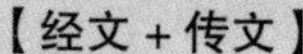
【经文＋传文】

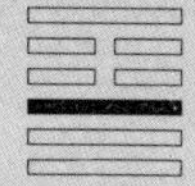

九三　良马逐，利艰贞；曰闲舆卫[①]，利有攸往。

《象》曰："利有攸往"，上合志也。

【注释】

① 曰：当作"日"，每天。闲：练习。舆卫：指驾车术和防卫术。

【译文】

九三　驾着良马奔驰，这意味着牢记艰难的事有利；每天练习驾车术和防卫术，这样就能前往有利。

《象传》解释道："利有攸往。"是因为九三能和上九心志相合。

【爻意分析】

本卦之九三爻身为阳爻居于阳位，居身得正，与六四爻刚柔相济，甚为协和，兼之承接九二爻之积蓄，阳气充盈，又得上下辅助，大有奋而进取之势；且本卦之上九爻与九三同为奋进之爻，所以相互间有角逐之势。

《爻辞》中道"良马逐"，正是比喻九三爻势头之迅猛境遇之顺和，与上九爻志向相同，如同良马之间有秩序地进行良性竞争，速度虽疾却并无危害，情志虽兴却全无焦躁，皆因九三爻重阳之身德行兼备，其阳刚之中毫无隐晦遮蔽，能健行不息；而上九爻所走的更是显达的畅通大道。

【经文＋传文】

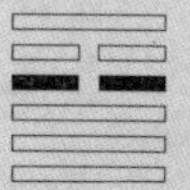

六四　童牛之牿[①]：元吉。

《象》曰："六四元吉"，有喜也。

【注释】

① 童牛：小牛。牿：加在牛角上以防伤人的横木。

【译文】

六四　小牛角上有横木挡着（伤不到人）：大吉。

《象传》解释道："六四元吉。"是说将有喜事来临。

【爻意分析】

六四爻是大畜卦中的阴爻，居于阴位，是重柔之爻。“童牛之牿：元吉。”意为将还未长角的小牛头部绑上横木，这种防微杜渐的做法，是为了让小牛日后即便长出犄角也无法触顶伤人，这是喜庆吉利的事情。

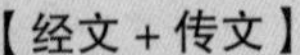

【经文＋传文】

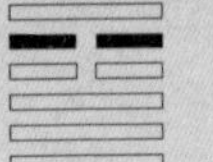

六五　豮豕之牙[①]：吉。

《象》曰：“六五”之“吉”，有庆也。

【注释】

①豮：阉割过的猪。豕：猪。

【译文】

六五　阉割过的大猪虽有牙齿（却伤不到人）：吉祥。

《象传》说：六五中的“吉”，是指福庆临头。

【爻意分析】

六五阴爻位于本卦的尊位，与九三阳爻相应和。《爻辞》中写道：“豮豕之牙：吉。”“豮豕”是指为了更好地驯养凶猛的野猪，而为野猪去势。去势之后，野猪便失去了原有的野性，更加便于豢养，也更易于增肥了。六五爻是得居正位的阴爻，上接上九爻，下应六四爻，能顺天之时，能因地之利，能假人之和，容易积育成果。蓄用之，此时已经有所成就。

六四爻辖制小牛为自己所用。小牛耕耘负重，但其带来的利益还并未在短期内实现；而六五爻所豢养的去势之后的野猪，已经随时可以得到回报。《爻辞》中的“豕之牙”所指的是野猪之前能伤害人的利器，去势之后已经形同虚设，不足为患，所以一切吉祥。

【经文＋传文】

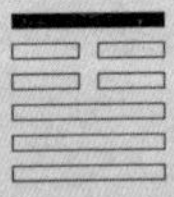

上九　何天之衢[①]：亨。

《象》曰：“何天之衢”，道大行也。

【注释】

①何：感叹之词，含“何其通达”之意。衢：四面畅通的大路。

【译文】

上九　何等四通八达的天上的大道：亨通。

《象传》解释道：“何天之衢。”是说正道大行于天下。

【爻意分析】

上九爻为本卦的终极之爻，是处于极位的阳爻。一阳在上，其素养德行、物质的积累都已达到顶峰。

颐卦

下震上艮

卦辞

【经文 + 传文】

颐　贞吉。观颐[①]，自求口实[②]。

《彖》曰：颐“贞吉”，养正则吉也；“观颐”，观其所养也；“自求口实”，观其自养也。天地养万物，圣人养贤以及万民，颐之时大矣哉！

《象》曰：山下有雷[③]，颐。君子以慎言语，节饮食。

【注释】

①颐：腮帮。人吃东西时腮帮会鼓起来，这里借指食物、谋食。②口实：口粮。③山下有雷：颐卦下震上艮，艮是山，震是雷，所以说“山下有雷”。山象征王侯，雷象征刑罚，王侯用刑，时势严峻，所以下文说“君子以慎言语，节饮食”。

【译文】

颐卦象征颐养：谨守贞正可获吉祥。观察天下的颐养之道，就知人应该自己努力用正道求得食物。

《彖传》解释道：颐卦中的“贞吉”，是说君子循着正道养身就会吉祥；“观颐”，是说观察他人的养生法；“自求口实”，是说观察怎样自我养育。天地养育万物，圣人养育贤人和百姓。颐卦这种养生的道理真是大啊！

《象传》解释道：山下有雷，这就是颐卦的象征。君子取法颐卦，谨慎说话，节制饮食。

爻辞

【经文 + 传文】

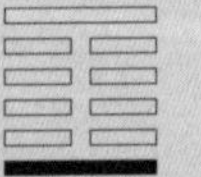

初九　舍尔灵龟[①]，观我朵颐[②]：凶。

《象》曰：“观我朵颐”，亦不足贵也。

【注释】

①灵龟：古人认为龟能咽息不食，明智而不求食于外。②朵：腮帮鼓动的样子。

【译文】

初九　舍掉灵龟的自养美德，却贪看我吃得鼓起来的腮帮：凶险。

《象传》解释道："观我朵颐。"——这种行为是不值一提的(吃喝之风有害健康)。

【爻意分析】

颐卦之初九爻，虽然一阳居下，但是阳爻得处阳位，居身得正，既有阳刚在外，又质美于内，志在升腾，有奋起之象；但是颐卦接续大畜卦，意为积蓄丰盈之后应当以安养为妥，使得之前的蓄储可以绵延继续。

而初九阳爻心怀升腾之志向，喜动而不喜静，其情难自抑，其心有不甘，所以《爻辞》中写道："舍尔灵龟，观我朵颐：凶。"《爻辞》中的"灵龟"借指丰美稀罕之物，初九爻见到别人进食而垂涎心生羡慕，却忘记了自己所拥有的美食，这种贪欲乃是凶险的起源。

【经文＋传文】

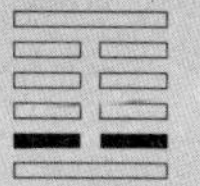

六二　颠颐[①]，拂经，于丘颐，征凶。

《象》曰："六二征凶"，行失类也[②]。

【注释】

① 颠：颠倒。② 类：准则。

【译文】

六二　既颠倒向下求获颐养，又违反常理跑去高丘向尊者乞食，前往就凶险了。

《象传》解释道：六二说"征凶"，是因为行为失轨。

【爻意分析】

六二爻是本卦中的阴爻，居于阴位，居身得正，原本自养无虞。

但六二爻弃自养而求养于阳爻初九，后来又有意随众爻一起求养于卦主上九爻。但是途中会遇到六三爻、六四爻、六五爻众阴爻阻挡。六二爻此举本末倒置，拂逆颐卦之本意，所以其行途多凶险。

【经文＋传文】

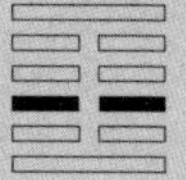

六三　拂颐：贞凶，十年勿用，无攸利。

《象》曰："十年勿用"，道大悖也。

【译文】

六三　违反颐养常道，要坚守贞正以防凶险，十年不能有所行动，无利可得。

《象传》解释道："十年勿用。"是因为大大违背了颐养之道。

【爻意分析】

六三爻是颐卦之中居于阳位的阴爻，居身不正。《爻辞》中道："拂颐：贞凶，十年勿用，无攸利。"意思是六三爻拂逆颐养之正道，阴柔而贪求物欲，难以安守贞静，反而妄动妄行，再这样下去，实为凶险之象。这种影响会持续干扰六三爻十年的时间，其间六三爻毫无作为，没有任何利益。

【经文＋传文】

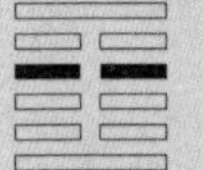

六四　颠颐：吉；虎视眈眈[1]，其欲逐逐[2]：无咎。

《象》曰："颠颐"之"吉"，上施光也。

【注释】

①眈眈：瞪眼紧盯的样子。②逐逐：紧追不舍的样子。

【译文】

六四　颠倒向下寻求颐养，再用以养人，吉祥；像老虎紧盯猎物，对它的猎物紧追不舍：无害。

《象传》解释道："颠颐"是吉祥的，是因为六四在上而有德之光辉（六四居上而向下问道，以德自养）。

【爻意分析】

六四爻是颐卦中的阴爻，处于阴位，身居得正。"颠颐：吉。"意为颠倒了颐养之道却获得吉祥。"虎视眈眈，其欲逐逐：无咎。"意为其目光如老虎般专注，并追逐目标锲而不舍，没有错咎。

【经文＋传文】

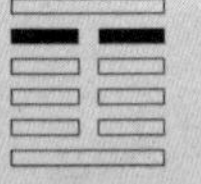

六五　拂经；居贞吉，不可涉大川。

《象》曰："居贞"之"吉"，顺以从上也[1]。

【注释】

①顺以从上：本爻六五是阴爻，居上九阳爻下，是柔顺从刚，君子顺从上级

的象征。

【译文】

六五　违背常理，静居守正可获吉祥，不可渡大河。
《象传》解释道："居贞"是吉祥的，是因为六五能顺从上九。

【爻意分析】

六五爻是居于颐卦之尊位的阴爻，如同一位阴柔的君主，其才德尚且不足以自养，更别提颐养于天下。因上有阳气刚猛的贤者上九爻，于是顺从其上，仰仗九爻的供养。六五爻为君主之身，本应济给天下，却反赖他人之养，有悖颐养之道，所以《爻辞》中道"拂经"，意为说六五爻违于经常之道。

而"居贞吉，不可涉大川"的意思是，六五爻因自身不足，必须安守贞正之道，不可妄动，不可远涉大川；只有在家中静守，才能获得吉祥。

【经文＋传文】

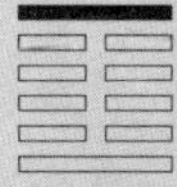

上九　由颐[①]：厉，吉；利涉大川。

《象》曰："由颐厉吉"，大有庆也。

【注释】

① 由：指循着正道。

【译文】

上九　天下君民都赖他颐养：有危险，终获吉祥；渡大河有利。
《象传》解释道："由颐厉吉。"是说君子大获福庆。

【爻意分析】

上九爻是本卦之大用。这一点与其他的卦有所不同。其他卦每当终极之时，多半已经竭尽所用，数尽时穷，又或是终极反转，鲜有如颐卦之上九爻一般，身负救世济国重责，而大展所用。颐卦之大道，凡拂逆为凶，顺正为吉，上九爻谨遵颐养之要义，进取有为，是使颐养之道得以变得通畅至关重要的一爻。

大过卦

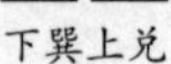

下巽上兑

卦辞

【经文＋传文】

大过　栋桡[①]，利有攸往，亨。

《彖》曰：大过，大者过也。“栋桡”，本末弱也[②]。刚过而中[③]，巽而说行[④]，“利有攸往”，乃“亨”。大过之时大矣哉[⑤]！

《象》曰：泽灭木[⑥]，大过。君子以独立不惧，遁世无闷。

【注释】

① 桡：曲木。这里用作动词，指弯曲。② 本末弱：栋梁的头尾力弱。③ 刚过而中：大过卦由两枚阴爻和四枚阳爻组成，阳刚过剩，所以说“刚过”。九五和九二分居上、下卦中位，所以说“中”。“刚过而中”象征君子刚盛过头而回归中正。④ 巽而说：大过卦下巽上兑，兑是悦（说）（巽是谦逊），所以说“巽而说”。⑤ 时：察时。⑥ 泽灭木：大过卦下巽上兑，兑是泽，巽是木，所以说“泽灭木”。

【译文】

大过卦象征过度、过分：栋梁弯曲，利于前往，亨通。

《彖传》解释道：大过，是说在刚大者超过限度。栋梁弯曲，是因为其头尾力弱。阳刚过分时以中道来调节，刚盛过头，就要回归中正，谦逊和悦地办事，这样才能前往有利，如意亨通。大过卦这种察时观势的道理真是大啊！

《象传》解释道：泽水淹没木头，这就是大过卦的象征。君子取法大过卦的独立不惧，纵然遁世也不感到苦闷难熬。

爻辞

【经文 + 传文】

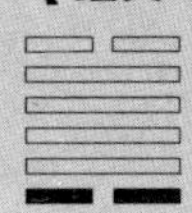

初六　藉用白茅[①]：无咎。

《象》曰：藉用白茅”，柔在下也[②]。

【注释】

① 藉：衬垫。② 柔在下：本爻初六是阴爻，居下卦下位，是“柔在下”。“柔在下”象征下级具有柔顺的品质。

【译文】

初六　用白茅衬垫（祭品），无咎害。

《象传》解释道：“藉用白茅。”是说下级具有柔顺的品质。

【爻意分析】

大过卦中的初六爻是阴爻，阴柔之爻居于卑微之地。一爻初始，事关重大，初六爻应当时刻警醒自己，谨言慎行，才可确保自身平安，无所错咎。

【经文 + 传文】

九二　枯杨生稊，老夫得其女妻：无不利。

《象》曰：“老夫女妻”，过以相与也。

【译文】

九二　枯杨树抽嫩芽，老年人娶得年少娇妻：没有不利。

《象传》解释道：“老夫女妻。”——说明阳刚过度，但能和阴柔相配。

【爻意分析】

九二爻是大过卦中的阳爻，且居于阴位。

九二爻是本卦阳爻之始，与九五爻阳爻不相应和，而与初六阴爻亲近，借初六之阴柔弥补自身阳气过盛之弊，两爻阴阳互济，相得益彰，使得九二爻之枯木生出了新芽。

【经文 + 传文】

九三　栋桡：凶。

《象》曰："栋桡"之"凶"，不可以有辅也。

【译文】

九三　栋梁弯曲：有凶险。

《象传》解释道：栋梁弯曲是凶险的，没有什么办法补救。

【爻意分析】

九三爻身为阳爻而居于阳位，是重刚之身却居身不正，有因刚而有违中和之嫌，行事对人不得转圜，不懂变通，刚愎自用，自恃而行，长此以往，无人愿意辅佐支持，其事业发展势必大受影响。《爻辞》中道"栋桡：凶"，意为支撑房子的栋梁已经弯曲，随时会断裂开来，有房倒屋塌之祸，形势凶险。

【经文 + 传文】

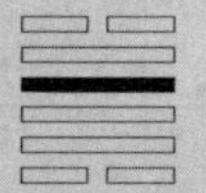

九四　栋隆[①]：吉；有它[②]：吝。

《象》曰："栋隆"之"吉"，不桡乎下也。

【注释】

① 隆：隆起。② 它：变故。

【译文】

九四　栋梁隆起：吉祥；假如有意外变故，还是有危险。

《象传》解释道：栋梁隆起是吉祥的，是因为栋梁没有朝下弯曲。

【爻意分析】

九四爻是大过卦中居于阴位的阳爻。《爻辞》中道："栋隆：吉；有它：吝。"意为房屋的主梁挺直无恙，这很吉祥；但是须得提防出现其他祸患。大过卦的三个《爻辞》中都以栋梁作为比喻，但只有九四爻的栋梁是挺直向上，毫无危象的。皆因九四爻以刚居于柔位，下有初六阴爻应和，刚柔共济，基辅有力，所以其栋不但不桡，反而隆起。九四爻自身是阳爻，身居阴位，所以九四爻再与初六阴爻相应，就偏于阴柔了。九四爻只需自身警醒，远离阴爻初六，便可平安无事。

【经文 + 传文】

九五 枯杨生华，老妇得其士夫[①]：无咎无誉。

《象》曰："枯杨生华"，何可久也？"老妇士夫"，亦可丑也。

【注释】

① 士：少男。

【译文】

九五 枯杨树开花，老妇人嫁给少夫：无害也无赞誉。

《象传》解释道："枯杨生华。"这种花怎能开得长久呢？"老妇士夫"，是令人羞愧的事。

【爻意分析】

九五爻身为阳爻而居于阳位，是重阳之身，有阳气过盛之嫌。上六爻身处大过卦之终极之位，阴爻居阴位，气数已尽，如同已届垂暮之年的衰老妇人。九五爻因阳气过盛而不得已与之相应和，虽然也可调剂阴阳，但是只能获得暂时的功效。上六爻与初六爻不同，已经呈衰败之象，纵然得了九五爻的阳刚之气，能开出花朵，也只是一时之繁华。此花难以结果，很快便将凋落。

【经文 + 传文】

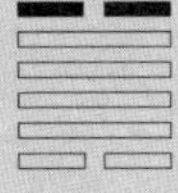

上六 过涉灭顶：凶，无咎。

《象》曰："过涉"之"凶"，不可咎也。

【译文】

上六 过河时水没过头顶：有凶险，终究无害。

《象传》解释道：过河是凶险的（但事已至此），不必多加责备。

【爻意分析】

上六爻是大过卦的终极之爻，阴爻居于阴位，自身柔弱无能，且又处于盛极必衰之时，此时大过之用已经竭尽，于是乘物极必反之天道，由极高落至极低，虽在上位反而沉沦于下。所以《爻辞》中道"过涉灭顶：凶"，意为涉水之时遭遇灭顶之灾，极为凶险。之所以《爻辞》中又道"无咎"，是因为上六阴柔之质，有顺从之德。虽自身能力低微，却肩负解危救困之重任，其志可勉，其情可嘉，所以自身不必承担错责。

坎 卦 ䷜

下坎上坎

卦辞

【经文 + 传文】

习坎[①] 有孚维心，亨，行有尚[②]。

《彖》曰：习坎，重险也。水流而不盈。行险而不失其信，维心亨，乃以刚中也[③]。"行有尚"，往有功也。天险，不可升也；地险，山川丘陵也。王公设险以守其国。险之时用大矣哉！

《象》曰：水洊至[④]，习坎。君子以常德行，习教事。

【注释】

①习坎：两坑重叠。习：重叠。坎：坑。②尚：通"赏"，嘉赏。③刚中：九五、九二是阳爻，分居上、下卦中位。④水洊至：坎卦下坎上坎，坎是水，两坎相重，水流不断，所以说"水洊至"。水象征道德，道德宜不断进步，所以下文说"君子以常德行，习教事"。洊：再。常：通"尚"，崇尚。

【译文】

坎卦象征坎险重重：用诚信维系人心，亨通，努力前行必得成功。

《彖传》解释道：习坎，指双重坑险，即使水流进坑中也不能满坑。君子遇险却不失诚信，顺利地维系众人的心，这是因为他刚健中正。"行有尚"，这是说前往有收获。天险，是指天高不可攀；地险，是指地面山川丘陵密布。但王公却能设置险障来守卫他的国家。这种"险"能因时而用的道理真是大啊！

《象传》解释道：水不断涌至，两坎相重，这就是坎卦的象征。君子取法坎卦崇尚德行，熟习政教。

爻辞

【经文＋传文】

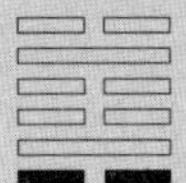

初六　习坎，入于坎窞[①]：凶。

《象》曰："习坎入坎"，失道"凶"也。

【注释】

①窞：深坑。

【译文】

初六　坑中有坑，进入坑中，掉进深处：凶险。

《象传》解释道："习坎入坎。"是说君子迷失了正道，会有凶险。

【爻意分析】

初六爻是坎卦的初始之爻，身为阴爻，虽在阳位，但其位低下，呈下潜之势。"入于坎窞"是说初六爻落入了深深的陷阱之中，难寻出路，形势十分危急。初六爻居身不正，德行与心智低微，与六四爻同为阴爻，无法应和，与邻近的九二爻亦不亲近，孤身一人，缺少援助；而自身又没有审时度势的能力，缺少自我判断的明智，所以此次以身犯险，归根结底都是初六爻自身的错咎，无可怨尤。

【经文＋传文】

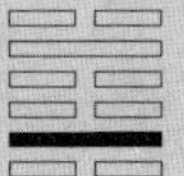

九二　坎有险，求小得。

《象》曰："求小得"，未出中也。

【译文】

九二　在坑穴中遇有危险，可以先从小处努力，能有所得。

《象传》解释道："求小得。"是因为君子没有偏离中道。

【爻意分析】

九二爻为坎卦之阳爻，居于阴位，虽然自身阳刚，但是上下爻皆是阴爻，其阳刚之气为重阴所遮蔽，虽然目前还无法完全脱险，但是也算小有成就。九二爻阳爻处于众阴爻的夹攻之中，虽然阳刚中正，一时却也无法解决眼前的危难。"求小得”，喻为九二爻并不急于求成，而是先求小得，于自保之中逐步找到解决问题的方法。

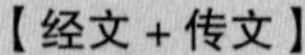
【经文＋传文】

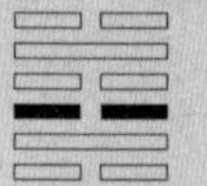

六三　来之坎坎，险且枕[①]，入于坎窞，勿用。

《象》曰：“来之坎坎”，终无功也。

【注释】

① 枕：同“沉”，深。

【译文】

六三　来去都在坎险之中，进退都难，进入坑中，掉进深处，这意味着不可盲目行动。

《象传》说：“来之坎坎。”——任何行动的结果都是毫无收获。

【爻意分析】

六三爻，是坎卦之阴爻，居于阳位，居身不正，位于坎卦下卦与上卦中间，成夹陷之势，故而其四周都是坑坎；又因其以其阴柔乘凌九二爻之阳刚，有失德行中正，难以施展作为。

【经文＋传文】

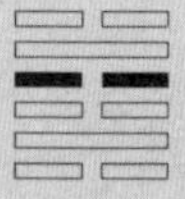

六四　樽酒簋贰用缶[①]，纳约自牖[②]：终无咎。

《象》曰：“樽酒簋贰”，刚柔际也[③]。

【注释】

① 簋贰：两碗饭。簋：盛饭的器具。缶：瓦器。② 约：取出。牖：窗户。③ 刚柔际：本爻六四是阴爻，居九五阳爻下位，所以说“刚柔际”。“刚柔际”象征统治者压迫百姓。

【译文】

六四　一樽酒，两碗饭，用缶装着，从窗口里送进取出，终获无害。

《象传》解释道：“樽酒簋贰。”是说用于刚柔交际的礼品。

【爻意分析】

六四爻阴爻居于阴位，与六三爻境遇相同，也为众坎所围困；但与六三爻不同的是，六四爻居身得正，适宜有所作为。尤其是六四临近本卦之尊爻九五，大有亲近阳刚君主，仰仗其阳相助自己之意。“纳约自牖：终无咎。”意为六四爻通过窗户与君王交接，开诚布公，所以无咎。

六四爻身处困境，所拥有的食物有限，在君王的面前并未缺失应有的礼仪，献奉有度，宠辱不惊，故而毫无错咎。

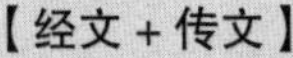
【经文+传文】

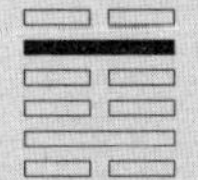

九五　坎不盈，只既平：无咎。

《象》曰：“坎不盈”，中未大也[①]。

【注释】

① 中：本爻九五是阳爻，居上卦中位。

【译文】

九五　坑里的水还未满溢，只是已经和坑边持平：无咎害。

《象传》解释道：“坎不盈。”是说中正之道尚未光大。

【爻意分析】

九五爻为坎卦的尊位之爻，位同君主，身为阳爻而居于阳位，居身得正，有安邦济世之才，在坎卦中最得中道。《爻辞》中道：“坎不盈，只既平：无咎。”意思是坎中之水流动但并不会满溢出来，恰好与坎的边缘持平。比喻九五爻虽然身处于坎中却并不会遭遇危险，因为坎中之险已经消除，所以不会出现灾祸，没有错咎。

【经文+传文】

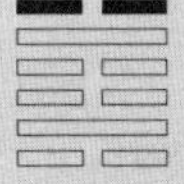

上六　系用徽纆[①]，置于丛棘[②]，三岁不得：凶。

《象》曰：“上六”失道，“凶”，“三岁”也。

【注释】

① 徽纆：绳子。② 丛棘：这里指监狱。

【译文】

上六　被用绳子捆住了，投进监狱，三年不得释放：凶险。

《象传》解释道：上六说犯人受囚——这是因为他迷失了正道，所以有受囚三年的凶险。

【爻意分析】

上六爻是坎卦中的阴爻，阴柔之身，能力低微，又处于终极的险地，有失德失道之象。

离 卦

下离上离

卦辞

【经文 + 传文】

离　利贞，亨，畜牝牛，吉。

《彖》曰：离，丽也。日月丽乎天，百谷草木丽乎土。重明以丽乎正[①]，乃化成天下；柔丽乎中正[②]，故“亨”，是以“畜牝牛吉”也。

《象》曰：明两作[③]，离。大人以继明照于四方。

【注释】

①重明：离卦下离上离，离是明，两离相重，所以说“重明”。象征君子不息的明察力。②柔丽乎中正：六五、六二都是阴爻，是柔，分居上、下卦中位。此卦象征着人或事物在依附之时应有的品格是柔顺、持中、守正。能够做到这三点，必然能够亨通和吉祥。③明两作：即《象传》所谓“重明”及“大人以继明照于四方”，是说伟大的人物或优秀的人才要用可持续的光明照临四方。

【译文】

离卦象征附丽：守贞正之道有利，亨通，蓄养母牛可获吉祥。

《彖传》说：离，指附丽。日月附丽在天上，百谷草木附丽在地上。君子不息的明察力附丽在正道上，于是促成天下大统；柔顺附丽在中正上，所以亨通，所以能够“畜牝牛，吉”。

《象传》说：君子不息的明察力，这就是离卦的象征。大人取法离卦，用不息的明察力洞悉四方。

爻辞

【经文 + 传文】

初九 履错然[①]，敬之：无咎。

《象》曰："履错"之"敬"，以辟咎也[②]。

【注释】

① 履：鞋子，这里引申为脚步。错：错乱。② 辟：通"避"，避免。

【译文】

初九 步履错乱，但能很快转而恭敬行事：无害。

《象传》解释道：步履乱却终能保持恭敬——这是为了避免过错。

【爻意分析】

初九爻为离卦的初始之爻，阳爻居于阳位，阳气刚猛，躁然好动，其位在全卦最下，位置相当于人的足部，所以《爻辞》中以履来比喻离卦的初九爻。

【经文 + 传文】

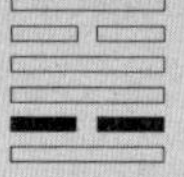

六二 黄离：元吉。

《象》曰："黄离元吉"，得中道也[①]。

【注释】

① 得中道：本爻六二是阴爻，居下卦中位。

【译文】

六二 （见到）附丽着黄金色彩的物品（指富贵之物）：大吉。

《象传》解释道："黄离元吉。"是因为合乎中道。

【爻意分析】

六二爻在离卦之中，身为阴爻且居于阴位，柔顺居正，是离卦中的大有之卦，象征六二爻必定大有收获。"黄离"，是形容六二爻在离卦之中如同黄色一般居中得正，德行、时运、位置、天数，事事俱佳，极为圆满。所以《爻辞》中道"元吉"，意为六二爻至善至美，大为吉祥。

【经文 + 传文】

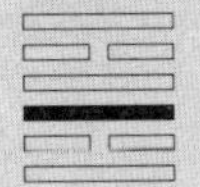

九三　日昃之离[①]，不鼓缶而歌，则大耋之嗟[②]：凶。

《象》曰：“日昃之离”，何可久也?

【注释】

①昃（zè）：太阳西斜。②耋：老年人。

【译文】

九三　（见到）太阳西斜，附着天边的云彩，如果不及时敲起瓦盆纵歌，那么就会因为老朽而叹气：凶险。

《象传》解释道：“日昃之离。”——这种状况怎能长久呢?

【爻意分析】

九三爻是离卦中居于阳位的阳爻，但因处于下卦之极，居位不正，有阳气刚猛失中之象。如同一位年华老去的垂暮之人，悲观消沉，因为自己的垂暮而忧心忡忡。这种情绪会令人心志沉靡，所以十分凶险。

【经文 + 传文】

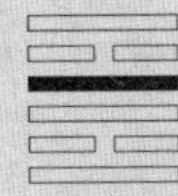

九四　突如其来如，焚如，死如，弃如。

《象》曰：“突如其来如”，无所容也。

【译文】

九四　突然而来，像是火在燃烧，会有生命危险，会被抛弃。

《象传》解释道：“突如其来如。”是说九四无处容身。

【爻意分析】

九四爻是离卦中的阳爻，却居于阴位，居身不正，重刚失中，且居于处尊位的六五爻之旁，此为多惧之地。九四爻身为阳爻，躁然好动，却因六五爻之阴阻挡而难以伸展，又与其下的九三爻同为阳爻，无法协调互助，十分凶险。

【经文 + 传文】

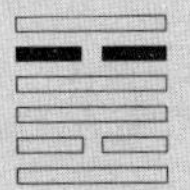

六五　出涕沱若[①]，戚嗟若[②]：吉。

《象》曰：“六五”之“吉”，离王公也。

【注释】

①沱：泪水滂沱的样子。②戚：哀愁。

【译文】

六五 践大位，为新君，为悼念先君泪水滂沱，哀愁叹息：吉祥。

《象传》解释道：六五说“吉”——这是因为攀附上了王公贵族。

【爻意分析】

六五爻处于离卦中的尊位，身为阴爻而居于阳位，如同一位秉性阴柔且居位不正的君主，身为君主却难以发出君主的威严；且之前强臣九四爻仰仗自身阳气旺盛，竟然施行纵火逼宫之举。虽然最终将其乱平定，但是九四爻的叛乱所造成的后果，令六五爻深感忧虑。

【经文+传文】

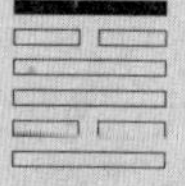

上九 王用出征，有嘉折首①，获匪其丑②：无咎。

《象》曰：“王用出征”，以正邦也；“获匪其丑”，大有功也。

【注释】

①嘉：一说喜事；一说指有嘉国（周初国名）。②匪：彼，指敌人。丑：胁从的众人。

【译文】

上九 君主任用他出征，建功业，斩获了敌首，捉住了他们许多人：无害。

《象传》解释道：“王用出征”，是为了安定国家。“获匪其丑”，说明获得大的胜利。

【爻意分析】

上九阳爻位于离卦的终极之位，其阳刚明智达到了顶点，可纠正邪风，监察恶行，征伐不义。《爻辞》中道：“王用出征，有嘉折首，获匪其丑：无咎。”意为上九爻乃众望所归，承君主之命带领兵将出征讨伐。上九爻明察秋毫，心中刚正，在征伐的过程中只会惩戒作恶的首脑，而对盲目跟随和被迫胁从的民众会宽大处置，甚至不加以治罪，所以其行为毫无错咎。

贰

下　经

《下经》三十四卦的相承之义

《上经》以天地为始，《下经》以男女开篇。有“天”“地”然后有万物，有万物然后有男女，有男女然后才能配为夫妻，繁衍而成社会。因此，《周易·下经》从象征男女“交感”的咸卦䷞开始。⇒男女夫妇之道贵以恒，所以接着是象征“恒久”的恒卦䷟。⇒事物恒久也需要退避，所以接着是象征“退避”的遁卦䷠。⇒退避则能成长，必将重新振兴壮大，所以接着是象征“大为强盛”的大壮卦䷡。⇒壮盛则能进取，所以接着是象征“进长”的晋卦䷢。⇒前进必将有所损害，所以接着是象征“光明殒伤”的明夷卦䷣。⇒在外遭受损伤必然要返回家中，以求家庭的温暖，所以接着是象征“一家人”的家人卦䷤。⇒家庭若面临困窘便会产生睽违，所以接着是象征“乖背睽违”的睽卦䷥。⇒事物相互睽违必然导致蹇难，所以接着是象征“蹇难”的蹇卦䷦。⇒事物不可能长久蹇难，当有缓解之时，所以接着是象征“舒解”的解卦䷧。⇒舒解则需减损，所以接着是象征“减损”的损卦䷨。⇒能够自我减损，施益他人，必然也受人增益，所以接着是象征“增益”的益卦䷩。⇒增益之时要断然铲除小人，所以接着是象征“决断”的夬卦䷪。⇒决断清除邪恶也要有所欣遇，所以接着是象征“相遇”的姤卦䷫。⇒众多事物相遇，所以接着是象征“会聚”的萃卦䷬。⇒事物会聚应当共同上进，所以接着是象征“上升”的升卦䷭。⇒上升不止就会困惑，所以接着是象征“困穷”的困卦䷮。⇒困穷于上，必然要思源于下，所以接着是象征“水井”的井卦䷯。⇒水井历久则将污染，必须变革整治。所以接着是象征“变革”的革卦䷰。⇒革新以鼎器化生为熟最为显著，所以接着是象征“鼎器”的鼎卦䷱。⇒掌握鼎器代表着掌握权力，具有威严，所以接着是象征权威“雷动”的震卦䷲。⇒震动久之则需抑止，所以接着是象征“抑止”的艮卦䷳。⇒抑止已久便将逐步前进，所以接着是象征“渐进”的渐卦䷴。⇒事物渐进就要寻找归宿，所以接着是象征“嫁出少女”的归妹卦䷵。⇒有所依归必然发展丰大，所以接着是象征“丰大”的丰卦䷶。⇒丰大之极则将外出行旅，所以接着是象征在外“行旅”的旅卦䷷。⇒行旅必须随遇而安，所以接着是象征“顺从”的巽卦䷸。⇒平和而顺从，心中必然所遇欣悦，所以接着是象征“欣悦”的兑卦䷹。⇒相互欣悦然后就能推散而成影响，所以接着是象征“涣散”的涣卦䷺。⇒事物不能长久无节制地涣发离散，所以接着是象征“节制”的节卦䷻。⇒仅仅节制是不够的，还必须诚信，所以接着是象征“中心诚信”的中孚卦䷼。⇒坚守诚信不妨过分果决，所以接着是象征“小有过越”的小过卦䷽。⇒“小有过越”，办事必能成功，所以接着是象征“事已成”的既济卦䷾。⇒事物的发展是没有穷尽的，成功之后又将走向新的起点，所以接着是象征“事未成”的未济卦䷿。《周易》六十四卦终而未终，万物万事无穷尽。

咸 卦 ䷞

下兑上乾

卦辞

【经文 + 传文】

咸 亨，利贞，取女吉[①]。

《彖》曰：咸，感也。柔上而刚下[②]，二气感应以相与[③]，止而说[④]，男下女，是以“亨利贞，取女吉”也。天地感而万物化生，圣人感人心而天下和平。观其所感，而天地万物之情可见矣。

《象》曰：山上有泽[⑤]，咸。君子以虚受人。

【注释】

① 取：通“娶”，迎娶。② 柔上而刚下：咸卦下艮上兑，兑是阴卦，是柔，艮是阳卦，是刚，所以说“柔上而刚下”。“柔上刚下”象征男方亲自下到女家迎娶，也就是下文的“男下女”。③ 二气感应以相与：指阴、阳二气互相感应结合。象征男女情投意合。④ 止而说：艮又是止，兑又是悦（说），所以说“止而说”。⑤ 山上有泽：咸卦下艮上兑，兑是泽，艮是山，所以说“山上有泽”。山是高的，泽是低的，泽包容山，君子包容人，所以下文说“君子以虚受人”。

【译文】

咸卦象征交感：亨通，有利于坚守贞正，娶妻吉祥。

《彖传》解释道：咸，指感应。阴柔的女在上，阳刚的男在下，阴、阳二气交感，男女情投意合，清静和悦。男亲自下到女家迎娶，所以说“亨，利贞，取女吉”。天地阴、阳二气交感，由此万物化生，圣人感化人心，由此天下和平。观察这些感应的现象，就可以知道天地万物的情状。

《象传》解释道：山上有泽，这就是咸卦的象征。君子取法咸卦虚怀纳人。

爻辞

【经文＋传文】

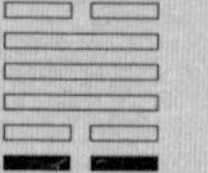

初六　咸其拇[①]。

《象》曰："咸其拇"，志在外也。

【注释】

① 咸：即"感"，感应，指触动。

【译文】

初六　感应在大脚趾上。

《象传》说：感应在大脚趾上，是说初六已经有心在向外追求了。

【爻意分析】

咸卦之中的六爻，均是借人体不同的部位设喻。初六阴爻一卦初始，居位在下，如同人体的足趾部位，对世间事物的感应尚属轻微。《爻辞》中道"咸其拇"，意为脚的大拇指与其他足趾互触，交相感应。初六爻与本卦之九四爻阴阳相济，互为呼应，恰如《爻辞》中所说的"志在外"，因九四爻身居外卦之初始，所以初六爻有向外发展的志向。

【经文＋传文】

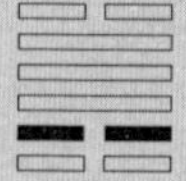

六二　咸其腓[①]**，凶；居吉**。

《象》曰：虽"凶居吉"，顺不害也。

【注释】

① 腓：小腿。

【译文】

六二　感应到了小腿肚，有凶险；安静一下，别躁进，吉祥。

《象传》说：尽管有凶险，但安居守静可获吉祥，说明顺从正道可以免遭祸害。

【爻意分析】

六二爻是咸卦中的阴爻，居于下卦之中，与处本卦尊位的九五阳爻相应和，有柔顺者能安守心中中正，且居中得正之意。《爻辞》之意是说六二爻有感应的地方已经升至小腿，但是这是很危险的，不可再贸然有所举措，应当心中安守贞静，固守中正之道。有所守才能无失，才能避免突如其来的祸患，最终获得吉祥。

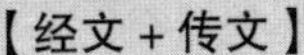

【经文+传文】

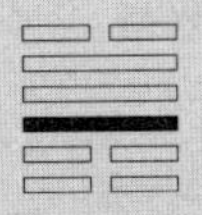

九三　咸其股①，执其随②，往吝。

《象》曰："咸其股"，亦不处也③，志在"随"人，所"执"下也。

【注释】

① 股：大腿。② 随：尾随，指听从别人的主张。③ 处：静止。

【译文】

九三　感应到了大腿，如果他执意盲目随从别人，继续前往，则会有令人悔恨之事。

《象传》解释道："咸其股。"这是说静不下来，无法独处，志在追随别人——这种志向是浅薄的。

【爻意分析】

九三爻是咸卦中的阳爻，且居于阳位，重刚之身，阳气刚猛，躁然好动，与本卦的阴爻上六相应和。九三爻因情而动，阳气上升，重刚失和，亲近上六，犹如少年男女情窦初开，爱意萌动，原本无可厚非。但是九三爻其感在腿股，其情由清转浊，开始有非分之想，必须悬崖勒马，以免意外引发咎害。

【经文+传文】

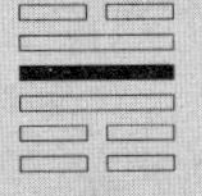

九四　贞吉，悔亡；憧憧往来①，朋从尔思。

《象》曰："贞吉悔亡"，未感害也；"憧憧往来"，未光大也。

【注释】

① 憧憧：往来不绝的样子。

【译文】

九四　人道之事是正理，吉祥，悔恨会消失；心神不安地频繁往来，朋友最终会随了你的心思。

《象传》解释道："贞吉悔亡。"是说九四未曾因"交感"不正而遭害；"憧憧往来"，是说感应之道还未发挥出来。

【爻意分析】

九四爻是咸卦中的阳爻，但居于阴位，居身不正，在咸卦以五体所作的比喻中，是心脏的位置。《爻辞》中道："贞吉，悔亡；憧憧往来，朋从尔思。"意为只要能持守心中的贞静中正，便会获得吉祥。九四爻内贞而外悔，其悔必定不会久长，正如男女两情相悦，只要能安守心中贞正，便不会引发难以预料的灾祸，即便心有不甘，最终也不会后悔。

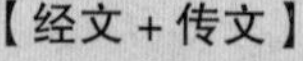

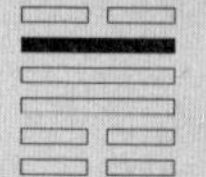

九五　咸其脢[①]：无悔。

《象》曰："咸其脢"，志末也[②]。

【注释】

①脢：背脊肉。②末：小。

【译文】

九五　交相感应到了背部，这样不会导致什么悔恨。

《象传》解释道：交相感应到了背部，是说九五感应迟钝，志气小。

【爻意分析】

九五爻是咸卦中处于尊位的阳爻，居于项背的位置，在心脏的背反面。处尊位之爻如同一卦的君主，应当感应天下臣民；但九五爻只与六二爻相应和，眼界不够开阔，志向不够高远。此爻还有一象，即感应迟钝之象。因为脊背是人体当中不很敏感的位置。九五阳爻对六二阴爻的追求反应迟钝，表现淡漠，所以虽然说不上有什么凶险，但是也算不上吉祥，只是无悔而已。

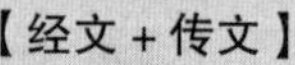

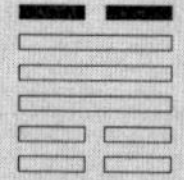

上六　咸其辅颊舌[①]。

《象》曰："咸其辅颊舌"，滕口说也[②]。

【注释】

①辅颊：脸颊。②滕：同"腾"，翻动。

【译文】

上六　交相感应到了脸颊和口舌处。

《象传》解释道："咸其辅颊舌。"是说君子说话天花乱坠。

【爻意分析】

上六爻是咸卦中的阴爻，居于全卦的终极之位，其位置相当于人的头脑。上六爻之感上升到面颊与口舌处。意为上六爻只停留在口头承诺上，心与身体的情欲都已经失去，只剩下违心的敷衍了。

恒 卦 ䷟

下巽上震

卦辞

【经文 + 传文】

恒 亨，无咎，利贞，利有攸往。

《彖》曰：恒，久也。刚上而柔下①，雷风相与。巽而动，刚柔皆应②，恒。恒“亨，无咎，利贞”，久于其道也。天地之道恒久而不已也。“利有攸往”，终则有始也。日月得天而能久照，四时变化而能久成，圣人久于其道而天下化成。观其所恒，而天地万物之情可见矣。

《象》曰：雷风③，恒。君子以立不易方④。

【注释】

①刚上而柔下：恒卦下巽上震，震是阳卦，是刚，巽是阴卦，是柔，所以说“刚上而柔下”。“刚上而柔下”象征君上臣下。震又是雷，是动，巽又是风（是谦逊），所以下文说“雷风相与”“巽而动”。②刚柔皆应：恒卦的初六、六五、上六都是阴爻，是柔，九二、九四、上九都是阳爻，是刚，前后三爻分别与同位爻对应，所以说“刚柔皆应”。③雷风：恒卦下巽上震，震是雷，巽是风，所以说“雷风”。雷象征刑罚，风象征德教，触犯刑罚和违反德教，是君子的耻辱，所以下文说“君子以立不易方”。④易：改变。方：正道。

【译文】

恒卦象征恒久，阴阳和谐：亨通，无害，持贞守正有利，前往有利。

《彖传》说：恒，指长久。阳刚在上阴柔在下；雷风相生。谦逊行事，阳刚阴柔都相应，这就是恒卦的象征。恒卦说“亨，无咎，利贞”，这是因为君主长存正道。天地的道恒行不止。“利有攸往”，这是说事物到头后又是新的开始。日月顺应天道，便能长久照耀；四季更替有序，便能长久养物；圣人长存正道，所以促成天下。探察天地万物长久的道理，这样就可以知道它们的情状。

《象传》解释道：雷和风，这就是恒卦的象征。君子取法恒卦立身正道，决不改变。

爻辞

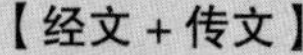

【经文 + 传文】

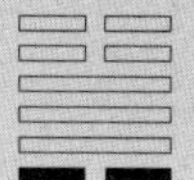

初六　浚恒[①]**：贞凶，无攸利。**

《象》曰："浚恒"之"凶"，始求深也。

【注释】

① 浚：深。

【译文】

初六　好似挖河，开始就一味求深急切，不是恒久之道，凶险，无利可得。

《象传》解释道：深求恒久之道是凶险的，是因为开始时就冒险求深。

【爻意分析】

恒卦之初六爻是居于阳位的阴爻，处于一卦初始，虽然是阴柔之身，却有躁动之意。《爻辞》中道"浚恒：贞凶，无攸利"，意为固执地一味追求事物的深度，追根究底急切地想找到阳刚的恒久之道，此种行为超越了自身能力范围，除了会带来凶险，毫无利处。

【经文 + 传文】

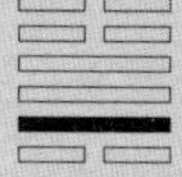

九二　悔亡。

《象》曰："九二悔亡"，能久中也[①]。

【注释】

① 中：本爻九二是阳爻，居下卦中位。

【译文】

九二　悔恨消失。

《象传》解释道："九二悔亡。"是因为君子能长久守中道而不偏。

【爻意分析】

九二爻在恒卦之中乃是阳爻，居于阴位。其居身不正，行必有失，容易做出令自己后悔的事。但所幸九二爻阳刚不为阴郁所遮蔽，因此能固守中正仁和之道，全无后悔之事。

【经文＋传文】

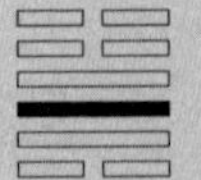

九三　不恒其德，或承之羞：贞吝。

《象》曰：“不恒其德”，无所容也。

【译文】

九三　不能长久保持德行，有时会蒙受羞辱：要守正，以防留下憾事。

《象传》解释道：不恒久保存德行，将无处容身。

【爻意分析】

恒卦之九三爻乃是居于阳位的阳爻，与上六阴爻相应和，其行性刚健而善动，无法如九三爻般守中持久。其无法安守贞正的行为，最终会导致自己众叛亲离，无处容身。

【经文＋传文】

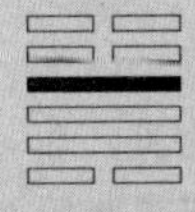

九四　田无禽[①]。

《象》曰：久非其位[②]，安得“禽”也。

【注释】

①田：打猎。②非其位：本爻九四是阳爻却居阴位，是“非其位”（不当位）。

【译文】

九四　打猎无收获。

《象传》解释道：长久定位失当，怎么能成事呢？

【爻意分析】

恒卦之九四爻身为阳爻却居于阴位，有行事偏颇之象。《爻辞》中写道：“田无禽。”“田”是狩猎之意，“禽”为鸟兽的统称，此句话意为九四爻守候在没有猎物的地方，却毫无觉察，不去反省徒劳无功的原因。

【经文＋传文】

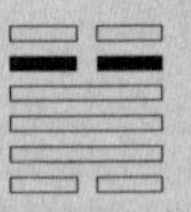

六五　恒其德，贞；妇人吉，夫子凶。

《象》曰：“妇人贞”吉，从一而终也；“夫子”制义[①]，从妇凶也。

【注释】

① 义：同“宜”。

【译文】

六五　能长存柔顺的德行；对女子来说吉祥，对男子来说则凶险。

《象传》说：妇人守节是吉祥的——这是因为妇人从一而终；男人是能因地制宜的，顺从妇人就会凶险。

【爻意分析】

六五爻是恒卦之尊爻，身为阴爻而居于中位，意为阴柔者奉行中正之道。六五爻与九二阳爻相应和，大有以阴从阳之势。《爻辞》中道“恒其德，贞；妇人吉，夫子凶”，意思是妇人将守一的德行持之以恒，是非常吉祥的事情，会带来好运；而换作男人如此行事，却截然相反，会招致祸患凶险。

【经文 + 传文】

上六　振恒[①]：凶。

《象》曰：“振恒”在上[②]，大无功也。

【注释】

① 振：动荡。② 在上：本爻上六居上卦上位，是上级的象征。

【译文】

上六　长久动荡，无恒入之道，凶险。

《象传》说：身居高位者长久折腾，做不出大的成绩来。

【爻意分析】

上六阴爻是恒卦的终极之爻，行物极必反之循环，有阴柔者难以持之以恒，无法安守中正之象，是凶险的征兆。

遁 卦

下艮上乾

卦辞

【经文+传文】

遁 亨，小利贞。

《彖》曰：遁“亨”，遁而亨也。刚当位而应[①]，与时行也。“小利贞”，浸而长也[②]。《遁》之时义大矣哉！

《象》曰：天下有山[③]，遁。君子以远小人，不恶而严。

【注释】

① 刚当位而应：九五是阳爻，居上卦中位，和居下卦中位的六二阴爻相应。从卦体上来看，此卦下面为艮，上面为乾，艮为山、为止，乾为天、为健；健有奋进不息之象，而止乃是不进之象，此两者相遁，这也是理解本卦的一个要点。② 浸：逐渐。是说事物柔浸而成长——这说明当下的情形是小人渐盛。君子要坚守正道，还要注意遵循“遁”道，以做些力所能及的事情。③ 天下有山：遁卦下艮上乾，乾是天，艮是山，所以说“天下有山”。天象征朝廷，山象征贤人，“天下有山”象征贤人退隐朝外，朝中小人猖獗，所以下文说“君子以远小人，不恶而严”。

【译文】

遁卦象征退避：亨通，是阴长阳消之时，有小利，但不失正道。

《彖传》解释道：遁卦是亨通的，说明必先退避而后亨通。阳刚者中正地位得当，而能与下位阴柔者相应和，这是因为他识时务。“小利贞”，这是因为阴气浸润，在逐渐生长。遁卦这种识时务知适时退避的意义真是重大啊！

《象传》解释道：天下有山，这就是遁卦的象征。君子取法遁卦远离小人，虽不显露其憎恶之情，但始终矜严自守。

爻辞

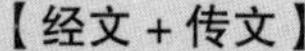
【经文+传文】

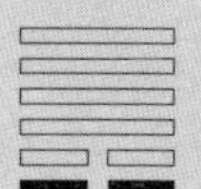

初六 遁尾[①]：厉；勿用有攸往。

《象》曰："遁尾"之"厉"，不往何灾也？

【注释】

①遁：隐遁，退避。尾：后面。

【译文】

初六 退避时落在后面，危险；不宜前往。

《象传》解释道：隐遁时落在后面是危险的，不隐遁又会有什么灾祸呢？

【爻意分析】

初六阴爻是遁卦的初始之爻，遁卦之道在于据时而退。初六爻位置低下，犹如事情之尾末，故《爻辞》中道："遁尾：厉；勿用有攸往。"意为初六爻在退避的过程中处于最后的位置，因避之不及，途中出现变故，情况十分危急。此时应暂停脚步，静观局势变化，不可再继续行动。

【经文+传文】

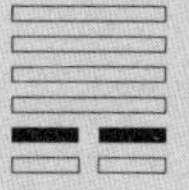

六二 执之用黄牛之革，莫之胜说[①]。

《象》曰："执用黄牛"，固志也。

【注释】

①胜：能。说：通"脱"，逃脱。

【译文】

六二 用黄牛皮绳捆住，谁也脱不掉。

《象传》解释道："执用黄牛。"是说君子志向坚决。

【爻意分析】

遁卦之六二爻身为阴爻而居于阴位，与处于尊位的九五阳爻相应和。《爻辞》中道："执之用黄牛之革，莫之胜说。"意为六二爻如同被坚韧结实的黄牛皮革所捆绑，无法解开。六二爻虽然处于遁卦之中，但因其恭顺地与君主九五爻相应和，如同一位忠心不二的臣子，恪守人臣之道，故其辅佐九五爻的心意坚决，难以动摇，绝不会做背主遁逃的事情。全卦唯此一爻毫无遁避之意。

【经文+传文】

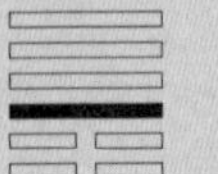

九三　系遁，有疾：厉；畜臣妾：吉。

《象》曰："系遁"之"厉"，有疾惫也。"畜臣妾吉"，不可大事也。

【译文】

九三　心怀系恋，未能退避，身患疾病，有危险；蓄养男臣女妾，吉祥。

《象传》解释道：不隐遁是危险的——君子将病得疲乏。"畜臣妾：吉"，这是说这时不宜干大事。

【爻意分析】

《爻辞》中道："系遁，有疾：厉；畜臣妾：吉。"意为九三爻有遁避之念，但因牵挂六二爻，心中犹豫不决，导致自己的遁退之路产生阻滞。此时的九三爻心力交瘁，身染疾患，处境十分危险；同时受自身病情与所处的形势限制，不可有大的作为。

为求自保，九三爻就势而转，开始大肆蓄养仆从与侍妾，晦潜自身的志向与意图，做出安于享乐沉溺于情欲的样子，令得势的小人掉以轻心，借以躲避伤害，终于化险为夷，转凶成吉。

【经文+传文】

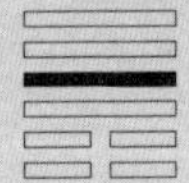

九四　好遁：君子吉，小人否。

《象》曰："君子好遁，小人否。"也。

【译文】

九四　心有牵挂与喜好却毅然退避：君子吉祥，小人办不到。

《象传》解释道：君子心有牵挂与喜好却退避，小人办不到。

【爻意分析】

九四爻为遁卦之中居于阴位的阳爻，乃是一位能预见和把握退隐时机的明智君子。九四与本卦的阴爻初六相应和，大有亲近之象。《爻辞》中道"好遁：君子吉，小人否。"意为心中有所牵挂和喜好，但是依旧无法阻止退隐的步伐，君子能够做到退避，小人难以完成。

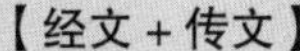

【经文 + 传文】

九五　嘉遁：贞吉。

《象》曰："嘉遁贞吉。"以正志也。

【译文】

九五　嘉美而及时地隐遁：坚守贞正获吉祥。

《象传》解释道："嘉遁贞吉。"是因为君子志向高远。

【爻意分析】

九五爻是阳居中位，与本卦的六二爻两相应和，阴阳互济，且六二爻也是居中之爻，行端表正，所以，不会以自己的阴柔去干扰九五爻的阳刚。《爻辞》中道"嘉遁：贞吉。"意为九五爻能居安思危，在貌似平静的现状中预想到了潜伏着的危机。九五爻对这种危机考虑得十分透彻，因而做出遁避的选择。这种遁避应当得到赞美，且能得到吉祥。

【经文 + 传文】

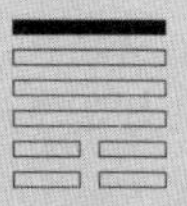

上九　肥遁[①]：无不利。

《象》曰："肥遁无不利"，无所疑也。

【注释】

①肥：通"飞"，远走高飞。

【译文】

上九　远走高飞去隐遁：没有不利。

《象传》解释道："高飞远退无不利。"是因为君子退隐时毫不迟疑。

【爻意分析】

上九爻是遁卦的终极之爻，身为阳爻而居于高位，无所束缚，前行无阻，且其居全卦之上，其积蓄也必充盈。此时隐遁之路亨通，其随身携带的财物完全可以保障其周全生活，所以没有任何不利之处。

大壮卦

雷天大壮
（下乾上震）

卦辞

【经文 + 传文】

大壮　利贞。

《彖》曰：大壮，大者壮也。刚以动[①]，故壮。大壮“利贞”，大者正也。正大，而天地之情可见矣。

《象》曰：雷在天上[②]，大壮。君子以非礼弗履。

【注释】

① 刚以动：大壮卦下乾上震，震是动，乾是刚，所以说“刚以动”。在这里，我们做一个对比就会发现，大壮卦其实和遁卦有着密切联系：把遁卦旋转一百八十度就是大壮卦。《序卦传》上说：“遁者退也，物不可以遁，故受之以大壮。”天下万事万物都在发展当中，盛极则衰，衰极必盛，遁卦之后出现大壮卦是事物发展的必然规律。② 雷在天上：大壮卦下乾上震，震是雷，乾是天，所以说“雷在天上”。雷象征刑罚，天象征朝廷，“雷在天上”象征朝廷刑罚严峻，君子宜谨慎，所以下文说“君子以非礼弗履”。履：行。朱熹在《周易本义》中此卦的《象传》下注了四个字：“自胜者强。”这足以让我们加深对此卦的理解，要想壮大自己首先要战胜自己，让自己的言行出于仁，止于礼。

【译文】

壮卦象征壮大强盛：坚守贞固有利。

《彖传》解释道：大壮，指大者强壮。行事刚健，所以称“壮”。大壮中的“利贞”，是指大者正直。正直壮大，天地万物的情状就可以明白了。

《象传》解释道：雷在天上轰响，这就是大壮卦的象征。君子取法大壮卦，不合礼义的事不做。

爻辞

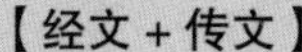
【经文 + 传文】

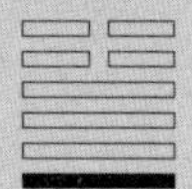

初九　壮于趾：征凶，有孚。

《象》曰："壮于趾"，其"孚"穷也。

【译文】

初九　脚趾健壮（比喻有实力）：出征肯定有凶险。
《象传》解释道："壮于趾。"是说初九，应当以诚信自守。

【爻意分析】

初九爻在大壮卦中为初始之爻，身为阳爻而居于阳位，重刚躁动。《爻辞》中道"壮于趾：征凶，有孚。"意为初九爻之健壮只在于脚趾之间，却误认为全身都很强壮，且自视过高，认为自己的能力可以行征服之举，无疑会为自身带来凶险。

【经文 + 传文】

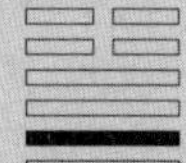

九二　贞吉。

《象》曰："九二贞吉"，以中也①。

【注释】

① 以中也：九二爻处于下爻之中位。

【译文】

九二　贞静固守可获吉祥。
《象传》解释道："九二贞吉。"是因为君子能守中道。

【爻意分析】

九二爻是大壮卦下卦之中爻，身为阳爻而居于阴位。阳爻居于偶位原本为居位不正，但九二爻与本卦阴爻六五爻相应和，阴阳相济，互为辅助，是以能安守中正之道，以静守之姿态养护其壮，贞静固守，安享吉祥。

【经文＋传文】

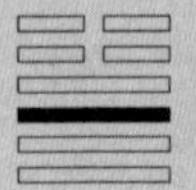

九三　小人用壮，君子用罔[①]：贞厉；羝羊触藩，羸其角[②]。

《象》曰："小人用壮，君子用罔"也。

【注释】

① 罔：无。② 羸：通"累"，卡住。

【译文】

九三　小人滥用强力，君子不会滥用强力：守持正固以防危险；公羊触篱，角卡住了。

《象传》解释道："（九三）小人滥用强盛，君子虽强不用。"

【爻意分析】

九三爻身为阳爻而居于阳位，重刚之身，躁动而难以自持。九三爻躁动不安，若不加以节制，便会如同以角顶篱笆的公羊一般，落入进退维谷难以自救的境地。

【经文＋传文】

九四　贞吉，悔亡；藩决不羸，壮于大舆之輹[①]。

《象》曰："藩决不羸"，尚往也[②]。

【注释】

① 輹：同"辐"，车轮中的直条。② 尚：崇尚，这里表示鼓励。

【译文】

九四　守持正固，可获吉祥，悔恨消失；好似冲破篱笆也无损坏，比大车的轮辐还要强壮。

《象传》解释道："藩决不羸。"是说利于九四向前发展。

【爻意分析】

九四爻身为阳爻却居于阴位，本有居身不正之嫌；但其属外卦之初，大壮卦之壮至此到达顶点，因为本卦之壮是单对阳爻而论，而之后的六五爻与上六爻无法为壮所用。九四爻之壮胜过之前三爻，有两个阴爻相辅助，又得到初九爻的应和，刚柔相济，行动毫无阻滞，实为壮卦之大用。

【经文 + 传文】

六五 丧羊于易[①]：无悔。

《象》曰："丧羊于易"，位不当也[②]。

【注释】

① 易：通"埸"，田畔。② 位不当：本爻六五是阴爻却居阳位，是"位不当"。

【译文】

六五 在田地上丢了羊：无悔。

《象传》解释道："丧羊于易。"这是因为六五地位失当。

【爻意分析】

六五爻位于本卦的尊位，是居于阳位的阴爻，居身不当，因而内心常怀忐忑。所幸位于上卦之中位，有能安守中和之象。《爻辞》中道"丧羊于易：无悔"，意为在田地边丢失了羊。羊的走失是因为其好斗不驯服，且六五爻放羊之处也属于是非之地，这之后再也不会有不好的事情发生，所以不必自悔。

【经文 + 传文】

上六 羝羊触藩，不能退，不能遂[①]，无攸利，艰则吉。

《象》曰："不能退，不能遂"，不详也[②]；"艰则吉"，咎不长也。

【注释】

① 遂：进。② 详：同"祥"，吉祥。

【译文】

上六 公羊触篱（角卡住了），进退不得，无利可得，历经艰难后可转吉祥。

《象传》解释道："不能退，不能遂。"——这是不祥现象；"艰则吉"——这是说遭受灾殃的时间长不了。

【爻意分析】

上六爻是大壮卦的终极之爻，身为阴爻，处于高位，处境颇为艰难。但是目前处境虽然尴尬，只要经过艰苦磨炼，自然会脱离困境获得吉祥。

晋 卦

火地晋
（下坤上离）

卦辞

【经文 + 传文】

晋　康侯用锡马蕃庶[①]，昼日三接。

《彖》曰：晋，进也。明出地上[②]。顺而丽乎大明，柔进而上行[③]，是以“康侯用锡马蕃庶，昼日三接”也。

《象》曰：明出地上[④]，晋。君子以自昭明德。

【注释】

①康侯：有两解，其一是传统的观点，“康”指“美之名也”，“侯”，统称“上进之臣”。另一解认为康侯即周武王之弟，名封，初封侯于康，故称康侯。锡：同“赐”，赏赐。蕃：盛。庶：多。②明出地上：晋卦下坤上离，离是明（日），坤是地，所以说“明出地上”。坤又是顺，离又是大明，所以说“顺而丽乎大明”。“顺而丽乎大明”象征臣子顺从和依附明君。③柔进而上行：晋卦初六、六二、六三、六五都是阴爻，是柔，爻位渐升，所以说“柔进而上行”。“柔进而上行”象征臣子功业不断增长。孔颖达《周易正义》中云：“六五以柔而进，上行贵位，顺而著明，臣之美道也。”④明出地上：晋卦下坤上离，离是明（日），坤是地，所以说“明出地上”。朝阳自发光芒，君子自展美德，所以下文说“君子以自昭明德”。

【译文】

晋卦象征上进：康侯蒙受天子赏赐的车马众多，一天里多次受到接见。

《彖传》解释道：晋，指前进。太阳升出地面。顺从的臣子向上依附明君，以柔顺之道积极进取，功业不断增长，所以“康侯用锡马蕃庶，昼日三接”。

《象传》解释道：太阳升出地面，这就是晋卦的象征。君子取法晋卦，自我展现美德。

爻辞

【经文 + 传文】

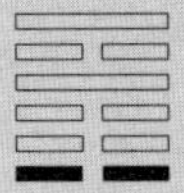

初六　晋如[①]，摧如：贞吉；罔孚[②]，裕无咎。

《象》曰："晋如摧如"，独行正也；"裕无咎"，未受命也。

【注释】

①晋如：晋，同"进"；如，语气助词，无实际意义。②罔：无。孚：信任。

【译文】

初六　进取之初有阻碍，持守正道则吉祥；初时不能见信于人，宽以待人则无咎害。

《象传》解释道："晋如，摧如。"是因为军队能独行正道。"裕无咎。"是因为君子未领受王命。

【爻意分析】

初六爻身为阴爻而居于初始之阳位，居位不当，与阳爻九四相应和，刚柔相济，上下互应，相得益彰，成其功用。初六爻在前进还是后退之间有所犹豫，其心正直，故能吉祥，但是行动并不确定，所以没有得到应有的信任，其行动还要等待时机。但是初六因为能坚守正道，所以无论前行还是后退，都会得到吉祥，没有错咎。

【经文 + 传文】

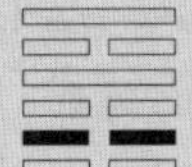

六二　晋如，愁如：贞吉；受兹介福于其王母。

《象》曰："受兹介福"，以中正也。

【译文】

六二　进取途中充满忧虑：守持正固可获吉祥；做事能从王母那里获得大福气。

《象传》解释道："受兹介福。"是因为君子中正。

【爻意分析】

六二爻居中守正，进而有其道，退而有所守，虽受困于阴，无法腾跃而起，大展宏图；但凭其自身之力足够继续向前行进。又与君主六五爻对应，所以终能获得吉祥与很大的福气。

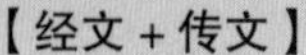

【经文＋传文】

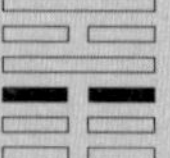

六三　众允[①]：悔亡。

《象》曰："众允"之，志上行也。

【注释】

① 允：信服。

【译文】

六三　众人都信服他：悔恨消失。

《象传》解释道：众人都信服他——这是因为六三志向上进。

【爻意分析】

六三爻身为阴爻而居于阳位，居位不当，又未得中。《爻辞》中道"众允：悔亡"，意为六三爻因为志向积极而得到众人的一致信任与认同，六三爻借着众人之势上升，没有悔恨的事情。

【经文＋传文】

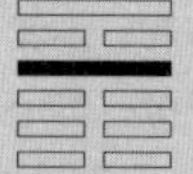

九四　晋如鼫鼠[①]：贞厉。

《象》曰："鼫鼠贞厉"，位不当也[②]。

【注释】

① 鼫鼠：传说中一种技不专一的老鼠。据说它有五种技能，但能飞不能过屋，能缘不能穷木，能游不能渡谷，能穴不能掩身，能走不能先人。所以《荀子·劝学》说："鼫鼠五技而穷。"按：此爻阳刚，不中失正，下应初六而又上比六五，是用心不专之象。② 位不当：本爻九四是阳爻，居阴位，是"位不当"。

【译文】

九四　进取之时，就像身无专技的鼫鼠一样：应守持正固以防危险。

《象传》解释道："鼫鼠贞厉。"是因为九四地位失当。

【爻意分析】

九四爻身为阳爻而居于阴位，其位不中不正，以阳乘阴，因此心中常怀惴惴，行动举止忐忑不安。《爻辞》中道"晋如鼫鼠：贞厉"，意为九四爻在上升的时候如鼫鼠一般，畏缩懦弱，占卜中得到的是凶险的征兆。

【经文 + 传文】

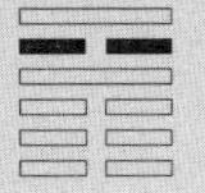

六五　悔亡，失得勿恤①，往吉，无不利。

《象》曰："失得勿恤"，往有庆也。

【注释】

① 恤：忧愁。

【译文】

六五　悔恨消失，不用忧虑得失，前往吉祥，没有不利。

《象传》说：不用忧虑得失——六五大胆前往会有收获。

【爻意分析】

六五身居外卦之正位，与六二爻正应，但两爻同阴，内外共柔，难以应和。自己身为阴爻且居位不正，难免生出忐忑之心。但其实六五虽为阴柔之身，因居于上卦之中位，如日中天，有阴柔的君主能奉行中正之道之象，所以极为吉祥，之前的顾虑实属多余，所以六五爻只需放心大胆前行便可。

【经文 + 传文】

上九　晋其角，维用伐邑：厉吉，无咎，贞吝。

《象》曰："维用伐邑"，道未光也。

【译文】

上九　进取到了事物顶端，如野兽用它的角进攻，这意味着可以出兵攻邑：起初危险，终获吉祥。无害，坚守贞固以防留下遗憾。

《象传》说："维用伐邑。"是说上九进取之道尚未光大。

【爻意分析】

上九阳爻居于晋卦之巅峰，有头角峥嵘之象，因其身为阳爻，所以有升腾凌空之志。但晋卦以晋升为用，此时上九爻已经身在至高之位，进无可进，头角虽然生出，锋芒虽已显露，但其气势已经减弱，时数已经过去，若强行有功之事，恐将有悔。

明夷卦

下离上坤

卦辞

【经文 + 传文】

明夷 利艰贞。

《彖》曰：明入地中①，明夷。内文明而外柔顺②，以蒙大难，文王以之③。“利艰贞”，晦其明也④，内难而能正其志，箕子以之。

《象》曰：明入地中，明夷。君子以莅众用晦而明⑤。

【注释】

① 明入地中：明夷卦下离上坤，坤是地，离是明（日），所以说“明入地中”。上下卦体表现了太阳落入地中之象，象征着光明受到了损害。② 内文明而外柔顺：明夷卦的内卦是离，外卦是坤，坤是柔顺，离是文明，所以说“内文明而外柔顺”。③ 以：似。这是指商纣王时代文王拘于羑里之事。当时周文王礼贤下士，勤政有为，实力日益强大。纣王拘文王于羑里，文王为了兴周灭商，让大臣献美女和珍宝给纣王，纣王悦而放还文王，文王终于灭掉商纣，建立了周朝。④ 晦：隐藏。⑤ 莅：指治理。用晦：指不动声色。

【译文】

明夷卦象征光明殒伤：利于牢记艰难，守贞正固。

《彖传》说：太阳落下地面，光明殒伤，这就是明夷卦的象征。君子内有文明美德，外有柔顺之象，却蒙受大难，周文王的情况就像这样。“利艰贞”，是说君子隐藏他的光明。君子身陷内难，仍能志向正直，箕子的情况就像这样。

《象传》说：太阳落下地面，象征光明受到殒伤，这就是明夷卦。君子取法明夷卦，治理众人时要明察在心，深藏智慧而不显。

【经文 + 传文】

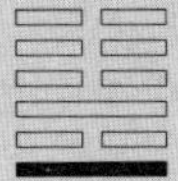

初九 明夷于飞，垂其翼；君子于行，三日不食；有攸往，主人有言。

《象》曰："君子于行"，义"不食"也。

【译文】

初九 在光明受到损害之时向外飞，低垂着羽翼；君子前往，几天没饭吃；前往办事，所到之处都受主人责备。

《象传》解释道：君子前往（三天不吃东西）——不吃是为了节操。

【爻意分析】

初九爻是明夷卦中居于阳位的阳爻。初九爻一阳初始，有君子之阳刚被周围阴郁所掩盖之象。

【经文 + 传文】

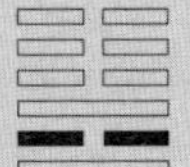

六二 明夷，夷于左股，用拯马壮：吉。

《象》曰："六二"之"吉"，顺以则也。

【译文】

六二 光明不见了，伤了左腿，得到壮马搭救：吉祥。

《象传》解释道：六二说"吉"——这是因为行事时柔顺而能坚守中正规则。

【爻意分析】

六二爻是居于下卦中位之阴爻，处于阴位，居身得正，是明夷卦中的主爻，有柔顺之德，能安守中正。

【经文 + 传文】

九三 明夷于南狩，得其大首；不可疾，贞。

《象》曰："南狩"之志，乃大得也。

【译文】

九三 光明殒伤时去南边行猎，君子捕得大元凶祸首；不宜操之过急，还要守持贞正。

《象传》解释道：君子向南狩猎的目的，是获取大收获。

【爻意分析】

九三爻阳居阳位，居于下卦之终，与上六阴爻两相呼应。上六爻居于明夷卦之最高位，正是本卦中遮蔽光明的昏暗君主。九三爻拥有重阳之身，阳气刚猛，躁然好动，有上升之志，又有凌云之势头，此时趁势乘时。九三之阳气上行，大有将昏君推翻，为天下拨乱反正之象。但九三爻上下皆为阴爻，如同身边小人环绕，有行动艰难受阻之象。

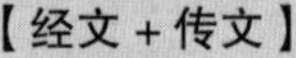

【经文＋传文】

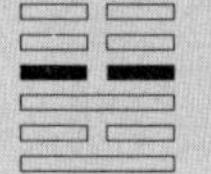

六四　入于左腹，获明夷之心，于出门庭。

《象》曰："入于左腹"，获心意也。

【译文】

六四　退处于左方腹地，洞悉光明殒伤的真实情况，终于毅然跨出门庭向远方走去。

《象传》解释道："入于左腹。"是为了获知真实的情况。

【爻意分析】

明夷卦中，六四爻身为阴爻而居于阴位，乃是重阴之身，柔顺贞静，大有顺承之德行。

六四爻身在阴霾之地，与上六爻亲近，能够明白上六爻的心意与真实想法，因而清楚自己所侍奉的昏君已经到了蒙昧不开心窍，不知悔改的地步。六四爻柔守贞正，与昏君志不同道不合，在极度失望之下，深恐为昏君的暴政所连累，于是做出悖离昏君的选择，远走避祸。由六四爻的远离也可看出上六爻已经到了众叛亲离的境地。

【经文＋传文】

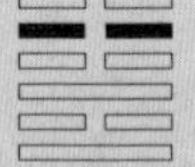

六五　箕子之明夷：利贞。

《象》曰："箕子"之"贞"，"明"不可息也。

【译文】

六五　像箕子一样处于光明殒伤之时，守贞则有利。

《象传》解释道：箕子是正直的，他的光明是不可熄灭的。

【爻意分析】

六五爻身为阴爻，居于上卦之中位，临近昏君上六爻，身在险地，危如临渊。六五爻在昏君身边，如同陷入隐蔽晦暗之中难以自拔；但其居身得正，又能持守中道，不会被黑暗的浊流所污染。被逼无奈，只得效法当年纣王身边的智者箕子，佯装疯癫掩饰自己真实的志向，既未丢失德行，又在危险之地保全了自己的性命。此举虽然是为情势所迫而做出，却也是机智之举，是有利于自身的选择。

【经文＋传文】

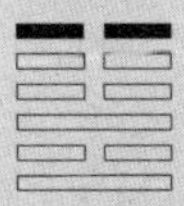

上六　不明，晦，初登于天，后入于地。

《象》曰："初登于天"，照四国也；"后入于地"，失则也。

【译文】

上六　天色不明，昏暗一片，（太阳）先是升空，后来落地。

《象传》解释道："初登于天。"是说君子德耀四方；"后入于地"，这是说君子失掉了准则。

【爻意分析】

上六爻是明夷卦中的终极之爻，身为阴爻，又处于阴霾之顶点，犹如一位至高无上，却昏庸不明的君主。《爻辞》中道："不明，晦，初登于天，后入于地。"意为上六爻不明而晦，最初升上了天空；但其毫无德行，难以光照天下，最终坠入地下。

家人卦

下离上巽

卦辞

【经文＋传文】

家人　利女贞。

《彖》曰：家人，女正位乎内[①]，男正位乎外[②]，男女正，天地之大义也。家人有严君焉，父母之谓也。父父，子子，兄兄，弟弟，夫夫，妇妇，而家道正。正家而天下定矣。

《象》曰：风自火出[③]，家人。君子以言有物而行有恒。

【注释】

①女正位乎内：六二是阴爻居阴位，又是居内卦中位，是阴当位、得中、居内，所以说“女正位乎内”。“女正位乎内”象征女子在家守道。②男正位乎外：九五是阳爻居阳位，又居外卦中位，是阳当位、得中、居外，所以说“男正位乎外”。“男正位乎外”象征男子在外守道。③风自火出：家人卦下离上巽，巽是风，离是火，所以说“风自火出”。风象征德教，火象征明察，德教的普及、明察的成长，都对君子的言行提出了要求，所以下文说“君子以言有物而行有恒”。

【译文】

家人卦象征一家人：女子守持贞固有利。

《彖传》说：家人卦的象征是，女子在家居正位守正道，男子在外居正位守正道，男女各守其位，这就是天地阴阳的大义。家中有严明的君长，这就是父和母。如果父有父样，子有子样，兄有兄样，弟有弟样，夫有夫样，妇有妇样，家道就端正了。家道端正了，天下也就定了。

《象传》说：风从火中出来，这就是家人卦的象征。君子取法家人卦言之有物，恒心办事。

爻辞

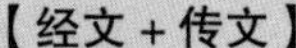

【经文＋传文】

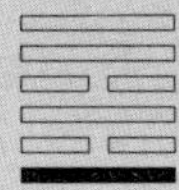

初九　闲有家[①]：悔亡。

《象》曰："闲有家"，志未变也。

【注释】

① 闲：防范。

【译文】

初九　在家之初即防范邪恶，保有其家：悔恨消失。

《象传》说：在家多加防范——这是说在家人思想尚未产生变化的时候预先防范。

【爻意分析】

家人卦以家人相处及治家之道为要义。初九爻身为阳爻，居于阳位，又处于家人卦最初，象征治家之道伊始。《爻辞》中写道："闲有家：悔亡。""闲"的意思是防范与阻止。"闲"字外有门而内有木，意为门户严谨，经过加固与防护，说明主家之人的防范意识很强，事事考虑周全，预先准备，所以没有后悔的事情发生。

【经文＋传文】

六二　无攸遂，在中馈：贞吉。

《象》曰："六二"之"吉"，顺以巽也。

【译文】

六二　女子不用外出，不自作主张，在家打理家务：守持贞固，吉祥。

《象传》说：六二说"吉"——这是因为君子柔顺谦逊。

【爻意分析】

六二身为阴爻而居阴位，乃是重阴之爻，处于下卦之中，其性阴柔恭顺，居中守正，在家人卦中如同一位尽职尽责、治家有方的主妇，在占卜中，六二爻的行为预示吉祥。

【经文 + 传文】

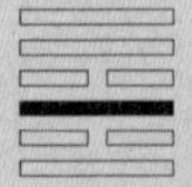

九三　家人嗃嗃[①]：悔，厉，吉；妇子嘻嘻：终吝。

《象》曰："家人嗃嗃"，未失也；"妇子嘻嘻"，失家节也[②]。

【注释】

① 嗃嗃：即"嗷嗷"，哀苦的叫声。② 家节：家规。

【译文】

九三　家人因治家严格而嗷嗷叫苦：有悔恨，有危险，终获吉祥；家人嘻哈作乐：（起初亨通）终变艰难。

《象传》解释道："家人嗃嗃。"是说家人没有过失；"妇子嘻嘻"，这是说家中失去了家规。

【爻意分析】

九三爻身为阳爻而居于阳位，居于下卦之极位，阳气刚猛，身虽得正却并未居中，有身为一家之长，治家过于严格之象。《爻辞》中道："家人嗃嗃：悔，厉，吉；妇子嘻嘻：终吝。"意为九三爻对家人态度严格，经常大声训斥，致使家人整日惴惴不安，暗中发出哀怨之声。这样的苛责会导致家中成员产生逆反情绪，九三爻若不及时调整，是很危险的，会发生令自己后悔的事情。只要掌握好分寸与尺度，还是会得到吉祥的。

【经文 + 传文】

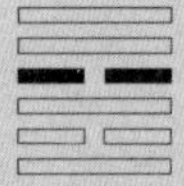

六四　富家：大吉。

《象》曰："富家大吉"，顺在位也[①]。

【注释】

① 顺在位：本爻六四是阴爻，居九五阳爻下，是顺从的象征；六四又是以阴爻之身居阴位，是"在位"（当位）。

【译文】

九四　能使家里富裕起来，大吉。

《象传》解释道："富家大吉。"是因为君子能行柔顺之道，又地位得当。

【爻意分析】

六四爻阴居阴位，且居身得正，谦顺恭和，上承九五阳爻，下应初九阳爻，既得辅助又有协同。《爻辞》中道："富家：大吉。"意为六四爻居位当正，处事得体，能够使家庭富裕，十分吉祥。

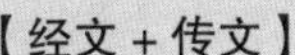

【经文＋传文】

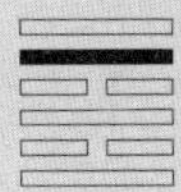

九五　王假有家①**，勿恤，吉。**

《象》曰："王假有家"，交相爱也。

【注释】

①假：通"格"。

【译文】

九五　君王用大道美德感化众人，不用忧虑，吉祥。

《象传》说："王假有家。"是说一家人交相爱睦。

【爻意分析】

九五爻身为阳爻，居于上卦之中，为家人卦的尊爻，如同家中的家长。九五爻刚正中和，宽严并济，治家有方，是最善于治家的人。自古以来，君王欲治国平天下，必自齐家做起。

【经文＋传文】

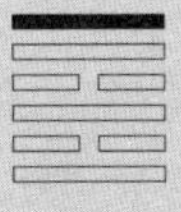

上九　有孚①**，威如：终吉。**

《象》曰："威如"之"吉"，反身之谓也。

【注释】

①孚：诚信。

【译文】

上九　有诚信，威严治家，终获吉祥。

《象传》说：办事威严是吉祥的——这是因为君子能反省自己。

【爻意分析】

上九爻位于家人卦的终极。阳爻居于阴位，如同家中有威信的长者，说明上九爻德性厚重，受后辈儿孙的尊重与敬慕。《爻辞》中道："有孚，威如：终吉。"意为上九爻注重诚信与德行，平时的言谈举止和对晚辈的教导中都充满了威严。这并不是严厉，而是自身行端表正，对自我要求很高。这种做法是令众人敬佩服从的原因，所以最终会获得吉祥。

睽 卦 

下兑上离

卦辞

【经文＋传文】

睽 小事吉。

《彖》曰：睽，火动而上，泽动而下[①]；二女同居，其志不同行。说而丽乎明[②]，柔进而上行[③]，得中而应乎刚[④]，是以“小事吉”。天地睽而其事同也[⑤]，男女睽而其志通也，万物睽而其事类也[⑥]。睽之时用大矣哉！

《象》曰：上火下泽[⑦]，睽。君子以同而异。

【注释】

①火动而上，泽动而下：睽卦下兑上离，离是火，火苗是朝上的，兑是泽，泽流是朝下的，所以说“火动而上，泽动而下”。离又是中女，兑又是长女，所以下文说“二女同居”。②说而丽乎明：兑又是悦（说），离又是明，所以说“说而丽乎明”。③柔进而上行：睽卦六三、六五都是阴爻，爻位上升，所以说“柔进而上行”。④得中而应乎刚：六五是阴爻，居上卦中位，和居下卦中位的九二阳爻相应，所以说“得中而应乎刚”。⑤睽：乖离。事：指化养万物的事业。⑥事：指事理。⑦上火下泽：睽卦下兑上离，离是火，兑是泽，所以说“上火下泽”。火和泽同中有异，异中有同，分析异同才能掌握事物本质，所以下文说“君子以同而异”。

【译文】

睽卦象征睽违背离：小心处事吉祥。

《彖传》说：《睽》卦的背离违逆的象征是，火苗朝上，泽流朝下；二女同居，心思不同。和悦地附丽于光明，柔顺地上进，居位中正而得阳刚相应，所以说“小事吉”。天地上下背离却在同做生成万物之事，男女阴阳有别却能心意相通，万物各异却能道理暗合。睽卦这种异同共存道理的作用真是大啊！

《象传》说：上火下泽，这就是睽卦的象征。君子取法睽卦，掌握同中有异、异中有同的道理。

爻辞

【经文＋传文】

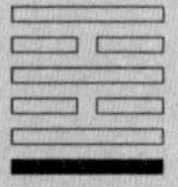

初九　悔亡；丧马，勿逐，自复；见恶人，无咎。

《象》曰："见恶人"，以辟咎也[①]。

【注释】

①辟：通"避"，避免。

【译文】

初九　没有发生令自己后悔的事情。马匹丢失了就不要追赶，少顷它自己会找回家来；遇到了恶人，以礼相待，自身没有错咎。

《象传》解释道："见恶人。"——这是为了避免矛盾激化而引发祸害。

【爻意分析】

初九爻身为阳爻居于阳位，阳气刚猛，躁然好动，容易做出令自己后悔的冒失行为。初九处于睽卦之初，其睽还不深，其马走失了，若刻意追赶，只会令马越跑越远。初九不失其位，原地等待，走失的马迟早能够走回。因为初九爻阳气刚猛，不染阴郁，刚爻在位，不会有失，即便失去，也能很快再得。而初九爻遇到自己并不想看见的恶人，也不可刻意回避躲闪，以免激起恶人的愤恨，令其恼羞成怒，对初九生出伤害之心。只要从容应对，以礼待之，令其毫无怨尤，便可保证自身的安全，是无咎之举。

【经文＋传文】

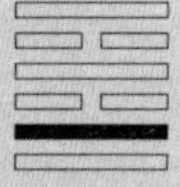

九二　遇主于巷：无咎。

《象》曰："遇主于巷"，未失道也。

【译文】

九二　小巷里撞见主人：无咎害。

《象传》解释道："遇主于巷。"是说没有迷失正道。

【爻意分析】

睽卦之九二爻为居于阴位的阳爻，居于中位，象征其能安守中正之道。九二爻与尊爻六五正向应和，如同阳刚的贤臣与阴柔的明君志同道合。但迫于形势，无法登堂入殿觐见君主，只得相见于陋巷之中。但九二爻并未因环境的改变而对六五爻有任何失礼之处，所以其行为毫无错咎。

【经文 + 传文】

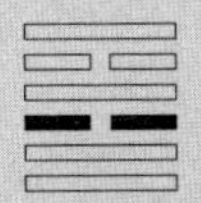

六三 见舆曳[①]，其牛掣[②]，其人天且劓[③]：无初有终。

《象》曰："见舆曳"，位不当也；"无初有终"，遇刚。

【注释】

①曳：拽。②掣：牵制。③天：古代一种在额上刻字的刑罚。劓：古代一种割鼻的刑罚。

【译文】

六三 路上见到一辆大车被拖拽难行，牛受牵制也无法前进，车夫是受过刺额和割鼻刑罚的人：事情开局不妙，但会有好的结果。

《象传》解释道："见舆曳。"是说六三地位失当。"无初有终。"是因为六三遇上了阳刚。

【爻意分析】

六三爻乃是居于阳位的阴爻，虽然与上九阳爻正应，但是因为其居身不正，为阴柔者，才能低微却居于要位，行动遭受阻滞，难以与上九爻应和；且六三身为阴爻，不宜妄动，却因处于刚位强要行动，所以必定遭受艰险。六三爻在行进的路上最初艰险重重；但是后来得到好的结局。

【经文 + 传文】

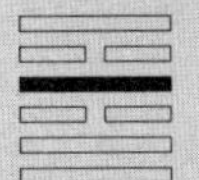

九四 睽孤，遇元夫，交孚，厉，无咎。

《象》曰："交孚无咎"，志行也。

【译文】

九四 在背离、孤独之时与阳刚大丈夫遇合，两人彼此互信：有风险，终获无害。

《象传》解释道："交孚无咎。"是说君子求志同道合者的愿望是可以实现的。

【爻意分析】

九四爻阳居阴位，上下皆为阴爻，有被阴郁遮蔽，孤立无援之象。《爻辞》中道：

“睽孤，遇元夫，交孚，厉，无咎。”意为九四爻原本处于与众人分离，独自一人的境遇；但遇到了一位志同道合的朋友，与其交往虽然会有危险，但是不会有错咎。

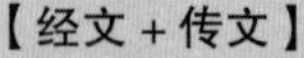

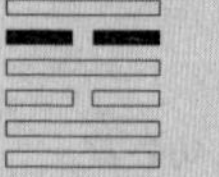

六五　悔亡。厥宗噬肤，往何咎?

《象》曰：“厥宗噬肤”，往有庆也。

【译文】

六五　悔恨消失。与它相应的宗亲像咬噬柔嫩肌肤一样和顺应合，哪会有什么祸害呢?

《象传》解释道：其宗亲如咬噬柔嫩的肌肤一样和顺地应合——前去将得福庆。

【爻意分析】

六五爻是居于阳位的阴爻，居身不当却处于尊位，是阴柔孱弱的君主。《爻辞》中道：“悔亡。厥宗噬肤，往何咎?”意为没有后悔之事。六五爻自身柔弱，但是与九二阳爻正相应和，阴阳互济，大有辅助。六五虽是弱君，但是身边有九二这样的强臣辅佐保护，困扰也就迎刃而解，没有错咎与灾祸。

【经文+传文】

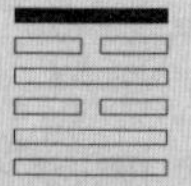

上九　睽孤，见豕负涂[①]，载鬼一车[②]，先张之弧[③]，后说之弧[④]，匪寇，婚媾，往遇雨则吉。

《象》曰：“遇雨”之“吉”，群疑亡也。

【注释】

①豕：猪。涂：泥。②鬼：指像鬼怪一样奇形怪状的人。③弧：弓。④说：通“脱”，松开。

【译文】

上九　孤独之时，看见猪背着污泥在跑，一辆车上载着一堆鬼怪一样奇形怪状的人，他张弓想射，后来放下弓了，原来他们不是抢劫的，是求婚的，前去求婚时遇雨吉祥。

《象传》解释道：求婚遇雨是吉祥的——这时众人的猜疑都消失了。

【爻意分析】

上九爻是睽卦的终极之爻，阳爻居于极位，预示上九爻阳刚到了极点，暴躁乖张，目空一切，且疑心深重。上九爻与六三爻本为正应，但因上九爻对六三心存疑虑，两爻难以应和，以至于六三爻奋力上行与上九接应。《爻辞》中道："睽孤，见豕负涂，载鬼一车，先张之弧，后说之弧，匪寇，婚媾，往遇雨则吉。"意思是在孤独偏执的上九爻眼里，迎面而来的六三爻，形容猥琐，如同一头浑身沾满泥浆的猪，赶着载满鬼怪一般奇形怪状的大车前行，上九见后心中惊惧，于是拉弓搭箭准备射向六三，此时上九爻的虚妄疑心已经到了最高点，物极必反，心中忽然由暴躁转为平和，于是定睛再看，才看清楚赶车前来的并非负泥之猪，而车上也没有鬼怪，来人满脸诚挚，不像是匪寇歹人，而是为了婚约而来的六三，上九放下戒备，心中顿感轻松，如同一场积郁已久的雨终于下了，上九与六三尽释嫌隙，阴阳得以互济，得到吉祥。

蹇 卦

下艮上坎

卦辞

【经文 + 传文】

蹇　利西南，不利东北；利见大人，贞吉。

《彖》曰：蹇，难也，险在前也。见险而能止。知矣哉。蹇“利西南”，往得中也。“不利东北”，其道穷也。“利见大人”，往有功也。当位“贞吉”，以正邦也。蹇之时用大矣哉。

《象》曰：山上有水①，蹇。君子以反身修德。

【注释】

① 山上有水：蹇卦下艮上坎，坎是水，艮是山，所以说“山上有水”。山象征贤人，水象征美德，美德源自修养，所以下文说“君子以反身修德”。

【译文】

蹇卦象征行走艰难：往西南去有利，往东北去不利；见大人有利，守持正固吉祥。

《彖传》解释道：蹇，指艰难，危险在前，遇见危险就止步，明智啊！蹇卦说，“利西南”——往西南去是合乎正道的；“不利东北”——东北是死路一条；“利见大人”，这是说前往有收获。君子地位得当，中正吉祥，足以安邦定国。蹇卦这种灵活应对艰险的道理的作用真大啊！

《象传》解释道：山上有水，这就是蹇卦的象征。君子取法蹇卦反省自我，修养道德。

爻辞

【经文 + 传文】

初六　往蹇，来誉。

《象》曰：“往蹇来誉”，宜待也。

【译文】

初六　去时艰难，回时得到荣誉。

《象传》说：如果往前行走，就会很艰难；如果回来，就会获得赞誉——这时君子宜等待时机。

【爻意分析】

初六爻身为初爻，地位卑微，又是阴柔之身，能力微薄，所以宜静不宜动，宜守不宜进。若贸然躁进，就会使自己更加深入“蹇”中。《爻辞》中让初六爻静守，并非任其久居“蹇”中，而是让其静待时机，顺应天时，再有所举措。

【经文＋传文】

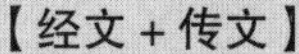

六二　王臣蹇蹇[①]**，匪躬之故**[②]。

《象》曰：“王臣蹇蹇”，终无尤也。

【注释】

① 蹇蹇：非常艰难的样子。② 躬：自身。

【译文】

六二　君主的臣子因处困境十分艰难，不是他谋于自身所致。

《象传》说：六二说大臣忠心耿耿地奔走于艰难之中——结果终无过错。

【爻意分析】

六二爻是居于阴位的阴爻，居身得正，又与本卦之尊爻九五爻正向应和，如同一位正直恭顺的臣子，对待君主一片忠心。《爻辞》中道“王臣蹇蹇，匪躬之故”，意为君王的臣子六二爻处境十分艰难，但是其身处险境并不是为了自身的利益，而是为了解救君主之难，其情可鉴。所以《爻辞》中没有吉凶之论，因为六二爻之举乃是出于贞正忠诚，无论成败都没有错咎。

【经文＋传文】

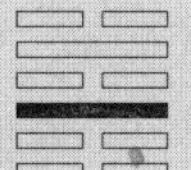

九三　往蹇，来反。

《象》曰：“往蹇来反”，内喜之也。

【译文】

九三　去时艰难，回时返归原所。

《象传》说：去时艰难，回时返归原所——九三心里满意这次出行。

【爻意分析】

九三爻是下卦之终爻，身为阳爻而居于阳位，乃是重刚纯阳，居身得正，与上六爻正向应和。但是上六阴柔无力，又身处终极之位，毫无作为，所以难以对九三爻施以援手，九三爻呈孤立之势。《爻辞》中道“往蹇，来反”，意为九三爻在前行途中遇到很多艰难险阻，于是原路退返回来。

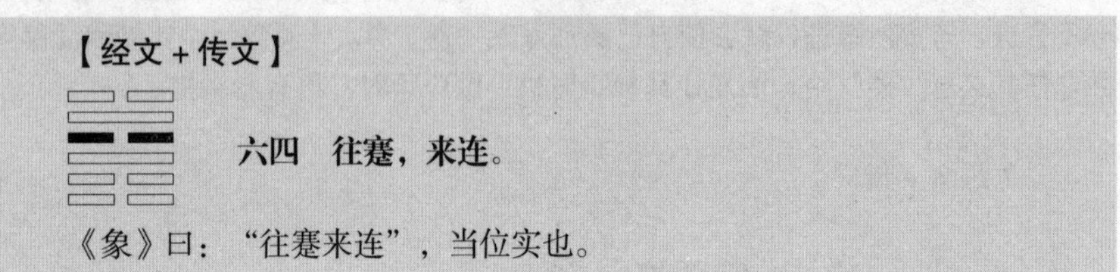

【经文＋传文】

六四　往蹇，来连。

《象》曰：“往蹇来连”，当位实也。

【译文】

六四　去时艰难，回时又与九三等爻相联合。

《象传》解释道：往前行走艰难，归来与九三爻联合。是说君子地位得当，从而具有实力。

【爻意分析】

六四爻身为阴爻而居于阴位，重阴之身，居身得正。六四位于上卦之始，已经有出蹇之势，只是自身是阴爻，与之正应的初六同为阴爻，两爻无法阴阳济和，没有协助。六四自身柔弱又没有阳爻的帮助，前行路上危险众多，以其自身之力难以排除。《爻辞》中道“往蹇，来连”，意思是前面路途面临难以处置的危险，折返回来与下面的九三爻接洽联合。

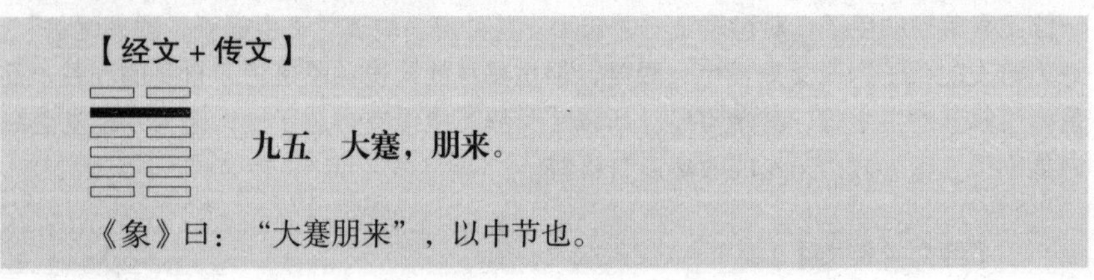

【经文＋传文】

九五　大蹇，朋来。

《象》曰：“大蹇朋来”，以中节也。

【译文】

九五　碰上大难，朋友们纷纷前来相助。

《象传》解释道：“大蹇朋来。”是因为君子节操中正。

【爻意分析】

九五爻是本卦的尊爻，如同一国的君主，身为阳爻而居于阳位，居身得正，刚猛中正。《爻辞》中道“大蹇，朋来”，意为君主九五身处蹇卦的大难之中，十分危险；但因其自身德行昭然，能安守中正，所以必定会有忠心的臣子前来解救其难。

【经文＋传文】

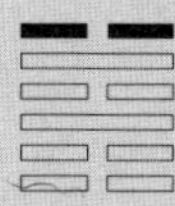

上六　往蹇，来硕：吉；利见大人。

《象》曰：“往蹇来硕”，志在内也；“利见大人”，以从贵也。

【译文】

上六　去时艰难，回时有大成绩：吉祥；见大人有利。

《象传》解释道：“往蹇来硕”，是因为君子壮志在胸。“利见大人”，是因为君子能追随贵人。

【爻意分析】

上六爻居于极位，面临无路可走之险境，所以应当及时回头。上六爻返回之后依附九五爻，如同臣子辅助君王，而九五爻正是上六《爻辞》中的大人，上六爻会因追随九五爻而得到功名利益。

解 卦 ䷧

下坎上震

卦辞

【经文 + 传文】

解 利西南；无所往，其来复吉；有攸往，夙吉[①]。

《彖》曰：解，险以动[②]，动而免乎险，解。解“利西南”，往得众也；“其来复吉”，乃得中也；“有攸往夙吉”，往有功也。天地解而雷雨作，雷雨作而百果草木皆甲坼[③]。解之时大矣哉！

《象》曰：雷雨作[④]，解。君子以赦过宥罪[⑤]。

【注释】

① 夙：早。② 险以动：解卦下坎上震，震是动，坎是险，所以说“险以动”。这句话的意思是出现险难的时候，要“解”险难，就要靠动，就是要有作为。险而动，动而免乎险。③ 甲：壳。坼：裂。④ 雷雨作：解卦下坎上震，震是雷，坎是水，所以说“雷雨作”。雷象征刑罚，雨象征恩泽，治民宜少用刑罚，多施恩泽，所以下文说“君子以赦过宥罪”。这段话描写了春天来临的景象，沉睡了整整一个寒冬的百果草木的种子冲破坚硬的皮壳，在春雨中成长。这让施政者得到启示：要想社会欣欣向荣，就要实行仁政。⑤ 宥：宽恕。

【译文】

解卦象征艰难得到缓解：往西南去有利；没有外出无须缓解，从外返回，吉祥；前往时，早上出去吉祥。

《彖传》说：解卦的象征是，君子在危险中行动，通过行动脱险，所以卦名叫“解”。解卦说，“利西南”，是因为前往会得众人帮助；“其来复吉”，是因为君子中正；“有攸往夙吉”，是说前往有收获。天地解冻而雷雨大作，雷雨大作而草木抽芽。解卦这种适时解放的道理真是大啊！

《象传》说：雷雨大作，这就是解卦的象征。君子取法解卦，赦免和宽容人们的过失罪恶。

爻辞

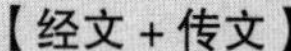

初六　无咎。

《象》曰：刚柔之际，义“无咎”也。

【译文】

初六　（险难初解）无咎害。

《象传》解释道：刚柔相济之时，该是无害的。

【爻意分析】

初六爻是阴爻，是解卦的初始之爻，居于阳位，又与九四阳爻正相应和，柔顺谦恭，安于卑下，静守贞和。《爻辞》中道“无咎”，意为初六爻与九四阴阳互济，刚柔协和，毫无错咎。

【经文+传文】

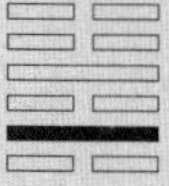

九二　田获三狐①，得黄矢②：贞吉。

《象》曰：九二“贞吉”，得中道也③。

【注释】

①田：打猎。②黄矢：铜箭头。③得中道：本爻九二是阳爻，居下卦中位，是中道的象征。

【译文】

九二　猎得几匹狐狸，捡到铜箭头：坚守正固可得吉祥。

《象传》解释道：九二说，正直是吉祥的——这是因为合乎中道。

【爻意分析】

九二爻身为阳爻而居阴位，处于下卦之中，居身得正。下卦为坎，九二爻正处于坎中，有陷落之象。所幸九二与本卦尊爻六五正向应和，又与九四阳爻交好，与六五阴阳相济，与九四两刚互助，得以脱离坎险，反陷为升。

【经文 + 传文】

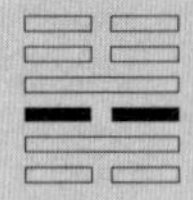

六三　负且乘，致寇至：贞吝。

《象》曰："负且乘"，亦可丑也，自我致戎[①]，又谁咎也？

【注释】

① 戎：指强盗。

【译文】

六三　背着东西去坐车，招致强盗来抢：坚贞守正以防日后艰难。

《象传》解释道：背着东西坐车，这是可笑的，自己招来了寇盗，又能怪谁呢？

【爻意分析】

六三为居于阳位的阴爻，居位不当，有阴柔小人窃居君子之位的嫌疑。《爻辞》中道："负且乘，致寇至：贞吝。"意思是六三爻身份卑微，原本不应当坐在贵人才能乘坐的车辇中，却因为自身负着重物，不愿耗费力气，而混入车中，以至于招来了匪盗，有所损失，带来悔恨。六三此举令人不齿，其咎自招，无可怨尤。

【经文 + 传文】

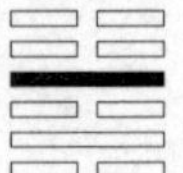

九四　解而拇，朋至斯孚。

《象》曰："解而拇"，未当位也。

【译文】

九四　像解放你的脚一样解脱小人的纠缠，真正的朋友会以诚心与你相应。

《象传》解释道：像解放脚一样解脱小人的纠缠——这说明九四地位尚未妥当。

【爻意分析】

九四爻阳居阴位，居身不正。解卦要义在于解除、解脱，驱逐小人。九四爻身为阳爻，便是解卦中的君子，应当祛除小人，亲近君子。因为小人不离开，君子难近身，君子难与小人共处。《爻辞》中道"解而拇，朋至斯孚"，意为九四爻脚上的拇指被捆绑在一起，应当解开，先解除捆绑，才能正常地与朋友交往。

【经文+传文】

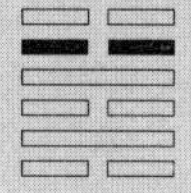

六五　君子维有解[①]：吉；有孚于小人。

《象》曰："君子有解"，"小人"退也。

【注释】

① 维：捆住。有：又。

【译文】

六五　君子被绑后，又解开了：吉祥；并使小人也相信只有改恶从善才有前途。

《象传》解释道：君子解脱了，小人退缩了。

【爻意分析】

六五身为阴爻，与九二阳爻正向应和，居于解卦之尊位，柔顺谦恭，能持守中正之道。但以柔覆刚，其行动难免有所阻滞。六五爻虽有君位却无君威，所以必须借助阳刚臣子的力量统治国家，解除危厄。

【经文+传文】

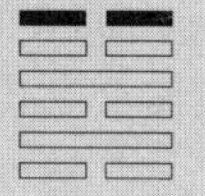

上六　公用射隼于高墉之上[①]，获之：无不利。

《象》曰："公用射隼"，以解悖也。

【注释】

① 隼：一种猛禽。墉：高大的城台。

【译文】

上六　王公在高大的城台上用箭射隼，射中了它：没有不利。

《象传》解释道：王公在高大的城台上用箭射隼——这是说王公的目的是除去悖逆者。

【爻意分析】

上六爻身为阴爻，处于解卦终极之位，有大成之象。上六位于解卦之终极，其解已经到达顶点，必定要有所作为。《爻辞》中所说的"隼"喻指小人六三爻，上六此时已经对这个贪图物欲，一心要居高位的小人厌恶至极。六三爻之恶难以感化，其贪难以消除。这种人留在朝中只能是祸乱的隐患，所以上六爻当机立断，在六三爻趋利上行，飞到自己面前时，出手将其清除。上六的做法乃是消除小人之势，增长君子之势，顺势顺时，所以毫无不利之处。

损　卦

下兑上艮

卦辞

【经文+传文】

损　有孚，元吉，无咎，可贞，利有攸往；曷之用[①]？二簋可用享。

《彖》曰：损，损下益上。其道上行。损而“有孚，元吉，无咎，可贞，利有攸往；曷之用？二簋可用享”，二簋应有时。损刚益柔有时，损益盈虚，与时偕行。

《象》曰：山下有泽[②]，损。君子以惩忿窒欲[③]。

【注释】

①曷：何。②山下有泽：损卦下兑上艮，艮是山，兑是泽，所以说“山下有泽”。泽水会侵蚀山根，愤怒和欲望会败坏人心，所以下文说“君子以惩忿窒欲”。③惩：克制。窒：阻塞。

【译文】

损卦象征减损：心存诚信，大吉，无害，可以坚守正固，前往有利；减损之道怎样体现？两簋食物就可以用来献祭。

《彖传》解释道：损卦的象征是，减损下面的以增益上面的。这种道理是处于下位者自愿奉献于上位。损卦说：“有孚，元吉，无咎，可贞，利有攸往；曷之用？二簋可用享。”这是说君子祭祀时只用两簋食物的方法，要因时而用。减损刚强来补充柔弱要因时而用，减损盈满来补充亏空，这些都是与时机相配合而自然进行的。

《象传》解释道：山下有泽，这就是损卦的象征。君子取法损卦克制愤怒，节制欲望。

爻辞

【经文 + 传文】

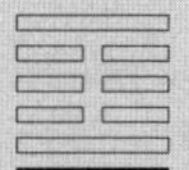

初九　巳事遄往①，无咎，酌损之。

《象》曰："巳事遄往"，尚合志也。

【注释】

① 巳：即"祀"，祭祀。遄：迅速。

【译文】

初九　祭祀的事要赶快举行，无害，可以酌情减损自身的用度。

《象传》解释道："巳事遄往。"这是说君子的意志要和上级合拍。

【爻意分析】

损卦之损为减损自身，是指放弃自己部分利益而使双方获利。初九爻位于损卦之初始，阳爻居于阳位，阳气刚猛，居身得正，与本卦六四爻正向应和，呈上升之志，有自损益上之象。

【经文 + 传文】

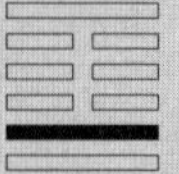

九二　利贞；征凶；弗损，益之。

《象》曰："九二利贞"，中以为志也。

【译文】

九二　坚守正固有利；出征凶险；不用减损自己就可以施益于上方。

《象传》解释道："九二利贞。"这是说君子以坚守中道作为自己的心志。

【爻意分析】

九二爻是下卦的中爻，身为阳爻而居于阴位，与尊爻六五正向应和。九二爻自身阴阳平衡，为持守中正的阳刚者；六五爻身为阴爻而居阳位，与九二异曲同工，也有自给自足之象。故九二爻不必自损益上。

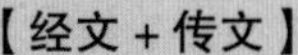

【经文＋传文】

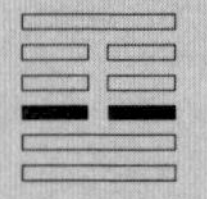

六三　三人行则损一人，一人行则得其友。

《象》曰：“一人行”，“三”则疑也。

【译文】

六三　三人同行，其中一人会受损；一人独行，就会得到友人。

《象传》说：一人独行能交到朋友，三人同行就产生疑惑。

【爻意分析】

六三爻以柔加刚，有失中之象，与邻居六四爻难以相协互助，反为厉害，如同同行之友各持己见，导致情志不合而分开，所以《爻辞》中说六三爻的朋友中会有减损。六三虽是阴爻，但是因为居于阳位而有前行的愿望，与之应和的是终爻上九。六三爻减损自己之阴去增益上九之阳，得到上九的信任，顺利与之结为盟友。

【经文＋传文】

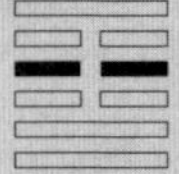

六四　损其疾，使遄有喜[①]：无咎。

《象》曰：“损其疾”，亦可“喜”也。

【注释】

①有喜：指病愈。

【译文】

六四　病势得到减损，疾病很快就会痊愈，有喜悦，无害。

《象传》说：病情减缓——这是可喜的事。

【爻意分析】

六四爻身为阴爻而居于阴位，是重柔之身；但居身得正，与初九阳爻正向应和，有助于守其中正。六四爻阴柔有过，阳刚不足，这便是《爻辞》中所说之疾，所幸其得到正应的初九阳爻救护，与初九阴阳济和，其疾得到损减，将要痊愈，所以可喜。

【经文＋传文】

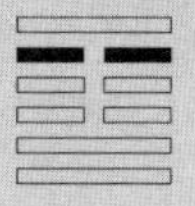

六五　或益之十朋之龟[1]，弗克违：元吉。

《象》曰："六五""元吉"，自上佑也。

【注释】

① 益：赏给。朋：古时货币单位，十贝为一朋。

【译文】

六五　有人赏他价值十朋的大龟，无法推辞：大吉。

《象传》解释道：六五说"元吉"，是因为有上天保佑。

【爻意分析】

六五爻身为阴爻，居于尊位，乃是损卦中阴柔的君主，与九二阳爻正向应和，以柔覆刚，以阴济阳，象征柔顺谦恭的君主有自损之德。

【经文＋传文】

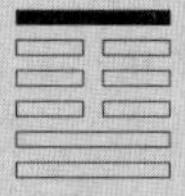

上九　弗损，益之：无咎，贞吉；利有攸往，得臣无家。

《象》曰："弗损，益之"，大得志也。

【译文】

上九　不减损他人，反而去增益他人：无害。守持贞固吉祥。前往有利，将得到大家的拥护。

《象传》解释道："弗损，益之。"是说君子大大得到施益天下之志。

【爻意分析】

上九身为阳爻，居于损卦终极之位。全卦损下而益上，上九居于至高之位，本为得大益者；但终极之地穷则生变，于是上九爻之用与众爻相反，行损上补下之举。

此爻之意可以大禹治水为例，大禹为了治水三过家门而不入，这正是自损到了极点，结果是增益了众人。

益卦 ䷩

下震上巽

卦辞

【经文＋传文】

益　利有攸往，利涉大川。

《彖》曰：益，损上益下，民说无疆[①]。自上下下，其道大光。“利有攸往”，中正有庆[②]；“利涉大川”，木道乃行[③]。益动而巽[④]，日进无疆。天施地生，其益无方[⑤]。凡益之道，与时偕行。

《象》曰：风雷[⑥]，益。君子以见善则迁，有过则改。

【注释】

①无疆：无限。②中正：九五、六二分居上、下卦中位。③木道：益卦的上卦是巽，巽是木，所以说“木道”。④动而巽：益卦下震上巽（巽是谦逊），震是动，所以说“动而巽”。⑤方：种类。⑥风雷：益卦下震上巽，巽是风，震是雷，所以说“风雷”。风象征德教，雷象征刑罚，触犯刑罚和违反德教，是君子的耻辱，所以下文说“君子以见善则迁，有过则改”。

【译文】

益卦前往有利，有利于渡大河。

《彖传》解释道：益卦的象征是，减损于上以补充于下，人民受益则欣喜无限。居于上位的人能自愿处于民众之下，其增益之道就能光大。“利有攸往”，是因为六二与九五能各得其位，居中得正，就能赢得福庆；“利涉大川”，是说木舟的作用得到发挥。益卦增益时上震动，下巽顺，象征顺理而动，天天向前，没有止境。天布德泽，地生万物，天地补益万物不分种类。凡是补益的规则，都要因时而用。

《象传》解释道：风和雷，这就是益卦的象征。君子取法益卦，见到善行就学习，有了过失就改正。

爻辞

【经文+传文】

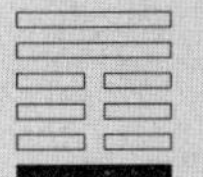

初九　利用为大作，元吉，无咎。

《象》曰："元吉无咎"，下不厚事也[①]。

【注释】

①厚：同"后"，指落后。

【译文】

初九　做大事有利，大吉，没有咎害。

《象传》解释道："元吉，无咎。"是因为初九本也不能胜任大事。

【爻意分析】

初九爻阳居阳位，重刚之身，处于一卦初始，欲动不欲静，有升腾之志，进取之心，且其阳毫无遮蔽，有敢作敢为之象。当有大作为，非常吉祥，没有任何错咎与灾祸。

【经文+传文】

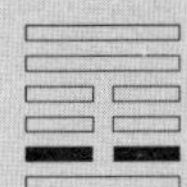

六二　或益之十朋之龟，弗克违；永贞吉；王用享于帝：吉。

《象》曰："或益之"，自外来也。

【译文】

六二　有人赏他价值十朋的大龟，无法辞谢；坚守正固可获吉祥；君主以此宝龟祭祀天帝：吉祥。

《象传》解释道：有人赐予（价值十朋的大龟），这是从外部不招自来的增益。

【爻意分析】

六二爻身为阴爻而居于阴位，且处于下卦之中，居身当位且能持守中正，且与本卦尊爻九五正相应和。

【经文 + 传文】

六三　益之用凶事：无咎；有孚中行，告公用圭[①]。

《象》曰：“益用凶事”，固有之也。

【注释】

① 圭：圭璧。

【译文】

六三　增益很多则施用于救凶平祸的事务，必无咎害：心存诚信，谨慎持中而行，上告公侯要手持玉珪。

《象传》解释道：受益很多则应施用于救凶平祸之事——本就应该这么做。

【爻意分析】

上九爻重刚易折，有损伤之象。六三爻重柔失中，与上九爻之损祸患相对。但此祸并非因六三爻而起，乃是受上九爻连累，所以六三爻虽然灾祸临身，却可保自身没有错咎。六三爻此时当遵循益卦之要义，损上而益下，减损自身以济天下，《爻辞》中的“告公用圭”正是此意。

【经文 + 传文】

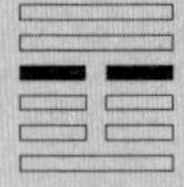

六四　中行告公，从，利用为依迁国[①]。

《象》曰：“告公从”，以益志也。

【注释】

① 国：国都。

【译文】

六四　持中慎行，上告公侯（迁移国都之事），公侯必能同意，依此建议迁移国都是有利的。

《象传》解释道：六四说，中行劝告国君迁都，国君答应了。——这是说六四有益民的志向。

【爻意分析】

六四阴爻居于阴位，重柔之身处在外卦初始，与初九爻正相应和，居身得正，是本卦君爻九五爻的亲近之臣。《爻辞》中道：“中行告公，从，利用为依迁国。”

意思是六四爻柔顺谦恭，奉行中正之道，向君主进谏良言，得到君主的认同，在有依靠的情况下将会迁走国都。

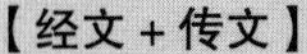

【经文＋传文】

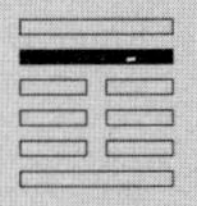

九五　有孚惠心，勿问，元吉；有孚惠我德。

《象》曰：“有孚惠心”，“勿问”之矣。“惠我德”，大得志也。

【译文】

九五　以诚信之心施惠百姓，不必占问，定然大吉；有诚信，百姓就会顺从我的德行。

《象传》解释道：有真诚的施惠天下之心，不必多问，肯定吉祥；民众会感念我的德行——这是说九五损上益下的心志实现了。

【爻意分析】

九五阳爻是益卦的君爻，处于上卦之中，居中守正，与下卦六二阴爻正向应合，刚柔相济，阴阳相协调。九五爻遵循益卦之要义，自损而济下，六二爻顺承其益以为自用。九五爻怀济世之心，百姓感恩戴德，因而诚心拥戴九五爻。九五爻虽然施惠于人却得利于己，自损反为受益，正合益卦之用，十分吉祥。

【经文＋传文】

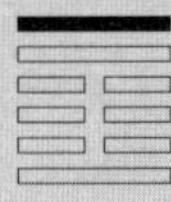

上九　莫益之，或击之，立心勿恒：凶。

《象》曰：“莫益之”，偏辞也[①]；“或击之”，自外来也。

【注释】

① 偏：同“遍”，指普遍。

【译文】

上九　没人增益于他，有人攻击他，因为他用心不恒：凶险。

《象传》解释道：没人帮他，人们普遍拒绝对他施以帮助；有人攻击他，这种攻击来自外部。

【爻意分析】

上九阳爻居于益卦终极之位，居身不正，行事难免失中。且身处极地，前无进路，得不到其他爻的增益。性情暴躁，有攻击他人的可能，且心境浮躁没有持久之心，处境十分凶险。

夬 卦 ䷪

下乾上兑

卦辞

【经文+传文】

夬　扬于王庭[①]**，孚号有厉，告自邑，不利即戎**[②]**；利有攸往。**

《彖》曰：夬，决也。刚决柔也[③]，健而说[④]，决而和。“扬于王庭”，柔乘五刚也[⑤]；“孚号有厉”，其危乃光也；“告自邑不利即戎”，所尚乃穷也；“利有攸往”，刚长乃终也[⑥]。

《象》曰：泽上于天[⑦]，夬。君子以施禄及下，居德则忌[⑦]。

【注释】

①扬：宣布。②即：出动。戎：兵。③刚决柔：夬卦由五枚阳爻和一枚阴爻组成，刚的势力大于柔的势力，所以说“刚决柔”。“刚决柔”象征君子处于上风，小人处于下风。④健而说：夬卦下乾上兑，兑是悦（说），乾是健，所以说“健而说”。⑤柔乘五刚：夬卦上六是阴爻，居高爻位，上六以下之五爻都是阳爻，居低爻位，所以说“柔乘五刚”。⑥刚长：夬卦初九至九五都是阳爻，是刚，居低爻位，有向上增长的势力和空间，所以说“刚长”。⑦泽上于天：夬卦下乾上兑，兑是泽，乾是天，所以说“泽上于天”。泽象征恩泽，天象征朝廷，“泽上于天”象征朝廷的恩泽就要广布，所以下文说“君子以施禄及下，居德则忌”。忌：避免。

【译文】

夬卦象征果决：在王庭上宣布奸人的罪恶，诚恳地号令众人戒备，颁政令于城邑，不利于用武；准备好了前往有利。

《彖传》解释道：夬，指决断。阳刚君子果决绝裁阴柔小人，君子刚健和悦，行事果断，坚定而又温和有度。“扬于王庭”，是说小人凌驾于君子之上；“心怀诚恳地号召众人戒备危险”，是因为只有长存戒备之心方能转危为安；“颁告政令于城邑，不利于武力制裁”，这是说好战是行不通的；“利有攸往”，这是因为阳刚君子势力增长，小人阴柔势力到头。

《象传》解释道：泽在天上，这就是夬卦的象征。君子取法夬卦，把福禄施给百姓，避免以功德自居。

爻辞

【经文 + 传文】

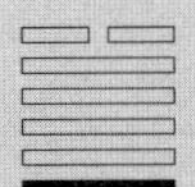

初九　壮于前趾，往不胜，为咎。

《象》曰："不胜"而"往"，"咎"也。

【译文】

初九　仗着前脚趾强壮前往，无法取胜，会惹祸。

《象传》解释道：不能取胜却硬要出征，是有害的。

【爻意分析】

初九爻身为阳爻，居于阳位，重阳之身，且身居下位，急于上升。但是前行时并不能够因此而取胜，不能有得却依旧前往，必定会有错咎之事发生。

【经文 + 传文】

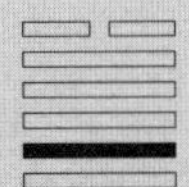

九二　惕号①，莫夜有戎②，勿恤③。

《象》曰："有戎勿恤"，得中道也④。

【注释】

①惕：恐惧。②莫：即"暮"，夜。③恤：忧虑。④得中道：本爻九二是阳爻，居下卦中位。

【译文】

九二　恐惧地号叫，原来是夜里敌兵来袭，但不用忧虑。

《象传》解释道："有戎勿恤。"是因为君子能守居中慎行之道。

【爻意分析】

九二爻是身居阴位的阳爻，处于内卦之中，其刚猛有阴柔调和，不至于失中，因此性情沉稳谨慎了很多。

【经文+传文】

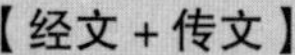

九三　壮于頄①：有凶；君子夬夬独行②，遇雨若濡③，有愠④：无咎。

《象》曰："君子夬夬"，终"无咎"也。

【注释】

①頄（qiú）：面颊。②夬夬：果决。③若：而。濡：沾湿。④愠：不快。

【译文】

九三　面色红润，身体强壮（比喻炫耀勇猛）：有凶险；君子果决独行，撞上下雨，淋湿了，心中不快：无害。

《象传》解释道：君子办事果断（有果决除奸之心）——结果是无害的。

【爻意分析】

九三爻阳居阳位，身在下卦终极，阳气刚猛，性格坚毅，有决断之力。九三爻与初九爻《爻辞》中都带有"壮"字，所不同的是九三爻位置居中，所以壮在面颊；初九爻位低微，所以其壮在脚趾。

【经文+传文】

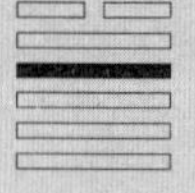

九四　臀无肤①，其行次且②，牵羊悔亡，闻言不信。

《象》曰："其行次且"，位不当也；"闻言不信"，聪不明也。

【注释】

①无肤：没有完整的皮肤。②次且：同"趑趄"，走路困难。

【译文】

九四　臀无完肤，走路困难，据说牵着羊一样的阳刚尊者，就可以消除悔恨，他听了这话不信。

《象传》解释道："行动犹豫不决。"是因为君子地位不妥当。"闻言不信。"是说君子的判断力有问题。

【爻意分析】

《爻辞》中道："臀无肤，其行次且，牵羊悔亡，闻言不信。"意为九四爻臀部受伤未愈，难以坐卧，其行进也因伤而受到耽搁，在路上踯躅迟疑，若能牵着羊行走，心中将毫无悔恨，可惜别人的忠言劝告，却没有听从。

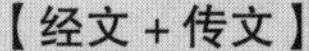

【经文+传文】

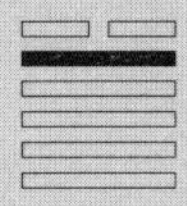

九五　苋陆夬夬[①]，中行：无咎。

《象》曰："中行无咎"，中[②]未光也。

【注释】

① 苋陆：一种草本植物，柔而易折。

【译文】

九五　要像铲除苋陆草那样果决地清除小人以持守正道，无害。

《象传》解释道："合乎中道而没有咎害。"这是说中道尚未光大。

【爻意分析】

九五爻是本卦的尊爻，身为阳爻而居于中位，是位中正仁和，阳刚无失的君主。在夬卦中，只有上六是阴爻，与众位阳刚君子无论为人还是处事都格格不入。九五爻紧邻上六，大有以君主之尊去处置小人之势。《爻辞》中写道："苋陆夬夬，中行：无咎。"九五爻果断地清除了路上的苋陆，持中正而行，没有错咎。

【经文+传文】

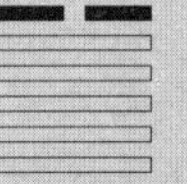

上六　无号，终有凶。

《象》曰："无号之凶"，终不可长也。

【译文】

上六　不要痛哭，凶险终究是难逃的。

《象传》说：上六哭也没用，必定凶险——上六阴柔小人不可能长久。

【爻意分析】

上六爻是全卦唯一的阴爻，居于终极之位，其下有五位阳爻，对其行逼迫之势。《爻辞》中写道："无号，终有凶。"上六居于全卦最高位，却无法对其下五爻发号施令，象征着其面临的局势已经十分不利，最终会有凶险。因其下有五个意在上升的阳爻，此时阳气即将升到极致，而其阴难以抵御如此强大的阳刚之气，必定会随着阳气的升腾而消散。

姤 卦

下巽上乾

卦辞

【经文 + 传文】

姤　女壮，勿用取女。

《彖》曰：姤，遇也，柔遇刚也[①]。“勿用取女”，不可与长也。天地相遇，品物咸章也。刚遇中正[②]，天下大行也。姤之时义大矣哉！

《象》曰：天下有风，姤。后以施命诰四方[③]。

【注释】

① 柔遇刚：姤卦初六是阴爻，上接的五爻都是阳爻，所以说“柔遇刚”。从卦形上就可以看出，姤卦是一柔遇上了五刚。这是不合相遇之正道的，是违礼之乱，因此这样的女子不能娶。② 刚遇中正：九五、九二都是阳爻，分居上、下卦中位，所以说“刚遇中正”。这句话说的是阳刚要遇合中正之柔，好男要娶到忠贞之女。③ 天下有风：姤卦下巽上乾，乾是天，巽是风，所以说“天下有风”。天象征君主，风象征政令，风是空气的流动，而空气是无处不在的，可以与万物相接，这喻示君主要效法风的品格，让政令能与天下万民相接。君主是通过发布政令治国的，所以下文说“后以施命诰四方”。后：君主。诰：同“告”，布告。

【译文】

姤卦　女子过于强壮，不宜娶她。

《彖传》说：姤，指际遇、遇合，阴柔遇合了阳刚。“勿用取女”，这是因为和她相处难以久长。天和地相遇合，然后万物彰显美好；刚健和中正相遇，然后天下大顺。姤卦这种顺时相遇的意义真是重大啊！

《象传》说：天下有风，这就是姤卦的象征。君主取法姤卦，把政令布告四方。

爻辞

【经文＋传文】

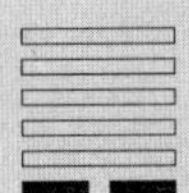

初六　系于金柅[①]：贞吉；有攸往，见凶；羸豕孚蹢躅[②]。

《象》曰："系于金柅"，柔道牵也[③]。

【注释】

①金柅：刹车器。②羸：同"累"，系缚。孚："浮"的通假字，浮躁。蹢躅：徘徊躁动。③柔道牵：本爻初六是阴爻，居九二阳爻下，是受牵制的象征，所以说"柔道牵"。

【译文】

初六　像系在金属刹车器上一样静处（象征初遇合时），守持贞正可获吉祥，若急于前往，将遇凶险；像系住的瘦弱的母猪一样躁动着，这不行。

《象传》解释道："系于金柅。"是说阴柔之道总要受到牵制。

【爻意分析】

"姤"为不期而遇之意，初六爻是姤卦的初始之爻，也是唯一的阴爻，居于阳位，处于全卦最下之位。初六爻地位卑微，且身为阴爻，宜静守而不可乱动。《爻辞》中的"系于金柅"，便是要初六爻停止躁动的意思。初六与九四爻正向应和，此行若是前去与九四相聚，其阴柔得到阳刚的牵引，便会趋吉避凶，若是盲目前行，毫无目的，便会遭遇凶险，得不偿失。

【经文＋传文】

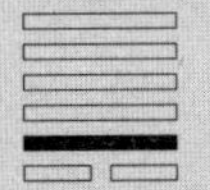

九二　包有鱼：无咎；不利宾。

《象》曰："包有鱼"，义不及"宾"也。

【译文】

九二　厨房里有一条鱼：没有祸害，但不宜用其待客。

《象传》解释道："包有鱼。"——从道义上讲拿鱼待客是不适宜的。

【爻意分析】

九二阳爻居于阴位，持中守正，刚直不阿。九二爻厨中之鱼正是其下的初六爻。

九二爻制约初六爻并无错咎，但是应当注意分寸尺度，起到控制的作用就可以了，不可行为过激，过于苛责，致使初六爻生出逆反之心，脱离其控制。而《爻辞》中的“宾”，指的是与初六爻正向应和的九四爻。九二爻制约初六，必先与之亲和，这样势必引起九四爻的反感，所以说“不利宾”。

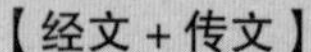

【经文 + 传文】

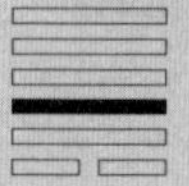

九三　臀无肤，其行次且：厉，无大咎。

《象》曰：“其行次且”，行未牵也。

【译文】

九三　（受刑后）臀无完肤，走路困难：有危险，但终无大害。

《象传》解释道：“其行次且。”是说行动尚未受阴柔的初六爻所牵制。

【爻意分析】

九三爻身为阳爻却并未居中，上下皆阳，虽然与上九爻正应，但是无法与其调和辅助，身在姤卦下卦终极，预示其难以不期而遇到相合之爻。

【经文 + 传文】

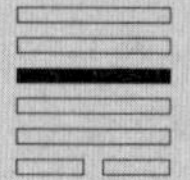

九四　包无鱼，起凶。

《象》曰：“无鱼”之“凶”，远民也。

【译文】

九四　厨房无鱼，会引起凶险。

《象传》说：九四说，厨房无鱼是凶险的——这是因为君子远离了群众。

【爻意分析】

九四爻位于外卦的初始，阳爻居于阴位，且与本卦唯一的阴爻初六正向应和，但因其居身不正，导致此应和难以成功。

【经文 + 传文】

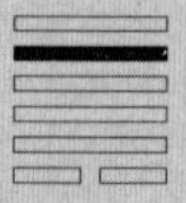

九五　以杞包瓜[①]，含章[②]，有陨自天[③]。

《象》曰：“九五”“含章”，中正也；“有陨自天”，志不舍命也。

【注释】

① 杞：杞柳。包：包裹。② 章：纹彩。③ 陨：坠落。

【译文】

九五 用杞树枝叶蔽护着树下的甜瓜，内含着文彩，这意味着将有佳遇从天而降。

《象传》说：九五中的“含章”，是说君子内含章美之德；“有陨自天”，是说君子意在不违弃天命。

【爻意分析】

九五爻是本卦的尊爻，身为阳爻而居于中位，在姤卦中乘时趁势，有谦和中正的明君之象。九五爻居于全卦的正位，阳气旺盛，虚心，能放下身段与人相处，有崇尚贤德、谦虚恭谨之象，兼之时运处于姤卦之顶点，是个能聚拢贤臣，安定民心的明君。

【经文 + 传文】

上九 姤其角：吝，无咎。

《象》曰：“姤其角”，上穷“吝”也。

【译文】

上九 碰到兽角上：有危险（但没碰伤），终获无害。

《象传》解释道：“姤其角。”是说君子途穷。

【爻意分析】

上九爻是姤卦的终极之爻，身为阳爻居于姤卦最高之位，其用已经穷尽；虽然身为阳爻，但是无所作为。因为上九爻穷极翻转，紧接着，其姤就要演变成为夬。

萃卦 ䷬

下坤上兑

卦辞

【经文＋传文】

萃　亨，王假有庙[①]；利见大人，亨，利贞；用大牲：吉；利有攸往。

《彖》曰：萃，聚也。顺以说[②]，刚中而应[③]，故聚也。“王假有庙”，致孝享也；“利见大人，亨”，聚以正也；“用大牲吉，利有攸往”，顺天命也。观其所聚，而天地万物之情可见矣。

《象》曰：泽上于地，萃。君子以除戎器，戒不虞[④]。

【注释】

①假：至。②顺以说：萃卦下坤上兑，兑是悦（说），坤是顺，所以说“顺以说”。③刚中而应：九五是阳爻，居上卦中位，和居下卦中位的六二阴爻相应。④泽上于地：萃卦下坤上兑，坤是地，兑是泽，所以说“泽上于地”。泽象征百姓，“泽上于地”象征地上百姓暴动，所以下文说“君子以除戎器，戒不虞”。除：修治。戎器：兵器。不虞：不料。

【译文】

萃卦象征聚集：亨通，君主来到宗庙祭祀；见大人有利，亨通，利于守持正固；用大牲口祭祀：吉祥；利于有所前往。

《彖传》说：萃，指会聚。其性柔顺和悦，在上者刚健中正，而又得众人响应，所以能够会聚众人。“王假有庙”——这是王在表达他的孝顺和祭祀之诚心；“利见大人，亨。”是因为大家以正道相聚。“用大牲吉，利有攸往。”是因为君子能顺应天命。探察天地万物会聚的道理，这样就可以知道它们的情状。

《象传》说：泽在地上，这就是萃卦的象征。君子取法萃卦修治兵器，以防不备。

爻辞

【经文 + 传文】

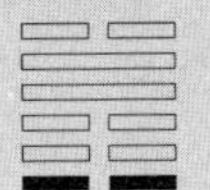

初六　有孚不终，乃乱乃萃；若号，一握为笑；勿恤，往无咎。

《象》曰："乃乱乃萃"，其志乱也。

【译文】

初六　有诚信，但不能贯彻始终，导致行动混乱、不正当聚合。此时若能向正当者求助，必能握手言欢，不用忧虑，前往无害。

《象传》解释道："乃乱乃萃。"是说君子的心志乱了。

【爻意分析】

萃卦的要义是会聚，是讲如何能汇集众人凝聚人心，壮大自身的实力。初六爻为萃卦的初始之爻，身为阴爻，居于阳位，居身不正，处位不当，且一阴在下，受到压制，容易有意乱情迷之举。

【经文 + 传文】

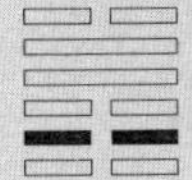

六二　引吉，无咎，孚乃利用禴[①]。

《象》曰："引吉无咎"，中未变也[②]。

【注释】

① 禴：古代一种祭品微薄的祭礼。② 中：本爻六二是阴爻，居下卦中位。

【译文】

六二　受人招引而相聚可得吉祥，无害，只要有诚信，用禴祭都可有利。

《象传》解释道："引吉无咎。"是因为君子恪守中道的心志不改。

【爻意分析】

六二爻身为阴爻而居于内卦中位，与本卦的君主之爻九五正相应和，如同一位阴柔恭顺的臣子被阳刚圣明的君主所指导与牵引，心中得以持守中正，不会偏离正道。且六二与九五正向应和，预示着君臣秉性契合，德行一致。此种亲近并非奸佞之臣靠谄媚得宠。

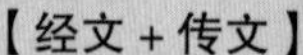

【经文 + 传文】

六三　萃如嗟如[①]：无攸利；往无咎，小吝。

《象》曰："往无咎"，上巽也[②]。

【注释】

① 如：语气助词，无实际意义。② 上巽：本爻六三是阴爻，居九四阳爻下，是谦逊从人的象征，所以说"上巽"。

【译文】

六三　相聚无人，只好叹气：事情无利可得；前往无害，但有小遗憾。

《象传》解释道："往无咎。"这是因为君子能谦逊从于阳刚之正。

【爻意分析】

六三爻是内卦的终极之爻，身为阴爻，居于阳位，居身不当，在本卦中没有与其正向应和之爻。六三爻本想上行向上六爻求和，但是上六爻同样身为阴爻，与六三为敌应，无法与其互相协助聚合，所以六三爻行进之时孑然一身，孤独无依。

【经文 + 传文】

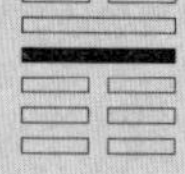

九四　大吉，无咎。

《象》曰："大吉无咎"，位不当也[①]。

【注释】

① 位不当：本爻九四是阳爻，居阴位，是"位不当"。

【译文】

九四　大吉，无害。

《象传》解释道："大吉无咎。"是因为君子居位失当。

【爻意分析】

九四爻处于外卦初始，身为阳爻而居于阴位，居位不当，处在尊爻九五爻之下，是君主的亲近之臣。九四爻与初六爻正向应和，又位于其下，孤立无应的六三攀附，有大得民心之象。

【经文+传文】

九五　萃有位，无咎，匪孚；元永贞[1]：悔亡。

《象》曰："萃有位"，志未光也。

【注释】

①元：大。

【译文】

九五　会聚之时得有正位，是无害的；但其尚未获众人的广泛信任，只要大气地坚持于中正之道，悔恨自会消失。

《象传》解释道："萃有位。"是说君子会聚天下的志向尚未光大。

【爻意分析】

九五爻处于萃卦君位，身为阳爻，能居中守正，象征其是阳气刚猛毫无隐蔽的阳明之主。但是其为人处世无法令臣子与百姓们信服。九五应大气地坚持中正之道，自能免除悔恨。

【经文+传文】

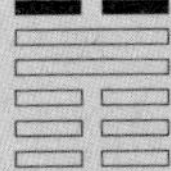

上六　赍咨涕洟[1]：无咎。

《象》曰："赍咨涕洟"，未安上也。

【注释】

①赍咨：叹气。洟：鼻涕。

【译文】

上六　叹气掉泪：无害。

《象传》解释道："赍咨涕洟。"是因为上六未能安居此穷极的上位。

【爻意分析】

上六阴爻居于萃卦的终极之位，前行无路，又毫无应和，自身阴柔无力，时穷运尽，才能低微，德行浅薄。上六深知自己处境尴尬，所以常怀惴惴之心。上六的这种行为与反应，最终令君主对其消除戒备，因而使自身免除了错咎与灾殃。

升 卦 ䷭

下巽上坤

卦辞

【经文 + 传文】

升　元亨，用见大人[①]，勿恤；南征吉。

《彖》曰：柔以时升[②]，巽而顺[③]，刚中而应[④]，是以大“亨”。“用见大人勿恤”，有庆也；“南征吉”，志行也。

《象》曰：地中生木[⑤]，升。君子以顺德，积小以高大。

【注释】

①用：当作“利”。②柔以时升：升卦初六、六四、六五、上六都是阴爻，爻位上升，所以说“柔以时升”。萃卦旋转180度后就成为升卦，升卦是顺应着温柔之道，适应其时而上升的，也就是说要根据具体的天、地、人条件来决定升与不升，所以叫作“以时升”。③巽而顺：升卦下巽上坤，坤是顺，巽是谦逊，所以说“巽而顺”。④刚中而应：九二是阳爻，居下卦中位，和居上卦中位的六五阴爻相应。⑤地中生木：升卦下巽上坤，坤是地，巽是木，所以说“地中生木”。树苗从地里钻出来成长为枝繁叶茂的大树，是一个不断成长的过程。道德的成长就像树木，由小到大，所以下文说“君子以顺德，积小以高大”。荀子云：“积土成山，风雨兴焉；积水成渊，蛟龙生焉；积善成德，而神明自得，圣心备焉。故不积跬步，无以至千里；不积小流，无以成江海。骐骥一跃，不能十步；驽马十驾，功在不舍。锲而舍之，朽木不折；锲而不舍，金石可镂。”

【译文】

升卦象征上升：非常亨通、顺利。见大人有利，不用忧虑；南进征战吉祥。

《彖传》解释道：以柔顺之道与时俱升，谦逊而和顺，刚健中正，而又与上者相应，所以大亨通。“用见大人勿恤”，是说如此上升将有福庆；“南征吉”，是说上升的心志可以畅行。

《象传》解释道：地中生木，这就是升卦的象征。君子取法升卦顺应道德，积累微小以逐渐成就伟大的事业。

爻辞

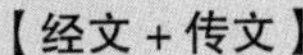
【经文+传文】

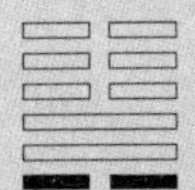

初六　允升①：大吉。

《象》曰：“允升大吉”，上合志也。

【注释】

①允：信允，诚信。又一说犹言“宜”。

【译文】

初六　诚信得到上升：大为吉祥。

《象传》解释道：“允升大吉。”是因为初六上承二阳的意志能及时上升。

【爻意分析】

升卦的要义是上升，进步。初六爻为升卦的初始之爻，恭顺阴柔，虽然在卦中没有可以应和之爻，但因上承两个阳爻——九二爻与九三爻，所以大有升腾之志。

【经文+传文】

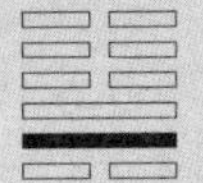

九二　孚乃利用禴，无咎。

《象》曰：“九二”之“孚”，有喜也。

【译文】

九二　心存诚信，用祭品简单禴祭有利，无害。

《象传》解释道：九二心怀诚信，是说喜庆必然到来。

【爻意分析】

九二爻身为阳爻，居于下卦的中位，与本卦的尊爻六五爻正相应和，互相协助，象征着谦恭柔顺的君主得到阳刚中正的贤臣辅佐，君臣意气相投，同心同德。

【经文+传文】

九三　升虚邑①。

《象》曰：“升虚邑”，无所疑也。

【注释】

① 虚：空，指没。

【译文】

九三　上升顺畅如入无人之邑。

《象传》解释道：九三说，上升顺畅如入无人之邑——说明九三果敢而没有疑惑。

【爻意分析】

九三爻处于下卦终极之地，身为阳爻，居于刚位，居身得当，阳气刚猛，所以大有上升之志；且与上六爻正向应和，阴阳互济，又处于当升之时，所以上进心极强，面对前路毫不犹豫往前冲。

【经文 + 传文】

六四　王用亨于岐山[①]：吉，无咎。

《象》曰：王用亨于岐山，顺事也。

【注释】

① 亨：即“享”，祭祀。

【译文】

六四　（获释后的）周文王在岐山举行祭祀大礼：吉祥，无害。

《象传》解释道：“王用亨于岐山。”是顺应事物之情势做事。

【爻意分析】

六四阴爻居于外卦初始，身为阴爻而居于阴位，居身得当；且处于君主六五爻身边，是位恭敬柔顺的近臣，对侍奉君主心甘情愿，毫无不敬之心。

【经文 + 传文】

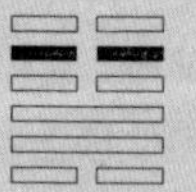

六五　贞吉，升阶。

《象》曰：“贞吉升阶”，大得志也。

【译文】

六五　柔中守正是吉祥的，必能如登上台阶，步步高升。

《象传》解释道：“贞吉升阶。”是说君子大遂上升的心志。

【爻意分析】

六五爻是升卦中的君主之爻，身为阴爻，能居中守正，是一位谦和贤明的君王。六五爻与九二阳爻正向应和，如同得到阳明臣子的辅佐，大得其志。《爻辞》道“贞吉，升阶”，意思是六五爻已经是君王之尊，处于天下最高之处，无法继续上升。所以此处的升阶并非指向六五爻，而是说在六五爻面前有一条高升之路。

【经文 + 传文】

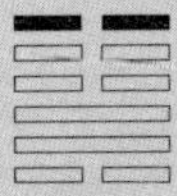

上六　冥升[①]：利于不息之贞。

《象》曰：“冥升”在上[②]，消不富也。

【注释】

① 冥：夜晚。② 在上：本爻上六居上卦上位。

【译文】

上六　夜里登上台阶，利于不停地坚守正固，奋斗不息。

《象传》解释道：上级夜里登上台阶——这是说要改变不富盛的命运。

【爻意分析】

上六爻是升卦的终极之爻，身为阴爻而居于穷极之地，时穷运尽已成定局。但是上六心有不甘，还想盲目上升，不知停止，如同唯利是图的小人，贪求无度，不知止息。大为不利。

困 卦 ䷮

下坎上兑

卦辞

【经文 + 传文】

困 亨，贞大人吉，无咎；有言不信。

《彖》曰：困，刚掩也[①]。险以说[②]，困而不失其所，“亨”，其唯君子乎。“贞大人吉”，以刚中也[③]。“有言不信”，尚口乃穷也。

《象》曰：泽无水困[④]。君子以致命遂志。

【注释】

①刚掩：困卦下坎上兑，兑是阴卦，坎是阳卦，兑在坎上，是柔掩盖刚的象征，所以说“刚掩”。这一卦从总体上看是阴柔的小人掩盖了阳刚的君子，使君子陷入困顿之中。②险以说：困卦下坎上兑，兑是悦（说），坎是险，所以说“险以说”。深处艰险之中而能够心中愉悦，只有胸怀浩然正气的君子才能做到。就像孔子在周游列国的途中遇险、绝粮，而能做到弦歌不绝。③刚中：九五、九二都是阳爻，分居上、下卦中位。④泽无水：困卦下坎上兑，兑是泽，坎是水，泽在水上，是泽面干旱的迹象，所以说“泽无水”。“泽无水”象征理想受困，只有不惜生命硬干才有前途，所以下文说“君子以致命遂志”。

【译文】

困卦象征困穷：努力脱困可获亨通，坚守正道的大人可获吉祥，无祸害；此时节无论说什么话都不会有人信从。

《彖传》解释道：困卦的象征是，阳刚被掩盖而难以伸展。遇险却能和悦应对，困顿却能不失其本色，这种亨通，大概只有君子能得到吧。“贞大人吉”，是因为君子刚健中正；“有言不信”，是说信奉空谈是行不通的。

《象传》解释道：泽中无水，这就是困卦的象征。君子取法困卦，不惜舍命达成理想。

爻辞

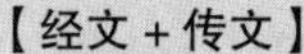

【经文 + 传文】

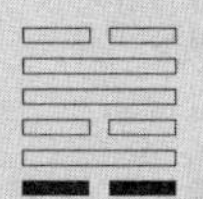

初六　臀困于株木①，入于幽谷，三岁不觌②。

《象》曰："入于幽谷"，幽不明也。

【注释】

①困：受困。②觌：见。

【译文】

初六　臀部被困于树干之中，隐入幽深的山谷，几年不露面。

《象传》解释道："入于幽谷。"是说君子处境黑暗。

【爻意分析】

初六阴爻在下，身为柔爻而居于刚位，居身不正，且地位卑微低下，才能轻薄，有柔弱者陷入困顿中无力自拔之象。

【经文 + 传文】

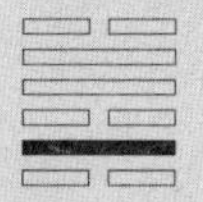

九二　困于酒食，朱绂方来，利用享祀；征凶，无咎。

《象》曰："困于酒食"，中有庆也。

【译文】

九二　为酒食所困，但荣禄正在到来，这对祭祀有利；急于出征有凶险，但终获无害。

《象传》解释道："困于酒食。"这是说秉守中道就会赢得福庆。

【爻意分析】

九二爻是居于下卦中位的阳爻，居中守正，刚猛阳明，本是利于前行上升之爻；但因为身在困卦之中，故前行途中阻碍重重，多有凶险。

九二爻虽然地位低微，但是作为阳爻，居身得正，自身毫无瑕疵，乃是才德兼备的贤臣；且心怀凌云之志，又有安邦定国之才，所以不甘心身在下位，大有上升之意。但其上下皆为阴爻，九二爻夹在其中，阳明受阴郁所遮蔽，下有初六爻牵绊，上有六三爻阻滞，导致其前行之路不畅，九二爻因此抑郁难舒，每日沉浸在酒肉享乐中，日复一日，心神也受困其中，所以说九二爻之困的症结在于内心。

【经文 + 传文】

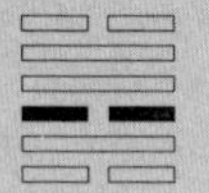

六三　困于石，据于蒺藜[①]，入于其宫，不见其妻：凶。

《象》曰："据于蒺藜"，乘刚也[②]；"入于其宫，不见其妻"，不祥也。

【注释】

①据：按。蒺藜：一种带刺的蔓草。②乘刚：本爻六三是阴爻，居九二阳爻上，是柔凌驾于刚之上，小人凌驾于君子之上的象征。

【译文】

六三　为乱石所困，手按在蒺藜上（受伤），走进自己的屋里，也见不到妻子：有凶险。

《象传》解释道："据于蒺藜。"是说小人凌驾于君子之上。"入于其宫，不见其妻。"——这是不祥的兆头。

【爻意分析】

六三爻处于下卦的终极之位，既没得位，又不居中，身为阴爻却处于刚位，如居危惧之地，其才德单薄却易妄行躁动，且乘凌欺压其下位的九二阳爻，以柔克刚，大为不祥。

【经文 + 传文】

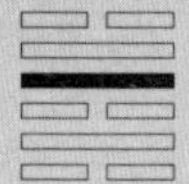

九四　来徐徐，困于金车[①]：吝，有终。

《象》曰："来徐徐"，志在下也；虽不当位[②]，有与也[③]。

【注释】

①金车：贵人所坐的装饰有金属的车子，指贵人。②不当位：本爻九四是阳爻，居阴位，是"不当位"。③与：帮助。

【译文】

九四　缓缓而来，却为金车所困（比喻受到贵人的为难）：有憾惜，但会有好结果。

《象传》解释道："来徐徐。"是说君子甘居下位，虽然地位失当，仍能得人帮助。

【爻意分析】

九四爻处于上卦之初始，身为阳爻而居于柔位，居位不当，失中不正，妄行妄言，必有悔恨之事；但最终结局是好的。

【经文＋传文】

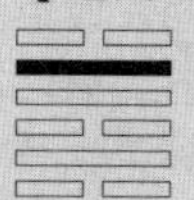

九五　劓刖[①]，困于赤绂[②]，乃徐有说[③]，利用祭祀。

《象》曰："劓刖"，志未得也；"乃徐有说"，以中直也[④]；"利用祭祀"，受福也。

【注释】

① 劓刖：刖，截足之刑。② 赤绂：即"朱绂"，指贵人。③ 说：同"脱"，逃脱。④ 中直：直：正。本爻九五是阳爻，居上卦中位。

【译文】

九五　施用削鼻截足之刑治理众人，以致根基不牢；但逐渐摆脱了困境。

《象传》解释道："劓刖。"是说君子尚未得志。"乃徐有说。"是因为君子中正。"利用祭祀。"是说祭祀使人蒙福。

【爻意分析】

九五爻是困卦中的君爻，身为刚爻而居中正之位，象征九五爻乃是贤德通达、中正仁和的明君。但九五爻阳居阳位，有重刚之嫌。《爻辞》中道："劓刖，困于赤绂，乃徐有说，利用祭祀。"意思是九五爻治理天下时施行割鼻砍足的苛刑，此举大失民心，甚至威胁到了九五的皇权；但其最终得到九二的辅佐而逐渐走出困境，应该祭祀谢神。

【经文＋传文】

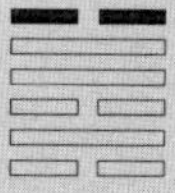

上六　困于葛藟[①]，于臲卼，曰动悔有悔：征吉。

《象》曰："困于葛藟"，未当也；"动悔有悔"，吉行也。

【注释】

① 葛藟：蔓生带刺的植物。

【译文】

上六　为葛藟所困，心神不安。此时若能汲取动辄生悔的教训而有所悔悟，前行必可脱离困境以获吉祥。

《象传》解释道:“困于葛藟。”是因为君子行为不当。“动悔有悔。”——这样吉祥就来了。

【爻意分析】

上六阴爻是困卦的终极之爻,处于穷极翻转之时,虽然前行无路,但是因为在行进的途中受到葛藤的缠困而有所悔悟,明白自己行为有不当之处。因身处是非之中,动荡之地,所以难逃困扰。但上六爻已经意识到困住自己的葛藤柔软脆弱,脱离其困并非难事,所以当机立断,决定以自身的行动解除困缚。

井 卦 ䷯

下巽上坎

卦辞

【经文＋传文】

井 改邑不改井，无丧无得；往来井井[①]，汔至[②]，亦未井繘[③]，羸其瓶[④]：凶。

《彖》曰：巽乎水而上水[⑤]，井。井养而不穷也。“改邑不改井”，乃以刚中也[⑥]；“汔至，亦未繘井”，未有功也；“羸其瓶”，是以凶也。

《象》曰：木上有水[⑦]，井。君子以劳民劝相[⑧]。

【注释】

①井：从井中汲水。后一个“井”是名词，指水井。②汔：干涸。③繘井：挖井。繘：“矞”的通假字，穿。④羸：“傴”的通假字，毁坏。瓶：汲水罐子。⑤巽乎水：井卦下巽上坎，巽是木，坎是水，所以说“巽乎水”。⑥刚中：九五、九二都是阳爻，分居上、下卦中位。⑦木上有水：井卦下巽上坎，巽是木，坎是水，所以说“木上有水”。挖井要靠百姓，所以下文说“君子以劳民劝相”。⑧劝：教导。相：助。

【译文】

井卦象征水井，城邑变了而水井不变，这意味着无失无得；来来往往的人从井中汲水，井要干了，也没有重新挖井，汲水时，汲水瓶磕破了：凶险。

《彖传》说：顺着水的特性蓄水并打上水，这就是井卦的象征。井水养人，水源不断。“改邑不改井”，是因为君子有刚毅持中的美德；“汔至，亦未繘井”，是说明尚未发挥进水养人的功用；“羸其瓶”，是说事情有凶险。

《象传》说：木上有水，这就是井卦的象征。君子取法井卦，教导百姓劳作互助。

爻辞

【经文+传文】

初六　井泥，不食；旧井无禽。

《象》曰："井泥不食"，下也[①]；"旧井无禽"，时舍也。

【注释】

① 下：本爻初六居下卦下位。

【译文】

初六　井积淤泥，无法饮用；破旧的井边没有鸟禽飞来。

《象传》解释道："井泥，不食"，这是说井口太低；"旧井无禽"，这是说那时井就废弃了。

【爻意分析】

初六阴爻是井卦的初始之爻，居于最下之位，地位卑微，有下潜之势。如同一眼因为干涸而遭人废弃的井，此时井底只剩下混浊的泥水，这样的水质无法供人畜饮用，所以人迹罕至，鸟兽无影踪。

【经文+传文】

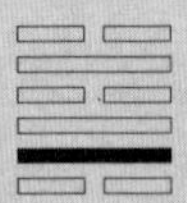

九二　井谷射鲋[①]；瓮敝漏。

《象》曰："井谷射鲋"，无与也。

【注释】

① 井谷：井底。鲋：小鱼。

【译文】

九二　（拿箭）向井底射小鱼（难射中）；水瓮破了，漏水了。

《象传》解释道："井谷射鲋"——这样是得不到帮助的。

【爻意分析】

九二爻身为阳爻，居于阴位，虽然也处于井卦之低位，但是境况比初六爻好了很多。初六爻之井为淤泥塞堵，濒于干涸；但九二爻身为阳爻，所以井中尚能有水。

《爻辞》中道："井谷射鲋；瓮敝漏。"意思是九二之井有水有鱼，有人在井边用箭射鱼，当用瓮汲水时，发现储水的瓮有裂缝，正在漏水。九二爻井内有能游鱼之水，说明其水尚清，且水位不算太低，暂时没有干涸之忧。但井中虽有水，却少有取水人，导致井中的小鱼长成可以用箭射的大鱼。好不容易有人前来取水，所用的器具还是裂漏的，最终导致九二爻的井水还是未能被汲取出来。

井卦之要在于以自己的井水滋养众人，九二爻身为阳爻，才能卓著；然而井内有水，却无机缘养人济物，令人惋惜。

【经文+传文】

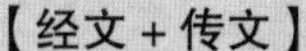

九三　井渫[1]，不食，为我心恻[2]；可用汲，王明，并受其福。

《象》曰："井渫不食"，行"恻"也；求"王明"，"受福"也。

【注释】

①渫：淘，淘去泥污，在这里引申为井。②恻：伤悲。

【译文】

九三　井水清洁，却无人饮用，为此人心伤悲；可以汲水，如果是王道圣明，臣民都会受到他的恩泽。

《象传》解释道："井渫不食"——这是可叹的；祈求君主圣明——这是企盼受福泽。

【爻意分析】

九三爻身为阳爻而居于刚位，居身得正，与本卦之上六阴爻正向应和，阴阳互济，刚柔互助，因而没有重刚失中之嫌。《爻辞》中道："井渫，不食，为我心恻；可用汲，王明，并受其福。"意思是九三井中之水非常洁净，却没有人饮用，九三心中很是难过，所以祈求君王圣明至察，能够汲取井水，使天下百姓都能够享用到井水所带来的利益。

【经文+传文】

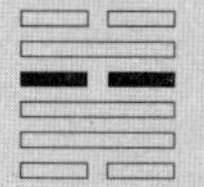

六四　井甃[1]：无咎。

《象》曰："井甃无咎"，修井也。

【注释】

①甃（zhòu）：修砌。

【译文】

六四　井砌好了：无咎害。

《象传》解释道："井甃无咎。"是说应当及时修井。

【爻意分析】

六四爻处于君主九五身侧，是受到君王宠信的近臣，身为阴爻，居于阴位，居身得当，与本卦的初六爻为正应；但是因为同为阴爻而无法相合。六四爻自身柔弱，又没有阳刚之爻济合，加之阴居阴位，有重阴之象，所以宜静守不宜妄动。此爻提醒世人，此时要注重修养自身的品德，提高自身的素质，减少自己言行的过失，改正自己思想的错误；而不要急于去施惠于人，养人育人。因为自身存有很多弊端而去养人常常不能给人带来益处，反而会带来害处。

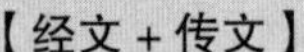

九五　井洌[①]，寒泉食。

《象》曰："寒泉"之"食"，中正也[②]。

【注释】

①洌：水清。②中正：本爻九五是阳爻，居上卦中位。

【译文】

九五　井水清澈，深壤冒出的井水为人们所喜欢饮用。

《象传》解释道："寒泉"是可以饮用的，因为九五有中正之德。

【爻意分析】

九五爻处于井卦的君位，身为阳爻，居中得正，尽善尽美，毫无瑕疵。《爻辞》中道："井洌，寒泉食。"意思是九五爻之井水，洁净得如同寒冷的泉水一般。水以寒洌甘洁为上，九五爻之井水能达到这样的程度，说明其德才兼备，完美无缺，阳刚中正，谦逊仁和，是少有的贤明君主。

【经文+传文】

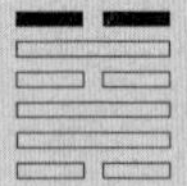

上六　井收[①]，勿幕[②]，有孚：元吉。

《象》曰："元吉"在上[③]，大成也。

【注释】

①收：汲水完成。②幕：盖上井口。③在上：本爻上六居上卦上位。

【译文】

上六　从井里汲完了水，不要盖上井口，以便供人继续饮用，心怀诚信：当得大吉祥。

《象传》解释道：上级大吉祥——这是说水井养人获得了大成功。

【爻意分析】

上六阴爻处于井卦之终极，有井中之水离井之象，实为井卦大用之爻。

上六《爻辞》的要义是不可将井水独占，应当使之方便滋养更多的人，这样此井便会得到众多人的爱护与修缮，井中的水才会源源不绝，来汲水的人才能满载而归。所以井卦至上六爻这里，其道已经大成，如同一位将自身德行修持得很高的智者，用自己的所学造福天下。

革　卦　䷰

下离上兑

卦辞

【经文＋传文】

革　巳日乃孚[①]：元亨，利贞，悔亡。

《彖》曰：革，水火相息[②]，二女同居[③]，其志不相得，曰革。“巳日乃孚”，革而信之。文明以说[④]，大亨以正。革而当，其“悔”乃“亡”。天地革而四时成，汤武革命[⑤]，顺乎天而应乎人。革之时大矣哉！

《象》曰：泽中有火[⑥]，革。君子以治历明时。

【注释】

①巳：即“祀”，祭祀。②水火相息：革卦下离上兑，兑是泽（水），离是火，所以说“水火相息”。息：灭，指相克。③二女同居：离是中女，兑是少女，所以说“二女同居”。④文明以说：离是文明，兑是悦（说），所以说“文明以说”。⑤汤武：商汤和周武王。⑥泽中有火：革卦下离上兑，兑是泽，离是火，所以说“泽中有火”。泽中有火，就会水干木焚，是泽的大变革；把握变革，就要把握变革的时令，所以下文说“君子以治历明时”。

【译文】

革卦象征变革，选择最佳时日进行变革：祭祀之日，改革其丑行恶政，以忠信服事鬼神，才能取信于民，它具有元始、通达、和谐、贞正的德行。悔恨消失。

《彖传》解释道：革卦的象征是，像水与火相互冲突；又像二女同居一室，心思常常各异，这就是革卦。“巳日乃孚”，这是说选择好时机变革将获得天下信从。具有文明美德而又使天下和悦，正直大顺，变革恰当，所以悔恨消失。天地变革而四季形成，汤武革命，顺乎天道又合乎人心。革卦这种因时变革的意义真是大啊！

《象传》解释道：泽中有火，这就是革卦的象征。君子取法革卦修治历法，明确时令。

爻辞

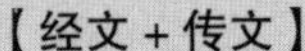

【经文+传文】

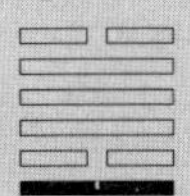

初九 巩用黄牛之革[①]。

《象》曰："巩用黄牛"，不可以有为也。

【注释】

① 巩：捆缚。革：皮革。

【译文】

初九 被坚固的黄牛皮革绑缚住了。

《象传》解释道："巩固黄牛。"是说这时君子不宜行动。

【爻意分析】

初九爻重刚失中，躁然好动，处于革卦之始，本与九四爻正应和。却因同为阳爻而无法应和，时运不当，处位不宜，所以如同被结实的牛皮所捆绑，难以挣脱。革卦要义在于变而非固守，所以初九爻虽身为阳刚，但也是废弃之爻，其最根本的错咎还在于地位卑下，时运未至。

【经文+传文】

六二 巳日乃革之[①]**；征吉，无咎**。

《象》曰："巳日乃革之"，行有嘉也。

【注释】

① 革：变革。

【译文】

六二 选最佳时日可以推行变革；勇于前往、必获吉祥，必无咎害。

《象传》解释道："巳日乃革之。"这是说这时君子办事有利。

【爻意分析】

六二爻处于革之下卦中位，阴居阴位，与本卦君爻九五爻正向应和，六二爻身居得正，处位得当，与君王九五爻阴阳相济，刚柔互应，是革卦大用之爻；且对九五顺承恭敬，甘心效忠，因而深得君王的信任与看重。

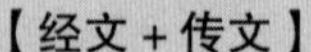

【经文＋传文】

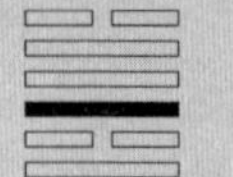

九三　征凶，贞厉；革言三就[①]，有孚。

《象》曰：“革言三就”，又何之矣！

【注释】

① 革言：变革的主张。三就：多次俯就，指多次听取臣下的意见。就：俯就。

【译文】

九三　过急行动有凶险，须守持贞正以防危险；变革的主张要多次研究，广泛听取意见，变革将有曲折，要长久保有诚心。

《象传》解释道：“革言三就。”这是说不走变革之路，又能往哪里去呢？

【爻意分析】

九三爻身为阳爻而居于阳位，得位却不居中，重刚失和，难持中正，有妄行躁动之象。九三应当持守诚信，不可轻举妄动。

【经文＋传文】

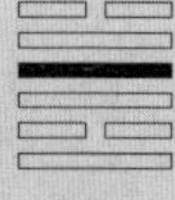

九四　悔亡，有孚改命[①]，吉。

《象》曰：“改命”之“吉”，信志也。

【注释】

① 命：命令。

【译文】

九四　悔恨消失，心怀诚信，革除旧命，定会吉祥。

《象传》解释道：变革政令是吉祥的——要相信九四的变革之志。

【爻意分析】

九四爻是上卦的初始爻，此时对于变革来讲，无论时机还是积累都已经很成熟。九四爻阳明刚健，具备变革之才，且处于君王九五爻的身边，是身负重任的亲近之臣。革新改除旧制，能得到吉祥。

【经文 + 传文】

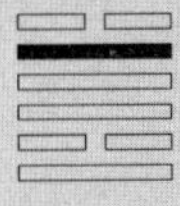

九五　大人虎变[①]，未占有孚。

《象》曰："大人虎变"，其文炳也。

【注释】

① 虎变：像老虎一样勇猛无惧地推行变革。

【译文】

九五　大人像老虎一样勇猛无惧地推行变革，其道如虎纹昭然可见，还没占问前，已令人满怀诚信。

《象传》解释道："大人虎变。"——大人的美德和这种变革的成绩文彩光耀照人。

【爻意分析】

九五爻是革卦的君主之爻，身为阳刚之爻，居于尊位，有中正之德，是谦和仁厚的贤德明君。用虎来比喻九五，是称赞其政绩如同老虎身上的斑纹一般明显。

【经文 + 传文】

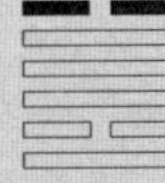

上六　君子豹变[①]，小人革面[②]；征凶，居贞吉。

《象》曰："君子豹变"，其文蔚也[③]；"小人革面"，顺以从君也。

【注释】

① 豹变：像豹子一样勇猛灵活地推行变革。② 革面：变脸色。③ 蔚：大。

【译文】

上六　君子像豹子一样勇猛灵活地推行变革，小人纷纷改变脸色拥护变革，急进将有凶险，守持正固则可吉祥。

《象传》解释道："君子豹变。"——这种变革的成绩将是极大的；最后小人洗心革面，也会顺从君主的改革。

【爻意分析】

上六爻是革卦的终极之爻，身为阴爻而居于上位，预示着本卦的变革已成。

鼎 卦

下巽上离

卦辞

【经文 + 传文】

鼎 元吉，亨。

《彖》曰：鼎，象也，以木巽火[①]，亨饪也[②]。圣人亨以享上帝[③]，而大亨以养圣贤。巽而耳目聪明，柔进而上行[④]，得中而应乎刚[⑤]，是以“元亨”。

《象》曰：木上有火[⑥]，鼎。君子以正位凝命[⑦]。

【注释】

① 以木巽火：鼎卦下巽上离，离是火，巽是木，所以说“以木巽（指入）火”。鼎在古代有两重作用：一方面，它是烹饪器。另一方面，它又是礼器，是权力的象征。这里是从鼎的烹饪功能来解释卦名的。巽又象征谦逊，离又象征聪明，所以下文说“巽而耳目聪明”。② 亨：同“烹”。③ 享：祭祀。④ 柔进而上行：初六、六五都是阴爻，爻位上升，所以说“柔进而上行”。从卦体来看，柔而能应刚，而且有中和之德，这是做事业能够继往开来、广泛团结的好现象。⑤ 得中而应乎刚：六五是阴爻，居上卦中位，和居下卦中位的九二阳爻相应。⑥ 木上有火：鼎卦下巽上离，离是火，巽是木，所以说“木上有火”。木上是火，火上是鼎，木、火、鼎都各在其位，就能煮熟食物；君、臣都各在其位，就能国家安定，所以下文说“君子以正位凝命”。⑦ 凝：成。

【译文】

鼎卦象征制鼎器而明新制：大吉祥而亨通。

《彖传》说：鼎卦是养人的烹饪器具的形象，架起木头升起火烹饪食物。圣人煮食物祭祀上帝，用最丰盛的食物奉养贤人。君主谦逊而耳聪目明，以性情柔顺的美德前进上升，高居中正而又与阳刚贤者相应和，所以大亨通。

《象传》说：木上有火，这就是鼎卦的象征。君子取法鼎卦端正职位，完成使命。

爻辞

【经文＋传文】

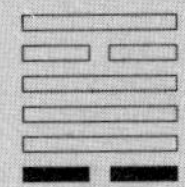

初六　鼎颠趾[①]，利出否[②]；得妾以其子：无咎。

《象》曰："鼎颠趾"，未悖也。"利出否"，以从贵也。

【注释】

① 颠：倒。② 否：指废弃物。

【译文】

初六　鼎足颠倒，对倒空鼎里的废物有利；就像娶妾而生下的儿子，无害。

《象传》解释道："鼎颠趾"，是说君子行事不悖常理；"利出否"——这么做是为了能跟从贵人。

【爻意分析】

初六爻以阴爻之身居于一卦之首，处位不正，因此有鼎器颠倒翻转之象。但是鼎器颠倒却有利于将其中坏滥之物倾倒而出，因此鼎器虽颠倒，却没有咎错。

【经文＋传文】

九二　鼎有实，我仇有疾，不我能即：吉。

《象》曰："鼎有实"，慎所之也。"我仇有疾"，终无尤也。

【译文】

九二　鼎里装满食物；我的仇人有病，不能接近我：吉祥。

《象传》解释道：鼎里食物满了——这是说外出要谨慎；我的仇人生病了——结果我无忧于咎害了。

【爻意分析】

九二爻以其阳刚之质居于下卦中位，阳刚充实，因此有"鼎有实"之象。然而九二爻与初六爻相比邻，对于九二爻来说，初六爻就像是一个阴柔小人，看着九二爻鼎器中满载物品而自身腹内空空，充满了嫉妒。九二爻能以其刚毅中正而使小人不能有机可乘，所以是吉祥之兆。

【经文＋传文】

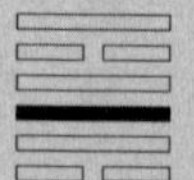

九三　鼎耳革[①]**，其行塞**[②]**，雉膏不食**[③]**，方雨**[④]**，亏悔**[⑤]**，终吉。**

《象》曰："鼎耳革"，失其义也。

【注释】

①革：指脱落。②塞：阻碍。③雉：野鸡。膏：肥肉。④方：正在。⑤亏：损坏，消除。

【译文】

九三　鼎耳有所变，它的移动受阻，鼎里精美的野鸡肉还没来得及吃，等到天降阴阳和合之雨，悔憾可清除，终获吉祥。

《象传》解释道："鼎耳革"，是说君子行事有失道义。

【爻意分析】

九三爻位于下卦之上，在鼎耳的位置，但因其以阳居阳，为重刚之身，有阳刚溢满于鼎耳之处，鼎耳中空处堵塞之象。九三爻本应该上应于上九爻，无奈两爻均为阳爻，重刚不相协调，所以前行之路受阻。鉴于以上两点，鼎中的美味也是没有办法得到的。但是能够降下一场甘霖的话，没有吃到美味的悔恨也会消除，并且最终还能获得吉祥，是因为甘霖能够与九三爻阴阳相合，使悔意尽消。《象传》认为，九三爻的鼎耳之所以会变异，是因为它虽然处位得正，却未能得中，有失中之过。

【经文＋传文】

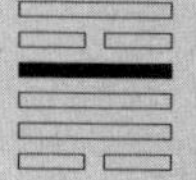

九四　鼎折足，覆公𫗧[①]**，其形渥**[②]**：凶。**

《象》曰："覆公𫗧"，信如何也。

【注释】

①𫗧：美食。②渥：沾湿。

【译文】

九四　由于不堪重负，鼎足折了，打翻了公侯的美味，鼎浑身沾湿：凶险。

《象传》解释道：这人打翻了王公的美食——怎么能信任呢？

【爻意分析】

九四爻居于上体之下，上承于君爻六五爻，下应于阴爻初六爻，既要承于上又要施于下。但是其自身以阳爻之身居于阴位，居位失中不正，如此行事，有不自量力之象，故《爻辞》以鼎器折足喻之。

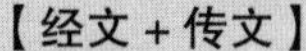

【经文＋传文】

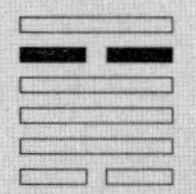

六五　鼎黄耳[①]、金铉[②]：利贞。

《象》曰："鼎黄耳"，中以为实也。

【注释】

① 黄耳：黄色的鼎耳。② 金铉：铜制的抬鼎的器具。

【译文】

六五　鼎配有黄色的鼎耳、铜铉（象征富贵）：利于守持正固。

《象传》说："鼎铜耳"，这是说君子能守中道，从而得阳刚充实之利。

【爻意分析】

六五爻以阴爻之身居于全卦之尊，以柔顺得中居尊位，下能应九二阳爻，向上接上九阳爻，就像是鼎器上装饰着黄金鼎耳，以及坚实的金属制作的鼎杠，象征六五爻作为一国之君，能够采取正确举措，发挥作用以利天下。

【经文＋传文】

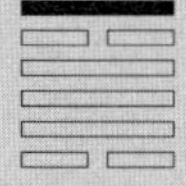

上九　鼎玉铉[①]：大吉，无不利。

《象》曰："玉铉"在上[②]，刚柔节也[③]。

【注释】

① 玉铉：镶玉的铉。② 在上：本爻上九居上卦上位。③ 节：节度。

【译文】

上九　鼎配有镶玉的铉（象征富贵）：大吉祥，没有不利。

《象传》说：玉铉出现在上九——这说明上九与阴柔相互调节。

【爻意分析】

上九爻以阳刚之质居于一卦之极，以阳爻之身居阴位，如同由美玉装饰的铉。上九爻如美玉一般刚实而又温润的品质能够与六五爻应和，刚柔适宜，故是大吉之象。

震卦 ䷲

下震上震

卦辞

【经文＋传文】

震 亨，震来虩虩[①]**，笑言哑哑**[②]**；震惊百里，不丧匕鬯**[③]。

《彖》曰：震，“亨，震来虩虩”，恐致福也；“笑言哑哑”，后有则也[④]；“震惊百里”，惊远与迩也[⑤]。出，可以守宗庙社稷，以为祭主也。

《象》曰：洊雷[⑥]，震。君子以恐惧修省。

【注释】

①震：雷声震动。虩虩（xì）：害怕的样子。②哑哑：拟声词，笑时发出的声音。③丧：洒落。匕：羹匙。鬯：古代的一种香酒。震雷打来时，人们都十分惶恐畏惧，而主持宗庙祭祀的祭主在惊闻百里的震雷声中手中的祭器并没有掉落，这表现了他的镇定自若，这样的人是可以守护宗庙国家的。④则：秩序。⑤迩：近。⑥洊雷：洊：重。震卦下震上震，震是雷，二雷重叠，所以说“洊雷”。雷象征刑罚，二雷重叠，刑罚繁重，所以下文说“君子以恐惧修省”。唐孔颖达在《周易正义》中说：“君子恒自战战兢兢，不敢懈惰；今见天子之怒，畏雷之威，弥自修身，省察己过。”

【译文】

震卦象征震动、亨通，雷声震动，人们起先惶恐畏惧，后来笑语阵阵；雷声震惊百里，祭师却没有抖落羹匙里的一滴酒。

《彖传》解释道：震卦说“亨，震来虩虩”，是说祭师克服惊吓，就能带来福运；“笑言哑哑”，是说惊吓过后，祭祀就恢复秩序了。“震惊百里”，是说远近的人都吓坏了。那种能够做到“不丧匕鬯”的人，出去可以守护宗庙国家，担任祭主。

《象传》解释道：持续地打雷，这就是震卦的象征。君子取法震卦心怀戒惧，修身自省。

爻辞

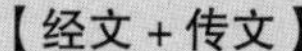

【经文 + 传文】

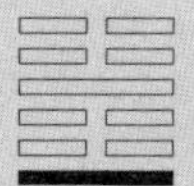

初九　震来虩虩，后笑言哑哑：吉。

《象》曰："震来虩虩"，恐致福也；"笑言哑哑"，"后"有则也。

【译文】

初九　雷声震动，人们起先惶恐畏惧，后来慎行保福笑语阵阵：可获吉祥。

《象传》解释道："震来虩虩"，是说初九知惧而戒慎，就能带来福运；"笑言哑哑"，是说惊吓过后，行为遵循法则不失常态。

【爻意分析】

初九阳爻居于一卦之首，阳刚得正，当震卦之时则为震卦主爻。初九爻在一卦之初，听闻雷声感到恐惧，继而反省自身，注重修养品德，遇事审慎而为之。

【经文 + 传文】

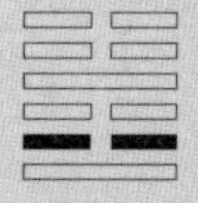

六二　震来，厉，亿丧贝，跻于九陵，勿逐，七日得。

《象》曰："震来厉"，乘刚也。

【译文】

六二　雷声震动，有危险，丢了很多货币，此时登上高陵之上，不用寻找，过七天会失而复得。

《象传》解释道："震来厉"，是因为六二乘凌于阳刚之上。

【爻意分析】

六二爻虽然以阴居阴，处位中正；却因其以柔乘刚，处境十分不利。六二爻若能秉承其柔中之德，危难之中亦能守中持正，并避于高山之上，不迷恋其所失，那么虽有损失也能失而复得。

【经文 + 传文】

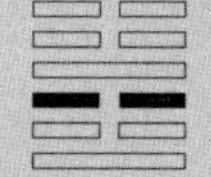

六三　震苏苏[①]**，震行：无眚**[②]。

《象》曰："震苏苏"，位不当也[③]。

【注释】

① 苏苏：轻缓的样子。② 眚：灾祸。③ 位不当：本爻六三是阴爻，居阳位，是“位不当”。

【译文】

六三　雷声轻缓，在这样的雷声中行路，不会遭殃。
《象传》解释道：“震苏苏”，是因为君子地位失当。

【爻意分析】

六三爻以阴居阳位，有失其正，当震之时，内心惶恐不安；但因其没有乘刚之失，因此只要能够怀畏惧之心，谨言慎行，修身自省，就能够避过灾祸。

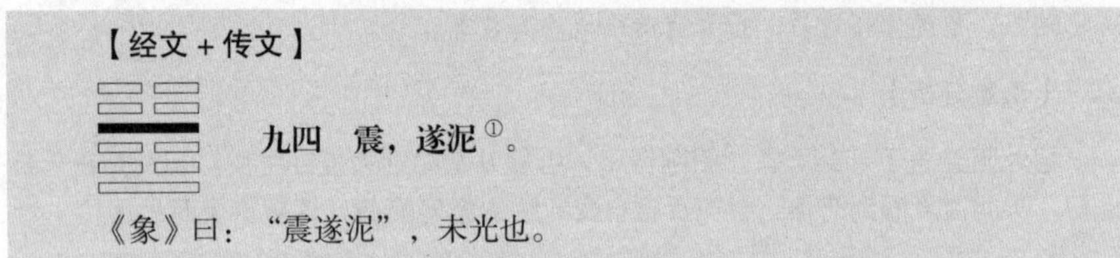
【经文 + 传文】

九四　震，遂泥[①]。

《象》曰：“震遂泥”，未光也。

【注释】

① 遂：同“坠”，掉落。

【译文】

九四　雷声震动，慌不择路，掉进泥泞中。
《象传》解释道：“震遂泥”，是说其阳刚之德还没有光大。

【爻意分析】

九四阳爻居阴位，不但不能持守自身刚正之道，还深陷六二、六三、六五、上六四个阴爻之中，犹如深陷泥中，不可自拔。

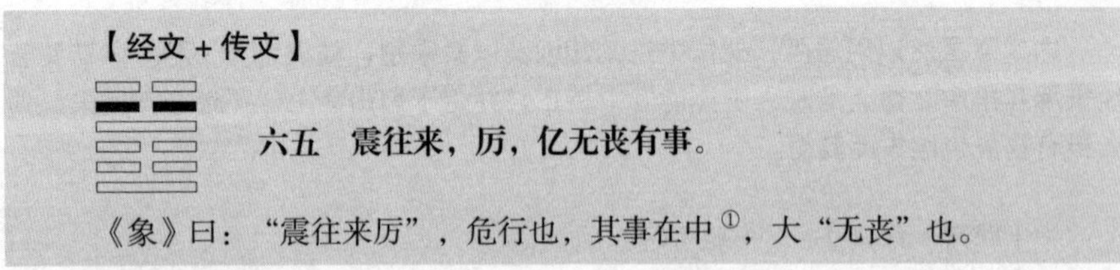
【经文 + 传文】

六五　震往来，厉，亿无丧有事。

《象》曰：“震往来厉”，危行也，其事在中[①]，大“无丧”也。

【注释】

① 在中：本爻六五是阳爻，居上卦中位。

【译文】

六五　雷声震动，上下往来都有危险；但能知危惧而慎守中道，可以万无一失。

《象传》说：“震往来厉”，是说君子的行动遇上危险。但因为能守中道，不会有损失。

【爻意分析】

六五爻以阴爻之身居阳位，又是居于全卦之尊位，向上遇阴为敌，向下乘刚有失，所以往来皆有危险。但是六五爻居上卦中位，有柔顺持中之德，当震卦之时，能够慎守中道，不会贸然上下往来，因而江山社稷不会就此丢失。

【经文＋传文】

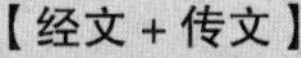

震，索索[①]，视矍矍[②]；征凶；震不于其躬，于其邻：无咎；婚媾有言。

《象》曰：“震索索”，中未得也[③]；虽“凶”“无咎”，畏邻戒也。

【注释】

① 索索：哆嗦的样子。② 视：目光。矍矍：惊恐的样子。③ 中未得：本爻上六居上卦上位，非中位，所以说“中未得”。

【译文】

上六　雷声震动，极端恐惧，畏缩难以行走，目光惊恐不安；此时前行必有凶险；雷电没有打中他的身体，打中了他的邻居：无害；此时谋求婚姻会导致议论。

《象传》解释道：“震，索索，视矍矍”，这是因为君子未能秉守中道；君子有凶险。后来无害，这是因为畏惧邻居的那种灾祸，从而有了戒备。

【爻意分析】

上六阴爻居于全卦之终，是惊恐至极，无所安适之象。

艮 卦 ䷳

下艮上艮

卦辞

【经文 + 传文】

艮 艮其背[①]，不获其身[②]，行其庭，不见其人：无咎。

《彖》曰：艮，止也。时止则止，时行则行，动静不失其时，其道光明。艮其止[③]，止其所也[④]。上下敌应[⑤]，不相与也。是以“不获其身，行其庭，不见其人，无咎”也。

《象》曰：兼山，艮。君子以思不出其位[⑥]。

【注释】

①艮：止。②获：获取，这里是被动用法，“被获取”，即被占据。③止：当作“背”，指担任职务。④所：指职位。⑤上下敌应：艮卦初六和六四、六二和六五、九三和上九之间，都是阴爻相对或阳爻相对，象征同是小民或君子，却互相敌对，所以说“上下敌应”。⑥君子以思不出其位：这句话是根据卦象来说的。兼山：是两山并立，象征着“止”。

【译文】

艮卦象征当止则止：止于背后，不让私欲占据身体而妄行，好似在庭院里自如地行走四顾无人一般。必无咎害。

《彖传》解释道：艮，抑止之意。当止则止，当行则行，行止动静都能适时，就会前途光明。艮卦的抑止，是要止于当止之处。卦中各爻都上下同性相敌对而不应和，所以《卦辞》说：“不随身体本能之欲妄行，在庭院中自如地行走，如同没有人一般，没有咎害啊！”

《象传》说：两山重叠，这就是艮卦的卦象。君子取法艮卦，谋事不超出本分。

爻辞

【经文 + 传文】

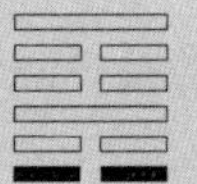

初六　艮其趾：无咎。利永贞。

《象》曰：“艮其趾”，未失正也。

【译文】

初六　抑止在脚趾迈出之前：无害。利于永守正固。

《象传》解释道：“艮其趾”，是说君子没有迷失正道。

【爻意分析】

初六爻以阴居阳位，不利于行。但是当艮卦之时，能够持守不动，像《爻辞》中说的那样，从脚下开始抑止自己的动作，因而没有咎错。

【经文 + 传文】

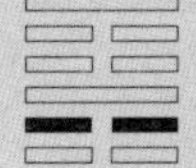

六二　艮其腓，不拯其随，其心不快。

《象》曰：“不拯其随”，未退听也。

【译文】

六二　抑止在小腿迈出之前，没有承上而随行，心里不快。

《象传》解释道：“不拯其随。”这是因为他不能退而听从不同的意见。

【爻意分析】

六二阴爻居于下卦之中，是居中得正的，有阴柔者持守中正，静止不动之象。《象传》说六二爻不能上前去承接它所追随者，是因为它没能退后听从初六的意见，因此心有不悦。

【经文 + 传文】

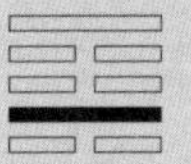

九三　艮其限①，列其夤②：厉，熏心③。

《象》曰：“艮其限”，危“熏心”也。

【注释】

①限：腰。②列：通“裂”，裂开。夤：指脊背肉。③熏心：焦心。熏：烧灼。

【译文】

九三　抑止他的腰，致使连接人体上下的部分脊肉裂开：十分危险，像火一样烧灼心。

《象传》解释道：“艮其限”，是说危险使君子焦心。

【爻意分析】

九三爻在下卦之上，以阳居阳，处位正而不中，在应该有所行动的时候却不能正确地处理行止关系，造成脊肉的断裂；面临危险却不知道避开，所以只能坐视危险的到来。《象传》警示九三爻，这样抑止腰部的运动，危险会像烈火一样。

【经文＋传文】

六四　艮其身：无咎。

《象》曰：“艮其身”，止诸躬也[①]。

【注释】

①诸：之于。

【译文】

六四　抑止身体不妄动：无害。

《象传》解释道：“艮其身”，这是说君子安守本分。

【爻意分析】

六四爻位于六五之下的多惧之地，其下又有九三爻躁动不已，所以处境危险。六四爻以阴居阴，有安静柔顺之德，当遇艮卦之时，能够顺应卦义，安身静心，因而没有咎错。

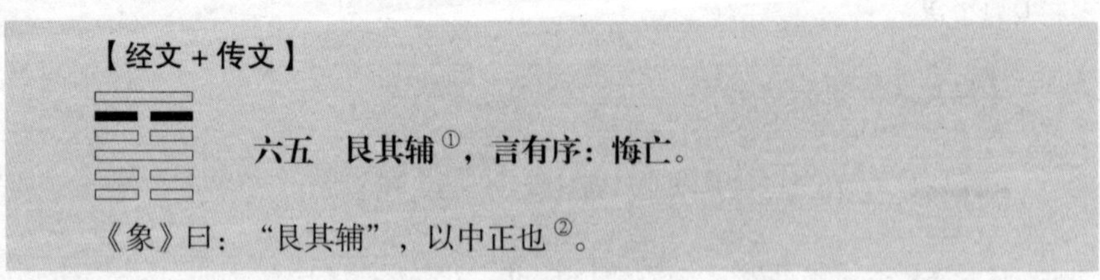

【经文＋传文】

六五　艮其辅[①]，言有序：悔亡。

《象》曰：“艮其辅”，以中正也[②]。

【注释】

① 辅：面颊。② 中正：本爻六五居上卦中位。

【译文】

六五　看眼色行事，说话注意有条不紊，悔恨就可以消失。
《象传》解释道："艮其辅"，是说君子能保守中正。

【爻意分析】

六五爻以柔居阳，有失正之象。但因处上卦中位，能够持守中道，而能够避免因失位造成的错误，不至于有令人悔恨的事情发生。《象传》说六五爻抑止其口而不说妄语，原因正是它处事持中适宜，有柔中之德。此爻警示人们要慎于言，防止祸从口出。

【经文 + 传文】

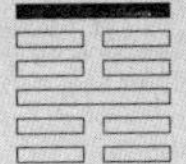

上九　敦艮[①]：吉。

《象》曰："敦艮"之"吉"，以厚终也。

【注释】

① 敦艮：多方注意。敦：多。

【译文】

上九　以诚恳厚道的品德抑止亢进的私欲：吉祥。
《象传》解释道："敦艮"而"吉"，是因为上九能始终保持敦厚。

【爻意分析】

上九爻以阳刚之质居于全卦之极，是抑止到了极点之象，因此虽然上九爻以阳居阴，但是因为他阳刚敦厚，所以能够敦厚笃实地将"止道"贯彻始终，并且能够抑止邪欲，最后达到至善的境界，所以能够获得吉祥。

渐 卦

下艮上巽

卦辞

【经文 + 传文】

渐 女归[①]：吉，利贞。

《彖》曰：渐之进也。“女归吉”也，进得位[②]，往有功也。进以正，可以正邦也。其位，刚得中也[③]，止而巽[④]，动不穷也。

《象》曰：山上有木[⑤]，渐。君子以居贤德善俗[⑥]。

【注释】

①归：嫁。②进得位：渐卦初六、六二、六四都是阴爻，初六居阳位，是不当位；六二和六四居阴位，是当位。从初六到六二、六四，爻位上升，不当位逐渐变为当位，所以说“进得位”。③刚得中：九五是阳爻，居上卦中位。④止而巽：渐卦下艮上巽（巽是谦逊），艮是止，所以说“止而巽”。⑤山上有木：渐卦下艮上巽，巽是木，艮是山，所以说“山上有木”。山象征贤人，木象征道德和习俗，道德习俗都是逐渐成长起来的，所以下文说“君子以居贤德善俗”。⑥居：积累。善：改善。俗：习俗。

【译文】

渐卦象征渐进女子出嫁按礼逐步进行，吉祥，利于坚守正道。

《彖传》说：渐，指渐进。“女归吉”，是说君子会逐渐获得地位，前往有收获。凭着正道进取，可以安邦定国。这样的君子刚健中正，清净谦逊，行事不会途穷。

《象传》说：山上有木，这就是渐卦的象征。君子取法渐卦积累贤德，端正习俗。

爻辞

【经文 + 传文】

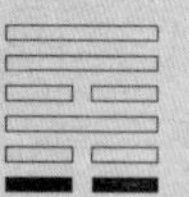

初六 鸿渐于干[①]；小子厉，有言：无咎。

《象》曰：“小子”之“厉”，义“无咎”也。

【注释】

① 鸿：大雁。渐：进入。干：水边。

【译文】

初六 大雁飞进水边；小孩（到水边玩耍）有危险，加以责备，（使他离去）：无害。
《象传》解释道：小孩近水是危险的，大人责备他——这理所当然是无害的。

【爻意分析】

初六爻以阴居阳，位于一卦之始，柔弱在下，上面的六四爻不能与之相应，因此不能够急功近利，求近远行，否则会有危险。

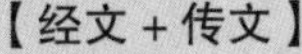

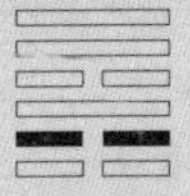

六二 鸿渐于磐，饮食衎衎：吉。

《象》曰："饮食衎衎"，不素饱也。

【译文】

六二 大雁飞到水边石上，快乐地饮水吃鱼：吉祥。
《象传》解释道："饮食衎衎"，是说君子不是吃白饭的。

【爻意分析】

六二爻以阴居阴，处在下卦中位，居位中正，因此以鸿雁为喻，形容六二爻的境况非常安适；六二爻承于九三阳爻之上，处上卦中位的九五爻又能与之相应和，因此能够安然自得地享受美食，故而预示着吉祥。

【经文 + 传文】

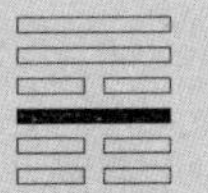

九三 鸿渐于陆；夫征不复，妇孕不育：凶；利御寇。

《象》曰："夫征不复"，离群丑也[①]；"妇孕不育"，失其道也；"利御寇"，顺相保也。

【注释】

① 丑：众。

【译文】

九三 大雁飞进陆地；丈夫出征未回，妻子失贞得孕而不能育，凶险；不过却对防御敌人有利。

《象传》解释道："夫征不复"，是说丈夫离群而去；"妇孕不育"，是因为迷失正道；"利御寇"，是说人们能和顺同心地保卫家园。

【爻意分析】

九三爻以阳居阳，虽然居位得正，但是处位不中，因而有高亢急躁之象，违反了循序渐进的道理，会发生凶险之事。但是九二爻刚强有力，若是能够坚守正道，那么在抵御强敌的时候是非常有用的，可以补救自己过于刚强冒进的过失。

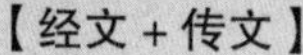

【经文 + 传文】

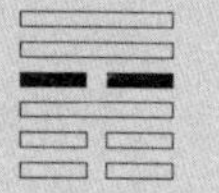

六四　鸿渐于木，或得其桷[①]：无咎。

《象》曰："或得其桷"，顺以巽也。

【注释】

① 桷：像方形椽子一样的树枝。

【译文】

六四　大雁飞到高高的树上，有的停在平稳舒展的树枝上：没有祸害。

《象传》解释道："或得其桷"，是说君子能和顺而谦逊啊！

【爻意分析】

六四阴爻处于阴位，居位柔正，上能承九五尊爻之阳刚，虽然处于多惧之地，只要自身能够渐进不躁，仍能安然无忧。

【经文 + 传文】

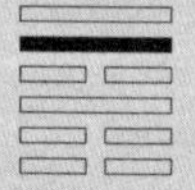

九五　鸿渐于陵，妇三岁不孕，终莫之胜[①]：吉。

《象》曰："终莫之胜吉"，得所愿也。

【注释】

① 胜：替代。

【译文】

九五　大雁飞入丘陵（尽管有阻力尚未遂愿）；就像妇女几年不孕，但最终没人能替代她：吉祥。

《象传》解释道："终莫之胜：吉"，是说阴阳相合的心愿实现了。

【爻意分析】

九五以阳爻之身居阳位，位于上卦之中位，是全卦之主，有君临天下之象。九五爻本应该和六二爻阴阳相合，但是中间隔着九三和六四二爻，就像是夫妻两人中间隔着万水千山。但那时因为九五爻与六二爻都居位得正，乾坤相契，阴阳相合，故这种结合是谁都不能阻挡的。

【经文＋传文】

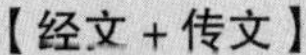

上九　鸿渐于陆[①]，其羽可用为仪[②]：吉。

《象》曰："其羽可用为仪吉"，不可乱也。

【注释】

①陆：朱熹《周易本义》承胡瑗、程颐之说，认为当作"逵"，即云路。②仪：一种用鸟羽编成的舞具。

【译文】

上九　大雁飞回陆地；它的羽毛可用来举行礼仪活动：吉祥。

《象传》说："其羽可用为仪"——这是说其高洁的志向不能躁乱。

【爻意分析】

上九爻以阳刚之质位于全卦之极，物极必反，所以上九爻又返回适合鸿雁栖息的岸边。因此虽然上九爻以阳居阴，居位不正；却因为回到适合自己的地方而没有凶兆。

归妹卦

下兑上震

卦辞

【经文＋传文】

归妹　征凶，无攸利。

《彖》曰：归妹，天地之大义也。天地不交，而万物不兴。归妹，人之终始也[①]。说以动[②]，所归妹也。“征凶”，位不当也[③]；“无攸利”，柔乘刚也[④]。

《象》曰：泽上有雷[⑤]，归妹。君子以永终知敝[⑥]。

【注释】

①终始：偏义复词，偏“始”，指繁衍。②说以动：归妹卦下兑上震，震是动，兑是悦（说），所以说“说而动”。③位不当：九二、九四是阳爻，居阴位；六三、六五是阴爻，居阳位，都是“位不当”。④柔乘刚：六三是阴爻，居初九、九二两阳爻上，六五是阴爻，居九四阳爻上；都是“柔乘刚”。⑤泽上有雷：归妹卦下兑上震，震是雷，兑是泽，所以说“泽上有雷”。泽上雷鸣，春天来了，这是婚娶频繁的日子，君子渴望婚姻的美满，所以下文说“君子以永终知敝”。⑥永终：美满；敝：同“弊”，流弊。

【译文】

归妹卦象征嫁出少女：不可急就强求，急就强求则凶险，无利可得。

《彖传》说：归妹卦讲少女出嫁，体现的是天地之间的大道理。天地阴阳二气不交接，万物就不能生长。归妹卦就是阐释人类繁衍道理的。男女相处和悦，所以婚姻就成了。“征凶”，是因为君子地位失当；“无攸利”，这是因为柔爻凌驾于刚爻之上。

《象传》解释道：泽上有雷，这就是《归妹》卦的象征。君子取法归妹卦，追求婚姻美满，察明婚姻有始无终的流弊。

爻辞

【经文 + 传文】

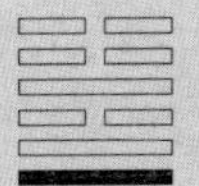

初九 归妹以娣[1]**；跛能履；征吉。**

《象》曰："归妹以娣"，以恒也。"跛能履吉"，相承也[2]。

【注释】

①归：嫁。妹：对少女的称呼。娣：妹妹，先秦时代贵族嫁女，多以女的妹妹陪嫁。
②承：帮助。

【译文】

初九 嫁少女并以少女的妹妹陪嫁；像跛子能够走路；前往吉祥。

《象传》解释道："归妹以娣"——这是按常规办事。"跛能履吉"，是因为能帮助姐姐侍奉夫君。

【爻意分析】

初九爻位于全卦之初，上卦中的九四爻不能与之相应，因此初九爻就像随同姐姐出嫁的妹妹，地位较低，只能成为侧室。但是好在初九爻以阳居阳，居位得正，能够以自己的阳刚之贤辅助姐姐，特别是在遇到不顺利之事的时候，不但能够继续前行，而且还能够获得吉祥。

【经文 + 传文】

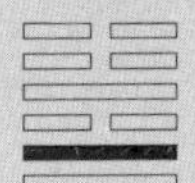

九二 眇能视；利幽人之贞。

《象》曰："利幽人之贞"，未变常也。

【译文】

九二 一只眼坏了勉强能够看见；此时幽静的人坚守正固将有利。

《象传》解释道："利幽人之贞"，是因为其没有改变柔和幽静的一贯志向。

【爻意分析】

九二爻的处境就好像一个人一只眼睛虽然看不见，却因此变得善于观察和掌握时机，因此幽居无争的生活更加适合九二爻。九二爻居于下卦之中，向上有六五爻相应。虽然有阳刚贤德之象，可惜辅佐的君爻并非其良配，因此幽静恬淡的九二爻只有守持正固，才能够获得吉祥。

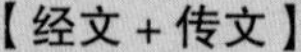

【经文＋传文】

六三　归妹以须[①]，反归，以娣。

《象》曰：“归妹以须”，未当也。

【注释】

①须：同“媭”，姐姐。

【译文】

六三　少女出嫁盼望成为正室，应当反归待时，嫁作侧室。

《象传》解释道：“归妹以须”——这种地位是失当的。

【爻意分析】

六三爻以阴之身爻居于阳位，是居位不正，又处在下卦之极，乘于阳爻之上，所以有向上求进之心；但是向上没有能够与之相应和的阳爻，所以盲目向上求进则必有咎害。

【经文＋传文】

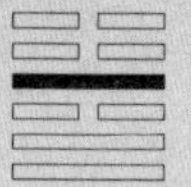

九四　归妹愆期[①]，迟归有时[②]。

《象》曰：“愆期”之志，有待而行也。

【注释】

①愆：误。②时：等待。

【译文】

九四　嫁少女延误婚期，迟嫁是想等待更好的夫家。

《象传》解释道：错过嫁期的目的，是等待更好的机会行事啊！

【爻意分析】

九四爻以刚居阴，其下没有能够与之相应的爻，说明九四爻虽然有刚而贤德之才，但是在适嫁的年龄却没有遇到合适的配偶，因此只能静待时机。

【经文 + 传文】

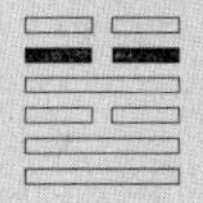

六五　帝乙归妹[1]，其君之袂不如其娣之袂良[2]，月几望[3]：吉。

《象》曰："帝乙归妹"，"不如其娣之袂良"也。其位在中，以贵行也。

【注释】

①帝乙：商纣王的父亲。②君：指正夫人。袂：衣袖，指服饰。③几：接近。望：阴历十五（或阴历十六日、十七日）的圆月，通常指阴历十五。

【译文】

六五　象征帝乙嫁女儿，作为正夫人的服饰没有陪嫁妹妹的漂亮，其内在的美德如临近阴历十五时的月亮近圆满而不盈，吉祥。

《象传》解释道：帝乙嫁女儿，作为正夫人的服饰没有陪嫁妹妹的漂亮；但她品行中正，是以尊贵的身份而行朴素之道啊！

【爻意分析】

六五爻位于上卦之中，处在全卦的正位，虽然以柔居刚，但是向下能够与九二爻相应和，说明六五爻能够持中守正，而且主动纡尊降贵，因此他能得吉祥。

【经文 + 传文】

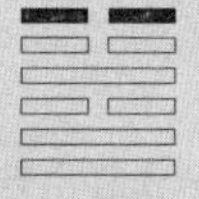

上六　女承筐，无实，士刲羊[1]，无血：无攸利。

《象》曰：上六"无实"，承虚筐也[2]。

【注释】

①刲：刺。②虚：空。

【译文】

上六　女子捧着筐子，筐中没有东西，男子杀羊（是空刺），刺不出血：无利可得。

《象传》解释道：上六说，女子的筐里没东西——她捧的是空筐啊。

【爻意分析】

上六爻位于归妹卦之终，位穷气尽，向下又不能与六三爻相应和，说明上六爻无论再做什么，也都不可能有什么收获。

丰 卦 ䷶

下离上震

卦辞

【经文 + 传文】

丰　亨，王假之[①]，勿忧，宜日中[②]。

《彖》曰：丰，大也。明以动[③]，故丰。"王假之"，尚大也；"勿忧宜日中"，宜照天下也。日中则昃[④]，月盈则食[⑤]，天地盈虚，与时消息[⑥]，而况于人乎，况于鬼神乎？

《象》曰：雷电皆至[⑦]，丰。君子以折狱致刑[⑧]。

【注释】

①假：至。②日中：正午。③明以动：丰卦下离上震，震是动，离是明，所以说"明以动"。④昃：太阳西斜。⑤食：食借为"蚀"，指亏缺。⑥消息：消长。⑦雷电皆至：丰卦下离上震，震是雷，离是电，所以说"雷电皆至"。雷象征刑罚，电象征明察，君子力求刑罚分明，所以下文说"君子以折狱致刑"。⑧折：判决。狱：案件。

【译文】

丰卦象征盛大：亨通，君主会达到盛大亨通之境界，不用忧虑，宜保持如日中天之势。

《彖传》说：丰，象征丰大。道德光明，并能施于行动，所以能够盛大。"王假之"，是说君主崇尚丰大；"勿忧宜日中"，是说君主宜以丰盛之德普照天下。太阳升中就西斜，月亮满了就亏缺，天地的盈缺，都是随着时间消长的，何况人呢，何况鬼神呢？

《象传》解释道：雷电交加，这就是丰卦的象征。君子取法丰卦审明案件，施用刑罚。

爻辞

【经文 + 传文】

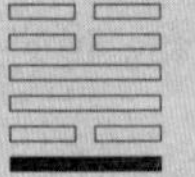

初九　遇其配主[①]，虽旬无处[②]，往有尚[③]。

《象》曰："虽旬无咎"，过旬灾也。

【注释】

①配主：相匹配之主，指九四爻。②虽：当作“唯”，发语词。旬：均。③尚：通“赏”奖赏。

【译文】

初九　遇上与自己相匹配的人，尽管两者均为阳刚，但不会招致咎害，前往会得嘉赏。

《象传》解释道：尽管两者均为阳刚，但不会招致咎害。若是两者不能均衡，就会有灾祸。

【爻意分析】

初九爻以阳居阳，居位得正，故而无咎；但是初九爻向上不能与九四爻相应和。当丰卦之时，初九爻和九四爻之间阳刚相当，有互为明亮、互相光照之象。

【经文+传文】

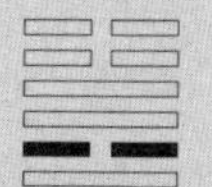

六二　丰其蔀，日中见斗，往得疑疾，有孚发若：吉。

《象》曰：“有孚发若”，信以发志也。

【译文】

六二　增大他的草帘，（遮住太阳，屋中一片黑暗，以至明明是）正午，（黑屋中的他却）看见了北斗星，这意味着前往会有被怀疑的隐患，此时应向人表明自己的诚信：吉祥。

《象传》解释道：“有孚发若”，是说君子能老实地表达真诚的愿望。

【爻意分析】

六二爻以阴居阴，当“丰”之时，象征着阴暗越来越大，最终遮住了光明。六二爻以这样的姿态向上去应和六五爻，一定会遭到六五爻的怀疑。所幸六二爻居中持正，态度谦虚内心诚信，所以能够获得六五爻的信任，从而获得吉祥。

【经文+传文】

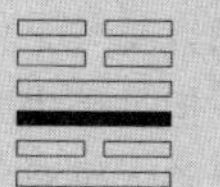

九三　丰其沛[①]，日中见沫[②]，折其右肱[③]：无咎。

《象》曰：“丰其沛”，不可大事也；“折其右肱”，终不可用也。

【注释】

① 沛：布幔。② 沬：通“昧”，小星。③ 肱：手臂。

【译文】

九三 增大他的布幔，（遮住太阳，屋中一片黑暗，以至明明是）正午，（黑屋中的他却）看见了星星，会折断了手臂，（但能治愈）：无害。

《象传》解释道：“丰其沛”，是说这时君子不宜办大事；“折其右肱”——结果右肱就不能用了。

【爻意分析】

九三阳爻向上与上六阴爻相应和，但是因为上六爻居于丰卦之极，是遮天蔽日的黑暗之象；九三爻自己又以阳居阳，有阳刚至明之才，所以九三爻不能有所作为，就像右臂已经被折断了一样。谨慎行事，才能够没有咎错。

【经文＋传文】

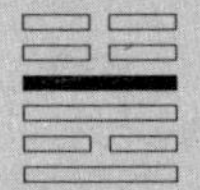

九四 丰其蔀，日中见斗，遇其夷主[①]：吉。

《象》曰：“丰其蔀”，位不当也；“日中见斗”，幽不明也；“遇其夷主”，“吉”行也。

【注释】

① 夷主：与“配主”义同，指与自己德行相匹配的主子。夷，平，与“均”意近，均衡。

【译文】

九四 增大他的草帘，（遮住太阳，屋中一片黑暗，以至明明是）正午，（黑屋中的他却）看见了北斗星，此时遇上与自己德行相匹配的主子：吉祥。

《象传》解释道：“丰其蔀”，是说君子地位失当；“日中见斗”，是说君子处境黑暗；“遇其夷主”——如此相得相合，定获吉祥。

【爻意分析】

九四阳爻居阴位，是光明陷入黑暗之象；但是因为九四爻有初九爻与之相应，因此光明的势力更加强大。虽然九四爻处在尊爻旁边的多惧之地，但是因为六五爻有光明之德，再加上九四爻本身具有刚毅向上的品质，所以同样是陷入黑暗之中，九四爻所面对的形势却也开始向好的方向转化，所以称为吉兆。

【经文＋传文】

六五　来章①，有庆誉：吉。

《象》曰：“六五”之“吉”，有庆也。

【注释】

① 章：指俊美之才。

【译文】

六五　招来天下的俊美之才，必有福庆：吉祥。

《象传》解释道：六五中的“吉”，是说必有福庆。

【爻意分析】

六五爻为全卦的主爻，以阴爻之身居于丰卦的尊位，柔顺居中，象征着阴柔的尊者有光大光明之德，能够感召天下俊美之才，因此会获得吉庆和美誉，是吉祥的象征。

【经文＋传文】

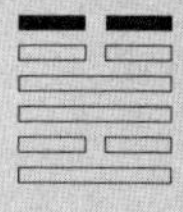

上六　丰其屋，蔀其家①，窥其户，阒其无人②，三岁不觌③：凶。

《象》曰：“丰其屋”，天际翔也；“窥其户，阒其无人”，自藏也。

【注释】

① 蔀：用草帘遮蔽。② 阒：寂静。③ 觌：见。

【译文】

上六　增大他的屋子，用草帘遮蔽他的家，窥探他的窗户，寂静无人，几年不见他了：凶险。

《象传》解释道：“丰其屋”，是说君子高飞逃逸了；“窥其户，阒其无人”，是说君子自己深藏不露。

【爻意分析】

上六爻以阴居阴，虽然居位得正，但因处于全卦之极，极则生变，所以有昏暗不明之象，居于高位却不与人来往，不施德于人，因此有大凶的征兆。

旅 卦

下艮上离

卦辞

【经文＋传文】

旅　小亨，旅贞吉[①]。

《彖》曰：旅“小亨”。柔得中乎外，而顺乎刚[②]，止而丽乎明[③]，是以“小亨，旅贞吉”也。旅之时义大矣哉！

《象》曰：山上有火，旅。君子以明慎用刑而不留狱。

【注释】

①旅：旅人。②柔得中乎外，而顺乎刚：六五是阴爻，居外卦（上卦）中位，是“柔得中乎外”；六五又居上九阳爻下，是“顺乎刚”。③丽：附丽。

【译文】

旅卦象征行旅：小获亨通，旅人坚守正道则吉祥。

《彖传》解释道：旅卦，是能小亨通的。谦柔之人居位中正，顺从阳刚君子，安定守正而依附光明，所以说“小获亨通，旅人守持贞正可获吉祥”。旅卦这种适时前往的道理真是大啊！

《象传》说：山上有火，这就是旅卦的象征。君子取法旅卦，使用刑罚时明察慎重，办案时不拖延案件。

爻辞

【经文＋传文】

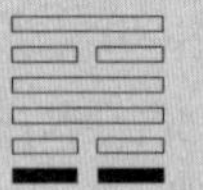

初六　旅琐琐，斯其所取灾。

《象》曰：“旅琐琐”，志穷灾也。

【译文】

初六　旅人行为卑贱猥琐，心中多疑，这是他招致灾祸的原因。
《象传》解释道："旅琐琐"，是说其由于意志穷窘而酿祸。

【爻意分析】

初六爻以柔居于一卦之始，因此有猥琐卑微之象；虽上有所应，也无能为力，只会自招灾祸。

【经文 + 传文】

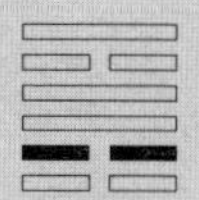

六二　旅即次[①]，怀其资，得童仆：贞[②]。

《象》曰："得童仆贞"，终无尤也。

【注释】

① 即：就。次：驻扎的地方，指旅舍。② 贞：贞后当脱"吉"字。

【译文】

六二　旅人住进旅舍，怀带资财，拥有童仆：守持正固吉祥。
《象传》解释道：旅客凭正道得到童仆的照顾，这结果是不会有什么过错的。

【爻意分析】

六二爻以阴居阴，居位得正，又在下卦之中，因此持守中正，就能够在旅途中顺利前行而化解危险。

【经文 + 传文】

九三　旅焚其次，丧其童仆：贞厉。

《象》曰："旅焚其次"，亦以伤矣。以旅与下[①]，其义丧也。

【注释】

① 下：指童仆。

【译文】

九三　旅人住的旅舍失火，火灾中跑了童仆：应守持正固以防危险。
《象传》解释道："旅焚其次"，是可悲的；旅客和童仆共处，童仆在失火时跑了——跑是理所当然的。

【爻意分析】

九三爻刚重焦躁，暂时安身的客舍被火烧毁；对自己的童仆强硬，而丧失了自己的童仆：一定会有危险。九三爻以阳居阳，本就阳刚躁进，又上临九四阳爻，刚毅过头而失去中正，所以会遭遇祸患。

【经文 + 传文】

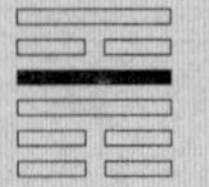

九四　旅于处[①]，得其资斧[②]，我心不快。

《象》曰："旅于处"，未得位也[③]。"得其资斧"，心未快也。

【注释】

① 处：旅舍。② 斧：斧形的铜币。③ 未得位：本爻九四是阳爻，居阴位，是"未得位"（不当位）。

【译文】

九四　旅人住进别的旅舍，寻回了他的钱币，但心里仍有不快。

《象传》解释道："旅于处"，是说旅客地位失当。旅客的钱财失而复得，但他心里还是不快。

【爻意分析】

九四以阳爻之身居于阴位，居位不正，所以不得安居，只能暂栖；虽然能够寻回资财，但仍然不是很高兴。

【经文 + 传文】

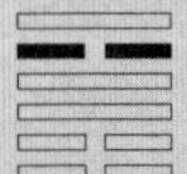

六五　射雉，一矢亡，终以誉命。

《象》曰："终以誉命"，上逮也[①]。

【注释】

① 上逮：本爻六五是阴爻，居上九阳爻下，是追随上级的象征。逮：及，指追随。

【译文】

六五　（旅人）射野鸡，丢了一支箭，（射艺高超的旅人）终获赞誉和爵命。

《象传》解释道：终获赞誉和爵命，是追随上面尊者的结果。

【爻意分析】

六五以阴居阳，居位不正，有所遗憾；以柔顺居于中道，能以其柔中之德获得吉祥。

【经文 + 传文】

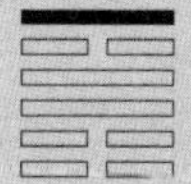

上九　鸟焚其巢，旅人先笑后号咷[①]；丧牛于易[②]：凶。

《象》曰：以旅在上[③]，其义焚也。“丧牛于易”，终莫之闻也[④]。

【注释】

① 号咷：大哭。② 易：即“埸”，边地。③ 在上：本爻上九居处上卦上位。④ 闻：过问。

【译文】

上九　鸟巢失火（比喻旅中过于张扬忘形而旅舍失火），旅人先因得高位而笑，后因遭殃而哭；好像牛在地边走失：有凶险。

《象传》解释道：旅居在外，却居高自傲，所以他的房子被烧是理所当然的；牛在边地走失这件事，终归是无人过问啊！

【爻意分析】

上九爻羁旅路上所遇到的灾祸将没有人知晓。上九爻位于全卦之终，同时以阳爻之身居于阴位，在穷极之时还想以阳刚之力向上拼搏，有所作为，是十分危险的。

巽 卦 ䷸

下巽上巽

卦辞

【经文 + 传文】

巽　小亨①，利有攸往，利见大人。

《彖》曰：重巽以申命②。刚巽乎中正而志行③，柔皆顺乎刚④，是以"小亨，利有攸往，利见大人"。

《象》曰：随风⑤，巽。君子以申命行事。

【注释】

①《巽》小亨：巽卦的卦象之义是风，风能够穿越任何孔隙，吹遍所有角落，一位有智慧的君子也要像风一样，能够与时代紧密同步，顺应社会环境的变化。②重巽：巽卦下巽上巽，二巽重叠，所以说"重巽"。巽是风，风象征政令，"重巽"象征重申政令。③刚巽乎中正：九五是阳爻，居上卦中位，中位是至尊之位，众爻都服从于它，它可以向大家发号施令，申明它的主张，推行它的意志，所以说"刚巽乎中正"。巽：顺应。④柔皆顺乎刚：巽卦处下卦正中，初六是阴爻，居九二、九三阳爻下；上卦中，六四是阴爻，居九五、上九阳爻下：卦象表现了初六和六四两阴爻都顺承阳爻的情景，所以说"柔皆顺乎刚"。⑤随风：巽卦下巽上巽，巽是风，风随着风吹，所以说"随风"。随风象征着君子发布政令，要效法风行天下之象，申明政令利于办事，所以下文说"君子以申命行事"。

【译文】

巽卦象征谦顺：小事亨通，前往有利，见大人有利。

《彖传》解释道：上下都谦顺宜于君主重申政令。君主刚健，具有谦顺而中正之美德，意志得以推行，阴柔者都能顺从于阳刚者，所以说"小亨，利有攸往，利见大人"。

《象传》解释道：风随着风吹，这就是巽卦的象征。君子取法巽卦，办事时申明政令。

爻辞

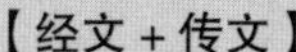

【经文 + 传文】

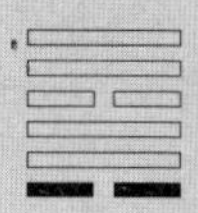

初六　进退，利武人之贞[①]。

《象》曰：“进退”，志疑也；“利武人之贞”，志治也[②]。

【注释】

① 武人：军人。② 治：坚定。

【译文】

初六　谦顺过度而犹豫，进退无所适从，勇武之人守持贞正则有利。

《象传》解释道：“进退”——这是说君子心存疑惑；“利武人之贞”，是说勇武君子心志坚定。

【爻意分析】

初六爻在巽卦之始，以柔在居，上临九二爻阳刚，外应六四爻阴柔。九二爻与六四爻一刚一柔夹攻，造成初六爻谦卑顺从得过分，以至于不知是进还是退。

【经文 + 传文】

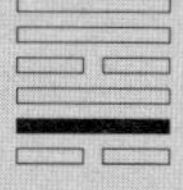

九二　巽在床下，用史巫纷若吉，无咎。

《象》曰：“纷若”之“吉”，得中也。

【译文】

九二　谦顺地伏于床下，如祝史、巫觋一样谦卑地侍奉于上就能大获吉祥，无咎害。

《象传》解释道：能够大获吉祥是因为他能秉守中道。

【爻意分析】

九二爻以阳居阴，有卑顺过头之象；应该持守中道，居于下卦之中位就做到居中守正，才能够没有咎害，大获吉祥。

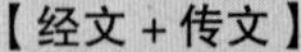

【经文 + 传文】

九三　频巽[①]：吝。

《象》曰：“频巽”之“吝”，志穷也。

【注释】

① 频：通“颦”，皱眉。

【译文】

九三　皱眉不乐地勉强谦顺：必有悔憾。

《象传》解释道：皱眉不乐是勉强表示谦顺——这是说其心志困穷。

【爻意分析】

九三爻以阳居阳，居位得正，本应该有所作为；却为六四阴爻所乘，所以心中郁结难舒，只能忍屈顺从。

【经文 + 传文】

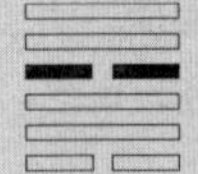

六四　悔亡，田获三品[①]。

《象》曰：“田获三品”，有功也。

【注释】

① 品：种类。

【译文】

六四　悔恨消失，打猎获得多种猎物。

《象传》解释道：“田获三品”，是说君子有收获了。

【爻意分析】

六四爻为外巽之始，和九三爻成既济之势，所以一开始的悔恨会消除。六四爻能以其阴柔之德去顺从九五阳爻的刚毅，那么他的行为一定会有所收获，而且收获会非常丰富。

【经文 + 传文】

九五 贞吉，悔亡，无不利，无初有终；先庚三日[1]，后庚三日：吉。

《象》曰："九五"之"吉"，位正中也[2]。

【注释】

① 庚：庚日。古人把每月分为三旬，每旬十天，依次以甲、乙、丙、丁、戊、己、庚、辛、壬、癸为标记。庚日是每旬的第七天，"先庚三日"即丁日，"后庚三日"即癸日。② 位正中：本爻九五是阳爻，居上卦中位。

【译文】

九五 坚守正固吉祥，悔恨消失，没有不利，事情开局不妙，但会有好结果；在象征变更的庚日前三天发布新令，在庚日后三天实行，必获吉祥。

《象传》解释道：九五说，事情吉祥——这是因为君子能守中正。

【爻意分析】

九五爻位于全卦正位，是巽卦之尊爻。只要能够守中正固，坚持到底，九五爻一定能够获得吉祥。

【经文 + 传文】

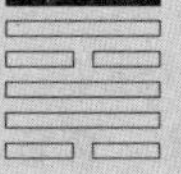

上九 巽在床下，丧其资斧[1]：贞凶。

《象》曰："巽在床下"，上穷也[2]；"丧其资斧"，正乎凶也[3]。

【注释】

① 斧：斧形的铜币。② 上：本爻上九居上卦上位。③ 正：正直。

【译文】

上九 （惊恐地）躲伏床下，丢了资财：坚守正固以防凶险。

《象传》解释道："巽在床下"，是说上级途穷；"丧其资斧"，是说钱丢了，此时应守持贞正以防凶险。

【爻意分析】

上九爻位于巽卦之极，在上卦之穷，过于顺从以至于失去了自己的中道，所以《爻辞》劝勉上九爻要持守中正，以免遭凶害。

兑卦

下兑上兑

卦辞

【经文＋传文】

兑 亨，利贞。

《彖》曰：兑，说也[①]。刚中而柔外[②]，说以“利贞”，是以顺乎天而应乎人[③]。说以先民[④]，民忘其劳；说以犯难[⑤]，民忘其死。说之大，民劝矣哉[⑥]！

《象》曰：丽泽[⑦]，兑。君子以朋友讲习。

【注释】

①说：通“悦”，和悦。②刚中而柔外：九五、九二都是阳爻，分居上、下卦中位，是“刚中”；上六、六三都是阴爻，分居上、下卦外位（上位），是“柔外”。③顺乎天而应乎人：刚中诚信则顺乎天理，柔外和顺则应乎人心，所以《彖传》对《爻辞》加以发挥，指出“刚中而柔外，说以利贞，是以顺乎天而应乎人”。④先：引导。⑤犯难：赴难。⑥劝：奋勉。⑦丽泽：兑卦下兑上兑，兑是泽，两泽相连，所以说“丽泽”。两泽相连，泽水交流融汇，水势就大；人和人交流切磋，人就进步。所以下文说“君子以朋友讲习”。意谓君子效法两泽相附丽、彼此滋润之象，聚集朋友切磋讲习。

【译文】

兑卦象征和悦：亨通，利于守持正固。

《彖传》说：兑，指的是和悦。君子刚健中正于内，柔顺接物于外，把利益百姓、秉守正道当成乐事，所以君子能顺应天道，应合人情。用和悦的政策引导百姓，百姓就会忘掉劳苦；用和悦的政策宣扬赴难，百姓就会舍生忘死。和悦的政策光大了，百姓就都能奋勉不息。

《象传》说：泽连着泽，互相附丽润泽，就是兑卦的象征。君子取法兑卦，和朋友们互相讲习切磋。

爻辞

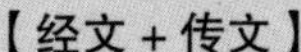
【经文＋传文】

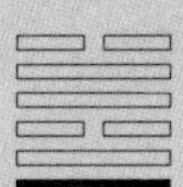

初九　和兑[1]：吉。

《象》曰："和兑"之"吉"，行未疑也。

【注释】

①和：和气。兑："悦"的通假字，和悦。

【译文】

初九　和气待人：吉祥。

《象传》解释道：和悦是吉祥的——这是因为君子行事平和正直，不为人所疑。

【爻意分析】

初九爻以阳刚居下，体禀阳刚，温顺有礼，行为端正，不会遭人猜忌，能够获得吉祥。

【经文＋传文】

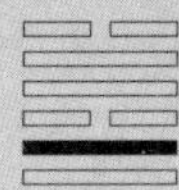

九二　孚兑[1]：吉，悔亡。

《象》曰："孚兑"之"吉"，信志也。

【注释】

①孚：诚信。

【译文】

九二　诚实欣悦待人：吉祥，悔恨消失。

《象传》解释道：诚信和悦是吉祥的——这是因为大家信赖他的心志诚信。

【爻意分析】

九二爻以阳居阴，居位不正，因此行事必会有所悔恨。但是因为其处于下体中位，因此能够守持中正。胸中怀着诚信待人、欣悦对人的想法，就会获得吉祥，令人悔恨遗憾的事情也就不会发生。

【经文＋传文】

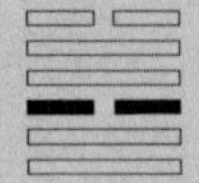

六三　来兑[①]：凶。

《象》曰："来兑"之"凶"，位不当也[②]。

【注释】

①来：指主动。②位不当：本爻六三是阴爻，居阳位，是"位不当"。

【译文】

六三　主动曲意逢迎取悦于人：当招致凶险。

《象传》解释道：主动逢迎取悦于人是凶险的——这是因为他居位失当。

【爻意分析】

六三爻位于下卦之终，本就是阴爻处阳位，居位不当；却继续谋求欣悦，即为凶兆。

【经文＋传文】

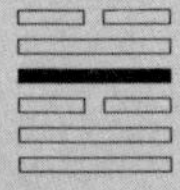

九四　商兑未宁；介疾有喜。

《象》曰："九四"之"喜"，有庆也。

【译文】

九四　商谈尚未定下来的事，心中很不安宁；要是隔断疾患一样的邪恶之人，则有喜事。

《象传》解释道：九四中的"喜"，是说福庆临头。

【爻意分析】

九四能够像隔断疾患一样离开邪恶之人，所以一定也会有喜庆的事情发生。

【经文＋传文】

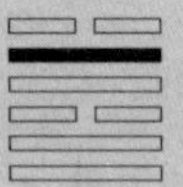

九五　孚于剥[①]：有厉。

《象》曰："孚于剥"，位正当也[②]。

【注释】

①孚：相信。剥：剥夺者。②位正当：本爻九五是阳爻居阳位，是“位正当”。

【译文】

九五　相信消剥阳气的小人：有危险。

《象传》解释道：施诚信于消剥阳刚之气的阴柔小人，真可惜了他所处的正当之位啊。

【爻意分析】

九五阳爻居于阳位，又在上卦的中位，居位中正阳刚；但是九五爻与上六阴爻相临近，易受其引诱而亲信之，因此可能会有危险的事情发生。此爻提示人们切不要受到小人花言巧语的迷惑，如果信任谄媚的小人，那后果不堪设想。

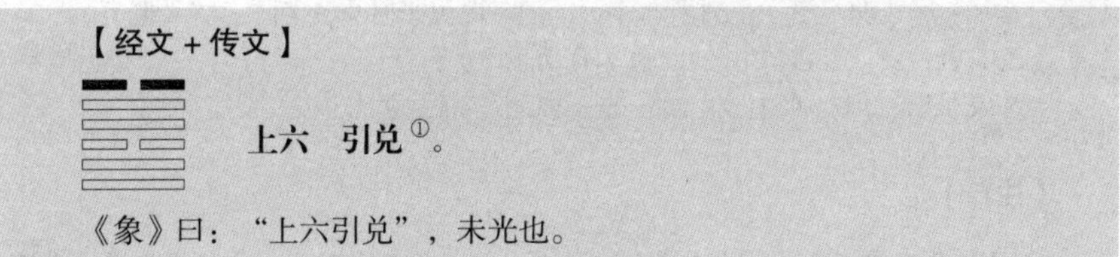

【经文 + 传文】

上六　引兑[1]。

《象》曰：“上六引兑”，未光也。

【注释】

①引：引诱。

【译文】

上六　引诱他人与之相悦：有危险。

《象传》解释道：上六引诱他人与之相悦——这是因为君子的欣悦之道尚未光大。

【爻意分析】

上六爻位于兑卦之极，下面是九四和九五两个阳爻，在当兑卦之时，有阴柔小人牵引着阳刚者共享欢乐之象。

涣 卦

下坎上巽

卦辞

【经文 + 传文】

涣 亨，王假有庙；利涉大川，利贞。

《彖》曰：涣“亨”，刚来而不穷①，柔得位乎外而上同②。“王假有庙”，王乃在中也③；“利涉大川”，乘木有功也④。

《象》曰：风行水上⑤，涣。先王以享于帝，立庙⑥。

【注释】

① 刚来而不穷：涣卦的内卦是坎，外卦是巽。坎又是阳卦，九二是阳爻，是刚，是坎卦中的主爻；外卦巽卦中的九五是阳爻，是刚，居九五尊位。刚在内为主，在外居尊，内外都通畅显贵，所以说“刚来而不穷”。“刚来而不穷”象征君主行使权力毫无阻碍。② 柔得位乎外：六四是阴爻，居阴位，又居外卦（上卦），所以说“柔得位乎外”。“柔得位乎外”象征臣民在朝外安守本分。上同：六四是阴爻，居九五阳爻下，是臣民与君主心志协同的象征。同：协同。③ 在中：九五是阳爻，居上卦中位。④ 乘木：涣卦下坎上巽，坎是水，巽是木，木在水上，是乘船过河的象征，所以说“乘木”。⑤ 风行水上：涣卦下坎上巽，坎是水，巽是风，所以说“风行水上”。水象征百姓，风象征德教，祭祀是重要的德教手段，所以下文说“先王以享于帝，立庙”。⑥ 享：祭祀。

【译文】

涣卦象征涣散：亨通，君主亲临宗庙祭祀以诚聚民心；渡大河有利，守持正道有利。

《彖传》解释道：涣卦是亨通的，是说阳刚者前来处于阴柔之中而不困穷，阴柔者获正位于外而与上面的阳刚同德。“王假有庙”，是君主中正的表现；“利涉大川”，是说乘木船过河会成功。

《象传》解释道：风在水上吹，这就是涣卦的象征。先王取法涣卦祭祀上帝，设立宗庙。

爻辞

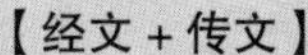

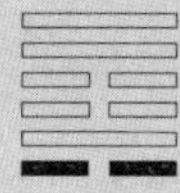

初六　用拯马壮：吉。

《象》曰：“初六”之“吉”，顺也[①]。

【注释】

① 顺：本爻初六是阴爻，居九二阳爻下，是顺从的象征。

【译文】

初六　涣散时有壮马搭救：吉祥。

《象传》解释道：初六爻指出涣散时有壮马搭救是吉祥的——这是因为其能顺承阳刚，马能顺从人意。

【爻意分析】

初六爻居于涣卦之初，以其阴柔之质难以济涣卦向前；但是初六爻能够与九二爻相应和，借助九二爻这匹阳刚壮马之力，平安渡过洪水而不至于离散，是为吉祥之兆。

【经文＋传文】

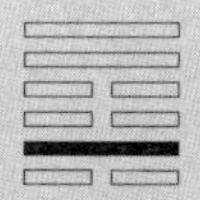

九二　涣奔其机[①]：悔亡。

《象》曰：“涣奔其机”，得愿也。

【注释】

① 涣：大水。机：通“几”，几案。

【译文】

九二　涣散之时，奔向几案，要找到一个安身之所：悔恨消失。

《象传》解释道：“涣奔其机”，是说君子阴阳聚合的愿望实现了。

【爻意分析】

九二爻处于涣散之时，将初六爻看作可以依凭的几案，阴阳相合，涣散的事物得以相聚，而悔恨则得以消除。

【经文 + 传文】

六三　涣其躬[1]：无悔。

《象》曰："涣其躬，志在外也。"

【注释】

① 躬：身。

【译文】

六三　散其私心，（献身于事业）：无悔。

《象传》解释道："涣其躬"，是说君子志在向外发展。

【爻意分析】

六三爻身为阴爻而居阳位，向上能够与上九爻应和，同心协力改变涣散之局面，故能摆脱险境。

【经文 + 传文】

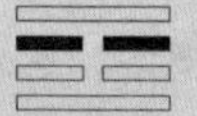

六四　涣其群[1]：元吉；涣有丘[2]，匪夷所思[3]。

《象》曰："涣其群元吉"，光大也。

【注释】

① 群：群众。② 有：于。③ 夷：平常。

【译文】

六四　涣散朋党，大吉；涣散小群，聚成山丘似的大群，这不是一般人能想到的。

《象传》解释道："涣其群元吉"，是因为六四品德光明正大。

【爻意分析】

六四爻可以将一个个小的群落重新聚集，就像是一座座小山丘汇聚成一座高大巍峨的峻岭，这不是平常人的思维所能够想得到的。六四爻以阴居阴，居位得正，内心有柔顺美好的品德。

【经文＋传文】

九五　涣汗其大号，涣王居：无咎。

《象》曰：“王居无咎”，正位也[1]。

【注释】

① 正位：本爻九五是阳爻，居阳位，又是居上卦中位，所以说“正位”。

【译文】

九五　像涣散汗水一样发布号令，广撒王的积财以聚合人心：无害。

《象传》解释道：“王居无咎”，是因为君主地位得当。

【爻意分析】

九五爻尊居君位，阳刚中正，在涣卦之时，能够像发汗一般地发号施令，又能散发积蓄收获民心，因而无过。

【经文＋传文】

上九　涣其血去[1]，逖出[2]：无咎。

《象》曰：“涣其血”，远害也。

【注释】

① 血：通“恤”，忧患。② 逖：通“惕”，警惕。

【译文】

上九　涣散之极的忧患消失，保持警惕：无害。

《象传》解释道：涣散之极的忧患消失——这样就远离危害。

【爻意分析】

上九爻居于涣卦之终，物极必反，这个时候已经不用再担心涣散所带来的灾难。上九以阳爻之身居于上卦最上，距离坎险之地已经很远。上九爻远离了可能会受伤的场所，因此没有咎害。

节 卦 ䷻

下兑上坎

卦辞

【经文 + 传文】

节 亨；苦节不可[①]，贞。

《彖》曰：节“亨”。刚柔分而刚得中[②]。“苦节不可贞”，其道穷也。说以行险[③]，当位以节[④]，中正以通[⑤]。天地节而四时成。节以制度，不伤财，不害民。

《象》曰：泽上有水[⑥]，节。君子以制数度，议德行[⑦]。

【注释】

① 节：节制。② 刚柔分：节卦由三枚阳爻和三枚阴爻组成，数量相等，所以说“刚柔分”。刚得中：九五、九二都是阳爻，分居上、下卦中位。③ 说以行险：节卦下兑上坎，坎是险，兑是悦（说），所以说“说以行险”。④ 当位：六四、上六是阴爻居阴位，九五是阳爻居阳位，都是“当位”。⑤ 中正：九五是阳爻，居上卦中位。⑥ 泽上有水：节卦下兑上坎，坎是水，兑是泽，所以说“泽上有水”。泽上有水，不加节制就会泛滥成灾，社会的道理和这是一样的，所以下文说“君子以制数度，议德行”。⑦ 数度：制度。行：准则。

【译文】

节卦象征节制：亨通，可分节制也是不可以的，应持正适中。

《彖传》说：节制可致亨通。阳刚与阴柔均衡相分，而又刚健中正。过分节制而不能持正适中，君子就将途穷。君子遇险却能和悦应对，地位得当，奉行节制，道德中正，所以亨通。天地节制就形成了四季。订立制度来推行节制，就可以不损民伤财。

《象传》解释道：泽上有水，这就是节卦的象征。君子取法节卦订立制度，议定道德的准则。

爻辞

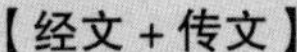
【经文＋传文】

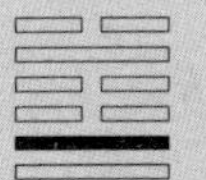

初九　不出户庭，无咎。

《象》曰："不出户庭"，知通塞也。

【译文】

初九　节制自守居家不出户庭：无害。

《象传》解释道："不出户庭"，是因为君子知晓外出行或不行的道理。

【爻意分析】

初九以阳爻之身居阳位，阳刚得正。初九位于节卦之始，向上应和六四爻，却有九二爻阻拦。转而持中自守，不轻举妄动。因此没有咎害。

【经文＋传文】

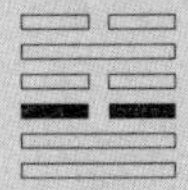

九二　不出门庭，凶。

《象》曰："不出门庭凶"，失时极也。

【译文】

九二　（自拘于节制）不出门庭：凶险。

《象传》解释道："不出门庭凶"，是因为君子大大错过了时机。

【爻意分析】

九二爻为阳爻，居阴位，为节制所拘束。前方六三、六四皆为阴爻，不足以阻碍九二阳爻向上奋进；但九二爻却不知变通，固守不出，因而错失良机而遭遇灾凶。

【经文＋传文】

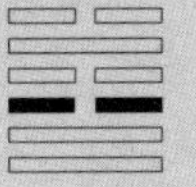

六三　不节若[①]，则嗟若：无咎。

《象》曰："不节"之"嗟"，又谁咎也？

【注释】

①若：语气助词，无实际意义。

【译文】

六三　不守节制，（事情败坏）人将叹息；（但转机将来）无害。

《象传》解释道：由于不知节制而叹息，然而又有谁能怪他呢？

【爻意分析】

六三爻为阴爻，处阳位，不得其正；又身在两个阳爻之上，容易骄奢浪费，不知道节制。但六三爻在下卦的最上位，本身柔顺和悦，能够意识到自己的问题，及时醒悟、反省，所以《象传》也感慨：能为自己的不节制而感伤忏悔，谁又能忍心施加咎害呢？

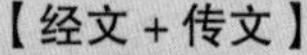

【经文＋传文】

六四　安节：亨。

《象》曰："安节"之"亨"，承上道也[①]。

【注释】

①承上：本爻六四是阴爻，上接九五阳爻，是柔顺从刚、下级遵从上级的象征。

【译文】

六四　安于节制：亨通。

《象传》解释道：安于节制是亨通的——因为这是遵从上位的刚中之道。

【爻意分析】

六四爻为阴爻，居阴位，柔顺得正，又在九五阳爻之下，能够顺承九五尊位，安行节制之道，因而得以获得亨通。

【经文＋传文】

九五　甘节[①]：吉，往有尚[②]。

《象》曰："甘节"之"吉"，居位中也。

【注释】

①甘：甘心。②尚：尊敬，尊尚。

【译文】

九五　甘于节制：吉祥，前往得尊尚。

《象传》解释道：甘于节制是吉祥的——这是秉守中正的表现。

【爻意分析】

此为节卦的第五爻。节制能让人感到甘甜醇美，是为吉祥。前行一定会受到尊尚。行事时能够适当节制，那么结果一定是令人觉得甘甜美好的，是非常吉祥的象征。心中怀着这样恰当的节制，那么继续向前也是能够为人所尊敬，得到赞美的。九五爻处于全卦之尊位，所处是君王之位，又以阳爻之身居阳位，处上卦之中位，阳刚得正。在节卦之中九五爻便有节制之德，能恰如其分地施行节制，使人甘之如饴。《象传》亦云九五爻的“甘节之吉”乃是因为“居位中也”。

仔细分析此爻，我们可以发现，节卦极为贵中，九五居至中之位，而能有自节之德，所以称为甘节。这说明九五身为尊贵的君主，而能知道自奉节俭，治理国家，节以制度，不与民争利，不害民，不扰民，自然可以得到人民的拥护。

【经文＋传文】

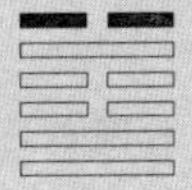

上六　苦节：贞凶，悔亡。

《象》曰：“苦节贞凶”，其道穷也。

【译文】

上六　行事过分节制：利于守持正固以防凶险，（但转机将来），悔恨消失。

《象传》解释道：“苦节贞凶”——这是说君子途穷。

【爻意分析】

上六爻居于节卦之极，因此有节制过分之象。但上六爻乃是以阴居阴，阴柔得正，因此守正就可防止凶险。上六在整个节卦的最上位，穷极则变，于是九五爻的“甘节”变成“苦节”。这一切都是因为上六爻的位置不当而发生的。

中孚卦

下兑上巽

卦辞

【经文 + 传文】

中孚　豚鱼[①]：吉；利涉大川，利贞。

《彖》曰：中孚，柔在内而刚得中[②]，说而巽[③]，孚乃化邦也[④]。“豚鱼吉”，信及豚鱼也；“利涉大川”，乘木舟虚也[⑤]；中孚以“利贞”，乃应乎天也。

《象》曰：泽上有风[⑥]，中孚。君子以议狱缓死。

【注释】

①豚：小猪。②柔在内：中孚卦六三、六四是阴爻，爻位居中，外围都是阳爻，所以说“柔在内”。刚得中：九五、九二都是阳爻，分居上、下卦中位。③说而巽：中孚卦下兑上巽（巽是谦逊），兑是悦（说），所以说“说而巽”。④孚：诚信。⑤乘木舟：中孚卦下兑上巽，巽是木，兑是泽，木在泽水上，是乘木船的形象，所以说“乘木舟”。⑥泽上有风：中孚卦下兑上巽，巽是风，兑是泽，所以说“泽上有风”。泽象征民众，风象征德教，教化民众，宜减缓刑罚，所以下文说“君子以议狱缓死”。

【译文】

中孚卦象征内心要诚信：诚信到能感动小猪和鱼：肯定吉祥；渡大河有利，有利于守持正固。

《彖传》解释道：中孚卦讲的是心中诚信，说的是君子心怀柔顺至诚，刚健中正，和悦谦逊，运用诚信使邦国得到教化。“豚鱼吉”，是说君子的诚信甚至推及豚鱼这类小动物；“利涉大川”，是因为有木船渡河将畅行无阻；心诚对秉守正道是有利的，这是合乎天道的啊！

《象传》解释道：泽上有风，这就是中孚卦的象征。君子取法中孚卦议定案件，宽缓死刑。

爻辞

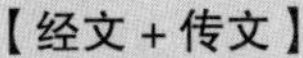

【经文 + 传文】

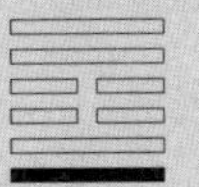

初九　虞[①]：吉；有它，不燕[②]。

《象》曰：“初九虞吉”，志未变也。

【注释】

①虞：安定。②燕：通“宴”，安定。

【译文】

初九　心中安守诚信：吉祥；别有他求，则心中不安。

《象传》解释道：初九爻认为，君子心中安定是吉祥的——这是因为君子诚信的心志不改变。

【爻意分析】

初九爻以阳爻之身居阳位，居位得正。处于中孚卦之初，意为安守诚信，就可以获得吉祥。

【经文 + 传文】

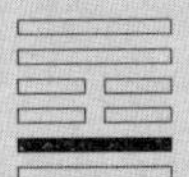

九二　鸣鹤在阴，其子和之；我有好爵，吾与尔靡之。

《象》曰：“其子和之”，中心愿也。

【译文】

九二　鹤在树荫鸣叫，它的同类来应和；两者诚信相合，就像我有美酒，与你共饮。

《象传》解释道：白鹤的同类声声应和——这是其心里乐意的啊。

【爻意分析】

九二阳爻处于阴位，阳刚居中，有诚信笃厚之质，以其内心美好的德行与九五阳爻相应和，君臣相同。九二爻也凭借其内在的良好德行得到初九阳爻的附和。

【经文 + 传文】

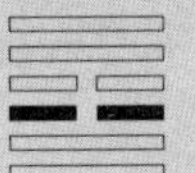

六三　得敌，或鼓或罢，或泣或歌。

《象》曰：“或鼓或罢”，位不当也[①]。

【注释】

① 位不当：本爻六三是阴爻，居阳位，是“位不当”。

【译文】

六三　用心不诚，而自树敌手，有时击鼓进攻，有时停止攻击，有时畏敌而自生悲泣，有时轻敌而发出欢歌。

《象传》解释道：“或鼓或罢”——这是因为它地位失当。

【爻意分析】

六三爻以阴爻之身居阳位，是居位不当，阴柔失正，内心失去了诚信，所以事情发生变故时，不能做到处变不惊。

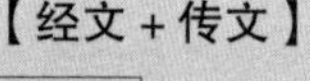

【经文+传文】

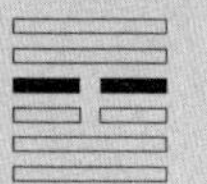

六四　月几望[①]，马匹亡：无咎。

《象》曰：“马匹亡”，绝类上也。

【注释】

① 几：接近。望：通常指阴历十五。

【译文】

六四　此爻象征其地位甚佳如接近阴历十五时的月亮，但由于心不诚不专，而致使马匹丢失（但终能找回）：若能专诚，则无害。

《象传》解释道：马丢了——要断绝分心之处而专心承从于上位。

【爻意分析】

六四爻身为阴爻处阴位，又处在中孚之时，因此柔顺居正，本应该与初九爻应和。却“马匹失”而以其阴柔之质应和九五爻，阴阳相依相和，因而无咎。

【经文+传文】

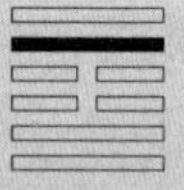

九五　有孚挛如[①]：无咎。

《象》曰：“有孚挛如”，位正当也[②]。

【注释】

① 孚：诚信。如：语气助词，无实际意义。② 位正当：本爻九五是阳爻，居阳位，

是“位正当”。

【译文】

九五　诚信一以贯之：无祸害。
《象传》解释道：“有孚挛如”——这是因为九五地位得当。

【爻意分析】

九五阳爻居阳位，又在上卦中位，刚直守中。当中孚之时，九五尊爻具备诚实守信的美德，是中孚卦中能够始终如一坚守诚信之心的一爻。

【经文 + 传文】

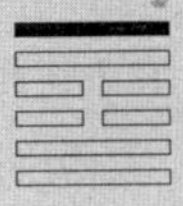

上九　翰音登于天[①]：贞凶。

《象》曰：“翰音登于天”，何可长也？

【注释】

① 翰音：鸡的别名。

【译文】

上九　鸡鸣声上达于天（虚有声名）：当守持正固以防凶险。
《象传》解释道：“翰音登于天”——这种虚诚的状况怎能长久呢？

【爻意分析】

上九爻为阳爻，处阴位，居位不正，还处在中孚之极，是诚信衰而虚伪起，因此上九飞升，想要鸣而求信，是不能长久的。

小过卦

下艮上震

卦辞

【经文 + 传文】

小过　亨，利贞；可小事，不可大事；飞鸟遗之音[①]，不宜上，宜下：大吉。

《彖》曰：小过，小者过而亨也。过以“利贞”，与时行也。柔得中[②]，是以“小事吉”也。刚失位而不中[③]，是以“不可大事”也。有飞鸟之象焉[④]，“飞鸟遗之音，不宜上，宜下，大吉”，上逆而下顺也。

《象》曰：山上有雷[⑤]，小过。君子以行过乎恭，丧过乎哀，用过乎俭。

【注释】

① 遗：留下。② 柔得中：六五、六二都是阴爻，分居上、下卦中位。③ 刚失位而不中：九四是阳爻，居阴位，是“刚失位”；九四、九三爻都未居上、下卦中位，是“（刚）不中”。④ 有飞鸟之象：小过卦下艮上震，震是鹄，艮是山，卦象如有鹄飞过山上，所以说“有飞鸟之象”。⑤ 山上有雷：小过卦下艮上震，震是雷，艮是山，所以说“山上有雷”。山象征贤人，雷象征刑罚，“山上有雷”象征贤人受刑，可见刑罚严峻，宜格外谨慎。

【译文】

小过卦象征小有过度：亨通，有利于守持正固；可做小事，不可做大事；飞鸟欲留声，不宜向上飞太高，宜向下飞低（谦逊务实）：如此可获大吉祥。

《彖传》解释道：小过卦是说小有过度，还是能亨通的。小有点过度，对秉守正道是有利的，是说君子能与时俱进。阴柔居于中正，所以说“小事吉”；阳刚地位失当，不守中正，所以说“不可大事”。小过卦有飞鸟的形象，“飞鸟遗之音，不宜上，宜下：大吉。”是说君子过于向上发展将受阻，而向下发展则顺利。

《象传》解释道：山上有雷，这就是小过卦的象征。君子取法小过卦，办事时格外恭谦，奔丧时格外哀痛，消费时格外节俭。

爻辞

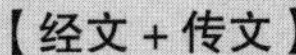

【经文 + 传文】

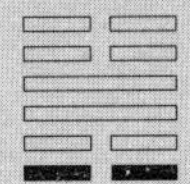

初六　飞鸟以凶。

《象》曰："飞鸟以凶"，不可如何也？

【译文】

初六　飞鸟飞过：（所过太甚）有凶险。

《象传》解释道：飞鸟飞过，有凶险——这是其自己做得太过，有什么办法呢？

【爻意分析】

初六爻为阴爻，处于小过卦之始，阴柔而位卑，本应该向下；但为了迎合九四爻，而逆势向上。根据《象传》之解，小过卦的要义是"上逆而下顺也"，初六爻不能安居其位，或者顺势向下，而奋力向上与九四爻相应和，就会遇到凶险。

【经文 + 传文】

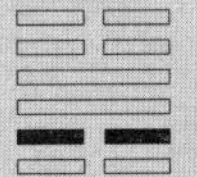

六二　过其祖①，遇其妣②；不及其君③，遇其臣：无咎。

《象》曰："不及其君"，臣不可过也。

【注释】

① 过：超过。祖：祖父。② 妣：已故的母亲。③ 不及：不足，不如，赶不上。

【译文】

六二　超过他的祖父，得遇他已故的母亲；赶不上他的君主，却遇见了臣子：无咎害。

《象传》解释道："不及其君"，是说臣子不能僭越君主。

【爻意分析】

六二爻为阴爻，居于阴位，是得其正位的。又因其处于下卦的中位，所处是阴之正位，若能够安守其道，拥有美好的内德，则于上能够恭敬君主，于下可以使君臣和谐。

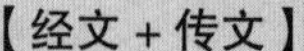

【经文＋传文】

九三　弗过[①]，防之，从或戕之[②]：凶。

《象》曰："从或戕之"，凶如何也？

【注释】

①从：通"纵"，纵容。②戕：伤害。

【译文】

九三　没犯错时就要进行防范，纵容他有时会害他，有凶险。

《象传》解释道：纵容他有时会害了他——这种凶险怎么避免呢？

【爻意分析】

九三爻以阳居阳位，以刚居正，又上接九四阳爻，过于阳刚，因而是小过卦中众阴爻所欲伤害的对象。因此，即便自身没有错误，也应该多加防范，只是因为自身刚正有力而疏于周防，就会受到伤害。

【经文＋传文】

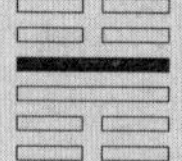

九四　无咎；弗过遇之；往厉，必戒[①]；勿用永贞。

《象》曰："弗过遇之"，位不当也。"往厉必戒"，终不可长也。

【注释】

①戒：戒备。

【译文】

九四　没有祸害；不过分刚强就能得遇阴柔；急于前往有危险，务必有所戒备；不可施展才干，要永远守持贞正。

《象传》解释道：不过分刚强就能得遇阴柔——他地位失当。"往厉必戒"——这样危险就不能长久。

【爻意分析】

九四阳爻向下能与初六阴爻相互应和，阴阳互补，因而无咎；但因其以阳爻居阴位，居位不当，没有危险的情况并不能长久。

【经文 + 传文】

六五　密云不雨[①]，自我西郊；公弋[②]，取彼在穴。

《象》曰："密云不雨"，已上也。

【注释】

① 密云不雨：阴云密布于天空，但是却不下雨，说明六五的阴柔过盛，出现了高居于阳刚之上的现象。② 弋（yì）：射。

【译文】

六五　浓云不下雨，从我的西郊飘来；公侯射兽，在洞穴中捉到了猎物。

《象传》解释道："密云不雨"，是说它已经超越阳刚而高居在上。

【爻意分析】

六五爻以阴爻之身居于全卦尊位，向下又没有阳爻相应，就好比天空中乌云密布，但是因为没有阳爻相应而无法下雨。六五与六二同为阴爻，不能相互应和，是为阴阳不和。

【经文 + 传文】

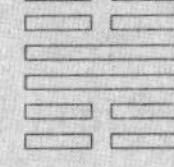

上六　弗遇，过之，飞鸟离之[①]：凶，是谓灾眚[②]。

《象》曰："弗遇过之"，已亢也。

【注释】

① 离："罗"的通假字，罗网。② 眚：灾祸。

【译文】

上六　不能遇合阳刚却超越阳刚太甚，好似飞鸟遭到射杀，有凶险，这就是灾祸。

《象传》解释道：不能遇阳刚，反而超越阳刚——这说明上六已居亢极之地。

【爻意分析】

上六爻是阴爻，居阴位，又在上卦的最上位，可谓处阴之极，就像是鸟儿飞向天空，如果飞得太快，就容易难以控制，最后招引灾祸。分析此爻可以看出，事物的发展如果过于亢极，那么就会走向反面，就离灾害不远了。

既济卦

下离上坎

卦辞

【经文 + 传文】

既济　亨小，利贞；初吉，终乱[①]。

《彖》曰：既济"亨"，小者亨也。"利贞"，刚柔正而位当也[②]。"初吉"，柔得中也[③]。"终"止则"乱"，其道穷也。

《象》曰：水在火上[④]，既济。君子以思患而豫防之[⑤]。

【注释】

①乱：祸乱。②刚柔正：既济卦下离上坎，坎是阳卦，是刚，离是阴卦，是柔，刚上柔下，各得其位，所以说"刚柔正"。位当：初九、九三、九五阳爻均居阳位，六二、六四、上六阴爻均居阴位，都是"位当"。③柔得中：六二是阴爻，居下卦中位。④水在火上：既济卦下离上坎，坎是水，离是火，所以说"水在火上"。水放到火上，是专为预防失火准备的，象征未雨绸缪，所以下文说"君子以思患而豫防之"。⑤豫：同"预"，预防。

【译文】

既济卦象征事已成：连柔小者也都得能到亨通，守持贞正有利；否则起初吉祥，终成祸乱。

《彖传》解释道：事已成，亨通，此时柔小者都可亨通。秉守正道是有利的，因为阳刚和阴柔都地位得当。"初吉"，是因为柔顺者居中得位；柔顺者居中得位，事之最终将有危乱，是因为事成之道将近困穷。

《象传》解释道：水在火上，这就是既济卦的象征。君子取法既济卦，忧虑祸患并预防它。

爻辞

【经文 + 传文】

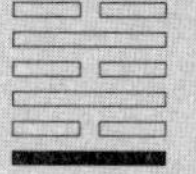

初九 曳其轮[①]，濡其尾[②]：无咎。

《象》曰："曳其轮"，义"无咎"也。

【注释】

① 曳：拉动。② 濡：沾湿。

【译文】

初九 拉动车轮（过河），（河水）沾湿了车尾：无害。

《象传》解释道：拉动车轮过河——按理这是无害的。

【爻意分析】

初九爻为阳爻，处于"既济"卦之始，轮子在车子的下部，也喻其为一卦之始。初九作为阳爻，与位于阴位的六四爻相互应和；然而作为既济卦的初始之爻，不能过于激进，应以稳定为主。因此，拽住车尾使其不猛行，方可没有咎害。《象传》亦云"义无咎也"，说明初九行为谨慎守成，就不会有所危害。

【经文 + 传文】

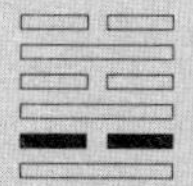

六二 妇丧其茀，勿逐，七日得。

《象》曰："七日得"，以中道也。

【译文】

六二 妇女丢了首饰，不必寻找，七天内会失而复得。

《象传》解释道："七日得"，是因为君子能守中道。

【爻意分析】

六二爻为阴爻，处于下体的中位。阴爻居阴位，又与上面的九五阳爻阴阳相应，有后妃命妇的尊贵，象征着阴柔的六二既能够持守中正，又能与象征阳刚的君主相处融洽，所以就算丢失了也能够再次得到。

【经文 + 传文】

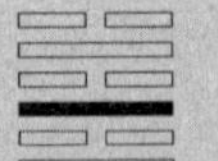

九三　高宗伐鬼方[1]，三年克之；小人勿用。

《象》曰："三年克之"，惫也。

【注释】

① 高宗：商王武丁。鬼方：古代北方的一个部落。

【译文】

九三　殷高宗讨伐鬼方，几年后打败了它；不要任用小人。
《象传》解释道：几年后才打败敌人，真是太疲惫了。

【爻意分析】

九三爻为阳爻，以阳刚之质居离卦的上位，是光明磊落之象；又以阳居阳位，因而秉性刚烈，又易有躁进之象。九三阳爻与上六阴爻相应，上六爻可能就是乱邦小人，九三爻应该慎重小心，不要因受上六爻的影响而重刚失中，贪功忘民。

【经文 + 传文】

六四　繻有衣袽[1]，终日戒。

《象》曰："终日戒"，有所疑也。

【注释】

① 繻：彩色的丝帛，这里指华美的服装。袽：败絮，这里指破敝的衣服。

【译文】

六四　华美的衣服将变成破敝的衣服，要整天警惕。
《象传》解释道："终日戒"——这是因为有所疑惧啊！

【爻意分析】

六四爻以阴居阴位，本是正位，向下呼应初六爻，向上则辅佐九五爻，本是吉祥之象；但是六四爻已经进入坎险之中，既济已经达到，就会向反方向转化。

【经文 + 传文】

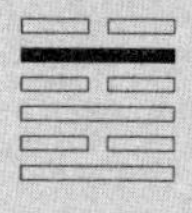

九五　东邻杀牛，不如西邻之禴祭，实受其福。

《象》曰："东邻杀牛"，不如西邻之时也。"实受其福"，吉大来也。

【译文】

九五　东邻杀牛厚祭，不如西邻微薄的禴祭能确实地得到神的赐福。

《象传》解释道：东邻杀牛厚祭，不如西邻微薄的禴祭来得时机恰当。"实受其福"——这是说吉庆将快快到来。

【爻意分析】

九五爻是阳爻，居阳位，又处于既济卦的尊位，阳刚中正，有君临天下之象。其前后均为阴柔之爻，是阳刚之爻陷于阴坎之中，应以左右为鉴，不因志成物丰而骄奢浪费。

【经文 + 传文】

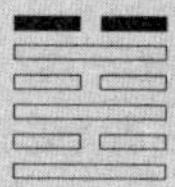

上六　濡其首：厉。

《象》曰："濡其首"，何可久也？

【译文】

上六　小狐狸过河打湿了头部：危险。

《象传》解释道："濡其首"，这种状况怎能长久呢？

【爻意分析】

此为既济卦的最后一爻。小狐狸过河时打湿了头部，有危险。此爻位于既济之极，本就十分危险；而上六又为阴爻，以阴柔之力居坎险之上，就会有过河打湿头部之象，应该引以为鉴，不然会有危险。

未济卦

下坎上离

卦辞

【经文＋传文】

未济　亨；小狐汔济[①]**，濡其尾**[②]**：无攸利。**

《彖》曰：未济"亨"，柔得中也[③]。"小狐汔济"，未出中也；"濡其尾，无攸利"，不续终也。虽不当位[④]，刚柔应也[⑤]。

《象》曰：火在水上[⑥]，未济。君子以慎辨物居方[⑦]。

【注释】

①汔："几"的通假字，几乎。济：渡水。②濡其尾：沾湿了尾巴。濡：沾湿。③柔得中：六五是阴爻，居上卦中位。④不当位：初六、六三、六五阴爻居阳位，九二、九四、上九阳爻居阴位，都是"不当位"。⑤刚柔应：初六和九四、九二和六五、六三和上九是同位爻，刚柔相应，所以说"刚柔应"。⑥火在水上：未济卦下坎上离，离是火，坎是水，所以说"火在水上"。水放在火下，是放错了位置，不能灭火，灾害无穷。可见认清事物并摆正事物的位置是极其重要的，所以下文说"君子以慎辨物居方"。⑦方：位置。

【译文】

未济卦象征事未成之时：努力可致亨通；（如果不慎，）就像小狐几近渡水成功时，却打湿了尾巴：无利可得。

《彖传》解释道：未济卦是亨通的，因为臣子中正。"小狐汔济"，是说臣子办事不是出于中道；"濡其尾，无攸利"，是说臣子办事不能善终。虽然臣子地位失当，君臣之间却还能相互响应。

《象传》解释道：火在水上，这就是未济卦的象征。君子取法未济卦，谨慎地辨别事物，摆正事物的位置。

爻辞

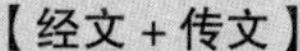

【经文+传文】

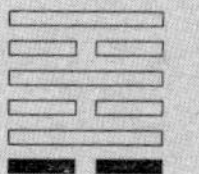

初六 濡其尾：吝。

《象》曰："濡其尾"，亦不知极也[①]。

【注释】

①极：指方法。

【译文】

初六 小狐打湿了尾巴：必有遗憾。

《象传》解释道：渡水打湿了尾巴——这是因为不懂审慎前进的准则。

【爻意分析】

初六为阴爻，却居于阳位，刚柔不当位，有急于与九四爻遥相呼应之意。未济乃未完成，以初六为始，初六还在卦之初便处坎险之始，明知有险仍然急于向前。《爻辞》中的"吝"，《象传》中解为"不知极"，乃不知方法，不懂规则，因此以初六的阴弱之力，不厚积薄发却想有所动作，只会徒留遗憾。

【经文+传文】

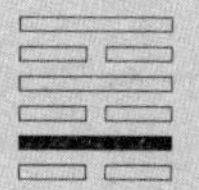

九二 曳其轮：贞吉。

《象》曰："九二""贞吉"，中以行正也[①]。

【注释】

①中以行正：本爻九二是阳爻，居下卦中位。

【译文】

九二 （事未成之时）拖曳住车轮不使急行：守持贞正可获吉祥。

《象传》解释道：九二说秉守正道是吉祥的——这是说君子守中，行事正直。

【爻意分析】

九二爻为阳爻，却居于阴位，处于下卦中的中位，与上卦中的六五阴爻相应和。阳能包阴持柔，因此九二爻为辅政之爻。《象传》曰其虽处坎险之中，但行事端正不偏，就可获得吉祥。

【经文＋传文】

六三　未济，征凶；利涉大川。

《象》曰："未济征凶"，位不当也[1]。

【注释】

①位不当：本爻六三是阴爻却居阳位，是"位不当"。

【译文】

六三　渡水失败，争于前进则凶险；渡大河有利。

《象传》解释道："未济，征凶"——这是因为君子地位失当。

【爻意分析】

六三爻为阴爻，居阳位，又处在下坎的最上部，以阴柔之力身居险位，故不可躁进，因此，"征"必有"凶"。《象传》亦曰，事情未成，冒进必有风险，皆因位置不当。但因为六三爻下为九二爻，九二爻刚正有力，能与六三爻扶持共进，若六三爻不能自己前进，则可与九二爻携手共渡难关。

【经文＋传文】

九四　贞吉，悔亡；震用伐鬼方[1]，三年有赏于大国。

《象》曰："贞吉悔亡"，志行也。

【注释】

①震：作副词，犹言"以雷霆之势"。

【译文】

九四　守持贞正可获吉祥，悔恨消失；以雷霆之势讨伐鬼方，三年后得以被封赏为大国诸侯。

《象传》解释道："贞吉悔亡"，是说君子心愿实现了。

【爻意分析】

九四爻是阳爻，处于上卦之始，有自济之力；身为阳爻而居于阴位，阴阳倒置，失正而产生悔意。但是因为九四爻已经走出坎险，混乱的局面即将结束。《象传》亦言："贞吉，悔亡。"因此，九四爻最终可经过自身努力，使志向达成，进而使悔恨消除。

【经文＋传文】

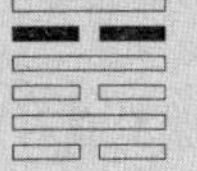

六五 贞吉，无悔；君子之光有孚[①]：吉。

《象》曰："君子之光"，其辉吉也。

【注释】

① 光：光荣。

【译文】

六五 守持贞正可获吉祥，没有悔恨；君子的光荣是做人有诚信：吉祥。

《象传》解释道：君子的光荣是做人有信用——这种诚信的光荣是吉祥的。

【爻意分析】

六五爻是未济卦中的阴爻，居于未济卦中的尊位，然而其以阴爻之身居于阳位，又处君主之位，居位不正，阴阳相悖，本应有悔恨之意。但是因为居在中位，又与下体中的九二爻相互应和，因此若是能为文明之主，以诚信待九四爻这样的刚毅之臣，又能得到九二爻的辅助，那么即便处在未济的情境，也能够破除污浊，重建秩序。

【经文＋传文】

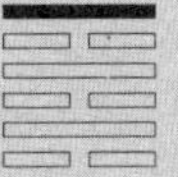

上九 有孚于饮酒：无咎；濡其首，有孚，失是[①]。

《象》曰："饮酒濡首"，亦不知节也。

【注释】

① 是：正道。

【译文】

上九 怀着诚信之心饮酒：无灾害；饮酒得意忘形，浇湿了脑袋，纵然为人诚信，也有失正道。

《象传》解释道：饮酒时浇湿了脑袋——这人也太不知节制了。

【爻意分析】

上九爻为阳爻，处于阴位，是重要的转折。六五爻中"有孚"则"吉"，而《爻辞》则告诫上九爻，"有孚"亦应有度，若超出额度，无限制、无条件地给予信任，那么"濡其首"那样的灾难又会重现。《象传》曰"不知节也"，是为不知节制。

六十四卦的错卦（对卦）、反卦（综卦）排列图表

六十四卦按其形态而排列，乾、坤、坎、离互为相对，称作错卦或对卦。屯卦或蒙卦相互颠倒，称为反卦或综卦。表现如下：

正卦	离	坎	大过	颐	无妄	剥	噬嗑	临	随	谦	同人	泰	小畜	师	需	屯	坤	乾
反卦					大畜	复	贲	观	蛊	豫	大有	否	履	比	讼	蒙		

正卦	既济	小过	中孚	涣	巽	丰	渐	震	革	困	萃	夬	损	蹇	家人	晋	遁	咸
反卦	未济			节	兑	旅	归妹	艮	鼎	井	升	姤	益	解	睽	明夷	大壮	恒

叁

系辞传

◎系辞上传◎

【原文】

天尊地卑，乾坤定矣；卑高以陈[①]，贵贱位矣；动静有常[②]，刚柔断矣[③]；方以类聚[④]，物以群分，吉凶生矣；在天成象，在地成形，变化见矣[⑤]。是故刚柔相摩[⑥]，八卦相荡[⑦]，鼓之以雷霆，润之以风雨，日月运行，一寒一暑。乾道成男，坤道成女；乾知大始[⑧]，坤作成物；乾以易知，坤以简能。易则易知，简则易从；易知则有亲，易从则有功；有亲则可久，有功则可大。可久则贤人之德，可大则贤人之业。易简而天下之理得矣；天下之理得，而《易》成位乎其中矣。

【注释】

①陈：陈列。②常：规律。③断：分。④方：事物的走向。“方以类聚，物以群分”是互文。⑤见：同“现”，显现。⑥摩：摩擦。⑦荡：激荡。⑧知：功能。

【译文】

天在上为尊，地在下而卑，乾尊坤卑的性质也就定了；尊卑已经排好，贵贱的位置也就定了；动静自有规律，刚柔的区别也就形成了；事物按照种类群体或合或分，吉凶也就产生了；在天上的形成日月星辰等天象，在地下的形成草木山川等形体，变化也就显现了。所以刚柔相互摩擦，八卦相互激荡，雷霆震动天地，风雨滋润万物，日月穿梭运行，寒暑交替循环。乾道构成男性，坤道构成女性；乾的功能是创始万物，坤的作为是成就万物；乾以平易的方式发挥功能，坤以简约的方式产生作用。平易的容易认识，简约的容易遵从；容易认识，所以有人亲近，容易遵从，所以有所成功；有人亲近就可以长久，有所成功就可以壮大。可以长久，是说贤人的品德；可以壮大，是说贤人的事业。掌握了平易简约的道理，就是掌握了天下的道理；掌握了天下的道理，人在其中的地位也就确立了。

【原文】

圣人设卦观象，系辞焉而明吉凶[①]。刚柔相推而生变化。是故吉凶者，失得之象也；悔吝者，忧虞之象也[②]；变化者，进退之象也；刚柔者，昼夜之象也。六爻之动，三极之道也[③]。是故君子所居而安者[④]，《易》之象也；所乐而玩者，爻之辞也。是故君子居则观其象而玩其辞，动则观其变而玩其占，是以“自天佑之，吉，无不利[⑤]”。

【注释】

① 系：配置。② 虞：忧虑。③ 三极：指天、地、人三极。④ 安：安于。⑤ 见大有卦上九《爻辞》。

【译文】

圣人创立八卦和六十四卦，观察卦象爻象，并配上相应的文辞以说明吉凶。刚柔相互推动就产生了变化。所以，所谓吉凶，是得失的象征；所谓悔吝，是忧虑的象征；所谓变化，是进退的象征；所谓刚柔，是昼夜的象征。六爻的变化，体现的是天、地、人三极变化的道理。所以，君子闲居时所安于的，是《周易》的卦象爻象；高兴时所玩味的，是《卦辞》《爻辞》。所以，君子闲居时就观察玩味象辞，行动时就观察它的变化并玩味占法，这样就能“自天佑之，吉，无不利”。

【原文】

彖者[①]，言乎象者也。爻者，言乎变者也。吉凶者，言乎其得失也。悔吝者，言乎其小疵也。无咎者，善补过者也。是故列贵贱者存乎位，齐小大者存乎卦[②]，辨吉凶者存乎辞，忧悔吝者存乎介[③]，震无咎者存乎悔[④]。是故卦有小大，辞有险易[⑤]。辞也者，各指其所之[⑥]。

【注释】

① 彖：指《卦辞》。《系辞》的作者称《卦辞》为彖，与《彖传》无关。② 齐：与“列”同义，排列。③ 介：细小，指细节。④ 震：震撼，指自警。悔：悔悟。⑤ 险：凶险。易：安易，指平安。⑥ 之：往。

【译文】

《卦辞》，是说明卦象的；《爻辞》，是说明爻变的；吉凶，是说明得失的；悔吝，是说人有小瑕疵；无咎，是说人善于补救过失。所以，排列贵贱是根据爻位排的，排列大小是根据卦是阳卦还是阴卦排的（阳卦表示大，阴卦表示小），辨别吉凶是根据《卦辞》《爻辞》辨别的；知道忧虑悔吝的事情，在于注重细节；善于从无咎的事情中自警，在于及时悔悟。所以说，卦有大小的分别，辞有凶险平安的差异。辞，都为人们指引趋吉避凶的方向。

【原文】

《易》与天地准[①]，故能弥纶天地之道[②]。仰以观于天文，俯以察于地理，是故知幽明之故；原始反终[③]，故知死生之说；精气为物[④]，游魂为变[⑤]，是故知鬼神之情状；与天地相似，故不违；知周乎万物而道济天下[⑥]，故不过；旁行而不流[⑦]，乐天知命，故不忧；安土敦乎仁[⑧]，故能爱。范围天地之化而不过[⑨]，曲成万物而不遗[⑩]，通乎昼夜之道而知[⑪]，故神无方而易无体[⑫]。

【注释】

① 准：等同。② 弥纶：囊括。③ 原：考察。反：通“返”，推求。④ 物：神灵之物。⑤ 变：人的变化，指鬼魂。⑥ 周：周遍。⑦ 旁：通“方”，端正。流：放纵。⑧ 安土：安于环境。敦：厚，指积蓄。⑨ 范围：囊括。⑩ 曲：都。⑪ 昼夜之道：阴阳之道。知：通“智”，智慧。⑫ 神：神妙之道，指大道。方：形状。体：形式。

【译文】

《周易》和天地等同，所以能够囊括天地间的一切道理。圣人抬头观察天文，低头察探地理，所以知晓事物隐藏和出现的原因；考察事物的原始，推求事物的结局，所以知道万物生死有常的道理；精气凝聚变成神灵，游魂离身变成鬼魂，所以据此知道鬼神的情况；德行和天地相合，所以不违背天地大道；遍知万物的道理，道德足以匡济天下，所以没有过失；行为端正而不放纵，乐天知命，所以没有忧愁；安于环境而积蓄仁德，所以能够爱人。《周易》囊括天地之间的一切变化而又不过度解读，成全万物而无一遗漏，洞悉阴阳变化之道而充满智慧，所以说大道没有一定的形状，《周易》之道也没有一定的形式。

【原文】

一阴一阳之谓道，继之者善也，成之者性也。仁者见之谓之仁，知者见之谓之知[①]，百姓日用而不知，故君子之道鲜矣[②]。显诸仁[③]，藏诸用[④]，鼓万物而不与圣人同忧，盛德大业至矣哉！富有之谓大业，日新之谓盛德。生生之谓易，成象之谓乾，效法之谓坤[⑤]，极数知来之谓占[⑥]，通变之谓事，阴阳不测之谓神。

【注释】

① 知：通“智”，智慧。② 君子之道：为君子所认识的全面的道。仁者、智者和百姓对道的认识都是片面的，只有君子对道的认识是全面的，故有此语。③ 诸：之于。④ 用：作用。⑤ 效：呈现。法：地法。⑥ 极：穷尽，指推究。

【译文】

一阴一阳的对立转化就叫道，继承道的是美德，成就道的是本性。仁者看见这种包含仁德的道，就叫它“仁”；智者看见这种蕴含智慧的道，就叫它“智”；百姓天天在运用这种道却不知道，所以为君子所认识的全面的道就少了。道通过仁德显现，在对万物的作用中隐藏，鼓动万物却不像圣人一样忧愁，它的宏德大业真是到了极致啊！使万物富裕就叫“大业”，使世界日新就叫“盛德”。生生不息叫作“易”，形成天象叫作“乾”，呈现地法叫作“坤”，推究卦爻的数理以预测未来叫作“占”，洞悉变化以采取行动叫作“事”，阴阳两极变幻莫测叫作“神”。

【原文】

夫《易》广矣大矣，以言乎远则不御[①]，以言乎迩则静而正[②]，以言乎天地之间则备矣[③]。夫乾，其静也专[④]，其动也直[⑤]，是以大生焉。夫坤，其静也翕[⑥]，其动也辟[⑦]，是以广生焉。广大配天地，变通配四时，阴阳之义配日月[⑧]，易简之善配至德。

【注释】

①御：停止。②迩：近。静：精审。③备：包纳。④专：专一不变。⑤直：刚直不阿。⑥翕：合。⑦辟：开。⑧义：特点。

【译文】

《周易》之道可说是非常广大的了，用它论断远的事物，就通畅无阻；用它论断近的事物，就精审正确；用它论断天地之间的万物，也能无所不包。乾，静止时就专一不变，运转时就刚直不阿，所以形成了"大"；坤，静止时就收敛闭合，运转时就张开显露，所以形成了"广"。广大和天地相配，变通和四季相配，阴阳的特点和日月相配，平易简约的道德和至高的道德相配。

【原文】

子曰："《易》其至矣乎！夫《易》，圣人所以崇德而广业也。知崇礼卑[①]，崇效天，卑法地。天地设位，而《易》行乎其中矣。成性存存[②]，道义之门。"

【注释】

①知：通"智"，智慧。②存：前一个"存"是动词，保存。后一个"存"是名词，生存。

【译文】

孔子说："《周易》真是达到了极致啊！《周易》，是圣人用以推崇道德和光大事业的。圣人智慧崇高，礼仪谦卑，崇高效法天，谦卑效法地。天地确立了高下尊卑的位置，《周易》之道也就在其中运行。它成就万物的本性，保存万物的生存，是通往大道的大门。"

【原文】

圣人有以见天下之赜[①]，而拟诸其形容[②]，象其物宜[③]，是故谓之象；圣人有以见天下之动，而观其会通[④]，以行其典礼[⑤]，系辞焉以断其吉凶，是故谓之爻。言天下之至赜而不可恶也[⑥]，言天下之至动而不可乱也，拟之而后言，议之而后动，拟议以成其变化。

"鸣鹤在阴，其子和之。我有好爵，吾与尔靡之。[⑦]"子曰："君子居其室，出其言善，则千里之外应之，况其迩者乎？居其室，出其言不善，则千里之外违之，况其迩者乎？言出乎身，加乎民；行发乎迩，见乎远。言行，君子之枢机[⑧]。枢机之发，荣辱之主也。言行，君子之所以动天地也，可不慎乎！"

"同人先号咷而后笑[9]。"子曰："君子之道，或出或处，或默或语。二人同心，其利断金；同心之言，其臭如兰[10]。"

【注释】

①赜：复杂。②拟：模拟。诸：相当于"乎"，语气助词，无实际意义。形容：形态。③物宜：与事物相宜的特性。④会通：融会贯通。⑤典礼：典章礼制。⑥恶：厌烦。⑦"鸣鹤在阴"四句：见中孚卦九二《爻辞》。⑧枢机：弓箭上发射弓箭的机关。⑨"同人先号"句：见同人卦九五《爻辞》。⑩臭：气味。

【译文】

圣人看见天下事物的繁杂，而用卦爻模拟它们的形态，象征它们的特性，所以叫作"象"；圣人看见天下事物的变化，而观察它们融会贯通的过程，以推行典章礼制，为卦爻配上文辞，以判断人事的吉凶，所以叫作"爻"。圣人谈论天下最繁杂的事物而不可心烦，谈论天下最多变的现象而不可搅混，用卦爻模拟它们后才来谈论，讨论它们后才去行动，通过模拟讨论来确定他们的变化。

"鸣鹤在阴，其子和之。我有好爵，吾与尔靡之。"这是什么意思呢？孔子说："君子住在家里，讲出的话如果是善的，那么远在千里的人都来响应他，何况近在身边的人呢？住在家里，讲出的话如果是不善的，那么远在千里的人都来反对他，何况近在身边的人呢？话从他那里发出，影响到百姓；行为在近处做出，波及出现在远处。言行，是君子的枢机，枢机的发动，是荣辱的主宰。言行，是君子用来影响天地的，能不谨慎么！"

"同人先号咷而后笑。"这是什么意思呢？孔子说："君子的处世之道，是有时出仕，有时退处，有时沉默，有时开口。两人同心，就会锋利似刀能切断金属；同心同德的言论，气味就像兰花的幽香。

【原文】

"初六：藉用白茅，无咎[1]。"子曰："苟错诸地而可矣[2]，藉之用茅，何咎之有？慎之至也。夫茅之为物薄，而用可重也。慎斯术也以往，其无所失矣。"

"劳谦，君子有终，吉[3]。"子曰："劳而不伐[4]，有功而不德[5]，厚之至也[6]。语以其功下人者也。德言盛[7]，礼言恭。谦也者，致恭以存其位者也。"

"亢龙有悔[8]。"子曰："贵而无位[9]，高而无民，贤人在下位而无辅，是以动而有悔也。"

"不出户庭，无咎[10]。"子曰："乱之所生也，则言语以为阶[11]。君不密则失臣[12]，臣不密则失身，几事不密则害成[13]。是以君子慎密而不出也[14]。"

子曰："作《易》者，其知盗乎？《易》曰：'负且乘，致寇至[15]。'负也者，小人之事也；乘也者，君子之器也。小人而乘君子之器，盗思夺之矣。上慢下暴[16]，盗思伐之矣。慢藏诲盗[17]，冶容诲淫[18]。《易》曰：'负且乘，致寇至。'盗之招也。"

【注释】

①"初六"三句：见大过卦初六《爻辞》。②苟：如果。错：通"措"，放置。③"劳谦"三句：见谦卦九三《爻辞》。④伐：夸耀。⑤德：以功德自居。⑥厚：厚道。⑦言：讲究。⑧亢龙有悔：见乾卦上九《爻辞》。⑨位：与尊位相宜的美德，指君德。⑩"不出户庭"二句：见节卦初九《爻辞》。⑪阶：阶梯，指引发事端的因素。⑫密：指谨慎。⑬几：通"机"，政事。⑭出：发表意见。⑮"负且乘"二句：见解卦六三《爻辞》。⑯慢：疏懒。⑰诲：诱导，指招致。⑱冶：妖艳。

【译文】

"初六：藉用白茅，无咎。"这是什么意思呢？孔子说："祭品如果直接放在地上，也是可以的，那么用干净的白茅垫着，有什么害处呢？这是极其慎重的表现。白茅作为物质是微不足道的，作用却可以很重大。按照这种谨慎的原则办事，就可以没有过失。"

"劳谦，君子有终，吉。"这是什么意思呢？孔子说："有苦劳而不以此自夸，有功德而不以此自居，真是厚道极了，说的是虽然有功德却能甘居人下的人。德行讲究盛大，礼仪讲究恭敬。谦卑，说的是通过向人表达他的恭敬，来保存他的地位。"

"亢龙有悔。"这是什么意思呢？孔子说："尊贵却没有君德，居高却脱离群众，因贤人屈居下位而丧失辅助，所以君主一妄动就有悔恨。"

"不出户庭，无咎。"这是什么意思呢？孔子说："灾乱的发生，往往是由说话引起的。君主说话不谨慎就会失掉臣子，臣子说话不谨慎就会丢掉性命，政事不谨慎就会酿成灾害，所以君子小心谨慎而不乱说话。"

孔子说："创作《周易》的人，大概了解盗贼吧？《周易》说：'负且乘，致寇至。'背东西，是小人的事；坐的车，是君子的交通工具。作为小人却乘坐君子的交通工具，盗贼就会想来抢他了。上面的人疏懒，下面的人横暴，盗贼就会想来攻打他了。疏懒地藏财会招来盗贼，妖艳地打扮会诱来淫贼。《周易》说：'负且乘，致寇至。'盗贼就是这样招来的。"

【原文】

大衍之数五十①，其用四十有九。分而为二以象两②，挂一以象三③，揲之以四以象四时④，归奇于扐以象闰⑤。五岁再闰，故再扐而后挂⑥。

天一⑦，地二⑧；天三，地四；天五，地六；天七，地八；天九，地十。天数五，地数五。五位相得而各有合⑨，天数二十有五，地数三十，凡天地之数五十有五，此所以成变化而行鬼神也⑩。乾之策二百一十有六⑪，坤之策百四十有四，凡三百六十，当期之日⑫。二篇之策万有一千五百二十⑬，当万物之数也。是故四营而成《易》⑭，十有八变而成卦⑮。八卦而小成⑯，引而伸之⑰，触类而长之，天下之能事毕矣⑱。显道神德行，是故可与酬酢⑲，可与祐神矣⑳。

【注释】

① 大衍之数五十："五十"后当脱"有五"二字，下文说"其用四十有九"，余下不用的六枚象征六爻。"大衍之数"指算卦时用的蓍草数。衍：算卦。② 两：指天和地。③ 挂一：从两堆蓍草中的某一堆随意抽出蓍草一枚，竖放在上、下两堆中间，因形如悬挂，所以说"挂一"。三：指、天地、人三才。④ 揲：数。四时：四季。⑤ 奇：余。扐：扐借为"肋"，胸两旁。这里指所挂蓍草的两旁。闰：闰月。⑥ 再扐：这是"揲之以四，归奇于扐"的省文。指把下堆蓍草同样揲四，归奇。后挂：两次揲四余下的蓍草竖搁在所挂蓍草两旁，上、下两堆蓍草中间，因形如悬挂，又在"挂一"后，所以说"后挂"。⑦ 天一：天数是奇数，所以说"天一、天三……"，总计有一、三、五、七、九。"天一……地十"一句，原在《系辞上传》第十一章开头，学界多认为是错简，今移正于此。⑧ 地二：地数是偶数，所以说"地二、地四……"，总计有二、四、六、八、十。⑨ 位：数。相得：相加。合：和数。⑩ 成：确立。行：感通。⑪ 策：指蓍草。⑫ 期：指一年。⑬ 二篇：指《周易》上、下经二篇。⑭ 四营：指分二、挂一、揲四、归奇这四种步骤。营：经营，指步骤。⑮ 十有八变：指把"四营"重复十八次。⑯ 八卦：指乾、坤、震、巽、坎、离、艮、兑这八经卦。小成：八经卦只能进行小范围的象征，所以称"小成"。⑰ 伸：同"申"。⑱ 毕：尽。⑲ 酬酢（zuò）：应对。⑳ 佑：辅助。

【译文】

算卦用的蓍草数是五十五枚，只用其中的四十九枚。把四十九枚随意分成上、下两堆，象征天和地；从上堆随意抽出一枚，（竖挂在上、下两堆中间，上、下两堆和所挂蓍草这三部分，就分别）象征天、地、人三才；把上堆按每四枚一组分组，象征四季，接着把余下的竖搁在所挂蓍草的左边，象征闰月。阴历五年中有两次闰月，所以再把下堆按每四枚一组分组，把余下的竖搁在所挂蓍草的右边。

一、三、五、七、九是天数，二、四、六、八、十是地数，天数五个，地数五个。五天数和五地数分别相加，各有其和数，天数加得二十五，地数加得三十，天数地数总计是五十五。这就是确定各爻变化和感通鬼神的根据。占成乾卦所用的蓍草数是二百一十六枚，占成坤卦所用的蓍草数是一百四十四枚，总计三百六十枚，相当于一年的天数。占成《周易》上、下经六十四卦所用的蓍草数，总计是一万一千五百二十枚，相当于万物的数目。所以，只用分二、挂一、揲四、归奇这四种步骤，就成就了《周易》，这四种步骤重复十八次，就得出了六十四卦中的一卦。八经卦只是小范围的象征，引申成六十四卦，触类旁通，扩大象征，天下所能取象的事物就都尽在其中。《周易》能彰显道、神、德行，所以可以用它应对人事，辅助神灵。

【原文】

子曰："知变化之道者，其知神之所为乎。"《易》有圣人之道四焉，以言者尚其辞；以动者尚其变；以制器者尚其象；以卜筮者尚其占。”是以君子将有为也，将有行也，问焉而以言。其受命也如响，无有远近幽深，遂知来物①。非天下之至精，其孰能与于此②？参伍以变③，错综其数④。通其变，遂成天下之文⑤；极其数⑥，遂定天下之象。非天下之至变，其孰能与于此？《易》无思也，无为也，寂然不动，感而遂通天下之故⑦。非天下之至神，其孰能与于此。夫《易》，圣人之所以极深而研几也⑧。唯深也，故能通天下之志；唯几也，故能成天下之务；唯神也，故不疾而速，不行而至。子曰“《易》有圣人之道四焉”者，此之谓也。

【注释】

①来物：未来的事。②与：到达。③参伍：错综。下文的“变”指卦变。④数：爻数。“参伍以变，错综其数”是互文。⑤文：象理。⑥极：穷尽，指探究。“通其变，遂成天下之文”与“极其数，遂定天下之象”是互文。⑦感：感应。故：事。⑧几：精微。

【译文】

孔子说：“晓得变化的道的人，大概是晓得神灵的所为的吧。《周易》有圣人的四种道，用它来指导言论的崇尚它的《卦辞》《爻辞》，用它来指导行动的崇尚它的变化规律，用它来制作器物的崇尚它的卦象，用它来占问的崇尚它的占法。”所以，君子将要有所作为，有所行动时，就向它占问并以它为根据说话。它接收人的请求就像回响一样，不论远的、近的、晦暗的、深奥的，都能预知未来的事。不是天下最精妙的东西，谁能达到这种境界呢。它的卦变和爻数错综复杂。探究弄懂它的卦变和爻数，就能判定天地万物的象理。不是天下最灵活的东西，谁能达到这种境界呢。《周易》本身无所谓思虑和作为，寂静不动；但一旦通过占问使它发生感应，它就能精通天下的事。不是天下最神妙的东西，谁能达到这种境界呢？《周易》，是圣人用来探究深奥而精微的事理的。因为探究深奥的事理，所以能通晓天下人的心志；因为探究精微的事理，所以能成就天下的事务；因为神妙，所以没有急走却能速度很快，没有行走却能到达目的地。孔子说“《易》有圣人之道四焉”，说的就是这个道理。

【原文】

子曰：“夫《易》何为者也？夫《易》开物成务①，冒天下之道②，如斯而已者也。”是故圣人以通天下之志，以定天下之业，以断天下之疑。是故蓍之德圆而神③，卦之德方以知④，六爻之义易以贡⑤。圣人以此洗心⑥，退藏于密⑦，吉凶与民同患⑧。神以知来，知以藏往，其孰能与于此哉！古之聪明睿知神武而不杀者夫！是以明于天之道，而察于民之故，是兴神物以前民用⑨，圣人以此斋戒⑩，以神明其德夫⑪。是故阖户谓之坤⑫，辟户谓之乾⑬，一阖一辟谓之变，往来不穷谓之通，见乃谓之象⑭，形乃谓之器，制而用之谓之法，利用出入⑮，民咸用之谓之神⑯。

【注释】

①开：揭示。②冒：囊括。③德：特点。下文“义”与此同义。④知：通“智”，智慧。下文“知以藏往”的“知”、“聪明睿知”的“知”与此同义。⑤易：变动。贡：灵巧。⑥洗：启迪。⑦退：指占问结束。⑧患：忧虑，指承担。⑨神物：指蓍草。前：先导。用：行事。⑩斋：虔敬。戒：警惕。⑪神明：彰显。⑫阖：合。⑬辟：开。⑭见：通“现”，显现。⑮利用：根据。出入：指做各种事情。⑯咸：都。

【译文】

孔子说：“《周易》是做什么的呢？《周易》就是用来揭示事物的奥秘，成就事务，囊括天下的道理的，如此而已。”所以圣人用它来通晓天下人的心志，确立天下的事业，解决天下的疑难问题。所以蓍占的特点是圆满而神妙，卦的特点是方正而智慧，六爻的特点是变动而灵巧。圣人用它启迪心神，占问结束把结果藏在密处，（作为来日的借鉴，）吉凶都和百姓一起承担。它神妙无比能预知未来，智慧无比能包藏往事，谁能达到这种境界啊！只有古代聪明睿智、神勇英武而又不滥杀无辜的圣人吧！所以，圣人明察天道，体察百姓的事情，创立用蓍草占问的方法，来作为百姓行事的先导。圣人用它表达虔敬警惕，以彰显它的特点。所以闭合门户叫作“坤”，打开门户叫作“乾”，一开一合就叫“变”，往来不绝叫作“通”，显现的叫作“象”，成形的叫作“器”，制作器物并使用叫作“法”，根据“法”来办事，百姓都应用这个“法”，就叫作“神”。

【原文】

是故《易》有太极①，是生两仪②，两仪生四象③，四象生八卦，八卦定吉凶，吉凶生大业。是故法象莫大乎天地④，变通莫大乎四时⑤，县象著明莫大乎日月⑥，崇高莫大乎富贵，备物致用⑦，立功成器⑧，以为天下利，莫大乎圣人。探赜索隐⑨，钩深致远，以定天下之吉凶，成天下之亹亹者⑩，莫大乎蓍龟⑪。是故天生神物，圣人则之⑫；天地变化，圣人效之；天垂象⑬，见吉凶，圣人象之；河出图，洛出书⑭，圣人则之。《易》有四象，所以示也；系辞焉，所以告也；定之以吉凶，所以断也。

【注释】

①太极：指宇宙的本体。②两仪：指阴阳。③四象：指少阳、老阳、少阴、老阴四象。④法：效法。⑤四时：四季。⑥县：通“悬”，悬挂。著明：光明。⑦备：预备。⑧立：付出。功：劳动。⑨赜：繁复。“探赜索隐，钩深致远”是互文。⑩亹亹：勤勉的样子。⑪蓍龟：占卜用的蓍草和龟甲。⑫则：取法。⑬垂：垂现，指显现。⑭河出图，洛出书：这是古代的传说，传说伏羲氏时，黄河出现了一匹龙马，马背有纹，伏羲氏据此画成八卦；夏禹时，洛水出现了一匹神龟，龟背有字，大禹据此作成《九畴》（“九畴”即《尚书·洪范》中提到的治国的九种大法）。

【译文】

所以《周易》有太极，太极生两仪，两仪生四象，四象生八卦，通过八卦可以判定吉凶。趋吉避凶可以产生大事业。所以，能够效法的对象没有比天地更大的；灵活变通没有比四季更显著的；高悬的各种物体的光明没有比日月更亮的；地位崇高没有比富贵更甚的，预备物资供人使用，付出劳动制成器具，以利于天下的人，没有比圣人更伟大的；探求繁杂隐晦、深奥久远的事理，来判定天下的吉凶，并且成就天下的勤勉的事业的东西，没有比蓍龟更有用的。所以，上天生出蓍龟这样的神物，圣人就取法它创立筮法；天地万物变化无穷，圣人就取法它形成卦变；上天显现种种天象，显明吉凶，圣人就用卦象象征它；黄河出现龙图，洛水出现龟书，圣人就取法它创造了八卦和《九畴》。《周易》有四象，是用来显示事物变化的；配上《爻辞》，是用来告诉人们卦爻的含义的；在爻辞中指明吉凶，是用来裁断人们的行动去向的。

【原文】

《易》曰："自天佑之，吉，无不利①。"子曰："佑者，助也。天之所助者，顺也；人之所助者，信也。履信思乎顺，又以尚贤也，是以'自天佑之，吉，无不利'也。"

子曰："书不尽言②，言不尽意。"然则圣人之意，其不可见乎③？子曰："圣人立象以尽意，设卦以尽情伪④，系辞焉以尽其言。变而通之以尽利，鼓之舞之以尽神。⑤"乾坤，其《易》之缊邪⑥？乾坤成列，而《易》立乎其中矣。乾坤毁，则无以见《易》；《易》不可见，则乾坤或几乎息矣⑦。是故形而上者谓之道，形而下者谓之器。化而裁之谓之变⑧，推而行之谓之通，举而错之天下之民谓之事业⑨。是故夫象，圣人有以见天下之赜⑩，而拟诸其形容⑪，象其物宜⑫，是故谓之象。圣人有以见天下之动，而观其会通⑬，以行其典礼⑭，系辞焉以断其吉凶，是故谓之爻。极天下之赜者存乎卦，鼓天下之动者存乎辞，化而裁之存乎变，推而行之存乎通，神而明之存乎其人，默而成之，不言而信，存乎德行。

【注释】

①"自天佑之"三句：见大有卦上九《爻辞》。②书：文字。③见：认识。④情伪：情，情实；伪，虚伪。情伪，指真假。⑤鼓：摆弄。下文的"舞"与此同义。⑥缊：当作"经"，通"径"，指门径。⑦息：亡。⑧化：改变。裁：裁制。⑨错：通"措"，应用。⑩赜：复杂。⑪拟：模拟。诸：相当于"乎"，语气助词，无实际意义。形容：形态。⑫物宜：与事物相宜的特性。⑬会通：融会贯通。⑭典礼：典章礼制。

【译文】

《周易》说："自天佑之，吉，无不利。"这是什么意思呢？孔子说："佑，是指帮助。上天所帮助的，是顺应天道的人；人所帮助的，是谨守信道的人。谨守信道，谋求顺应天道，又能重视贤人，所以‘自天佑之，吉，无不利’。”

孔子说：“文字不能完全表达人的言语，言语不能完全表达人的意思。”那么圣人的意思，就不可认识了么？孔子说：“圣人创立象系来完全表达他的意思，设立卦系来完全揭示真假，为卦爻配上文辞以完全表达他的言语，变融卦爻以完全施利于天下，摆弄蓍草以完全发挥它的神妙的作用。”乾卦和坤卦，是把握《周易》的门径所在吧？乾卦和坤卦的位置一经确立，《周易》的道理也就确立其中。假如没有乾卦和坤卦，也就无从得见《周易》的道理；《周易》的道理无从得见，乾卦和坤卦也就近似于名存实亡了。所以形而上的东西叫作“道”，形而下的东西叫作“器”，改制道器叫作“变”，推行道器叫作“通”，把道器应用在天下百姓身上叫作“事业”。所以，所谓“象”，是因为圣人看见天下事物的繁杂，而用卦爻模拟它们的形态，象征它们的特性。正因为此，我们才称之为“象”。圣人看见天下事物的变化，而观察它们融会贯通的过程，以推行典章礼制，为卦爻配上文辞，以判断人事的吉凶。正因为此，我们才称之为“爻”。探究天下事物的繁杂，根据的是卦；鼓动天下事物的变化，根据的是辞；改制道器，根据的是“变”；推行道器，根据的是“通”；彰显道器，根据的是人；静默不动却能成就事业，一言不发却能取信于民，根据的是德行。

◎系辞下传◎

【原文】

八卦成列，象在其中矣；因而重之[①]，爻在其中矣；刚柔相推，变在其中焉；系辞焉而命之[②]，动在其中矣。吉凶悔吝者，生乎动者也；刚柔者，立本者也；变通者，趣时者也[③]；吉凶者，贞胜者也[④]。天地之道，贞观者也[⑤]；日月之道，贞明者也；天下之动，贞夫一者也。夫乾确然[⑥]，示人易矣；夫坤陨然[⑦]，示人简矣。爻也者，效此者也；象也者，像此者也。爻象动乎内，吉凶见乎外，功业见乎变，圣人之情见乎辞。天地之大德曰生，圣人之大宝曰位[⑧]。何以守位？曰仁，何以聚人？曰财。理财正辞[⑨]，禁民为非曰义。

【注释】

①重：重叠。②命：告。③趣：通“趋”，趋向。④贞：正道。⑤观：昭示。⑥确：刚健的样子。⑦陨：柔顺的样子。⑧宝：宝物。⑨辞：法令。

【译文】

八卦确立了位置，卦象就包含其中；八卦叠变为六十四卦，爻和爻辞就包含其中；刚与柔互相推演，变化就包含其中；为卦爻配上文辞示人，人的以此作为指导的行动就包含其中。所谓吉凶悔吝，是从人的行动中产生的；刚柔，是确立卦爻性质的根本；变通，是指导人趋时而动；吉凶，是说明秉持正道就会得胜。天地的道，是以正道示人的；日月的道，是以正道发光的；天下万物的变化，都是遵循着同一种正道的。乾道刚健，示人平易；坤道柔顺，示人简约。所谓爻，就是效法这种平易简约的乾坤之道的；所谓象，就是象征这种刚健柔顺的乾坤之道的。爻和象在卦内变化，吉和凶在卦外显现，功业在变化中成就，圣人的情思在卦爻辞中显现。天地的大德是化生万物，圣人的宝物是权位功业。凭什么守住权位？凭仁德。凭什么招揽众人？凭钱财。管好钱财，端正法令，禁止百姓胡作非为，就是义。

【原文】

古者包牺氏之王天下也①，仰则观象于天，俯则观法于地，观鸟兽之文与地之宜②，近取诸身，远取诸物，于是始作八卦，以通神明之德，以类万物之情③，作结绳而为网罟④，以佃以渔⑤，盖取诸离⑥。包牺氏没，神农氏作，斫木为耜⑦，揉木为耒⑧，耒耨之利⑨，以教天下，盖取诸益；日中为市⑩，致天下之民，聚天下之货，交易而退，各得其所，盖取诸噬嗑。神农氏没，黄帝、尧、舜氏作，通其变⑪，使民不倦，神而化之，使民宜之。《易》，穷则变，变则通，通则久，是以“自天佑之，吉，无不利⑫”。黄帝、尧、舜垂衣裳而天下治⑬，盖取诸乾坤；刳木为舟⑭，剡木为楫⑮，舟楫之利，以济不通，致远以利天下，盖取诸涣；服牛乘马⑯，引重致远，以利天下，盖取诸随；重门击柝⑰，以待暴客⑱，盖取诸豫；断木为杵⑲，掘地为臼⑳，杵臼之利，万民以济，盖取诸小过；弦木为弧㉑，剡木为矢，弧矢之利，以威天下，盖取诸睽。上古穴居而野处，后世圣人易之以宫室㉒，上栋下宇㉓，以待风雨，盖取诸大壮；古之葬者，厚衣之以薪㉔，葬之中野，不封不树㉕，丧期无数㉖。后世圣人易之以棺椁㉗，盖取诸大过；上古结绳而治，后世圣人易之以书契㉘，百官以治，万民以察，盖取诸夬。

【注释】

①包牺氏：指伏羲氏。王：统治。②文：纹理。地之宜：指适合在地上生长的植物。③类：分别。④罟：网。⑤佃：通“田”，狩猎。⑥盖：大概。⑦斫：砍。耜：古代的一种锄具。下文的“耒”是古代的一种犁具。⑧揉：加工使木头弯曲。⑨耨：当为“耜”的讹误。⑩日中：正午。⑪变：指前人的创制。⑫见大有卦上九《爻辞》。⑬垂衣裳：垂，垂范；衣，上衣；裳，下衣。衣裳上下有序，象征尊卑等级的制度。垂衣裳，比喻分出尊卑等级。⑭刳：挖空。⑮剡：削。⑯服：驾。与下文的“乘”同义。⑰柝：打更的梆子。⑱暴客：指盗贼。⑲杵：舂米用的木棒。⑳臼：舂米时放米用的器具，石制或木制，中间凹下。㉑弦木：给木头装弦。弧：弓。㉒宫室：

房屋。㉓宇：屋边，指墙壁。㉔衣：包裹。薪：草柴。㉕封：堆砌土坟。树：指种树。㉖无数：没有定期。㉗椁：棺材外面套的大棺。㉘书契：指文字。

【译文】

上古伏羲氏统治天下，抬头观察天象，低头察探地形，观察鸟兽身上的纹理和地上的植物，在近，就取法自身，在远，就取法万物，在这基础上开始创制八卦，用来通达神明的德性，区别万物的情状，编结绳子织成罗网，用来渔猎，这大概是取法了离卦吧。伏羲氏死后，神农氏继起，砍削木头造耜，弄弯木头制耒，将耒耜的便利，教给百姓，大概是取法益卦吧。正午时设立集市，招揽天下的人们，聚拢天下的货物，互相交易后散去，使各人得到他们所需要的，大概是取法噬嗑卦吧。神农氏死后，黄帝、尧、舜继起，变通前人的创制，使百姓使用起来不疲倦，进行神妙的改造，使百姓方便使用。《周易》的道理，是不通时就变，变就通，通就能长久，所以"自天佑之，吉，无不利"。黄帝、尧、舜分出尊卑等级，从而促使天下大治，大概是取法乾卦和坤卦吧。掏空木头做船，削尖木头作楫，凭着船楫的便利，渡过河水，到达远处，从而使天下人得利，大概是取法涣卦吧；驾着牛马，载重物走远路，使天下人得利，大概是取法随卦吧；增设城门，巡夜打更，来防备盗贼，大概是取法豫卦吧；砍断木头制杵，掏挖洞穴作臼，天下人从杵臼的便利中得利，大概是取法小过卦吧；给木头装弦作弓，削尖木头做箭，用弓箭的便利威慑天下，大概是取法睽卦吧。上古的人们住在洞穴和野地，后世的圣人改住房屋，上有栋梁，下有墙壁，用来抵御风雨，大概是取法大壮卦吧。古时埋葬死人，用草柴厚厚包着，葬在野外，不立坟也不种树，服丧没有定期；后世的圣人改用棺和椁，大概是取法大过卦吧；上古的人们结绳记事，后世的圣人用文字代替它，从此百官都能用文字治理政事，百姓都能凭文字明察事理，大概是取法夬卦吧。

【原文】

是故《易》者，象也，象也者，像也。彖者①，材也②，爻也者，效天下之动者也。是故吉凶生而悔吝著也③。

【注释】

①彖：指卦辞。《系辞》的作者称《卦辞》为彖，与《彖传》无关。②材：通"裁"，裁断。《卦辞》能裁断一卦的吉凶，所以说"彖者，材也"。③著：显明。

【译文】

所以《周易》的根本，就是象，所谓象，就是象征。所谓彖，就是裁断。所谓爻，就是仿效天下万物的变化。所以，吉凶就由此产生，悔吝就由此显明。

【原文】

阳卦多阴，阴卦多阳①，其故何也？阳卦奇②，阴卦耦③。其德行何也？阳一君而二民，君子之道也；阴二君而一民，小人之道也。

【注释】

①阳卦多阴，阴卦多阳：八卦分阳卦和阴卦两种，由奇数枚阳爻组成的卦就是阳卦，由偶数枚阳爻组成的卦就是阴卦。乾、震、坎、艮是阳卦，坤、巽、离、兑是阴卦。这里所说的“阳卦”只指阳卦中的震、坎、艮三卦，“阴卦”只指阴卦中的巽、离、兑三卦。阴：指阴爻。阳：指阳爻。②奇：指阳爻的枚数是奇数。③耦：同“偶”。指阳爻的枚数是偶数。

【译文】

阳卦多阴爻，阴卦多阳爻，这是什么原因呢？是因为阳卦中阳爻的枚数总是奇数，阴卦中阳爻的枚数总是偶数。阳卦和阴卦代表的德性是什么呢？阳卦代表一个君主和两个庶民（形容一个君主统治天下），是君子的道；阴卦代表两个君主和一个庶民（形容天下大乱，诸侯各自称王），是小人的道。

【原文】

《易》曰：“憧憧往来，朋从尔思。[①]”子曰：“天下何思何虑？天下同归而殊涂[②]，一致而百虑。天下何思何虑？日往则月来，月往则日来，日月相推而明生焉；寒往则暑来，暑往则寒来，寒暑相推而岁成焉。往者屈也，来者信也[③]，屈信相感而利生焉。尺蠖之屈[④]，以求信也；龙蛇之蛰，以存身也。精义入神，以致用也；利用安身，以崇德也[⑤]。过此以往，未之或知也。穷神知化，德之盛也。”

《易》曰：“困于石，据于蒺藜，入于其宫，不见其妻：凶[⑥]。”子曰：“非所困而困焉，名必辱。非所据而据焉，身必危。既辱且危，死期将至，妻其可得见耶[⑦]！”

【注释】

①“憧憧往来”二句：见咸卦九四《爻辞》。②涂：同“途”，路。③信：同“伸”，伸展。④尺蠖：一种通过身子一屈一伸前进的小毛虫。⑤崇：提升。⑥“困于石”五句：见困卦六三《爻辞》。⑦其：岂。

【译文】

《周易》说：“憧憧往来，朋从尔思。”这是什么意思呢？孔子说：“天下人何必劳思费神呢？天下人走的是不同的道路，到达的却是同一个地方；思虑虽有种种，目标却是一致的。天下人何必劳思费神呢？太阳落了月亮上来，月亮落了太阳上来，太阳月亮相互交替就产生光明；寒冷去了，暑热到来，暑热去了，寒冷到来，寒冷暑热相互循环就形成一年四季。过去的是退屈，到来的是伸展，退屈伸展相互呼应就带来利益。尺蠖退屈身子，为的是伸展身子；龙蛇蛰伏隐藏，为的是保存生命。精通义理达到神妙的地步，为的是能够应用；利用所学来安身立命，为的是提升道德。超过以上这些的，就不知道是什么了。穷究事物的神妙，晓知事物的变化，这是伟大的德行。”

《周易》说：“困于石，据于蒺藜，入于其宫，不见其妻：凶。”这是什么意思呢？孔子说：“不是处于应该受困的地方却受了困，名节必定受辱；不是面对着应该仰赖的人却去仰赖，生命必定危险。受了侮辱，又遇危险，死期将到，哪里还能见得到妻子呢！”

【原文】

《易》曰：“公用射隼于高墉之上，获之，无不利①。”子曰：“隼者，禽也。弓矢者，器也。射之者，人也。君子藏器于身，待时而动，何不利之有？动而不括②，是以出而有获，语成器而动者也。

子曰：“小人不耻不仁，不畏不义，不见利不劝③，不威不惩④。小惩而大诫⑤，此小人之福也。《易》曰：‘屦校灭趾，无咎⑥。’此之谓也。”

“善不积不足以成名，恶不积不足以灭身。小人以小善为无益而弗为也，以小恶为无伤而弗去也，故恶积而不可掩，罪大而不可解⑦。《易》曰：‘何校灭耳，凶。⑧’”

子曰：“危者，安其位者也；亡者，保其存者也；乱者，有其治者也。是故君子安而不忘危，存而不忘亡，治而不忘乱，是以身安而国家可保也。《易》曰：‘其亡其亡，系于苞桑。⑨’”

【注释】

①“公用射隼”三句：见解卦上六《爻辞》。②括：阻碍。③劝：劝勉，指努力。④威：刑罚的威严，指刑罚。⑤诫：警戒。⑥“屦校”二句：见噬嗑卦初九《爻辞》。⑦解：赦免。⑧“何校灭耳”二句：见噬嗑卦上九《爻辞》。⑨“其亡其亡”：见否卦九五《爻辞》。

【译文】

《周易》说：“公用射隼于高墉之上，获之，无不利。”这是什么意思呢？孔子说：“隼，是飞禽；弓矢，是工具；射隼的，是人。君子怀藏工具，等待时机出动，哪里会有什么不利呢？出动而没有阻碍，所以出动就会有收获，这是说先要具备工具再去采取行动。”

孔子说：“小人不对自己的不仁感到羞耻，不对自己的不义感到害怕，看不到好处就不会努力，所以不对小人进行刑罚，就起不到刑罚的作用。受到小的刑罚，得到大的警戒，是小人的福气。《周易》说‘屦校灭趾，无咎’，说的就是这个道理。

“善行不积累，就成就不了美名，恶行不积累，就不会自取灭亡。小人认为做小的善事没有好处就不去做，认为做小的恶事不会受损就不去克服，所以恶行越积越多难以掩盖，罪行越积越大难得以赦免。最后就会像《周易》上所说的一样“何校灭耳，凶”。

孔子说：“危险，是由于安于他的地位忘记了忧患；灭亡，是由于保持他的现状忘记了危机；变乱，是由于享受他的太平忘记了警惕。所以，君子安逸时不忘危险，活命时不忘灭亡，太平时不忘变乱，正是因此，生命才得以平安，国家才可以长存，就像《周易》上所说的："其亡其亡！系于苞桑。"

【原文】

子曰："德薄而位尊，知小而谋大，力少而任重，鲜不及矣[①]。《易》曰：'鼎折足，覆公𫗧，其形渥：凶。[②]'言不胜其任也。"

子曰："知几[③]，其神乎！君子上交不谄，下交不渎[④]，其知几乎？几者，动之微，吉凶之先见者也[⑤]。君子见几而作，不俟终日。《易》曰：'介于石，不终日，贞吉。[⑥]'介如石焉[⑦]，宁用终日[⑧]，断可识矣[⑨]。君子知微知彰，知柔知刚，万夫之望。"

子曰："颜氏之子，其殆庶几乎[⑩]？有不善未尝不知，知之未尝复行也。《易》曰：'不远复，无祇悔，元吉。[⑪]'"

天地絪缊[⑫]，万物化醇[⑬]；男女构精[⑭]，万物化生。《易》曰：'三人行则损一人，一人行则得其友。[⑮]'言致一也[⑯]。

子曰："君子安其身而后动，易其心而后语[⑰]，定其交而后求。君子修此三者，故全也。危以动，则民不与也；惧以语，则民不应也；无交而求，则民不与也。莫之与，则伤之者至矣，《易》曰：'莫益之，或击之，立心勿恒，凶。[⑱]'"

【注释】

①及："及于祸难"的省语，指祸难。②"鼎折足"三句：见鼎卦九四《爻辞》。③几：细微。④渎：亵渎，指轻慢。⑤先见：预兆。⑥"介于石"三句：见豫卦六二《爻辞》。⑦介：借为"砎"，坚固。⑧宁：岂。⑨断：断然。⑩殆：大概。庶几：接近。⑪"不远复"三句：见复卦初九《爻辞》。⑫絪缊：同"氤氲"，阴、阳二气交融弥漫的样子。⑬醇：均匀。⑭男女：指雌雄两性。⑮"三人行"二句：见损卦六三《爻辞》。⑯致一：合作。⑰易：平和。⑱"莫益之"四句：见益卦上九《爻辞》。

【译文】

孔子说："道德浅薄却身居高位，智慧贫乏却图谋大事，能力不足却担当重任，这种人是少有不遭殃的。《周易》说'鼎折足，覆公𫗧，其形渥：凶'，说的就是人没有能力担当他的重任的情况。"

孔子说："君子能够洞察细微，真是神奇啊！君子和上级交往却不谄媚，和下级交往却不轻慢，他是洞察了细微的征兆吧？所谓几，就是变化时的细微之处，是吉凶的预兆。君子一见预兆就行动，不会长久等待。《周易》说：'介于石，不终日，贞吉。'看似坚如石头，然而哪里需要一整天才能断然看出变化来？君子既知道微细的状况，又知道显著的状况，既知道柔顺的道理，又知道刚健的道理，是万人仰望的人物。"

孔子说："颜家的儿子颜回，他的修养大概接近完美了吧？犯了过失没有不知道的，一旦知道就永远不会再犯，就像《周易》上所说的一样：‘不远复，无祇悔，元吉。’”

天地阴阳交融，万物均匀化育；雌雄精气交合，万物化育生长。《周易》说的“三人行则损一人，一人行则得其友”，就是合作的道理。

孔子说：“君子安定身子后再行动，平静心气后再说话，确定交情后再求助。君子能修持这三点，所以安全无害。身处险境偏采取行动，人们不会帮助他；心怀恐惧偏发号施令，人们不会响应他；没有交情偏求人帮助，人们不会帮助他。大家都不帮助他，那么伤害他的人就要到来了，就像《周易》上所说的：‘莫益之，或击之，立心勿恒，凶。’”

【原文】

子曰：“乾坤，其《易》之门耶[①]？”乾，阳物也；坤，阴物也。阴阳合德，而刚柔有体。以体天地之撰[②]，以通神明之德。其称名也[③]，杂而不越[④]。于稽其类[⑤]，其衰世之意邪？夫《易》彰往而察来，而微显阐幽，开而当名辨物[⑥]，正言断辞[⑦]，则备矣。其称名也小，其取类也大。其旨远，其辞文[⑧]，其言曲而中[⑨]，其事肆而隐[⑩]。因贰以济民行[⑪]，以明失得之报[⑫]。

【注释】

①其：大概。②体：分别。撰：具，指天地具有的万物。③称名：用来指称事物的概念。④越：逾越，指混乱。⑤于：发语词。稽：考察。类：事类，指事迹。⑥当名：恰当的概念。⑦正言：准确的文辞。⑧文：文采。⑨中：中肯。⑩肆：直白。⑪贰：指一阴一阳的道理。济：辅助。⑫报：应验。指得失应验的原因。

【译文】

孔子说：“乾卦和坤卦，大概是《周易》的门径吧？”乾，是阳性物质，坤，是阴性物质。阴阳配合德行，刚柔各有体性。利用阴阳刚柔的这些道理来区别天地的万物，通达神明的德行。《周易》中指称事物的概念，庞杂但不混乱。考察《周易》的事迹，透露的大概是殷代末世的意味吧？《周易》能够彰显过去，察知来来，显露细微，阐明隐晦，打开《周易》，用恰当的概念辨别事物，准确的文辞判断事理，其中都已具备无遗。它指称事物的概念是有限的，用有限的概念比类的事理却是无限的。它的意旨深远，文辞华美，行文婉曲却中肯，叙事直白却深邃。它用一阴一阳的道理辅助人们的行动，阐明得失的原因。

【原文】

《易》之兴也[①]，其于中古乎？作《易》者，其有忧患乎？是故履，德之基也，谦，德之柄也[②]，复，德之本也，恒，德之固也[③]，损德之修也[④]，益，德之裕也[⑤]，困，德之辨也，井，德之地也[⑥]，巽，德之制也[⑦]。履，和而至。谦，尊而光。复，小而辨于物[⑧]。恒，杂而不厌。损，先难而后易。益，长裕而不设[⑨]。困，穷而通。

井，居其所而迁[⑩]。巽，称而隐[⑪]。履以和行，谦以制礼[⑫]，复以自知，恒以一德[⑬]，损以远害，益以兴利，困以寡怨，井以辨义[⑭]，巽以行权[⑮]。

【注释】

①兴：创作。②柄：指关键。③固：坚守。④修：修养。⑤裕：充实。⑥地：环境。⑦制：自制。⑧辨：遍及。⑨设：造作。⑩迁：播撒。⑪称：权衡。⑫制：指遵守。⑬一德：专一。⑭义：兼指"非义"，指是非。⑮权：权宜，指变通。

【译文】

《周易》的创作，大概是在中古时候吧？《周易》的作者，大概是怀着忧患的吧？所以，履卦，是说道德的基础。谦卦，是说道德的关键。复卦，是说道德的根本。恒卦，是说坚守道德。损卦，是说修养道德。益卦，是说充实道德。困卦，是说辨别道德。井卦，是说道德的环境。巽卦，是说道德的自制。履卦。是说和悦施德，谦卦，是说居尊却能光大谦逊。复卦，是说行善从点滴遍及万物。恒卦，是说应对繁杂的事物而不厌烦。损卦，是说事事先难后易。益卦，是说道德长裕不做作。困卦，是说困难到头就亨通。井卦，是说身居家中却能德泽外播。巽卦，是说权衡时势以便退隐。履卦教人和悦办事，谦卦教人守礼，复卦教人自知，恒卦教人专一，损卦教人避害，益卦教人谋利，困卦教人少怨，井卦教人辨别是非，巽卦教人变通。

【原文】

《易》之为书也不可远[①]，为道也屡迁，变动不居，周流六虚[②]，上下无常，刚柔相易，不可为典要[③]，唯变所适[④]。其出入以度外内[⑤]，使知惧，又明于忧患与故[⑥]。无有师保[⑦]，如临父母。初率其辞[⑧]，而揆其方[⑨]，既有典常[⑩]。苟非其人[⑪]，道不虚行[⑫]。

【注释】

①远：穷尽。②六虚：指六个爻位。"变动不居，周流六虚"是指爻变化不定，在六个爻位之间变动。③典要：模式。④适：走。⑤出入：按照筮法，先得的卦叫本卦，后变的卦叫变卦（古人叫"之卦"），"出入"，指一卦由本卦变成变卦。下文的"度"指计量，"外"指变卦，"内"指本卦。⑥故：过往的事。⑦师保：老师。⑧率：循着。⑨揆：揣摩。方：含义。⑩既：则。典常：规律。⑪苟：如果。⑫虚：空。

【译文】

《周易》这部书难以穷尽，书中的道理灵活多端，各爻在六个爻位之间变化不停，或上或下没有定式，刚柔之间相互转化，所以不可把它当作僵化的模式，而要顺着它的变化走。通过卦变计量本卦和变卦的联系，使人知道警惕，并且晓得忧患和过往的事。虽然没有老师，但是《周易》指导人，就像是父母亲临指导一样。开始时循着卦辞爻辞，揣摩其中的含义，逐渐地就会找出规律来了。如果不是精通《周易》的人，《周易》的道理是不会凭空发挥效果的。

【原文】

《易》之为书也，原始要终[①]，以为质也[②]。六爻相杂，唯其时物也[③]。其初难知[④]，其上易知，本末也[⑤]。初辞拟之[⑥]，卒成之终[⑦]。若夫杂物撰德[⑧]，辩是与非[⑨]，则非其中爻不备[⑩]。噫[⑪]！亦要存亡吉凶[⑫]，则居可知矣。知者观其彖辞[⑬]，则思过半矣[⑭]。二与四同功而异位[⑮]，其善不同[⑯]，二多誉，四多惧，近也。柔之为道，不利远者。其要无咎[⑰]，其用柔中也[⑱]。三与五同功而异位，三多凶，五多功，贵贱之等也。其柔危[⑲]，其刚胜邪[⑳]？

【注释】

①原：考察。要：探求。②质：本质。③时物：一定时间内的事物。④初：指初爻。下文的“上”指上爻。⑤本末：初爻为本，上爻为末。⑥初辞：初爻《爻辞》。⑦卒：上爻《爻辞》。⑧若夫：至于。撰：阐明。⑨辩：同“辨”，辨别。⑩中爻：指第二、三、四、五爻。⑪噫：叹词。⑫要：探求。⑬彖辞：指《卦辞》。⑭思：领悟。⑮功：事。位：指爻位。⑯善：兼指坏，好坏。⑰要：概要，指大体。⑱其用柔中：“其”指二爻。二爻居第二爻位，是阴位，是柔；第二爻位又是下卦中位，所以说“其用柔中”。“其用柔中”象征君子办事柔顺中正。⑲柔危：阴爻是柔，三五爻位是阳位，阴爻居阳位，是“不当位”，象征君子地位失当，有危险，所以说“柔危”。⑳刚胜：阳爻是刚，三五爻位是阳位，阳爻居阳位，是“当位”，象征君子地位得当，会得胜，所以说“刚胜”。

【译文】

《周易》这部书，是以考察事物的源头，探求事物的结局为本质的。六爻错综交合，反映的是一定时间内的事物。凭借初爻难以把握事物全貌，凭借上爻容易把握事物全貌，这就是本末的区别。初爻《爻辞》比类事物的开始，上爻《爻辞》确定事物的结局。至于杂合事物，阐明道德，辨别是非，那么就非凭借中爻不可。呵！探求存亡吉凶，只要坐在家中钻研《周易》就可以知道了。聪明的人只要看过《卦辞》，就可以领悟到全卦的大半道理了。二爻和四爻都象征着要以柔顺的态度办事；但爻位不同，所以好坏也就不同：二爻多赞誉，四爻多惊惧，这是因为二爻居内卦，在近处（四爻居外卦，在远处）。以柔顺态度办事的道理，对身在远处的人不利。二爻大体是无害的，是因为二爻象征柔顺并且居下卦中位。三爻和五爻都象征着要以刚健的态度办事，但爻位不同，（所以好坏也就不同）：三爻多凶险，五爻多功绩，这是因为三爻和五爻所居的爻位有贵贱等级的差别。（三爻居下卦的偏位，是卑贱的位置，五爻居上卦的中位，是尊贵的位置。）阴爻居三五爻位，大概是危险的吧；阳爻居三五爻位，大概是能得胜的吧？

【原文】

《易》之为书也，广大悉备。有天道焉，有人道焉，有地道焉。兼三才而两之①，故六。六者非它也，三才之道也。道有变动，故曰爻②；爻有等③，故曰物④；物相杂，故曰文⑤。文不当⑥，故吉凶生焉。

【注释】

① 三才：才通“材”，三才指天、地、人。两：指用两爻象征一才。初二爻象征地才，三四爻象征人才，五上爻象征天才。② 故曰爻：“爻”字本有变化之义，《周易》又是用阴阳爻的变动比类道的变化，所以说“道有变动，故曰爻”。③ 等：区别。④ 故曰物：爻有阴、阳的区别，《周易》是用爻的阴阳比类物的阴阳，所以说“爻有等，故曰物”。⑤ 故曰文：《周易》是用爻的错综交合比类物的错综交合，所以说“物相杂，故曰文”。文：指爻错综交合时的状态。⑥ 不当：兼指当，指得当或不得当。

【译文】

《周易》这部书，内容广博，无所不有，有天道，有人道，有地道。兼有天、地、人三才而用每两爻象征一才，所以有六爻。六爻不是别的，说的是三材的道理。道有变化，所以叫“爻”；爻有等别，所以叫“物”；物错综交合，所以叫“文”。文有得当不得当，所以或吉或凶就产生了。

【原文】

《易》之兴也，其当殷之末世，周之盛德耶？当文王与纣之事耶？是故其辞危①。危者使平，易者使倾②，其道甚大，百物不废③。惧以终始，其要无咎④，此之谓《易》之道也。

【注释】

① 危：危惧。② 易：安逸。③ 废：例外。④ 要：概要，指大体。

【译文】

《周易》的创作，大概是在殷代末世，周族德业兴盛的时候吧？反映的是周文王和殷纣王的事吧？所以，它的《卦辞》和《爻辞》多有危惧的意味。时刻危惧的人能得平安，一味安逸的人易遭灭亡，这个道理很普遍，万物都不例外。从始至终保持危惧意识，就可以大体无害，这就是《周易》的道理。

【原文】

夫乾，天下之至健也，德行恒易以知险①；夫坤，天下之至顺也，德行恒简以知阻。能说诸心②，能研诸侯之虑③，定天下之吉凶，成天下之亹亹者④。是故变化云为⑤，吉事有祥⑥。象事知器⑦，占事知来。天地设位，圣人成能；人谋鬼谋⑧，百姓与能。

八卦以象告，爻彖以情言[⑨]，刚柔杂居[⑩]，而吉凶可见矣。变动以利言，吉凶以情迁。是故爱恶相攻而吉凶生，远近相取而悔吝生，情伪相感而利害生[⑪]。凡《易》之情，近而不相得则凶，或害之，悔且吝。将叛者，其辞惭[⑫]；中心疑者，其辞枝[⑬]；吉人之辞寡[⑭]；躁人之辞多；诬善之人[⑮]，其辞游[⑯]；失其守者其辞屈[⑰]。

【注释】

①恒：永远。②说：通“悦”，和悦。诸：指百姓。③研：体察。④亹亹：勤勉的样子。⑤云为：云，“子曰诗云”的云；为，作为。“云为”指言行。⑥祥：显露征兆。⑦器：器物，这里喻指典章礼制。⑧人谋：自己谋事。鬼谋：通过占筮鬼神谋事。⑨爻：专指《爻辞》。下文的“彖”指《卦辞》。情：事理。⑩刚：指阳爻。下文的“柔”指阴爻。⑪情伪：指真假。⑫惭：通“渐”，诈伪。⑬枝：枝蔓，指混乱。⑭吉人：老实人。⑮善：好人。⑯游：游移不定。⑰守：操守。屈：屈从，指唯唯诺诺。

【译文】

乾，是天下最刚健的，它的德行是明知艰险却能永远秉持平易；坤，是天下最柔顺的，它的德行是明知阻难却能永远秉持简约。运用乾坤的道能够和悦百姓的心，体察诸侯的疑虑，确定天下的吉凶，成就天下勤勉的事业。所以，言行顺应变化，吉事就会出现。《周易》象征世间人事，从中可以知道如何规定典章礼制；占问世间人事，从中可以知道未来吉凶。天地确立了高下尊卑的位置，圣人就在其中施展才能；圣人既自己谋事，也通过占筮谋事，还有百姓来助他成功。八卦以卦象示人，《爻辞》和《卦辞》以事理示人，阳爻阴爻错综交合，吉凶就显现出来了。变不变化要视有利没利而定，吉凶是随着事理的变化而变化的。所以，爱和恶相互碰撞就产生吉凶，远和近相互取舍就产生悔吝，真和假相互感应就产生利害。《周易》的一切事理都说明，人和人离得很近却不能彼此和睦就会凶险，就会有人害他，使他产生悔吝。将要叛乱的人，他的话诈伪；心里疑惑的人，他的话混乱；老实的人话少；浮躁的人话多；污蔑好人的人，他的话游移不定；丧失操守的人，他的话唯唯诺诺。

U0923146

诗经

〈下〉

沐言非/注译

民主与建设出版社

雅篇

《雅》分《大雅》和《小雅》，均为周代朝廷乐歌，多为贵族文人之作品。

小 雅

鹿鸣

呦呦鹿鸣①，食野之苹②。我有嘉宾，鼓瑟吹笙。吹笙鼓簧③，承筐是将④。人之好我，示我周行⑤。

呦呦鹿鸣，食野之蒿⑥。我有嘉宾，德音孔昭⑦。视民不恌⑧，君子是则是效⑨。我有旨酒⑩，嘉宾式燕以敖⑪。

呦呦鹿鸣，食野之芩⑫。我有嘉宾，鼓瑟鼓琴。鼓瑟鼓琴，和乐且湛⑬。我有旨酒，以燕乐嘉宾之心。

【注释】

①呦（yōu）呦：鹿的叫声。②苹：艾蒿。③簧：笙上的簧片。笙是用几根有簧片的竹管、一根吹气管装在斗子上做成的。④承：奉上。将：送，献。⑤周行：大道，引申为大道理。⑥蒿：又名青蒿、香蒿，是一种菊科植物。⑦德音：美好的品德声誉。孔：很。⑧视：同“示”。恌：同“佻”。⑨则：法则，楷模，此处作动词用。⑩旨：甘美。⑪式：语气助词。燕：同“宴”。敖：游乐。⑫芩（qín）：草名，蒿类植物。⑬湛（dān）：乐之久。

【赏析】

《鹿鸣》这首诗原来是君王在宴请群臣时唱的诗，后来在民间也逐渐得到了推广，在乡人的宴会上也经常可以听到人们唱这首歌。

“呦呦鹿鸣，食野之苹。我有嘉宾，鼓瑟吹笙”，通过鹿鸣起兴，来表现君臣宴饮的氛围。东汉末年曹操作的《短歌行》中，就引用了这四句，来表示自己求贤若渴的心情。

通过这四句，读者仿佛可以看到一群麋鹿在原野上悠闲地吃草，它们不时发出呦呦的鸣叫声，叫声相互回应，让人觉得非常和谐悦耳。这样的画面，营造出一个美好、宁静、悠闲的氛围。可以想象，在君王宴请大臣的宴席上，要是也有这样的氛围，那会是多么的轻松愉快，拘谨和紧张的感觉都会消失，人们都会放松下来。在等级森严的社会上，君臣之间礼数太周到，就会变得有些生疏。所以君王会通过宴会来和群臣沟通感情，倾听群臣的心里话。

按照当时的礼仪，宴会上是一定要奏乐的。因此接下来，诗人便从“呦呦鹿鸣”的氛围转入“鼓瑟吹笙”的乐声中。当时在一场宴会上需要演唱三首诗歌，因为《鹿鸣》这首诗在歌唱时需要用笙乐来相配，所以诗中才会说“鼓瑟吹笙”。

虽然现在无从得知这首诗的旋律，但是分析全诗三节的内容，就会发现，它们都拥有非常欢快的节奏，所以可以判定，这首诗始终洋溢着欢快、愉悦的气氛。作为一首宴飨之乐，此诗是没有一点哀音的。

诗的第一节，君王和大臣们相互迎合着，气氛和乐，乐工们吹奏起了琴瑟笙箫。在音乐声中，君王安排小臣们“承筐是将”，也就是捧着成筐的礼品币帛，将它们馈赠给前来赴宴的嘉宾们。在酒宴上馈赠礼品是古人的习惯，君主认为这些来赴宴的大臣都是尊重他、爱戴他，能够给他提出谏言的人。“人之好我，示我周行。”君主感谢他们帮助自己施行治国安邦之道，并希望将来能够继续和他们有良好的沟通。第二节，君王进一步表示自己的祝辞，对君主来说，这些大臣们都是品德崇高的人，他们在老百姓面前说话办事总是诚心敬意，从不耍花招、使奸巧。君主觉得自己应该以他们为表率，向他们学习。君主之所以要这样说，一方面是为表示自己是一位虚心好学、能接受意见的君主，另一方面是为了要求自己的臣子成为清正廉明的好官，希望他们能够矫正民风。君王愿意和大臣们一起畅饮，纵情歌舞，上下同乐。

“宴乐嘉宾之心”这一句将诗的主题深化了。在最后一节中，诗中的欢乐气氛达到了最高潮。但君王这次宴请大臣并不是为了满足口腹需要，而是要做到“安乐其心”，达到沟通君臣关系，彰显君主的威仪和亲和，使所有参与宴会的群臣心甘情愿为君王和国家服务的目的。

四 牡

四牡騑騑[①]，周道倭迟[②]。岂不怀归？王事靡盬[③]，我心伤悲。

四牡騑騑，啴啴骆马[④]。岂不怀归？王事靡盬，不遑启处[⑤]。

翩翩者鵻[⑥]，载飞载下，集于苞栩[⑦]。王事靡盬，不遑将父[⑧]。

翩翩者鵻，载飞载止，集于苞杞[⑨]。王事靡盬，不遑将母。

驾彼四骆，载骤骎骎[⑩]。岂不怀归？是用作歌，将母来谂[⑪]。

【注释】

① 四牡：四匹公马。騑騑：（fēi）马不停地走而显得疲劳。② 倭迟：道路迂回遥远的样子。③ 靡盬（gǔ）：不牢固。④ 啴（tān）啴：喘息的样子。骆：黑鬃的白马。⑤ 启处：指在家安居休息。⑥ 鵻（zhuī）：一种短尾的鸟，也叫鹁鸪、夫不。⑦ 栩（xǔ）：栎树。⑧ 将：奉养。⑨ 杞：杞树。⑩ 骎（qīn）骎：形容马走得很快。⑪ 谂（shěn）：想念。

【赏析】

本诗一开始，就展现出一幅类似于现代电影开篇时的画面：镜头由远及近，一片空旷的原野上，草木稀疏，荒无人烟，唯有蜿蜒曲折的道路兀自向前，道路上，升腾的黄土中，隐隐约约呈现出一辆急急赶路的车骑。接着镜头在车骑上定格，让其细节能够极尽展现，位于最前面的四匹高头大马，原本光鲜雄壮，如今变得疲劳不堪，勉力坚持，车帷因颠簸上下摇晃，濒临散落的边缘。错落着抬起又放下的马蹄，挥汗如雨、满脸急切的驭者，轰隆吱嘎以及扬鞭催马的声响，述说着奔忙的日久和时间的紧迫。诗人的身份可能是一名军中的传递信使，也可能是一位普通的下层官吏，但肯定负有重要的责任和使命，所以他才要疲于奔命地催马扬鞭，刻不容缓。

在辛苦奔忙之时，他在想些什么？当然有“王事靡盬”的沉重，但比这一点更重要的，却是下文中所提及的“岂不怀归”，这种无奈和哀怨，作为人之常情，比责任、辛劳更能纠结人心。马车跑得越快，离故乡和亲人就越远，所以他深情地念叨、反问着：“我岂能不想着回家？”这种反问句式所蕴含的含蓄之意，吞吐之情，丰富细腻、耐人寻味，把远行者欲言又止、一言难尽的思想感情，描摹得淋漓尽致。

在思念亲人时，诗人目之所及都涂上了一层感情色彩。旅途中并非什么都没有，只是当时诗人心中烦乱，无心关注，但当空中的鸟儿轻快地划过视线、载息载止时，诗人的情感防线喟然决堤，不由得吟哦自语：“翩翩者鵻，载飞载下，集于苞栩。”鹁鸠非常闲逸自由，累了可以任意停歇，不时发出一阵唧唧喳喳的鸣叫，欢快悦耳。相比之下，主人公却非常不自由，有家归不得，有父母不能奉养。作者表面是写鸟儿，实际上却是以旁衬对比的艺术表现手法，反衬自己的无奈。

细究之下，这一比兴还有更深层的意蕴在里面。鵻又称夫不，《左传·昭公十七年》：“祝鸠氏，司徒也。”疏云：“祝鸠，夫不，孝，故为司徒。”俞樾《群经平议·毛诗》：“夫不乃孝鸟，其载飞载下，或以恋其父母使然。”道路上鸟儿肯定很多，但诗人单说孝鸟，足见其意义所指：自己忙于公事，常年在外，无法尽孝于父母，连路边的鸟儿都比不上。当真难辞其咎。诗人以此比兴，使孝鸟与不孝的自己作对照，深深地自我埋怨，增加了诗作的情感力度。

鸟儿的状态是主人公所渴望的，而对马儿形象的反复渲染则有作者同病相怜的意味在里面，诗作第一、二、四章写到马，无一不蕴含着深意：精心挑选的骆马华贵美丽、高大矫健、毛色规整，却不得不终日拼命地四处奔跑，累得气喘吁吁也无法停歇，这和诗人的处境何其的相似。主人公虽然有个正式的职务，看似光鲜安稳，也许还受到一些人的敬仰，但公事繁多、责任重大，需要日夜操劳奔波，无法在家奉养双亲。以尽人子之责，更没有半点的轻松和安闲，照应三四章不受管束的雏鸟的安闲。

尽管这首诗是发泄不满“王事靡盬”的牢骚，但也可理解为勉力尽忠王事之作。作者忠于职守，忠孝无法两全，择忠而愧父母，从而为诗作披上了一层赞颂色彩。古代时，普通百姓被迫服各种劳役或兵役，是一种无条件的义务，没有报酬，但下层官吏不同，他们是一种有报酬的劳动，“食人食则忠人事”是对官员的起码要求，也是道德之所在。所以，作者虽然埋怨，虽然无法照顾双亲，但还是首先以公事为重，仅仅在路途上的间隙中，一诉自己的忧伤和对父母的愧疚，展现出较高的思想境界。统治者们也往往选择此说，借其慰劳使臣的风尘劳顿。《毛诗序》说此诗“劳使臣之来也”。对于这种解释，历来褒贬不一，多被争论。唯一可以确信的是，此为一首写公务缠身的小官吏的行役诗，它与《诗经》中其他同类题材诗一起，是后世行役诗的滥觞。

皇皇者华

皇皇者华①，于彼原隰②。駪駪征夫③，每怀靡及④。
我马维驹，六辔如濡⑤。载驰载驱⑥，周爰咨诹⑦。
我马维骐⑧，六辔如丝⑨。载驰载驱，周爰咨谋⑩。
我马维骆⑪，六辔沃若⑫。载驰载驱，周爰咨度⑬。
我马维骃⑭，六辔既均⑮。载驰载驱，周爰咨询⑯。

【注释】

①皇皇：犹言“煌煌”，形容光彩甚盛。②原隰（xí）：原野上高平之处为原，低湿之处为隰。③駪駪：众多貌。征夫：这里指使臣及其属从。④靡及：不及。⑤六辔：古代一车四马，马各二辔，其中两骖

马的内辔系在轼前不用，故称六辔。如濡：新鲜有光泽貌。⑥载：语助词。⑦咨诹（zōu）：商量，咨问。⑧骐：青黑色的马。⑨如丝：指辔缰有丝的光彩和韧度。⑩咨谋：与“咨诹”同义。⑪骆：白毛的马。⑫沃若：驯顺貌。⑬咨度：与“咨诹”同义。⑭骃：杂色的马。⑮均：协调。⑯咨询：与“咨诹”同义。

【赏析】

诗共有五节，其中四节的内容，诗人都用来描写奔波在路上的各色马匹。诗人不厌其烦地描绘着它们“载驰载驱。周爰咨诹”的样子，这样写的目的就是为了告诉我们，像他一样的征夫有很多，他们策马驰骋在路上，来去匆匆，勤劳地为君王求访民声，可见他们对君主的忠诚。

诗中描写了身负国君命令的大臣四处去搜集民间情况，他广询博访的目的是为了向上可以宣扬国家的明德，向下可以辅助自己的不足。为了完成任务的使臣在旅途中时刻谨记君王的教导，忠于职守。他们行走在乡野民间，不辞辛劳，还深感自己有做得不够的地方。

本诗极具艺术效果，全诗通过“皇皇者华”一句起兴，统领全文。本诗前后各章，交相辉映，联系紧密，照顾周密。本诗语言开朗活泼，朝气蓬勃，押韵得体，具有很强的可诵性。

“煌煌的花枝，已盛开在原隰之上了。奉使的征夫，已駪駪然奔驰于行道之中了。怀着国家的使命，常想着自己的不足。”这一段话说得委婉而寓意深长，表达了君主对自己的使臣的慰问之情，他知道使臣为了帮助他得到民声而在路上奔波，十分辛苦，同时君主又告诫使臣一定要时刻谨记自己的职责，要忠于自己的使命，君主希望自己的使臣能够常常用“靡及”来自警。虽然这几句话说得分外委婉，但是同时他又具有十分庄重的感觉。本节同时为后面几节中君主所言的具体内容做了铺垫。

本诗从第二节至第五节都是在用使臣的口气反复表达君主的教诲，可见使臣将君主的教诲时刻记在了心上，他时时刻刻都在告诫自己要忠于职守。

第二节中的前三句：“我马维驹，六辔如濡。载驰载驱”都是使臣在自述他在民间收集民声的征途上所遇到的情况。第四句“周爰咨诹”，则表明了“博访广询，多方求贤”的意义是什么，同样也告诉了我们

“君教使臣”的主要内容，更是点明了“每怀靡及”一句中使臣怀思的是什么。

第三节至五节所表述的内容和第二节基本相同，只是在几个词语上稍做了修改。“我马维骐，六辔如丝”“我马维骆，六辔沃若”“我马维骃，六辔既均”。这几句话虽然更换了几个字，但是其用意都是为了展现奉命出行的使臣在途中所看到的盛况。第二节的“周爰咨诹”，第三节的“周爰咨谋”，第四节的“周爰咨度”，第五节的“周爰咨询”，它们的意义都是“遍于咨询”，也就是君主要他做到“广询博访”的意思。这些词句的不断重叠，反复表明在征途之中的使臣没有一刻忘记过君命。通读全诗，就会发现“每怀靡及”和“周爰咨诹”这两句，是本诗关键所在。

本诗通过第一节的“每怀靡及”总领全文，引出第二节以下的“周爰咨诹”“周爰咨谋”“周爰咨度”等句子的含义，让我们明白了君教使臣的含义，同时很好地体现了君子嘱托使臣“每怀靡及”的殷殷之意。

常　棣

常棣之华①，鄂不韡韡②。凡今之人，莫如兄弟。死丧之威③，兄弟孔怀④。原隰裒矣⑤，兄弟求矣。脊令在原⑥，兄弟急难。每有良朋⑦，况也永叹⑧。

兄弟阋于墙⑨，外御其务⑩。每有良朋，烝也无戎⑪。丧乱既平，既安且宁。虽有兄弟，不如友生⑫。

傧尔笾豆⑬，饮酒之饫⑭。兄弟既具⑮，和乐且孺⑯。妻子好合⑰，如鼓瑟琴。兄弟既翕⑱，和乐且湛⑲。宜尔室家⑳，乐尔妻孥㉑。是究是图㉒，亶其然乎㉓。

【注释】

①棣：亦作棠棣、唐棣，蔷薇科落叶灌木，果实比李小，可食。②鄂

不：萼足。韡（wěi）：鲜明貌。③威：通“畏”。④孔怀：最为思念、关怀。孔，很，最。⑤裒（póu）：聚集。⑥脊令：通“鹡鸰”，一种水鸟。⑦每：虽。⑧永：长。⑨阋（xì）：争吵。⑩御：抵抗。务：通“侮”。⑪烝：通假作“曾”，乃。戎：帮助。⑫友生：友人。⑬傧（bīn）：陈列。⑭饫（yù）：满足。⑮具：同“俱”，聚集。⑯孺：相亲。⑰好合：相亲相爱。⑱翕（xī）：聚合。⑲湛：深厚。⑳宜：和顺。㉑帑（nú）：儿女。㉒究：深思。图：考虑。㉓亶（dǎn）：信、确实。然：如此。

【赏析】

西周初年的时候，曾经出现过周公的兄弟管叔和蔡叔叛乱事件。根据这件事，《毛诗序》判定《常棣》是周公写的：“《常棣》，宴兄弟也。闵管、蔡之失道，故作《常棣》。”西周末年，统治阶级骨肉相残、手足相害的事情发生得更多了。《左氏春秋》认为《常棣》是厉王时召穆公所作，《左传·僖公二十四年》：“召穆公思周德之不类，故纠合宗族于成周，而作诗曰：‘常棣之华……’云云。”

其实，无论《常棣》的作者是周公抑或是召穆公，都没有足够的证据可以证明，因此，读者不妨将“常棣”当成一个文学意象。“凡今之人，莫如兄弟”这两句可视作《常棣》这首诗的主旨。它是一首在周人宴会上劝诫兄弟友爱的诗，既有叹惜，又有警世规劝的意思。

本诗所表达的内容通过四个层次表现出来，有“莫如兄弟”这样的歌唱；也有“不如友生”这样的感叹；还有“和乐且湛”这样的推崇和期望。第一层就是第一节，这一节用常棣之花来起兴，“常棣之华，鄂不韡韡”，这两句通过赞叹常棣之花的鲜明娇艳来比喻兄弟之间的感情。“鄂不”这个词的意思是花萼和花蒂有所依托，两者紧密相依，这是花朵美丽的基础。由此引出“凡今之人，莫如兄弟”这两句，在全世界，只有兄弟之间的情义才是最坚固的。这一句既赞美了兄弟之间的亲情，同时也是对中华民族传统人伦观念的一种展现。

接下来的三节中，诗人描绘了三个典型情境，用这样的情景表现出“莫如兄弟”这句话的意义。

这一层首先描写兄弟之间的深厚感情：如果有一方遭遇了死丧，剩下的人一定会感到悲痛；若有一方被埋尸荒野，剩下的那个一定会不远万里带他回去。

第二部分写到兄弟之间如果有一方遇到了困难，另一方一定会去帮助。“脊令在原”这一句郑笺是这样解释的：“雍渠水鸟，而今在原，失其常处，则飞则鸣，求其类，天性也。犹兄弟之于急难。”鹡鸰是一种被困处高原时就飞鸣寻求同类的鸟，这样的鸟正好符合兄弟急难时互相救助的情景。

第三部分是写兄弟之间如果有一方遭遇了外人的侮辱或者非难，那么他的兄弟一定会鼎力帮助他。就算亲兄弟之间也会因为一些琐事发生争执，但是当他们遭遇外敌之时，他们一定能做到一致对外。

这三节对兄弟之情的反复吟咏，强化突出了兄弟团结的重要意义。这一部分通过“死丧”、“急难”和“外御”这三个词，描写了兄弟之情的诚笃深厚。

前面两部分诗人是从正面来赞颂理想中的兄弟之情，而诗的第三层所描写的内容，从正面的理想回到了当时的现实；也就是理想中的“莫如兄弟”变成了现实中的“不如友生”。

“虽有兄弟，不如友生”，诗人叹息着：丧乱平息，安宁来临之后，虽然有兄弟，但是“不如友生”的情况也许就会发生。虽然兄弟之间可以共御外侮，但是当没有外敌之后，兄弟之间就会发生内斗，这样的内斗会使得兄弟之间产生矛盾，这样一来，兄弟之间的相处就比不上朋友之间的和谐美好了。

接下来，诗人展示了兄弟和乐、骨肉相亲、夫妻和睦、全家团圆的场景。兄弟和乐融融，夫妻琴瑟和谐。第七节中“妻子”和“兄弟”的对照，表明兄弟之情是胜过夫妇之情的；因为只有兄弟和睦，才能室家安宁，也就是“兄弟既翕”，才能“宜尔室家，乐尔妻帑”，所以和睦的兄弟关系是家族和睦、家庭幸福的基础。

兄弟友爱，手足亲情，是永恒的文学主题。本诗用对比的方法凸显了“凡今之人，莫如兄弟”这一主旨。诗中对于手足之情的描写，真挚感人，影响深远。

古人看重和强调兄弟亲情是有其特殊原因的，一方面是因为血缘；另一方面是父系社会的观念使然。男性是国家和家庭的主宰，也是传宗接代的主角，兄弟担任着双重的主角，其重要性不言而喻。

伐 木

伐木丁丁[①]，鸟鸣嘤嘤[②]。出自幽谷，迁于乔木。嘤其鸣矣，求其友声。相彼鸟矣[③]，犹求友声。矧伊人矣[④]，不求友生。神之听之[⑤]，终和且平[⑥]。

伐木许许[⑦]，酾酒有芎[⑧]。既有肥羜[⑨]，以速诸父[⑩]。宁适不来[⑪]，微我弗顾[⑫]？於粲洒扫[⑬]，陈馈八簋[⑭]。既有肥牡[⑮]，以速诸舅[⑯]。宁适不来，微我有咎[⑰]。

伐木于阪，酾酒有衍[⑱]。笾豆有践[⑲]，兄弟无远。民之失德[⑳]，干俟以愆[㉑]。有酒湑我[㉒]，无酒酤我[㉓]。坎坎鼓我[㉔]，蹲蹲舞我[㉕]。迨我暇矣[㉖]，饮此湑矣。

【注释】

①丁（zhēng）丁：砍树的声音。②嘤嘤：鸟叫的声音。③相：审视，端详。④矧（shěn）：况且。伊：你。⑤听之：听到此事。⑥终……且……：既……又……。⑦许（hǔ）许：砍伐树木的声音。⑧酾（shī）：过滤。有芎（xù）：酒清澈透明的样子。⑨羜（zhù）：小羊羔。⑩速：邀请。⑪宁适不来：难道有事不能来。⑫微：非。弗顾：不顾念。⑬於粲洒扫：清洁庭院忙打扫。⑭陈：陈列。簋（guǐ）：盛放食物用的圆形器皿。⑮牡：雄畜。诗中特指公羊。⑯诸舅：异姓亲友。⑰咎：过错。⑱衍：美好的样子。⑲笾（biǎn）豆：盛放食物用的两种器皿。践：陈列。⑳民：人。㉑干餱（hóu）：干粮。愆：过错。㉒湑（xǔ）：滤酒。㉓酤：买酒。㉔坎坎：鼓声。㉕蹲蹲：舞姿。㉖迨：等待。

【赏析】

《伐木》是一首宴请亲朋故旧的诗歌。

本诗共有三节，后两节的内容都是集中笔墨来描写宴饮，这是因为在那个时代，宴饮是建立和维系友情的重要手段。在诗中，作者采用了一种先迂回后正面的表达方式。

第一节通过鸟鸣来比喻人不能没有亲友。本节的开篇用“丁丁”的伐木声和“嘤嘤”的鸟鸣声营造了一个伐木声和鸟鸣声交融在一起的空山清响的气氛。鸟儿被叮叮的伐木声惊醒，感到即将有一场灾难就要降临，于是它们发出了“嘤嘤”的啼鸣声。虽然感到十分恐慌，但是它们并没有忘记通知自己的同类赶紧搬家迁居。于是，林中到处都响起了鸟鸣声，群鸟听见这些报警之声立即行动了起来，从“幽谷”搬迁到了“乔木”，就这样，避免了一场灭顶之灾。

诗人认为帮助鸟儿及时脱离险境的因素就是友情，帮助鸟儿们继续过着安宁生活的还是友情。“相彼鸟矣，犹求友生。矧伊人矣，不求友声。”鸟儿都可以通过鸣叫声来示警和寻友，那么作为人，就更应该通过自己的努力来经营好友情，让亲朋好友都拥有和平安宁的生活。

人有时会被冷落、被抛弃，有时会因为各种缘故失去友情，生活中会发生许许多多矛盾和纷争，这些都是不珍惜友情所带来的。作者最后说“神之听之，终和且平”，从人情天理说，只要人们之间能够相亲相爱，那么这个世界也将会变得和平安宁。这既是对神的祈求，也是对神的宣誓。

诗人决定要用丰盛的酒肴，来热诚地款待亲友。他解释说，诸父诸舅“宁适不来”的原因应该是“微我有咎”。第二节描绘出筹办筵席的热闹场面，诗人决定用纯净的美酒、上好肥嫩的羔羊以及丰盛的美食来招待自己的亲友，同时又勤快地将院落打扫干净，这些都表明主人是诚心诚意要招待大家，他宴请的目的不只是出于礼仪，更多的是为了寻求友谊。

他所邀请的都是他的长辈，其中有他同姓的“诸父”，也有他异姓的“诸舅”。诗人希望他邀请的客人都能够光监，他害怕自己有所疏忽，而落下一个朋友，诗人顾虑着“怎能邀请了他们不肯来？千万莫要再见怪”。

倘若他的父兄朋友们因为各种原因没有来，那么也一定有他们的原因吧。但诗人还是满怀期待地等着他们的到来，希望愈大，诗人就愈怕落空，这种“患得患失”的感觉，写得很真实，字里行间都表明诗人诚恳寻找朋友的决心和对友情坚定不移的追求。

第三节的前四句，是第二节的延续和发展，简单地告诉读者，这次请的是同辈的朋友，酒菜也十分丰盛，诗人用周到的礼节招待他们，和招待长辈时一样尽心。诗人的目的是为了告诉世人，无论长幼亲疏。都要做到互相友爱。

这一节体现了作者美好的愿望。宴会中酒杯已经斟满了，桌子上陈列着满满的美食，其实兄弟之间的距离并不遥远。作者希望普通人之间绝不“干餱以愆”，而要做到以诚相待。亲友之间要“有酒湑我，无酒酤我”，相互理解、信任、和睦快乐地相处，这种团结友爱、皆大欢喜的气氛，寄托着诗人殷切的期望。

天 保

天保定尔，亦孔之固①。俾尔单厚②，何福不除③？俾尔多益，以莫不庶④。

天保定尔，俾尔戬穀⑤。罄无不宜⑥，受天百禄。降尔遐福，维日不足⑦。

天保定尔，以莫不兴。如山如阜⑧，如冈如陵，如川之方至⑨，以莫不增。

吉蠲为饎⑩，是用孝享⑪。禴祠烝尝⑫，于公先王⑬。君曰卜尔⑭，万寿无疆。

神之吊矣⑮，诒尔多福⑯。民之质矣⑰，日用饮食。群黎百姓，遍为尔德⑱。

如月之恒⑲，如日之升。如南山之寿，不骞不崩⑳。如松柏之茂，无不尔或承。

【注释】

①孔之固：把稳固赐给你。②俾：使。尔：你。单厚：确实很多。

③除：给予。④庶：众多。⑤戬穀（jiǎn gǔ）：福禄。⑥罄：尽，指全部。⑦维：通“惟”，唯恐。⑧阜（fù）：土山。⑨川之方至：河水涨潮。⑩吉：吉日。蠲（juān）：祭祀前沐浴斋戒使清洁。饎：祭祀用的酒食。⑪是用：用是，用此。⑫禴（yuè）祠烝尝：一年四季在宗庙里举行的祭祀的名称。春祠，夏禴，秋尝，冬烝。⑬公：先公，周之远祖。⑭君：祭祀中扮演先公先王的神尸。⑮吊：降临。⑯诒（yí）：通“贻”，送给。⑰质：质朴。⑱为：通“吪”，感化。⑲恒：指月到上弦。⑳骞（qiān）：亏损。

【赏析】

有学者认为，《天保》是“召公致政于宣王之时祝贺宣王亲政的诗”（赵逵夫《论西周末年杰出诗人召伯虎》）。召伯虎是宣王的抚养人、老师及臣子，在宣王登基之初，他对新王表达自己的鼓励和期望，希望新王登位后能励精图治。作为一个具有远见卓识的政治家，他在诗作中也表达了自己“敬天保民”的政治理想。

作者首先呈言，宣称新王受天命而即位，上天肯定会维护其统治，宣王治理下的国家定会稳固长久，口吻大气，充满了说服力和感染力。在此章后半段，作者又语重心长地鼓励：“俾尔单厚，何福不除？俾尔多益，以莫不庶。”反复肯定上天降临给宣王各种各样所有可能存在的福分，宣王只管放心就好。

第二章，作者还是从不同角度表明上天的厚爱，声称新王即位后。上天将竭尽所能，“罄无不宜”地保佑王室，使其安定繁荣，一切顺遂。作者甚至夸张地写道：上天时时刻刻都在全力地降福，不担心福分太多，只担心他用来赐福的时间不够用。寥寥数语，以一种极尽铺排的方式展示出上天的福赐之厚、眷顾之周。

以上两章中，各种祝福都说尽了，所有角度也都列完了，但作者还嫌不够。在第三章中，他用反复譬喻的博喻方法，设譬连珠，精心描摹，极言上天对新王的佑护与偏爱：他的恩泽如巍峨的山峦、丰腴的土阜、平整的高岗、人云的山峰以及正值涨潮的河川，雄伟壮大，气势非凡。作者想到了一切大气、宏阔、厚重的意象，用来形容新主的福泽之厚，并预示今后国家的百业兴旺，使得诗作形象鲜明生动，气氛热烈而又典雅。

通过以上的言辞，对上天眷顾的描述已再难复加，诗作从第四章起，笔锋开始转向，诉说对祖先的祭祀，以期他们对新主的护佑。作者先写新王选择吉利的日子，举行了祭祀祖先的仪式，祖先们受祭而降临，给予新主福分，使得国泰民安，一派祥和繁盛。对于新主来说，上天的恩泽可能虚无缥缈一些，它仅存于自己的想象，毕竟每一位君王都宣称自己为天子，数目太多，结局各异，难证其实；而自己的祖先则显得更加实在，他们与新主均视对方为亲人，有着血浓于水的亲情，新主更易信任、放心。

作为一国之主，单靠神灵护佑是不够的，他的统治还需要百姓的支持，第五章的后四句，开始表达国人的拥戴。作者在此把这个问题提了出来，打消了新主的隐忧："民之质矣，日用饮食。群黎百姓，遍为尔德。"百姓们非常质朴，而且很拥戴您的统治，因为质朴，所以容易管理，不易动乱；因为拥戴，所以易于驱遣，便于新主完成宏图伟业。

在新主悬着的心彻底放下来之后，作者又加上了一章，作为气势的帮衬，末章跟第三章一样，用了博喻的手法：您的统治一定会和月亮一样恒定，和初升的太阳一样蒸蒸日上，和南山一样长寿，和松柏一样茂盛。用世间最美好的事物作比，对年轻君王毫无保留地热情鼓励，让听者动容。想必现在的君王心中，一定会充满着无尽的信心、朝气和力量吧。

《天保》通过臣下对君主的祝颂，祈求苍天神灵赐福，较为集中地反映了周人敬天保民的思想意识。第一至三章是"敬天"，体现出周人稳定而强烈的天命观，几乎与天平齐的，还有祖先及其神灵。诗的后半部分，重视祭祖祀神。其实，古人认为，"天""祖"代表的是君主自己，他们秉承上天旨意治理天下，其降生、继位乃至覆灭，都是上天意志的安排。先祖应天顺民但事业未竟，后来的君主若能继承先祖的德性，自然就会得到其庇护和万民的拥戴。由此，古代君主"敬天""敬祖"，实质上是在警诫自我，让自己有所依循和敬畏。

"保民"思想即"以德为政"，《礼记》云："殷人尊神，率民以事神。""周人尊礼尚施，事鬼敬神而远之。"周人此种"保民"思想与殷商相比，有着极大的进步意义。三千年后的今天，顺应自然规律的"敬天"思想和关注民生的"保民"思想仍然没有过时，对国家的长治久安、繁荣兴旺依然有着极其重要的作用。

采　薇

采薇采薇[①]，薇亦作止[②]。曰归曰归[③]，岁亦莫止[④]。靡室靡家[⑤]，玁狁之故[⑥]。不遑启居[⑦]，玁狁之故。

采薇采薇，薇亦柔止。曰归曰归，心亦忧止。忧心烈烈[⑧]，载饥载渴[⑨]。我戍未定[⑩]，靡使归聘[⑪]。

采薇采薇，薇亦刚止[⑫]。曰归曰归，岁亦阳止[⑬]。王事靡盬[⑭]，不遑启处。忧心孔疚[⑮]，我行不来[⑯]。

彼尔维何[⑰]？维常之华[⑱]。彼路斯何[⑲]？君子之车[⑳]。戎车既驾[㉑]，四牡业业[㉒]。岂敢定居？一月三捷。

驾彼四牡，四牡骙骙[㉓]。君子所依[㉔]，小人所腓[㉕]。四牡翼翼[㉖]，象弭鱼服[㉗]。岂不日戒[㉘]？玁狁孔棘[㉙]。

昔我往矣，杨柳依依[㉚]。今我来思[㉛]，雨雪霏霏[㉜]。行道迟迟，载渴载饥。我心伤悲，莫知我哀。

【注释】

①薇：豆科植物，可食用。②作：初生。止：语助词。③曰：说。④岁亦莫止：一年将尽之时。⑤靡：无。⑥玁狁（xiǎn yǔn）：北方少数民族。春秋时代称为狄，秦汉时称匈奴。⑦不遑：没空。启居：跪和坐，指安居。⑧烈烈：火势很大的样子，此处形容忧心如焚。⑨载：语气助词。⑩戍：驻守。定：安定。⑪使：传达消息的人。聘：探问。⑫刚：指薇菜由嫩而老，变得粗硬。⑬阳：阴历十月。⑭盬（gǔ）：休止。⑮孔疚：非常痛苦。⑯不来：不归。⑰尔："苶"的假借字，花盛开貌。维何：是什么。⑱常：常棣，棠棣。⑲路：高大的马车。⑳君子：指将帅。㉑戎车：兵车。㉒四牡：驾兵车的四匹雄马。业业：马高大貌。㉓骙（kuí）骙：马强壮貌。㉔依：依靠。㉕小人：指士卒。腓：隐蔽。㉖翼翼：行止整齐熟练貌。㉗象弭：象牙镶饰的弓。鱼服：鱼皮制成的箭袋。㉘日戒：每日警备。㉙棘：同"急"。㉚依

依：柳枝随风飘拂貌。㉛思：语气助词。㉜雨（yù）：作动词，下雪。霏霏：雪花纷飞貌。

【赏析】

《采薇》是《诗经》里的名篇，诗的第一部分为前三章；第二部分为四、五章；最后一章为第三部分。作为归途中的回忆之作，诗以倒叙写起，由“采薇”开题，末尾以“莫知我哀”终结。

寒冬季节，淫雨霏霏，夹杂着乱雪，道路泥泞，景象苍凉，一名衣衫破旧的老兵独自行走在回返故乡的路上。身劳力疲之中往昔困苦危难的军旅生涯一幕幕回荡在他的心间，不禁百感交集，心酸欲泣，于是吟成这一喟叹悲凄之作。

“薇菜啊，薇菜啊，你发芽出生了，我们也该想回家！但有家难回，谁问这是因为啥？都是俨狁人侵；采薇时节又到了，枝叶鲜嫩长又大，这时应该回家了，可却还要去拼杀！薇菜长得叶老壮，这下可能回家！谁知王事还没有完，忧伤的悲泪无处洒！”这第一部分用忧伤的语调反复叙说着久别家室、凄苦盼归的心情。

从手法上，每章都以“采薇采薇”引起下文。军粮不济，只好不断地采集野薇菜来充饥，可见军中生活长期极端艰苦。诗的开端“采薇采薇，薇亦作止”，薇菜刚生出嫩芽儿，这是写春天；二章开头“采薇采薇，薇亦柔止”，薇菜的叶儿已长得肥大，是写夏天；三章又道“采薇采薇，薇亦刚止”，薇菜的叶茎将老，是到了秋天。从春到秋。薇菜逐渐由嫩变老，时光无情地抽离，离人却日日空盼不能归家，凄苦之情可想而知。

接下来具体描写戍边生活。“那开放的花儿是什么，是棠棣的花儿在开放，那高车大马载的是谁，是将帅们驾着车马上路了；将帅们坐在高车上，士卒们只能在车旁，戍边不敢避危难，一月三捷要胜仗。面对的敌人凶又狂，猃狁的狡狯不卸甲，时时刻刻要警惕，丝丝毫毫不松懈。”

这一部分字面上找不出思归的笔触，然而苦涩的情味如一缕轻烟浸入文字的肌理之中。可怜的兵士们，当他拖着疲惫的身体，踉跄于车马之后时，当他以车子做掩护躲避敌箭时，当他深夜警醒枕戈待旦时，怎能不加倍思念家乡和亲人呢！诗中显然泄露着对官兵苦乐大异的怨恨情绪。拉车的马“业业”“骙骙”，可见喂养丰足，它们的主人吃的自然更不会差；将帅高居于战车上，衣饰华贵，威仪神气；而众士兵却长以薇菜果腹，形消体弱，衣衫残破，整日跟在车后步履艰难……尽管字面上描写将帅车骑的威武、服饰的鲜明，但这并不是赞美，而是心存不平。

最后部分写的是归途的情景。一个雨淫雪纷的日子，戍卒终于踏上了归途。长久的戍边生活在他的内心留下了极重的创伤，只听他忧伤无限地呼吁："昔我往矣，杨柳依依"，"今我来思，雨雪霏霏。"当年离家的时候，杨柳垂拂，春光烂漫；而今我回乡的路上，却是雨雪纷飞，寒气逼人。

诗以杨柳依依、春光流泻来渲染昔日上路时的无畏无忧之情，用雨雪纷飞来表现今日返家途中内心的悲苦。那一股深邃的、悲凉的情思，从画面里汩汩流出，意含深永。斯人必是青年离家而今老迈才归，少离老归途中倍觉惨淡，不然哪有如此直切肺腑的感受、如此悲情的呼告。其以"杨柳依依"的晴温反衬"雨雪霏霏"的衰寒。"依依""霏霏"两组叠词，不但把杨柳的婀娜、雨雪的冷冽描绘得十分真切，而且深邃地揭示了雪中归人的内心苦楚，给人以强烈的震撼。

清代王夫之《姜斋诗话》中评说这四句诗"以乐景写哀，以哀景写乐，一倍增其哀乐"，评鉴得再恰当不过。"行道迟迟，载渴载饥"，是慨叹归途的饥渴导致行程拖泥带水。他挣扎于回乡之路，凄情地回忆往事，体味着情感的苦楚，舔舐着内心的伤痕，最终痛苦吟呼道："我心伤悲，莫知我哀。"我的心悲苦已极，又能得到谁的怜悯啊！

读罢此诗，眼前仿佛展现出一幅画卷：一位垂老的戍卒，在寒冬雨雪中踏着泥路艰难地前行，留下孤独的背影，回旋一息幽怨的悲叹。他的家在前方，诱使他勉力走向雨雪浓重幽暗灰蒙的远方。

出 车

我出我车，于彼牧矣①。自天子所，谓我来矣。召彼仆夫，谓之载矣。王事多难，维其棘矣②。

我出我车，于彼郊矣。设此旐矣[3]，建彼旄矣[4]。彼旟旐斯[5]，胡不旆旆[6]？忧心悄悄[7]，仆夫况瘁[8]。

王命南仲，往城于方。出车彭彭[9]，旂旐央央[10]。天子命我，城彼朔方。赫赫南仲[11]，猃狁于襄[12]。

昔我往矣，黍稷方华[13]。今我来思[14]，雨雪载涂[15]。王事多难，不遑启居[16]。岂不怀归？畏此简书[17]。

喓喓草虫[18]，趯趯阜螽[19]。未见君子[20]，忧心忡忡。既见君子，我心则降[21]。赫赫南仲，薄伐西戎[22]。

春日迟迟，卉木萋萋[23]。仓庚喈喈[24]，采蘩祁祁[25]。执讯获丑[26]，薄言还归[27]。赫赫南仲，猃狁于夷[28]。

【注释】

①牧：城郊以外的地方。②棘：急。③旐（zhào）：画有龟蛇图案的旗。④建：竖立。旄（máo）：旗杆上装饰牦牛尾的旗子。⑤旟（yú）：画有隼鸟图案的旗帜。⑥旆（pèi）旆：旗帜飘扬的样子。⑦忧心悄悄：暗中担忧。⑧况瘁（cuì）：辛苦憔悴。⑨彭彭：形容车马众多。⑩旂（qí）：绘交龙图案的旗帜，带铃。⑪赫赫：威仪显赫的样子。⑫猃狁（xiǎn yǔn）：我国古代北方的少数民族。襄："攘"，平息，扫除。⑬方：正值。华：开花，诗中指黍稷抽穗。⑭思：语气助词。⑮雨雪：下雪。涂："途"。⑯遑：空闲。⑰简书：周王传令出征的文书。⑱喓（yāo）喓：昆虫的叫声。⑲趯（tì）趯：蹦蹦跳跳的样子。阜螽（zhōng）：蚱蜢。⑳君子：指出征之人。㉑降：安宁。㉒薄：借为"搏"，打击。西戎：古代北方少数民族。㉓萋萋：草木茂盛的样子。㉔喈喈：鸟叫声。㉕蘩：白蒿。祁祁：众多的样子。㉖执讯：捉住审讯。获丑：杀敌割左耳。㉗还：凯旋。㉘夷：扫平。

【赏析】

方玉润说："此诗以伐猃狁为主脑，西戎为余波，凯还为正意，出征为追述，征夫往来所见为实景，室家思念为虚怀。"

诗人表达了胜利的喜悦，对南仲英明指挥的赞颂，同时还歌颂了周宣王平定四夷的功绩。诗中并没有正面描写战争的激烈场面，只是用"猃狁于襄"来阐述战争的结果。全诗描写的重点是战争前的准备工作，详尽描绘了雄壮的军威、浩大的声势，以及全国上下的同仇敌忾；此外，本诗还描写了战争后方人民平静而安适的生活，这一切都暗示了胜利是这场战争的必然结果。

本诗前三节将描写重点放在了战前情景上，用画面的描绘与心理暗示相叠加的方式来进行细部刻画，详细写出了在紧急的王命催促下，将士慷慨赴难的情形。《出车》这首诗，表现周宣王初年南仲统帅将士讨伐狎狁的故事，诗中歌颂了统帅南仲的英明和他的赫赫战功，结构宏大而完整。

第一节主要写南仲奉王命出征。“我出我车，于彼牧矣。自天子所，谓我来矣”这几句话中的一串连贯动作，突出了事态的紧急，形成了一种时空上的逼近感。将士们在郊外列队，整装待发，车马排列整齐。军队旗甲鲜明。“谓我来矣”表现出了一种舍我其谁的豪迈，勇士的形象跃然纸上。面对紧急的王命，将士准备充分，一种紧张的战前气氛充满了字里行间。最后两句中“多难”和“棘”二词，暗示主帅和士兵们心理上都十分凝重和压抑。

第二节写军旗猎猎，主要是为了突出“忧心悄悄”。“旐”“旄”“旂”“旟”这几个词说明军队已来到了郊外，这支声势浩大的队伍气势凛然。士兵们举着龟蛇图案的旗帜前进着，战车上插着装饰隼鸟羽毛的大旗，这些旗帜在风中猎猎飘扬着。前锋到达郊外时，后面军队才刚刚出城。最后又用“忧心悄悄，仆夫况瘁”两句表明行军中的士兵心理上的紧张，他们知道出兵打仗不是儿戏，因此只能悄悄地怀念家乡。

第三节写到了朔方之战，这一节重点描述了南仲这个人物。南仲是周王任命的大将军，他依照王命到朔方筑城迎敌。“出车彭彭，旂旐央央”这两句叙述军容之盛，周军拥有大量的战车，这些车子在行进时发出滚滚的声音，猎猎飘扬的旗帜雄壮而壮观；再加上赫赫有名的南仲，能起到威慑外族的作用，反映作者对赢得这场战争的自信。

诗的前三节既有恢宏的郊牧誓师、野外行军场面，同时还兼有细致人微的人物心理描写，整体与细节、客观与主观的描写巧妙地组合在了一起。诗的后三节没有花费过多的笔墨描写战争的具体过程，而是重点描写部队凯旋的场面。通过“昔我往矣”“今我来思”的今昔对比，写出战争胜利之后将士们归来的情景，写出人们对他们归来的喜悦之情以及对主帅的赞美之情。

第四节描写将士归来途中被雨雪阻隔在路上的情景。将士们打完仗，启程回家时，回忆起了离家时的场景：那时五谷丰登，丰收在望，现在他们却被困在大雪纷飞的泥泞道路上，一种凄苦的感觉涌上了心头。士兵们在战争期间，完全没有休息安闲的时候。他们思念国家，却不敢违背王命，所以一直处在矛盾之中。

第五节是用士兵妻子的口吻来写对丈夫的思念，描绘出了夫妻团聚的情景，其中带有很多想象的成分。士兵们在归家的路上，开始想象着这时的妻子。他仿佛看到，在夏秋之时，家周围的草丛之间蝈蝈在叫，蚱蜢在跳，独守空闺的妻子正在思念着行役在外的丈夫。她的内心备受煎熬，一副忧心忡忡、楚楚可怜的模样，让士兵感到怜爱。对于士兵来说。自己只有在想象中才能够见到妻子，对妻子的相思之苦才能稍稍平复。当然，美好的回忆、甜蜜的思念都不能够一直持续，南仲将军在归途中又带领士兵去攻打西戎。

第六节主要是写“执讯获丑”，其目的就是为了突出春日迟迟。士兵们的归家之路从冬天一直走到春天，他们在路上看到了春日暄妍、草木荣茂、禽鸟和鸣、村姑采蘩这样的美人美景，不禁感到心旷神怡。

接下来的内容是审讯俘虏，展现胜利者的荣耀。本节的最后又重叙一次“赫赫南仲，猃狁于夷”，这样写的目的是为了突出将帅的军功。这几节的描写采用了虚实结合的方式，表现战士们喜忧参半的心情，细致传神，感人心扉。

杕 杜

有杕之杜①，有睆其实②。王事靡盬③，继嗣我日④。日月阳止⑤，女心伤止，征夫遑止⑥。

有杕之杜，其叶萋萋⑦。王事靡盬，我心伤悲。卉木萋止，女心悲止，征夫归止。

陟彼北山[⑧]，言采其杞[⑨]。王事靡盬，忧我父母[⑩]。檀车幝幝[⑪]，四马痯痯[⑫]，征夫不远。

匪载匪来[⑬]，忧心孔疚[⑭]。期逝不至[⑮]，而多为恤[⑯]。卜筮偕止[⑰]，会言近止[⑱]，征夫迩止[⑲]。

【注释】

①有：句首语气助词，无义。杕（dì）：树木孤独貌。杜：一种果木，又名棠梨。②睆（huǎn）：果实圆浑貌。实：果实。③靡：没有。盬（gǔ）：停止。④嗣：延长、延续。⑤阳：农历十月，十月又名阳月。止：句尾语气词。⑥遑：闲暇。⑦萋萋：草木茂盛貌。⑧陟：登山。⑨言：语气助词，无义。杞：枸杞，落叶灌木，果实小而红，可食，可入药。⑩忧：此为使动用法，使父母忧。一说忧父母无人供养。⑪檀车：役车，一般是用檀木做的。幝（chǎn）幝：破败貌。⑫痯（guǎn）痯：疲劳貌。⑬匪：非。载：车子载运。⑭孔：很，大。疚（jiù）：病痛。⑮期：预先约定时间。逝：过去。⑯恤：忧虑。⑰卜：以龟甲占吉凶。筮：以蓍草算卦。⑱会言：合言，都说。⑲迩：近。

【赏析】

《杕杜》被认为是一首“闺思诗”。丈夫久役不归，妻子在家等待，久不得果，心中思念，焦虑至极，作歌排遣。诗作从一个侧面，表达出古代劳动人民深厚的爱情及亲情，也反映了无休止的徭役对普通百姓造成的巨大伤害。诗作以孤独生长的棠梨起兴，传达出在家中长久等待的妻子心中难以排遣的孤独忧伤之情：那株孤零零的棠梨树，独自兀立，应该很久了吧，如今又到了收获的季节，它的枝干上挂满了颗颗硕大圆满的果子，给人一种沉重之感，似乎随时都会不堪重负而倒下。“有睆其实”，既点明了季节，此刻是万物收获的秋季，又用形象的画面反映出女主人公独自支撑家庭的沉重。因为“王事靡盬，继嗣我日”，丈夫的服役时间越拖越长，无尽无休，妻子在家照看老小、独操家务，忙于柴米油盐，极为辛苦。

“日月阳止，女心伤止，征夫遑止”，是妻子对役期的盘算，“阳”是十月，周历以十月为年终。一年到头，该是举家团聚的时候了，妻子的思夫之情更甚，每每辛苦操劳的间隙，她都默数着日子：马上就要过年了。服役的男人终于可以空闲了吧，应该马上就要回来了吧！

之所以如此盘算，是因为古有法制："无过年之徭，无逾时之役。"规定中，徭役的时间不会超过新年，也不会到期而不放行。但此刻，因为统治者的无道，徭役变得非常繁重，不仅服役地域遥远，时间也没有了限制，只要任务没有完成，役者就不能回去。这种变化，使得百姓无法团聚，夫妻分离，老无所养，幼无所教，民怨纷纷。因此，这首诗也起到了针砭现实、抨击统治者政策暴虐、不顾民生的效果，变得内涵深远、主旨厚重。

"其叶萋萋"，"卉木萋止"，点明秋杜的情形和周围的自然环境。历来有两种解释：一者认为时间同于前章。依然处于秋季，杜叶未落，草色仍青，这种场面，生发出主人公悲秋惜时之情，眼看光阴虚度，青春即将不再，可丈夫仍难归来。另一种说法为一年过去，春天来到，杜叶吐翠，草木萋萋，女主人公盼过无数时日，仍然未见丈夫归来。因此将诗作的时间跨度拉得很长。显然，末句"征夫归止"，意思并非是征夫已经归来，而是妻子声嘶力竭的呼喊，是一种无限深切的语气和口吻。

为避免与上文重复而显得沉重拖沓，也为了从不同的视角全面地描写主人公的思夫之情，第三章中，作者转移了场所和写作手法。开篇"陟彼北山，言采其杞"，妻子登上北山，采集枸杞，虽地点和工作改变，但思念丈夫的心情丝毫没有变弱。郑笺云："杞非常菜也，而升北山而采之，托有事以望君子。"因此，"登高采杞"有着明显的望远怀人意味。另外，此句又暗示了时间和季节，枸杞的成熟，表明时间已经到了夏季，这就与上段中的春季形成了呼应，暗示妻子的等待时间又延长了很多。

下一句为"王事靡盬，忧我父母"，笔触转到了对父母的赡养和侍奉上，丈夫未归，除了对妻子造成严重影响外，父母的生活也变得非常艰难。妻子一人在家，忙里忙外，当然无法为父母提供很好的照顾，再加上父母年老体弱，处境就更堪忧了。作者从父母这一具体视角，把家庭的窘迫全面地摄人笔下，显得精炼而集中。另外，"百善孝为先"，尽孝道是中华民族的传统美德，是为人的根本，也是政治统治和等级规范的根基，而统治者剥夺百姓的这项权利和义务，是错误的，从而鲜明地传达了其无道、昏庸，也昭示了其必然灭亡的命运。

接下来的"檀车幝幝，四牡痯痯，征夫不远"是虚写，为女主人公的幻觉和揣想之辞。由于思念之深，压力之大，其神情逐渐变得恍惚，不自觉地产生对丈夫归来的幻想：丈夫驾着一辆破旧的役车，从远处缓缓赶来，拉车的马匹已经极尽疲困，大口地喘息着，但丈夫的面容已清晰可见，距离已经不远了。这种以虚衬实的手法，将妻子的思念之情、渴望之意，传达得淋漓尽致，很具有感染力。另外，对于此句还有一种解释：妻子看到的车骑、役夫确有其事，但都不是丈夫，她看到一批一批征夫途经而去，产生了“过尽千帆都不是”的无奈和失落，屡屡遭到欢喜化为失望的打击，对丈夫的牵挂和担心也愈甚。

最后一章，妻子由于思念和担心变得非常急切，诗作的情感达到最高峰，不再使用比兴手法，而是直陈其事。“匪载匪来，忧心孔疚”，是前章“檀车”三句的转折，本以为“不远”，实际上却是空欢喜一场；也是对上文无限回环的情感的总结，诗作开始由宏阔转向收束，到达收尾阶段。“期逝不至，而多为恤”，妻子点明自己担忧的根本原因，除了思念，更多的是担心，害怕丈夫在外已经发生不测。想到这里，她的心头猛然一紧，于是笔锋突转，开始安慰自己：“卜筮偕止，会言近止，征夫迩止。”求卜问筮的结果都是好的，女主人公在失望中获得了一丝光明，也为诗作留下了一个还算明媚、温馨的结尾。

诗到此处戛然而止，没有说出明确的答案，也许在不久后丈夫真的平安归来，从此夫妻恩爱，家庭日日兴旺；也许真的是悲剧而终，“可怜无定河边骨，犹是春闺梦里人”，丈夫徭役中发生不测，无法归来，而妻子日复一日地执着等候，几近望夫化石。诗作留下了极大的想象空间，连同其真挚、深切的感情和爱意，为读者展现出古代夫妻间的真挚情谊，以及当时妇女的高尚人格，也反映出当时的社会现实：徭役给每一个家庭、每一个个体所带来的难以磨灭的痛苦。

鱼　丽

鱼丽于罶①，鲿鲨②。君子有酒，旨且多。鱼丽于罶，鲂鳢③。君子有酒，多且旨。鱼丽于罶，鰋鲤④。君子有酒，旨且有。物其多矣，维其嘉矣。

物其旨矣，维其偕矣[⑤]！物其有矣，维其时矣[⑥]！

【注释】

①丽（lí）：同“罹”，遭遇。罶（liǔ）：捕鱼的工具用竹编成，编绳为底，鱼入而不能出。②鲿（cháng）：黄颊鱼。鲨：吹沙鱼，似鲫而比鲫小。③鳢：俗称黑鱼。④鰋（yǎn）：俗称鲇鱼，体滑无鳞。⑤偕：通“嘉”。⑥时：及时。

【赏析】

今人已经无法得知《鱼丽》这首歌怎样歌唱，只能通过语言来寻找一些启示。诗中前三节运用相同的章法，也就是四、二、四、三的参差句式，来反复演唱赞歌，同时又通过参差不齐的音乐节奏，进行重唱和合唱。诗中所说的“旨且多”“多且旨”“旨且有”，虽然在意思上并没有太大差别，但是这样的写法却营造出一种一唱三叹的美感，增强了诗中满座欢乐的氛围。

后三节的着重点是点明主题和渲染气氛，所以每节只有两句，重音落在“嘉、偕、时”这些字词上，句末通过运用“矣”字，延长了诗歌的咏叹时间，起到了放慢节奏的作用。通过前后三节的相互应和，交相辉映，全诗整体构思结构完整严密，可见诗人的表现手法十分高明。

《鱼丽》是周代燕飨宾客通用的乐歌。本诗盛赞宴享时酒肴的甘甜和丰盛，通过这些来展现丰年的境况，主人的待客殷勤，表现出宾主共同欢乐的情景。

诗中反复吟唱“君子有酒”，“君子”，指的就是宾客口中的主人。这一句诗表达了主人的殷勤待客，同时也展现了古代贵族的奢华生活以及那时的繁文缛节。全诗共有六节，透露出一种欢乐的气氛。诗的前三节，每节四句，都是通过“鱼丽”来起兴，这几节主要是在赞美酒肴丰富。诗中具体地歌赞主人的酒宴丰盛，主人待客礼遇周到，这些是全诗的主体部分。诗的后三节主要是赞美年丰物阜，这是叙述宾主得以尽情享受宴会的原因。

前三节中，诗人从鱼和酒两方面来描写这场宴会，并没有将宴会的全部情景都描写出来。诗从鱼进篓开始写，表现出主人待客的殷勤。他知道有贵客要来，一大早就来到小河边，亲自下水布好鱼笼子。一会就有两条鱼进了笼子，一条是大的黄颊鱼，一条是小小的吹沙鱼。看到这两条鱼，主人十分高兴，因为客人可以喝到鲜美的鱼汤，吃到肥美的鱼肉了，再加上主人私藏的醇厚甘美的陈年老酒，他相信一定可以让客人喝个痛快。诗中通过写出鱼的品种众多，来体现宴会中的其他肴馔也十分丰盛；通过酒的多，来表明宴席上宾主将会尽情欢乐的盛况。

后三节中，诗人围绕着前三节中的三个重要词语“多、旨、有”来进行赞美，表现出在丰年之后，不仅燕飨中酒肴既多且美，更是“美万物盛多”。

就诗本身来说，后三节是前三节的副歌。后三节歌赞丰年的诗意，感情真挚，补充了前三节的内容。

“物其多矣，维其嘉矣”“物其旨矣，维其偕矣”“物其有矣，维其时矣”。从物品的众多，到赞美物的嘉美；由物品的旨，到赞美物的齐全；由物品的富有，到赞美生产的及时。这些都表明了年丰物阜的到来，一方面，这些是大自然的赐予，另一方面也是人类勤劳创造的结果。本诗通过言简义赅的语言，表现出丰收的物类繁多，因此人们都过着富裕祥和的生活。

全诗只更换了几个字，就描述出了一个完整的故事，可以想象，主人一定是捕到鲜鱼就赶紧烹饪好端上桌去，鱼肉的香味直钻到客人的鼻子里去。主人和客人喝酒喝到不醉不归，尽欢方休。他们能够如此尽兴，都是因为“多且嘉”“旨且偕”“有且时”。面对这样丰盛的宴席，客人感到十分满意，宴席中都是时令鲜鱼和蔬果，令人垂涎三尺。

南有嘉鱼

南有嘉鱼，烝然罩罩①。君子有酒，嘉宾式燕以乐②。

南有嘉鱼，烝然汕汕③。君子有酒，嘉宾式燕以衎④。

南有樛木⑤，甘瓠累之⑥。君子有酒，嘉宾式燕绥之⑦。

翩翩者鵻⑧，烝然来思⑨。君子有酒，嘉宾式燕又思⑩。

【注释】

①烝（zhēng）：众多。罩罩：用多罩来捕鱼。②式：语气助词。燕：同“宴”。③汕汕：用众多抄网捉鱼。④衎（kàn）：快乐。⑤樛（jiū）：树木向下弯曲。⑥瓠（hù）：葫芦。累：缠绕。⑦绥：安。⑧鵻（zhuī）：鸟名，即斑鸠，也叫鹁鸪。⑨思：句尾助词，下同。⑩又：通“右”，劝酒。

【赏析】

这是一首具有求贤之意的宴饮诗。作品写一位求贤若渴的统治者，经常与宾客们宴饮共欢，在一次觥筹交错中，主人表露心迹，婉转、优雅而又热切地传达出他对待贤者的态度。在具体写作过程中，作者慧心独运，于通俗处着笔，借宴席上可以见到的“鱼”“蔬”“禽”等寻常菜肴作为起兴题材，但其落笔不俗，寥寥数语便构织出了一幅幅美好而又意蕴深远的图画，优雅、形象地展现出其求贤若渴的思想、绝佳的才情和高超的写作技巧。

“南有嘉鱼，烝然罩罩”“南有嘉鱼，烝然汕汕”是起兴句，重章叠唱，反复咏叹：在美好的南边，溪流蜿蜒流淌，肥硕又敏捷的鱼儿，在清澈的溪水里往来翕忽，欢快地生活着，人们在很远处就可观其貌、知其乐。“烝然罩罩”“烝然汕汕”两句的运用，把那种鱼儿欢快跳跃的图景形象地展现在了读者眼前，生动形象，纤毫毕现。

作者以如此美好的图景起兴，开篇定势，使全诗处于一种和睦、欢愉的气氛中。鱼儿的怡然自得，比兴的是人们的畅快安适：无数德才兼备的宾客聚集在华美的厅堂里，高谈阔论、觥筹交错。二者一虚一实，用深深的鱼水情象征宾主之间融洽、依存的关系，表达出主人与宾客间的深情厚意，意在言外，技巧奇妙，共同把美好的氛围推向极致。这里还蕴含了主人对待贤者的思想：开明仁慈的主人对于贤者的渴求，超越了一般的主仆关系，而带上了类似于恋人间“鱼离不开水，水离不开鱼”的依恋，真实而又深切。作者通过这一比兴，把求贤的意图写得漏切而又美好。

接着作者笔锋转向，从水中转移到了陆地，描绘出另外一幅葱郁的图景：枝干挺拔、树叶茂盛的大树上缠绕着青青的葫芦藤，微风吹来，葫芦叶和树叶交相飘飒，高蹈共舞，一片和煦。这种比兴，蕴含的依然是求贤思想，树木象征主人，藤蔓象征宾客，藤蔓攀缘在树木粗壮的身躯上，努力追寻着高处的阳光雨露。大树是高贵的，藤蔓是卑微的，但高贵而大度的大树，热情和蔼地接纳了诸多平凡的藤蔓，成为它们向上的支柱和臂膀，与此同时，藤蔓也因之点缀了大树，给其增添了色彩和生机，二者相得益彰，共同达到了极致。

“翩翩者鵻，烝然来思”一句，描摹了一群翩翩飞来的斑鸠：高远明净的碧空，一群斑鸠从远处缓缓靠近，它们身形优美，飞行动作闲雅自如，和身下葱郁的树林内清澈的湖水交相辉映，让人观之即顿生爱慕。斑鸠们不是路经此处，而是喜欢上了此处美好的生存环境，举群搬迁到此，欲于此地长久生活下去。

这里作者要表达的是“良禽择木而栖”的思想，斑鸠代表一切美好的鸟儿，也代表了满腹才华的贤士，鸟儿选择的栖息地，必是茂盛而又有美好的大树和水美草丰、没有危险的地方，同样，贤者所选择的主公，也定是虚怀若谷、公允厚道的明主。作者通过这一“群鸟来归”的生动景象，为宾主尽欢的宴席增添了欢快融洽的氛围，也尽显了“宾主绸缪之情”的求贤之意：表达了主人对贤者云集于己的希望。也彰显了主人对于此处是贤者美好聚集地的保证。

南山有臺

南山有臺①，北山有莱②。乐只君子③，邦家之基。乐只君子，万寿无期。

南山有桑，北山有杨。乐只君子，邦家之光。乐只君子，万寿无疆。

南山有杞[④]，北山有李。乐只君子，民之父母。乐只君子，德音不已[⑤]。

南山有栲[⑥]，北山有杻[⑦]。乐只君子，遐不眉寿[⑧]？乐只君子，德音是茂[⑨]。

南山有枸[⑩]，北山有楰[⑪]。乐只君子，遐不黄耇[⑫]？乐只君子，保艾尔后[⑬]。

【注释】

① 臺：莎草，又名蓑衣草，可制蓑衣。② 莱：藜草，嫩叶可食。③ 只：语气助词。④ 杞（qǐ）：木名，一说杞柳，一说枸杞。⑤ 德音：好名誉。⑥ 栲：树名，山樗。⑦ 杻（niǔ）：树名，檍树。⑧ 遐：何。眉寿：高寿。⑨ 茂：美盛。⑩ 枸（jǔ）：树名，即枳枸。⑪ 楰（yú）：树名，即鼠梓，也叫苦楸。⑫ 黄耇（gǒu）：少年发黑，老变白，白久变黄为老寿。⑬ 保艾：安定地长养。

【赏析】

在这首诗中，南山有臺、有桑、有杞、有栲、有枸，北山有莱、有杨、有李、有杻、有楰，庄园里山川秀丽、花木繁茂，为宾主宴饮营造了好的环境和场所，并进一步说明贵族地位很高、家业很大，受人尊敬亦是理所当然。这样先言他物，复沓起兴，符合《诗经》一贯的创作手法。

这种兴中有比的手法，并未仅仅停留在句子表面，而是带上了深远的象征意义。南山坡盛长繁茂的莎草，北山坡长着嫩绿的黎草等，是说周围山川上植物的茂盛，其实也是在说主人的身体健康、精神矍铄、德行优良，有着旺盛的生命力和非同一般的影响力，深受人们敬爱。作者没有明确写出祝寿对象的身份，从字面仅仅可以看出其为一位德高望重的贵族长者，但诗作以赞颂的口吻，铺陈的手法，反复咏叹。展现出宾主欢聚一堂的盛景，把宾主间的融洽和睦的氛围描写得淋漓尽致。这种比兴也铺垫了人们对老者的祝愿，由于老人德高望重，各处的人们纷纷到来，献上各种祝愿之辞，这些祝者和祝辞就像比兴中的植物一样，遍及南山北山。

在巧妙的兴语之后，作者难以抑制自己的崇敬和情感，直接进入表功祝寿阶段。每章两次直呼“乐只君子”，可见祝者对被祝者的敬爱，同时也反映出两者的关系之密切，彼此毫无芥蒂。作者的直率、兴奋、热情，在这一遍一遍的直呼中完全地展现，一幅觥筹交错、把盏言欢的图景浮现在读者眼前，到处热闹非凡，人们酒意正酣，拉手搭肩、直呼其名地热情劝饮，暂时忘记了等级尊卑，不再顾忌平时的谦和稳重形象。唯以劝自己所敬重之人干杯为念。

劝饮的说辞和凭借，当然以表功为最优。诗作前三章"邦家之基""邦家之光""民之父母"三句，赞扬了长者的功绩价值，也揭示了其身份地位。作者没有说明其具体官职和其贡献的细节，而是从大处落笔，以"国家根基""国家光耀""百姓父母"这三个大气而笼统的定位相赠，言简意赅，表意透彻，使诗作具有了恢弘气势，显得意境深远，也以节省的笔墨描绘了被颂者形象：这一定是位了不起的人物，居然使作者用了如此字眼，他的地位功绩如此不消细说，肯定是众望所归，人们对此非常了解。由此，长者的权威性和宴会的群众基础的坚固广泛都得到了极大的彰显。

功表得成功，使得后面的祝寿顺理成章。"万寿无期""万寿无疆""德音不已""德音是茂"以及四五两章"遐不眉寿""遐不黄耇"两个反诘句，从长寿、品德的流传、外在形象等各个方面表达了作者对寿者的祝愿，希望其健康长寿、德音永传、形象隽朗。其中运用得最妙的应是两个反问句"遐不眉寿""遐不黄耇"：这样的君子怎能不长出体现寿相的长眉？这样的君子怎能不童颜黑发延年益寿？可以想象，主人现在的形象肯定是年岁已高、寿眉长垂但头发未白，这句话既是赞颂和祝愿，又是在陈述事实，这种以事实为凭借的祝福，最具有说服力，相信也是最能讨寿者欢心的。

在诗作的最后，颂者定格在"保艾尔后"一句上。护佑子嗣，是国人的传统，也是老人们的最大心愿，早已坚固地建立在了古代先民的家庭观念和功用心理上。祝福和盛宴，并非仅仅为了老人自己的健康长寿，还为了传扬老人的功德，使其能够为子嗣积福。颂者在赞扬长者的时候，着眼的也不仅仅是老人自己，而是老人所在的整个家族。个人的地位和贡献，就是整个家族的地位和贡献，其影响力波及家族中的每一个人，甚至是其后的世世代代。诗歌在此到了高潮之处，由祝福先辈而推及其后裔，使简单的个人赞颂获得了整个家族的厚重度和连及千秋百代的历史沧桑感。

蓼　萧

蓼彼萧斯[①]，零露湑兮[②]。既见君子，我心写兮[③]。燕笑语兮[④]，是以有誉处兮[⑤]。

蓼彼萧斯，零露瀼瀼[⑥]。既见君子，为龙为光[⑦]。其德不爽[⑧]，寿考不忘。

蓼彼萧斯，零露泥泥[⑨]。既见君子，孔燕岂弟[⑩]。宜兄宜弟，令德寿岂。

蓼彼萧斯，零露浓浓。既见君子，鞗革冲冲[⑪]。和鸾雝雝[⑫]，万福攸同[⑬]。

【注释】

①蓼（lù）：长而大的样子。萧：艾蒿，一种有香气的植物。②零：落。湑（xǔ）：叶子上沾着水珠。③写：通“泻”，指舒畅。④燕：通“宴”，宴饮。⑤誉处：安乐愉悦。⑥瀼（ráng）瀼：露水很多。⑦为龙为光：为被天子恩宠而荣幸。⑧爽：差。⑨泥泥：露水很重。⑩孔燕：非常安详。岂弟（kǎi tì）：“恺悌”，和乐平易。⑪鞗（tiáo）革：马缰绳。忡忡：饰物下垂貌。⑫和鸾：为铜铃，系在轼上的叫“和”，系在衡上的叫“銮（鸾）”。⑬攸同：所聚。

【赏析】

关于《蓼萧》这首诗，清代吴闿生在《诗义会通》中说：“据词当是诸侯颂美天子之作。”这种观点是比较符合诗意的，所以本诗是一首关于诸侯朝见天子时歌功颂德的诗，表达了诸侯对天子的尊崇和歌颂。

文中的“萧”指的是香蒿，这是一种在祭祀上用的植物。诗人为读者展现出艾蒿青青，秀颀美丽的样子，这些美丽的香蒿上滚动着晶莹的露珠，露珠在阳光的照射下发出璀璨的光芒。在这里阳光和雨露代表着皇恩浩荡，草芥则是微臣小民的自比，这两句是在告诉我们，那些卑微的小臣们有幸见到了君王，得到了君王的恩宠，使得他们喜出望外、乐不可支。“我心写兮”，就代表了这些小臣们的心情。他们和君王一起宴饮谈笑，在得到君王的首肯和赞许之后，感到无上荣耀。

诗中每一节都会反复强化这种自然环境的描写，这样的描写刻画了君臣之间欢宴的外部环境，同时也表现出了臣子对君子的歌颂、感恩之情。“蓼彼萧斯，零露湑兮”这一句是全诗的主旨，诗人通过含蓄、形象的笔法来表明诗的主旨所在，同时也奠定了诸侯对天子恩及四海感恩戴德、极尽颂赞的感情基调。“既见君子，我心写兮”，表明小臣日日夜夜都在盼望着能够见到君主，朝思暮盼，今天终于得偿所愿了。在这些小臣的心中，能够见到君主是十分光荣的事情，“写”这个字，生动形象地描绘出诸侯们那种兴奋不已、激动万分的感受。当这些小臣真正和天子一起共享宴乐的时候，他们争先恐后地倾吐自己对天子的敬爱和祝福。在圣洁的朝圣中如痴如醉。

“既见君子，为龙为光。其德不爽，寿考不忘”，正因为天子的美德持久不变，所以我们这些小臣才能蒙受天子的恩宠，得到无上的荣光。因此最后众人齐祝天子长寿安康。第二至三节分别从诸侯和天子两个方面来进行描写。从诸侯的角度来说，如前所说，他们感谢天子的恩宠；从天子的角度来说，诗人用一句“孔燕岂弟”写出了君主安详的音容，“宜兄宜弟”则写出了他对臣子那种像兄弟一样深情的厚谊。这样的天子，必然会受到臣下的拥戴和尊崇。

“既见君子，鞗革冲冲。和鸾雍雍，万福攸同”，这四句写出了天子离开宴会时的情景。通过垂饰的摆动和銮铃的响声两个细节描写，表现出君主不同寻常的威仪和气度。

诗中将得到君王恩宠之后感到无上光荣的臣子的心理完整表现了出来。这些小臣的形象跃然纸上，他们用自己对君王的歌功颂德来报答君主的恩情:“其德不爽，寿考不忘”是开始，“和鸾雍雍，万福攸同”为结尾，一前一后的赞颂交相呼应，描绘出一幅其乐融融的祝福场面。虽然有所拘谨，有些溢美，但这些都是他们抒发出来的真情实感。

西周以前，统治者十分重视和下臣的关系，像西周初时这样君王和各地诸侯关系融洽，相安无事，甚至可以宴饮笑语的景象，在后世似乎并不多见。周王之所以能够做到这一点，是因为他实行了“宜兄宜弟”的平等政策，使得臣下“我心写兮”，一心归顺君王，营造出了融洽安定的政治局面。

湛　露

湛湛露斯①，匪阳不晞②。厌厌夜饮③，不醉无归。
湛湛露斯，在彼丰草。厌厌夜饮，在宗载考④。
湛湛露斯，在彼杞棘⑤。显允君子⑥，莫不令德⑦。
其桐其椅⑧，其实离离⑨。岂弟君子⑩，莫不令仪⑪。

【注释】

①湛湛：露清莹盛多。斯：语气词。②匪：通“非”。晞：干。③厌厌：和悦的样子。④宗：同族。考：成。指宴饮之礼。⑤杞棘：枸杞和酸枣，皆灌木，又皆身有刺而果实甘酸可食。⑥显允：光明磊落而诚信忠厚。⑦令：善美。⑧桐：桐有多种，古多指梧桐。椅：山桐子木，梓树中有美丽花纹者。⑨离离：下垂的样子。⑩岂弟（kǎi tì）：同“恺悌”，和乐平易的样子。⑪仪：仪容，风范。

【赏析】

《湛露》这首诗，虽然初看之时会让人觉得平淡无奇，但是细细品味之后，就会发现其中深厚的意味，令人回味无穷。

前三节起兴之句“湛湛露斯”，描画出夜间宴饮的朦胧和静谧之境。户外露水正浓，在宗庙外，萋萋的丰草，杞、棘等灌木，在近处则是扶疏的桐、梓一类乔木，一切都笼罩在夜露之中，寂静而祥和。然而室内却觥筹交错，一片热闹景象。“厌厌夜饮，不醉无归”一句，足见欢宴的气氛之高涨。一内一外，一静一动，相互映衬烘托，便勾勒出一场清秋露浓之夜的宴饮图，举重若轻，信手拈来，手法高妙。

二、三、四节的丰草、杞棘和桐椅，各自对应宴饮者的“载考”“令德”“令仪”，即孝道、美善、优美的风度，是对众人的德行和风范的一种隐喻。尽管首节主人要求众宾客“不醉无归”，但这些谦谦君子即使醉了也依然风度优美，并不失态。

清秋、夜露、酒香、醉不失仪，宾主尽欢，为了充分表现这一场美妙的夜宴，诗人运用的音韵自然也极具美感。如前两节中一、三句开头的“湛湛”与“厌厌”相互呼应，和二、四句句尾的脚韵“晞”“归”在语音上构成一个回环，极有美感。再如后两节的顶真式谐音，第三节中，“杞棘”是双声，紧接着的“显允”则是叠韵，两者连在一起读，有一种波澜起伏却又连绵不尽之感；同样，第四节中的“离离”是叠词，音声自然也是双叠，接下来的“岂弟”又是叠韵，两句通读下来，朗朗上口，有一种和谐之美。

由此可见，《湛露》一诗，虽然只是写一场秋夜的宴饮，却从内容到形式，都写得韵味无穷。《毛诗序》解读这首《湛露》时曾点出它的主旨：“天子宴诸侯也。”这种说法后世几乎没有争论。

彤 弓

彤弓弨兮①，受言藏之②。我有嘉宾③，中心贶之④。钟鼓既设，一朝飨之⑤。

彤弓弨兮，受言载之⑥。我有嘉宾，中心喜之。钟鼓既设，一朝右之⑦。

彤弓弨兮，受言櫜之⑧。我有嘉宾，中心好之。钟鼓既设，一朝酬之⑨。

【注释】

①彤弓：漆成红色的弓，天子用来赏赐有功诸侯。弨（chāo）：弓弦松弛貌。②言：语气助词。藏：珍藏于祖庙中。③嘉宾：有功诸侯。④中心：内心。贶（kuàng）：爱戴。⑤一朝：整个上午。飨（xiǎng）：用酒食款待宾客。⑥载：装在车上。⑦右：通“侑”，劝酒。⑧櫜（gāo）：装弓的袋，此处指装入弓袋。⑨酬：互相敬酒。

【赏析】

周代，天子为了奖励功臣，也为了表现自己的宽爱仁慈，经常会将一些器物赏赐给下属，包括弓矢、青铜器、酒食、车马等，后来这项行动逐渐发展成一种礼仪制度，盛行于西周到春秋时期。关于这一项受封礼仪和赏赐仪式，古代铭文中多有记载。《彤弓》一诗中体现的就是当时赏赐仪式的盛况，仪式中所赠之物，是一具涂了红漆的大弓。

开篇直言其赠："彤弓弨兮，受言藏之"，直陈事件中最精彩、最有意义的瞬间，显得集中而直接，营造出了火热、隆重的氛围，也把作者的兴奋之情悉数展示了出来。如此着笔，将读者的注意力充分吸引和调动，让其不禁想象当时的场景氛围，更有利于增强诗作的感染力。

"受言藏之"一句，描写了受赏者的恭敬之情和其对弓矢的珍惜，"受"与"藏"之间，加一"言"字，使语速变缓，音节间有所停顿，显得舒缓有力，反映出受赏者在仪式上恭敬、沉稳的心情、动作。他当时肯定表情严肃，举止庄重，节奏鲜明，缓慢地接过弓弩，又亲自把它收藏好，每一个细节都亲力亲为，努力做到最好。简短的两句，写作技巧上的妙处颇多，显示了诗人行文的匠心。

最隆重的场面描写完毕，诗作没有补充事件的来龙去脉，而是直录周天子的言语："我有嘉宾，中心贶之。""我"指周天子，他把臣子称为"嘉宾"，消泯两者刻板严肃的政治地位差距，而换上和谐互爱、地位相近的宾主之谓，使君臣间的欢乐、融洽气氛迅速增加。天子对有功诸侯的宠爱之情，臣子对君主的爱戴之意，借这一称谓，悉数传达了出来。

"中心"，即"心中"，天子的喜悦是情真意切的，赏赐诸侯的举动也是出于真心诚意，没有半点的政治意图和其他动机。简短的一句告慰之语，使诗作从火热、隆重的赏赐仪式转到一个温馨、融洽的场面。丰富了诗作的内涵和包蕴，使其具有了无限张力。

两句中的"嘉宾"，预示着必定会有席宴的存在，而作者对于接下来的席宴，没有正面描写，更没有铺陈其盛况，而是采用虚写，从预测席宴所需要的时间人手，侧面进行描绘，显得别具一格。

"钟鼓既设，一朝飨之"，作者看到钟鼓已经安排妥当，猜想接下来一定会表演乐舞。既然有丝竹伴耳，想必大家都会非常高兴，席宴的场面肯定也非常宏大壮观，它必然不会在短时间里草草结束，而是会持续非常之久。由此，诗人虽对席宴的盛景只字未提，但宾主尽欢、丝竹盈耳的盛况，很容易就能被读者构造出，这种处理方法，可谓精妙之极。

接下来的部分延续了前面的句式，使诗作所蕴含的情感无限叠加。字词的调整，起到了避免重复、为诗作内容补充细节的作用，也有着层层递进的内在逻辑。臣子对彤弓的处理方式是“藏”“载”“櫜”，从泛泛的藏，发展到藏于车内，再发展到藏于弓袋中，一次比一次细心、严密。周天子对臣子的态度，开始是“贶”，继而“喜”，最后是“好”，心理变化明显，层层深入，程度不断加深。宴会场面从“飨”到“右”再到“酬”，先是普通的款待，然后变为热情地劝酒，最后变成众人互劝，达到情绪的顶峰。

情感的发展与叠加，得益于诗作内蕴的深邃，也更加推动了诗作艺术性的增强。彤弓有着浓烈的象征意义，以此开篇，显示了诗作的广远意蕴和深刻内涵，暗示其所指非小。全诗三章，一改《诗经》传统，无涉比兴，纯用赋法，仍取得了极好的表达效果，所述情感浓郁而真切，显得别开生面。

诗作结构上跌宕跳跃，极尽轻灵，从赏赐仪式转到天子的言语，再转到对宴饮场面的想象，一以贯之，毫无滞涩，未给人松散疏离之感。抓住了最重要的表现视角，使整个复杂的赏赐仪式连同后面紧跟的宴饮以及宴席的筹备过程，悉数传达出来。因此，虽诗作题材狭窄，记述的仅是寻常的宫廷生活，但由于在别致的结构中灌注进了深厚情感，于起伏摇曳间透露出难得的欢快之感，因而使整首诗显得别开生面，内蕴丰富。

菁菁者莪

菁菁者莪①，在彼中阿②。既见君子，乐且有仪③。菁菁者莪，在彼中沚④。既见君子，我心则喜。菁菁者莪，在彼中陵。既见君子，锡我百朋[5]。泛泛杨舟，载沉载浮。既见君子，我心则休[6]。

【注释】

①菁（jīng）菁：草木茂盛。莪：莪蒿，又名萝蒿，一种可吃的野草。②阿：山坳。③仪：仪容，气度。④沚：水中小洲。⑤锡：同“赐”。朋：古代货币单位。上古以贝壳为货币，相传五贝为一朋。⑥休：喜。

【赏析】

“菁菁者莪”是起兴句，诗中也有“在彼中阿”“在彼中沚”“在彼中陵”的其他植物，因此，这一句可看成概述。

第一节描述一名女子在莪蒿长得十分茂盛的山坳里邂逅了一位仪态落落大方、性格开朗活泼同时又举止从容潇洒的男子，两个人一见钟情，英俊的男子在女子的内心深处引起了强烈震撼。

第二节写女子和男子又一次相遇在水中的沙洲上，女子再次看到“君子”，十分兴奋和喜悦，诗人用一个“喜”字来表现怀春少女那种既惊又喜的微妙心理。

第三节中，女子和男子见面的地点从绿荫覆盖的山坳和水光萦绕的小洲转移到阳光明媚的山丘上，场景的变换说明这两个人的恋情渐趋柳暗花明。“锡我百朋”这一句，充分地表现出女子看到自己的爱人之后那种欣喜若狂的心情。

第四节中，女子和男子之间的关系更加紧密。“泛泛杨舟”，暗示两个人将会在人生的长河中同舟共济，福祸与共。

短短十六句，描述了一个美妙动人的爱情故事。

男女主人公的爱情十分浪漫，诗中几乎处处都在描写清朗明丽的山光和灵秀迷人的水色，就在这青幽的山坡、静谧的水洲上，有情人相遇相识、相偎相依，情景交融，令人心神俱醉，极具情致。

这是一种解法。

如果按照《毛诗序》“乐育材”的观点来分析这首诗，也会有所收获。可以将这首诗看成是一首通过比兴的方式反复咏叹君子培育人才的欢悦之情的诗作。

第一节的“莪蒿长得多么茂盛啊”，表明这里是一个“育材之地”，学生们一见到“君子”，就感到十分欢乐。第二节与第一节意义相近。第三节描写学生们见到“君子”之后，“君子”给了他们“赐以百朋”的奖励。第四节可以通过两层来分析：第一层写杨舟载木、沉浮不定，预示着学生们忐忑不安的心理状态。第二层则写学生们见到“君子”之后心情一下子变得极其安然。这一节通过前后对比表现出学生们内心世界的变化。

中国历来就十分重视学习，《礼记·学记》载：“古之教者，家有塾，党有庠，术有序，国有学。比年入学，中年考校。一年，视离经辨志。三年，视敬业乐群。五年，视博习亲师。七年，视论学取友，谓之小成。九年，知类通达，强立而不反，谓之大成。夫然后足以化民易俗，近者说服而远者怀之。此谓大学之道也。《记》曰：‘蛾子时术之。’其此之谓乎？”可见，勤勉学习是值得我们炫耀的精神。

究竟哪种主题更确切，不好定论。《毛诗序》的说法由来已久，流传了两千多年，它的影响是十分大的。人们提起《菁菁者莪》这首诗，首先想到的就是“乐育才”。但是，这首诗用爱情的主题来解释也很合理，因为《小雅》中描写男女相悦之情的《隰桑》一诗，其章法、句式都与这首《菁菁者莪》十分相似。从多种角度分析本诗，会使这首诗更有意味。

六　月

六月棲棲①，戎车既饬②。四牡骙骙③，载是常服④。玁狁孔炽⑤，我是用急⑥。王于出征，以匡王国⑦。

比物四骊⑧，闲之维则⑨。维此六月，既成我服。我服既成，于三十里⑩。王于出征，以佐天子。

四牡修广，其大有颙⑪。薄伐玁狁，以奏肤公⑫。有严有翼⑬，共武之服⑭。共武之服，以定王国。

猃狁匪茹⑮，整居焦获⑯。侵镐及方⑰，至于泾阳。织文鸟章⑱，白旆央央⑲。元戎十乘⑳，以先启行。

戎车既安，如轾如轩㉑。四牡既佶㉒，既佶且闲㉓。薄伐猃狁，至于大原㉔。文武吉甫，万邦为宪㉕。

吉甫燕喜，既多受祉㉖。来归自镐，我行永久。饮御诸友㉗，炰鳖脍鲤㉘。侯谁在矣㉙，张仲孝友㉚。

【注释】

①棲棲：通“栖栖”，惶惶不安的样子。②饬（chì）：整顿，整理。③骙（kuí）骙：马很强壮的样子。④常服：古指军服。⑤孔：很。炽：势盛。⑥是用：是以，因此。⑦匡：扶助。⑧比物：力气均齐。⑨闲：熟习。则：法则。⑩于：往。三十里：古代军行三十里为一舍。⑪颙（yóng）：大的样子。⑫奏：建立。肤公：大功。⑬严：威严。翼：整齐。⑭武之服：打仗的事。⑮匪茹：不自量。⑯焦获：周之地名。⑰镐、方：周之地名。⑱织文鸟章：指绘有隼鸟图案的旗帜。⑲央央：鲜明的样子。⑳元戎：大的战车。㉑轾（zhì）轩：车身前俯后仰。㉒佶（jí）：健壮。㉓闲：熟娴，驯服的样子。㉔大原：太原，地名，与今山西太原无关。㉕宪：榜样、典范。㉖祉（zhǐ）：福。㉗御：进献。㉘炰（páo）：蒸煮。脍鲤：切成细条的鲤鱼。㉙侯：语气助词。㉚张仲：吉甫的朋友。

【赏析】

《六月》这首诗既是一首完整的叙事诗，也是一篇表现抵御外族入侵的爱国主义颂歌。

整首诗按照战争的起因、经过和结局的顺序，记叙这场反侵略的正义战争的始末。在这场周宣王北伐猃狁的战争中，主帅尹吉甫和将士们同心同德，共赴国难。最终他击败猃狁，取得了赫赫战功。这是一首洋溢着威武严肃、同仇敌忾气氛的诗。将士们立志要保卫国家，他们斗志高昂，有着必胜的信念，饱含着强烈的爱国主义热情。

整首诗语言气势雄伟、质朴有力。将士们面对紧迫的军情，匆忙奔赴前线，军队浩浩荡荡，驾驶着战车势如破竹地冲向敌阵，在这金戈铁马纵横驰骋的战场上，响起了震耳欲聋的鼓角声和呐喊声。在这样的军队面前，那些狂妄的敌寇只能缴械投降，望风而逃。

诗一开篇，作者用追述的语气，回忆起战报传来的时候正是农事的六月，听到战争的消息，人们将刀出鞘，箭上弦，将士高喊着，战马嘶鸣着，气氛紧张得一触即发。开头的“六月栖栖”一句，表现出忙碌紧迫的战争气氛，因为在古代，冬、夏两季是不会打仗的，而这次战争却发生在了夏季的六月，可见这是一次关系国家存亡的重大战事。为了应对这次战争，周王接到战阵的信息之后，当机立断作出了出征的决定，兵车、马匹都已经准备好了。迎战的将士们穿着威风凛凛的战袍，战车上的旗帜猎猎飘扬。就这样，王室在周宣王的诏命之下，开始北伐猃狁。

第二至三节，诗人开始赞叹周军的训练有素和应变迅速。从马的进退有度、威风凛凛，到军队的士气高涨、纪律严整，均从侧面写出了主将的治军有方。能文能武的尹吉甫成为周军的主帅，他在战事危急的时候。从容镇定，带领着训练有素的军队，日行军三十里。虽然战事进展迅速，但是尹吉甫却不催促军队快速行进。他率军有方，体恤士兵，极大地提高了军队的士气。因为尹吉甫知道，前方等待他的是一场关系到国家安危存亡的战争，他需要和将士们同仇敌忾，一起抗敌。

第四节展示了威武雄壮、气势磅礴的战斗场面。“织文鸟章，白旆央央”，战旗飘扬着，它就是胜利的象征和标志。“元戎十乘，以先启行”，表明众多作为开路先锋的战车进入敌阵，他们锐不可当。在这些大型战车之后，便跟着那些训练有素的车队和士兵。作者采用了对比的方法，用“猃狁匪茹，整居焦获。侵镐及方，至于泾阳”的来势凶猛和车坚马快、旌旗招展的周军“元戎十乘，以先启行”的状态进行对比，这些描写都体现了战争一触即发。

“戎车既安，如轾如轩。四牡既佶，既佶且闲”，寥寥十六个字，展现了一幅战场全景画：战马熟练地向前奔突，戎车忽高忽低地向前奔驰合围，将士们勇敢拼杀，为了彻底击垮侵略者，周军军队以无坚不克之势将敌人击退到靠近边界的太原。将士们用自己的鲜血换来了战争的胜利。

最末一节，作者描述了庆祝凯旋的欢宴。尹吉甫凯旋，他接受赏赐。宴请宾客。“我行永久”，说明作者也是随军远征的一员。对于这次的胜利他也感到光荣。所以诗人虽然是在歌颂将帅，但是同时也赞扬了军队的严整和威武，表达了将士们对周王朝的忠诚。

本诗通过追忆和现实相结合的写法，将原本平淡无奇的故事，描述得十分精彩，极具余韵。全诗具有非常丰富的变化，节奏感、灵动感都很强。此诗第一至三节铺垫蓄势，第四节达到全诗的高潮，第五节开始舒放通畅，第六节则完全归于宁静祥和。

采 芑

薄言采芑①，于彼新田②，于此菑亩③。方叔莅止④，其车三千，师干之试⑤。方叔率止，乘其四骐⑥，四骐翼翼⑦。路车有奭⑧，簟茀鱼服⑨，钩膺鞗革⑩。

薄言采芑，于彼新田，于此中乡⑪。方叔莅止，其车三千，旂旐央央⑫。方叔率止，约軝错衡⑬，八鸾玱玱⑭。服其命服⑮，朱芾斯皇⑯，有玱葱珩⑰。

鴥彼飞隼⑱，其飞戾天⑲，亦集爰止⑳。方叔莅止，其车三千，师干之试。方叔率止，钲人伐鼓㉑，陈师鞠旅㉒。显允方叔㉓，伐鼓渊渊㉔，振旅阗阗㉕。

蠢尔蛮荆，大邦为仇。方叔元老，克壮其猷㉖。方叔率止，执讯获丑㉗。戎车啴啴㉘，啴啴焞焞㉙，如霆如雷。显允方叔，征伐猃狁，蛮荆来威㉚。

【注释】

①薄言：句首语气词。芑（qǐ）：一种野菜。②新田：指开垦两年的田。③菑（zī）亩：指开垦一年的田。④莅（lì）：临。止：语气助词。⑤干：捍敌。试：演习。⑥骐：青底黑纹的马。⑦翼翼：整齐严谨的样子。⑧路车：大车。奭（shì）：红色的涂饰。⑨簟茀（diàn fú)：遮挡战车后部的竹席子。鱼服：用鲛鱼皮做箭袋。⑩ 钩膺：带有铜制钩饰的马胸带。鞗（tiáo）革：皮革制成的马缰绳。⑪ 中乡：新田中。⑫ 旂旐（qí zhào）：画有龙和龟蛇图案的旗帜。⑬ 约軧（qí）：用皮革约束车轴露出车轮的部分。错衡：用横木相连。⑭ 玱（qiāng）玱：象声词，金玉撞击声。⑮ 命服：此处指军装。⑯ 芾（fú）：皮制的蔽膝，类似围裙。⑰ 有玱："玱玱"。葱珩（héng）：翠绿色的佩玉。⑱ 鴥（yù）：鸟飞迅疾的样子。⑲ 戾：到达。⑳ 止：止息。㉑ 钲人：掌管击钲击鼓的官员。㉒ 陈：陈列。鞠：训告。㉓ 显允：声名赫赫。㉔ 渊渊：象声词，击鼓声。㉕ 振旅：整顿队伍，指收兵。阗（tián）阗：击鼓声。㉖ 克：能。壮：光大。猷：谋略。㉗ 执讯：捉住审讯。获丑：俘虏。㉘ 啴（tān）啴：此处形容兵车行走的声音。㉙ 焞（tūn）焞：车马众多的样子。㉚ 来：语气助词。威：威服。

【赏析】

《采芑》是一首赞美周宣王的大臣方叔南征讨伐荆蛮的诗。这首诗是为了突出方叔而作的，形象生动地刻画出一个威风凛凛的将军形象。

本诗首先描写的是方叔南征的声势，西周时期的战争大多是车战。方叔这次出征出动了大量的战车，十分壮观。除此之外，这首诗还描写了主帅的战马、战车所披挂的装饰以及战车整齐威武排列的样子，这些描写都是为了突出方叔的指挥有方。

诗中还有描写方叔服饰的诗句，目的是为了通过强调方叔穿着天子赏赐的华贵官服来强调他是一位位高权重的国家重臣。诗中还赞美了周军军纪严明和训练有素。诗人认为，周军是一支战斗力强劲的军队，无坚不摧、战无不胜。整首诗运用渲染和烘托的手法，展现了在宣王的统领下周国国家兴盛、力克四夷的美好未来。

本诗可以分为两个部分，第一部分为前三节，是表现方叔具有卓越的治军才能。第四节为第二部分，表达了周军的自信心和威慑力，点明演习的目的和用意。第一节以"采芑"起兴，通过它来引出这次演习的地点是在"新田""菑亩"上。这一节主要写出了周军的军威，在旷野上有一支浩浩荡荡的大军，他们严谨布阵，严守军纪。"其车三千，师干之试"，三千车马，突出了当时王师的庞大。

清代的金锷在《军制车乘士卒考》中分析说，战车一乘有甲士十人、步卒十五人，三千乘共有士卒七万五千人，可见当时周朝王师的强大：军中猛将如云、战车如潮、阵容强大，军队的防御实力很强。

之后，诗人又写到队伍的前方，写出主将出场时的赫赫威仪。“乘其四骐，四骐翼翼。路车有奭，簟笰鱼服，钩膺鞗革”，方叔乘坐一辆红色的战车，他的车用花席为帘，拉车的四匹马很强壮，战车十分耀眼，他就站在队伍的中央，显得十分高大威武、与众不同和威猛慑人。

第二节在写法上和第一节差不多，通过“旂旐央央”“约軧错衡”这种对色彩的刻画，加强了对演习队伍声势的描绘。“方叔莅止，其车三千，旂旐央央”。方叔统帅的大军，红旗招展，浩浩荡荡。“方叔率止，约軧错衡，八鸾玱玱”，方叔指挥军队出发了。“服其命服，朱芾斯皇，有玱葱珩”，进一步刻画了方叔的形象，他穿着朱衣黄裳的命服，红色蔽膝闪闪发光，显现出将军的非凡气度。

第三节和前两节的感觉一下子就不同了，这一节主要是写出战。这一节用鹰隼一飞冲天来比喻方叔所率的周军也将像鹰隼一样勇猛无敌、斗志昂扬。这时周师在方叔的指挥下严谨地演习着阵法：“钲人伐鼓，陈师鞠旅”，“伐鼓渊渊，振旅阗阗”，执行号令的钲人、鼓人已经做好准备，列队誓师，兵士个个摩拳擦掌。战车在雷霆般的战鼓声中保持着进攻的阵形，他们在响彻云霄的喊杀声中向前冲去；演习结束，队伍又在一阵鼓声中，井然有序地退出演习场返回营地了。

第四节写告捷。“蠢尔蛮荆，大邦为仇”这两句是用雄壮的气概直斥无端滋乱之荆蛮。“戎车啴啴，啴啴焞焞，如霆如雷”，描写众多战车出发时的轰鸣声。“显允方叔，征伐玁狁，蛮荆来威”，是写蛮荆听说要来攻打他们的是早先讨伐过玁狁的将军方叔，吓得望风而逃、不战而降了。

当然这些并不是真实发生的事情，而是一种想象。作者相信，凭借装备精良的部队，英勇的方叔一定可以取得战争的胜利。

车攻

我车既攻[①]，我马既同[②]。四牡庞庞[③]，驾言徂东[④]。
田车既好[⑤]，田牡孔阜[⑥]。东有甫草[⑦]，驾言行狩。
之子于苗[⑧]，选徒嚣嚣[⑨]。建旐设旄[⑩]，搏兽于敖[⑪]。
驾彼四牡，四牡奕奕[⑫]。赤芾金舄[⑬]，会同有绎[⑭]。
决拾既佽[⑮]，弓矢既调[⑯]。射夫既同[⑰]，助我举柴[⑱]。
四黄既驾[⑲]，两骖不猗[⑳]。不失其驰[㉑]，舍矢如破[㉒]。
萧萧马鸣[㉓]，悠悠旆旌[㉔]。徒御不惊[㉕]，大庖不盈[㉖]。
之子于征，有闻无声。允矣君子[㉗]，展也大成[㉘]。

【注释】

①攻：坚固。②同：指选择调配足力相当的健马驾车。③庞庞：马高大强壮貌。④言：句中语气词。徂（cú）：往。东：东都洛阳。⑤田车：猎车。⑥孔：甚。阜：高大肥硕有气势。⑦甫草：甫田之草。一说古地名，在今河南省中牟县境内。⑧之子：那人，指天子。苗：夏猎。⑨选：通"算"，清点。嚣（áo）嚣：声音嘈杂。⑩旐（zhào）：绘有龟蛇图案的旗。旄：饰牦牛尾的旗。⑪敖：地名。⑫奕奕：马从容而迅捷貌。⑬赤芾（fú）：红色蔽膝。金舄（xì）：用铜装饰的鞋。⑭会同：会合诸侯，是诸侯朝见天子的专称，此处指诸侯参加天子的狩猎活动。有绎：连续不断而有次序的样子。⑮决：用象牙和兽骨制成的扳指，射箭拉弦所用。拾：皮制的护臂，射箭时缚在左臂上。佽（cì）：排列有序。⑯调：调正。⑰同：协同。⑱举：取。柴（zì）：堆积的禽兽。⑲四黄：四匹黄色的马。⑳两骖：四匹马驾车时两边的马叫骖。猗：偏差。㉑驰：驰驱之法。㉒舍矢：放箭。破：射中。㉓萧萧：马长鸣声。㉔悠悠：旌旗轻轻飘动貌。㉕徒御：徒步拉车的士卒。不惊：不喧哗。㉖大庖：大厨。㉗允：确实。㉘展：诚。

【赏析】

周朝在厉王之后，国势日渐衰弱。所以宣王即位之后，想要复兴周朝。本诗所描写的内容就是周宣王为了重整士气而亲自率领浩浩荡荡的队伍去东都会猎的场面。

古代天子的狩猎活动并不是单纯的娱乐，而是饱含着特殊政治意义的军事训练和军事演习。当时，经历了厉王的统治之后，社会动荡不安，礼仪制度遭到破坏，诸侯对王师貌合神离，宣王为了复兴王室，慑服诸侯，就举行了这样的狩猎活动。其目的在于：一方面可以和诸侯联络感情，另一方面也可向诸侯显示周朝的武力。

方玉润在《诗经原始》中就这样解释道："盖此举重在会诸侯，而不重在事田猎。不过籍田猎以会诸侯，修复先王旧典耳。昔周公相成王，营洛邑为东都以朝诸侯。周室既衰，久废其礼。迨宣王始举行古制，非假狩猎不足以慑服列邦。故诗前后虽言猎事，其实归重'会同有绎'及'展也大成'二句。"

本诗共有八节，是按照田猎的循序进程描写的。全诗的结构非常完整，层次分明，有条不紊，对这场大规模的田猎活动进行了细致的描写，使读者如见其人、如闻其声。本诗在选材上十分讲究，详略得当。狩猎的过程并没有细致的描写，几乎是一带而过，对捕获了多少禽兽，也没有过多强调，只用"大庖不盈"就轻描淡写地带过了，而在车马旌旗的盛大和狩猎大军的威武雄壮上运用了大量的笔墨进行描写，这都是为了彰显周王朝的威势和力量。

第一节总起全诗，描写了车马的盛备。此时，狩猎的大军即将往东方狩猎去了。诗人反复描述出发前的准备工作做得如何完美，字里行间流露出一种昂扬向上、神采奕奕的感情基调。

第二、三节的内容点出狩猎的地点是在圃田和敖地。在圃田和敖地那里，到处都是人，到处都是马，旌旗猎猎，连天蔽日，这些细节处处都表现出周王朝的强大。

第四节写诸侯来时的情景。他们穿着红色的蔽膝和金黄色的鞋，车马十分齐整，这种场面充分体现了宣王中兴、国家没有内忧外患、政治状况十分稳定的现状。

第五、六节主要描述射猎的场面。诸侯和他们的随从士卒们争相驾车射箭，为周王献艺，诗人通过描写他们技艺的娴熟，表现出周王朝军队的强大。

第七节写田猎结束之后的场面。狩猎的人们收获了许多猎物，因为狩猎已经结束了，所以这一节的气氛没有前面那么紧张。“萧萧马鸣，悠悠旆旌”一句，连用两个叠词，用骏马的嘶鸣声以及旌旗的飘动声，来反衬营地的静谧和庄严肃穆，动中有静，静中有动，充分表现出众人舒缓悠长的心情。

第八节写射猎结束整队收兵时的场景，这里的描写展现出周军的军纪严明，“允矣君子，展也大成”，赞美之情溢于言表。

吉日

吉日维戊①，既伯既祷②。田车既好③，四牡孔阜④。升彼大阜⑤，从其群丑⑥。

吉日庚午，既差我马⑦。兽之所同⑧，麀鹿麌麌⑨。漆沮之从⑩，天子之所⑪。

瞻彼中原⑫，其祁孔有⑬。儦儦俟俟⑭，或群或友⑮。悉率左右⑯，以燕天子⑰。

既张我弓，既挟我矢。发彼小豝⑱，殪此大兕⑲。以御宾客⑳，且以酌醴㉑。

【注释】

①维：是。戊：指初五。古人以天干地支相配计日。以天干奇数为刚日，偶数为柔日。刚日宜外事，柔日宜内事。田猎为外事，故以刚之戊为吉日。②伯：马祖神。祷：向神祷告。③田车：猎车。④孔：很。阜：强壮高大。⑤阜：山冈。⑥从：追逐。群丑：指群兽。⑦差：选择。⑧同：聚集。⑨麀（yōu）鹿：母鹿。麌（yǔ）麌：众多貌。⑩漆

沮：古代二水名。⑪所：处所，此指会猎场所。⑫中原：原中，指原野。⑬祁：大。此处指大兽。有：多，指野兽多。⑭儦（biāo）儦：疾行貌。俟（sì）俟：缓行貌。⑮群：兽三只在一起为群。友：兽二只在一起为友。⑯悉：尽，全。率：驱逐。⑰燕：乐。⑱豝（bā）：母猪。⑲殪（yì）：射死。兕（sì）：大野牛。⑳御：进献食物。㉑醴（lǐ）：甜酒。

【赏析】

《吉日》和《车攻》一样，是一篇描写宣王田猎的诗，但它和《车攻》不尽相同：《车攻》主要是描述周王在假借狩猎之名向诸侯炫耀武力，以达到慑服诸侯的目的，所以在《车攻》中，周王故意大张旗鼓地展现自己的车马、军队，壮大自己的声势，昭告天下宣王为周室中兴之主。《车攻》一诗展现出的是一种霸气。而《吉日》一诗主要描写的是周宣王在西都举行田猎之典，诗描写的重点在于田猎的细节。如怎样选择吉日来祭祀马祖，怎样修整猎车，怎样挑选骏马，怎样驱车在漆沮之间出猎，随从们怎样将野兽驱赶到天子的猎所中，以便宣王可以尽情狩猎。

这首诗再现了宣王田猎的全过程。第一节描写了打猎前准备的情况。在古代，天子狩猎是十分重大的事情，就像祭祀、会盟、宴享一样庄重而神圣。同时。因为狩猎是一种军事行为，因此，狩猎的准备仪式十分隆重。

第二节主要描写周王选择良马准备正式出猎。依据占卜，祭祀马祖之后的第三天是适合狩猎的良辰吉日，所以在选择了合适的马匹之后，周天子就骑着良马，率领所有的公卿一起来到狩猎的地方，准备开始狩猎。那里有聚集在一起的鹿群，人们沿着漆、沮两条河的岸边设立了围场，他们追逐着鹿群，将它们赶向了天子所在的方向，保证天子能够及时发现他们。

第三节着重描写随从们驱赶群兽给天子射猎的场面。在广袤的原野上，远远眺望，一眼都望不到边，这是一个水草丰茂的地方，因此有很多野兽在这里出入，它们三五成群，有些在奔跑，有些则在缓缓行走。为了让天子能够享受到狩猎的乐趣，随从们又一次驱赶兽群，将兽群驱向了君主方向。

第四节描写天子射猎得胜之后返回朝堂，开始朝宴群臣。在随从们将兽群驱赶到附近之后，周天子就开始大显身手了。他一箭就射中了一头猪，再一箭又射中了一头野牛。由此可见，周天子是一个英勇神武的君主。在打猎结束之后，周天子获得了很多猎物，于是他就用自己狩猎到的野味宴请群臣。就这样，一场精彩的狩猎结束了，全诗也在欢快的气氛中收尾。

整首诗按照事情发展的过程来进行描述，条理清楚、有条不紊。大部分章节的内容都是在记叙狩猎活动的准备过程和随从驱赶野兽供天子射猎的情景，而写天子射猎却只有“既张我弓，既挟我矢。发彼小豝，殪此大兕”这四句，这样的写作方式既完整叙述了狩猎的过程，又将狩猎的大场面完整展现了出来，同时还透露出轻松的气氛。

这一狩猎过程，与其说是一场军事行动或是一场劳作，不如说是一场愉悦的游戏。在这场游戏中，宣王在狩猎之后又施恩于臣子，体现了他“与臣同乐，与民同乐”的为君之道。这首诗是帮助后人了解周朝皇家田猎情况以及周朝民俗的重要资料。

鸿　雁

鸿雁于飞①，肃肃其羽②。之子于征③，劬劳于野④。爰及矜人⑤，哀此鳏寡⑥。

鸿雁于飞，集于中泽。之子于垣⑦，百堵皆作⑧。虽则劬劳，其究安宅⑨。

鸿雁于飞，哀鸣嗷嗷⑩。维此哲人⑪，谓我劬劳。维彼愚人，谓我宣骄⑫。

【注释】

①鸿雁：水鸟名，即大雁；或谓大者叫鸿，小者叫雁。②肃肃：

鸟飞时扇动翅膀的声音。③之子于征：这个人服役。④劬（qú）劳：勤劳辛苦。⑤爰：语气助词。矜人：可怜人。⑥鳏（guān）：老而无妻者。寡：老而无夫者。⑦于垣：筑墙。⑧堵：长、高各一丈的墙叫一堵。⑨究：终。宅：居住。⑩嗷嗷：鸿雁的哀鸣声。⑪哲人：才智极高的人。⑫宣骄：骄奢。

【赏析】

《鸿雁》这首诗共有三节。在这三节中，每节都是用“鸿雁”两字起兴，在诗中作者通过鸿雁来进行自喻。按照朱熹的观点，这是一首“饥者歌其食，劳者歌其事”的现实主义诗作。

第一节描写流民都被迫去野外参加劳役的场景。此处反映受害的流民十分众多，揭露了统治者的冷血、无情和残酷，驱使劳力，连鳏寡之人也不放过。颠沛流离无处安身的流民看到天空展翅高飞的大雁，忍不住感伤起来，他们叹息着，这叹息中饱含着他们对自己不得不参加繁重徭役的哀怨。

第二节在内容上承接第一节，描绘服劳役的流民们筑墙的情景。这时天空中的鸿雁已经聚集到了水泽中。漂泊迁徙的大雁，让流民们想到了自己。这里用大雁来象征集体劳作的流民们，他们努力筑起很多堵高墙，但是这些辛苦建成的围墙中，却没有一处是他们的家园。没有安身之地的流民发出了“虽则劬劳，其究安宅”的疑问，饱含不平和愤慨。

最后一节述说流民们悲惨的命运，是流民的悲哀之歌。他们为了让贵族们生活得更好而辛苦工作，但是到头来却要忍受那些贵族的嘲弄和讥笑。大雁的声声哀鸣，一下子引起了流民们的共鸣，他们内心凄苦不堪，再也无法忍受之时，唱出了这首诗，以宣泄心中的愤恨。

本诗开篇的“鸿雁于飞”指代的是那些流离失所、无依无靠的流民，他们的生活十分困苦，特别是鳏寡孤独的人，日子过得更是悲惨。为了完成王的命令，为了尽快让这些人有住的地方，流民们不辞辛劳，筑墙盖房。

作为一种候鸟，鸿雁总是秋来南去、春来北迁，它们的这种习性和被迫在野外服劳役、四方奔走的流民十分相似，两者都过着居无定处的生活。在长途旅行中鸣叫的鸿雁，声音十分凄厉，让听到的人生出悲苦，流民们触景生情，增添了不少忧愁。

这首诗反映了当时无奈的社会现实，动荡的社会导致大量的人遭受到流离失所的痛苦。“鸿雁于飞”具有十分深刻的含义，它生动形象地说明了流民们的无限哀痛，后人因此将“哀鸿”这个词当作灾乱流民的代名词。

庭燎

夜如何其①？夜未央②。庭燎之光③。君子至止，鸾声将将④。夜如何其？夜未艾⑤。庭燎晣晣⑥。君子至止，鸾声哕哕⑦。夜如何其？夜乡晨⑧。庭燎有辉。君子至止，言观其旂。

【注释】

①其：语尾助词。②央：尽。③庭燎：宫廷中照亮的火炬。立在地上的大烛，由苇薪制成。④鸾：铃。此为旂上的铃。将（qiāng）将：铃声。⑤艾：尽。⑥晣（zhé）晣：明亮。⑦哕（huì）哕：铃声。⑧夜乡晨：天将亮。

【赏析】

这是一首记述宣王中兴的诗作，为问答体诗，每章前半部分摹写宣王的问和夜人的答。宣王由于关心国事，牵挂上朝时间，夜不能寐，一遍一遍询问更时。此问彼答这一类型，极具特色，在《诗经》及后世的诗歌中都不多见。诗作每章后半部分笔锋转向，描写的是众臣子对上朝的重视和对国事的尽心，他们天不亮就纷纷驱车来朝，恭敬等候。如此君臣对照，两相呼应，展示了一种积极蓬勃的政治局面。

周宣王名曰姬静，他之前是无道的厉王，暴虐残忍，多为世人诟病。他之后是昏聩的幽王，“烽火戏诸侯”，最终葬送了西周。位于两者之间的宣王，可能是因为从小际遇非凡，心性得到磨炼和升华，才成了一个“中兴之主”。他勤勉政事，在位四十多年，励精图治，内安百姓，外伐强敌，西周很大程度上得到了振兴。此诗描摹的，就是“宣王中兴”这一场面的形象诠释及其得以出现的原因。

在具体的组织行文中，作者别出心裁，没有描写大的局势，也没有人云亦云地说些歌颂的套话，而是从一个侧面人手，抓住了一个细微但极其典型的瞬间，反复渲染。宣王为政勤奋，他在接受朝见的前夕，认真准备，悉心思考，以至夜不能寐。因为生怕耽误早朝的时间，一夜中多次问夜人“夜如何其”。虽然话短意浅，并且在作者的加工之下没有丝毫特别情感的表露，但由于反复出现，历时较长，显得意蕴深远，形象地描绘出了宣王迫切焦急并且唯恐延误上朝的心情，生动至极。

“夜未央”“夜未艾”“夜乡晨”三句，是对宣王反复询问的回答，答者是守候在宣王身边的“鸡人”，也就是当时的报时之官。鸡人掌管城中的鸡和其他牲畜，懂得观星，熟知各种计时器具，能够在黑夜中辨别时间，待到祭祀或上朝时，由他来司晨——叫醒百官。诗中，鸡人的回答，俭省而优雅，呈现出尽责的态度和谨严的职业操守，得体至极。一位普通的官员都能如此干练尽职，朝廷的有序和高效可想而知。这一描摹，也从侧面深化了诗作主旨，反映了宣王的治国之能。

鸡人是如何辨别时间的呢？宣王寝房外面又是什么样子？作者显然不满足于仅仅给出一个简短的对答。他像驾驭着一台摄像机一样，先在近处捕捉到一个近景特写，然后慢慢地转向窗外，将镜头渐渐伸长，把寝宫外面的情况摄人镜头之中，如此反复多次：首次为“庭燎之光”，庭中蜡烛光明亮堂，远处没有一点亮色，故而鸡人说“夜未央”；第二次“庭燎晰晰”，烛光不如原来的明亮，但依然清晰耀眼，可见天色将曙，夜幕渐稀，四周已有微光，夜未艾将艾；第三幅是“庭燎有辉”，天已微明，烛光暗淡，已经可以看到其上的烟气缭绕，即为“夜乡晨”。

如此三章，“镜头”在寝宫内外往返数次，所摄之景悉数简练，但所含意蕴则深远浓郁，并且在相似的重复中将张力叠加，即使是在现在，亦显得非常经典。

诗作中并非只有极具动感和连贯性的画面，还有着非常巧妙的声音营造。在诗作每章的后半段，作者再从听觉人手，继续填充他营造出的纯美意境：首段“鸾声将将”。一阵依稀可闻的叮叮当当声。撕破幽暗的夜幕，远远传来，由于距离稍远，清脆稍减，悠扬骤增，锵锵不绝于耳，由此可以判断出奔来的车子还比较遥远，数目不多，渐闻渐止。第二章“鸾声哕哕”，则是规律而节奏的叮当之声，清脆悦耳，并且急促有力，欢快而慌乱，表明车子已近，人数渐多；另外，选“哕哕”而不用其他词，急促中显出一丝节制之感，表明诸侯放慢了车速，既是对王宫禁地的敬重，也是体恤君王，避免嘈杂之声搅扰到其美梦。

诗作全篇，对于视觉形象和听觉形象的描写均十分生动形象，并且在细微处的把握准确至极，达到了极高的艺术水准，使读者有身临其境之感。

第三章中，臣子们都已悉数到达，在朝堂外恭敬等候，“言观其旂”，都慎重、安静地看着半空中渐渐升起的旗帜，做最后阶段的准备和等待。这里的旗帜，可以扩展开来，理解为朝廷所有的纲要和政策以及朝廷的威严。臣子目光悉数聚焦在此，反映出他们一心维护朝廷的权威，认真遵循君王的驱使，严格认真地履行自己的职责，显得有序、谨严、同心协力。另外。旗子的随风飞扬，也显示着宣王王朝的意气风发、如日中天，昭示了其美好前景。

此诗中，宣王勤于朝政，严肃纲纪，没有正面铺陈的臣子们，也被烘托得忠心耿耿、积极用心，显得形象高大光明，如此上下齐心，才有后来的国之中兴。这一点为后世历代的统治者提供了极其主要的政治借鉴和规劝价值。

沔 水

沔彼流水①，朝宗于海②。鴥彼飞隼③，载飞载止④。嗟我兄弟，邦人诸友⑤。莫肯念乱⑥，谁无父母。

沔彼流水，其流汤汤⑦。鴥彼飞隼，载飞载扬。念彼不迹[8]，载起载行。心之忧矣，不可弭忘[9]。

鴥彼飞隼，率彼中陵[10]。民之讹言[11]，宁莫之惩[12]。我友敬矣[13]，谗言其兴。

【注释】

①沔（miǎn）：流水满溢貌。②朝宗：归往。本意是指诸侯朝见天子（《周礼·春官·大宗伯》："春见曰朝，夏见曰宗。"），后来借指百川归海。③鴥（yù）：鸟疾飞貌。隼（sǔn）：一种猛禽。④载：句首语气助词。⑤邦人：国人。⑥念乱：止乱。⑦汤（shāng）汤：义同"荡荡"，水大流急貌。⑧不迹：不循法度。⑨弭（mǐ）：止，消除。⑩率：沿。中陵：陵中。⑪讹言：谣言。⑫宁莫之惩：怎么可以不惩凶。⑬敬：同"警"，警诫。

【赏析】

《沔水》描写了当时国家动乱、政事日非、谣言四起的悲惨情境，作者在诗中表达了自己对国家的担忧、对百姓的同情和对友人的告诫。对于《沔水》一诗的主旨，《毛诗序》主张其为"规宣王"之作，但语焉未详，没有说出规劝的原因和内容。朱熹《诗集传》主张"此忧乱之诗"，结合诗作中可以感受到的作者忧乱畏谗的沉痛，这种观点当为中肯评价。今人高亨在其《诗经今注》评论道："这首诗似作于东周初年，平王东迁以后，王朝衰弱，诸侯不再拥护。镐京一带，危机四伏。作者忧之，因作此诗。"主张诗作描写的是周平王东迁后镐京一代的悲惨情形，被多数学者认同。

诗中的比兴手法不同于一般篇什，连用两组比兴句。第一章开篇四句写流水朝宗于海，飞鸟一会儿飞翔，一会儿止息，但有安适的落脚处，以此反衬百姓的处境还不如流水和飞鸟，在战争的催逼下无家可归，四处流亡，过着妻离子散、家破人亡的悲惨生活。

后四句写诗人对社会动乱的痛恨。"嗟我兄弟，邦人诸友"，"兄弟""邦人""诸友"三个词概括了自己所认识的所有亲人熟人，在正常情况下，这些人应该是作者生命的依靠和生活的寄托。而现在，他们却"莫肯念乱"，即都不肯制止社会的动乱，还要继续参与其中，成为一个个刽子手、阴谋家，作者不由得感到孤立无援，痛心疾首，他最终呼喊道:“谁不是娘生父母养的生命，谁家没有老迈的双亲需要赡养？为什么还在不停地打打杀杀？生命可贵，和平可贵啊！”一颗拳拳之心可表日月。稍作推想便可想而知，战乱最终应归咎于高高在上的当权者，他们对动乱不加制止，还挑唆百姓加人其内，使得人们老无所终，少无所养，悲惨异常。

第二章前四句为比兴句，描写流水浩荡不休，奔涌回旋，飞鸟翱翔不止，毫不停歇，暗喻盗贼的数量繁多和惨案的接连不断，没有尽头，同时也衬托了诗人心情的极具烦乱，此刻作者的心境较之第一章变得更加忧心如焚，坐立不安。

后四句，作者看到不法之徒趁乱作恶，为非作歹，便“心之忧矣，不可弭忘”，心的忧伤不可停止，难以忘怀。战争是强者之间的游戏，参战方无论胜负，最终的苦难都要百姓承担。除了兵士，一些素质低下的人很容易沦为强盗，无恶不作，混乱的社会管制让他们有了可乘之机，挨饿受冻的悲惨现实让他们有了“不迹”的理由，因为他们直接深入百姓家中，其危害甚至比军队更甚。因为战争的频繁和盗贼的雪上加霜，平凡的弱者永远都处于最悲惨的境遇中，只得逆来顺受，凄苦度日。

前两章侧重于表现生命的无保障和生活的艰难，第三章作者转向了人的精神世界。此处本应该和前两章中的比兴相同，但四句只剩下了两句，可能在流传过程中遗漏或丢失，剩余两句“鴥彼飞隼，率彼中陵”写飞鸟沿丘陵上下飞翔，形容后文所提到的流言的忽起忽落，其速度之快，来势之猛，让人猝不及防。

当人们陷身于危难的境遇中时，最有价值的是对未来美好生活的憧憬和肯定，以及身边人的信任和相互依靠，它们能让人心有寄托，能给人活下去的力量。但现实的情况却是，铺天盖地的谣言四起，今天说马上就要亡国，明天说有军队又要袭来，弄得百姓人心惶惶，个个犹如惊弓之鸟，在冻饿之余还要承受惊吓和希望破灭的苦痛。正直的官员们饱受奸臣诽谤，今天被奏谋反，明天被污通敌，无法受到主上的信任和施用，一腔热血和满腹才华被迫弃置，只能眼看着奸臣谋利，国家倾覆，民不聊生。诗人对此心中愤慨不平，劝告友人应自警自持，防止为谗言所伤。

三章中的比兴虽然都是描述流水和飞鸟，用词也大同小异，但并不是简单重复，而是和所表达的主题巧妙地契合在一起，在文章起承转合中各自侧重，使诗作变得蕴藉深广。这样的手法也便于归顺行文脉络，引发读者思路的延伸，使本来离散的叙述变得连贯。

透过这些内涵深远的比兴和或激愤或低沉的控诉，诗人的形象鲜明地呈现在字里行间：生逢乱世，心中耿直仁慈，没有随波逐流，关心国事，具有强烈的忧患意识，爱憎分明，对百姓、亲人、友人以及其他的正直之士心存关怀怜悯，痛恨厌恶屠戮百姓的凶手，对作乱之徒充满了憎恶，希望能再造安定和平、和睦共荣的稳定局面，与“莫肯念乱”的当权者形成强烈的对比。

这是一首抒情诗，着重描摹一种不安和忧虑的心情，对祸乱的场面没有加以具体叙述，然而作者的这种悲痛却能深刻地让读者感受到当时社会环境的惨状。

此诗三章，皆从悲惨处着笔，描写的事由没有明显的连贯线索，笔端跳跃跌宕，无迹可寻，映照了作者因祸乱而心绪不宁的心理状态，做到了文章结构和情感的内在统一。

鹤 鸣

鹤鸣于九皋①，声闻于野。鱼潜在渊，或在于渚②。乐彼之园，爰有树檀，其下维萚③。它山之石，可以为错④。

鹤鸣于九皋，声闻于天。鱼在于渚，或潜在渊。乐彼之园，爰有树檀，其下维榖⑤。它山之石，可以攻玉。

【注释】

①九皋：泽中水溢出称一皋，九皋指极远处。②渚：水中小洲，此处当指水滩。③萚（tuò）：枯落的枝叶。④错：砺石，可以打磨玉器。⑤榖（gǔ）：树木名，即楮树，其树皮可作为造纸原料。

【赏析】

生活在城市的人们，生活总是忙忙碌碌的，每天对着钢筋混凝土堆建成的都市，很容易感到疲累和倦怠，这时很多人就会向往鸟语花香的田园生活。《鹤鸣》就描述了这样一幅迷人的世外桃源的景象：在广袤的原野上，仙鹤在云霄间鸣叫，鱼儿在深渊和滩头潜入、跃出。在这美丽的景象周围，矗立着堆满枯枝落叶的高大檀树的园林，园林的近旁，又有一座怪石嶙峋的山峰。这真是一幅美妙的自然美景。

关于《鹤鸣》这首诗的主旨，《毛诗序》认为是“诲（周）宣王”。朱熹的观点则有所不同，他认为这首诗的主旨是劝人为善，在此观点的基础上，今人程俊英在《诗经译注》中提出了更为后人所认可的说法：“这是一首通篇用借喻的手法，抒发招致人才为国所用的主张的诗，亦可称为‘招隐诗’。”

诗中以“鹤”比喻隐居的贤人，诗人所描绘出的这样一幅美妙画卷，一方面正是隐居者适宜居住的地方，另一方面则隐隐指向隐居之人高洁的志趣。

《鹤鸣》一共有两个章节，每节皆有比喻。第一节的比喻分别是“鹤鸣于九皋，声闻于野”，“鱼潜在渊，或在于渚”，“爰有树檀，其下维萚”，“它山之石，可以为错”，第二节只改变几个字或改变语序，意义并无变化。朱熹曾将这四个比喻，转变了成了诚、理、爱、憎这四种思想。在朱熹的观点中，由这四种思想引申出来的，就是“天下最普遍的真理”。这其实就是朱熹理学的观点，他用这样的观点来分析《鹤鸣》，显然窄化了这首诗的主题。

第二节的“它山之石，可以攻玉”是一句名句。北宋哲学家、易学家邵雍曾经这样解释过“它山之石，可以攻玉”：他把遇到的侵犯欺凌比作砺石，把品行高尚的人比作美玉。美玉只有在经过砺石的琢磨后才能绽放光彩。也就是说，君子要时刻自省，通过磨砺来完善自己。

其实，在读这首诗时，不需要去想那么多事情，只要把自己融入这首诗所描绘的场景中，把它当成一首简单的即景抒情小诗就可以了。这是一幅漫游于荒野的图画，可以听到鹤鸣，看到鱼游，踩着落叶漫步在檀树林中，观赏怪石嶙峋的山峰。从听觉写到视觉，再到心中所感所思，一条清晰的脉络贯串全篇，有色有声，有情有景，充满了诗意，使人产生思古望今的情怀。

祈 父

祈父[①]！予王之爪牙。胡转予于恤[②]？靡所止居[③]！祈父！予王之爪士。胡转予于恤？靡所底止[④]。祈父，亶不聪[⑤]。胡转予于恤？有母之尸饔[⑥]。

【注释】

①祈父：周代掌兵的官员，即大司马。②恤：忧愁。③靡所：没有处所。④底（zhǐ）：至。⑤亶（dǎn）：确实。聪：听觉灵敏。⑥尸：主。饔（yōng）：熟食。

【赏析】

王都卫士，即王家禁旅，又称作京畿卫队，类似后期的羽林军。按古制，他们只负责王室和都城的防务和治安，在一般情况下不外调征战。但这首诗的背景里，掌管王朝军事的祈父——司马，破例地调遣王都卫队去前线作战，致使卫士们心怀不满。从另一角度亦可看出，当时战事不断，兵员严重短缺，国家遭遇了连守卫京都的武士都要抽调的窘境。这些军士都动怒了，其他常年兵役在外的普通士兵又该如何？《祈父》是一首周王朝的王都卫士抒发内心不满情绪的诗作，该诗作深层地映射了民怨纷起、政局动荡的社会现实。

这首诗一反《诗经》开端比兴的常态，不再温柔含蓄、彬彬舒缓，而是以质问的语气，一开头便大呼“祈父”。继而厉声直言其事：“胡转予于恤？靡所止居！”为什么使我置身于险忧之境，害得我背井离乡，饱受征战之苦？禁卫军目圆睁，发上指，欲以死相拼、一探究竟的面孔，随着这声呵斥，生动鲜明地浮现在读者眼前。这种短促、直接的喝问风格，契合了武士们心直口快、敢怒敢言的性格特征。司马的此举，真的有违常理，触动了将士们心中的底线。主上和司马等一干统治者，随着连年的征战，在将士们心中已经威信尽失，命令的神圣性荡然无存，日积月累，将士们积攒下了深重的怨恨。

第二章与第一章仅易数字，武士的愤怒情绪在复沓中一步步加深，几乎到了一触即发的境地，也使得诗作的紧张程度急剧上升。到第三章，武士们一呼再呼以致三呼司马，责其“不聪”，斥其昏庸，感情逐步加深，带上了深深的怨憎之情，甚至隐隐蕴含复仇之意，形势的动荡程度达到顶峰。个中的原因，不是将士们无理取闹，也并非他们贪生怕死，而是他们所面临的惨状：家中的老母亲得不到奉养，自己无法尽到人子之责，离家时老母依然强健，但由于兵役太久，归家时老母早已兀自死去，生为人子却未能替父母养老送终，此种责任怎能承担？

短短一句话，怨恨的原因和不能从征的苦衷悉数道来，让读者恻然。整篇诗作下来，将士们由不满意随意被征调，进而演进到对政策的质问，最终又转变为对司马不能体察下情的斥责，矛盾顿然升级。

这显然不是仅仅在斥责统兵司马，司马是周宣王的“爪牙”“爪士”，司马的命令一定是周宣王的命令，因此武士们是把周宣王当作质问对象的。历史上，周宣王连年征战，军政不休，把军士们置于无尽头的危难境地中，把无辜的人民捆绑在无休止的战车之上，这种局面岂是一个小小的司马官所能造成的？即使一切罪责皆在司马，宣王任人失察，也照样难辞其咎。由此，诗作获得了更高的针砭层次和更强的针砭力度。

军士的这种怨愤中还隐藏着极大的隐忧，因对征调不满就暴跳如雷，是否不够本分？动不动就搬出老母，是不是太过矫情？细想之下，就会发现，当时的情况远远惨痛过人们的想象。在那个时期，寻常百姓家中，大都会有多个子嗣，即使是有一两个在禁卫军中任职，也不会出现老母卒于家中无人送终的情况；唯一的解释就是，其他的儿子早已战死沙场。他们悉数被征调入伍，整日南征北战，尽数客死他方。而这一支禁卫军中的士兵，是各自家中仅存的独嗣，也是各家为其老迈父母送终的唯一希望。而如今，兵役时间太长，军队不予准假，已有很多双亲未得送终而死去。将士们早已怨愤连连，这次调兵，正是一个导火索，将士们再难沉默。

这首诗似乎过于激烈，但言为情遣、气为势逼，直抒胸臆，一点没有过错。这种拍案而起，使得这首数十字的小诗，拥有了惊人的力量，它以饱满的激情，奋力撕开了历史的一角，让读者得以窥见真相。

白 驹

皎皎白驹①，食我场苗②。絷之维之③，以永今朝④。所谓伊人⑤，于焉逍遥⑥。

皎皎白驹，食我场藿⑦。絷之维之，以永今夕。所谓伊人，于焉嘉客。

皎皎白驹，贲然来思⑧。尔公尔侯⑨，逸豫无期⑩。慎尔优游⑪，勉尔遁思⑫。

皎皎白驹，在彼空谷⑬。生刍一束⑭，其人如玉⑮。毋金玉尔音⑯，而有遐心⑰。

【注释】

① 皎皎：毛色洁白貌。② 场：菜园。③ 絷（zhí）：用绳子绊住马足。维：拴马的缰绳，此处意为维系，用作动词。④ 永：长。此处用如动词。⑤ 伊人：那人，指白驹的主人。⑥ 于焉：在此。⑦ 藿（huò）：豆叶。⑧ 贲（bì）然：装饰华美的样子。此处指光彩的样子。⑨ 尔：你，即“伊人”。公、侯：古爵位名，此处皆作动词，为公为侯之意。⑩ 逸豫：安乐。无期：没有终期。⑪ 慎：慎重。优游：义同“逍遥”。⑫ 勉：抑止。遁：避世。⑬ 空谷：深谷。空，“穹”之假借。⑭ 生刍（chú）：青草。⑮ 其人：亦即“伊人”。如玉：品德美好如玉。⑯ 金玉：此处皆用作意动词，珍惜之意。⑰ 遐心：疏远之心。

【赏析】

《白驹》是一首在田猎宴会上唱的雅歌，有学者提出殷人喜欢白色，大夫大都乘坐白驹，所以这首诗是武王为箕子饯行的诗；也有人提出，这是一首王者想要留住贤者却没有做到，只好将其放归山林的诗；还有人认为这首诗是一首关于朋友离别的诗。

本诗对后世有着非常深远的影响，“白驹”一词已经成为思贤怀友的代名词。《白驹》一诗共有四节，可以将这四节分成两个层次。前三节为第一层，最后一节为第二层。

第一层，主要写客人未离去时主人的挽留。在古代，主人留住客人的方式有很多种。本诗中的主人想方设法地将客人骑的马拴住，主人感叹说，一匹浑身皎洁的白马，正在吃着他的豆苗和豆叶，为了保住他的豆苗和豆叶，主人只有将马用绊马索绊上，然后再用缰绳将马拴在桩上。主人这样做的目的表面上是为了保护自己的财产，实际上是为了不让那位志行高洁的嘉宾离开。绊马和拴马的目的，是为了留人。

主人希望客人在他家多待一段时间，逍遥一段时间，哪怕仅仅是一朝一夕，只要能延长他欢乐时光就可以了。主人“絷之维之”这个小动作。就充分表现出主人对客人无限的敬慕之情和对朋友的真心挽留之意。这几节文字，字里行间流露出主人的殷勤好客和热情真诚。

第三节中，诗人采用间接描写的方法形象地对客人进行了刻画。通过这一节，可知客人的能力十分强，甚至能够成为公侯一样的人物，不幸的是，他生不逢时，在这样一个乱世诞生，朝廷不能接受他，同时高洁的客人又不愿和世人同流合污，于是他选择了避世而居，退隐山林。

第二层主要写客人已去而主人怀念他的情景。虽然主人再三挽留，但是高贵的客人还是走了。他希望朋友能够和他约定，再一次到他的家中来做客，并和他保持联系，不可因隐居就疏远了朋友，惜别和眷眷思念都溢于言表。但是一心隐居的朋友却没有答应，而是婉言谢绝了主人的美意。

被拒绝了的主人依然期盼着自己的朋友有一天能够再次来到他的家中做客。于是他整天都站在大路口，望向朋友离去的方向，希望忽然有一天，朋友能够骑着他那匹浑身皎洁的小白马再次来到自己的家。但是执意隐居的朋友因为选择了独善其身，希冀逃离乱世洁身自好，所以再也没有出现。

为了再次见到朋友，主人曾长途跋涉，到了朋友隐居的旷谷，但是他只看到了那匹浑身雪白的小白马在空谷中自由自在地奔跑，却没有找到躲避起来的朋友。主人万般无奈之下，只能回家，他在家中为朋友的白马备了青草作为饲料，继续等待他那像玉一样的朋友再次到来，他托风告诉他音讯全无的朋友，“不要珍惜音讯如金玉，心存疏远忘知交”。主人明白朋友不愿入仕，不愿和世人有所纠葛的心情，理解朋友的一番苦心，但是他依然希望朋友不要回避自己，和自己经常联系。主人感慨，希望朋友“谨慎你优游的玩乐心，切勿只图闲暇避世居”。

这一节写出主人真挚的感情，表现出他誓约的诚恳。言语的甘美，写出了主人和朋友分别时的依依不舍，烘托出主人和朋友离别之后的眷眷相思，一往情深。这一节，既有主人对朋友的希冀，又有他对朋友的劝勉，主人对朋友只有期盼殷殷，而没有任何的轻视和不屑。这首诗将主人思贤怀友的感情描绘到了极致。

有人说，金子虽长埋于地下，有朝一日重见天日时照样会熠熠发光。但人毕竟不同于金子，人的寿命是有限的，正如阳货见孔子时所说:“日月逝矣，岁不我与。”

黄 鸟

黄鸟黄鸟①，无集于榖②，无啄我粟。此邦之人，不我肯穀③。言旋言归④，复我邦族⑤。

黄鸟黄鸟，无集于桑，无啄我粱。此邦之人，不可与明⑥。言旋言归，复我诸兄。

黄鸟黄鸟，无集于栩⑦，无啄我黍。此邦之人，不可与处。言旋言归，复我诸父。

【注释】

①黄鸟：黄雀。②榖（gǔ）：木名，即楮木。③榖（gǔ）：善。④言：语气助词，无实义。旋：转身。⑤复：回返。邦：国。族：家族。⑥明：通“盟”，讲信用。⑦栩（xǔ）：柞树。

【赏析】

朱熹《诗集传》中说：“民适异国不得其所，故作此诗。”

当时的人们在奴隶主的残酷剥削以及无休止的战乱中颠簸之下，被逼无奈纷纷离开故土逃到异乡，就这样变成了“流民”。这些被迫寄人篱下的流民们，抱着满腔的希望来到了异乡。这个他们原以为会比故园好的地方，却和他们的想象完全不同，这里的人们对他们非常不友好，他们在异乡感到孤独难处。

诗人用黄鸟为兴，喊出了“此邦之人，不我肯榖”“不可与明”“不可与处”，表现了诗人急不可耐的思归的决心。

贪得无厌的黄鸟，吃光了人们所有的粮食，然后还要和人们作对。它们停在人们家门前的树上，不停鸣叫着，它们的叫声让人们感到心烦。“黄鸟”在此处指代的正是那些盘剥压榨底层老百姓的人。走投无路的穷苦百姓于是宁愿离开生养他们的故土，也不愿再受压迫。这些可怜的人背井离乡，原本是想要寻一个世外桃源，但是出乎他们意料的是，他们的愿望根本无从实现，这就是残酷的现实。无奈中，人们认识到这样一个现实：在世上再也没有乐土天国可以寻找。天下何处不灾荒，哪里都没有余粮可供他们食用，天下到处都是吃人的豺狼，哪里都不是穷人的乐土，而且就连那些此邦之人也已经丧失了基本的怜悯之心，他们“不我肯榖”“不可与明”，甚至“不可与处”。就像今人余冠英说的那样：“背井离乡的人在异乡遭受剥削压迫和欺凌，更增添了对邦族的怀念。”无奈之下人们只能“言旋言归，复我邦族”，就这样人们决定回到自己的故乡去，与自己的邦族、诸兄、诸父生活在一起，流着同一种血液才会彼此照应，生活于其中才会有安全感。虽然那里还是恶人横行霸道，但是在那里至少还有他们的亲人和朋友。他们相信，在和亲人的相互依傍中，可以寻求些许暖意，这样的温暖能够给他们充满伤痛的心以解脱的慰藉。

我行其野

我行其野，蔽芾其樗[①]。婚姻之故，言就尔居[②]。尔不我畜[③]，复我邦家[④]。

我行其野，言采其蓫[⑤]。婚姻之故，言就尔宿[⑥]。尔不我畜，言归思复[⑦]。

我行其野，言采其葍[⑧]。不思旧姻，求尔新特[⑨]。成不以富[⑩]，亦只以异[⑪]。

【注释】

①芾（fèi）：幼小的样子。②言：语气助词，无实义。③畜：养育。④邦家：故乡。⑤蓫（zhú）：一种野菜，又名羊蹄菜，似萝卜，多食使人腹泻。⑥宿：居住。⑦思复：想归复。⑧葍（fú）：一种野草，花相连，根白色，可蒸食。⑨新特：新配偶。⑩成：通“诚”，的确。⑪只（zhǐ）：恰恰。

【赏析】

关于这首诗的解读，历来有两种方式，虽各异，但都立足于浓厚的传统文化土壤。一者主张此诗应归属古代非常突出的弃妇文学母题。男尊女卑的伦理传统，导致了家庭婚姻中女子处于被动地位，诗作写的是一个远嫁他乡的女子被喜新厌旧的丈夫遗弃，归家途中所表现的悲愤和伤痛。另一种解释主张此诗作于周代。当时男女地位不像后来悬殊，女子怀疑丈夫变心，心中郁闷，同桌饮酒时酩酊大醉，借之一诉苦楚，反映了当时颇为自由平等的婚姻以及其中产生的情感纠葛。

第一种观点更具有文学创作的传统性，作者把主人公的悲剧情形放置在了一个生长着荒草恶木的原野中，情景交融，强化了孤独凄凉氛围。诗作从主人公周遭环境和其心理活动落笔，以真实的口吻直录其所遇所感，通过故事片段延伸出整个事件情由和发展脉络，新颖独特。

作者寥寥数笔就营造出了这样一幅图景：头上是炎炎烈日，周遭是一片寂寥和荒芜，脚下是坑洼路途，一位伤感但坚毅的妇人边走边思。她在路边见到了臭椿树、羊蹄菜、蓄菜，不由得联想到无情无义、喜新厌旧的丈夫，心底倍加怨恨，于是下定决心结束这段痛苦婚姻，返回娘家，重新开始新的生活。

广阔的原野、醒目的树草和渺小无助的妇人，营造出一种对立感，这一画面，因具有深远的表现张力，为后世很多评论家所赞赏。自然界的宏大与人类的渺小，原野的空阔寂静和人心的焦虑、满腹苦楚，相互彰显，画面的内蕴由此被无限放大，得以上升到一种哲学高度。

第一至二章，妇人只是兀自念叨："尔不我畜，复我邦家。""尔不我畜？言归思复。"节制而隐晦，没有指出丈夫的丑行，为其保留了颜面。到第三章，主人公终于控制不住，和盘托出丈夫的恶行："不思旧姻，求尔新特。成不以富，亦只以异。"不是因为我有什么过错，也不是性格不合或遭遇变故，而是负心男见异思迁、喜新厌旧。难以平复的伤痛和无人可诉的委屈，此时悉数喷涌而出，全诗也在高潮中戛然而止，留给读者无限的同情、惆怅和遗憾。

文中开端处两次提到"昏姻之故"，发人深思。那人如此可恶，为什么一开始能与他共同生活呢？是因为两人具有婚约。可见当初女子也并非对其心存爱意，只是因为父母之命、媒妁之言而违心下嫁。在后来的生活中，女子被迫随遇而安，勉力维持这段婚姻。但喜新厌旧的男子，却无端将其破坏，抛弃旧人。因此，婚姻在女子面前是一道枷锁，开始时无法反抗，只得跳进来。当被迫要努力维护时，男子却轻而易举地将其践踏，因此，自始至终，女子都是婚姻制度的牺牲品。

上一种解释，真切但未免沉痛。有的学者另辟蹊径，立足于"小雅"的特性，做了更为人性化的解读。"雅"即酒歌，是在宴会、酒席上人们相互对唱的迎宾歌、敬酒歌、答谢歌、赞美歌等，要按时间、地点、人物等不同环境进行咏唱。本首诗歌则是在酒席上一位妇女酒醉后的气话。

在夏商周及春秋时期，男尊女卑的思想尚未完全形成，还有许多地方保留着母系氏族的遗风，很多执政的统领都是女性，她们也能同男子同坐一席，大碗喝酒、大块吃肉。这位女子酒喝多了，便借着酒劲数落丈夫，发泄自己心中的怨气。

周朝，同姓氏之间不能结婚，小族要想发展强大，多采取联姻方式。第一章，这位女子述说自己并不爱自己的丈夫，因为婚约才嫁了过来；但现在男子背地里不忠于她，不愿要她了，所以她要回家！开始时女子还收敛一些，最后越说越上劲，开始把自己的怀疑和盘托出："你不顾惜我们的婚姻，就是看那女的长得好看。别以为我不知道，那个女的我认识，她家里并不富裕，所有的原因都出在你身上，是你见异思迁、喜新厌旧！"

这种解释，使得诗歌具有浓浓的生活气息和喜剧色彩。诗中的男人也许没有出轨，仅仅是女子多想和敏感；女子也并非仅仅因为婚约才嫁过来，两人之间也许有着浓浓的情谊；也许男子真的出了轨，但还没有到驱逐原配的地步，一切都还只是小问题，还有挽回的余地。种种猜测，都使得诗作不像上一种解释那样生冷、绝情。读者还可以依据诗中情形想到事情的后续发展：这位硬气的女子肯定会奋力力争，不会让自己受到委屈，当时的社会环境也不会让这个负心的男子得逞。较之上一种"弃妇"的说法，此说多了调笑、热闹、荒诞和温情，更契合当时开放自由的民风和思想状况。

斯 干

秩秩斯干[①]，幽幽南山[②]。如竹苞矣[③]，如松茂矣。兄及弟矣，式相好矣[④]，无相犹矣[⑤]。

似续妣祖[⑥]，筑室百堵[⑦]，西南其户[⑧]。爰居爰处[⑨]，爰笑爰语。约之阁阁[⑩]，椓之橐橐[⑪]。风雨攸除[⑫]，鸟鼠攸去，君子攸芋[⑬]。如跂斯翼[⑭]，如矢斯棘[⑮]，如鸟斯革[⑯]，如翚斯飞[⑰]，君子攸跻[⑱]。殖殖其庭[⑲]，有觉其楹[⑳]。哙哙其正[㉑]，哕哕其冥[㉒]。君子攸宁。下莞上簟[㉓]，乃安斯寝[㉔]。乃寝乃兴[㉕]，乃占我梦[㉖]。吉梦维何？

维熊维罴[㉗]，维虺维蛇[㉘]。

大人占之[29]，维熊维罴，男子之祥[30]；维虺维蛇，女子之祥。

乃生男子[31]，载寝之床[32]，载衣之裳[33]，载弄之璋[34]。其泣喤喤[35]，朱芾斯皇[36]，室家君王[37]。

乃生女子，载寝之地。载衣之裼[38]，载弄之瓦[39]。无非无仪[40]，唯酒食是议[41]，无父母贻罹[42]。

【注释】

①秩秩：涧水清清流淌的样子。斯：语气助词。干：山间流水。②幽幽：深远的样子。南山：终南山，位于陕西西安市南。③如：犹言"有……有……"。苞：竹木稠密丛生的样子。④式：发语词，无实义。好：友好和睦。⑤犹：通"尤"，过失。⑥似续：通"嗣续"，犹言"继承"。妣祖：先妣、先祖，统指祖先。⑦堵：一面墙为一堵，一堵面积方丈。⑧户：门。⑨爰：于是。⑩约：用绳索捆扎。阁阁：捆扎筑板的声音；一说将筑板捆扎牢固的样子。⑪椓（zhuó）：用杵捣土，犹今之打夯。橐（tuó）橐：捣土的声音。⑫攸：语气助词。⑬芋：通"宇"，居住。⑭跂（qǐ）：抬起脚跟站立。翼：鸟张翼状。⑮棘：急，矢行缓则枉，急则直，急有"直"的意义。⑯革：翅膀。此处指鸟飞则变为静止状态。⑰翚（huī）：野鸡。⑱跻（jī）：登。⑲殖殖：平正的样子。庭：庭院。⑳觉：高大而直立的样子。楹：柱子。㉑哙（kuài）哙：宽敞明亮的样子。正：白天。㉒哕（huì）哕：光明的样子。冥：夜里。㉓莞（guān）：蒲草，可用来编席，此指蒲席。簟（diàn）：竹席。㉔寝：睡觉。㉕兴：起床。㉖我：指殿寝的主人，此为诗人代主人的自称。㉗罴（pí）：一种野兽，似熊而大。㉘虺（huǐ）：一种毒蛇，颈细头大，身有花纹。㉙大人：太卜，周代掌占卜的官员。㉚祥：吉祥的征兆。古人认为熊罴是阳物，故为生男之兆；虺蛇为阴物，故为生女之兆。㉛乃：如果。㉜载寝之床：就睡在大床上。㉝衣：穿衣。裳：下裙，此指衣服。㉞璋：玉器。㉟喤喤：哭声洪亮的样子。㊱朱芾（fú）：用熟治的兽皮所做的红色衣服，为诸侯、天子服饰。㊲室家：指周室，周家、周王朝。君王：指诸侯、天子。㊳裼（tì）：婴儿用的褓衣。㊴瓦：陶制的纺线锤。㊵非：错误。仪：善。㊶议：谋虑、操持。古人认为女人主内，只负责办理酒食之事，即所谓"主中馈"。㊷无父母贻：不要使父母遭非议。

【赏析】

《斯干》一诗，以友人的口吻，歌颂了一位贵族的美好品性和生活。这位贵族，祖先功德卓著，本人品性良好，生活环境优美，宫室宏大壮丽，让人羡慕和敬重。在诗篇中，作者表达了自己对友人的良好祝愿，望他早生子裔。全诗细密生动，有虚有实，展示了当时宫室建筑的美好，也反映了当时的风俗和人们的思想观念。全诗九章，第一、第六、第八、第九四章七句，第二、第三、第四、第五、第七五章五句，参差错落，在雅颂篇章中是颇具特色的。

诗作开头以两个叠词“秩秩”“幽幽”起，明确了全诗悠远舒缓的基调。作者以平静和美的心境，慢慢讲述他所进入的美妙、纯净而生动的世界。首先是外在环境之美，面山临水，松竹环抱，环境幽雅。然后是人们之间的情谊之美，友人兄弟，和睦互爱，真心笑颜。既有美景，又有浓情，生活于此，是再好不过了。“如竹苞矣，如松茂矣”二句，既是赞美环境优美，又暗喻主人的品格高洁，语意双关。由此，作者说出了此处各种层次和方面的美好：每个人都谦恭高洁，人际关系和睦，周围环境明丽优美，由里到外皆如此。方位和层次的转变化于无形，且又毫无遗漏，可见作者的艺术用心。

第二章，讲述建筑宫室的原因。“似续妣祖”，为的是继承祖先的功业。功业当然是美好而伟大的，祖先们励精图治，功勋卓著，在历史上受人敬仰，荫庇后世，到现在依然为人称道。而主人建屋立室，如此华美，自然也要将之传于子孙，使他们的创举能够造福后代，功业和房屋的传承使美好的品德能够随时间延续，由过去到未来形成贯连，扩大影响和提升生命力。这一章中，作者着眼于美好品德的传承，把它们放置在邈远的时间长河中，形成一条纵向的经线。而上一章中的美好，从每个人的内心，由内而外横向影响外在环境，形成纬线上的扩展，二者相互交织，形成纵横捭阖、铺天盖地的全面之势。

以下三章，是对宫室建造过程的具体描述。第三章“约之阁阁，椓之橐橐”，描摹建筑宫室时艰苦而热闹的劳动场面：捆扎筑板时绳索“阁阁”发响，夯实房基时木杵“橐橐”作声，热闹而生动。宫室建筑得如此坚固、严密，自然“风雨攸除，鸟鼠攸去”，主人自然舒适安乐，如此顺承而下，反映出事由的必然和作者轻松欢娱的写作心情。

第四章描绘宫室气势的宏大和形势的壮美，作者从远处着笔，连用四个比喻，博喻赋形，借美丽的飞禽在不同时刻的形状之美，来描绘宫室高耸入云、钩心斗角、起伏有势的盛景。当时的建筑水平之高，窥一斑而知全豹。其中，“如鸟斯革，如翚斯飞”的描绘，表现了作者丰富的想象力和细致的观察力，虽是笼统的比喻和粗线条的勾勒，但却暗含了中国建筑艺术史上“飞檐”的民族形式，对后世的建筑具有很大的指导意义。

第五章则是把视角拉近，具体描绘宫室内部的情状。“殖殖其庭”，室前的庭院平整宽阔；“有觉其楹”，拱顶的柱子耸直气派；“哙哙其正，哕哕其冥”，庭院白天显得明亮，夜里显得幽暗。这样的宫室，主人怎么可能不舒服？所以，第三、第四、第五章的结尾都要加上主人的感受：舒舒服服地在这儿生活起居、漫步行走或安然休憩，是多么享受啊。作者描绘宫室时，由远到近、由室外到室内，逐步推进，犹如所持并非纸笔，而是一架先进好用的摄影机，作者随着观察点的移动而转换镜头焦距，娴熟自然，最终把整座宫室完整而具体地呈现在读者眼前。

美好环境和建筑最终都要服务于居住其内的人们，后四章，作者笔锋转向了宫室主人，开始对其描摹和祝愿。第六章先说主人人居此室之后将会寝安梦美，梦到“维熊维罴，维虺维蛇”。第七章接着写美梦的吉兆，预示将有贵男贤女降生。然后第八章说喜得贵男后的情形，第九章说幸有贤女后的情形，层次井然有序。

以如今的观念看来，诗中唯一不美的就是严重的男尊女卑思想。生了男孩，放在床上，裹上宽大的衣裳，让他玩弄白玉璋，为将来封王做准备。而生了女孩，则放在地上，裹上小被子，让她玩弄纺锤，为将来操持家务做准备，还不准违背父母、公婆及丈夫的意愿。这不同的待遇和教育方式，应该是时代意识的反映。从那时起，重男轻女的民俗就已经开始了，并且，诗中所说的是君王家的女孩，她们尚且如此，寻常百姓家的女孩怎么样，就可想而知了。

无 羊

谁谓尔无羊[①]？三百维群[②]。谁谓尔无牛？九十其犉[③]。尔羊来思[④]，其角濈濈[⑤]。尔牛来思，其耳湿湿[⑥]。

或降于阿[⑦]，或饮于池，或寝或讹[⑧]。尔牧来思[⑨]，何蓑何笠[⑩]，或负其糇[⑪]。三十维物[⑫]，尔牲则具[⑬]。

尔牧来思，以薪以蒸[⑭]，以雌以雄[⑮]。尔羊来思，矜矜兢兢[⑯]，不骞不崩[⑰]。麾之以肱[⑱]，毕来既升[⑲]。

牧人乃梦，众维鱼矣[⑳]，旐维旟矣[㉑]。大人占之[㉒]，众维鱼矣，实维丰年。旐维旟矣，室家溱溱[㉓]。

【注释】

①尔：指放牧牛羊者。②三百：与下文“九十”均为虚指，形容牛羊众多。③犉（rún）：大牛，牛生七尺曰“犉”。④思：语助词。⑤濈（jí）濈：一作“戢戢”，群角聚集貌。⑥湿（qì）湿：耳动貌。⑦阿：丘陵。⑧讹（é）：同“吪”，动，醒。⑨牧：放牧。⑩何：同“荷”，负，戴。蓑：草制雨衣。⑪糇（hóu）：干粮。⑫物：毛色。⑬牲：牺牲，用以祭祀的牲畜。具：备。⑭以：取。薪：粗柴。蒸：细柴。⑮以雌以雄：带来雌鸟和雄鸟。⑯矜矜：小心翼翼。兢兢：谨慎紧随貌，指羊怕失群。⑰骞：损失，此指走失。崩：散乱。⑱麾：挥。肱：手臂。⑲毕：全。升：登入。⑳众：蝗虫。古人以为蝗虫可化为鱼，旱则为蝗，风调雨顺则化鱼。㉑旐（zhào）：画有龟蛇的旗，人口少的郊县所建。旟（yú）：画有鸟隼的旗。人口众多的州所建。㉒大人：太卜之类官。占：占梦，解说梦之吉凶。㉓溱（zhēn）溱：旺盛貌。

【赏析】

第一章是总说，从大的角度着力刻画牛羊的众多和壮观。第二章中，作者开始对其进行具体描述。“或降于阿，或饮于池，或寝或讹”，寥寥数语，便把读者的目光一下子引向了广阔的草原：阳光明媚，绿荫如垫，一望无际，溪流婉转，生机盎然，一群群牛羊遍及和缓的山丘，有的正从山坡上向下走，有的正在溪流边饮水，有的安卧反刍，有的蹦跳嬉闹，千姿百态，蕴含着勃勃生机，充溢着兴旺富足。透过万角攒动的牛羊群，作者把笔触转向了其中煞是鲜明的放牧者，他头戴斗笠、身披蓑衣、肩背干粮，风雨无阻，整天在外，显得非常的专业和能干。有这样的放牧者在，当然不愁牛羊不肥壮不健康，也不担心牛羊会丢失遇险。于是主人获得了这样的美好结果："三十维物，尔牲则具。"

第三章继续描写放牧者的勤快能干。他一边放牧，一边采伐着粗薪细柴，还不时猎取天上偶尔飞过的禽类，做着三样工作，样样都娴熟自然、收获颇丰。他把牛羊管理得服服帖帖，使它们既不会跑失，又不会散群，牧人只要轻轻地一挥手臂，分散各处的牛羊就会聚拢过来，站满旁边的坡顶，显得非常规矩。这种写法，突出下属的能干，旨在赞美主人的实力和能力：拥有这样的下属，既是拥有一笔宝贵的财富，又显现了其独具慧眼，有着非同一般的辨才眼光和用才手法。比起上文单纯赞美牛羊繁多，诗作在此得到了扩展——从财物和人才两个方面展开赞扬，视角更加广阔，着笔更加全面，也更加容易得到主人的欢心。

诗的末章，作者以奇特的梦境和占卜来结束全诗。牧者劳累之时，就地小憩，在鸟语花香、芳草萋萋的环境中做梦："众维鱼矣，旐维旟矣。"梦到数不清的蝗虫，突然神奇地化作欢蹦乱跳的鱼儿，飘扬于远处的"龟蛇"之旗，转眼变成了鹰旗，他随后找人解梦，发现是吉兆：蝗虫化鱼预示着来年将会风调雨顺、没有天灾，五谷定然丰收；龟蛇是小镇的标志，鹰隼是大城的象征，从龟蛇变为鹰隼，自然代表着主人家的人口将要增多、地域田产会得到扩大，从而预示出主人将喜得贵子、地广人多。

节南山

节彼南山[1]，维石岩岩[2]。赫赫师尹[3]，民具尔瞻[4]。忧心如惔[5]，不敢戏谈。国既卒斩[6]，何用不监[7]！

节彼南山，有实其猗[8]。赫赫师尹，不平谓何？天方荐瘥[9]，丧乱弘多。民言无嘉，憯莫惩嗟[10]！

尹氏大师，维周之氐[11]，秉国之均[12]，四方是维，天子是毗[13]，俾民不迷。不吊昊天[14]，不宜空我师[15]。

弗躬弗亲，庶民弗信。弗问弗仕，勿罔君子？式夷式已[16]，无小人殆[17]。琐琐姻亚[18]，则无膴仕[19]！

昊天不佣[20]，降此鞠讻[21]。昊天不惠[22]，降此大戾[23]。君子如届[24]，俾民心阕[25]。君子如夷，恶怒是违。

不吊昊天，乱靡有定。式月斯生[26]，俾民不宁。忧心如酲，谁秉国成[27]？不自为政，卒劳百姓[28]。

驾彼四牡[29]，四牡项领[30]。我瞻四方，蹙蹙靡所骋[31]。

方茂尔恶[32]，相尔矛矣[33]。既夷既怿[34]，如相酬矣。

昊天不平，我王不宁。不惩其心，覆怨其正[35]。

家父作诵[36]，以究王讻。式讹尔心[37]，以畜万邦[38]。

【注释】

①节：高峻的样子。②岩岩：积石貌。③师尹：太师和尹氏。太师，西周掌军事大权的长官；尹氏，西周文职大臣尹吉甫的后代。④具：通“俱”。⑤惔（tán）：火烧。⑥卒：全。⑦何用：何以。⑧有实：实实，广大的样子。《诗经》中形容词、副词以“有”作词头者，相当于该词之重叠词。猗：指山坡。⑨荐：重。瘥：疫病。⑩憯（cǎn）：曾，乃。⑪氐：根柢。⑫均：此处指国家政权。⑬毗：辅助。⑭吊：善。昊天：犹言上天。⑮空：空乏。师：众民。⑯式夷式已：受伤或停职。⑰无小人殆：不要受小人摈斥。⑱琐琐：小小。姻亚：统指襟

带关系。姻，儿女亲家；亚，通“娅”，姐妹之夫的互称。⑲朊（wǔ）仕：厚任，高官厚禄。⑳佣：均。㉑鞠讻：极凶。㉒不惠：不恩惠。㉓戾：暴戾，灾难。㉔君子如届：君子如果到来并过问。㉕阕：息。㉖式月斯生：应月乃生。㉗秉：掌握。㉘卒劳百姓：终于劳苦百姓。㉙牡：公马。㉚项领：肥大的脖颈。㉛蹙蹙：局促的样子。㉜茂：盛。恶：罪恶。㉝相尔：观察您。㉞怿：悦。㉟覆：反而。正：规劝纠正。㊱作诵：通“作讽”，作诗讽谏。㊲讹：改变。㊳畜：养。此处指安定。

【赏析】

《节南山》指斥幽王身边的权臣尹氏和太师执政不平，导致国脉不兴、天怒人怨。

“节彼南山，维石岩岩。赫赫师尹，民具尔瞻。”开篇通过南山起兴，引出两位权势显赫的臣子。南山险峻，巨石嶙峋，这种描写既写出了两位权臣的权力如山一般威赫，又形象地表现出他们二人为政的“不平”。第二节“不平谓何”一句，是质问，也是无可奈何的嗟叹。“国既卒斩，何用不监”一句，质问两位权臣平时为何不行分内之事，导致“天方荐瘥，丧乱弘多”。一人祸，一天灾，两者之间存在密不可分的联系。人祸引起了天灾，而天灾的到来更加深了人祸的后果，导致民众生出更大的怨恨。通过这些铺垫，第三节进一步说明，因为师尹害人害天，引来上天的报复，这些报复变成灾害施加到了人民的身上，面对天灾人祸的双重打击，人们已经悲愤到了极点。

第四节强调执政之人应远离小人，凡事要亲自过问，这样才能赢得人民的信任。

第五节的“昊天不佣”“昊天不惠”，看上去是在抱怨老天不公，降下巨大的祸乱和灾难，但实则指向执政之人的无能。“君子如届”“君子如夷”两句则指出君子执政的方向：君子执政要如临深渊，如履薄冰，民众才能安然放心地走在平坦的大路上；君子执政平等，这样，那些难以平息的民怨才能消失。

第六节则起到了承上启下的作用。全诗通过这一节实现了一种感情上的转变：由不可抑制的愤怒转向了稍稍和缓的无奈叹息。

接下来的几节，其长度有所改变。如果将这首诗当作一首歌谣，那么这就算是一种音乐的变奏。形式上的变化常常意味着内容或情感的转变。诗人不再如前几节那样酣畅淋漓地进行指斥，而是在短促的悲叹中升华全诗的感情。“方茂尔恶，相尔矛矣”一句说明师党与尹党互相倾轧，同时也互相勾结，导致朝政难以改革；“驾彼四牡，四牡项领”一句说明人们在无奈之下只能到其他的诸侯国避乱，但是已避无所避，因为宗周和四方都被师尹扰乱了。无奈之下，士大夫作了这首诗，“以究王讻”，以追究导致国家祸乱的罪魁祸首。

正　月

正月繁霜①，我心忧伤。民之讹言②，亦孔之将③。念我独兮，忧心京京④。哀我小心，癙忧以痒⑤。

父母生我，胡俾我瘉⑥？不自我先，不自我后。好言自口，莠言自口⑦。忧心愈愈，是以有侮。

忧心惸惸⑧，念我无禄⑨。民之无辜，并其臣仆。哀我人斯，于何从禄？瞻乌爰止⑩，于谁之屋？

瞻彼中林，侯薪侯蒸⑪。民今方殆，视天梦梦。既克有定，靡人弗胜。有皇上帝，伊谁云憎？

谓山盖卑⑫？为冈为陵。民之讹言，宁莫之惩⑬。召彼故老，讯之占梦⑭。具曰予圣⑮，谁知乌之雌雄？

谓天盖高，不敢不局⑯。谓地盖厚，不敢不蹐⑰。维号斯言，有伦有脊⑱。哀今之人，胡为虺蜴⑲？

瞻彼阪田⑳，有菀其特㉑。天之扤我㉒，如不我克。彼求我则㉓，如不我得。执我仇仇㉔，亦不我力㉕。

心之忧矣，如或结之。今兹之正，胡然厉矣？燎之方扬㉖，宁或灭之㉗。赫赫宗周㉘，褒姒灭之。

终其永怀[29]，又窘阴雨。其车既载，乃弃尔辅[30]。载输尔载[31]，将伯助予[32]。

无弃尔辅，员于尔辐[33]。屡顾尔仆[34]，不输尔载。终逾绝险，曾是不意[35]。

鱼在于沼，亦匪克乐。潜虽伏矣，亦孔之炤[36]。忧心惨惨[37]，念国之为虐。

彼有旨酒，又有嘉肴。洽比其邻，昏姻孔云[38]。念我独兮，忧心慇慇[39]。

仳仳彼有屋[40]，蔌蔌方有穀[41]。民今之无禄，天夭是椓[42]。哿矣富人[43]，哀此茕独。

【注释】

①正月：正阳之月，夏历四月。②讹言：谣言。③孔：很。将：大。④京京：忧愁深长。⑤癙（shǔ）：幽闷。痒：病。⑥俾：使。瘉：病，指痛苦。⑦莠言：坏话。⑧惸（qióng）：忧郁不快。⑨无禄：没有福禄。⑩乌：此处指周家受命之征兆。此下二句言周朝天命将坠。⑪侯：维，语助词。薪、蒸：木柴。⑫盖：通“气”，何。⑬惩：警诫，制止。⑭讯：问。⑮具：通“俱”，都。⑯局：弯曲。⑰蹐（jì）：轻步走路。⑱伦、脊：条理，道理。毛传：“伦，道；脊，理也。”⑲虺蜴（huǐ yì）：毒蛇与蜥蜴，两者都为毒螫之虫，因以比喻肆意害人者。⑳阪（bǎn）田：山坡上的田。㉑有菀（wǎn）：茂盛。㉒扤（wù）：动摇。㉓则：语尾助词。㉔仇（qiú）仇：傲慢。㉕不我力：不用我。㉖燎：放火焚烧草木。扬：盛。㉗宁：岂。或：有人。㉘宗周：西周。㉙终：既。怀：忧伤。㉚辅：车两侧的挡板。㉛载输尔载：前一个“载”，虚词。后一个“载”，所载的货物。输，丢掉。㉜将：请。伯：排行大的人，等于说老大哥。㉝员：《毛传》：“益也。”指加固。㉞仆：也叫伏兔，像伏兔一样附在车轴上固定车轴的东西。一说车夫。㉟曾：竟，乃。不意：不以为意。㊱炤：通“昭”，明亮。㊲惨惨：忧愁不安。㊳云：亲近，周旋。㊴慇慇：忧愁的样子。㊵仳（cǐ）仳：低微。㊶蔌（sù）蔌：鄙陋。㊷椓（zhuó）：打击。㊸哿（gě）：欢乐。

【赏析】

《史记·周本纪》中这样记述西周灭亡前夕的历史："幽王以虢石父为卿，用事，国人皆怨。"而这首写于西周将亡之时的《正月》中，有一句"赫赫宗周，褒姒灭之"，恰似对西周覆亡的精准预测。

很显然，这首诗是表达诗人忧国忧民、愤世嫉俗的政治讽喻诗。作为周室的大夫，诗人虽然是当时社会的上层人士，但他仍然将矛头直指周幽王。诗中所写都是诗人的亲身经历和人生遭遇，诗人感叹自己生不逢时，但他决定，即使孤苦无依，也要坚持正义。

面对即将崩溃的西周王朝，诗人心底有着无限愤怒，他的郁闷和不平都通过诗歌表现了出来。诗中描写西周末年的黑暗政治，揭露了当时朝廷的昏庸、腐败和残暴。诗中展现出诗人对曾经兴盛的王朝沦落的哀伤，同时也表达出自己的无可奈何、孤独无助和感伤。

诗人写"正月"时令失常，出现了多霜的反常天气，面对这样的状况，民间谣言四起。这里是以气候比喻国事的反常无道，这种反常导致当时的社会成为一个是非颠倒、环境险恶、人人自危、政治黑暗和贫富对立的人间地狱。诗中重点突出这一切都是因为荒淫骄奢的周幽王宠幸褒姒、重用佞人所致。作者是一名有能力、有政治远见的人，他在诗中说"彼求我则，如不我得"，这就表明他刚入仕的时候统治者很需要他；但是因为他过于正直，马上就受到了统治者的冷落，于是感叹"执我仇仇，亦不我力"。面对国家的前途多难，他"忧心愈愈，是以有侮"，诗人同情底层人民的苦难遭遇，却遭到佞臣们的排挤和中伤。就这样，一个因为忧国忧民而不见容于世的孤独士大夫形象就出现在了读者面前。

虽然本诗的君王并没有明确说明是周幽王，但是诗中的暗示让人猜到了这位昏庸无度的君王就是周幽王。"民今方殆，视天梦梦"两句，非常严厉地指出周幽王对百姓的困苦完全视而不见，对江山社稷也完全不在乎。"赫赫宗周，褒姒威之"两句，直接指明了周幽王将会葬送周朝的结局。

得志的佞臣"好言自口，莠言自口""洽比其邻，昏姻孔云"，他们巧言令色，嫉贤妒能，结党营私，狼狈为奸，这些心肠毒如蛇蝎的人享有高官厚禄，得到了君王的宠幸和重用。对于这种现状，诗人感到憎恨与厌恶，感叹这些小人必将毁灭国家。

广大人民承受着统治者和佞臣们的层层剥削和压迫，他们在这样的暴政之下完全失去了平安生活的机会，遭受着无休无止的灾难，且只能忍气吞声地生活。对于这些可怜的人，诗人非常同情，感叹“民之无辜，并其臣仆”。诗中通过描述这样的三种人，强调是施行虐政的昏君导致了百姓们的困苦，虽然上天必将惩罚昏君，但是面对上天的惩罚，百姓也必然要无辜受过。

诗中陈词激烈，感情迫切，哀痛感人，通过一个“独”字，展现了诗人在黑暗的政治社会中艰难摸索的孤独。诗人用“瞻乌爰止，于谁之屋”来形容周王朝，通过“乌鸦”栖落的地方来说明西周王朝的灭亡是必然的。诗中通过大量的警言，表现了诗人深深的哀伤。

这首诗运用了很多修辞手法，其中有比喻，例如“鱼在于沼，亦匪克乐。潜虽伏矣，亦孔之炤”一句，用鱼在浅池必然会遭殃，来比喻乱世中人躲不过亡国之祸。还有对比，诗中的最后两节，通过描写居高位者“彼有旨酒，又有佳肴”“佌佌彼有屋，蔌蔌方有榖”，与穷苦百姓“民今之无禄，夭夭是椓”形成鲜明对比，突出了诗人的极大愤慨。本诗四言中夹杂着五言，这样的写法错落有致，表现了诗人强烈的情感。

十月之交

十月之交①，朔日辛卯②，日有食之，亦孔之丑。彼月而微，此日而微。今此下民，亦孔之哀。

日月告凶，不用其行③。四国无政④，不用其良。彼月而食，则维其常⑤。此日而食，于何不臧⑥！

烨烨震电⑦，不宁不令⑧，百川沸腾⑨，山冢崒崩⑩；高岸为谷，深谷为陵。哀今之人，胡憯莫惩⑪？

皇父卿士⑫，番维司徒⑬，家伯维宰⑭，仲允膳夫⑮，聚子内史[16]，蹶维趣马[17]，楀维师氏[18]，艳妻煽方处[19]。

抑此皇父[20]，岂曰不时[21]？胡为我作[22]，不即我谋？彻我墙屋[23]，田卒汙莱[24]。曰予不戕[25]，礼则然矣。

皇父孔圣，作都于向[26]。择三有事[27]，亶侯多藏[28]。不慭遗一老[29]，俾守我王。择有车马，以居徂向[30]。

黾勉从事[31]，不敢告劳。无罪无辜，谗口嚣嚣[32]。下民之孽[33]，匪降自天。噂沓背憎[34]，职竞由人[35]。

悠悠我里[36]，亦孔之痗[37]。四方有羡，我独居忧。民莫不逸，我独不敢休。天命不彻[38]，我不敢傚我友自逸。

【注释】

①交：日月交会，指晦朔之间。②朔日：初一。③行：轨道，规律，法则。④四国：泛指天下。⑤则：犹。⑥臧：善。⑦烨（yè）烨：雷电闪耀。震电：如打雷闪电。⑧宁、令：皆指安宁。⑨川：江河。⑩冢：山顶。崒：通“碎”，崩坏。⑪憯（cǎn）：乃。莫惩：不戒惩。⑫皇父：周幽王时的卿士。卿士：官名，总管王朝政事，为百官之长。⑬番：姓。司徒：六卿之一，掌管土地人口。⑭家伯：人名，周幽王的宠臣。宰：冢宰。六卿之一，“掌建六邦之典”。⑮仲允：人名。膳夫：掌管周王饮食的官。⑯聚（zōu）子：姓聚的人。内史：掌管周王的法令和对诸侯封赏册命的官。⑰蹶（guì）：姓。趣马：养马的官。⑱楀（jǔ）：姓。师氏：掌管贵族子弟教育的官。⑲艳妻：指周幽王的宠妃褒姒。煽：炽热。⑳抑：感叹词。㉑岂：难道。㉒我作：作我，役使我。㉓彻：拆毁。㉔汙：积水。莱：荒芜。㉕戕：残害。㉖向：地名。㉗三有事：三有司，即三卿。㉘亶（dǎn）：确实。侯：语气助词。㉙慭（yìn）：愿意，肯。㉚徂：到，去。“以居徂向”即“徂向以居”。㉛黾（mǐn）勉：努力。㉜嚣（áo）嚣：七嘴八舌的样子。㉝孽：灾害。㉞噂（zǔn）沓：聚在一起说话，形容议论纷纷。背憎：背后互相憎恨。㉟职：主。㊱里：“悝”之假借，忧愁。㊲痗（mèi）：病。㊳天命不彻：天命不合正道。

【赏析】

《十月之交》是一首政治怨刺诗，作者从自然现象着笔，继而揭露政治上的黑暗，再总结其深层原因，最后点出自己的做法，脉络十分清晰。作者感于当时的险恶自然现象，结合自身所处的政治环境，对社会现实提出了自己的思考和不满，严厉抨击了把持朝政的皇父诸人，斥责他们在其位不谋其政，中饱私囊，把国家社稷推向了危险的边缘。

据天文学家考证，诗中记载的日食发生在周幽王六年十月一日（公元前776年9月6日），作者在诗中记载了这一现象，还详细描述了后来发生的地震，以此作为自己说理的依据，真实而深刻。

诗作第一章交代时间、事件，以及事件发生时的情态和人民的反应。“日者，君象也。”在古人看来，太阳发生日食，白日无光，预示着有关君国的灾难。由此作者展开联想，在第二章里，“四国无政，不用其良”，着笔的重点随之转向政治统治，作者抒发了对政治日弊、百姓日苦的悲痛与忧虑，过渡自然，论理谨严。

第三章，诗人更进一步，在描写日食之余，又搬出了后来发生的地震，并对其情形进行了细致的描述：“百川沸腾，山冢崒崩。高岸为谷，深谷为陵。”诗中写的地震确有史实记载，《国语·周语》：“幽王二年，西周三川皆震。”“是岁三川竭，岐山崩。”作者从大处着笔，通过具有特征性的大特写，展开了一幅历史上少有的巨大灾变图，历来为读者称道。其中“高岸为谷，深谷为陵”二句，因其鲜明的形象性，具有不朽的艺术生命，被后世历代文人借用，成了历史上概括政治巨变、社会更迭的代表性诗句。

诗人对于灾害的描述，透露着对国家的无比担忧。他知道这些灾害是上天对统治者的警醒，但统治者们没有任何改善，依然是不行善政、黑暗腐朽，于是，作者将抨击的笔触直指其身。第四章到第六章，作者深刻揭露周幽王宠幸嫔妃、奸臣乱党把持朝政的无道。第四章中，作者开列皇父诸党，揭露他们从里到外把持朝政的丑行。第五章指出皇父诸党对百姓的横征暴敛，并对其巧立名目予以深刻揭露，讽刺了“礼法”的虚伪。第六章体现出皇父的自私以及对朝廷的危害，其聪明才智全用在维护自己的利益上，对国家的岌岌可危无动于衷。为躲避灾难，他们远迁向邑，带去贵族富豪，没有给周王留下任何有用的辅佐。任用这样的人当权，国家必然一步步走向灭亡。

最后，作者开始描写自己的境遇和心态。第七章作者写自己尽心为国但招谗言迫害，处境悲惨又有口难开，狼狈至极。分析自己的遭遇后，作者幡然醒悟，在后半部分做出总结："下民之孽，匪降自天。噂沓背憎，职竞由人。"百姓的灾难，不是上天降予的，而是由于小人作祟。他们口蜜腹剑，使无数的忠良志士饱遭罹难。这里，表明了作者的幡然醒悟，与开篇的天降灾难相互对照，是作者认识的升华，也表达了诗人对现实处境的忧虑。

最后一章，诗人点明了自己的立场和今后的做法。他面对周朝严重的危机，虽然疲惫、心痛，但并没有退缩不前，而是尽职尽责，"明知不可为而为之"，显得坚忍而忠诚。"悠悠我里，亦孔之痗"是作者心态上的悲愤，在章节开头直陈其痛，感染人心。"四方有羡，我独居忧"，作者思考深刻，眼光清明，别人都没有看透现实的黑暗，只有他心中明白，忧虑担心。"民莫不逸，我独不敢休。天命不彻，我不敢效我友自逸"，写作者选择的做法和其今后的坚持，在众人都或变质或放弃时，只有他不愿随波逐流，还在兀自坚持。诗人是坚定的，也是孤独的，是自信的，也是明知无望的，这种复杂的心态，杂糅在这则短诗中，给人无限感慨。

雨无正

浩浩昊天①，不骏其德②。降丧饥馑，斩伐四国③。旻天疾威④，弗虑弗图。舍彼有罪，既伏其辜⑤。若此无罪，沦胥以铺⑥。

周宗既灭⑦，靡所止戾⑧。正大夫离居⑨，莫知我勚⑩。三事大夫⑪，莫肯夙夜。邦君诸侯⑫，莫肯朝夕⑬。庶曰式臧⑭，覆出为恶⑮。

如何昊天，辟言不信⑯。如彼行迈⑰，则靡所臻⑱。凡百君子，各敬尔身⑲。胡不相畏⑳，不畏于天！

戎成不退，饥成不遂㉑。曾我暬御㉒，憯憯日瘁㉓。凡百君子，莫肯用讯[24]。听言则答[25]，谮言则退[26]。

哀哉不能言，匪舌是出[27]，维躬是瘁[28]。哿矣能言[29]，巧言如流，俾躬处休[30]。

维曰予仕[31]，孔棘且殆[32]。云不何使，得罪于天子。亦云可使，怨及朋友。

谓尔迁于王都[33]，曰予未有室家。鼠思泣血[34]，无言不疾[35]。昔尔出居，谁从作尔室[36]？

【注释】

①浩浩：广大的样子。②骏：长。③斩伐：犹言“残害”。四国：四方诸侯之国，犹言“天下四方”。④疾威：暴虐。⑤既：尽。伏：隐匿、隐藏。辜：罪。⑥沦胥：沉没、陷入。⑦周宗：“宗周”，指西周王朝。⑧靡所：没处。止戾（lì）：安定、定居。⑨正大夫：长官大夫，即上大夫。⑩勚（yì）：劳苦。⑪三事大夫：指三公，即太师、太傅、太保。⑫邦君：封国的君主。⑬莫肯朝夕：郑笺：“不肯晨夜朝暮省王也。”马瑞辰《毛诗传笺通释》：“谓朝朝于君而不夕见也。”⑭庶：庶几，表希望。臧：好，善。⑮覆：反。⑯辟言：正言，合乎法度的话。⑰行迈：出走、远行。⑱臻：至。⑲敬：谨慎。⑳胡：何。㉑饥成不遂：饥荒不退。㉒暬（xiè）御：侍御。国王左右亲近之臣。㉓憯（cǎn）憯：忧伤。瘁：病。㉔讯：谏诤。㉕听言：顺耳之言。答：应。㉖谮（zèn）言：谏诤的话。㉗出：通“拙”。拙劣。㉘瘁：病，或谓憔悴。㉙哿（gě）：欢乐。能言：指能说会道的人。㉚处休：美好。㉛维：句首助词。予仕：去做官。㉜孔：很。棘：急，比喻艰难。殆：危险。㉝尔：指上言正大夫、三事大夫等人。㉞鼠：通“瘋”，忧伤。㉟疾：通“嫉”，嫉恨。㊱作：营造。

【赏析】

周幽王荒淫昏庸，在他的统治下，朝政混乱腐败。他重用佞臣，宠爱褒姒，废除了申后和太子宜臼，加重剥削，因为他的不仁导致了地震和旱灾，天灾人祸使得人民流离失所，灾难重重。对于这样的王，申侯感到非常不满，于是他联合犬戎等外族势力，在骊山之下杀死了周幽王，攻陷了镐京，灭了西周王朝。这时原本属于西周的土地，也变成了犬戎等族的。在申、鲁、许等国的拥立下，宜臼嗣立为王。在秦国的护送下。东迁于洛邑，在晋、郑等国的共同辅佐之下创立东周，成为始君周平王。

作者亲身经历了西周的陷落和东周的建立，他看到因为君主荒废政事而导致的亡国，不由得埋怨上天“弗虑弗图”，他怨恨周幽王糊涂昏聩、不辨忠奸，也痛恨那些只顾自己、不行本分的官员。“正大夫、三事大夫、邦君诸侯”，面对黑暗的政局，只有他自己“鼠思泣血”，直言指斥暴君和奸佞误国，显示了大义凛然的气概。

目睹这一切的诗人，已经没有多余的心力铺垫，因此诗一开篇就将矛头直逼昊天，借“降丧饥馑”来讽刺幽王。诗人用无限感慨、无限忧伤的语气，埋怨上天变化无常丧失恩德，上天的“不骏其德”，导致天下混乱、灾难降临。这一切都是真正有罪的人所致。然而，暴虐无道的周幽王依然享乐逍遥，广大无罪的百姓就得代替他承担这些苦难。诗人在诗中将周幽王的罪过一一罗列，他对人民威虐暴戾，而且不思改过；他经常颠倒黑白，让有罪之人逍遥法外，而让无罪之人身陷囹圄，含冤受罪。周幽王倒行逆施的行为，把国家逼到了全面崩溃的边缘，让人痛心疾首。

诗中的第二节将当时的现实展现在了世人的面前：“周宗既灭，靡所止戾”。诗人感叹，在国家即将灭亡的时候，民众流离失所，无以安处。这些达官贵人却争相逃避，不顾百姓死活。他们掌权却不做实事，不肯为国日夜工作效劳，只是敷衍了事，甚至乘机做出各种恶劣的行径。面对这些，周幽王不但没有想要励精图治，反而变本加厉，做出了更多天怒人怨的事情。国家再也无法挽救的时候，那些本该为国效力的诸侯大臣、公卿大夫们，反倒纷纷逃之夭夭了，他们各保其身，完全没有考虑过国家的命运。正因为如此，曾经繁荣的国家终于面临覆灭的命运，并且这种消亡已无法挽回了。

到了第三节，诗人仍从问天开始，“如何昊天，辟言不信”进一步阐述了这场导致国家覆灭的灾祸的根本原因：一方面君王“辟言不信”，行事不依常理，将国家引向了灭亡；另一方面，那些乱臣贼子，“凡百君子”在国家将亡之际，不思挽狂澜于既倒，只是“各敬尔身”，更加肆无忌惮地危害人民。

面对此情此景，诗人感到忧心忡忡，他看到连年的兵祸，完全没有消退的迹象；灾荒饥馑也日甚一日，看不到停止的一刻。这样的国家已经无人支撑了。在大局已定的时刻，王还不思悔改，凡百君子，不肯谏诤，朝堂之上只有谀词谗言，国家的灭亡已经近在眼前。作者虽然有治国之道，想要挽救国家；但是忧国忧民的他，手无实权，无法为改变国家做点什么。

在第四节中，作者语气悲痛地述说着，不仅百官“莫肯用讯”，君王也只听好话，完全不接受任何批评。诗人在国家生死存亡、危难当头的情况下，虽然为国事“憯憯日瘁”，但是也没有任何方法改变现状。

到了第五节，诗人又一次写到了自己的艰难处境。他想要挽救国家，却空有理想和抱负。而能说会道的佞臣们却一直在君王面前谄媚逢迎。诗人用自己的“维躬是瘁”，和他们的“俾躬处休”相对比，说明自己不能在君王面前进谏，不是因为自己不会说话，而是因为国王昏庸无能。这一节对比鲜明，表现了诗人深沉的感情。

第六节诗人提出，在乱世昏君的时代出仕当官是十分不明智的，因为这时的君王都是恶忠直而好谀佞的，如果是一个巧言如流、投其所好的佞臣，那么他将会过得如鱼得水。这样的人会因为国家的混乱而得到高官厚禄，享尽荣华。他们迎合暴君，窃取利禄，坏纲乱世，使得君王闭目塞听，把君王变得更加昏庸无度。但如果是一个正直的人，将会“莫肯用讯”，有口难言。虽然不是口讷舌拙，但他总是忧虑重重，有着难以明言的苦衷，心里有话却不敢向天子进谏。

诗的最后一节，作者希望当国家的混乱稍微稳定之后，那些达官贵人、诸侯大臣们尽快回到王朝的新都，重振王室朝纲。但是达官贵人们用“无家可归”为借口加以拒绝。于是诗人悲愤地问道，当年仓皇离开王都的时候，你们没有带人去造房屋，不是也都迅速逃跑了吗？面对这些达官贵人们的嘴脸，诗人感叹他们有何面目自称“国之栋梁”。

诗人在国破、世危的局面下，立场坚定地指责昏君、痛斥诸臣。诗人面对这样的情况，尽管想要救国于覆亡之际，却苦于力量单薄，所以，他的忧伤、悲痛只能通过诗歌表达出来。诗中寄托了诗人的遥深之慨，感情深沉而真挚。

小 旻

旻天疾威①，敷于下土②。谋犹回遹③，何日斯沮④？谋臧不从⑤，不臧覆用⑥。我视谋犹，亦孔之邛⑦。

潝潝訿訿⑧，亦孔之哀。谋之其臧，则具是违⑨。谋之不臧，则具是依⑩。我视谋犹，伊于胡厎⑪。

我龟既厌⑫，不我告犹⑬。谋夫孔多，是用不集⑭。发言盈庭，谁敢执其咎⑮？如匪行迈谋⑯，是用不得于道。

哀哉为犹，匪先民是程⑰，匪大犹是经⑱；维迩言是听⑲，维迩言是争⑳。如彼筑室于道谋，是用不溃于成㉑。

国虽靡止㉒，或圣或否。民虽靡膴㉓，或哲或谋，或肃或艾㉔。如彼泉流，无沦胥以败㉕！

不敢暴虎㉖，不敢冯河㉗。人知其一，莫知其他㉘。战战兢兢，如临深渊，如履薄冰。

【注释】

①旻（mín）：此指苍天。疾威：暴虐。②敷：布施。下土：人间。③谋犹：谋划、策谋。回遹（yù）：邪僻。④沮：阻止。⑤臧：善、好。从：听从、采用。⑥覆：反而。⑦孔：很。邛（qióng）：毛病、错误。⑧潝（xì）潝：小人党同而相和的样子。訿（zǐ）訿：小人伐异而相毁的样子。⑨具：同“俱”，都。⑩依：依从。⑪于：往、到。胡：何。厎：止。⑫龟：指占卜用的灵龟。厌：厌恶。⑬不我告犹：不告诉我什么是吉凶。⑭集：成就。⑮咎：罪过。⑯匪行迈谋：不进而谋。⑰匪：非。先民：古人，指古贤者。程：效法。⑱大犹：大道。经：遵循。⑲维：只有。迩言：近言，指谗佞、肤浅的言论。⑳争：争辩、争论。㉑溃：达到。㉒靡止：（国土）狭小无所居。㉓膴：大，多。㉔艾：有治理国家才能的人。㉕无：通“勿”。沦胥：沉没。败：败亡。㉖暴虎：空手打虎。㉗冯（píng）河：徒步渡河。㉘其他：指

种种丧国亡家的祸患。

【赏析】

看到国家日益凋敝，政权日益腐败，最高统治者昏聩无道，不禁悲从中来，作诗以述己思。在诗中，作者辛辣讽刺统治者善恶不辨、听信邪僻之言，针砭奸佞之臣在其位不谋其政的丑恶嘴脸，指出国家面临的覆灭之祸已积薪待燃，让人读之恻然。

作者以较长的篇幅、错落的句式，通过比兴、批判等表达方式，鲜明地道出自己对劣政的痛恨。

“旻天疾威，敷于下土”这一句起兴，开篇定势，把整篇诗作的大气、沉重、怨愤和盘托出。上天的意志由君主体现，作者指责上天，就是在揭露当朝的黑暗统治。接下来，作者进一步直言其事：“谋犹回遹，何日斯沮？”讲明当前国政错误百出、邪僻古怪。昏庸的国王是非不辨，导致了“谋臧不从，不臧覆用”的结果，好的谋略无处施展，错误的政策反复施用，让百姓久遭折磨。在本章最后作者追加上自己的评价，给朝廷下了定论：“我视谋犹，亦孔之邛。”在我看来，朝廷的过错真的太多了！表现出作者的极度不满和对国家命运的极度忧虑。

接下来，作者开始挖掘造成这种局面的原因。第二章作者指出，这种错误和混乱，是因为一些身居高位的官员党同伐异、争斗不休，他们为了一己私利，不惜扭曲朝纲、蛊惑主上，使偏听偏信的君主“谋之其臧，则具是违。谋之不臧，则具是依”，违背、否定了所有好的谋略，施用的全是错误的谋略。说到这里，作者心情变得无比愤恨，冷冷地说道：“我视谋犹，伊于胡厎。”我倒是想看看，这些谋略到底能造成什么样的祸乱！

第三章开端，作者用“我龟既厌”再次表示对国家命运的深切忧虑。由于统治无道，上天也不再帮助，开始不管不问、弃之一边，诗人占卜，问求于灵龟，但灵龟厌卜，不再预告吉凶。诗人只得放弃上天的护佑，把希望又转向臣子的辅佐，但他们又难当大任：“谋夫孔多，是用不集。发言盈庭，谁敢执其咎？”谋臣虽数量众多，但相互扯皮，一点也不团结；都在唧唧喳喳地发言，但没有一个人能说到点子上。就像一群人在讨论远行，但讨论来讨论去，就是得不出能够实施的计划，就是不见他们上路。

第四章视角又转向了君主，指出了君主身上的错误。“哀哉为犹”，作者不消细说就给了定论：“唉，悲哀啊，不行，真是不行……”体现出对君王的无限失望。接下来是罗列原因：君主丝毫不效法古代圣主贤君的行为、法纪，一点也不遵从治国理政的常规道理、办法，只喜欢听一些谄媚的言语，只喜欢争论一些肤浅庸俗的见解。如此一来，王朝的国策必然脱离实际，没有半点的科学性和有效性。最终，作者又作出总结：由这样的君王治国理政，统领社稷，就好像在道路上建造房屋，方向错误、做法糊涂，绝对不可能取得成功。

虽然臣子和君主都如此不堪，但诗人并非完全放弃，他挨个抨击一遍，发尽心中的牢骚后，诗人没有就此完结，而是耐下心来，讲述自己的施政理念，为飘摇的统治指引方向。第五章作者以谏劝的口气说，周朝泱泱大国，各种人才都有，不乏明智之士与治国贤才，“或哲或谋，或肃或艾”，国家兴盛的希望就在这些人身上。对于这支饱含希望的力量、这些层出不穷的英才之士，作者用比喻热切地歌颂说：“他们就像长流长新的泉水一样，绝不会变得衰败、腐朽！”

上一章中，作者提出了对治国人才的肯定和希望，最后一章则提出对国君的期望、规劝和嘱托：人们都“不敢暴虎，不敢冯河”，是因为那是鲁莽的象征，作为国君，切忌不可鲁莽行事；“人知其一，莫知其他”，人的能力是有限的，只能看到问题的一个方面，不免会失于偏囿，一定要广听建议和意见，全面地理解、把握问题：最重要的一点，为政者要时时刻刻小心细心，要努力保持一种“战战兢兢，如临深渊，如履薄冰”的心态，切忌大意、随便。

小 宛

宛彼鸣鸠①，翰飞戾天②。我心忧伤，念昔先人③。明发不寐④，有怀二人⑤。

人之齐圣⑥，饮酒温克⑦。彼昏不知，壹醉日富⑧。各敬尔仪⑨，天命不又。

中原有菽⑩，庶民采之。螟蛉有子⑪，蜾蠃负之⑫。教诲尔子⑬，式榖似之⑭。

题彼脊令⑮，载飞载鸣⑯。我日斯迈⑰，而月斯征⑱。夙兴夜寐，无忝尔所生⑲。

交交桑扈⑳，率场啄粟㉑。哀我填寡㉒，宜岸宜狱㉓。握粟出卜，自何能穀？

温温恭人㉔，如集于木。惴惴小心㉕，如临于谷。战战兢兢，如履薄冰。

【注释】

①宛：小的样子。鸠：鸟名，似山鹊而小，短尾，俗名斑鸠。②翰飞：高飞。戾：至。③先人：死去的祖先。④明发：天亮。⑤二人：父母。⑥齐圣：正直聪明的人。⑦温克：善于克制自己以保持温和、恭敬的仪态。⑧壹醉：每饮必醉。富：盛、甚。⑨仪：威仪。⑩中原：原中，田野之中。菽：豆。⑪螟蛉：螟蛾的幼虫。⑫蜾蠃（guǒ luǒ）：一种黑色的细腰土蜂，常捕捉螟蛉入巢，以养育其幼虫，古人误以为是代螟蛾哺养幼虫，故称养子为螟蛉义子。负：背。⑬尔：你、你们，此指作者的兄弟。⑭式：句首语气词。榖：善。⑮题（dì）：通“睇”，看。脊令：鸟名，通作“鹡鸰”，形似小鸡，常在水边捕食昆虫。⑯载：则、且。⑰迈：远行，行役。⑱征：远行。⑲忝：辱没。尔所生：指父母。⑳交交：鸟鸣声。桑扈：鸟名，似鸽而小，青色，颈有花纹，俗名青雀。㉑率：循、沿着。场：打谷场。㉒填：通“殄”，穷困，困苦。寡：贫。㉓岸：通“犴”，牢房。㉔温温：和柔的样子。恭人：谦逊谨慎的人。㉕惴惴：恐惧而警戒的样子。

【赏析】

《小宛》一诗的作者是西周王朝的一个下级官吏，父母在世时，生活富裕，有良好的生活环境。父母去世后，作者谨遵父母的教诲，不敢有丝毫懈怠，日日为各种事务奔波，力图振兴家族。但由于受到诸多打击，再加上外界势力的逼迫和伤害，作者的生活逐渐变得艰难，但他没有放弃，而是盼望有朝一日能改变自己的命运。

作者的哀伤、疲惫之情和振作之意互为纠缠，或明或暗地贯穿于全诗。第一章以“宛彼鸣鸠，翰飞戾天”起兴，写小鸟鸣叫着一飞冲天，畅快勇猛，暗含对自己的叩问和期望：小鸟能有此奇迹和创举，自己和家庭什么时候才能有所起色呢？这本是昂扬奋发之语，但下句转向，书写“我心忧伤”，使原本的气势倏然降下，成为悲惨现实的反衬，也将全诗置于一种阴晦、低落的氛围中。章末“明发不寐，有怀二人”直述通宵达旦夜不能寐，怀念祖先、父母，追思过往，显示出作者处境的艰难和内心的忧伤，也暗含着今不如昔的深切感慨。

如此今夕变异，定有复杂的原因，第二章中，作者开始剖析事情的缘由。在讲述中，作者首先就点出了其中的最大原因——众兄弟酗酒败家。表现手法上，他以埋怨的口吻，通过对比手法，说道：“人家贤达的人喝酒，知道适量、克制，你们这些人，每次都是大醉，再不改掉恶习，恢复仪容，上天不会保佑你们！”

说完之后，作者开始冷静下来，扩展自己的思路，思量这件事的后果。在思考的同时，他的视野也变得开阔，比兴的题材转向田野间：“中原有菽，庶民采之。”百姓在田野里采摘豆子，辛苦地劳作。作者由果实及其采集、收获想到了兄弟们的后代以及他们的成长：不能让他们跟着那几个酒鬼，否则其教育和抚养都得不到保障，不可能拥有美好的未来，必须由自己来代养他们，传授教化、规正品性，教育他们长大继承祖业家风。“螟蛉有子，蜾蠃负之”按陆机的说法：“螟蛉者，桑上小青虫也，似步屈，其色青而细小。或在草莱上。蜾蠃，土蜂也，似蜂而小腰，取桑虫负之于木空中，七日而化为其子。”蜾蠃有雄无雌无法生殖，所以就捕获“螟蛉”的幼虫，将它哺育长大，传宗接代，因此“螟蛉”成为养子的代称。

第四章作者以“题彼脊令，载飞载鸣”比兴，用鹡鸰的“载飞载鸣”来映衬自己日复一日、月复一月地四处奔走，“斯迈”“斯征”，为整个家族打点一切，寻觅兴盛之法。但可想而知，人力甚微、差距太大。收获甚小。尽管如此，作者还是没有放弃，更加“夙兴夜寐”、夜以继日地坚持着，希望能够“毋忝尔所生”，尽量作出成就，不辱没自己的双亲。

第五章继续说自己的窘境和坚持。“交交桑扈，率场啄粟”，弱小平凡的小青雀都能够赶上好运气，找到一片谷场，遗穗丰富，欢快地啄食着。而自己的运气呢？则是“哀我填寡，宜岸宜狱”，贫穷、孤独，又患了病，还因为墙倒众人推，挨了一身的官司，真是祸不单行。想到这里，作者感情又激愤起来：“握粟出卜，自何能穀”——“抓把米去占卜，我倒要看看到底什么时候我才能摆脱厄运！”这种心态，既是对命运的不满、质问和抗争，但也有深深的宿命论深藏其中，纠结矛盾，体现出作者的不甘和茫然，贴切真实。

在诗作的最后，作者又重新回归现实，提出了对自己今后生活的考量，为自己的行动、心态做了调整和计划，也用平静、审慎的语句为全诗作结。他告诫自己，一定不要放弃，要坚持下去，并在日常细节上严格规范：外在仪表方面，一定要像站在树顶一样，动作轻柔，努力协调身体各个部位，时刻规矩，做一个“温温恭人”；为人处世方面，要“惴惴小心”，好像自己面对的不是寻常的人和事，而是来到了悬崖边上，面前是深不可测的幽谷，万不可掉以轻心，否则就会出错而掉下去，丧失生命：做事、行动方面，要时刻保持“战战兢兢”的状态，就像在薄冰上行走，每一步都要小心翼翼，用上十分的心思，保证自己能走到河的对岸，把事情圆满完成。三个“如”字，把作者对自己的苛求描绘得充满力度，也反映出作者今后的所遇之艰、责任之重。这首诗采取了意味深长的比兴手法，因物起兴、借景寄情，虽然感情沉重，但表现得活脱生动。诗作各章语意恳切、重点突出，组织上逻辑严密、层次分明、转接顺畅，语言质朴而又整饬，显示出作者高超的写作技巧和驾驭语言的能力。

小　弁

弁彼鸒斯①，归飞提提②。民莫不穀③，我独于罹④。何辜于天⑤？我罪伊何？心之忧矣，云如之何⑥？

踧踧周道[⑦]，鞫为茂草[⑧]。我心忧伤，惄焉如捣[⑨]。假寐永叹[⑩]，维忧用老[⑪]。心之忧矣，疢如疾首[⑫]。

维桑与梓[⑬]，必恭敬止[⑭]。靡瞻匪父[⑮]，靡依匪母[⑯]。不属于毛[⑰]，不罹于里[⑱]。天之生我，我辰安在[⑲]？

菀彼柳斯[⑳]，鸣蜩嘒嘒[㉑]。有漼者渊[㉒]，萑苇淠淠[㉓]。譬彼舟流，不知所届[㉔]。心之忧矣，不遑假寐。

鹿斯之奔，维足伎伎[㉕]。雉之朝雊[㉖]，尚求其雌。譬彼坏木[㉗]，疾用无枝[㉘]。心之忧矣，宁莫之知[㉙]。

相彼投兔[㉚]，尚或先之[㉛]。行有死人[㉜]，尚或墐之[㉝]。君子秉心[㉞]，维其忍之[㉟]。心之忧矣，涕既陨之[㊱]。

君子信谗，如或酬之[㊲]。君子不惠，不舒究之[㊳]。伐木掎矣[㊴]，析薪扡矣[㊵]。舍彼有罪，予之佗矣[㊶]。

莫高匪山，莫浚匪泉[㊷]。君子无易由言[㊸]，耳属于垣[㊹]。无逝我梁[㊺]，无发我笱[㊻]。我躬不阅[㊼]，遑恤我后[㊽]！

【注释】

①弁（pán）：通“般”、鸒（yù）：乌鸦。②提（shí）提：群鸟安闲翻飞的样子。③穀：美好。④罹：忧愁。⑤辜：罪过。⑥云：句首语气词。⑦踧（dí）踧：平坦的状态。周道：大道、大路。⑧鞫：堵塞。⑨惄（nì）：忧思。⑩假寐：不脱衣帽而卧。永叹：长叹。⑪用：犹“而”。⑫疢（chèn）：病，指内心忧痛烦热。疾首：头疼。如：犹“而”。⑬桑梓：古代桑、梓多植于住宅附近，后代遂为故乡的代称，见之自然思乡怀亲。⑭止：语气词。⑮靡：不。瞻：尊敬、敬仰。匪：不是。⑯依：依恋，依靠。⑰不属于毛：古代裘衣毛在外。毛在外属阳，指父亲。⑱里：指母亲。⑲辰：时运。⑳菀：茂密的样子。㉑蜩：蝉。嘒嘒：蝉鸣的声音。㉒漼（cuǐ）：水深的样子。渊：深水潭。㉓萑（huán）苇：芦苇。淠（pèi）淠：茂盛的样子。㉔届：到、止。㉕伎（qí）伎：鹿急跑的样子。㉖雉（zhì）：野鸡。雊（gòu）：雉鸣。㉗坏木：有病的树。㉘疾：病。用：犹“而”。㉙宁：难道。㉚相：看。投兔：入网的兔子。㉛先：开、放。㉜行：路。㉝墐（jìn）：通“殣”，掩埋。㉞秉心：犹言居心、用心。㉟维：犹“何”。忍：残忍。

㊱陨：落。㊲酬：劝酒。㊳舒：缓慢。究：追究、考察。㊴掎（jǐ）：牵引。此句说，伐木要用绳子牵引着，把它慢慢放倒。㊵析薪：劈柴。扡（chǐ）：顺着纹理劈开。㊶佗（tuó）：加。㊷浚：深。㊸无易：不要轻易。㊹属：连接。垣：墙。㊺逝：拆毁。梁：拦水捕鱼的堤坝，亦称鱼梁。㊻发：打开。笱（gǒu）：捕鱼用的竹笼。㊼阅：容纳。㊽恤：忧虑。

【赏析】

关于《小弁》一诗的主旨，或说是周幽王放逐太子宜臼，宜臼放歌述哀；或说是宣王时尹吉甫惑于后妻，逐前妻之子伯奇，伯奇忧而著诗。诗作抒写了遭受父母抛弃后的主人公在流浪途中的孤独、失落、思考以及质询。

作者的遭遇在历史上是常见的，母亲离世，父亲再续，异母弟妹出世，后母偏心，虐待前妻子女，并谗言斗进，父亲的慈爱天平，因后妻枕边风的反复吹刮，逐渐失衡，最终做出弃逐的行为。被弃者尚自年幼，处境十分悲惨，只能默默承受不被亲人待见的痛苦，心怀无限哀怨，无奈作诗排解。

诗人以“忧怨”为基调，对自己被逐后的悲痛心情反复倾诉，多侧面、多层次地刻画了自己细致、丰富的心绪和情感。或以眼前之景比兴内心之情，或以客观事物衬托自己的处境，正反结合，将抽象的难以名状的内心情感形象地表达出来。作者赋、比、兴交互使用，泣诉、忧思，内容丰富，感情深厚。

首章从“弁彼鸒斯，归飞提提”起笔，以美景衬哀境，呼天自诉，先言“我独于罹”的忧伤和悲痛。用“民莫不穀”对比自己的“我独于罹”，直接喊出“何辜于天？我罪伊何？心之忧矣，云如之何”的无奈感叹，揭示内心沉重的忧怨。作者被亲人和家庭逐出，遭受的是情感上的毁灭性打击，怎能不叫人心灰意冷？

作者开篇明义、直陈事由之后，倾诉、呼告的欲望稍作满足，情感稍稍平复，开始描写所见的景象：放眼望去，平坦的大道上，杂草丛生，一片苍凉。原本想远眺忘忧，但目之所及尽是悲哀，所见之景牵动心中之情，舒缓的心境又纠结起来：这正像诗人自己的生活，原本平静安详、秩序井然，现在却变得千疮百孔、混乱不堪。作者不由得将笔触由外转内，继续抒发自己心中沉重的忧愁："我心忧伤，惄焉如捣。"

"维桑与梓，必恭敬止。"作者面对桑梓"必恭敬止"，即恭敬孝顺父母。"靡瞻匪父，靡依匪母"，对父亲唯恐不尊重，对母亲唯恐不依顺，言行举止没有半点差池。但其后果，却是"不属于毛，不罹于里"，被家庭各方嫌弃，形象地传达出作者失去父母之爱后的无归属感和失落感。最终，作者只有无奈地把这份罪责归咎于上天："天之生我，我辰安在？"——"是上天生了我，我是无父无母的野孩子，我什么时候才能摆脱现在的厄运？"语言变得极其沉重。

"菀彼柳斯，鸣蜩嘒嘒。有漼者渊，萑苇淠淠"，柳青苇绿，呢喃之声渐闻，一片欣欣向荣。而自己却"譬彼舟流，不知所届"，漂泊无定，不知所归，更不知何往。"鹿斯之奔，维足伎伎。雉之朝雊，尚求其雌"，矫健的花鹿快速奔跑，漂亮的鸟儿成双成对，欢快温馨；自己却是"譬彼坏木，疾用无枝"，孤苦伶仃、憔悴不堪。美丽的景象和内心的痛苦忧伤相互烘托，产生了极大的震撼效果，让人不忍想象主人公当时所处的窘境。

第六章，作者描绘了路途上发生的一些事件："相彼投兔，尚或先之。行有死人，尚或墐之。"野兔投网还有人放走，人死于道路还有人埋葬，显示出世间所存有的浓浓温情。这也可能是作者脑海中的记忆。然后，作者将其与自身情况相对照，用以抒情达意：父亲残忍绝情，不顾惜自己的儿子，连路人都不如：而自己的处境，更是比不上那些遇到好人的小动物和死者。无奈之下，作者只有"涕既陨之"。

接下来作者揭示出自己被逐的原因："君子信谗""君子不惠"。君子"不舒究之"，被人灌醉酒一般，多遭蒙蔽，最终颠倒是非曲直，看不清对错。"伐木掎矣，析薪扡矣"，说伐木要用绳子牵引，劈柴要顺着纹理，做事情不能没有原则和凭证。

最后一章，作者把笔触转向自身。他感到自己从前的生活环境处处是陷阱，现在想想就后怕，于是埋怨自己从前为什么不谨言慎行，而被人抓住把柄。本章前四句是沉痛的反省，着眼过去。后四句是观照现实和今后，作者高呼："不要再迫害我了，我已经很惨了，现在连安身之所都没有，更别提考虑以后的生活！"

巧 言

悠悠昊天①，曰父母且②。无罪无辜，乱如此幠③。昊天已威④，予慎无罪⑤。昊天泰幠⑥，予慎无辜。

乱之初生，僭始既涵⑦。乱之又生，君子信谗。君子如怒⑧，乱庶遄沮⑨；君子如祉⑩，乱庶遄已。

君子屡盟⑪，乱是用长。君子信盗，乱是用暴⑫。盗言孔甘⑬，乱是用餤⑭。匪其止共⑮，维王之邛⑯。

奕奕寝庙⑰，君子作之。秩秩大猷⑱，圣人莫之⑲。他人有心⑳，予忖度之。跃跃毚兔㉑，遇犬获之。

荏染柔木㉒，君子树之。往来行言㉓，心焉数之。蛇蛇硕言㉔，出自口矣。巧言如簧㉕，颜之厚矣。

彼何人斯？居河之麋㉖。无拳无勇㉗，职为乱阶㉘。既微且尰㉙，尔勇伊何？为犹将多㉚，尔居徒几何㉛？

【注释】

①昊天：老天，苍天。②且：语尾助词。③幠（hū）：大。④威：暴虐、威怒。⑤慎：确实。⑥泰：太。⑦僭（jiàn）：谗言。涵：容纳。⑧怒：怒责谗人。⑨庶：几乎。遄沮：迅速终止。⑩祉：福，此指任用贤人以致福。⑪盟：与谗人结盟。⑫盗：盗贼，借指谗人。⑬孔甘：很好听，很甜。⑭餤（tán）：原意为进食，引申为增多。⑮止共：尽职尽责。⑯邛：病。⑰奕奕：高大貌。寝：宫室。庙：宗庙。⑱秩秩大猷：多而有条理的典章制度。⑲莫：谋划。⑳他人有心：谗人有心破坏。㉑跃（tì）跃：跳跃的样子。毚（chán）：狡猾。㉒荏（rěn）染：柔弱貌。㉓行言：统言。㉔蛇（yí）蛇硕言：夸夸其谈的大话。㉕巧言如簧：说话像奏乐一样好听。㉖麋（méi）：通"湄"，水边。㉗拳：勇。㉘职：主要。乱阶：逐渐引出祸乱的一连串事件。㉙微：小腿生疮。尰（zhǒng）：通"肿"，脚肿。㉚犹：指诡计。㉛徒：党徒。

【赏析】

《巧言》一诗的主旨，是抨击谗言的可恶。作者尽其所能，形象刻画了小人的丑恶嘴脸。与此同时，作者针砭了君主的昏庸，并在论述中提出了自己的政治主张和构想，使诗作显得内容丰富，立意颇深。

第一章。作者开端便呼告上天："悠悠昊天，曰父母且。无罪无辜，乱如此怃。"他情感激越，内心的情感难以自持，做出呼天抢地之举。诗作起调突兀，显出作者饱受谗言之苦，其日甚久，其度甚深。

其后，他又一边埋怨上天，一边辩白道："昊天已威，予慎无罪。昊天泰怃，予慎无辜。"上天威严但是糊涂，任凭世间有如此的不公。作者无可奈何，无法洗刷自己所受的委屈和迫害，只得不断地呼告。

通过第一章的呼告，作者的委屈得到一定程度的减轻，心中的怨怒不再那么强烈，开始对自己的处境和造成这种状况的原因进行反思。所以接下来作者对谗言现象进行了分析。他指出，应该被指责的不仅仅是那些奸邪小人，还有那些昏聩无能、目光浅短的统治者，正是他们的姑息养奸，才使得这种可怕的局面愈来愈难控制。

在本章后半段，作者用虚写的手法，提出了自己的假设和希望："君子如怒，乱庶遄沮；君子如祉，乱庶遄已。"如果当初君主威严贤明，进谗者就不会有机可乘，那该是多么美好的场面！作者抚今追昔，对先前所具有的可能性抱有幻想，说明了自己对现实局面的无能为力，更反映出如今的情势危急，且已难改变。

第三章，作者又分别从君主和小人两个方面具体分析了谗言出现的原因、危害。"君子屡盟，乱是用长。君子信盗，乱是用暴"，是从君主方面分析其中原因：因为他轻取轻信，使得身边贤者无存，尽是一些小人，而后果则是国家发生了长久而又严重的祸乱。

"盗言孔甘，乱是用餤。匪其止共，维王之邛"，这是从小人人手分析其中原因：因为他们只会甜言蜜语、丝毫不能尽忠职守，因此，才使得上述祸乱不断增多，整个国家变得积贫积弱。通过此章，作者既指出了国家凋敝的现状，又指出庸主和奸臣在其中有不可推卸的责任，显得条理清楚，论事透彻。

接下来，作者描绘了一个完美的国家本该有的局面，或者是诉说了自己脑海里构建的关于朝廷的最理想画面。在这个国家里，"奕奕寝庙，君子作之”，圣明的君主建造起巍巍的宫殿和宗庙，也就是建立起稳固而有序的国家政权。“秩秩大猷，圣人莫之”，其中所遵循的条理而规范的典章制度，都是由圣人呕心沥血而作，既符合民心和逻辑，又非常简洁、好用。

“他人有心，予忖度之”，当有奸人或外敌觊觎生事时，以作者为代表的忠臣贤人能够有所察觉，继而认真分析，最终得出正确、有效的应对之法，把事态消灭在萌芽之中。这样，君主、贤人、忠臣，三者共同努力，肯定会得到“跃跃毚兔，遇犬获之”的效果——那些貌似聪明活跃的小人，就像野兔遇上猎犬一样，被轻松地捉住拿下。

理想固然非常美好，但现实又是一个什么样子呢？进入第五章，作者开始描述现实与理想的不同，在具体行文中，依然是分成两个方面来分析：首先是君主，“荏染柔木，君子树之。往来行言，心焉数之”，美好的树木代表着美好的局面，它现在还不存在，因此需要君主慢慢树立起来。君主对臣下的言行还没有分辨的能力，需要在心中思考分析数遍。

后半段是写小人，他们非但没有被轻松清除，反而是“蛇蛇硕言，出自口矣。巧言如簧，颜之厚矣”，大言不惭地说着漂亮的空话，巧舌如簧，脸皮厚得无以复加。很显然，对于君主和小人，作者的讽刺力度是不同的。论述君主时，作者留有余地，与其说是揭露，不如说是指引和规劝，对其还抱有希望。而揭露小人嘴脸时，则极尽抒写之能事，着力刻画，其中“巧舌如簧”一词，更是深入人心。

最后，作者将笔力都集中于小人身上，进行了炮火般的抨击，分别论述了其形态、专长、下场、社会关系等诸多方面，细致而形象。“彼何人斯？居河之麋”，是比喻和象征手法，小人们居于河边的水草丛中。即说明他们善于躲藏，暗地行动。“无拳无勇，职为乱阶”，他们既没有能力，也缺少高尚的品格和气质。唯一的长处就是造谣生事、祸乱朝纲。

“既微且尰，尔勇伊何”，作者指出他们注定的下场。因为其行动猥琐，无处不在，所以作者诅咒他们小腿生疮，脚部肿烂，而这也是其行动能力的丧失，昭示了他们的专长已毁，不能再继续害人。“为犹将多，尔居徒几何”，则反映了其人缘和社会地位，小人虽诡计多端，但最终无法避免被人识破的厄运，人们认清其真面目后，必然羞与为伍，纷纷躲避，到时他们只能形单影只，独自品尝孤独，再也找不到算计他人的机会。

何人斯

彼何人斯[①]？其心孔艰[②]。胡逝我梁[③]，不入我门？伊谁云从[④]？维暴之云[⑤]。

二人从行[⑥]，谁为此祸？胡逝我梁，不入唁我[⑦]？始者不如今[⑧]，云不我可[⑨]。

彼何人斯？胡逝我陈[⑩]？我闻其声，不见其身。不愧于人，不畏于天。

彼何人斯？其为飘风。胡不自北？胡不自南？胡逝我梁？只搅我心。

尔之安行，亦不遑舍[⑪]；尔之亟行[⑫]，遑脂尔车[⑬]。壹者之来[⑭]，云何其盱[⑮]！

尔还而入，我心易也[⑯]。还而不入，否难知也[⑰]。壹者之来，俾我祇也[⑱]。

伯氏吹埙[⑲]，仲氏吹篪[⑳]。及尔如贯[㉑]，谅不我知[㉒]。出此三物[㉓]，以诅尔斯[㉔]。

为鬼为蜮，则不可得。有靦面目[㉕]，视人罔极[㉖]。作此好歌[㉗]，以极反侧[㉘]。

【注释】

①斯：语气助词。②孔：甚，很。艰：此指用心险恶难测。③梁：拦水捕鱼的坝堰。④伊谁云从：是听从什么人的话？⑤云：言论。⑥二人：主人公与“彼”人。⑦唁：慰问。⑧如：像。⑨可：嘉、好。

⑩ 陈：堂下至门的路。⑪ 遑：空闲。舍：止息。⑫ 亟：急。⑬ 脂：通“支”，以轫木支车轮使止住。⑭ 壹者：犹云乃者。⑮ 盱（xū）：张目。⑯ 易：改变，此处指转悲为喜。⑰ 否难知也：使我难知情。⑱ 俾：使。祇：病也。⑲ 伯氏：兄。埙（xūn）：古陶制吹奏乐器。⑳ 仲：弟。篪（chí）：古竹制乐器。㉑ 及：与。贯：为绳贯串之物。㉒ 谅：诚。知：交好、相契。㉓ 三物：猪、犬、鸡。㉔ 诅：盟诅。古时订盟，杀牲歃血，告誓神明，若有违背，令神明降祸。㉕ 靦（miǎn）：露面见人之状。此处指狡狯之貌。㉖ 视：示。罔极：没有准则，指其心多变难测。㉗ 好歌：善良、交好的歌。㉘ 极：尽。反侧：在床上翻来覆去睡不着。此处指为人反复无常，不正直。

【赏析】

本诗的主人公应该是一名女子。“伊谁云从？维暴之云”，前人认为此处之“暴”是指周天子的卿士暴公，但对照《氓》这首诗来看，似乎应是粗暴之意。诗中“尔还而入，我心易也。还而不入，否难知也”几句，则是说明主人公训斥的对象和她同住一处，他们是一家人。所以本诗可以看成该是一名女子对丈夫弃妻行为的指斥。

时光流逝，女主人公不再如从前那般容貌鲜丽，因此她那薄情寡义的丈夫，开始不像从前那样珍惜她了，往日的温柔逐渐被粗暴所取代，丈夫待她再也没有热恋时的热情了，有的只是无尽的冷漠。

丈夫进了家门，却只想去河梁捞取鱼虾。他从房前路过，却很少停下车看望在家忙碌的妻子。他总是匆匆地来，又匆匆地去。妻子怀疑丈夫是不是已经变心了，是不是有了其他的恋人，妻子的一片深情受到很深的伤害。她期待丈夫能够回心转意，其情至真，如泣如诉，非常感人。

“及尔如贯”这一句，女子感叹命运之绳将自己和丈夫连在了一起，他们本应该亲密无间，但是她的丈夫却连夫妇之礼都不顾及，女子感到悲愤难平。她追忆着从前“二人从行”时的快乐，再看看现在自己的凄凉，感到非常痛苦。她的快乐和痛苦都和自己的丈夫密切相关，她不明白为什么原本相处得很好的丈夫，现在却扬言说再也不会和自己和好了。

在诗人感叹命运的时候，丈夫来到了堂下，妻子只听见他和他人交谈，却一直没有看到过他，他们的距离非常近，但是他们的心却越来越远了。诗人心中充满了可望而不可即的痛苦。她在心中不断质问着丈夫：为什么你不会觉得愧对我，难道你就不怕上天的报应吗？

丈夫的“不入我门”“不入唁我”，让女子感到悲伤不已，但是她却不能忘情于自己的丈夫，于是只能寄望于在回程时能够再次看他一眼。当她的祈祷落空后，她感到非常愁苦，诗人又回想起了往日的欢乐时光。当初二人相好的时候，他们不单是生活上的密友，同时还是知音，有共同的爱好，丈夫奏乐吹起埙，妻子就吹篪和音，和乐融融、但是现在这一切都不复存在了，女子一心一意地对待自己的丈夫，丈夫却不是如此待她，女子摆出了猪、犬、鸡，她这样做的原因是为了让丈夫回想起他们当初的山盟海誓。

女子在漫漫长夜辗转反侧，发出了愤怒的诅咒。“为鬼为蜮，则不可得。有靦面目，视人罔极”，女子痛斥自己的丈夫虽然为人，但却阴险狡诈，胜过鬼蜮。虽然她有心和丈夫一刀两断，但是一到关键时刻，诗人还是放不下过去美好的日子，对丈夫还有留恋。女子唱这首诗歌的目的就是希望丈夫能够幡然悔悟，和自己再续前缘。

本诗虽然有叙事，但诗中穿插着各种生活片断的回忆，全诗的结构似断非断。此诗采用叠章和问句，用跳荡不定和迅速转换的意象，来表现女主人公的疑惑、惊诧、痛切和哀伤。女子的痴情，感人至深。

巷　伯

萋兮斐兮[①]，成是贝锦[②]。彼谮人者，亦已大甚！哆兮侈兮[③]，成是南箕[④]。彼谮人者，谁适与谋？缉缉翩翩[⑤]，谋欲谮人。慎尔言也，谓尔不信。捷捷幡幡[⑥]，谋欲谮言。岂不尔受，既其女迁[⑦]。

骄人好好[⑧]，劳人草草[⑨]。苍天苍天，视彼骄人，矜此劳人！彼谮人者，谁适与谋？取彼谮人，投畀豺虎；豺虎不食，投畀有北⑩；有北不受，投畀有昊⑪。

杨园之道，猗于亩丘⑫。寺人孟子⑬，作为此诗。凡百君子，敬而听之。

【注释】

①萋、斐（fěi）：都是花纹相错的样子。②贝锦：织有贝纹图案的锦缎。③哆（chǐ）：张大口。侈（chǐ）：大。④南箕：星宿名。⑤缉缉：附耳私语状。翩翩：往来迅速的样子。⑥捷捷：意义与"缉缉"相同。幡幡：与"翩翩"意思相同。⑦女：同"汝"。⑧骄人：进谗者。⑨劳人：被谗者。草草：忧愁的样子。⑩畀（bì）：与，给。有北：北方苦寒之地。⑪有昊：苍天。⑫猗：在……之上。亩丘：丘名。⑬寺人：近侍，常指宦官。

【赏析】

无论处在什么样的环境中，人与人之间的矛盾都无法避免。比如，相互间的猜忌极易影响彼此间的友情。《巷伯》就记载了这种情形和感情。

《巷伯》的作者是一位宦官，名叫孟子。在诗中，诗人对诬陷者进行了强烈的抨击和诅咒。

第一部分，作者对那些整天说别人坏话的人，先用了两个比喻加以描写：第一个是"萋兮斐兮，成是贝锦。彼谮人者，亦已大甚"，织锦之人用灵巧的双手、美丽的颜料（萋、斐），织出了漂亮的锦缎；而说坏话的人，也像编织那些华而不实的锦缎的人一样，编造了无数无中生有的谎言。作者开篇就直言不讳地感叹："彼谮人者，亦已大甚！"——"这些说别人坏话的人，太不像话，太嚣张了！"

第二个比喻是"哆兮侈兮，成是南箕"。南箕是天上的一个星座，样子像簸箕，也像张开的一张大口。"哆"形容人大嘴巴的样子，"侈"是指说话的神态。寥寥数字，把说坏话人的可恶以及人们对这种人的厌烦描摹得纤毫毕现。

第三部分，继续叙述作者的观察和厌恶。"缉缉翩翩，谋欲谮人"，作者首先用"翩翩"这样一个经典的双声词，形象地表达了几个人在黑暗的角落里低声说别人坏话的情形。接着，“慎尔言也，谓尔不信”，作者用一种警告的口吻告诫这些小人：“管好你们的嘴巴，人们已经开始怀疑你们了！”

“岂不尔受，既其女迁”，作者既是在告诫这些小人，同时也为众人找寻到了最好的解决办法：“难道大家都会受你诬陷？大家很快就会讨厌你们，进而彻底地远离你们！”

前面这部分内容是对“谮人者”的生动刻画，是受害者无助的呼喊，也只是作者情绪的一个开头。到第五部分，作者的愤怒才开始喷涌而发。“骄人好好，劳人草草”：陷害别人的谮人者获得利益，骄狂恣肆、奸笑阵阵；被陷害者利益受损，落魄不已。看到这种现实，作者无计可施又忍无可忍，只能呼天喊地：“苍天苍天，视彼骄人，矜此劳人”——“老天啊老天啊，看看那些整日陷害他人而得势的小人，再看看这些整天辛苦操劳而被无端陷害的老实人，你能不能看见！”到此处，作者开始怀疑上天的公平和正义，愤慨的情绪上升到了极点。

下面他喊出了“语不惊人死不休”的诅咒：这些陷害别人的小人，谁还和他们在一起？把他们捉起来，扔到荒野里，让豺狼和老虎吃掉。他们品性丑陋，豺狼老虎都不愿意吃，那就把他们投到北方荒蛮之地，但荒蛮之地受不了他们的肮脏，也不接受他们。那就把他们交给上天惩罚。这是作者因愤懑和失落的一种表现，他的内心独白表达了自己心中的正义，同时也反映了现实中的无奈和黑暗。

心中的愤懑爆发完，作者稍稍变得平静，他站在宽广的原野上，看着杨园中的路，在田亩中慢慢延伸，渐行渐远。这种情景，似乎使他想到了后来人的境遇和命运，于是他认真地把诗写下来，并记下自己的名字：“寺人孟子，作为此诗。凡百君子，敬而听之。”他告诫后世君子，不要让这种悲剧重演。

谷 风

习习谷风①，维风及雨②。将恐将惧③，维予与女④。将安将乐，女转弃予⑤。

习习谷风，维风及颓⑥。将恐将惧，寘予于怀⑦。将安将乐，弃予如遗⑧。

习习谷风，维山崔嵬⑨。无草不死，无木不萎。忘我大德，思我小怨。

【注释】

①习习：大风声。②维：只，仅。③将：方，正当。④女：同“汝”，你。⑤转：反而。⑥颓：自上而下的旋风。⑦寘予于怀：把我抱怀里。⑧遗：遗忘。⑨崔嵬（wéi）：山高峻的样子。

【赏析】

《谷风》的女主人公因为年老色衰，被狠心的丈夫抛弃，心中痛苦不堪。她想起从前生活艰苦时夫妻恩爱的场景，哀感连连不能自抑，所以作诗以遣心绪，抨击了那个“只可共患难，不能同安乐”的负心汉行径。

首章开端以山谷的大风起兴，形象而又巧妙。本来山风之势就很强，经过山口时，由于地形原因，所经的通道骤然变小，产生强大的压力，使风速变得极快，吹到脸上，犹如刀割，让人难以忍受。诗作以此风比喻女子遭受挫折之大，形容前夫寡情残忍之甚，入木三分，很有艺术表现力。另外，这一比兴也有点明地点的作用，此刻女子被前夫驱逐，无家可归，只能到处漂泊，来到了山口之间。她独自面对着强烈的大风，呼吸困难，举步维艰，此情此景，又使她想起了前夫种种令人寒心的作为，心中幽怨难当。

悲痛中，女子又想起了曾经的生活场景。当时夫妻俩年少恩爱，郎情妾意，如胶似漆，“将恐将惧，维予与女”：虽然生活艰苦至极，整日衣食无着，担惊受怕，但自在逍遥，两人“只羡鸳鸯不羡仙”，同心协力，毫无芥蒂。而现在，则是“将安将乐，女转弃予”——拿我的青春换取了你的富足，你又狠心地将我弃之不顾！多年的辛苦，前夫成就了事业和功名，继而欲望膨胀，喜新厌旧，抛弃糟糠之妻，将女子置于一种极其无助的境地。

第二章作者运用回环复沓的艺术手法，仅易数字，与首章结构相似，意思相近，是女子在悲痛中的反复诉说与思考。“置予于怀”，是写前夫曾经给自己的温暖和抚慰。如今，孤苦伶仃的女子，只身一人，站在山间风口，被风吹得寒冷至极，不禁想寻找一丝的温暖。于是，前夫曾经把自己拥在怀里的场面浮现在脑海，那种温存的记忆和如今前夫的冰冷面孔形成鲜明对照，也与女子所处的境地相互映衬，使得诗作简练、具体而又意蕴深邃。“弃予如遗”是第一段中“女转弃予”的更进一步，“女转弃予”只是单一地说抛弃自己，而此刻增加了程度描写：前夫抛弃自己时，面不改色，不念及丝毫旧情，显得非常冷血。

第三章依然延续“谷风”的比兴手法。比兴之后，诗句结构与上文显示出了不同。“无草不死，无木不萎”，是女子在迎风前进时对周遭环境的观察，她看到在大风的摧折下，山间风口处各种植物都已死去，光秃秃的甚是萧条，显示出弱者受尽欺凌的无奈，也说明狂风的强横和霸道。自己和前夫的关系不也同这狂风和草木一样吗？自己软弱无辜，饱受欺凌，处于被动地位。“忘我大德，思我小怨”，我对他的大恩，他完全抛之脑后；我的一些小毛病，他挑来拣去，丝毫不肯放过。这种写法，不仅顺畅自然，做到了情与景的完美融合，还达到了章末点题的效果。挖掘女子被逐的根本原因，前人评说道：“道情事实切，以浅境妙。末两句道出受病根由，正是诗骨。”

《谷风》的语言凄恻委婉，娓娓道来，没有丝毫言辞激切的措辞和恶语，但责备意味得到充分体现，真正达到了“怨而不怒”的艺术效果，主人公的善良温顺，也得到了淋漓尽致的体现。诗作韵律和谐，将女主人公的哀伤演绎得舒缓而浓重，很具有感染力。作者以叙事手法为主，但起兴的成功运用，使诗作不乏浓厚的抒情色彩，更显事件丰满具体，脉络清楚明了，感情浓厚真挚。诗作虽篇幅短小，但丝毫没有影响其艺术价值的传达。

关于诗作的主旨。历来有很多不同的解释。结合雅诗的性质，《毛诗序》说："《谷风》，刺幽王也。天下俗薄，朋友道绝焉。"主张其为政治怨刺诗，说幽王无道，国家凋敝，政教不行，人们的思想道德每况愈下，朋友之间忘大德而思小怨，相互绝交。现代的评论家们多不再依附政治，而从诗的内容出发，还原其"弃妇之辞"的根本，并认为《小雅·谷风》与《邶风·谷风》之间有着鲜明而紧密的联系。

蓼莪

蓼蓼者莪①，匪莪伊蒿②。哀哀父母，生我劬劳③。

蓼蓼者莪，匪莪伊蔚④。哀哀父母，生我劳瘁。

瓶之罄矣⑤，维罍之耻⑥。鲜民之生⑦，不如死之久矣！无父何怙⑧？无母何恃？出则衔恤⑨，入则靡至。

父兮生我，母兮鞠我⑩。拊我畜我⑪，长我育我，顾我复我⑫，出入腹我⑬。欲报之德。昊天罔极⑭！

南山烈烈⑮，飘风发发⑯。民莫不穀⑰，我独何害！

南山律律⑱，飘风弗弗⑲。民莫不穀，我独不卒⑳！

【注释】

①蓼（lù）蓼：长又大的样子。莪（é）：一种草，即莪蒿。②匪：同"非"。伊：是。③劬（qú）劳：与下章"劳瘁"皆劳累之意。④蔚（wèi）：一种草，即牡蒿。⑤瓶：汲水器具。罄（qìng）：器皿中空。⑥罍（lěi）：盛酒水器具。⑦鲜（xiǎn）：指寡、孤。民：人。⑧怙（hù）：依靠。⑨衔恤：含忧。⑩鞠：养。⑪拊：抚育，抚养。畜：培育。⑫顾：顾念。复：返回，指不忍离去。⑬腹：指怀抱。⑭昊（hào）天罔极：犹云父母之恩广大无边，不知如何报答。⑮烈烈：艰难，形容难于攀登。⑯飘风：狂风。发发：风疾的样子。⑰穀：善，指养。⑱律律：同"烈烈"。⑲弗弗：同"发发"。⑳卒：终，指养老送终。

【赏析】

《蓼莪》这首诗，主要是诗人抒发自己不能为父母养老送终的痛极之情，诗中充满了对已故父母的深情怀念、感恩、歌颂、内疚、忏悔和忆苦思甜等百感交集的复杂感情。诗中悼念了父母恩德，表达了自己失去父母的孤苦以及不能为父母送终的遗憾，可能是上坟扫墓祭祀时的祭歌。全诗沉痛悲怆、凄恻动人。

本诗通过第一人称的角度，采用独白的方式来讲述自己的感情：诗人家庭生活非常贫困，在万般无奈之下，他只能到外面去谋求生计，可当他回到家乡之后，才发现自己的父母已经双双去世了。虽然这时他生活变好了，且过上了丰衣足食的生活，但再也没有机会报答父母的养育之恩，更没有办法为父母养老送终了。这样的痛苦一直纠缠着他，让他遗憾终身。

诗人通过摇曳的丛丛莪蒿来比喻自己心中对父母的悲悼之情。诗中连用“生”“鞠”“拊”“畜”“长”“育”“顾”“复”“腹”九个动词，目的是为颂扬父母对自己的养育之恩。这首诗描绘了这样一幅画面：诗人父母的坟头上长满了很高很高的蒿草，墓地前用来祭奠祖先的酒瓶、酒坛空空如也，这一切都说明诗人父母的坟已经很久没有人来打扫了。坟墓的荒凉使诗人感到内疚，于是感叹道：“可怜我的父母亲，生我养我真艰辛”“父母恩浩大无边”。

诗中充分表达了孝子“无父何怙？无母何恃”的悲思。诗人追忆了孩童时父母给自己的宠爱，以及长大之后在父母的照顾之下不愁吃穿的事情，现在自己想要报答父母的恩德时，父母却已经去世了。诗人只能永怀遗憾和内疚。当痛苦到了一定的程度，他不由得发出了“鲜民之生，不如死之久矣”的悲号，然后引出了失去父母之后“出则衔恤，入则靡至”的失落之情。诗文后面的景象描绘中，通过描写南山的高大，表现出了父母的恩德以及孝子的悲苦，情景交融、虚实结合的描写，将诗人的赤诚之情完整地表现了出来。

诗共有六节，可以分成三层：第一、二两节是第一层，诗人感叹父母生养了自己，并辛苦劳累地照顾了自己。“蒿”象征着不成材且不能尽孝，诗人感叹自己不成材还不能尽孝。后两句表现出父母是费心劳力，吃尽苦头才养大自己的。

第三、四节是第二层，主要描写父母对儿子的深爱和儿子失去了双亲的痛苦。第三节的头两句用“瓶”来比喻父母，用“罍”来比喻孩子。用瓶子从罍中取水时，却没有取到水，这是因为罍无储水可汲，这就像孩子想要赡养父母，却没有尽到孝心而感到羞耻一样。

第四节的前六句叙述父母对诗人的养育。诗人的表述虽然语拙但是情真，他言直意切，不厌其烦，如哭如诉。这一节的最后两句，表现出了不得奉养父母的诗人，将自己的痛苦归咎于上天，他责备上天变化无常，夺去父母的生命，让他无法报答父母。

本诗最后两节是第三层，这一部分抒写了诗人的不幸，表现了他丧失父母的悲痛和凄凉。“烈烈、发发、律律、弗弗”的运用，加重了诗人的哀思，使读者和诗人一起悲叹。

《蓼莪》一诗劝勉我们要在短暂的人生中奉养父母、报答父母的养育之恩，因为天有不测风云，绝不能有任何的犹疑和迟缓，否则将抱恨终身。

大　东

有饛簋飧①，有捄棘匕②。周道如砥③，其直如矢。君子所履④，小人所视。眷言顾之⑤，潸焉出涕⑥。

小东大东⑦，杼柚其空⑧。纠纠葛屦⑨，可以履霜⑩。佻佻公子⑪，行彼周行⑫。既往既来，使我心疚。

有冽氿泉⑬，无浸获薪⑭。契契寤叹⑮，哀我惮人⑯。薪是获薪，尚可载也。哀我惮人，亦可息也。

东人之子，职劳不来⑰。西人之子⑱，粲粲衣服。舟人之子⑲，熊罴是裘⑳。私人之子㉑，百僚是试㉒。

或以其酒，不以其浆㉓。鞙鞙佩璲㉔，不以其长㉕。维天有汉㉖，监亦有光㉗。跂彼织女㉘，终日七襄㉙。

虽则七襄，不成报章[30]。睆彼牵牛[31]，不以服箱[32]。东有启明[33]，西有长庚。有捄天毕[34]，载施之行[35]。

维南有箕[36]，不可以簸扬。维北有斗[37]，不可以挹酒浆[38]。维南有箕，载翕其舌[39]。维北有斗，西柄之揭[40]。

【注释】

① 馕（méng）：食物满器貌。簋（guǐ）：古代一种圆口、圈足、有盖、有座的食器，青铜制或陶制，供统治阶级的人使用。飧（sūn）：晚饭。② 捄（qiú）：曲而长貌。棘匕：酸枣木做的勺匙。③ 周道：大路。砥：磨刀石，用以形容道路平坦。④ 君子：统治阶级的人，与下句的“小人”相对。小人指被统治的民众。⑤ 眷（juàn）言：眷恋回顾貌。⑥ 潸（shān）：流泪貌。⑦ 小东大东：西周时代以镐京为中心，统称东方各诸侯国为东国，以远近分，近者为小东，远者为大东。⑧ 杼柚（zhù zhóu）：杼，织机之梭；柚，织机之大轴；合称指织布机。⑨ 纠纠：缠结貌。葛屦：葛布鞋。⑩ 履：踏。⑪ 佻佻：逸豫轻狂貌。⑫ 周行：大道路。⑬ 氿（guǐ）泉：泉流受阻溢而自旁侧流出的泉水，狭而长。⑭ 获薪：砍下的薪柴。⑮ 契契：忧结貌。寤叹：不寐而叹。⑯ 惮：疲劳成病。⑰ 职劳：从事劳役。来：慰勉。⑱ 西人：周人。⑲ 舟人：有舟之人，此处指西人中的富人。⑳ 熊罴是裘：用熊皮、马熊皮为料制的皮袍。㉑ 私人：家奴。㉒ 百僚：犹云百隶、百仆。㉓ 浆：薄酒。㉔ 鞙（juān）鞙：形容玉圆（或长）之貌。璲（suì）：随身佩带的宝玉。㉕ 以：因。㉖ 汉：银河。㉗ 监：照。㉘ 跂：同“歧”，分叉状。织女：三星组成的星座名，呈三角形。㉙ 七襄：七次移易位置。㉚ 不成报章：织不成布帛。㉛ 睆（huàn）：明亮貌。牵牛：三颗星组成的星座名，又名河鼓星，俗名牛郎星。㉜ 服箱：驾车运载。㉝ 启明：启明星。㉞ 天毕：毕星，八星组成的星座，状如捕兔的长柄网。㉟ 施：张。㊱ 箕：俗称簸箕星，四星联成的星座，形如簸箕，距离较远的两星之间是箕口。㊲ 斗：北斗星。㊳ 挹：舀。㊴ 翕：吸。㊵ 西柄之揭：南斗星座呈斗形，有柄，天体运行时，其柄常在西方。

【赏析】

《大东》是一首怨刺诗，作者是周代一个小的东方诸侯国的文人，他目睹周王室横征暴敛、鱼肉属国，愤然写了这首诗。诗中抱怨西周王室诛求无已，不停地劳役人民。《毛诗序》中提出，这个东方的小国应该指的是谭国（现在在山东章丘西面）。而这首诗的作者应该就是谭国的大夫，虽然没有具体的资料能够证明这一点，但是可存一说。

本诗塑造了两个对比鲜明的形象：一个是西周剥削者残酷、贪婪、骄奢的形象，一个是对西周人满怀仇恨的谭国人被榨取、被奴役、被压迫的形象。通过对这两个典型形象的描写和刻画，形象地表现了君子与小人的对立。

这首诗以西周通往东国的公路为开篇，点明他们之间的对立。这条路对双方的意义是不同的：对于周人来说，这是一条致富的路，“佻佻公子，行彼周行”充分表现了西人对于这种现状的得意。但对于东人来说，这是一条苦闷之路，这条路使他们失去了财富、亲人和尊严，“潸焉出涕”“使我心疚”就是他们心情的写照。在这条路上，东人“杼柚其空”，因为生活困苦，金钱匮乏，他们不得不在冷天穿着夏天的破麻鞋劳动。

诗人在对比中，展现出了一幅贫富悬殊、苦乐不均的生活画面——“西人之子，粲粲衣服”，西人喝着上等的美酒，佩戴着宝玉，过着骄奢淫逸、纵情享乐的生活。“东人之子，职劳不来”，“私人之子，百僚是试”，东人却连薄酒都吃不上，他们身上连杂佩也没有。他们做着所有的工作，却得不到一点点的抚慰和利益。

这样的对比，表现出的不单是宗主国和诸侯小国之间的矛盾，同样也有统治者与人民之间的矛盾冲突。这首诗运用了赋、比、兴的表现手法。第一节“兴”的手法运用比较多。头两句“有饛簋飧，有捄棘匕”，都是当时贵族用的一些食具，诗人在周人贵族的家中看到这些东西，想到自己原本也是一名贵族，现在却沦为“小人”的痛苦生活，伤心得流下了眼泪。

“比”是比喻，它在诗中仅在一句或两句中起到联系局部的作用。例如“如砥”和“如矢”。诗人用砥和矢比喻“周道”的抽象的平直。

第一节最后四句用的是“赋”，赋就是直接铺叙，这里诗人把自己的思想感情用平铺直叙的方式表达出来。“履”和“视”这两个字，就是诗人眼中周人和东人对这条公路的不同感受。情景交融，引出无限的悲凉和凄苦。

第三节中诗人用获薪不能让水浸湿，来比喻东人再也受不了摧残了。刚刚砍下来的柴棍，都能用车子装载使用，也该让劳苦的东人们休息休息了。这里“获薪”和“惮人”形成了对比，表现人的待遇还不如物。

从第五节后四句一直到最后，描写的都是诗人在仰观天象。诗人看到了天汉、织女、牵牛、长庚、天毕、北斗、南箕等天象，他用这些来比喻西周的剥削者，诗人把自己的怨愤诅咒移加到繁星上去，进一步刻画出那些贪婪统治者的形象。诗人将思想感情和艺术手法统一在一起，做到了兴中有比，比中有赋，使得人物的形象更加鲜明，诗意更加深刻了。

四 月

四月维夏①，六月徂署②。先祖匪人③，胡宁忍予④？秋日凄凄，百卉俱腓⑤。乱离瘼矣⑥，爰其适归⑦。冬日烈烈⑧，飘风发发⑨。民莫不穀⑩，我独何害⑪？山有嘉卉，侯栗侯梅⑫。废为残贼⑬，莫知其尤⑭。相彼泉水⑮，载清载浊⑯。我日构祸⑰，曷云能穀⑱？滔滔江汉⑲，南国之纪⑳。尽瘁以仕㉑，宁莫我有㉒？匪鹑匪鸢㉓，翰飞戾天㉔。匪鳣匪鲔㉕，潜逃于渊。山有蕨薇㉖，隰有杞桋㉗。君子作歌，维以告哀。

【注释】

①四月：指夏历（即今农历）四月。下句“六月”同。②徂（cú）：往。③匪人：不是他人。④胡宁：为什么。忍予：忍心让我（受苦）。⑤卉（huì）：草的总名。腓（féi）：（草木）枯萎或病。⑥瘼（mò）：病、痛苦。⑦爰：何。适：往、去。归：归宿。⑧烈烈：“冽冽”，严寒的样子。⑨飘风：疾风。发发：状狂风呼啸的象声词。⑩穀（gǔ）：善、好。⑪何：承受。⑫侯：有。⑬废：大。残贼：残害。⑭尤：错，

罪过。⑮相：看。⑯载清载浊：有时清有时浊。⑰构："遘"的假借字，遇。⑱曷：何。⑲江汉：长江、汉水。⑳南国：指南方各河流。纪：众川之纲纪。㉑尽瘁：尽心尽力以致憔悴。仕：任职。㉒有：通"友"，友爱，相亲。㉓鹑（tuán）：雕。鸢（yuān）：老鹰。㉔翰飞：高飞。戾：至。㉕鳣（zhān）：鲟一类的鱼。鲔（wěi）：鲟鱼。㉖蕨薇：两种野菜。㉗杞：树名。桋（yí）：赤楝。

【赏析】

本诗的作者是一位被放逐的官吏，因为莫须有的原因，为谗言所害，被君主放逐南国。从夏到冬，历时三季，经过漫长的跋涉，作者才从国都迁徙到了江汉之滨的目的地，一路饱受摧残。他无罪被逐，满腔抑郁，痛苦、艰难而又屈辱的放逐历程，长久地折磨着作者的肉体和心灵，于是才有了这首写满忧愤的《四月》。

"四月维夏"到"冬日烈烈"，整整九个月的长途跋涉，诉说着道途的艰辛和流放地的僻远。酷暑夏日，焦渴难耐，诗人不得安适，在烈日下迁徙奔走；"百卉具腓"，萧瑟悲怆，诗人看着秋草枯黄，想着民生的凋敝，同时也忍受着自己家破人亡、妻离子散的惨状；寒冬降临，朔风怒号，诗人衣单腹空，饥肠辘辘，随时都有冻饿而死的危险。

"四月、六月、秋日、冬日"，四个顺序的时间是诗作的行文脉络，也是诗人远徙的过程，更是其难以忘怀的心灵印记。在这段时间里，作者时刻数着日子，盼望着能快些到达目的地，渴求着能马上结束行程。这种承续关系，也使读者的思路和情感沿着诗人的脚步一路南行。感受诗人那一分一秒的煎熬。

"先祖匪人，胡宁忍予？"对祖先的探究和埋怨，深刻地反映出诗人怨愤之极。司马迁在《史记·屈原贾生列传》中说："人穷则反本，故劳苦倦极，未偿不呼天也。疾痛惨怛，未偿不呼父母也。"只有在穷途末路的境遇中，人才会有如此的呼告。诗人是功勋卓著的贵族的后裔，但先祖在天之灵未加荫庇，使后辈遭受莫大苦难。这样的呼告，既是在责问先人，亦是在指斥当道者刻薄寡恩，其对功臣后裔尚且未加眷顾，使其遭受如此冤屈，其他普通的忠义臣子的境遇可想而知。

最终，在第四章，诗人到达了目的地：看到附近有山，山上有栗树、梅树，便上来休憩，休憩过程中，当然伴有无尽而沉痛的思索。此章后半部，作者点出被逐的原因是莫名其妙地受谗毁中伤。他不知就里，对自己无故被逐一脸茫然，此刻思考良久才豁然开朗。也许是流放中再难承受艰辛，不愿想起别人对自己的迫害，如今到达目的地，心中稍感轻松，旧恨涌上了心头。如此想通之后，作者的思绪和悲愤便如潮水决堤，一浪高过一浪，一发不可收拾。

看到山间泉水时清时浊，作者开始反思遭“废”的原因，并最终归结为自己不肯同流合污，因耿直公正，才会得罪小人。在此章后半部，作者表明自己清白无辜，并且依然眷恋着国家和百姓，矢志不渝，体现出难能可贵的忠君爱国情操。

作者放眼望去，巍峨的山下流淌的是宽广浩渺的汉水，汹涌澎湃。滚滚汇聚入海，煞是壮观。这一景象的描画，有着深远的比兴意味。汉水气吞万象，容纳南方诸水系，显得规整有度，有条不紊。而当今的朝廷，纲纪荡然无存，主上昏聩无能，忠奸不辨，眼看就有国家倾覆的危险，让无数正直之士心中痛苦不堪。作者想到此处，再难忍心中的委屈，大声呼喊：我尽心尽力地辅佐国家，拳拳之心可表日月，但没有任何人珍惜，所有的人都害我！无奈愤恨之情，不亚于远处汉江的奔腾之势。

看遍诸水，作者又将视线转移到半空。河川里的游鱼以及空中振翅翱翔的雄鹰，给了他极大的慰藉。也许是太过劳累，不愿再因往事挂怀，诗人的心绪变得平静，一丝归隐之意浮上心头：雕鹰在高空中翱翔，鳣鲔在深水中潜游，它们身处远离世俗的境地，得以避开猎人的捕杀，是多么明智和畅快！此刻，诗人也许会叹息现实的黑暗，以及从前自己看不穿世事的愚钝吧。

诗作的最后，作者的视线回到近处，思绪也回到现实中。他看着跟前的两株野菜，慢慢平静下来，继而慎重地记下这一番风起云涌的思索，并表达出自己的意愿和期望：我现在作这首诗，是为了记载下我的哀思，总结心得经验，为自己心境的转变留下见证，也更为了警醒后来的志士同仁，希望你们能提防谗人，远离伤害。

北 山

陟彼北山，言采其杞①。偕偕士子②，朝夕从事。王事靡盬③，忧我父母。

溥天之下④，莫非王土。率土之滨⑤，莫非王臣。大夫不均，我从事独贤⑥。

四牡彭彭⑦，王事傍傍⑧。嘉我未老，鲜我方将⑨。旅力方刚⑩，经营四方⑪。

或燕燕居息⑫，或尽瘁事国⑬；或息偃在床⑭，或不已于行⑮。

或不知叫号⑯，或惨惨劬劳⑰；或栖迟偃仰⑱，或王事鞅掌⑲。

或湛乐饮酒⑳，或惨惨畏咎㉑；或出入风议㉒，或靡事不为㉓。

【注释】

①言：我。杞：枸杞，落叶灌木，果实入药，有滋补功用。②偕偕：健壮貌。士：周王朝或诸侯国的低级官员。周时官员分卿、大夫、士三等，士的职级最低，士子是这些低级官员的通名。③靡盬：无休止。④溥：大。⑤率土之滨：四海之内。古人以为中国大陆四周环海，自四面海滨之内的土地是中国领土。⑥贤：贤劳，艰辛。⑦牡：公马。彭：形容马奔走不息。⑧傍傍：不得止。⑨鲜：称赞。⑩旅力：体力。⑪经营：规划治理，此处指操劳办事。⑫燕燕：安闲自得貌。⑬尽瘁：尽心竭力。⑭息偃：躺着休息。⑮不已：不止。⑯叫号：叫呼号召。⑰惨惨：忧虑不安貌。劬劳：辛勤劳苦。⑱栖迟：休息游乐。⑲鞅掌：事多繁忙。⑳湛（dān）：沉湎。㉑畏咎：怕出差错获罪招祸。㉒风议：放言高论。㉓靡事不为：无事不作。

【赏析】

周代社会是一个等级制度十分严谨的社会，其政权严格按照宗法制度来组织。其中，王和诸侯的官员们，被分为卿、大夫、士三等，上下级等级森严，尊卑的地位不可逾越。这样的等级制度是按照血缘关系的远近亲疏来规定的。所以作者所属的士是最低、也最受压迫的阶层。

《诗经》表现“士”这一阶层的诗篇有不少，主要都是描写这个阶层地位低下、因而备受驱使的辛苦处境，这些诗抒发了士的压抑和怨愤，暴露了统治阶级内部上下关系中存在的难以调和的矛盾，反映了那时的宗法等级制度的不平等和隐藏在它之下的阴暗和危害。《北山》就是众多这样的诗篇中的一篇。它主要描绘了统治阶层的劳役不均，同时揭露了上层统治阶级的腐朽以及下层人民的怨愤，是一篇优秀的怨刺诗。这首诗是劳于王事的作者发出的不平之鸣，“大夫不均，我从事独贤”，这一句是全诗的中心。

诗人对大夫分配差事的不均表示抱怨，同时也对自己长期承受繁重的工作表示不满。这些人起早贪黑、一刻不停地在四方奔波，却得不到相应的回报，至多换来大夫几句言不由衷的夸赞。“嘉我未老，鲜我方将。旅力方刚，经营四方”四句活灵活现地勾画出一个大夫在役使下属时的样子：“你年纪这么轻，身体又这么健壮，前程无限啊，多出几趟差，多做些贡献吧！”可见统治者就是用这样虚伪的话语来达到役使他人的目的。

诗的后三节，诗人运用了大量的对比手法，十二句叙述了十二种现象，其中每两种现象就形成一个对比，一共形成了六个对比。这六个对比将大夫的形象完整地描画了出来。可以看到，大夫都过得安闲舒适，每天不是饮酒享乐就是休憩睡觉，他们不会征发号召，只会在酒足饭饱之后给其他人挑刺、找麻烦。而为大夫工作的士却必须为这些不学无术的大夫尽心竭力、四处奔走，他们辛苦劳累、忙忙碌碌，一人承揽了所有的工作，同时还要担心自己万一出什么差错，就会被那些喜欢找麻烦的大夫治罪。

大夫和士是两种完全对立的人，对比的形式，更能让人明白他们谁好谁坏，谁善谁恶。在对比之后全诗就结束，作者没有做任何评论，也没有抒发自己的感慨，姚际恒在《诗经通论》中评论说：“‘或’字作十二叠，甚奇；末句无收结，尤奇。”鲜明对比之后就戛然即止，读者的心中也已经有了自己的结论，这样的结局可以让读者慢慢体会、细细回味。

无将大车

无将大车①，祇自尘兮。无思百忧，祇自疧兮②。
无将大车，维尘冥冥③。无思百忧，不出于颎④。
无将大车，维尘雝兮⑤。无思百忧，祇自重兮⑥。

【注释】

①将：扶进，此指推车。大车：平地载运之车。②疧（qí）：病痛。③冥冥：昏暗，此处形容尘土迷蒙的样子。④颎（jiǒng）：光亮。⑤雝（yōng）：通“壅”，引申为遮蔽。⑥重：加重。

【赏析】

《无将大车》一诗的主旨和作者，历来饱受争议，最恰当的应该是以下这种说法：诗的作者是一位正直而有操守的官吏，他不见容于奸佞的同僚，被君主所疏远，无能为力，只得独自痛心于当朝政治的黑暗和统治者的昏庸，感时而伤乱，作歌来自我排遣，诉说自己内心的沉重与忧伤。

全诗三章，均以推车起兴，寄寓深远。在古代，生产力落后，人们从事农业劳动时，多肩挑背扛，高级的生产工具很少。当时的车子做工粗糙，非常沉重，再加上道路崎岖难行，多坑洼险阻，使用起来很不方便。当车子过于繁重时，人们便在其后推车前进，这时，推车人会被车轮扬起的灰尘洒满全身，弄脏衣服和须发，辨不清方向和位置，还有可能摔倒。作者以此起兴，说出了推车时的艰难和危险，为全诗营造出了一种悲痛、伤感而又迷茫的氛围。

另外，诗人选用推车为比兴，除了烘托氛围之外，还有更深层的意义在里面。在中国的古代，车子是地位和身份的象征，越是体积大、做工精致的车子，其内所坐之人也越是尊崇。并且，古人原本就存有直接以乘舆指天子、诸侯的说法。因而，这里的“将大车”，就有了鲜明的政治隐喻，作者写推车，其实是以之比喻为国效力、服侍君王的政治工作，由此，诗作获得了更深层次的内蕴和更大的表现空间。

每章的后半段，诗人由推车之艰难，兴起了“无思百忧”的感叹：人们活在世界上，就像不要去推那种大车一样，心里不要老是装着世上的种种烦恼；就像强自推车会弄脏自己的衣服须发一样，整天地思考只会使自己百病缠身，痛苦不堪，甚至生不如死。结合上文的分析，这里的烦忧，正是作者对于国家的忧虑，对于昏庸君王的痛心疾首，对于黎民百姓的同情。作者的意思就是：人生在世，不要焦虑急躁、忧怀百事，平静安然地度过每一天就好；不要做自己力所不能及的事情，太沉重的车子不要推，太黑暗的官场不要介入，免得自己最终落得灰头土脸、性命不保的境地；无能为力的忧思，不要想起，家国大事，是时事所趋、造化所致，非一人一时所能改变，不要螳臂当车，做无用之功。

诗中沉痛的情绪和深切的感慨，愈积愈深，最终形成蓬勃之势，给读者以沉痛的冲击，这种情感的叠加，得益于其行文的结构。全诗三章，采用回环复沓的手法，每章仅易数字，在反复诉说中，使诗作的表现张力和情感内蕴叠加，产生极强的感染力，达到了震撼人心的艺术效果。

诗作的三章内容，并非简单地循环往复，而是在表现上步步递进。第一章讲尘土的浓重程度，先是“祇自尘兮”，指出有尘土的存在，但仅能在人的身体上覆盖薄薄的一层，程度上只属一般；第二章则为“维尘冥冥”，尘土的量增加不少，把光线都遮挡得变暗不少，四处冥冥昏沉，是首章的递进；第三章“维尘雝兮”，尘土变得遮天蔽日，有把推车人掩埋的气势，其夸张程度达到了顶点。诗作的后半部分也是如此，从“祇自祇兮”发展到“不出于颎”，最终变为“祇自重兮”，先说身体上的病痛，第二章发展到精神上的忧心忡忡，第三章是前面两者的叠加，悉言身体上和精神上的双重痛苦。如此步步推进，符合人们接受心理和情感的发展趋势，便于抒情达意，产生共鸣。

政治黑暗，君主善恶不辨、赏罚不均，自然引起正直之士的窘迫和怨言，引发他们对于政治和百姓的担忧。然而，对于此诗的主旨，还有另外一种理解。这种说法以《毛诗序》为代表："《无将大车》，大夫悔将小人也。"诗作的写作背景是幽王之时，君主善恶不辨、赏罚不均，小人获益、贤人受害，贤者推举的人才中，亦有不少刚开始貌似忠良，但当政后就露出了奸邪狡诈的真面目，变为作恶多端的小人，贤者只得兀自懊悔，后悔自己推举人才时不能明察秋毫。在此处，"将"的意思是推举、奖掖，"将大车"即为"推举小人"。

小　明

明明上天，照临下土。我征徂西①，至于艽野②。二月初吉③，载离寒暑④。心之忧矣，其毒大苦⑤。念彼共人⑥，涕零如雨。岂不怀归？畏此罪罟⑦。

昔我往矣，日月方除⑧。曷云其还⑨，岁聿云莫⑩？念我独兮，我事孔庶⑪。心之忧矣，惮我不暇⑫。念彼共人，睠睠怀顾⑬。岂不怀归，畏此谴怒。

昔我往矣，日月方奥⑭。曷云其还，政事愈蹙⑮？岁聿云莫，采萧获菽⑯。心之忧矣，自诒伊戚⑰。念彼共人，兴言出宿⑱。岂不怀归？畏此反覆⑲。

嗟尔君子，无恒安处⑳。靖共尔位㉑，正直是与㉒。神之听之，式穀以女㉓。

嗟尔君子，无恒安息。靖共尔位，好是正直。神之听之，介尔景福㉔。

【注释】

①征：行，此指行役。徂：往，前往。②艽（qiú）野：荒远的边

地。③二月：指周正二月，即夏正之十二月。初吉：上旬的吉日。④离：经历。⑤毒：痛苦，磨难。⑥共：此指恭谨尽心。⑦罪罟（gǔ）：指法网。⑧除：除旧，指旧岁辞去、新年将到。⑨曷：何，何时。其：将。还：回去。⑩聿云：二字均为语气助词。莫：岁暮，即年终。⑪孔庶：很多。⑫惮：劳苦。不暇：不得闲暇。⑬眷眷：恋慕。⑭奥：通“燠”，温暖。⑮蹙：急促，紧迫。⑯萧：艾蒿。菽：豆类。⑰戚：忧伤，痛苦。⑱兴言：语首助词。出宿：不能安睡。一说到外面去过夜。⑲反覆：指不测之祸。⑳恒：常。安处：安居，安逸享乐。㉑靖：安定。共：通“恭”，奉，履行。位：职位，职责。㉒与：亲近，友好。㉓穀（gǔ）：善，此指福。以：与。女：通“汝”。㉔介：给予。景福：犹言大福。

【赏析】

一位京城的小官吏，受差遣行役于西方荒远之地，经过严冬酷暑，仍不得归家，心忧至极。环境艰苦，差事繁重，他辛苦万分，只能靠着对故乡和老友的回忆支撑着。尽管如此，他依然尽忠职守、一心为公，不敢丝毫怠慢，还语重心长地劝勉老友“靖共尔位”。小官吏严谨的态度和美好淳朴的心灵，给人几多感动。

本诗的前三章，描写的是诗人的经历之难、思乡之苦和役事之怨。首章中，作者交代了自己的使命、目的地以及出发季节。二月的一天，作者出征到西方，来到了这一片荒凉的“艽野”，从此埋头苦干，历寒暑，至今没有归家。想到在京城时朝夕相处的故友，不由得“涕零如雨”，心中无限感慨。在章末，作者运用反问句，万分哀怨地感慨道：“我怎不想回去？就是怕触犯法则，朝廷怪罪啊。”朝廷没有下发归家公文，认真、老实的作者不敢自作主张，只能把那份痛苦和思念深深地埋在心底。

第二章中，作者抚今追昔，诉说了徭役之久，哀不自胜，多有抱怨。作者的怨愤是有道理的，在古代，为维护下层人民权益，行役制度是有严格规定的。如《盐铁论》中就有明确记载：“古者行役不逾时，春行秋返，秋行春返。”春天去秋天来，秋天去春天回，不会让人在外经历整个寒暑。穿寒衣去的不用备置单衣，穿单衣的不用备置寒衣，行役制度显得非常的人性化。但在此诗中，诗人的行役已不循旧制，不仅徭役之地极远，而且时间极久，第三章中提及，现在已是“岁聿云莫，采萧获菽”。一年将完，但归期未至，不知道还要持续多久。

“念我独兮，我事孔庶”描写出了作者的处境之艰险和危难：只有一个人，事情非常多，做也做不完。诗人也许是独自到此，也许是其他人不堪重负，早已逃去，所有的事务都得由他自己处理。诗人孤独无依，连个说话的伴儿都没有，憔悴瘦弱，忍受着旷野的恐惧和辛劳的工作，兀自强撑着，不知能坚持多久。

就是在这种工作环境下，诗人依然没有逃离，心中也没有放弃，他只是一遍一遍地思念“共人”，为自己增添温暖和信心。“共人”是与诗人一样效命王室、忠于职守的人，地位相同，工作相似。想到他们，诗人油然而生一种同病相怜、眷恋怀念之情，“涕零如雨”“眷眷怀顾”，一股温暖涌向心间。想着他们的音容笑颜，作者好像又回到了一同出生入死、互扶互助的过去，无形中充满了力量。

第四至五章是诗人对友人的劝诫和互勉。诗人虽然忧伤孤独、疲于奔命，但对王事还是不敢懈怠，并谆谆告诫老朋友：“嗟尔君子，无恒安处！靖共尔位，正直是与。”——远在家乡的老友们，你们不要太贪图安逸，一定要恭谨从事，忠于职守！这是规劝友人，也是作者在无助之下的自我勉励：为官者一心为政是分内之事，不认真做就对不起主上的垂青和百姓的认同，并且这份认真不会白费，天地间自有公道，如果自己做得到位，神灵自然会赐福于己。这种难得的慎独和自省，把官员的廉洁、尽职、正直演绎得淋漓尽致。

诗作从多侧面表现了诗人的内心世界，展示了其心理变化的轨迹，纵横交织，细腻婉转。诗人是这样一个人：虽有着对公事的不满，牢骚多；但克己敬业，显得真实可爱、有血有肉；虽思家念友，但没有因私忘公，而是坚定执著地坚守着自己的岗位，显得公私分明。他更像我们身边平凡、有着七情六欲的普通人，让人备感亲近。牺牲自己的小幸福而“先国后家”，克制自己的欲望而“先公后私”，是诗人身上体现出来的为官为人之道，是后人学习的楷模。

鼓　钟

鼓钟将将[①]，淮水汤汤[②]。忧心且伤。淑人君子[③]，怀允不忘[④]。

鼓钟喈喈[⑤]，淮水湝湝[⑥]。忧心且悲。淑人君子，其德不回[⑦]。

鼓钟伐鼛[⑧]，淮有三洲[⑨]。忧心且妯[⑩]。淑人君子，其德不犹[⑪]。

鼓钟钦钦[⑫]。鼓瑟鼓琴，笙磬同音。以《雅》以《南》[⑬]，以籥不僭[⑭]。

【注释】

①鼓：敲击。将将：同“锵锵”，象声词。②汤（shāng）汤：大水涌流貌。③淑：善。④怀：思念。允：确实。⑤喈（jiē）喈：钟声。⑥湝（jiē）湝：水流声。⑦回：邪。⑧伐：敲击。鼛（gāo）：一种大鼓。⑨三洲：淮河上的三个小岛。⑩妯（chōu）：因悲伤而动容、心绪不宁。⑪犹：奸邪。⑫钦钦：象声词。⑬以：为，作，指演奏、表演。《雅》：《诗经》中有《雅》。《南》：《诗经》中有《周南》《召南》。⑭籥（yuè）：乐器名，似笛。不僭：按部就班，和谐合拍。

【赏析】

关于《鼓钟》的主旨，前人有过许多争论。主要围绕最早的一种观点“刺幽王”说展开。

认同这一观点的学者认为，这首诗是用雅音正声与幽王的德行作对比，反衬幽王的无德无能。而反对这一观点的人则认为这一观点牵强附会，因为诗中并未指出这段音乐是何时、何人所奏。

其实可以将这首诗看成一首描写聆听音乐、怀念君子的诗。诗人有感而发，感慨国运、时代，其中有他浓浓的忧心和伤感。诗人所听的并不是普通的音乐，而是“《雅》”“《南》”这样的周朝音乐。在国运衰微的末世，诗人听着这些代表着周朝辉煌历史的音乐。这些盛世之音让诗人感慨今昔，悲从中来，禁不住发出了追慕往昔贤人的感叹。正如方玉润在《诗经原始》中说的："玩其词意，极为叹美周乐之盛，不禁有怀在昔淑人君子，德不可忘，而至于忧心且伤也。此非淮徐诗人重观周乐、以志欣慕之作，而谁作哉？"

诗人面对着滔滔流泻的淮水，听到了钟鼓的铿锵声。在他眼前正在举行着一场隆重的歌舞之筵。"敲起编钟音声锵锵响""敲起编钟音声喈喈扬""敲起编钟擂响低沉的大鼓""敲起编钟音声钦钦响，又拨瑟又弹琴鼓乐齐鸣，吹笙簧打玉磬声交和唱"，这些都是《雅》和《南》中的标准音乐，音乐优美，舞蹈规矩整齐，这样万方乐奏、千人相和、千人酣舞的场景令人叹为观止。

在周朝能够奏《雅》演《南》的只有天子，这是只有在国家的隆重庆典或节日时，为了弘扬国威、君威才会举办的活动。原本这是庄严的活动，但是诗人所经历的这场规模空前的歌舞却不是为了国家而举行的庆典，也不是节日的庆祝，如此奢华的活动仅仅是为了满足君王自己的私欲，是为了迎合当权者奢靡荒淫、醉生梦死、挥霍无度的欲望。

这时的君王没有顾忌百姓的苦难。没有考察过自然的灾害。他们将天下的财富全都征敛到了自己的手中，然后肆意挥霍。这样的行为让诗人感到担忧和悲伤，他追念古代圣贤、向往着原来的太平盛世，感叹君子因为"品德无邪。行为端庄"。才能够"令人怀念不已，终生难忘"。但是现在再没有像古人一样高洁的人了，天下也再没有像古时候一样的净土了，在这秽浊的世上。世人要如何才能摆脱苦难呢？

在诗的最后一节，音乐齐鸣、宴会上又开始奏《雅》舞《南》，统治者们依然沉湎在淫逸的生活中。他们依然对普通人的死活不管不问，这样的行为也就为他们虚华生活的破灭做出了预言。

楚 茨

楚楚者茨[1]，言抽其棘[2]，自昔何为？我艺黍稷[3]。我黍与与[4]，我稷翼翼[5]。我仓既盈，我庾维亿[6]。以为酒食，以享以祀[7]，以妥以侑[8]，以介景福[9]。

济济跄跄[10]，絜尔牛羊[11]，以往烝尝[12]。或剥或亨[13]，或肆或将[14]。祝祭于祊[15]，祀事孔明[16]。先祖是皇[17]，神保是飨[18]。孝孙有庆[19]，报以介福[20]，万寿无疆！

执爨踖踖[21]，为俎孔硕[22]，或燔或炙[23]，君妇莫莫[24]。为豆孔庶[25]，为宾为客，献酬交错[26]。礼仪卒度[27]，笑语卒获[28]。神保是格[29]，报以介福，万寿攸酢[30]！

我孔熯矣[31]，式礼莫愆[32]。工祝致告[33]，徂赉孝孙[34]。苾芬孝祀[35]，神嗜饮食。卜尔百福[36]，如几如式[37]。既齐既稷[38]，既匡既敕[39]。永锡尔极[40]，时万时亿[41]！

礼仪既备，钟鼓既戒[42]，孝孙徂位[43]，工祝致告。神具醉止[44]，皇尸载起[45]。鼓钟送尸，神保聿归[46]。诸宰君妇[47]，废彻不迟[48]。诸父兄弟[49]，备言燕私[50]。

乐具入奏[51]，以绥后禄[52]。尔肴既将[53]，莫怨具庆。既醉既饱，小大稽首[54]。神嗜饮食，使君寿考[55]。孔惠孔时[56]，维其尽之[57]。子子孙孙，勿替引之[58]！

【注释】

①楚楚：植物丛生貌。茨：蒺藜，草本植物，果实有刺。②抽：除去，拔除。棘：刺，指蒺藜。③艺：种植。④与与：茂盛貌。⑤翼翼：繁盛茂密的样子。⑥庾（yǔ）：露天粮囤，以草席围成圆形。亿：形容多。⑦享：上供，祭献。⑧妥：安坐。侑：劝进酒食。⑨以介景福：用来助我得大福祉。⑩济济：严肃恭敬的样

子。跄（qiāng）跄：步趋有节貌。⑪絜（jié）：同“洁”，洗净。⑫烝：冬祭名。尝：秋祭名。⑬剥：宰割肢解。亨：同“烹”，烧煮。⑭肆：陈列，指将祭肉盛于鼎俎中。将：捧着献上。⑮祝：太祝，司祭礼的人。祊（bēng）：设祭的地方，在宗庙门内。⑯孔：很。明：指祭礼洁净。⑰皇：通“往”，前往之意。⑱神保：神灵，指祖先亡灵。飨：享受祭祀美食。⑲孝孙：祭祀祖先时的主祭之人。庆：福。⑳介福：大福。㉑爨（cuàn）：烧菜煮饭。踖（jí）踖：恭谨敏捷貌。㉒俎：祭祀时盛牲的礼器。硕：大。㉓燔：烧肉。炙：烤肉。㉔君妇：主妇。莫莫：恭谨。㉕豆：食器，形状为高脚盘。庶：众，多，此指豆内食品繁多。㉖献：主人劝宾客饮酒。酬：宾客向主人回敬。㉗卒：尽，完全。度：法度。㉘获：得时，恰到好处。㉙格：至，来到。㉚酢：回敬酒。㉛熯（nǎn）：敬畏。㉜式：发语词。愆（qiān）：过失，差错。㉝工祝：祝官，主持祭祀司仪的人。致告：代神致辞，以告祭者。㉞赉（lài）：赐予。㉟苾（bì）：浓香。孝祀：犹享祀，指神享受祭祀。㊱卜：给予。赐予。㊲几：期。式：法，制度。㊳齐：庄敬。稷：疾，敏捷。㊴匡：正，端正。敕：严整。㊵锡：赐。极：至，指最大的福气。㊶时：是。㊷戒：备。㊸徂位：指孝孙回到原位。㊹具：俱，皆。止：语气词。㊺皇尸：代表神祇受祭的人。㊻聿：乃。㊼宰：掌膳食之人。㊽彻：通“撤”，撤去。㊾诸父：伯父、叔父等长辈。兄弟：同姓之叔伯兄弟。㊿备：尽，完全。燕私：祭祀之后在后殿举行的招待同姓亲属的私宴。51入奏：进入后殿演奏。祭在宗庙前殿，祭后到后面的寝殿举行家族私宴。52绥：安，此指安享。后禄：祭后的口福。53将：美好。54小大：指尊卑长幼的各种人。稽首：跪拜礼，双膝跪下，叩头至地。一种最恭敬的礼节。55寿考：长寿。56惠：顺利。时：善，好。57尽之：尽其礼仪，指主人完全遵守祭祀礼节。58替：废，改变。引之：长行此祭祀祖先之礼仪。

【赏析】

《楚茨》反映了生活在西周上层的贵族丰收之后和家族成员一起祭祀祖先、祈神明赐福的具体细节及过程。诗中涉及西周祭祀文化礼仪方面的很多细节。这是一首儒雅的叙事诗，再现了西周祭祀文化的场面。全诗共分六节。

第一节主要描述了祭祀的前奏。人们种下了黍稷，粮食获得了丰收，丰盛的粮食堆满了仓囤，并以粮食酿造祭祀美酒。

第二节描述了祭祀前的一些准备工作，对祭祀活动进行描写。人们神态庄严，步伐肃然，他们将宰好的牛羊肉清洗、宰剥、烹饪，然后将它们奉献给神灵。工作的时候大家分工明确，祭祀的准备工作忙碌而肃穆。祭祀仪式非常完整。

第三节进一步展示祭祀的场景，描写了厨师的谨严小心和敏锐快捷，烹饪牛羊肉方法有烧有烤，主妇们忙着摆放祭器，祭品非常丰盛，这时主人已经向宾客敬酒，仪式隆重又井然有序，不失礼仪。

第四节主要写祭祀活动的发展。主祭者态度恭顺，代表神祇致词："祭品丰盛美妙，所有的神灵都很满意，祭祀仪式标准而隆重，因而神灵要赐予众人亿万福禄。"这样的言语使人们十分高兴，他们恳求神灵赐无数的福给子孙。

第五节主要写仪式完成之后钟鼓齐奏，主祭人回到原来的位置，司仪告诉大家神已经醉了，所以"皇尸"也就可以功成身退了。就这样皇尸和神灵在钟鼓声中被送走了，人们撤去了祭品，然后相聚在一起，开怀畅饮。

第六节写的是祭祀活动的尾声。这时人们在音乐齐奏的祖庙内，享受着祭后的美酒佳肴。丰盛的酒菜让所有参与到祭祀中的人十分高兴。酒足饭饱之后，他们互敬互祝，其乐融融，祝主人健康长寿，保子孙万福。

《楚茨》作为一首祭祖祀神的乐歌，描写出了祭祀的全过程。从祭前的准备一直写到祭后的宴乐，将周代祭祀的仪制详细展现了出来。而且，这首诗展现了先民祭祀祖先时热烈庄严的气氛，诗人细腻详实地将这一幅幅画面描绘出来，给人一种身临其境的感觉。全诗结构严谨，风格典雅，引人回味。

信南山

信彼南山①，维禹甸之②。畇畇原隰③，曾孙田之④。我疆我理⑤，南东其亩⑥。

上天同云[⑦]，雨雪雰雰[⑧]。益之以霡霂[⑨]。既优既渥[⑩]，既沾既足[⑪]，生我百谷。

疆埸翼翼[⑫]，黍稷彧彧[⑬]。曾孙之穑[⑭]，以为酒食。畀我尸宾[⑮]，寿考万年。

中田有庐[⑯]，疆埸有瓜。是剥是菹[⑰]，献之皇祖[⑱]。曾孙寿考，受天之祜[⑲]。

祭以清酒，从以骍牡[⑳]，享于祖考。执其鸾刀[㉑]，以启其毛，取其血膋[㉒]。

是烝是享，苾苾芬芬[㉓]。祀事孔明，先祖是皇。报以介福，万寿无疆。

【注释】

①信：延伸。②禹：大禹。甸：治理。③畇（yún）：平整田地。原隰：高原和洼地，泛指全部田地。④曾孙：后代子孙。田：垦治田地。⑤疆：田界，此处用作动词，划田界。理：田中的沟垄，此处亦用作动词。疆指划定大的田界，理则细分其地亩。⑥南东：用作动词，指将田垄开辟成南北向或东西向。⑦上天：冬季的天空。同云：天空布满阴云，浑然一色。⑧雨雪：下雪，“雨”作动词，降落。雰雰：纷纷。⑨益：加上。霡霂（mài mù）：小雨。⑩优：充足。渥：湿润。⑪沾：浸湿。⑫埸（yì）：田界。翼翼：整齐貌。⑬彧（yù）彧：茂盛貌。⑭穑：收获庄稼。⑮畀（bì）：给予。⑯庐：通“芦”，萝卜。⑰菹（zū）：腌菜。⑱皇祖：先祖之美称。⑲祜（hù）：福。⑳骍（xīn）：赤色。牡：雄性兽，此指公牛。㉑鸾刀：带铃的刀。㉒膋（liáo）：脂膏，此指牛油。㉓苾（bì）：浓香。

【赏析】

《信南山》是一首周王祭祖祈福的乐歌，与《楚茨》的意思大体相同，只是《楚茨》兼祭秋冬，而本诗专为冬祭。

烝祭作为一年的农事完毕之后的最后一次祭典，在以农立国的周朝显得格外重要。农神后稷是播植百谷的始祖，所以周人在年终的祭歌中歌唱农事，是自然的事。

本诗共有六小节。第一节主要描写疆理的整修。因为《信南山》是一首重农业而祭神的诗，所以诗从田功开始写起。延伸无际的终南山原野，是大禹治水之后开辟出来的田地，无论是高原还是洼地，当时的人们把这些土地都开垦成了周王朝的农田，人们在这里种植庄稼，在土地上划分疆界。“我疆我理，南东其亩。”东西南北阡陌交通，地势水利都非常合适。这一节既写出了先辈祖宗垦拓的艰辛，同时又告诉后代子孙守业是非常困难的。通过这一节，可以看出当时的农业生产状况。

第二节主要描写雨雪来得及时。在农业生产中，水是十分重要的，是农业的命脉。所以诗人在描写了土地之后接着写的就是水利。当时周地有泾、渭两条水路可以用来灌溉，但是当时农田广大，这些水路是有限的，所以，为了让农作物能够良好生长，人们都期盼着上天能够及时降下雨雪，这样才能滋润田地，帮助禾苗茁壮成长。这就是我们常说的“瑞雪兆丰年”。而且对于农田来说，冬天的雪非常重要，同样，春季的雨也要适当才可以。所以在落雪之后再及时降雨，才能够保证有一个丰年，也就是“益之以霢霂”，天降甘霖会帮助土地“既优既渥，既沾既足”，然后“生我百谷”。因为雨雪适时，田地得到了湿润。变得宜于耕耘，在这样的条件下，庄稼茂盛茁壮也是理所当然的事。

第三节接着写的就是黍稷的茂盛。在天时和地利都得到之后，人们的眼前仿佛已经可以看到丰收的景象了。“疆埸翼翼，黍稷彧彧”，展现了田地的样子，井田整整齐齐的。庄稼也郁郁葱葱的，一眼望不到边的茂密庄稼，看上去非常美妙祥和。

第四节主要是描写“中田有庐”。农民住在筑于公田中间的房屋，他们种植的作物是以粮食为主，瓜果为副业，所以那时的农田里种的大都是各色五谷，瓜果只有在田埂地畔边才有种植。那时瓜果也是贡品，当它们瓜熟蒂落之后，人们将它们切开腌好，然后就成为向祖宗之灵献祭的物品。人们通过献祭来祈求祖宗在天之灵赐福保佑。

第五节主要是描写牺牲贡品。在古代的祭祀中，最为讲究的就是牺牲贡品，这一节中诗人细致入微地描写了备办牺牲贡品的情况。“斟上清清的醇酒”“再献上毛色纯正的赤红公牛”，这几句就描写出了人们虔诚恭敬地把祭品供奉于先祖灵位。让祖先前来好好享受的场景。

第六节是在描写“祀事孔明”。这一节是描写琳琅满目的各种祭品，当人们将美味芬芳的祭品贡献摆放好之后，在人们的心中，那些列祖列宗的神灵便会欣然前来享受这些祭礼了。这一节所描写的内容就将祀事活动推向了高潮，表现了人们期待在祖先的庇护下得到幸福的愿望。

姚际恒在《诗经通论》中评论本诗："上篇（按指《楚茨》）铺叙闳整，叙事详密；此篇（指《信南山》）则稍略而加以跌宕，多闲情别致，格调又自不同。"概括得非常恰当。

甫田

倬彼甫田[1]，岁取十千[2]。我取其陈，食我农人，自古有年[3]。今适南亩[4]，或耘或耔[5]，黍稷薿薿[6]。攸介攸止[7]，烝我髦士[8]。

以我齐明[9]，与我牺羊[10]，以社以方[11]。我田既臧[12]，农夫之庆。琴瑟击鼓，以御田祖[13]，以祈甘雨[14]，以介我稷黍，以榖我士女[15]。

曾孙来止[16]，以其妇子，馌彼南亩[17]，田畯至喜[18]。攘其左右，尝其旨否[19]。禾易长亩[20]，终善且有[21]。曾孙不怒，农夫克敏[22]。

曾孙之稼，如茨如梁[23]。曾孙之庾[24]，如坻如京[25]。乃求千斯仓，乃求万斯箱[26]。黍稷稻粱，农夫之庆。报以介福[27]，万寿无疆。

【注释】

①倬：广阔。甫：大。②十千：言其多。③有年：丰收年。④适：去，至。⑤耘：锄草。耔（zǐ）：培土。⑥黍稷：谷类作物。薿（nǐ）薿：茂盛的样子。⑦介：长大。止：停止，指结实。⑧烝：进呈。髦士：英俊人士。⑨齐（zī）明：粢盛，祭祀用的谷物。⑩牺：祭祀用的纯毛牲口。⑪以：用作。社：祭土地神。方：祭四方神。⑫臧：好，此指丰收。⑬御（yà）：同"迓"，迎接。田祖：田神。⑭祈：祈祷求告。

⑮ 穀：养活。士女：贵族男女。⑯ 曾孙：周王自称，相对神灵和祖先而言。止：语气助词。⑰ 馌（yè）：往田野送饭。⑱ 田畯：农官。⑲ 旨：美味。⑳ 易：禾盛貌。㉑ 有：富足。㉒ 克：能。敏：勤快。㉓ 茨：茅屋顶。㉔ 庾：粮仓。㉕ 坻（chí）：水中高地。京：高丘。㉖ 箱：车厢。㉗ 介福：大福。

【赏析】

这首诗是周王在祭祀四方之神、土地神、农神时所唱的祈年乐歌，主要描写了周王所重视的农业生产的两个方面，也就是祭神求福和馌礼劝农。人们为了祈求丰收，会祭祀所有的神明。一年耕种开始的时候，就要用谷物和羔羊来祭祀神灵，以表示其虔诚。当庄稼渐渐之成熟后。人们又用热烈的音乐来求雨。因为有神灵的佑护，所以到了丰收的时候，要用祭祀来表达自己对神灵的感谢，以表明自己不会忘记神明的恩德。

本诗共有四节。每节都有十句。第一节主要是铺叙事实：叙述大田农事。在整首诗中，这一节为下面几节将要展开的祭祀做铺垫。这里描述了一片广袤又肥沃的农田，它每年都可以收获上万担的米粮。人们依靠着丰富的物产在仓内储存了大量的谷物。因为这里每年都有很好的收成，所以这片土地养活了世代生活在这里辛勤劳作的农人们。

这一天，君主非常高兴地来到南亩巡视自己的土地，看到那里的农人们都在非常繁忙地工作，有的农人在锄草，有的农人在为禾苗培土，田里的小米和高粱已经密密麻麻了，君主心里十分高兴，仿佛已经看到了庄稼成熟之后的样子. 也看到了田官们将丰收的粮食献上来时的情景。

为了让仪式能够顺利进行，周王派来的人取来祭祀用的碗盆，他们恭恭敬敬装上了精选的谷物，同时君主又命人给神明供奉上肥美的牛羊，就这样. 对土地神和四方神的祭祀就隆重开始了。因为田里的庄稼长得非常好，农人们也感到十分高兴。所以在祭祀中，农人们都非常高兴地弹着琴瑟，敲着鼓，开始迎接农神。这时所有的人都在心中默默地祈祷着，希望上天普降甘霖，地里的庄稼能丰收，这样所有的人都可以丰衣足食。通过这些描写，可以清晰地看到先民们对土地的崇敬之情。

周王在仪式之后亲自督耕，他和他的妻子儿女以及农人们一起来到田间。他们亲手做了饭菜给辛勤劳作的农人们。田官看到这些欣喜异常，他和身边的农人一起吃了这些饭菜。周王看着眼前一片丰收的景象，脸上露出了舒心的微笑，高兴地称赞农人们的辛劳勤勉。这一节和前面相比有十分浓烈的生活气息；帝王这种亲临现场劝农的做法，被后世称为“德政”。

收获的季节到来之后，农人们获得了前所未有的大丰收。他们收获的粮食在场院上堆积如山，就像一座座小山一样，仓中也装得满满的。为赶造粮仓和车辆，农人们奔走忙碌，为了丰收而庆贺，他们感激赐福给他们的神灵，祝愿周王万寿无疆。这一节充满了丰收后的喜悦，又有一种满足和欢乐之感。

《甫田》这首诗表现了上古时代的先民们对农业的重视，这体现在他们对农业神灵的崇拜上，因而这首乐歌不但在文学方面卓有成就，在史学方面也有十分巨大的价值。诗中对先民祭祀神灵的仪式的详尽描写，为后人展示了一幅农业古国的原始风俗画卷。

大 田

大田多稼①，既种既戒②，既备乃事③。以我覃耜④，俶载南亩⑤，播厥百谷⑥，既庭且硕⑦，曾孙是若⑧。

既方既皁⑨，既坚既好，不稂不莠⑩。去其螟螣⑪，及其蟊贼⑫，无害我田稚⑬！田祖有神⑭，秉畀炎火⑮。

有渰萋萋⑯，兴雨祁祁⑰。雨我公田⑱，遂及我私⑲。彼有不获穉⑳，此有不敛穧㉑。彼有遗秉㉒，此有滞穗㉓，伊寡妇之利㉔。

曾孙来止，以其妇子，馌彼南亩㉕，田畯至喜。来方禋祀㉖，以其骍黑㉗。与其黍稷，以享以祀，以介景福㉘。

【注释】

①大田：面积广阔的农田。稼：种庄稼。②既：已经。种：指选种籽。戒：同“械”，此指修理农业器械。③乃事：这些事。④覃（yǎn）：通“剡”，锋利。耜（sì）：古代一种似锹的农具。⑤俶（chù）载：开始从事。⑥厥：其。⑦庭：挺拔。硕：大。⑧曾孙是若：顺了曾孙的愿望。曾孙，周王对他的祖先和其他的神，都自称曾孙。若，顺。⑨方：指谷粒已生嫩壳，但还没有合满。皁（zào）：指谷壳已经结成，但还未坚实。⑩稂（láng）：指穗粒空瘪的禾。莠（yǒu）：田间似禾的杂草，也称狗尾巴草。⑪螟（míng）：吃禾心的害虫。螣（tè）：吃禾叶的青虫。⑫蟊（máo）：吃禾根的虫。贼：吃禾节的虫。⑬稚：幼禾。⑭田祖：农神。⑮秉：执持。畀：给予。炎火：大火。⑯有渰（yǎn）：“渰渰”，阴云密布的样子。⑰祁祁：众多貌。⑱公田：公家的田。⑲私：私田。⑳穉：低小的穗。㉑穧（jì）：已割而未收的禾把。㉒秉：把，捆扎成束的禾把。㉓滞：遗留。㉔伊寡妇之利：这都是寡妇得的利。㉕南亩：泛指农田。㉖禋（yīn）祀：升烟以祭天，古代祭天的典礼，也泛指祭祀。㉗骍（xīng）：指赤色牛。黑：指黑色祭品。㉘介：祈求。景福：大福。

【赏析】

《大田》一诗主要描写周王督察秋季收获，祈求今后能得到更大的福祉。这首诗和《甫田》前呼后应，是《甫田》的姊妹篇。两首诗都详尽展现了西周农业的生产方式、生产关系等，是《诗经》中不可多得的关于农事的诗。

全诗共分四节，其中前二节起铺垫作用。第三节实写丰收，这一节的描写最为重要同时也最为精彩。最后一节是用祭祀的套话来结尾。

第一节主要是春天叙述要忙着耕种。这时初生的幼苗茁壮生长着。“大田多稼”一句虽然是平淡的直述，但是它展示出一个雄阔的画面，这个画面中包含了以后要说的春耕夏耘秋收等种种场景，为之后的描写提供了可能。“既种既戒”，这一句告诉人们想要搞好农业生产，就要选择良种。同时要修缮农具，只有这样，才能很好完成农事，起到事半功倍的效果。“既备乃事”一句，一笔带过一系列要准备的工作，虽然字数很少，但是笔墨精简，疏而不漏。最后一句“曾孙是若”，表现出君主是天下的主宰，是祭祀的主角。

到了夏天，人们忙着除草灭虫，这时农作物已经快要成熟，已经丰收在望。如果在播种之后对农作物不闻不问，到了秋天就很难有所收获，所以在农作物生长的过程中一定要加强管理。

“既方既皂，既坚既好。”这四个“既”将农作物生长的各个阶段的典型画面记录下来，记叙得非常精确。“不稂不莠”这一句非常重要，它说明只有将害虫除尽，粮食才能生长得旺盛。只有清除害虫，才能保证最后的丰收。那时人们主要用火攻来除虫。为了让害虫全被消灭，先民祭祀“田祖”的农神，希望神灵能够帮助他们除虫。

秋天雨水充足，农人们最终获得了丰收。第一节和第二节写人们的努力，在农业上，天时也是十分重要的，第三节的前四句就描写风调雨顺的情景。天气阴云弥漫，细雨蒙蒙，一场场甘露及时降临大地。这四句充分展现出农夫的喜悦之情，诗中说出了“公田”“私田”的先后生产顺序，提出了先公后私的观点。可见特定历史环境下的人们都是十分淳朴的。

接下来，农民们该收获了。但诗人并没有从正面写成片的谷穗和挥汗如雨的农夫，而是独辟蹊径，采用侧写描写、烘托的写法，重点描写细节——长得不够壮实的谷穗故意不收割，有些收割的谷物还来不及捆束，有些谷物虽然已经捆束好了但是还没有装载，现场还有很多谷穗散落到了各处。这样的画面充分表现出丰收的场面。

前面说到田里散落着很多漏收的粮食，看到这些，有人会觉得这是农夫们在偷懒和不珍惜。关于这些问题，“伊寡妇之利”这一句给了人们一个解释。原来农夫们故意不将粮食收割殆尽是为了让鳏寡孤独、无依无靠的人们能够糊口活命。这些粮食就是农人们宅心仁厚的一种体现，体现了他们的宽广胸怀和崇高美德，令人感动。

第四节主要描写收获时，人们在田头欢庆丰收，祭祀求福。这一节和第一节春耕时的“曾孙是若”遥相呼应。天子犒劳农夫并祭神求福，他肃穆虔诚，为天下黎民祈福求庇佑。

瞻彼洛矣

瞻彼洛矣，维水泱泱①。君子至止②，福禄如茨③。韎韐有奭④，以作六师⑤。

瞻彼洛矣，维水泱泱。君子至止，鞞琫有珌⑥。君子万年，保其家室。

瞻彼洛矣，维水泱泱。君子至止，福禄既同⑦。君子万年，保其家邦。

【注释】

①泱泱：水势盛大的样子。②君子至止：君子到了这里。③茨：屋盖，形容其多。④韎韐（mèi gé）：用茜草染成绛色的革制品，如今之蔽膝。奭（shì）：赤色貌。⑤以作六师：总领六军练兵忙。⑥鞞（bǐ）：刀鞘。琫（běng）：刀鞘口周围的玉饰。珌（bì）：刀鞘末端的玉饰。⑦同：聚集。

【赏析】

从纯粹艺术审美的角度来看，此诗的艺术形象似乎不太鲜明。天子一身戎装，隆重地出现在洛水岸边，臣下们高呼“我主万岁万万岁”，有如标语口号，实在乏味得很，但细细深究，就会发现隐含于诗后的意义。诗中的内容是通过赋来展现的，同时诗中也有比的运用。诸侯们纷纷来到会场，他们赞美天子是一名明君，能够整军经武，有他在，周室才有了中兴的气象。通过这样的描述，可以猜测这是一首周宣王时代的诗。作为一个明君，周宣王任用方叔、召虎、尹吉甫、申伯、仲山甫等名将，在他统治期间，他北伐狎狁，南征荆蛮、淮夷、徐戎，诸侯们对他唯命是从，是一名有着赫赫战功的君王。

“瞻彼洛矣，维水泱泱”这两句点明天子会诸侯讲习武事的地点是在周的东都洛阳。洛阳因为洛水而出名，洛水因其又深又广，所以它成了暗喻天子睿智圣明的最佳选择，诗人赞美君主就像洛水一样源远流长，既深又广。

“君子至止，福禄如茨”这两句，讲述天子来到了洛水，和诸侯们会合。他为诸侯们讲习武事，表现出天子的勤政爱民。本节的最后两句“韎韐有奭，以作六师”，其用意是为了补足前面的内容，“韎韐”的意思是皮革制成的军服，也就是现在的皮蔽膝。“以作六师”，一句则直接表明了君王发动六军讲习武事的原因。为了习武练兵，天子亲自莅临，足见天子对这件事的重视。

“君子至止。鞸琫有珌”，这两句中鞸是剑鞘，琫珌是指剑鞘上下两端挂着的玉饰，这一段内容表明周天子在讲武视师时，他的军队军容整肃，天子佩戴着天子剑鞘，装饰得堂皇的宝剑，仪表堂堂、威慑四方。因此诗人发出了“君子万年，保其家室”的赞颂。

“君子至止，福禄既同”这两句。首先和第一节的“福禄如茨”对应上了。天子在讲武检阅六师之后，对将士和诸侯们赏赐有加，鼓励诸侯及军旅们更加团结。诗人在这之后又发出了“君子万年，保其家邦”的欢呼声，至此全诗结束了。“保其家邦”一句的意义得到了深化，比之前章节中“保其家室”的意思更进一层，阐明了诗人写作这首诗的目的。

周天子在汪洋浩荡的洛水，君临东都亲自演武。似乎也随着他的到来，福禄也被带到了这里。既有“福禄如茨”，又有“福禄既同”，宣王赢来了一片赞扬之声。天子检阅军队并率领六军起行的场面盛大空前，他的军队军容严整、威武雄壮、气吞山河。诗中详细描述了周天子披挂戎装的样子，这些都是在为周天子树立威信。

诗中有英明的君主，有威武的强军，有那忠心耿耿的臣子以及衷心拥护的百姓，这些都是国祚长久的象征，因为具备了这样的条件，周王朝才能实现中兴，国家才可以安然无恙。

裳裳者华

裳裳者华①，其叶湑兮②。我觏之子③，我心写兮④。我心写兮，是以有誉处兮⑤。

裳裳者华，芸其黄矣⑥。我觏之子，维其有章矣⑦。维其有章矣，是以有庆矣。

裳裳者华，或黄或白。我觏之子，乘其四骆⑧。乘其四骆，六辔沃若⑨。

左之左之，君子宜之。右之右之，君子有之。维其有之，是以似之⑩。

【注释】

①裳裳：犹“堂堂”，旺盛鲜艳的样子。华：花。②湑（xǔ）：茂盛的样子。③觏（gòu）：遇见。④写：通“泻”，心情舒畅。⑤誉：安乐。⑥芸：黄盛。⑦章：文章，指文采，礼乐。⑧骆：黑鬃白马。⑨沃若：驯顺的样子。⑩似：通“嗣”，继承祖宗功业。

【赏析】

《诗经》中有不少描写男女相悦的诗作，或旖旎或哀婉，让那个时候的恋情得以穿越时空而流传下来，至今仍能给人美感。而这首《裳裳者华》描写的主题则是同性男子之间的相悦，没有异性间的纠结和依恋，唯有大气十足的赞美和惺惺相惜，给人以耳目一新之感。

一位贵族男子，看到另一位服骑华美、德才兼备的贵族男子，不禁心生敬爱，于是以花起兴、以花作比，作诗赞颂。整首诗轻松欢快又不失稳重，节奏规整而略带跳跃，且又毫无阿谀之辞，是一首难得的相悦者歌颂赞美之诗。

在赞美的时候，即使作者是爽朗真诚的男子，对象又是毫无芥蒂的同性，诗作仍然很严格地遵循《诗经》的比兴手法，先言他物，显得含蓄委婉。前三章是结构相似的重调，每章前两句写花，从“其叶湑兮”到“芸其黄矣”再到“或黄或白”，将花繁叶茂的盛景逐级展现在读者眼前。

作者遵循了人们的视觉规律，从大处着眼，然后逐渐向细处聚焦。先描写所占视野空间最大的叶子，一“湑”字，把其绿油油的、好像能滴出水来的特性展露得淋漓尽致。然后作者的视角转移到花上，一簇一簇的黄色花朵惹人怜爱，最终，作者经过细看，发现不光有黄花，还有不少更显纯净的白色花朵，夹杂其中，黄白对照，煞是好看。这样，作者的每一步观察都伴着欣喜的新发现，也由此烘托出其心中的欢娱。起兴之后，作者笔锋转向，开始步入正题，作者由于直率和心情激动，还没有来得及描写所悦者，就迫不及待地写了自己的主观心理感受："我心写兮""是以有誉处兮"，真诚地表达出自己烦忧尽消，充满欢乐的心情。这样先声夺人，使诗作的情感非常充沛，同时又给读者留下了一连串的疑问：是什么样的人使得作者如此欢悦、欣喜？

在诗作的第二章，作者终于给出了一个"之子"的特写镜头。在描写"之子"时，作者依然是大处着眼，先描写直观感受，远远望去，还看不到他的音容笑貌，只能看到他的服饰轮廓，但这已经显得非常出众："维其有章矣。"寥寥数字中渗透着作者的赞美之情。服饰在先秦时期是身份和地位的外在表现，这样写，也是委婉而直接地告诉读者，他是一个非常有身份的贵族。地位尊崇，受人敬仰，这对于一个男人来说，无论在什么时期，都是非常重要的，都是最能给其魅力加分的。

第三章，作者的目光扩大，转向全景，描写了"之子"的车马之盛："乘其四骆，六辔沃若。"四匹高头大马，多条华丽的马鞭，述说出"之子"出游时的排场，也进一步确定了读者先前的预测。从服饰到车骑，一层一层推进，作者对所描述者的敬重也展露无遗。一般来说，身份高贵。那么他多半是一个谦恭有礼、儒雅饱学之士，诗作到此，虽然对"之子"的描写仅两句。但其形象在作者的欣喜和想象中，已经逐渐丰满起来。

接下来，作者变得稍稍平静，开始讲述其内在之美："左之左之，君子宜之。右之右之，君子有之。"此句历来有两解，一为"左"和"右"是叙述的两个方面，相当于现在所说的"一则，二则"，作者说"之子"一则无所不宜，二则无所不有，夸张并且全面地突出了君子的品性和能力。第二种解释是"左"和"右"指代位于"之子"左右的侍者和手下，这种解释突出了其写作手法的精妙，没有直写其本人，而是侧面烘托，通过表现其强有力的左右，来突出主人的能力和威信。无论采用上面哪一种解释，都使得前面三章的赞美有了更加有力的依据。

"维其有之，是以似之"，诗作的最后两句总括全篇，作者爽快而又一锤定音地为"之子"下了定论，高度赞扬了其内外一致、德容兼备的君子风貌，使诗篇在欢快而稳健的氛围中结束，并给人留下了无尽回昧的空间。

桑扈

交交桑扈[①]，有莺其羽[②]。君子乐胥[③]，受天之祜[④]。
交交桑扈，有莺其领。君子乐胥，万邦之屏[⑤]。
之屏之翰[⑥]，百辟为宪[⑦]。不戢不难[⑧]，受福不那[⑨]。
兕觥其觩[⑩]，旨酒思柔[⑪]。彼交匪敖[⑫]，万福来求。

【注释】

①交交：鸟鸣声。桑扈：鸟名，即青雀。②莺：指文采。③君子：此指群臣。胥：语助词。④祜：福禄。⑤万邦：各诸侯国。屏：屏障。⑥之：是。翰：指屏障。⑦百辟：各国诸侯。宪：法度。⑧不：语助词，下同。戢：克制，指和平。难：行有节度，指恭敬。⑨那：多。⑩兕觥（sì gōng）：牛角酒杯。觩（qiú）：弯曲的样子。⑪旨酒：美酒。思：语助词。柔：指酒性温和。⑫交：通"傲"，侮慢。匪敖：不傲慢。

【赏析】

《桑扈》是周王会宴诸侯时助兴的一首乐歌，为君臣宾主之间互答酬唱的祝酒诗。

诗作以"交交桑扈"起兴，鸣叫的青雀，光彩的羽毛，开篇定势，为全诗营造了一种明快欢乐的气氛，符合《诗经》一贯的表现手法。那只娇小美丽、性子聪慧、鸣声清丽的青雀鸟，在林间自由地吟唱出婉转清脆的音符，与此间宴会上的情形有几多相似：欢快的氛围是相通的；羽毛的明亮华丽与宴席的陈设也是一致的；这种含有祥瑞之意的益鸟。也比喻着聚集在宴会上的君子都是才智之辈。于国于家多有裨益。

形象的表现手法。大大加强了作品的生动性，使得作者的笔触很自然地转向下句："君子乐胥，受天之祜。"这一句既是赞美，又是祝福，点明了诗作的描述重点，在人而不在鸟：美丽的鸟儿受上天宠爱，拥有如此华丽的羽毛及嘹亮的歌声，宴席上的君子更是如此，深受上天器重，才华横溢，仪容、道德无一不美。第一章勾勒出了这样的画面：色彩艳丽的鸟儿在林间自由穿梭，才智皆美的臣属在宫廷举杯欢饮，二者两相协调，互为生色。

第二章，诗作仍以“桑扈”和“有莺”起兴，照应上章，尽显诗作的连绵、舒缓之感。在具体表现中，歌者笔锋转向，由第一章中描写青雀的羽毛转向脖颈。颈者，领也，领者。导也，脖颈在身体中居于突出的地位，不可等闲视之。与之对照，上章写君子的福泽之盛，这章便是写其地位和职属之高：才智过人的臣子，身处要职，负有统率民众、保卫国家安全的责任，是护卫国防的坚不可摧的屏障。突出臣子们光耀的职责，是突出他们的重要性，也是从反面突出其才华和品质，正因为他们才能超凡、功勋卓著，才得以受到君主如此的器重和依赖，才能担起捍卫国家的重任。

第三章，作者抛开了比兴，开始直陈其事，具体、细致地表现君子广受敬爱的缘由。“之屏之翰”是两个形象的比喻，屏风用来遮挡风尘和日光的侵害，君子对于国家，也具有这种意义：对待外敌时，他们能够抗拒入侵和骚扰，护卫神圣领土和属民不受侵犯；对于国家内部的稳定和运转，君子们又像擎天之柱一样，为社稷的骨干支架，支撑着国家大厦，使其远离倾覆。

“百辟为宪”一句，形容君子们的影响之远、威望之高，因为他们深得人心，各国诸侯纷纷效仿，唯恐无法望其项背。接下来，作者用“不戢不难，受福不那”深刻分析了产生这一现象的原因：这些君子们，是因为克制而有节度，因此才受到上天的垂青和厚爱，国家也因此更加兴盛，百姓得以安居乐业。随着这一观点的提出，诗作也转向了纯粹的议论，开始讲述温和谦恭的价值。

诗作末章“兕觥其觩，旨酒思柔。彼交匪敖，万福来求”四句，是本诗的价值所在。作者申发议论，讲述君子不居功而能成事的道理，多有训诫。为增加论证的力度，也为了说理形象，作者此处用了一个比喻：“兕觥其觩，旨酒思柔。”因为正值宴会，樽酒充足，所见即是，作者信手拈来，用其为自己的说理服务：犀牛性刚好触，以其角制为觥饮酒。寓鉴诫之意，时刻警醒饮者，训导众人不得刚而傲。

酒是“柔酒”，虽味美，但易令人沉迷于中，丧失心性，销蚀其豪气动力。作者写“杯”写“酒”，实则告诫参与宴会的人不要居功自傲，如今的时局是好的，但太安逸反而可能坏了大事，只有众人时刻小心谨慎，主上虚怀若谷，臣子谦恭为政，方是最长远、最稳妥的治国之策。

鸳 鸯

鸳鸯于飞①，毕之罗之②。君子万年，福禄宜之③。
鸳鸯在梁④，戢其左翼⑤。君子万年，宜其遐福⑥。
乘马在厩⑦，摧之秣之⑧。君子万年，福禄艾之⑨。
乘马在厩，秣之摧之。君子万年，福禄绥之⑩。

【注释】

①鸳鸯：水鸟名。古人以此鸟雌雄双居，永不分离，故称之为“匹鸟”。②毕：长柄的小网，此处用作动词。罗：大网，此处用作动词。③宜：《说文解字》：“宜，所安也。”引申为享。④梁：筑在河湖池中拦鱼的水坝。⑤戢：收敛。⑥遐：远。⑦乘（shèng）：四匹马拉的车子。乘马引申为拉车的马。厩：马棚。⑧摧（cuò）：铡草喂马。秣（mò）：用粮食喂马。⑨艾：养护。⑩绥：安抚。

【赏析】

提起鸳鸯，大家都再熟悉不过，鸳鸯是一种体形比鸭稍小的鸭类，雄性羽毛鲜艳美丽，雌性全身呈现褐色，鸳鸯经常成对出现在池沼当中，相亲相爱，悠闲自得，风韵迷人。它们时而跃入水中，引颈击水，追逐嬉戏，时而又爬上岸来，抖落身上的水珠，用橘红色的嘴精心地梳理着华丽的羽毛。此情此景，夺人眼目。所以世人多用鸳鸯来比喻夫妻和情侣之间的情投意合。

关于《鸳鸯》这首诗的主旨主要分两个观点，后代多种新论也是基于这两种观点之上，万变不离其宗。首先以《毛诗序》为代表，以为“刺幽王也。思古明王交于万物有道，自奉养有节焉”。孔颖达等人都推崇此说。另一种就是现在通常被人们所接受的象征爱情和婚姻之说。以清人姚际恒、方玉润为代表. 认为这是一首祝贺新婚的诗，赞美男女主人公的才貌与智慧和雄飞雌从绕林间的默契。相较来说，第二种观点更契合主旨，一直被人们所欣然接受。

全诗共四章，每章每句长短不统一。“鸳鸯于飞，毕之罗之。君子万年，福禄宜之。”这是开篇第一章，一雄一雌的鸳鸯一前一后形影不离，在水里扑打着翅膀相互追逐打闹，要想抓住它们可不简单，得用小网大网来捉它。看它们如此自由和快活，莫不如放它们一条生路，让它们从此自由自在无烦忧。今天在这里祝愿君子万寿无疆、福寿安康、永结同心、地久天长。从这种解释中可以看出这是一首婚礼祝词，借着水中缠绵的鸳鸯，表达了对新人美好的祝愿。

第二章同样是以鸳鸯起兴，表达对这对新人的由衷祝福。“鸳鸯在梁，戢其左翼。君子万年，宜其遐福。”这对五彩缤纷的鸳鸯玩累了，就到岸边栖息，伸长脖子扎着膀子抖落身上的水珠，把橘红色的小嘴插到翅膀里不断地梳理，此般风景煞是惹人喜爱。今天在这里借此良辰美景，祝愿君子万寿无疆、福寿安康、永结同心、地久天长。

第三章切换了描写的对象，由鸳鸯变为马儿，“乘马在厩，摧之秣之。君子万年，福禄艾之。”套车的骏马在马房里养精蓄锐，一会喂它丰足的草料，一会又喂它香喷喷的粮食，这到底是干什么呢？原来马儿即将启程，去迎娶那美丽的新娘，真是可喜可贺啊。今天是个大喜的好日子，祝愿君子万寿无疆、福寿安康、永结同心、地久天长。这里不正面描写主人公的神态以及肖像，而是用侧面描写的方法。通过描写给马喂足够的食物来烘托主人公兴奋激动的心情。

全诗的第四章又重复第三章而咏叹，与第三章形成一种回环复沓之美，“乘马在厩，秣之摧之。君子万年，福禄绥之。”套车的骏马在马房里养精蓄锐，一会又喂它香喷喷的粮食，一会喂它丰足的草料，这到底是干什么呢？原来马儿即将启程，去迎娶那美丽的新娘，真是可喜可贺啊。今天是个大喜的好日子，祝愿君子万寿无疆、福寿安康、永结同心、地久天长。

《鸳鸯》一诗，四章中出现了两次不同的复沓，且隔行押韵，这样一来，整首诗就不会显得冗长拖沓，随时更换描写对象并对新的描写对象进行复沓强调，使诗歌灵活多变、独具匠心。

全诗寄予的情感纯洁而高雅，通过对鸳鸯细致入微的刻画，歌颂了雄雌鸳鸯不离不弃的高洁，为下文写人做好了铺垫。它们相依相伴，时而在水中嬉戏，拍打着艳丽的羽毛：时而在岸边憩息，用橘红色的小嘴梳理着自己的羽毛，俨然一幅图画一样美好，动静结合活泼生动，突出人们对美好爱情的向往和对理想婚姻的礼赞。后两章“马肥草足”更直言描绘出新郎即将迎娶新娘时的兴奋心情，同时暗示了生活的富足以及对婚后生活的憧憬。

頍弁

有頍者弁①，实维伊何②？尔酒既旨，尔肴既嘉③。岂伊异人，兄弟匪他。茑与女萝④，施于松柏。未见君子，忧心奕奕⑤。既见君子，庶几说怿⑥。

有頍者弁，实维何期⑦？尔酒既旨，尔肴既时⑧。岂伊异人，兄弟具来。茑与女萝，施于松上。未见君子，忧心怲怲⑨。既见君子，庶几有臧⑩。

有頍者弁，实维在首。尔酒既旨，尔肴既阜。岂伊异人，兄弟甥舅。如彼雨雪⑪，先集维霰⑫。死丧无日⑬，无几相见⑭。乐酒今夕，君子维宴。

【注释】

①頍（kuǐ）：古代发饰，用以固定帽子。弁：皮帽。②实维伊何：这是为什么？③肴：荤菜。④茑（niǎo）、女萝：都是善于攀缘的蔓生植物。⑤弈弈：心神不安貌。⑥说怿（yuè yì）：欢欣喜悦。⑦期：语助词。⑧时：善也，物得其时则善。⑨怲（bǐng）怲：忧愁貌。⑩臧：善。⑪雨（yù）雪：下雪。⑫霰（xiàn）：雪珠。⑬无日：不知哪一天。⑭无几：没有多久。

【赏析】

《頍弁》是一首反映周代贵族沉湎于享乐宴饮作乐的诗作。

有一位地位显赫的贵族要宴请他的兄弟和姻亲，他的那些亲属受宠若惊。一名赴宴者为了表达自己对君王的依附而写了这首诗。也可以将这首诗理解成在家族内部小型宴会上，人们向一位来自远方的位高权重的君子敬酒。他们束发整冠，装扮齐整来迎接君子，歌者将自己比作是藤和女萝，将君子比作是松柏，自己的藤和女萝必须要依赖君子的松柏才能存活。君子是他生活的希冀。

本诗共有三节，章法结构非常工整，跌宕生姿，描写了宴会上的细节以及参加者的心境。那些落魄的贵族们失去了昔日的风光，他们戴着华贵的圆顶皮帽前去赴宴。他们兴高采烈地打扮自己，是因为他们要去参加一位位高权重的贵族的宴会，他们趾高气扬地向人们炫耀："尔酒既旨，尔肴既嘉。"那高贵的主人已经为他们准备一桌美味佳肴。

主人为了显示自己是一个公平豁达的人，也为了拉近和亲戚之间的关系，他邀请了所有亲戚，甚至包括那些常年不联系的远亲。正因为如此，那些平时没有往来的亲戚们喜形于色。认为这是一个讨好主人的好机会；他们对主人奉承道："茑与女萝，施于松柏。"他们希望从主人那里得到些微好处，让大贵族成为他们的庇护者。第二节中他们对主人的谄媚更加直接，他们直接挑明自己的愿望，希望能够从主人那里得到好处与领取赏赐。主人邀请的这些一起饮酒作乐客人中不但有同姓的贵族，还有甥舅异姓外戚，可见其家族十分庞大，关系十分复杂。

第一至二节中"实维伊何""实维何期"，这两句运用设问的方式渲染了宴会举行前的盛况和气氛，这两节表现出人们为了赴宴而精心打扮以及兴高采烈的心情。

第三节用"实维在首"这一句写出贵族们打扮完自己之后，就开始自我欣赏，陶醉其中了。之后所描述的就是宴会的丰盛："尔酒既旨，尔肴既嘉""尔酒既旨，尔肴既时""尔酒既旨，尔肴既阜"，反复的陈述表现出了美酒佳肴的醇香和丰盛。本诗描绘出了赴宴者对主人的赞扬、奉承。

"如彼雨雪，先集维霰"两句之后，就不再重复前两节的内容。参加宴会的人明白，今日的宴会结束之后，他们的人生也会像雪一样，不知道什么时候就消亡了。他们感叹人生短暂，这使得他们在暂时的欢乐中会不时流露出一种黯淡低落的情绪。

由于社会动乱，饮酒作乐的贵族们的命运岌岌可危、朝不保夕。沉湎于享乐之中是不对的，这种从他们的嘴里说出来的具有讽刺意味的诗句，更加表现出了那个奢靡时代的病态心理，更具有讽刺意味。本诗对时代的腐朽性与庸俗性进行了深刻的揭示，具有警示之意。

车 舝

间关车之舝兮①，思娈季女逝兮②。匪饥匪渴③，德音来括④。虽无好友，式燕且喜⑤。

依彼平林⑥，有集维鷮⑦。辰彼硕女⑧，令德来教。式燕且誉⑨，好尔无射⑩。

虽无旨酒，式饮庶几⑪。虽无嘉肴，式食庶几。虽无德与女，式歌且舞。

陟彼高冈，析其柞薪。析其柞薪，其叶湑兮⑫。鲜我觏尔⑬，我心写兮⑭。

高山仰止，景行行止⑮。四牡騑騑⑯，六辔如琴。觏尔新婚，以慰我心。

【注释】

①间关：车行时车轴铁头发出的声响。舝（xiá）：车轴头的铁键。②娈：妩媚可爱。季女：少女。逝：往，指出嫁。③匪：不。④括：犹“佸”，会合。⑤式：发语词。燕：通“宴”，宴饮。⑥依：茂盛的样子。⑦鷮（jiāo）：长尾野鸡。⑧辰彼硕女：适时而嫁的那大姑娘。⑨誉：通“豫”，安乐。⑩无射（yì）：不厌烦。⑪庶几：犹言“一些”。⑫湑（xǔ）：茂盛。⑬觏（gòu）：遇见。⑭写：通“泻”，宣泄，

指欢悦、舒畅。⑮景行：大路。⑯骓（fēi）骓：马行不止貌。

【赏析】

关于这首诗的主题，朱熹在《诗集传》中说："此燕乐其新婚之诗。"现在人们大多同意朱熹的观点。这首诗结构上跌宕起伏，正如方玉润说的："前后两章实赋，一往迎，一归来。二、四两章皆写思慕之怀，却用兴体。中间忽易流利之笔，三层反跌作势，全诗章法皆灵。"同时，本诗的抒情手法多种多样，有时是直诉情怀。有时则是以景写情，亦景亦情；有时更是运用了比兴烘托，这就使得意境非常鲜明。可见，这是一篇十分优美的抒情诗篇。

这首诗通过描写新郎的内心表白以及积攒起来的情话，展现了新郎那迫不及待的内心世界。在诗中诗人赞美了新婚者的德行。

第一章主要描写男子娶妻启程的场面。娶亲从"间关"的车声开始，让男子朝思暮想的少女就要嫁给他了。字里行间可以看出男子流露出来的压抑已久的欣喜和喜悦。"匪饥匪渴，德音来括。"这两句点明男子之所以这样高兴，并不是因为贪图少女的美色，而是因为他敬慕女子的美德。

第二章写婚车越过平林的场面。"依彼平林，有集维鷮。辰彼硕女，令德来教"，看到林莽中成双成对的野鸡，男子联想到了坐在车中的拥有美好的教养和品德的女子，这些都让男子感到十分兴奋和喜悦。他发誓说："式燕且誉，好尔无射。"对女子许下了终生不渝的誓言。

第三章是继续描写男子对女子真切的情感。男子向女子表白，虽然自己没有美酒佳肴，自己也不是具有高尚品德的人，但是他相信自己有一颗和女子相亲相爱的心，能够永远爱护女子。这样的语言，发自肺腑，感人至深。

第四章写婚车进入了高山。"陟彼高冈，析其柞薪。析其柞薪，其叶湑兮"：这里柔嫩鲜艳的绿叶，是用来比喻那美丽可爱新妇的，表现了男子对新妇的喜爱。最后两句："鲜我觏尔，我心写兮"直接抒发了男子的情怀，他对于能够在今天和女子结为伴侣，感到十分高兴。

最后一章主要写婚车越过高山，进入大路的情景。男子仰望着高山，看着在大路上的女子，一时间心中充满了喜悦，发自肺腑地说："高山仰止，景行行止。"这几句虽然是在叙事、写景，但同时也是在比喻新妇美丽的形体和坚贞的德行。“四牡騑騑，六辔如琴”，两句直抒胸臆，情结全篇，同时这两句和第一章的“间关车之舝兮，思娈季女逝兮”二句相互呼应，琴弦的六辔是男子对婚后美好和谐生活的憧憬。

青蝇

营营青蝇[①]，止于樊[②]。岂弟君子[③]，无信谗言[④]。营营青蝇，止于棘[⑤]。谗人罔极[⑥]，交乱四国[⑦]。营营青蝇，止于榛[⑧]。谗人罔极，构我二人[⑨]。

【注释】

①营营：象声词，拟苍蝇飞舞声。②止：停下。樊：篱笆。③岂弟（kǎi tì）：同“恺悌”，平和有礼。④谗言：挑拨离间的坏话。⑤棘：酸枣树。⑥罔极：没有标准。⑦乱：搅乱、破坏。⑧榛：榛树，一种灌木。⑨构：搬弄是非、陷害。

【赏析】

《青蝇》一诗谴责谗人害人祸国，劝告君子“无信谗言”。用苍蝇来比喻进谗者，借物取喻形象生动，十分恰切。诗作道出了谗人令人厌恶的特点，进而指出了谗人的危害，并在说理中劝诫读者，感情痛切，有理有力。

本诗三章均以“营营青蝇”起兴，“营营”二字，把其四处乱飞、嗡嗡作响的苍蝇的可恶形象、特征和习性表现得淋漓尽致。三章中前两句仅最后一字不同，在回环复沓中情感反复叠加，让人似乎看到苍蝇的反复骚扰、挥之不去，作者的厌恶情绪也随之无限放大。“樊”“棘”“榛”三字以点盖面，借典型位置泛指一切地方，代表苍蝇什么场合都喜欢凑热闹，肆无忌惮，可恶至极。诗篇的前半部，通过寥寥数字传神地描写了苍蝇的全貌，极具表现力。

然而，诗篇并非真的谴责苍蝇，作者只是借此揭露进谗诋毁、造谣生事的小人们的丑恶嘴脸。在作者看来。他们形容丑陋，不择手段，无事生非，阴魂不散，用苍蝇来比喻，再合适不过了。而且，青蝇逐臭从不掩饰，而且明目张胆，赶也赶不走；而谗佞小人则总是躲在角落，趁人不备使坏，表面却装得道貌岸然。比较起来，他们连苍蝇都不如，秉性猥琐可恶，令人深恶痛绝。

这一比喻，形象而又生动，深得后人认同。后来“青蝇”就成了谗言或进谗佞人的代称，后代的文学作品中经常出现这一名称。如李白《鞠歌行》中的名句“楚国青蝇何太多，连城白璧遭谗毁”等，与此诗的表现手法一脉相承，显现出了其强盛的艺术生命力。

本诗篇每章的后两句表达了作者的主张，意义逐层递进。第一章是规劝正人君子不要听信谗言，此句为全诗主旨，为诗作开宗明义。第二章列出谗言的第一个危害，即搅乱国家间的关系，这是谗言在家国层面的危害，会引起政治纷争和国家覆亡。第三章指出谗言的第二个危害，即挑拨人际关系，使朋友知己互生嫌隙，反目成仇，这是谗言在个人层面的危害。而这两种不同层次的祸害，全在于“谗人罔极”，即进谗者阴险狡诈，没有真心待人的准则规范，阳奉阴违，出尔反尔，颠倒黑白。

在规劝君子方面，可从另外一个角度解读：诗人在论述谗人危害的同时，倾其心力，为君子们指出了“止谗”和“除谗”的方法，即“止于樊”和“弟君子”。

正因谗者的无孔不入，作者主张应该多设几道篱笆作为“防线”。诗人言“止于樊”“止于棘”“止于榛”，不是简单的语言重复，而是有层层递进的意思在里面：第一道用柴禾秸秆，让进谗者望而却步，阻止大部分比较低等的谗人，第二道是带刺的枣树，阻止更加奸邪的谗人，第三道是密密层层的榛树，旨在能够阻止一切谗人。这样一来，作者的防线层层深入，愈来愈密，以期达到良好的“止谗”效果。“除谗”的方法是加强修养。成为一名“弟君子”。因为，谗人都是在钻疏忽、愚昧、自私的空子，如果一个人充满智慧，道德高尚，并且大公无私，那么他不会被谗言所惑，也不会为谗言所害。

宾之初筵

宾之初筵[①]，左右秩秩[②]。笾豆有楚[③]，肴核维旅[④]。酒既和旨[⑤]，饮酒孔偕[⑥]。钟鼓既设，举酬逸逸[⑦]。大侯既抗[⑧]，弓矢斯张。射夫既同[⑨]，献尔发功[⑩]。发彼有的[⑪]，以祈尔爵[⑫]。

籥舞笙鼓[⑬]，乐既和奏。烝衎烈祖[⑭]，以洽百礼[⑮]。百礼既至，有壬有林[⑯]。锡尔纯嘏[⑰]，子孙其湛[⑱]。其湛曰乐，各奏尔能[⑲]。宾载手仇[⑳]，室人入又[㉑]。酌彼康爵[㉒]，以奏尔时[㉓]。

宾之初筵，温温其恭。其未醉止[㉔]，威仪反反[㉕]。曰既醉止[㉖]，威仪幡幡[㉗]。舍其坐迁[㉘]，屡舞僊僊[㉙]。其未醉止，威仪抑抑[㉚]。曰既醉止，威仪怭怭[㉛]。是曰既醉，不知其秩[㉜]。

宾既醉止，载号载呶[㉝]。乱我笾豆，屡舞僛僛[㉞]。是曰既醉，不知其邮[㉟]。侧弁之俄[㊱]，屡舞傞傞[㊲]。既醉而出，并受其福。醉而不出，是谓伐德[㊳]。饮酒孔嘉，维其令仪[㊴]。

凡此饮酒，或醉或否。既立之监[㊵]，或佐之史[㊶]。彼醉不臧[㊷]，不醉反耻。式勿从谓[㊸]，无俾大怠[㊹]。匪言勿言[㊺]，匪由勿语[㊻]。由醉之言，俾出童羖[㊼]。三爵不识[㊽]，矧敢多又[㊾]？

【注释】

①初筵：宾客初入席时。②左右：席位东西，主人在东，客人在西。秩秩：有序之貌。③笾：竹制，盛瓜果干脯等。豆：木制或陶制，也有铜制的，盛鱼肉虀酱等，供宴会祭祀用。有楚："楚楚"，陈列之貌。④肴核：肉食和果品。旅：陈放。⑤和旨：醇和甜美。⑥孔：很。偕：通"嘉"。⑦酬（chóu）：同"酬"，主人劝酒。逸逸：往来有秩序。⑧大侯：射箭用的大靶子，用虎、熊、豹三种皮制成。抗：高挂。⑨射夫：射手。⑩发功：发箭射击的功夫。⑪的：侯的中心，即靶心，

也常指靶子。⑫祈：求。尔爵：求射中而让别人饮罚酒之意。⑬籥（yuè）舞：执籥而舞。⑭烝：进。衎（kàn）：娱乐。⑮洽：使和洽，指配合。⑯有壬："壬壬"，礼大之貌。有林："林林"，礼多之貌。⑰锡：赐。纯嘏（gǔ）：大福。⑱湛（dān）：通"耽"，欢乐。⑲奏：进献。⑳手仇：指对手。㉑室人：主人。入又：又入，指主人亦随宾客入射以耦宾，即耦射。㉒康爵：空杯。㉓尔时：射中的宾客。㉔止：语气助词。㉕反反：谨慎凝重。㉖曰既醉止：说是既醉了。㉗幡幡：形容轻浮无威仪之貌。㉘舍：放弃。坐迁：迁动当坐之礼。㉙僊（qiān）僊：飞舞貌。㉚抑抑：缜密，指庄重。㉛怭（bì）怭：不庄重，轻浮。㉜秩：常规。㉝号：大声乱叫。呶（náo）：喧哗不止。㉞僛（qī）僛：身体歪斜倾倒之貌。㉟邮：通"尤"，过失。㊱弁：皮帽。俄：倾斜不正。㊲傞（suō）傞：醉舞不止貌。㊳伐德：败德。㊴令仪：美好的仪表礼节。㊵监：酒监，宴会上监督礼仪的官。㊶史：酒史，记录饮酒时言行的官员。燕饮之礼必设监，不一定设史。㊷臧：好。㊸式：发语词。勿从谓：不要从而为之。㊹俾：使。大怠：太轻慢失礼。㊺匪言：指不该问话。㊻匪由：指不合法道的话。㊼童羖（gǔ）：没角的公山羊。㊽三爵：《礼记·玉藻》："君子之饮酒也，受一爵而色洒如也，二爵而言言斯，礼已三爵而油油，以退。"孔颖达疏引《春秋传》："臣侍君宴，过三爵，非礼也。"㊾矧（shěn）：何况。又：通"侑"，劝酒。

【赏析】

《宾之初筵》是一首用来讽刺贵族宴饮无度、失礼败德的诗。西周在开国之时，为了警诫自己不要像商纣王一样因酒害国，周公旦曾写过一篇《酒诰》，其目的要后代子孙以酒为诫。周公旦的《酒诰》规定，只有在举行射礼和祭祀时人们才能够喝酒，并且要有酒德，同时规定不许喝醉。一旦贵族们违反了规定，聚饮醉酒，就会被严惩，甚至是处死。

虽然有这样严厉的规定，但是随着西周贵族阶层的腐化，当时饮酒的风气仍盛行，周公的禁酒令也失去了约束力，这种酗酒的行为就是《宾之初筵》一诗所描绘和揭示的。

全诗共有五节。每节都是十四句。每一句都是四字句。章法结构十分严谨，同时这首诗章节之间的组织也非常精妙。

本诗从内容上可以分为三个部分。

第一部分为前两节，主要是写射礼和祭祀这些合乎礼制的酒宴。它们符合《周礼》的规定:“射礼，先饮后射；祭祀，先祭后饮。”所以第一节前八句写饮，后六句写射；第二节前八句写祭祀，后六句写饮。这一部分告诉我们，这个时候和这种场合，宾客都是能够遵守秩序、彬彬有礼、持重正派的人。

第二部分为第三至第四节，开始描写违背礼制的酒宴。这一部分虽然和第一部分均以“宾之初筵”一句开始。但是和正规的酒宴却大相径庭。第二部分对于滥饮酗酒的描写十分精彩，诗中将那些贵族的虚伪、丑态都淋漓尽致表现了出来。他们乱号乱叫。打杯翻盘；胡乱起舞，东倒西歪；帽子歪戴，衣冠不整。

第三部分就是最后一节。这一节是一段总结性的文字，通过“不”“勿”“无”“匪”“矧敢”等这样的词来表示作者对于这些贵族的否定，这些词集中在一起的目的是为了更加凸显否定的含义。

全诗各部分之间的起承转合脉络极其分明。诗中的修辞十分丰富。有消极修辞，更有丰富多彩的积极修辞。类似“秩秩”“逸逸”“温温”“反反”“幡幡”“仙仙”“抑抑”“怭怭”“僛僛”“傞傞”这样的叠词运用得十分广泛。

“笾豆有楚，殽核维旅”“既立之监，又佐之史”，这几句则是非常标准的对偶句。“宾之初筵”“其未醉止”“曰既醉止”“是曰既醉”等句子都是同章、隔章或邻章重复的修辞方式，这样重复是为了引出对比。但是像“其未醉止”“曰既醉止”的重复，则既和“威仪反反”“威仪幡幡”到“威仪抑抑”“威仪怭怭”形成了递进，又和“其未醉止”“曰既醉止”这两组重复构成了对比。

“是曰既醉”的隔章重复，更是将第三与第四节直接串联了起来。诗中还运用顶针这种修辞方法，例如“以洽百礼”“百礼即至”“子孙其湛”“其湛曰乐”这几句就是两个顶针。另外，“钟鼓既设，举酬逸逸。大侯既抗，弓矢斯张。射夫既同，献尔发功”这几句在排比的同时又做到了两句一换韵，使得这首诗有了很强的节奏感。

本诗在写作上采用了欲抑先扬的写法，在诗人反复描写醉酒之态来警诫世人之后，再描述贵族烂醉之后的丑陋形态，对比鲜明，引人深思。

鱼　藻

鱼在在藻，有颁其首①。王在在镐②，岂乐饮酒③。
鱼在在藻，有莘其尾④。王在在镐，饮酒乐岂。
鱼在在藻，依于其蒲⑤。王在在镐，有那其居⑥。

【注释】

①颁（fén）：头大的样子。②镐：镐京。③岂（kǎi）乐：欢乐。④莘（shēn）：尾巴长的样子。⑤蒲：多年生草本植物，叶长而尖，多长在河滩上。⑥那：安闲的样子。

【赏析】

《鱼藻》在《小雅》的“雅正之音”中算是一个异类。这首诗文字朴实，却有一股清新之气，在语言技巧和结构方式以及总体风格上都和民谣非常接近。尤其是诗中的问答体式，更是直逼民歌的范式，足见民间文化对庙堂文化的渗透。

本诗通过“鱼在哪儿呢？鱼在水藻。王在哪儿呢？王在京镐”这样的一问一答，来强调不同的人要在不同的场所。这里通过两个“在”字的连用，形象地刻画出了鱼儿的欢快和周王的欢乐。

“有颁其首”“有莘其尾”，这两句描绘了有着肥大鱼头和长长鱼尾的鱼，虽然诗中没有勾画出鱼的全体，但是一条在水藻之中忽隐忽现、往来出入的鱼的形象就这样出现在了我们的眼前，让人仿佛能够看见它们摇头摆尾、安乐自在的神态。“依于其蒲”这一句中通过一个“依”字，表现出鱼儿自足自乐地傍着蒲草游戏的样子，可以想象它们的逍遥自得。

每节的后两句是在写君王，“王在在镐”“饮酒乐岂”这两句通过语序的颠倒，暗示了活动的顺序以及因果。“岂乐饮酒”“饮酒岂乐”这两句通过直陈情状来描述君王的欢声笑语，这就和朝廷宴饮的场景以及气氛合拍得严丝合缝。最后一句“有那其居”，则将周王安然自处的神态描绘得生动形象，如在眼前。在对大王居所无限赞叹的同时，也和前两节的因果关系照应上了。

一问一答、自问自答的写作方式，显得真实自然，形象动人，富有浓郁的生活气息和强烈的感情色彩。诗中将“鱼在在藻”和“王在在镐”这两个完全不相干的画面放在一起，让我们可以自然想象到君王的悠闲自得，就像是水中游着的鱼一样。

郑（玄）笺曾这样说过：“以在藻依蒲为鱼之得所，兴武王之时民亦得所。”纵观全诗，不能肯定《鱼藻》这首诗所描写的是不是武王。但是可以想到诗中被诗人所吟唱的鱼应该就是指当时的百姓，诗人是在借鱼咏民，以鱼喻民。

这样就将这原本看上去并没有关系的画面联系到了一起，因为君王的贤德使得百姓安居乐业，同时天下的安定也使得周王可以安然地住在镐京，过着太平的生活。

采　菽

采菽采菽[①]，筐之筥之[②]。君子来朝，何锡予之？虽无予之，路车乘马[③]。又何予之？玄衮及黼[④]。

觱沸槛泉[⑤]，言采其芹。君子来朝，言观其旂。其旂淠淠[⑥]，鸾声嘒嘒[⑦]。载骖载驷，君子所届[⑧]。

赤芾在股[⑨]，邪幅在下[⑩]。彼交匪纾[⑪]，天子所予。乐只君子[⑫]，天子命之。乐只君子，福禄申之[⑬]。

维柞之枝，其叶蓬蓬。乐只君子，殿天子之邦[⑭]。乐只君子，万福攸同。平平左右[⑮]，亦是率从。

汎汎杨舟，绋纚维之[⑯]。乐只君子，天子葵之[⑰]。乐只君子，福禄膍之[⑱]。优哉游哉[⑲]，亦是戾矣[⑳]。

【注释】

①菽（shū）：大豆。②筥（jǔ）：亦筐也，方者为筐，圆者为筥。③路车：辂车，古时天子或诸侯所乘。④玄衮（gǔn）：浅黑画卷龙袍。黼（fǔ）：绣在礼服上的黑白相间的斧形花纹。⑤觱（bì）沸：泉水涌出的样子。槛泉：正向上涌出之泉。⑥淠（pèi）淠：旗帜飘动。⑦鸾：一种铃。嘒（huì）嘒：铃声有节奏。⑧届：到。⑨芾（fú）：蔽膝。⑩邪幅：像绑腿。⑪纾：怠慢。⑫只：语助词。⑬申：重复。⑭殿：镇抚。⑮平平：闲雅。⑯绋（fú）：粗大的绳索。缅（lí）：系，拴。⑰葵：通"揆"，度量。⑱膍（pí）：厚赐。⑲优哉游哉：悠闲自得的样子。⑳戾（lì）：至，至极。

【赏析】

《采菽》这首诗通过从未见诸侯时的思念之情，到远远看到诸侯来到，再到靠近看到诸侯的仪态，到最后对诸侯们功绩和福禄的颂扬之情，描绘了一幅春秋时代诸侯朝见天子时的历史画卷，气势磅礴，生动形象，十分吸引人。

开篇，作者知道就要到诸侯们朝见天子的日子了。周天子为了接待这些诸侯，已经开始为他们准备礼物了。身为一名大夫。他在猜想这些诸侯会进献什么样的礼物给周天子。

"采菽采菽，筐之筥之"，那些采菽的姑娘们连连去采菽，竟然已经把圆筐方筐都装得满满的了，这一句就表明天子给诸侯们的赏赐是非常丰盛的。"君子来朝，何锡予之？"这句疑问引出的答案告诉我们，天子赏赐给诸侯的礼物竟然就是"路车乘马"，还有"花纹礼服描龙裳"。

为了朝拜天子，诸侯们陆续离开了自己的封地，因为诸侯众多，所以声势十分浩大，场面异常壮观。"觱沸槛泉，言采其芹"这两句，用槛泉旁必有芹菜这样的特点来比兴君子来朝时也一定有仪仗队相伴。

在车马未到时，人们就已经远远见到风中"淠淠"的旗影、就听到了诸侯的"嘒嘒"的鸾铃之声由远及近，这些都是诸侯威仪的表现。"载骖载驷，君子所届"，说明豪华的马车在官道上奔驰，驷马或骖乘井然前行，滚滚烟尘留在了它们的身后，威仪显赫的诸侯们来到了宫廷。

陆续来到王宫的诸侯们，穿着特有的服饰，"赤红蔽膝垂腿侧，裹腿斜缠真利整"，赤色的护膝，裹腿的斜布是十分符合当时礼仪的装饰，他们不急不慢、从容行礼，这样的仪态让天子很满意，他们得到了天子的恩赐。“乐只君子，天子命之。乐只君子，福禄申之”四句就是从诗人看到的角度来写的。得到天子赏赐的诸侯们心花怒放。这几句既是诗人的恭维同时又起到引出下文的作用。

“维柞之枝，其叶蓬蓬”，用柞树枝条长得非常长，绿叶繁茂的兴旺来比兴天下的繁盛局面和诸侯的非凡功绩。诗人自豪于周王朝坐拥天下，国运昌盛，他认为是因为有天子的治理，天下才能如此繁荣。可以说，这是对周朝的歌功颂德，同时也表明了诸侯们的想法。“乐只君子，殿天子之邦”“平平左右，亦是率从”则点明了诸侯们的态度，他们愿意为天子镇守邦国，并许诺天子，会协助他治理其他的邻邦。帮助周国更加兴盛。

“汎汎杨舟，绋缅维之”，一句中“汎汎杨舟”指的是诸侯。“绋缅维之”则是在说诸侯与天子的关系。

诸侯和天子之间是相互依赖着的，他们的利益是紧紧维系在一起的。诸侯们帮助天子治国安邦，天子则将丰厚的奖赏赐给诸侯们。他们以统治者内部相互依存的关系共生着。“优哉游哉，亦是戾矣”，这两句充分表现出作者对诸侯安居优游的艳羡之情。

角 弓

骍骍角弓[①]，翩其反矣[②]。兄弟昏姻[③]，无胥远矣[④]。尔之远矣，民胥然矣[⑤]。尔之教矣，民胥傚矣。

此令兄弟[⑥]，绰绰有裕[⑦]。不令兄弟，交相为瘉[⑧]。民之无良，相怨一方。受爵不让，至于已斯亡[⑨]。老马反为驹，不顾其后。如食宜饇[⑩]，如酌孔取[⑪]。

毋教猱升木[⑫]，如涂涂附[⑬]。君子有徽猷[⑭]，小人与属[⑮]。雨雪瀌瀌[⑯]，见晛曰消[⑰]。莫肯下遗[⑱]，式居娄骄[⑲]。

雨雪浮浮[20]，见晛曰流。如蛮如髦[21]，我是用忧。

【注释】

①骍（xīn）骍：弦和弓调和的样子。②翩其：自然地。反矣：弹弓弦，弓弦自然会回弹。③昏姻：姻亲关系。④胥：相。⑤胥：皆。⑥令：善。⑦绰绰：宽裕舒缓的样子。⑧瘉（yù）：病，此指残害。⑨至于：直到。⑩饇（yù）：饱。⑪孔：恰如其分。⑫猱（náo）：猿类，善攀缘。⑬如涂涂附：在污泥上面涂一层污泥。⑭徽：美。猷：道。⑮与：从；属：依附。⑯瀌（biāo）瀌：下雪很盛的样子。⑰晛（xiàn）：日气。⑱莫肯下遗：不肯谦下对待下人。⑲式：用，因也。居：通"倨"，傲慢。娄：收敛。⑳浮浮：与"瀌瀌"义同。㉑髦：古代对西南少数民族的称呼。

【赏析】

"骍骍角弓，翩其反矣"这两句。是通过角弓不能够松弛来比喻兄弟之间是不应该疏远的。在贵族内部发生矛盾斗争，内忧外患之时，兄弟之间一定不要疏远兄弟而亲近小人。"兄弟昏姻"这一句应该是指同宗兄弟，即同宗兄弟之间一定要团结。所以"兄弟昏姻，无胥远矣"是全诗的主题句，它统领全文，以下各节都是围绕这两句而展开。大家只有拧成一根绳，心往一处想，劲往一处使，才能同舟共济，共渡难关。本节的内容虽然是劝谏和教诲，但因为都是直率恳切的语言，所以显得非常亲切。

兄弟疏远，互不亲善，终将导致兄弟自相戕害。"尔之远矣，民胥然矣。尔之教矣，民胥效矣"，这四句的结尾都是语气词，这是父兄的口气，这样的写法显得语重心长，有很强的告诫作用。如果君王都开始和自己的兄弟疏远，那么以君王为楷模的百姓一定会上行下效，这样天下就会教化不存。接下来，通过描写兄弟之间和睦与不和睦的两种不同结果来达到说服劝诫君王的目的。作为君王要做到兄弟之间和睦相处，不能和兄弟相互残害。

诗人继续通过现实中人不责己的小人做法之风盛行的现象来告诉君王这就是他疏远兄弟的恶果。"民之无良，相怨一方。受爵不让，至于已斯亡"这几句就是在说兄弟之间交恶，它们相互怨怒，不顾礼仪道德，为了争爵禄地位相互斗争，因为一些蝇头小利便忘记了应有的大德。

诗人告诫周王，只有自身的行为合乎礼仪，才能正确引导人民相亲为善。“老马反为驹，不顾其后”，以物喻人，说明老少颠倒的荒唐；运用王室父兄的神情口吻来表现心中所感所想，愤激不满之情溢于言表。“如食宜讴，如酌孔取”，这两句是提醒君王如何敬老，正面告诉他养老之道。

“毋教猱升木，如涂涂附”这两句说明猿猴是天生就会上树的，泥巴涂在泥上自然就会粘得很牢，以此比喻本性无德的小人，善于攀附，即使不去招惹他，他也会主动来攀附。最后两句“君子有徽猷，小人与属”，从正面劝诫，希望周王具有美德，这样百姓也会改变恶习，变得相亲为善。

本诗希望君主能够像个君子，亲近兄弟而疏远小人，成为一名优秀的君主。当他的耳边再也没有小人的肆意聒噪，那么他曾经泯灭的良知一定会复苏，这样兄弟能够重归于好，天下也将变得十分美好。

菀 柳

有菀者柳①，不尚息焉②。上帝甚蹈③，无自暱焉④。俾予靖之⑤，后予极焉⑥。

有菀者柳，不尚愒焉⑦。上帝甚蹈，无自瘵焉⑧。俾予靖之，后予迈焉⑨。

有鸟高飞，亦傅于天⑩。彼人之心，于何其臻？曷予靖之，居以凶矜⑪。

【注释】

①菀（yù）：树木茂盛。②尚：庶几。③蹈：动，变化无常。④昵（nì）：亲近。⑤靖：安定。⑥极：同“殛”，诛杀。⑦愒（qì）：休息。

⑧瘵（zhài）：病。⑨迈：行，指放逐。⑩傅：至。⑪居以凶矜：他必置我于凶险之境。

【赏析】

《菀柳》一诗的作者，是一位耿直而愤激的官吏，他才华卓著但未被重用，冷眼看当朝的黑暗统治，不满君主暴虐无常，愤慨至极；他还可能受到了难以言说的不公平待遇，因此非常伤心失望，于是作歌警醒同事和世人，让他们警惕无道的君主，千万不要前去亲近。

首章以“有菀者柳，不尚息焉”起兴，作者使用祈使语气，劈面直陈，突兀强硬，产生极强的表达效果，发人深省。一方面，诗句传达出诗人强烈的愤懑之情；另一方面，这样的开头也让读者感到一丝茫然不解，产生进一步追问缘由的兴趣。在炎热的夏季，四处骄阳似火，唯有茂盛粗大的垂柳撑起一片绿荫，营建出一座温馨凉爽的避暑胜地，让人观之便无限欣喜。但作者为什么说不可以进去休憩呢？并且还如此语气肯定？让人听罢心生犹豫和畏惧。在这里，作者用柳荫的阴凉，比喻君主之侧貌似光彩舒适，君主的位高权重，正如柳树的粗大茂盛，会让很多人产生亲近、寻求庇护的欲望。但殊不知，那里凶险无比，并非真的好去处。这种先设疑问的写法，便于下一步的铺展和分析，也利于读者在不经意间对诗人所陈之事加深印象，引起其情感上的共鸣。

接下来的两句，作者就所陈之事给出了自己的理由：“上帝甚蹈，无自昵焉。”君主太过暴虐无常，心狠手辣，朝令夕改，危险至极，万万不可亲近，否则必然自招祸害，甚至最终弄得性命不保。然后，作者唯恐未能说尽，也担心旁人不信，又现身说法，用自己的经历警醒旁人：“俾予靖之，后予极焉。”当初君主请作者入朝，共商国事，一团和气。但时日不长，君主就莫名其妙地将其责罚，使其饱受苦楚。此章每句结尾都为“焉”字，呼告语气强烈。

作者一经倾诉，便拉开了往日久藏内心的话题，心中感慨喷涌而出，此刻怨怒正盛，单单一章的呼告当然无法尽数消解。于是，在第二章中，作者继续一吐为快。诗作运用回环复沓的艺术手法，两章结构相同、内容相似，仅易数字，反复咏叹，以相似的语调和口吻，进一步强化诗人的谆谆告诫和拳拳用心，感染力获得无限叠加，情感势头迅速高涨。

前两章的感情蓄积，使诗人的视野、胸怀变得无限开阔，他昂头看天，看到振翅高飞的鸟儿，心有所思，话语变得更加激切。在此基础上，诗人笔锋转向。由对众人的诉说警诫，变为了对统治者的怒斥，把所陈言语的对象直指统治者："有鸟高飞．亦傅于天。"作者以所看到的鸟儿比兴，着眼其飞行高度，言其再高也有限度，不会高过苍苍青天。而统治者的心思却丝毫没有限度，反复无常，不可推测。

"彼人之心，于何其臻"，反问的语气，斥责的口吻，显示出作者对其德不称其位的反感和抨击。最后，作者又一次提及自己的悲惨遭遇，"曷予靖之，居以凶矜"，往日的痛苦经历总是不停地浮现脑海，作者的内心定然时刻未能安宁，其受到的苦楚定然非比寻常。他对于统治者的质问，虽显得过于单刀直入、激切无比，却是有因可循，情有可原。

本诗作情感激烈，说理严谨，以事实服人，通过比拟、警诫、劝告、直陈等多种表现手法，传递出诗人的拳拳真情和无限怨恨。结构上，一气呵成，脉络清晰，上下连贯，产生了极强的情感效果。作者通过寥寥数十字，将一个不得人心的君主以及一位严词质问的受难诗人形象清晰地展现在读者面前。

都人士

彼都人士，狐裘黄黄。其容不改，出言有章。行归于周，万民所望。

彼都人士，臺笠缁撮①。彼君子女，绸直如发②。我不见兮，我心不说③。

彼都人士，充耳琇实④。彼君子女，谓之尹吉⑤。我不见兮，我心苑结⑥。

彼都人士，垂带而厉⑦。彼君子女，卷发如虿⑧。我不见兮，言从之迈。

匪伊垂之，带则有余。匪伊卷之，发则有旟⑨。我不见兮，云何盱矣⑩。

【注释】

①臺：通薹，莎草。缁撮：缁布冠。②绸：密，浓密。③说（yuè）：同"悦"。④琇（xiù）：一种宝石。⑤尹吉：当时的两个大姓。⑥苑：郁结。⑦厉：带之垂者。⑧虿（chài）：蝎类的一种。长尾曰虿，短尾曰蝎。⑨旟（yú）：上扬。⑩盱（xū）：忧愁。

【赏析】

西周末年。因为周幽王的荒淫奢靡，致使周王朝的诸侯群臣都离心离德了，之后周朝东撤迁都，此后周室便苟延残喘气息奄奄，西都镐京的遗民都变成异族的奴隶，周室再也没有了昔日的辉煌。

作者看着从前都穿着华丽服饰的男女如今穿着怪异服饰，感到十分无奈和痛苦。他的惆怅之情无法直抒出来，对新的统治者的不满也不能表现出来，所以只能通过"人物仪容之美"，来表现他对"文物声明之盛"时期的追忆，希望昔日的情景"行归于周"，是真正的"万民所望"。

全诗共有五节，每节六句。全诗在直接平淡的叙述中寄寓着作者浓烈的感情。诗人渴望"都人士"能够"行归于周"。反映出沦于异族铁蹄之下的遗民的心声。

"彼都人士"中的"彼"字蕴含着诗人对物是人非、斗转星移的感慨。当人们看到这样的诗句之后，脑海中就会看到这样一幅画面：一个经历过战乱之苦的老人用他苍老的声音向他的后代们说："那个时候的京都人士啊，穿着狐裘黄黄的衣着，举止得体，出言有章，不管怎么看，不管从那个方面来看，他们都是雍容典雅、合乎礼仪的。"

这样的描写其言外之意就是反讽现在生活在这里的人，完全不能和原来的京都人士同日而语。"行归于周，万民所望"，这两句充分表现了人们渴望重新回到昔日周都的心情，想要过安定昌隆的生活，渴望回到那个讲究礼仪的时代。

那时。男子的典型头饰是草笠和缁布冠，女子的典型头饰是密密直直的头发。他们的耳朵上带着漂亮的宝石饰物。充满贵族的气派。这些优雅的人就是当时的名门望族尹氏和吉氏。但是在当时非常常见的场景，在今天却再也看不到了。

诗中反复提到“都人士”和“君子女”的“仪容之美”，这些都是当时的民族文化。

中国历史上许多民族的消失，并不是因为种族的灭亡，而是因为他们的文化灭亡。对于民族文化的丢失，诗人感到十分伤心。

本诗通过表现昔日都城男女的仪容之美，展现了周王朝曾经的繁荣昌盛，同时表现出作者对华夏文化逐渐衰微的心痛，最终作者发出了“我心苑结”“云何盱矣”的感慨。在表现手法上，诗人一直在描写昔日京都男女的衣饰仪态之美，让读者从诗歌中感受到过去与现实的巨大落差，将那种今昔盛衰之感直接传递给世人。

采 绿

终朝采绿①，不盈一匊②。予发曲局，薄言归沐。终朝采蓝，不盈一襜③。五日为期，六日不詹④。之子于狩，言韔其弓⑤。之子于钓，言纶之绳。其钓维何？维鲂及鱮。维鲂及鱮，薄言观者⑥。

【注释】

①绿：草名，即荩草。②匊（jū）：同“掬”，两手合捧。③襜（chān）：围裙。④詹：至也。⑤韔（chàng）：弓袋，此处用作动词。⑥观：多。

【赏析】

《采绿》一诗描写了妇人对外出逾期不回的丈夫的思念。全诗从采草写起，“终朝采绿，不盈一匊”，这样的描写表现出了思妇的心不在焉。她神情不安，无心梳洗打扮，当她想到丈夫要回来时，才开始沐浴打扮。但是本来约好日期回来的丈夫却没有如期归来，这让妻子变得更加不安了。她精神恍惚，想象着丈夫已经回来了，并日夜陪伴着丈夫。妻子的想象愈美好，就反衬了现实的愈凄苦，更表现出了妻子思念的强烈。

前两节字句基本相同，变化较小，为重叠复沓的结构，构成了全诗的回环往复的音乐美。全诗可以分成两部分：前两节为第一部分，主要描写现实生活。后两节为第二部分，主要描写妻子的想象生活。这样一实一虚的生活描写强化了妇人的思念。

第一节是写女子手里虽然在采绿草，但是她的心已经飞越了几重山水，去寻找她的丈夫去了。诗中没有直接说出女子思念的是什么，而是说她“予发曲局，薄言归沐”：她的长发卷曲乱蓬蓬，因为丈夫不在，无人欣赏。后来她又急忙回家梳洗，是因为她的丈夫随时都可能回来。为了让丈夫看到她美好的一面，她一定要好好打扮自己，可见女子思念的就是自己的丈夫。

第二节的“五日为期，六日不詹”说明了女子精神恍惚的原因，她担心没有如期归来的丈夫。郑笺关于“五日”“六日”的解释是：“五月之日”“六月之日”。这种说法比较符合诗意，因为丈夫和女子约定的是五月之日就会回家，所以在约定之日后的每一天，女子都在思念自己的丈夫，也就无心采绿草了。“五日为期，六日不詹”进一步交代了女子反常行为的原因。

这两节的内容仅用了寥寥数语，就将一个鲜活的思妇形象描绘了出来，其中既有声音，又有动态，还有思绪中的波澜。同时，诗中没有提及女子丈夫外出未归的原因，这就令人产生了无限的想象：到底是什么原因使得情深意切的妻子坐卧不安心神不定，以至于茶饭无心，无意梳妆？戍边、经商等都可以成为原因，这也增强了诗的韵味。

第三节写女子的丈夫去捕鱼和打猎，女子跟随丈夫身边，丈夫打猎，就替他装弓箭；丈夫捕鱼，就为他整理钓线。尽管只是想象，但本节的描写跳出了闺怨的套路，表现出了一种甜蜜之情。这时丈夫尚未归来，可见一旦丈夫真的归来了，妻子的喜悦将更深。

第四节的内容承接了上一节的“钓”，妻子想象丈夫钓了很多的鱼，并赞美自己的丈夫十分能干。通过这首诗，可以感受到夫妻二人的恩爱之情：丈夫为了生活在外奔波，妻子留在家中思念丈夫的同时，憧憬着美好的未来。她相信丈夫和自己是同心同德的，丈夫一定会回到自己身边，和自己过那种打猎捕鱼的悠闲生活。

本诗虚实结合，采用四言句式，带有很强的节奏感。

黍　苗

芃芃黍苗①，阴雨膏之。悠悠南行，召伯劳之。
我任我辇②，我车我牛。我行既集③，盖云归哉④。
我徒我御，我师我旅。我行既集，盖云归处。
肃肃谢功⑤，召伯营之。烈烈征师⑥，召伯成之。
原隰既平⑦，泉流既清。召伯有成，王心则宁。

【注释】

①芃（péng）芃：草木繁盛的样子。②辇：推车。③集：完成。④盖：同“盍”，何不。⑤肃肃：严正的样子。功：工程。⑥烈烈：威武的样子。⑦原：高平之地。隰：低湿之地。

【赏析】

“芃芃”这一叠词的应用，以及雨露润苗场景的描画，使得诗作多了几许轻松的抒情味，将全篇笼罩在舒缓悠扬的田园氛围中。

黍苗得到雨水滋润、生长最盛之时，是在春夏之交，由此作者又在不经意间点明了南行的时间，一箭双雕。黍苗受到雨水的滋养得以繁盛，同样，南行众人得召伯抚慰，士气振奋，谢邑营建得又快又好。在当时那个时代，南行路途之遥远、跋涉之艰，不言自明，但有召伯慰劳，众人心甘情愿，足显召伯地位之崇、威望之高。

到达目的地，大家齐心协力，共筑谢城。因为生产力落后，人员少，规模大，当城池筑好之后，转眼间已经数年之久，工人们无法归家，思乡之情强自隐忍，如今都悉数表达了出来。“我任我辇，我车我牛”“我徒我御，我师我旅”，四字短句中同一格式反复出现，反映出气氛的急促紧张，役夫们分工严密、合作有序、规整统一。

这种局面的出现，是因为有召公做主持，众人的情绪得到了充分调动：有拉车的、有驾牛的、有步行的，各司其职，忙而不乱。这两部分可理解为人们在完工之后，对劳动过程的回忆，也可以理解为对召伯组织能力和规划能力的赞美。

通过艰苦卓绝的劳动，终于“我行既集”，建成了规模宏大的谢城，大家完成了自己的使命。

“盖云归哉”“盖云归处”，筑成而思归，众人异口同声地反复吟诵，是思乡情绪真实而自然的流露，包蕴着抑制不住的欢喜与无限欣慰，也反映了工期之长，以及众徒役对自己亲人的无限眷恋之情。

然而，尽管思乡之情非常急切，但众人的语气中却丝毫没有怨怒之气，召伯作为人们的精神领袖，确实是深得民心。这也表现出作者驾驭文字的水平之高，既能将众人的急切回归之情描摹得淋漓尽致，又使全诗赞美召伯的核心主旨不致偏移。

营治谢邑的工程能够迅速地完工，召伯的治理有方起到了决定性的作用。“肃肃谢功，召伯营之”“烈烈征师，召伯成之”，作者通过对偶的规整结构，热切颂扬了召伯的组织才能：将如此规模的工程有序地组织起来，并且充分地调动大家的积极性，使每个人都能甘心出力，这是非常困难的，足见召伯的不同凡响。

此章是上文具体事由和场面的总说和提炼，与第二三章相照应，“肃肃谢功”对应“我任我辇”，“烈烈征师”对应“我师我旅”，在结构安排上颇具匠心，也反映出雅诗雅正严整的特点。

“原隰既平，泉流既清”，召伯绝非仅仅修筑了城池，还为谢邑平整了田地，清理疏导了河道，营造了必要的生存环境，昔日的不毛之地成了繁衍生息的居所，农业得到了发展。

农业文明在当时是先进生产力的代表，原本是蛮夷之地的南方，如今步入文明阶段，显示着召伯此举具有开化之功。“召伯有成，王心则宁”，篇末点题，用君王的权威肯定了召伯的功绩。

本诗依循时间顺序，按情节发展叙写，言简而意赅，但它传达出这样一种深刻的治国思想：威望、品德比政策、高压更重要，柔性的御民方式更能显出奇效。

隰 桑

隰桑有阿①，其叶有难②。既见君子③，其乐如何？
隰桑有阿，其叶有沃④。既见君子，云何不乐？
隰桑有阿，其叶有幽⑤。既见君子，德音孔胶⑥。
心乎爱矣，遐不谓矣⑦？中心藏之，何日忘之？

【注释】

①隰：低湿的地方。阿：通“婀”美。②难（nuó）：盛。③君子：指所爱者。④沃：柔美。⑤幽：青黑色。⑥胶：牢固。⑦遐：何。谓：告诉。

【赏析】

《隰桑》一诗，历来有两种解释，一种基于其内容，被视为爱情诗，一位年少的怀春女子，对所爱男子百般痴想，但不敢向其诉说；另一种被视为是周文王被拘七年，最终从羑里被释返回周国时，人们所作的欢迎之歌。两种解释都非常合理、圆熟自然，显示了诗歌的开放性和蕴藉性。

“爱情诗”的说法，为诗作披上了一抹旖旎、热烈而又伤感的色彩。作者以桑树起兴，“隰桑有阿，其叶有难”，各章相似的开端，勾勒出一种明丽而又浓郁的氛围：低洼潮湿的土地上，生长着一片美丽的桑林，桑树枝干粗壮、树叶繁茂，一片生机勃勃。阳光和暖明媚，普照着绿茵茵的世界，不时有阵阵清风吹过，桑林神秘地飒飒低语，鸟儿欢快地呢喃，植物旺盛地生长，空气中充满氤氲、青葱的气息。

如此的桑林，为情人幽会提供了一个寂静美好的场所，少男少女在此情语绵绵，极尽欢乐，羞涩的女子，一改往日的缄默，主动说出心中的愉悦："既见君子，其乐如何？"诗作前三章回环复沓，把这种情境和心情描绘得淋漓尽致。

然而，这种美好却并非真实景状。第四章中，作者写道："心乎爱矣，遐不谓矣？中心藏之，何日忘之？"语气和场景倏然变换：心中的爱意，为什么不说呢？只是把它深深地潜藏，每天都不能忘怀。

原来。幽会的场景只是作者美好的想象。怀春的她孤身一人，深入桑林深处，在树下休憩，这种美好的环境和氛围，使她心有所感，又想起了自己日日思恋的男子，幻想着两个人在此幽会。她没有勇气去表达自己的爱慕，只是痴痴地暗恋，最后又百般埋怨自己的怯懦，显示出那美好、真挚、纯粹又娇弱的心灵。

每次见到情人时，树叶都呈现出不同的形态，主人公的心情也各不相同。第一章讲叶子很茂盛，心情很快乐；第二章描写叶子的柔美，然后用很强的反问语气，表现快乐的程度悄然提升；第三章树叶变得墨绿，女子对情人的思念更加牢固。桑叶的柔美，肥厚，进而墨绿，象征女子感情的层层深入，也表现出女子不是仅仅幻想过一次，而是在漫长的时间里日日思念。

"爱情诗"的解法，美好而又感人，但有些人却提出了异议，因为《小雅》是在宴会上唱的雅乐，暗恋的内容显然不符合公开场合。他们从历史史实人手，主张这是周文王从羑里返回周国后，族人们为了欢迎他，在宴会上唱的一首雅歌，诗中反映的并非女子的暗恋，而是人们对于文王的想念和牵挂。族人盼望文王回国，时日已久，现在得偿心愿，按捺不住心中的激动，以原隰里的桑树起兴，抒发相会后的开心。桑树的位置在"隰"地，比喻族人迁到了原隰；桑树的繁茂和生长，暗喻他们迁移后的繁荣壮大。"遐不谓矣"，意思是说："文王被关押七年，在此过程中，因为路途遥远，众人的爱戴之情无法表达。"但紧跟着，作者又说道："中心藏之，何日忘之？"——众人对于文王的感情，一直深埋在心中，没有一刻忘怀！寥寥数句，尽显众人对文王无尽的敬爱和忠诚。

白 华

白华菅兮[①]，白茅束兮。之子之远，俾我独兮。英英白云，露彼菅茅。天步艰难[②]，之子不犹[③]。滮池北流[④]，浸彼稻田。啸歌伤怀，念彼硕人。

樵彼桑薪，卬烘于煁[⑤]。维彼硕人，实劳我心。鼓钟于宫，声闻于外。念子懆懆[⑥]，视我迈迈[⑦]。有鹙在梁[⑧]，有鹤在林。维彼硕人，实劳我心。鸳鸯在梁，戢其左翼。之子无良，二三其德。有扁斯石，履之卑兮。之子之远，俾我疷兮[⑨]。

【注释】

① 菅（jiān）：多年生草本植物。② 天步：天运，命运。③ 犹：可。④ 滮（biāo）：水名，在今陕西。⑤ 卬（áng）：我。煁（shén）：越冬烘火之行灶。⑥ 懆（cǎo）懆：愁苦不安。⑦ 迈迈：不高兴。⑧ 鹙（qiū）：水鸟名，头与颈无毛，似鹤。梁：鱼梁，拦鱼的水坝。⑨ 疷（qí）：因忧愁而得病。

【赏析】

《诗经》中有很多关于弃妇的诗，《白华》就是其中的一首。这位被抛弃的妇女应该是一位贵族。全诗语言委婉曲折，充分表达了诗人矛盾而复杂的心情，使读者如闻其诉，深受感动。

诗中大量含意委婉的比兴，抒发了失意女子的真实感情。首节以咏叹开始，三句都用“兮”字来结尾，最后一节以咏叹终，同样也用“兮”字来结尾。中间各节大多语气急促，气势磅礴。诗人用菅草和白茅起兴，通过表现白花的菅草白茅相互缠绕来映射情人、夫妇之间应该亲密相伴，相亲相爱。菅草白华以及茅草之白都是象征着纯洁与和谐的爱情。

被抛弃的妇人看到被白茅草捆起来的菅草时，触景生情，联想到自己悲惨的命运。她感叹本应亲密无间、相依为命、相濡以沫的夫妻却渐行渐远，自己被丈夫遗弃，再也不能和他团聚了，柔情蜜意什么的已经变得可望而不可即了，这样悲痛的心情通过“之子之远，俾我独兮”充分表现了出来，使人深切感受到了全诗那凄婉而让人心寒的悲剧基调。

接下来，诗人用能化雨滋润菅草和茅草的飘浮的白云起兴，喻示本应和谐相处的情人违背了常理，丈夫不再与妻子休戚与共了。通过诗句的描绘可以看到，白云化雨，遮盖了所有的菅茅，没有任何的偏私。自然就是这样一视同仁，不会偏爱任何一方；但是作为万物之灵的人却做不到这一点。丈夫抛弃了应该同舟共济祸福与共的结发妻子，叫人悲愤难当。

滮池的水慢慢地向北流，可以灌溉万顷稻田；但是人的恩泽却不能长久存在，无情丈夫对妻子十分薄情寡义。诗人“啸歌伤怀”：尽管她被抛弃了，可是心地善良的她仍然从内心深处怀念着自己的丈夫。诗人用池水灌溉稻田来比兴妇人无人相顾的凄凉处境。

女子本以为自己可以过上美满幸福的日子，然而事与愿违；女子就像妇女用来养蚕缫丝的桑树被当成烧火的薪柴一样，被丈夫无情地抛弃，于是心里万分悲伤。

宫廷里的钟鼓声，悠扬传播，一直传到遥远的地方，就这样丈夫无情抛弃结发妻子的家丑，随着钟声不断地宣扬着，天下的有识之士都会谴责那个负心的丈夫；但是不明事理的人大概会说这一切都是留不住丈夫心的妻子的过错。伤心的女子对于自己将要成为人们茶余饭后的笑谈这件事感到十分尴尬与颤怵。即使到这个时候她还担心着丈夫，于是有了“念子懆懆”的弃妇；但是一想到丈夫对自己的嫌弃，她又感叹丈夫“视我迈迈”的冷酷无情。这样的对比，更使得被抛弃的女子的温顺善良和丈夫的轻薄无情形成了鲜明的对比。

鹤与鹙虽然都是以鱼类为食的水鸟，但性格是不相同的。鹙生性贪婪而猛恶，喜好独霸鱼梁；鹤生性柔顺而和善，不喜争夺，这样两种水鸟在一起的结果就是鹙饱而鹤饿。丈夫的新欢就是那贪婪而猛恶的鹙鸟，弃妇就是那温顺的鹤。所以，女子只要一想到“妖大之人”，就心情悲痛，所以她一次次地说“维彼硕人，实劳我心”，这正是她心情沉痛的写照。

鸳鸯是一种总是雌雄偶居不离、从不三心二意的水鸟，人们经常将夫妻比作鸳鸯。诗人感叹鸳鸯总是成双成对在河上嬉戏，它们相亲相爱，互相依靠。然而比它们高级的人却做不到对爱情专一，总是会见异思迁，弃妇那无情无德的丈夫不就是抛弃了本应与之白头偕老的妻子吗？这一节与第四至六节连在一起看，就更能表现出弃妇那深切的怨恨之情了。她虽然怨恨抢夺了她丈夫的妖冶女人，但是追究其根本原因，还是她的丈夫“二三其德”所造成的。

这时弃妇不得不思考自己将来的命运，她说“之子之远，俾我疷兮”，茫然不知前途的愁苦使她生病，在愁闷中郁郁寡欢。她痛斥负心男子的寡情无义，如果真有一天自己在悲愤愁苦中死去，都是那个负心汉的错，她要让他永世在良心的谴责中苟且偷生。

“痴情女子薄情郎”在现实生活中不少见，无数女子因此殒命。《白华》中那名贤淑美丽的夫人，她忧伤、惆怅，她代表了中国古代妇女的悲剧命运。全诗生动形象，富有说服力，将弃妇的忧伤完全展现了出来，具有极强的艺术魅力。

绵 蛮

绵蛮黄鸟[①]，止于丘阿[②]。道之云远，我劳如何？饮之食之，教之诲之。命彼后车[③]，谓之载之。

绵蛮黄鸟，止于丘隅。岂敢惮行，畏不能趋[④]。饮之食之。教之诲之。命彼后车，谓之载之。

绵蛮黄鸟，止于丘侧。岂敢惮行，畏不能极[⑤]。饮之食之，教之诲之。命彼后车，谓之载之。

【注释】

①绵蛮：《毛传》：“绵蛮，小鸟貌。”②丘阿：山坡凹陷处。③后

车：诸侯出行时的从车，又叫副车。④趋：快走。⑤极：至。

【赏析】

关于《绵蛮》的主旨，古代学者主张这首诗的作者是一个下层官吏，他在行役途中，抱怨高层的长官施政不仁，把自己的窘迫抛之脑后，不闻不问，没有给予必要的给养，也没有开展教育、培训工作，更别提升官提携了，由此心中幽怨，作诗抒发。后代的评论者则指出前半部分是借小鸟比兴，后半部分是抒发自己对于在上者的幻想，深得诗作意旨。

诗作每章开头，作者没有直言其事，而是从娇小可爱、色彩艳丽的小黄雀入手，描写它"止于丘阿""止于丘隅""止于丘侧"，在各处随意停歇，自由而又快乐。作为对照，身处行役途中的作者，则显得悲惨不已：路程遥远，道路曲折坑洼、难以行走，时而烈日炎炎，时而骤雨忽至，人们缺衣少食，神疲力乏，面容枯槁，困顿至极，但又不得不勉力坚持，不然就会耽误行期，完不成上级给予的任务，受到令人忌惮的责罚。

作者展开了一幅山间行役者之图。他们拖着长长的队伍，在山间缓慢行移，人人生机尽失、死气沉沉，与欢快地在四周飞来飞去的小黄雀形成鲜明对比。诗作每章的后四句，为行役者的想象，是作者的虚写。行役者们身体、心灵饱受创伤，为了积攒坚持下去的勇气和力量，只得每每以幻想度日。他们美好地幻想着，不久之后，就会时来运转，受到上层的体恤和帮助。到那个时候，长官们会供给他们水和食物，为他们开展培训教育，然后把其提拔到比较高的职位，让其能够大有作为。

"命彼后车，谓之载之"——让副车稍作停留，让行役者坐上来，在此有两方面的含义：一方面对应行役者的身疲力竭、举步维艰，反映行役者对休息的直观生理渴求；另一方面这一句又是遇贵人提拔、地位上升的委婉说法，反映了行役者在幻想中的极端心里渴望，表达了其渴望青云直上、彻底改变现实的最终追求。由此。诗句将前面所展示的虚与实两幅画面紧密连接，使得诗作内容紧凑、蕴含深广。

瓠　叶

幡幡瓠叶[①]，采之亨之[②]。君子有酒，酌言尝之。有兔斯首[③]，炮之燔之[④]。君子有酒，酌言献之。

有兔斯首，燔之炙之[⑤]。君子有酒，酌言酢之[⑥]。有兔斯首，燔之炮之。君子有酒，酌言酬之。

【注释】

①幡幡：反复翻动的样子。瓠（hù）：葫芦科植物的总称。②亨：同“烹”。③斯首：白头。④炮（páo）：将带毛的动物裹上泥放在火上烧。燔（fán）：用火烤熟。⑤炙：将肉类在火上熏烤使熟。⑥酢（zuò）：回敬酒。

【赏析】

《瓠叶》是一首庶人宴请朋友之诗，它表达了主人在宴饮宾客时的自谦。本诗主要突出菜肴的简约，十分具有个性，独树一帜。

主人为客人在餐桌上准备的菜肴非常简单，只有一盘煮熟的葫芦叶以及一只碰巧捕到的野兔。虽然菜的种类很少，但是这并不代表主人不在乎宴请的客人，因为诗人用了四分之三的篇幅来描写要如何烹饪这只野兔。主人反复思量，他在炒、烤、熏、煨等几种做法之间犹豫不决，最后决定，一半烤，一半煨。这些细节都表现出主人为了迎客而费尽心思。

本诗共有四节，在表现形式基本上用的都是赋. 诗中反复咏叹，渲染描绘。第一节用瓠叶这样一个典型的意象，表现出这场宴席所上的菜肴的粗糙和简陋。瓠叶是一种很苦的东西，宴席上出现了这样的食物，可以知道宴会上没有美味佳肴。虽然主人拿不出上好的食物，但是主人觉得礼数一定要周全，绝不因为菜肴不丰盛而废礼。他情真意挚地“采之亨之”。虽然菜肴寡薄，但是主人用美酒来补充，宴会中因为主人的热情，客人没有因为菜肴的简约而扫兴。主人将家中最好的陈年老酒拿了出来，热情招呼宾客就座，“请客品尝杯斟满”；然后“斟满一杯敬客人”；接着“宾客回敬满杯斟”；最后“主客互劝齐干杯”。

这里运用“尝、献、酢、酬”四个字，将一场宴请客人的过程井然有序地描绘了出来，显出宴饮是依礼而行的。文中透露出热烈而欢快的气氛，宾客之间你来我往推杯换盏，菜肴虽然简陋但是他们仍然吃得津津有味，让人不禁想要加入其中。

诗中运用了很多代词，这样的运用加快了全诗的节奏，使得全诗的情绪变得欢快跳跃，首章的“亨”和“尝”，也为全诗奠定了一个热烈高昂的基调。

后三节通过对这只小兔的描写，从另一面表现出菜肴的简单。

诗人反复强调兔子的原因，在于在那个时代招待客人的荤菜应该是“六牲”，也就是牛、马、羊、豕、犬、鸡；如果是正式的宴请，为了表示对客人的尊敬，还应该准备“六牲”范围内的菜肴，而那时兔子是难登大雅之堂的。所以，为了不失礼于客人，主人在烹饪的手法上下功夫，通过变化多端的烹调手段来让单调而粗简的原料变成诱人的佳肴。在用酒献客、酢客、酬客的过程中，诗人时刻都做到礼至意切。

其实，《瓠叶》并不是雅诗中的上品，但是它却让人非常感动。这首诗具有非常重要的历史价值，能帮助后人了解中华民族悠久的饮食文化传统，以及华夏子孙所特有的尚礼民风和谦虚美德。

宴饮朋友最重要的并不是豪华的菜肴，而是主人的真情实意，只要有心，一把菜叶一只兔子，都可以胜似山珍海味鱼翅燕窝。

渐渐之石

渐渐之石①，维其高矣。山川悠远，维其劳矣②。武人东征③，不皇朝矣④。

渐渐之石，维其卒矣⑤。山川悠远，曷其没矣⑥。武人东征，不皇出矣⑦。

有豕白蹢⑧，烝涉波矣⑨。月离于毕⑩，俾滂沱矣⑪。武人东征，不皇他矣⑫。

【注释】

①渐（chán）渐：渐，通“巉”喻山石高峻。②劳：通“辽”，广阔。③武人：指将士。④不皇朝：无暇日。⑤卒：“崒”之借词，山高峻而危险。⑥曷其没矣：什么时候可以结束。⑦不皇出：只知不断深入，无暇顾及出来。⑧有豕白蹢（dí）：蹢，蹄。⑨涉波矣：天象。夜半汉中有黑气相连，俗称黑猪渡河，这是要下雨的气候。⑩月离于毕：天象。月儿投入毕星，有雨的征兆。⑪滂沱：下大雨的样子。⑫不皇他：无暇顾及其他。

【赏析】

本诗是一首描述出征在外的将士们行军十分艰难的诗，大概是一名下级军官在途中写的，他自述了东征途中的劳苦，重点叙述了行军过程中的艰难和紧张，并写出了行军途中的景色。诗人通过记述眼前的事物，来表达被迫上战场的将士们无奈的哀怨和悲叹。

本诗头两节是叠唱的，这两节的意思相仿，第一节的“不皇朝矣”说明了行军的紧急，将士们起早摸黑，天不亮就要上路。第二节的“不皇出矣”包含了许多难言的痛苦，对将士们来说，行军紧迫，他们甚至无暇顾及自己的生命安全。

诗人描述了急行军的途中，士兵们跛脚瘸腿的惨状，他们艰难地跋涉在好像永远没有终点的崎岖小路上，路上有很多的景物，但是士兵们无心观赏，他们感到十分疲劳。这时在士兵们的眼前出现了“渐渐之石”：陡崖峭壁挡住了军队的去路，面对这样的困难，他们发出了“维其高矣”“维其卒矣”的惊呼。这些士兵觉得这样陡峭的高山是无法攀越过去的，而更令他们感到痛苦的是，疲劳不堪的他们不知道这样艰险的路途还要走多久、多远。他们渴望早点抵达目的地；但目的地总是到不了，他们辛苦跋涉却得不到片刻的休息。

“武人东征”这一句贯穿全诗。军士们行进到山脚下时，发现这座山十分高险。士兵们一边看着山的高度，一边开始爬山，他们关注着山顶，希望早一点到达那里。士兵们觉得只要他们翻越了这座山，剩下的路一定会变得非常好走。其实将士们心中非常清楚，即使他们成功翻过了这座山峰，后面还会有第二座、第三座以至于无数座在等待着他们。面对这样的现实，将士们的心愿只有一个——可以早日到达行军的终点。但是他们不知道到达终点之后，会有什么样的灾难等待他们，也不知道自己是否还有能够平安回家的一天。但是当下，他们无暇顾及更多了，他们必须全力攀爬眼前这座仿佛永远爬不上去的山。

接下来，诗人不再描写行军的严苛了，而是开始描写星空。这里的描写和第一节的“朝矣”一句相对应，主要目的是为了告诉我们，这些将士不止白天要行军，夜晚也要行军。白天的行军是一种折磨，晚上的行军就更是一种煎熬。

诗人叹息着士兵们好不容易下得山来，又遇上一条大河挡道，况且天色已黑，月亮靠近了毕星，一场大雨顷刻之间将要来临。将士们要夜间行军，同时担心会遭遇滂沱大雨，使得行军变得难上加难。接着诗人担心的事情发生了，在狂风大作、电闪雷鸣之后就下起了瓢泼大雨，河水裹着树枝烂草汹涌而下，雪白蹄子的野猪们惊惶失措竞相渡河，这样骇人的景象使得士兵们忘记了满身的疲累，他们不顾疲惫和饥肠辘辘，互相拽拉着过河。

这首诗展示了一幅无奈的战争场景：因为战争，因为王命，士兵们挣扎在死亡线上，他们背井离乡无法享受天伦之乐。在那个残酷的年代，这些士兵们的生命已经不再属于他们自己，他们只能向前向前一直向前，直到自己的生命终止的那一天。

苕之华

苕之华[①]，芸其黄矣[②]。心之忧矣，维其伤矣[③]！苕之华，其叶青青。知我如此，不如无生！

牂羊坟首④，三星在罶。人可以食，鲜可以饱⑤！

【注释】

①苕：植物名，又叫凌霄。②芸（yún）其：芸然，一片黄色的样子。③维其：何其。④牂（zāng）羊：母羊。坟：大。⑤鲜（xiǎn）：少。

【赏析】

本诗真实再现了周代的灾荒情景，以及那时恶劣的社会现实与人民深重的苦难。

《苕之华》写得优美而残酷，作者首先展开了一幅美景：苕华盛开。轻吐鹅黄，叶子青青，葱郁娇嫩，一派美丽的景象。然而，作者不是在赞美自然，而是在反衬生活，“心之忧矣，维其伤矣！”用如此美丽的景象衬托心之忧、生之难，很少见，但却显得恰如其分。

这美丽的苕华看似黄青交杂，一片生机；但也是无情的，因为它读不懂百姓的饥饿，也无法帮助百姓远离饥饿。这种美好与残酷之间的落差，被作者捕捉后呈现在了读者面前。

“早知道我过的是这样的生活，当初不如不生在这个世界上。”这种想法，是歇斯底里，也是万念俱灰。生活就一点欢乐都没有了吗？可以想象，如果不是在非常悲苦的环境中，怎能叫人说出“知我如此，不如无生”这样绝望的话？最可怕的是，这一切的原因不是别的，竟是饥饿！基本生活条件的缺失，肠胃因饥饿而痉挛的感觉，是最难让人忍受的，而诗中的主人公正是被它们长期地折磨着。

“知我如此”揭示了主人公过去的生活原本不是这样，那时的他应该富足美满，衣食无忧，开心而又快乐，不用担心饥饿，不会想到人吃人的惨状。那时的他又应是优雅而喜欢文学的，因此，即使是现在，他依然通过回忆美好给自己增添力量；即使是描述悲痛，他依然能用“苕之华，芸其黄矣”“苕之华，其叶青青”来起兴，充满了盎然诗意。

若没有最后一章，前两章会有很多的解释：爱情、春愁都可说得通，因相思或失恋而悲伤．因时光飞逝而伤怀，都是最寻常的路子。这位雅致的文士，从前说话时向来不愿直指其事，总是颇多委婉；如今他终于承受不住心中的伤痛，把人民的疾苦吐诉而出：“群羊坟首，三星在罶。人可以食，鲜可以饱！”

虽然是这样，但其表达仍充满了艺术性：羊瘠则首大，满身嶙峋骨，就剩下一个大头显眼；罶中无鱼而水静，三星之光明了可见，辉映出波光点点。怎样的情思，才能把不能接受的苦楚写得这么美且生动？实际上，现实却是这样的：灾荒连连，颗粒无收，妻离子散，饿殍满地，十里无完户，百里无炊烟，人可以吃人。

作者的苦痛来自诸多方面，悲时，忧民，生活境遇的落差，还有更重要的是饥饿。他只能奄奄一息地卧在被人啃光的树旁，看着只剩一个硕大头颅的羊的骨架、空空如也的捕鱼器具，然后攒足最大的气力来抵抗一波一波袭来的饥饿狂潮，“知我如此，不如无生！”

这种凄惨也震撼着历代的评论者，人们虽对其主题有争议，但都一致同意是表现百姓遭遇灾荒、不得不人吃人的惨状。《毛诗序》把作者定位为一位大夫，他看到惨状连连，人甚至不如苕一类植物生命旺盛，顿生“物自盛而人自衰”之感，作诗抒怀。此种说法有其正确性，正因是大夫，文学素养深厚，才能刻画得如此细致，描写得如此真切。正因为诗人所描述的遭际和心情如此惨痛，所以才得以拥有超越时空的力量，成为经典。细览《诗经》，它总是记述先民最纯粹、最浓郁、最深刻的情怀和感受，这些心灵图画，是人类心灵中最基本的存在，因而不会因时代的更迭而散淡。如这篇《苕之华》，它不仅仅是一首诗，还是那个时代百姓记忆中最难忘的忧苦印记。

何草不黄

何草不黄？何日不行①？何人不将②？经营四方。
何草不玄③？何人不矜④？哀我征夫，独为匪民。
匪兕匪虎⑤，率彼旷野⑥。哀我征夫，朝夕不暇。
有芃者狐⑦，率彼幽草。有栈之车⑧，行彼周道⑨。

【注释】

① 行：出行。此指行军，出征。② 将：出征。③ 玄：发黑腐烂。④ 矜（guān）：通“鳏”，老而无妻者。征夫离家，等于无妻。⑤ 兕（sì）：野牛。⑥ 率：沿着。⑦ 芃（péng）：兽毛蓬松。⑧ 栈车：役车。⑨ 周道：大道。

【赏析】

《何草不黄》这首诗主要描写人民因为征战不息而感到怨恨。

作为一篇控诉统治阶级穷兵黩武、发动弱肉强食的非正义战争的诗，《何草不黄》有一种反战诗的感觉。本诗的作者用第三人称的方式来抒发自己的感情。

诗中多次运用了反问句，这些句子沉痛地表达出诗人对于服兵役者的痛苦。诗人揭露了人们被迫当兵、被人驱赶着不停行军打仗的怨恨，他们像小草一样枯萎凋零，不断地四处奔走，到处作战。

他们远离家乡，居无定所，和亲人音讯隔绝，无法奉养父母，受尽饥渴劳顿的折磨，过着非人的生活。

本诗共有四节。通过五个“何”字喊出了人民求生的愿望以及无比的愤怒。“哀我征夫，独为匪民”是本诗的主题。“非人”则是全诗的核心。第一、二两节用“何草不黄”“何草不玄”来比兴征人整日奔波于荒郊旷野，在行役之中过着非人的生活，“经营四方”就是他们的命运。因为草木注定要变黄变黑，由此比喻人也注定了会因行役而生，再因行役而死。“何人不将”这一句，将行役的宿命扩展到整个社会。这是一轮旷日持久而又殃及全民的兵役，所有的人都在荒野间被驱使着，社会动荡不安。

人并不是野牛、老虎、狐狸这样的动物，人是不可能像野兽一样在旷野、幽草中生活的，但是征夫却在这样非人的状态下生存着。诗人自问自答，喊出了征夫的无奈和苦楚，诗人把士兵和野牛、老虎等兽类放在一起比较，说明这些士兵并没有被当作人来看待，他们的命运比野兽还不如。动物还可以冬眠休息，但是这些士兵却不得休息。他们从大路上到荒野，又从荒野奔波到大路。

诗人用比较含蓄的比喻，表现狐狸在钻进浓密的草丛中休息的时候，士兵们却要驾车前行。“鸟飞反故乡兮，狐死必首丘。”也就是说狐狸死时，一定会把头枕在小土堆，因为它到死都非常依恋自己的故土，铭记自己的故乡。

本节提到狐狸的用意在于：狐狸可以死在自己出生的故土上，但是那些士兵却不知自己将葬身何处。当士兵们在行军的途中看到了狐狸，他们浓浓的乡愁也就这样被激活了，士兵们感叹自己的命运甚至还不如狐狸。但是不管士兵们有多少怨言，他们并没有改变自己命运的能力，他们的命运在成为士兵的那一刻就已经注定了，他们要在征途中结束自己的一生。

在统治者眼中他们不是人，而是战争的工具，“有栈之车，行彼周道”这一句就是很好的说明。

诗人到最后都没有告诉人们这些士兵的结局。不知道他们是战死在沙场，还是平安返回了故乡。这种开放的结尾给读者留下了思考的空间，产生了一种含蓄的艺术效果。

诗中充满了没有希望、无从改变的痛苦，展示了征人的悲苦。可悲的是，即使动用了这样大的兵力，周王室最终也还是灭亡了。本诗情景结合，充分展现出哀怨与悲惨的氛围，感人至深。

大 雅

文 王

文王在上[①]，於昭于天[②]。周虽旧邦[③]，其命维新[④]。有周不显[⑤]，帝命不时[⑥]。文王陟降[⑦]，在帝左右[⑧]。

亹亹文王[⑨]，令闻不已[⑩]。陈锡哉周[⑪]，侯文王孙子[⑫]。文王孙子，本支百世[⑬]。凡周之士[⑭]，不显亦世[⑮]。

世之不显，厥犹翼翼[⑯]。思皇多士[⑰]，生此王国。王国克生[⑱]，维周之桢[⑲]。济济多士[⑳]，文王以宁。

穆穆文王[㉑]，於缉熙敬止[㉒]。假哉天命[㉓]，有商孙子[㉔]。商之孙子，其丽不亿[㉕]。上帝既命，侯于周服[㉖]。

侯服于周，天命靡常[㉗]。殷士肤敏[㉘]，裸将于京[㉙]。厥作裸将，常服黼冔[㉚]。王之荩臣[㉛]，无念尔祖[㉜]。

无念尔祖，聿修厥德[㉝]。永言配命[㉞]，自求多福。殷之未丧师[㉟]，克配上帝[㊱]。宜鉴于殷，骏命不易[㊲]。

命之不易，无遏尔躬[㊳]。宣昭义问[㊴]，有虞殷自天[㊵]。上天之载[㊶]，无声无臭[㊷]。仪刑文王[㊸]，万邦作孚[㊹]。

【注释】

①文王：周文王。②於（wū）：赞叹。昭：光明显耀。③旧邦：

周在氏族社会本是姬姓部落，后与姜姓联合为部落联盟，在西北发展。周立国从尧舜时代的后稷算起。④命：天命，即天帝的意旨。⑤有周：周王朝。不（pī）：同“丕”，大。⑥时：是。⑦陟降：上行曰陟，下行曰降。⑧左右：犹言身旁。⑨亹（wěi）亹：勤勉不倦貌。⑩令闻：美好的名声。不已：无尽。⑪陈锡：重赐，原赐。⑫侯：乃。孙子：子孙。⑬本支：以树木的本枝比喻子孙繁衍。⑭士：这里指统治周朝享受世禄的公侯卿士百官。⑮亦世：累世。⑯厥：其。犹：谋划。翼翼：恭谨勤勉貌。⑰思：语首助词。皇：美、盛。⑱克：能。⑲桢：支柱、骨干。⑳济济：盛多。㉑穆穆：美好。㉒缉熙：光明。敬止：敬之，严肃诚敬。㉓假：大。㉔有：得有。㉕其丽不亿：其数极多。㉖周服：服周。㉗靡常：无常。㉘殷士肤敏：殷臣美好敏捷。㉙祼（guàn）：古代一种祭礼，把酒洒在地上以祭神。㉚常服：祭祀规定的服装。黼（fǔ）：绣有白黑相间的斧形花纹衣服。冔（xǔ）：礼帽。㉛荩（jìn）臣：忠臣。㉜无念：不忘。㉝聿（yù）：发语助词。㉞永言：久长。配命：与天命相合。㉟丧师：指丧失民心。㊱克配上帝：可以与上帝之意相称。㊲骏命：大命，也即天命。㊳遏：止、绝。尔躬：你身。㊴宣昭：宣明传布。义问：美好的名声。㊵有虞殷自天：殷的喜悲从天命。㊶载：事。㊷臭（xiù）：味。㊸仪刑：效法。㊹孚：信服。

【赏析】

这是一首在大型宴会上唱的叙事雅歌，主要歌颂周文王姬昌。文王是备受周人崇敬的祖先，是周王朝的缔造者，深受人民的拥护。本诗将他称为天之子，他有着非凡的人格和智慧，是道德的楷模、天意的化身。除此之外，本诗还展现了文王深谋远虑、富有政治经验的一面，诗人希望可以通过向文王学习、借鉴殷商来使周王朝得到长治久安。

第一节主要说的是文王是得天命兴国，他建立新的王朝是天帝下的意旨。文王登上王位之后，使得周这个小邦国的名誉得到了改变，他给人民带来了光明和希望。

第二节主要说文王兴国福泽了子孙宗亲，周氏的子孙百代都能够享受到这样的福禄荣耀。歌颂了文王勤勉，将显耀威名留给后代，让周国人无论在哪里都会受到世人的敬重。

第三节主要是说周王朝有很多人才，这些人才都是文王培育出来的，因为有这些人才，王朝才得以世代继承。

第四节主要说文王能够使周王朝兴盛进而取代殷商，是因为他的德行高尚，他是天命所归的君主，人心所向。

第五节说明天命是无常的，当初坐拥天下的殷商贵族已成为周朝的服役者。

第六节告诉大家要以殷的例子为鉴，做到敬天修德，只有这样才能得天命，也是在告诫那些殷商的旧贵族，要自强自求，爱护人民，顺从天意。

第七节是说商汤虽然推翻夏桀，但是他的后代却没有守住天命，只有具有文王那样的德行和勤勉，才能够得到上天福佑，使得统治长治久安。最后本诗告诫人们要以文王为榜样，爱护人民，只有这样才能使国家稳定，长治久安。

到了周王朝时期，因为他推翻殷商的统治，为了巩固统治，周王朝也是借用天命，称自己是天命所归，但是因为他的政权是推翻了殷商而得到的，所以周王朝的观点是“天命无常”“唯德是从”。也就是说，天命其实是会改变的，上天会选择有德的人来统治天下，如果统治者失德，那么他将会失去天命，这时其他有德行的人将会代替他。这也就是文王兴周代殷的原因。

全诗动之以情，晓之以理，通过对文王功业和德行的歌颂，要求文王的子孙后代要时刻以殷为鉴，敬畏上天，像文王一样具有高尚的德行，以此来永保天命。这是本诗的中心思想。这种中心思想是从殷商继承下来、根据周朝的实际情况改造过的天命论思想。

大　明

明明在下①，赫赫在上②。天难忱斯③，不易维王④。天位殷适⑤，使不挟四方⑥。

挚仲氏任[7]，自彼殷商[8]，来嫁于周，曰嫔于京[9]。乃及王季[10]，维德之行[11]。大任有身[12]，生此文王[13]。

维此文王，小心翼翼[14]。昭事上帝[15]，聿怀多福[16]。厥德不回[17]，以受方国[18]。

天监在下[19]，有命既集。文王初载[20]，天作之合[21]。在洽之阳[22]，在渭之涘[23]。

文王嘉止[24]，大邦有子[25]。大邦有子，伣天之妹[26]。文定厥祥[27]，亲迎于渭。造舟为梁[28]，不显其光[29]。

有命自天，命此文王，于周于京，缵女维莘[30]，长子维行[31]，笃生武王[32]。保右命尔[33]，燮伐大商[34]。

殷商之旅，其会如林[35]。矢于牧野[36]，维予侯兴[37]。上帝临女[38]，无贰尔心[39]！

牧野洋洋，檀车煌煌[40]。驷騵彭彭[41]。维师尚父[42]，时维鹰扬[43]。凉彼武王[44]，肆伐大商[45]，会朝清明[46]。

【注释】

①明明：光彩夺目的样子，此处指明显的恩德。在下：指人间。②赫赫：明亮显著的样子，此处指煊赫的神灵。在上：指天上。③忱：信任。斯：句末助词。④不易维王：不易做的是治天下王。⑤适：通“嫡”，嫡子。⑥挟：控制、占有。四方：天下。⑦挚仲氏任：挚国的次女姓任，叫太任。⑧自：来自。⑨嫔：妇，指做媳妇。京：周朝都城。⑩乃：就。⑪维德之行：犹曰“维德是行”，只做有德行的事情。⑫大：同“太”。有身：有孕。⑬文王：姬昌，殷纣时为西伯（西方诸侯），又称西伯昌，为周武王姬发之父，父子共举灭纣大业。⑭翼翼：恭敬谨慎的样子。⑮昭：勤勉。事：侍奉。⑯怀：徕，招来。⑰厥：犹“其”，他、他的。回：违背。⑱受：承受、享有。方：大。⑲监：明察。在下：指文王的德业。⑳初载：初始。㉑作：成。合：婚配。㉒洽（hé）：水名，源出陕西郃阳县北。阳：河北面。㉓渭：渭水，经陕西。涘（sì）：水边。㉔嘉：嘉礼，指婚礼。㉕子：未嫁的女子。㉖伣（qiàn）：如，好比。天之妹：天上的美女。㉗文：占卜的文辞。㉘梁：桥。此指连船为浮桥，以便渡渭水迎亲。㉙不：通“丕”，大。光：荣

光，荣耀。㉚缵：续。莘：国名。㉛长子：指伯邑考。行：离去，指死亡。㉜笃：发语词。㉝保右："保佑"。命：命令。㉞燮：协同，协和。㉟会：通"旝"，军旗。㊱矢：陈列。㊲侯：乃、才。兴：兴盛、胜利。㊳临：监临。女：同"汝"，指周武王率领的将士。㊴无：同"勿"。贰：同"二"。㊵檀车：用檀木造的兵车。㊶驷騵（yuán）：四匹赤毛白腹的驾辕骏马。彭彭：强壮有力的样子。㊷师尚父：太师吕望，即姜太公。㊸鹰扬：如雄鹰飞扬，言其奋发勇猛。㊹凉：辅佐。㊺肆：疾。㊻会朝：会合朝天。

【赏析】

《大明》是一首用来在大型宴会上演唱的雅歌。它主要的目的是为当时周朝的大贵族们歌颂自己祖先的功德和功绩。《大明》全诗时序井然，层次清楚，描写了王季、文王、武王三代的发展史。它的叙述顺序是：

天下虽然还是归殷商王朝所有，但是皇天伟大、天命难测，殷命将亡、周命将兴，周朝文王的起义并不是因为自己贪恋王权，而是因为殷商失信于天下，纣王一意孤行，辜负了上天，人们对其万念俱灰，百姓对他失去了信心。在迫于无奈之下，周武王才不得不顺应天意民心兴兵伐纣。可以说。这一节是全诗的总纲。

第二节从文王的父母结婚生子时写起，诗中追述了周文王的父亲王季及母亲任氏，王季受天命、娶太任、生文王；第三节描写文王降生，承受天命，"以受方国"。第四节到第六节描述了文王的为人、德行、婚姻——文王娶太姒、生武王等。文王得"天作之合"，武王受天命而"燮伐大商"，正好与首章遥相照应。

第七节开始描写武王的出生、即位和他陈兵牧野在姜太公的辅佐下克商灭纣，使天下人民得解放。这里最为著名的就是牧野之战，司马迁《史记》所载，说武王率兵车四千乘陈师牧野，纣师虽众皆无战心，纷纷倒戈，武王竟兵不血刃取得了伐纣的胜利。可见武王伐纣是人心所向。全诗描写规模壮阔宏大，内容十分丰富。

《大明》作为一首叙事诗，没有采用平铺直叙的叙事方式，而是采用了既有情势烘托，又有景象渲染的方式来表现诗文的内容。最具代表性的就是文王的两次迎亲和牧野之战。

"牧野洋洋，檀车煌煌，驷騵彭彭"，简单的三句话形成了一个排比，十二个字就把战争威严、紧迫的气势刻画了出来，这样的气势就显得“殷商之旅，其会如林”变得不足为惧了。“维师尚父，时维鹰扬”，这一句就把姜太公的雄武英姿形象地表现了出来。这样的描写让人感到周能灭殷是必然的，是人心所向的。

这首诗主要想要表达的是“天命无常，唯德是辅”的观点。周朝的开国先祖们的德行至高无上，他们是顺应天命、得到天命的人。在周文王的品行和婚配上，整首诗都做了具体生动的描写，就连周文王的母亲太任和武王的母亲太姒的描写也十分细腻，两位女性都是有名的贤德妃子，所以她们才能养育出像文王和武王这样的圣贤君王。

绵

绵绵瓜瓞①，民之初生，自土沮漆②。古公亶父，陶复陶穴③，未有家室。

古公亶父，来朝走马，率西水浒④，至于岐下。爰及姜女，聿来胥宇⑤。

周原膴膴⑥，堇荼如饴⑦。爰始爰谋，爰契我龟⑧。曰止曰时⑨，筑室于兹。

乃慰迺止⑩，乃左乃右，乃疆乃理⑪，乃宣乃亩⑫。自西徂东⑬，周爰执事⑭。

乃召司空⑮，乃召司徒⑯，俾立室家。其绳则直，缩版以载⑰，作庙翼翼⑱。

捄之陾陾⑲，度之薨薨⑳，筑之登登，削屡冯冯㉑。百堵皆兴，鼛鼓弗胜㉒。

乃立皋门㉓，皋门有伉㉔。乃立应门㉕，应门将将㉖。乃立冢土㉗，戎丑攸行㉘。

肆不殄厥愠㉙，亦不陨厥问。柞棫拔矣㉚，行道兑矣[31]，混夷駾矣[32]，维其喙矣[33]。

虞芮质厥成[34]，文王蹶厥生[35]。予曰有疏附[36]，予曰有先后[37]，予曰有奔奏[38]，予曰有御侮。

【注释】

①绵绵：长而不断绝。瓞（dié）：小瓜。②土：通“杜”，水名。沮漆：古二水名，均在今陕西省境内。③陶复陶穴：挖土为室，旁穿为复，指在地上挖洞；直穿为穴，地下挖洞。④率：沿着。⑤聿（yù）：发语词。胥：视察。宇：住地。⑥膴（wǔ）膴：肥美。⑦堇（jǐn）：堇葵。荼（tú）：苦菜。饴：麦芽糖。⑧契：指刻龟甲占卜。⑨曰：语助词。时：居住。⑩慰：慰劳。⑪疆：划分疆界。理：治理土地。⑫宣：疏通沟渠。亩：整治田垄。⑬徂：往，去。⑭周：遍。⑮司空：管土地的官。⑯司徒：管徒役的官。⑰缩：捆绑。⑱翼翼：整齐。⑲捄（jiū）：盛土于筐。陾（réng）陾：众多貌。⑳度：填土于筑板内。薨（hōng）薨：人众多。㉑屡：通“偻”，土墙隆起的部分。冯（píng）冯：削平墙面的声音。㉒鼛（gāo）：大鼓。弗胜：指鼓声盖不过人声。㉓皋门：王都的郭门。㉔伉：高大貌。㉕应门：王宫的正门。㉖将将：庄严雄伟的样子。㉗冢土：大社，祭祀社神的地方。㉘戎：北方的游牧民族。丑：对边远民族的蔑称。行：去。㉙肆：于是。殄（tiǎn）：断绝。㉚柞：树名。棫（yù）：白桵，与柞皆丛生灌木。㉛兑：通畅。㉜混夷：西戎名。駾（tuì）：突逃。㉝喙（huì）：疲劳困倦。㉞虞：古国名。芮：古国名。成：平。㉟蹶（guì）：感动。生：通“性”，善良之本性。㊱疏附：归附。㊲先后：指君王前后辅佐之臣。㊳奔奏：指四方奔走宣扬君德之臣。

【赏析】

周人是古老的农业部落，对他们来说，土地是十分重要的资源，所以能否占有广阔丰美的土地，对他们的存亡来说十分重要。方玉润在《诗经原始》中说：“故地利之美者地足以王，是则《绵》诗之旨耳。”说得十分贴切。《绵》是一首周人追述周王族十三世祖古公亶父自邠迁岐，定居渭河平原，振兴周族事迹的诗。

本诗共有九节。第一节通过“绵绵瓜瓞”展开描述，诗的前八节着重描写古公亶父迁国开基的功业。他在岐山南部的周原上规划田亩，建造宗庙宫室房屋，由此开创了周人生生不息、奋斗不止的历史。第九节描写周文王继承了先祖的基业，威震四方，帮助敌对的虞、芮两国和解，确实是继承亶父遗志的君王。

全诗的中心是迁岐，所有内容都是围绕它展开的。“古公亶父，来朝走马，率西水浒，至于岐下。”这四句话将长长的迁徙过程描述了出来。“爰及姜女”一句，更是起到了画龙点睛的作用。它表明与姜的联姻，是古公亶父被承认为周原的占有者和统治者的标志。这句话也是对下文描写周人在渭水平原上生活劳动的铺垫。

周人怀着对新生活的憧憬之情在“堇荼如饴”的平原上努力劳动，他们刻龟占卜，商议谋划。他们一面“乃慰乃止，乃左乃右，乃疆乃理，乃宣乃亩”，安家定宅，封疆划界，开渠垦荒；一面“筑室于兹”。诗中对建筑的刻画、描写也是在对古公亶父进行歌颂。

“百堵皆兴”，这一句既表现出了周人对施工规模的自豪，也说明周民族正在蓬勃发展。“皋门有伉”和“应门将将”这两句，是周人在夸耀自己的建筑技术，它们表现了周人的自强自立。“柞棫拔矣，行道兑矣，混夷駾矣，维其喙矣”，这四句充分地表现出了日益强大的周族对昆夷的蔑视以及取得胜利之后的自豪。

全诗有时以时间为中心，有时以地点为中心进行描写，将情与景相结合，充满了浓郁的生活气息。本诗在结尾用了四个“予曰”，将诗人内心的激情完全倾泻了出来，既有对文王的赞美，又有对古公亶父的追忆，这样的描写正好和首句“绵绵瓜瓞”相呼应。

棫　朴

芃芃棫朴①，薪之槱之②。济济辟王③，左右趣之④。
济济辟王，左右奉璋⑤。奉璋峨峨⑥，髦士攸宜⑦。
淠彼泾舟⑧，烝徒楫之⑨。周王于迈⑩，六师及之⑪。

倬彼云汉⑫，为章于天⑬。周王寿考⑭，遐不作人⑮。
追琢其章⑯，金玉其相⑰。勉勉我王⑱，纲纪四方⑲。

【注释】

① 芃（péng）芃：植物茂盛貌。棫（yù）：白桵。朴：丛生之木。② 槱（yǒu）：聚积木柴以备燃烧。③ 济济：庄敬貌。辟王：君王。④ 趣（qū）：趋向，归向。⑤ 奉：通“捧”。璋：祭祀时盛酒的玉器。⑥ 峨峨：庄严的样子。⑦ 髦士：俊士，优秀之士。宜：适合。⑧ 淠（pì）：船行貌。泾：泾河。⑨ 烝徒：众人。楫之：举桨划船。⑩ 于迈：于征，出征。⑪ 师：军队，二千五百人为一师。⑫ 倬（zhuō）：广大。云汉：银河。⑬ 章：文章，文采。⑭ 寿考：长寿。⑮ 遐：通“何”。作人：培育、造就人。⑯ 追琢：雕琢。⑰ 相：内质，质地。⑱ 勉勉：勤勉不已。⑲ 纲纪：治理，管理。

【赏析】

《棫朴》是一篇赞美周王的诗。全诗共有五节，每节有四句。第一节是一个总述，它讲述了因为周王有德，所以能够众望所归。因为大臣有文、武之分，所以下面的二三节又分开进行了描写。

“棫朴”这两个字的意思其实是为了表现灌木十分的茂盛，这样的灌木人们喜欢取用。同样的道理，如果君王贤德，则人民也愿意顺从他，所以棫朴象征的是君王。第二节的“济济辟王，左右奉璋”是承上启下句。

第三节通过“泾舟”起兴。诗人将舟中之人自觉划动船桨这样的行为比喻成六师之众自觉跟随周王出征的行为。

因为诗中并没有明确指出赞美的是哪一位周王，所以这就成了人们争论的一个焦点。大部分人认为因为诗中有“周王寿考”这一句，而在周朝的历史上周文王传说活了九十七岁，算得上高寿，所以诗中赞美的对象应该就是周文王。又因为本节后两句“周王于迈，六师及之”而认定这首诗是在说文王伐崇。虽然这是人们普遍认同的一个观点，但是诗中毕竟没有明确的说明，所以其实是不需要太过较真这些的。

第四节用“云汉”两字起兴。“云汉”象征的是周王。末句的“遐不作人”则是一句用疑问的形式来表达肯定的句子，也就是说周王是一个能培育人的君王。最后一节可以这样解释：当精雕细刻达到了极致，就有了最美丽的外表，当纯金碧玉达到了极致，也就拥有了最好的质地。同样地，如果周王能够勤勉到极致，那么他就和那雕琢的文采、金玉的质地一样成为天下最好的君王了。

这样的解释虽然很好，但是过分曲折复杂了，所以人们更习惯于将“追琢其章”“金玉其相”这两句中的“其”看成周王。也就是说，如果周王能够既有华美的装饰又有优秀的内在，同时勤勉自己，那么他一定能成为一名能治理好四方的优秀君王。

旱麓

瞻彼旱麓①，榛楛济济②。岂弟君子③，干禄岂弟④。
瑟彼玉瓒⑤，黄流在中⑥。岂弟君子，福禄攸降⑦。
鸢飞戾天⑧，鱼跃于渊。岂弟君子，遐不作人⑨？
清酒既载，骍牡既备⑩，以享以祀，以介景福⑪。
瑟彼柞棫⑫，民所燎矣⑬。岂弟君子，神所劳矣⑭。
莫莫葛藟⑮，施于条枚⑯。岂弟君子，求福不回⑰。

【注释】

①旱麓：旱山山脚。旱，山名，据考证在今陕西省南郑县附近。②榛楛（hù）：两种灌木名。济济：众多的样子。③岂弟（kǎi tì）：“恺悌”，和乐平易。君子：指周文王。④干：求。⑤瑟：光色鲜明的样子。玉瓒：圭瓒，天子祭祀时用的酒器。⑥黄流：酿秬黍为酒，以郁金草为色，故称黄流，用于祭祀。⑦福禄攸降：福禄来得丰降。⑧鸢（yuān）：鸟名，即老鹰。戾（lì）：到，至。⑨遐：通“胡”，何。作：培养。⑩骍牡：红色的公牛。⑪介：求。景：大。⑫瑟：茂密的样子。⑬燎：焚烧，此指燔柴祭天。⑭劳：慰劳，或释为保佑。⑮莫莫：茂盛的样子。葛藟（lěi）：葛藤。⑯施（yì）：伸展绵延。条枚：树枝和树干。⑰回：奸回，邪僻。

【赏析】

关于《旱麓》的主旨，可以按照今人程俊英在《诗经译注》中的解释“歌颂周文王祭祖得福，知道培养人才的诗”来进行理解。《旱麓》是一首在大型宴会上唱的雅歌，它主要是用来赞颂君子祭神得福的，在反复颂扬的同时，对供酒献牛的祭祀仪式也作了一些描述。

诗文第一节的前两句首先描述了旱山山脚下树林很茂盛的场面，《毛传》是这样说的：“言阴阳和，山薮殖，故君子得以干禄乐易。”这是从君与民两方面来说明的。后两句“岂弟君子，干禄岂弟”。郑玄笺说，它们的意思是君主“以有乐易之德施于民，故其求禄亦得乐易”，也就是说，这些树林才使得君子能够求禄也欢乐。第二节主要描述了君子设祭，求得天降福禄的场面，即开始描写本诗的“祭祖受福”的主题了。“瑟彼玉瓒，黄流在中”这两句，色彩明丽、交相辉映，营造出了一种强烈的视觉效果，展现了白玉和黄酒之间颜色的鲜明对比。

第三节的“鸢飞戾天，鱼跃于渊”给人一种“海阔凭鱼跃，天高任鸟飞”的感觉，表明和乐平易的君主会培养新人，同时给他们机会，充分发挥他们的才智，让他们可以将祖辈的德业发扬光大。第四节的内容又回到了祭祀现场，“清酒既载”这一句和第二节的“黄流在中”相互衔接，描写了祭祀的“缩酒”仪式。“骍牡既备”则是描写祭祀时宰杀牡牛献飨神灵的“太牢”仪式。这种仪式根据祭品的不同，名称也有所不同，祭品中有牛的称为“太牢”，只有猪、羊则称为“少牢”，那时的牛是很珍贵的祭品，可见这个祭祀的仪式是十分隆重的。

第五节的内容又有所改变，主要描述了祭天之礼。为了完成这个礼仪，人们将明洁鲜亮的柞树棫树枝砍成条，然后堆在祭台上作为柴火，再将玉帛、祭品放在柴堆上进行焚烧，当人们看到缕缕烟气升腾到天空中时，他们相信自己实现了与天上神灵的沟通，相信神灵能够听到他们的愿望，同时会赐福给他们。最后一节内容，诗文把在树枝树干上蔓延不绝、生长茂密的葛藤比喻成了上天永久的赐福，这也就是为什么祭祀者没有选择葛藟根而是选择柞棫当作柴火的原因。

思齐

思齐大任[①]，文王之母。思媚周姜[②]，京室之妇[③]。大姒嗣徽音[④]，则百斯男[⑤]。

惠于宗公[⑥]，神罔时怨[⑦]，神罔时恫[⑧]。刑于寡妻[⑨]，至于兄弟，以御于家邦[⑩]。

雍雍在宫[⑪]，肃肃在庙[⑫]。不显亦临[⑬]，无射亦保[⑭]。肆戎疾不殄[⑮]，烈假不瑕[⑯]。不闻亦式[⑰]，不谏亦入[⑱]。肆成人有德，小子有造[⑲]。古之人无斁[⑳]，誉髦斯士[㉑]。

【注释】

①思：发语词，无义。齐（zhāi）：端庄貌。大任：太任，王季之妻，文王之母。②媚：爱慕。周姜：太姜。古公亶父之妻，王季之母，文王之祖母。③京室：王室。④大姒：即太姒，文王之妻。嗣：继承。徽音：美誉。⑤百斯男：众多男儿。⑥惠：孝敬，顺从。宗公：宗庙里的先公，即祖先。⑦神：此处指祖先之神。罔：无。⑧恫（tōng）：哀痛。⑨刑：同“型”，典型，典范。寡妻：嫡妻。⑩御：治理。⑪雍（yōng）雍：和洽貌。⑫肃肃：恭敬貌。庙：宗庙。⑬不显：不明，幽隐之处。临：临视。⑭无射（yì）：射通“斁”，不厌倦。⑮肆：所以。戎疾：大病。殄：残害，灭绝。⑯烈：光。假：大。瑕：过。⑰式：采纳。⑱入：接受，采纳。⑲小子：年轻人。造：造就，培育。⑳古之人：指文王。无斁（yì）：无厌，无倦。㉑誉：赞誉。髦：俊，优秀。

【赏析】

《思齐》是一首在大型宴会上唱的雅歌，《毛诗序》中解释说：“文王所以圣也。”欧阳修在《诗本义》中也说：“文王所以圣者，世有贤妃之助。”所以他们认为本诗的主旨是赞美“文王所以圣”，也就是赞美周室三母。但纵观整首诗，会发现只有第一节提到了周室三母，其余四节完全没有提到，本诗赞美的对象其实还是文王，是“文王之圣”，而不是“文王之所以圣”。

本诗第一节的六句诗，是在赞美三位女性，也就是“周室三母”，她们分别是文王的祖母周姜（太姜）、文王的生母大任（太任）和文王的妻子大姒（太姒）。诗文中没有按照世系顺序来叙述，而是先说了文王的母亲，再说文王的祖母，最后说妻子。关于这样叙述的原因，孙矿是这样分析的：“本重在太姒，却从太任发端，又逆推上及太姜，然后以‘嗣徽音’实之，极有波折。若顺下，便味短。”虽然这一节的重点不一定是太姒，但他评价中的“极有波折”却十分贴切。这一节作为全诗的引子，赞美周室三母，说明文王的贤德和圣明是来源于他的祖先。

文王是一个孝敬祖先的人，所以神明对他没有怨恨，愿意保佑他。文王在妻子面前以身作则，他的高尚德行感动着妻子，使她也变得和文王一样具有道德；文王同时也在兄弟之间做出表率，他的兄弟也被他的德行感化；最后，文王的高尚道德一直推广到了家族和国家中。这三句话和我们熟悉的“修身、齐家、治国、平天下”有相同意味。

第三节诗人开始叙述文王的修身，前两句是承接上节，后三句说明文王在家庭和宗庙中处处以身作则，影响着亲族。第三节的后两句“不显亦临，无射亦保”则起到进一步深化主题的作用。对“不显亦临”这一句，《诗集传》是这样解释的：“不显，幽隐之处也……（文王）虽居幽隐，亦常若有临之者。”这与后世儒家所提倡的“慎独”意思相近：文王即使一个人独处时，也会做到克己复礼，小心谨慎，从不放纵自己，这就是心中有神明。

最后两节主要说的是文王治国。第四节的前两句“肆戎疾不殄，烈假不瑕”，是说文王是一个好善修德的人，使得天下太平，国家没有内忧外患。

第五节主要是讲文王勤于培养人才。这一节描述文王的贤德圣明已经在全国起作用了。

皇矣

皇矣上帝[1]，临下有赫[2]。监观四方，求民之莫[3]。维此二国[4]，其政不获[5]。维彼四国[6]，爰究爰度[7]。上帝耆之[8]，憎其式廓[9]。乃眷西顾[10]，此维与宅[11]。

作之屏之[12]，其菑其翳[13]。修之平之[14]，其灌其栵[15]。启之辟之[16]，其柽其椐[17]。攘之剔之[18]，其檿其柘[19]。帝迁明德[20]，串夷载路[21]。天立厥配[22]，受命既固[23]。

帝省其山[24]，柞棫斯拔[25]，松柏斯兑[26]。帝作邦作对[27]，自大伯王季[28]。维此王季，因心则友[29]。则友其兄[30]，则笃其庆[31]，载锡之光[32]。受禄无丧，奄有四方[33]。

维此王季，帝度其心，貊其德音[34]。其德克明，克明克类[35]，克长克君[36]。王此大邦[37]，克顺克比[38]。比于文王[39]，其德靡悔[40]。既受帝祉，施于孙子[41]。

帝谓文王："无然畔援[42]，无然歆羡[43]，诞先登于岸[44]。"密人不恭[45]，敢距大邦，侵阮徂共[46]。王赫斯怒[47]，爰整其旅[48]，以按徂旅[49]，以笃于周祜[50]，以对于天下[51]。

依其在京[52]，侵自阮疆。陟我高冈[53]："无矢我陵[54]，我陵我阿[55]，无饮我泉，我泉我池。"度其鲜原[56]，居岐之阳[57]，在渭之将[58]。万邦之方[59]，下民之王。

帝谓文王："予怀明德，不大声以色[60]，不长夏以革[61]。不识不知，顺帝之则[62]。"帝谓文王："询尔仇方[63]，同尔兄弟[64]。以尔钩援[65]，与尔临冲[66]，以伐崇墉[67]。"

临冲闲闲[68]，崇墉言言[69]，执讯连连[70]，攸馘安安[71]。是类是禡[72]，是致是附[73]，四方以无侮。临冲茀茀[74]，崇墉仡仡[75]，是伐是肆[76]，是绝是忽[77]，四方以无拂[78]。

【注释】

①皇：伟大、辉煌。②临：监视、监察。下：人间。赫：显著。③莫：通“瘼”，灾祸、疾苦。④二国：指夏、殷。⑤政：政令。不获：即不得民心。⑥四国：天下四方之国。⑦爰：于是，就。究：研究。度（duó）：思量、图谋。⑧耆（qí）：憎恶。⑨式：语助词。廓：大。⑩眷：思慕、宠爱。西顾：回头向西看。⑪此：指岐周之地。宅：安居、居住。⑫作：通“斫”，砍伐树木。屏（bǐng）：摒弃。⑬菑（zī）：指直立而死的树木。翳：指倒下的枯树。⑭修：修剪。平：铲平。⑮灌：丛生的树木。栵（lì）：被砍掉之后再次复生的枝杈。⑯启：开辟。辟：开辟。⑰柽（chēng）：木名，即河柳。椐（jū）：木名，俗名灵寿木。⑱攘：排除。剔：剔除。⑲檿（yǎn）：木名，俗名山桑。柘（zhè）：木名，俗名黄桑。⑳帝：上帝。明德：明德之人。㉑串夷：混夷，为西戎的一种。载：则。路：贫瘠。㉒厥：其。配：配偶。㉓既：而。固：坚固、稳固。㉔省（xǐng）：察看。山：指岐山。㉕柞、棫：两种树名。斯：乃。拔：拔除。㉖兑（duì）：直立。㉗作：兴建。邦：国。作对：作配，指立君。㉘大伯：太伯，太王长子。王季：太王三子季历，太王死后即王位，称为王季。㉙因心：此处指王季依顺太王之心。友：友爱兄弟。㉚友其兄：友爱他兄长。㉛笃：厚待。庆：吉庆，福庆。㉜载：则。锡：同“赐”。光：荣光。㉝奄：全，广。㉞貊（mò）：静。㉟克：能。明：明察是非。类：分辨善恶。㊱长：族长。君：国君。㊲王（wàng）：称王。㊳顺：使民顺从。比：使民依附。㊴比于：及至。㊵靡悔：没有悔恨。㊶施（yì）：延续。㊷无然畔援：不要跋扈。㊸歆羡：犹言“觊觎”，非分的想法。㊹诞：发语词。先登于岸：以渡河先登上岸，喻占据有利形势。㊺密：古国名。㊻阮（ruǎn）：当时的周之属国，在今甘肃泾川一带。徂：往，至。共（gōng）：周之属国，在今甘肃泾川北。㊼赫：勃然大怒的样子。斯：而。㊽旅：军队。㊾按：遏止。徂旅：前来侵犯阮国、共国的密国军队。㊿笃：巩固。祜（hù）：福。51对：安定。52依：凭借。京：周京。53陟：登。54矢：陈设。此处指陈兵。55阿：山冈。56鲜（xiǎn）原：与大山不相连的，小山。57阳：山的南边。58将：旁边。59方：准则，榜样。60大：注重、看重。以：与。61长：挟，依仗。夏：夏楚，刑具，木棍。革：鞭革，指皮鞭。62顺：顺应。则：法则。63仇方：盟国。64兄弟：指兄弟国。65钩援：古代攻城的兵器。66临、

冲：两种军车名。临车用以居高临下地攻城，冲车则从墙下直冲城墙。⑥⑦崇：古国名，在今陕西户县一带。墉：城墙。⑥⑧闲闲：整齐的样子。⑥⑨言言：高大的样子。⑦⓪讯：西周时对俘虏的称呼。连连：接连不断的状态。⑦①馘（guó）：将士将所杀之敌的左耳割下来。安安：安闲从容的样子。⑦②类：出征时祭祀天神以求胜利。祃（mà）：师祭，到所征之地举行的祭祀。⑦③致：送还。附：安抚。⑦④茀（fú）茀：强盛的样子。⑦⑤仡（yì）仡：高耸的样子。⑦⑥肆：杀戮。⑦⑦忽：灭绝。⑦⑧拂：违抗。

【赏析】

《皇矣》其主旨是歌颂文王的功业和德行。但此诗开篇却从周部族第十三代古公亶父，即周太王写起，在广阔的时间跨度里浓缩了周部族的发展史和周王朝的创建史，重点塑造了太王、王季、文王等人物形象，详细描述了太王开荒、文王征伐密、崇两国的恢弘场面。

从“皇矣上帝”到“此维与宅”，写太王接受天命，率领部族迁往岐山。“维此二国，其政不获”一句，直言殷商统治的残暴和不得民心，彰显出周朝立国的正义性和天命所归的合理性。

史料记载，太王因不堪忍受混夷（西戎的一种）的侵扰，决定率部迁岐，并在那里开荒种地，修造城郭。而此章写“上帝”对周王寄予殷切希望，因此“西顾”之后，便将岐山赐予了他，这显然是周代“尊天”思想的体现。诗中不断提及“上帝”，通过赞美天的英明伟大，以及天对君王的眷顾，来颂扬太王的神武和睿智。在此，对天的崇拜与对君王的歌颂是一体的。

接下来，写太王带领部族开荒的场面，诗中一口气用了“作之屏之”“修之平之”“启之辟之”“攘之剔之”四组排比句式，将热火朝天的劳动场面描摹得十分生动。八个动词的精准性运用，体现出开垦荒地的艰难；其一以贯之的气势，则满溢着创业的激情。“帝迁明德，串夷载路。天立厥配，受命既固”几句，紧接四组排比句之后，叙述了太王创业之后的结果：他率领族人打败了混夷部落，得到了天赐良机，得以立国。

太王生有三子：太伯，虞仲，季历。最小的儿子季历即后来继位的王季。因太王宠爱季历，太伯和虞仲为顺从父意，便将王位让于季历。

为了让位，两人还特意离开周地，前往南方另建他国。因此诗中有“因心则友”的说法。但此句从“维此王季”的角度说来，便显得别有深意。就事实而言，太伯、虞仲让位于弟弟，其对兄弟的友爱之情是显而易见的，诗中不写太伯“友其弟”，而只写王季“友其兄”，这种虚笔描写太伯德行的手法，能促使读者对事情根由进行推导，比起直书其事更显曲折回味之妙。

太王的后代顺父心、友兄弟的品德和行动是符合天意的，因此周王和他的部族才能“载锡之光，受禄无丧，奄有四方”，获得无限荣光和福禄，并拥有天下四方。下一章以“维此王季”开篇，以“帝度其心，貊其德音”一句，写王季继位后威名远播的情形。“其德克明，克明克类，克长克君。王此大邦，克顺克比”，具体歌颂他端正的品性、睿智英明的领导力以及威仪堂堂，使万民归心的王者之气。

这种为王的能力和品格，到了文王时代仍未改变。“比于文王”一句，使整首诗自然地过渡到对文王的颂扬上。第五章写密国入侵，文王在“诞先登于岸”的教导之下，毫不犹豫地“爰整其旅，以按徂旅”，整军剿灭密国军队，这里赞扬了文王的果敢和英勇。这是一场反抗外族侵犯、保家卫国的战争，因此文王带领的军队是“笃于周祜”，即扩充周国洪福的正义之师。

“无矢我陵，我陵我阿，无饮我泉，我泉我池。”这一段描写出了文王对密国军队的严正警告，掷地有声，连用六个“我”字，表现出一种强烈的爱国爱民的情感。在对抗入侵者时，文王毫无退却之心，他“居岐之阳，在渭之将”，坚定地与密军对峙。同时，再次依照“上帝”的旨意:“不大声以色，不长夏以革”，不争一时之势，也不一味硬拼，而是“询尔仇方，同尔弟兄”，联合周边盟国和同姓之邦，“以尔钩援，与尔临冲，以伐崇墉”，用攻城的兵器和车子来攻破崇国城墙。

这首诗在结构上非常严谨，写完“以伐崇墉”一句后，立刻详写文王军队攻城的盛大战争场面。崇国的城墙虽高大坚固（“言言”“仡仡”），也抵挡不住“闲闲”“茀茀”的临车和冲车，以及周军的凛凛士气。最终诗以“四方以无侮”“四方以无拂”作结，也为这场正义之战画上了圆满句号。

灵 台

经始灵台①，经之营之，庶民攻之②，不日成之。经始勿亟③，庶民子来④。

王在灵囿⑤，麀鹿攸伏⑥；麀鹿濯濯⑦，白鸟翯翯⑧。王在灵沼⑨，於牣鱼跃⑩。

虡业维枞⑪，贲鼓维镛⑫。於论鼓钟⑬，於乐辟雍⑭。

於论鼓钟，於乐辟雍。鼍鼓逢逢⑮。矇瞍奏公⑯。

【注释】

①经始：开始计划营建。灵台：古台名，故址在今陕西西安西北。②攻：建造。③亟：同“急”。④子来：像儿子似的一起赶来。⑤灵囿：古代帝王畜养禽兽的园林名。⑥麀（yōu）鹿：母鹿。⑦濯濯：娱游。⑧翯（hè）翯：肥泽。⑨灵沼：池沼名。⑩於：叹美声。牣（rèn）：满。⑪虡（jù）：悬钟的木架。业：装在虡上的横板。枞（cōng）：崇牙，即虡上的载钉，用以悬钟。⑫贲：大。⑬论：通“抡”，敲击。⑭辟雍：水环丘如璧曰辟雍。⑮鼍（tuó）：扬子鳄，一种爬行动物，其皮制鼓甚佳。逢逢：鼓声。⑯矇瞍（sǒu）：古代对盲人的两种称呼。当时乐官乐工常由盲人担任。公：通“功”，奏功，成功。

【赏析】

《灵台》是一首在大型宴会上演唱的雅歌，是中国历史上较早提到园林的作品之一。它是周文王在修建灵台池沼落成后的庆功宴上唱的诗。

《灵台》描述了周文王爱民、百姓拥护周文王的情景。全诗中并没有诗句是直接、正面赞美周文王的，但是每一句描述百姓自告奋勇来参与修建灵台的诗句，都暗示出文王的仁德和人们对他的崇敬与爱戴。这样的表现手法更胜于空洞的赞美之辞，感人至深。

第一节主要描写建造灵台。通过“经之”“营之”“攻之”“成之”这四个动词的连用使得句子变得连贯紧凑，显示出百姓们为周文王效命的热情。“经始勿亟”这一句和第一句“经始灵台”前后呼应。

方玉润在《诗经原始》中这样说明：“民情踊跃，于兴作自见之。”第二节主要描写灵囿和灵沼。本节还描写了鹿、鸟、鱼，语言简洁生动，充满活力。

“白鸟翯翯”中的“白鸟”有人说是白鹭，也有人说是白鹤，不管怎样，它是一种水鸟。本节中鹿伏与鱼跃相对应。“麀鹿濯濯”与“白鸟翯翯”两句都运用了叠字形容词。第三节和第四节是写辟雍的。辟雍，《毛传》的解释是“水旋丘如璧”，“以节观者”，依照诗意，将“辟雍”理解为君主游憩赏乐的离宫会比较恰当。在离宫辟雍，虽然没有观赏鹿、鸟、鱼的乐趣，但是可以聆听钟鼓音乐。

第三节的后两句和第四节前两句完全重复，这样的写法将游乐的欢快气氛渲染得更加浓烈。

历来，能够与民同乐的君主都被看成是品德高尚的人，这样的君主政治清明，和臣子、百姓关系融洽和谐，所以像周文王这样的君王，在后人心目中成了一个神话，变得可遇而不可求。

下　武

下武维周①，世有哲王②。三后在天③，王配于京④。
王配于京，世德作求⑤。永言配命⑥，成王之孚⑦。
成王之孚，下土之式⑧。永言孝思⑨，孝思维则⑩。
媚兹一人⑪，应侯顺德⑫。永言孝思，昭哉嗣服⑬。
昭兹来许⑭，绳其祖武⑮。于万斯年⑯，受天之祜⑰。
受天之祜，四方来贺。于万斯年，不遐有佐⑱。

【注释】

①下武：在后继承。②哲王：贤明智慧的君主。③三后：指周的三位先祖太王、王季、文王。④王：此指武王。配：指上应天命。⑤求：通“逑”，匹配。⑥言：语助词。命：天命。⑦孚：使人信服。⑧下土：下界土地，也就是人间。式：榜样，范式。⑨孝思：孝顺先人之思，此系以孝代指所有的美德，举一以概之。⑩则：法则。此谓以先王为法则。⑪媚：爱戴。一人：指周天子。⑫应侯顺德：应当顺从祖德。⑬昭：诏示。嗣服：继承先祖之业。⑭来许：后进。⑮绳：承。祖武，指祖先的德业。⑯斯：语助词。⑰祜（hù）：福。⑱不遐：怎能。

【赏析】

这是一首在大型宴会上唱的雅歌，主要赞颂周朝后嗣们可以紧步先人足迹继续光大周室，也是为了告诫刚刚即位的新君，要像被赞美的周代三后以及武王、成王一样成为一代明君。

《下武》这首诗结构严谨、格式精工，采用层层递进的方式，叙述有条不紊。

第一节首先说出周朝历代君主都是明主，所以只有周国才有资格成为大地的统治者。然后赞颂太王、王季、文王与武王的贤德，又描述了周武王进驻京都的画面。

第二节前两句主要是赞颂武王，后两句则是在赞颂成王。

第三节赞颂成王是一个能够效法先人的明君。

第四、第五节则赞颂康王是一个能够继承祖德的君王。

第六节用四方诸侯来贺作为全诗结尾，把对先王和今王的赞美之情描绘得淋漓尽致。

第一、第二节之间以“王配于京”一句顶针勾连，第二、第三节以“成王之孚”一句顶针勾连，第三、第四节中各自的第三句“永言孝思”起到上下维系的作用。同时第四节的最后一句“昭哉嗣服”和第五节的第一句“昭兹来许”结构相同、意思相同。第五、第六节以“受天之祜”一句顶针勾连。通过这些例子，可以发现本诗刻意在经营一种巧妙的结构，它空前绝后的美感有效地避免了庙堂文学歌功颂德的审美疲劳，使读者产生了一定的审美快感。

本诗在修辞上，完美地应用了顶针格，可以说是精于此道。这首诗将顶针格的风格发挥到极致。全诗结构安排巧妙，节奏婉转，使得这首颂歌变得优美谐和。

本诗既有颂美，也有告诫，颂美正是为了告诫。

文王有声

文王有声，遹骏有声①，遹求厥宁。遹观厥成。文王烝哉②！

文王受命，有此武功；既伐于崇③，作邑于丰④。文王烝哉！

筑城伊淢⑤，作丰伊匹。匪棘其欲⑥，遹追来孝。王后烝哉⑦！

王公伊濯⑧，维丰之垣。四方攸同，王后维翰⑨。王后烝哉！

丰水东注，维禹之绩。四方攸同，皇王维辟⑩。皇王烝哉！

镐京辟雍⑪，自西自东，自南自北，无思不服⑫。皇王烝哉！

考卜维王，宅是镐京⑬。维龟正之，武王成之。武王烝哉！

丰水有芑⑭，武王岂不仕⑮！诒厥孙谋⑯，以燕翼子。武王烝哉！

【注释】

①遹（yù）：语气助词。②烝（zhēng）：君道。③崇：古崇国。

④丰：故地在今陕西西安沣水西岸。⑤淢（xù）：护城河。⑥棘：此处为“急”义。⑦王后：第三、四章之“王后”同指周文王。⑧公：同“功”。濯：本义是洗涤，此处指“光大”义。⑨翰：主干。⑩辟：君。⑪镐：周武王建立的西周国都，故地在今陕西西安沣水以东的昆明池北岸。辟雍（bì yōng）：西周王朝所建天子行礼奏乐的离宫。⑫无思不服：无不服。⑬宅：用作动词，定居。⑭芑（qǐ）：芑草。⑮仕：指建功立业。⑯诒厥：传授。

【赏析】

《文王有声》是一首在大型宴会上唱的雅歌。它主要描述了周文王伐崇城之后在丰邑建都，周武王伐商之后在镐地建都这两次周国历史上的建都大事。

文王和武王都有一个“孝”的好名声。那么也许有人会感到奇怪，既然是以“孝”为名的君王为什么会做这种迁都的事情呢，这不是没有守住祖辈的产业吗？

其实文王和武王在取得一定功绩之后选择迁都，正表达了他们的“孝”。在周族发展壮大的漫长历程中，他们经历了很多的艰辛，首先后稷被封于有邰，至十代的孙公刘迁到豳，古公亶父又从豳地迁到岐山，周文王又从岐山迁到丰邑。周人多次迁移的原因固然有西北边境的戎、狄人的侵犯，更多的是为了让他们的农业种植能够更好地发展起来，这样他们才能得到更多的粮食，养活更多的人民。当周族的人群不断扩大之后，他们的耕地面积就会变得越来越少，于是为了生存、为了获取更多的土地他们不得不经常迁移。后来更是因为和殷商王朝结下仇怨，他们更迫切地需要扩大土地、强大自己，所以，文王和武王才会选择迁移。这样的迁移是周氏强大自己的理念，也是周族统治者历来的主张。

这首诗在艺术表现上非常有特色，它按照时间的先后顺序进行了谋篇布局。全诗共八章，前四章写周文王迁丰，后四章写周武王营建镐。先写周文王后写周武王，因为他们是父子，所以一前一后的描写也不容易混淆。同时，本诗开篇的第一句就点出了周武王的功业是由其父周文王奠定的。

在写文王和武王时，虽然写的都是迁都的事情，但是却完全没有重复，文王迁丰、武王迁镐，在两者的描写上各有侧重。方玉润是这样评价的："言文王者，偏曰伐崇'武功'，言武王者，偏曰'镐京辟廱'，武中寓文，文中有武。不独两圣兼资之妙，抑亦文章幻化之奇，则更变中之变矣！"

诗人写周文王迁都于丰时，用了"既伐于崇，作邑于丰""筑城伊淢，作丰伊匹""王公伊濯，维丰之垣"等诗句，在叙事中抒情。

写周武王迁镐京时，诗人用了"丰水东注，维禹之绩""镐京辟雍，自西自东，自南自北，无思不服""考卜维王，宅是镐京。维龟正之，武王成之"等诗句，同样是在叙事中抒情。本诗的比兴手法运用得十分巧妙，有很强的感染力。

生　民

厥初生民①，时维姜嫄②，生民如何？克禋克祀③，以弗无子④。履帝武敏歆⑤，攸介攸止⑥，载震载夙⑦，载生载育，时维后稷。

诞弥厥月⑧，先生如达⑨。不坼不副⑩，无菑无害⑪。以赫厥灵，上帝不宁⑫。不康禋祀⑬，居然生子。

诞置之隘巷⑭，牛羊腓字之⑮。诞寘之平林⑯，会伐平林⑰。诞寘之寒冰，鸟覆翼之⑱。鸟乃去矣，后稷呱矣⑲。实覃实訏⑳，厥声载路㉑。

诞实匍匐㉒，克岐克嶷㉓，以就口食㉔。蓺之荏菽㉕，荏菽旆旆㉖，禾役穟穟㉗，麻麦幪幪㉘，瓜瓞唪唪㉙。

诞后稷之穑㉚，有相之道㉛。茀厥丰草㉜，种之黄茂㉝。实方实苞㉞，实种实褎㉟，实发实秀㊱，实坚实好㊲，实颖实栗㊳。即有邰家室㊴。

诞降嘉种[40]，维秬维秠[41]，维穈维芑[42]。恒之秬秠[43]，是获是亩[44]；恒之穈芑，是任是负[45]。以归肇祀[46]。

诞我祀如何？或舂或揄[47]，或簸或蹂[48]；释之叟叟[49]，烝之浮浮[50]；载谋载惟[51]，取萧祭脂[52]，取羝以軷[53]；载燔载烈[54]，以兴嗣岁[55]。

卬盛于豆[56]，于豆于登[57]。其香始升，上帝居歆[58]。胡臭亶时[52]。后稷肇祀，庶无罪悔，以迄于今。

【注释】

①初：其初。②姜嫄（yuán）：传说中有邰氏之女，周始祖后稷之母。③禋（yīn）：祭天的一种礼仪，先烧柴升烟，再加牲体及玉帛于柴上焚烧。④弗：除灾求福。⑤履：践踏。帝：上帝。武：足迹。敏歆：很欢欣。⑥攸介攸止：肚子大了怀孕了。⑦载震载夙（sù）：或震或夙，指十月怀胎。⑧诞：到了。弥：满。⑨先生：头生，第一胎。达：顺当。⑩坼（chè）：裂开。副：（胎盘）破裂。⑪菑（zāi）：同“灾”。⑫宁：安宁。⑬康：安，宁。⑭置（zhì）：安排。⑮腓（féi）：庇护。字：哺育，爱护。⑯平林：森林。⑰会：恰好遇上。⑱鸟覆翼之：大鸟张翼覆盖他。⑲呱：小儿哭声。⑳覃（tán）：长。訏（xū）：大。㉑载：充满。㉒匍匐：伏地爬行。㉓岐：知意。嶷：识。㉔就：趋往。㉕蓺（yì）：同“艺”，种植。荏菽：大豆。㉖旆（pèi）旆：长大。㉗禾役：禾之行列。穟（suì）穟：禾穗丰盈下垂的样子。㉘幪（méng）幪：茂密的样子。㉙瓞（dié）：小瓜。唪（běng）唪：果实累累的样子。㉚穑：耕种。㉛有相之道：有相地之宜的能力。㉜茀：拔除。㉝种之黄茂：种的植物黄又好。㉞方：萌芽始出地面。苞：含苞。㉟褎（yòu）：禾苗渐渐长高。㊱发：发茎。秀：秀穗。㊲坚：谷粒灌浆饱满。㊳颖：禾穗末梢下垂。栗：结实。㊴邰：古地名，在今陕西武功县。㊵降：赐。㊶秬（jù）：黑黍。秠（pī）：黍的一种。㊷穈（mén）：赤苗，红米。芑（qǐ）：白苗，白米。㊸恒：遍种。㊹亩：按亩来计算产量。㊺任：挑起，抱起。负：背起。㊻肇：开始。祀：祭祀。㊼揄（yóu）：舀，从臼中取出舂好之米。㊽簸：扬米去糠。蹂：以手搓余剩的谷皮。㊾释：淘米。叟叟：淘米的声音。㊿烝：同“蒸”。浮浮：热气上升貌。51惟：计谋。52萧：香蒿。脂：牛油。53羝（dī）：公羊。軷：古代出行前祭祀路神。54燔：将肉放在火里烧炙。

烈：将肉贯穿起来架在火上烤。⑤⑤ 嗣岁：来年。⑤⑥ 卬：通"昂"，我。豆：古代一种高脚容器。⑤⑦ 登：瓦制容器。⑤⑧ 居歆：指前来享受。⑤⑨ 臭：香气。亶：诚然，确实。时：善，好。

【赏析】

这是一首周人叙述其民族始祖后稷事迹的祭祀长诗，是在大型宴会上唱的雅歌。它带有非常浓重的传说色彩。

后稷是周人的英雄，传说他是少女姜嫄踩到神的足迹之后怀孕生下来的。他刚刚出生时，人们认为他是姜嫄无婚而孕的，因此视他为一个不祥的人，于是将其丢在了窄巷里。但是因为后稷是神的孩子，所以他受到了神的庇护。活下来的稷慢慢长大了，后来他还担任夏朝的农官。后稷一生致力于推广农业栽培种植，因为这时的游牧民族有许多都变成农业定居人口，因此后稷就受到了人们的崇拜。

《生民》由十字句一节和八字句一节的方式前后交替构成，除首尾两节外，每节都用"诞"字领起，是一篇格式严谨的歌。

关于"履帝武敏歆"这一句有很多的争议，《毛传》中说："后稷之母（姜嫄）配高辛氏帝（帝喾）焉。……古者必立郊禖焉，玄鸟至之日，以大牢祠于郊禖，天子亲往，后妃率九嫔御，乃礼天子所御，带以弓韣，授以弓矢于郊禖之前。"这里把这句话当作古代帝王求子的祭祀仪式了，也就是说姜嫄在高辛氏之帝的率领下向生殖之神求子，姜嫄跟随着高辛氏踏着他的足印前进，然后便怀孕了。现代学者闻一多在分析这个问题时，说得比较直白，他在《姜嫄履大人迹考》中说："只是耕时与人野合而有身，后人讳言野合，则曰履人之迹，更欲神异其事，乃曰履帝迹耳。"也就是等于采纳了《毛传》的说法。结合当时的情况，闻一多的见解是比较合理的。

后稷的名字叫弃，根据《史记·周本纪》的解释，这个名字的来历就是因为他多次被抛弃。第二至三节对于他三次遭弃又三次获救的经历进行了十分细致的描述。后稷第一次被抛弃，是被扔在了一条小巷里，牛羊用乳汁喂养他，才使他保全了性命。后稷第二次被抛弃，是被扔进了一个大树林里，但是他幸运地被来砍柴的樵夫救了。后稷第三次被抛弃，是被扔到了寒冰之上，奇特的是一只大鸟用自己的羽翼盖住他，给了他温暖。经历了这些的婴儿哇哇大哭，声音十分洪亮有力，这些都预示着他将会创造出辉煌的事业。

后稷在农业种植方面有天赋。他从小就展现出了这方面的才能，经他之手种植的农作物产量高、质量好，因为这些功劳，他受封于邰。第四至六节生动形象地描绘出了农作物生长的全过程。这几节的修辞手法多样，使得诗句如行云流水般流畅、优美，其中运用了叠字、排比等手法，有极强的表现力。诗的最后两节主要是描写后稷创立祀典，为了祈求来年能够丰收，承接了第六节的最后一句“以归肇祀”，这样的结尾使全歌的结构变得十分宏伟，且层次井然，具有极高的史料价值和艺术价值。

可以说，农业对于推动人类的发展有着十分重要的作用，它使人们由游牧转变成定居，农业生产的进步，使得人类文明也有了明显的发展。

行　苇

敦彼行苇①，牛羊勿践履。方苞方体②，维叶泥泥③。戚戚兄弟④，莫远具尔⑤。或肆之筵⑥，或授之几⑦。

肆筵设席，授几有缉御⑧。或献或酢⑨，洗爵奠斝⑩。醓醢以荐⑪，或燔或炙。嘉殽脾臄⑫，或歌或咢⑬。

敦弓既坚⑭，四鍭既钧⑮，舍矢既均⑯，序宾以贤⑰。敦弓既句⑱，既挟四鍭。四鍭如树⑲，序宾以不侮⑳。

曾孙维主㉑，酒醴维醹㉒，酌以大斗㉓，以祈黄耇㉔。黄耇台背㉕，以引以翼㉖。寿考维祺㉗，以介景福㉘。

【注释】

①敦（tuán）彼：草丛生之貌。行：道路边。②方苞：始含苞。体：成形。③泥泥：叶润泽貌。④戚戚：亲善。⑤远：疏远。尔：

“迩”，近。⑥肆：陈设。筵：竹席。⑦几：矮脚的桌案。⑧缉御：相继有人侍候。缉，继续。⑨献：主人对客敬酒。酢：客人拿酒回敬。⑩洗爵：周时礼制，主人敬酒，取几上之杯先洗一下，再斟酒献客，客人回敬主人，也是如此操作。奠斝（jiǎ）：周时礼制，主人敬的酒客人饮毕，则置杯于几上；客人回敬主人，主人饮毕也须这样做。⑪醓（tǎn）：多汁的肉酱。醢（hǎi）：肉酱。荐：进献。⑫脾：通“膍”，牛胃，俗称牛百叶。臄（jué）：牛舌。⑬咢（è）：只打鼓不伴唱。⑭敦弓：雕弓。⑮镞（hóu）：一种箭，金属箭头，鸟羽箭尾。钧：均中的。⑯舍矢：放箭。均：射中。⑰序宾：安排宾客在宴席上的座位次序。贤：此指射技的高低。⑱敦弓既句：雕弓既是都引满。⑲树：指箭射在靶子上像树立着一样。⑳侮：轻侮，怠慢。㉑曾孙：此指宴会的主人。㉒醴（lǐ）：甜酒。醹（rú）：酒味醇厚。㉓斗：古酒器。㉔黄耇（gǒu）：年高长寿。㉕台背：或谓背有老斑如鲐鱼，或谓背驼，总之都是老态龙钟的样子。㉖引：牵引，此指搀扶。翼：扶持帮助。㉗寿考：长寿。祺：吉祥。㉘介：乞求。景福：大福。

【赏析】

诗人从描写路旁的芦苇开篇，初长新芽的芦苇，柔嫩润泽得让人们都不忍心听任牛羊去践踏它们。

这其实也是在表现周文王的仁者之心，他对待草木都能做到这样，更何况是对待自己的兄弟骨肉呢，表现出了兄弟之间相亲相爱的感情。

这样的描写使得这首离别的诗洋溢着欢乐的气氛。

紧接着送别宴会的盛大场面一一展现，通过正面描写宴会，将摆筵、设席、授几的场面描写得十分细致。侍者为了让宴会能够顺利地进行而忙碌着，整场宴会的场面是极其盛大的。

然后描写了主人献酒，客人回敬的场面，其中洗杯捧盏，极尽殷勤。然后写出了宴会菜肴的丰盛和美味无比。“醓”“醢”“脾”“臄”这几个字是古代食物品种的搭配，“燔”“炙”则是早期烹调的方法。这节的最后描绘出了唱歌击鼓的画面，气氛十分热烈。

随后，年轻人开始比射，以表示周国后继有人。这是宴会上的一项重要活动。诗人对比射过程做了两次描绘。

这两次描绘都是以开弓开始，然后到搭箭，最后一发中的，其妙处在于这两次描写所用的词句并非一成不变。在讲述了比射之后又用“序宾以贤”“序宾以不侮”来表现主人对胜利者优礼有加，对失利者也毫不怠慢，体谅了每一个人的心情，令参与比射的人的心情都非常舒畅。

主人满斟了美酒之后，先敬长者，希望他们在遥远的他乡也能长寿安康，同时希望他们能够安心享受族人的孝敬。然后写到主人祝福长者能够长命百岁，且用一定的笔墨描写了老态龙钟的长者被侍者小心搀扶的画面。方玉润在《诗经原始》中这样评价：“老者不射，酌大斗饮之，座中乃不寂寞。”

《行苇》这首诗层次清晰，内容丰富，充分描写了宴会和比射的场面，既有大型的场面描绘，也有小的细节渲染。修辞手法上也十分丰富多彩，其中叠字的运用尤其出色，如形容苇叶润泽时用的“泥泥”，形容兄弟情时用的“戚戚”，非常贴切生动；还有排比，如“敦弓既坚，四鍭既钧，舍矢既均”，这一句就很有气势。

既　醉

既醉以酒，既饱以德。君子万年，介尔景福①。既醉以酒，尔肴既将②。君子万年，介尔昭明③。

昭明有融④，高朗令终⑤。令终有俶⑥，公尸嘉告⑦。其告维何？笾豆静嘉⑧。朋友攸摄⑨，摄以威仪。

威仪孔时⑩，君子有孝子。孝子不匮⑪，永锡尔类⑫。其类维何？室家之壸⑬。君子万年，永锡祚胤⑭。

其胤维何？天被尔禄⑮。君子万年，景命有仆⑯。其仆维何？釐尔女士⑰。釐尔女士，从以孙子⑱。

【注释】

①介尔景福：上天赐你大福。②将：精美。③昭明：光明。④有融：融融，盛长之貌。⑤令终：好的结果。⑥俶（chù）：始。⑦公尸：

古代祭祀时以人装扮成祖先接受祭祀，这人就称“尸”，祖先为君主诸侯，则称“公尸”。嘉告：好话，指祭祀时祝官代表尸为主祭者致嘏词（赐福之词）。⑧ 静嘉：洁美又得宜。⑨ 攸摄：所助，所辅。⑩ 孔时：很适时。⑪ 匮（kuì）：穷乏。⑫ 锡：同“赐”。类：法子，法程。⑬ 壸（kǔn）：宫中之道，引申为广。⑭ 祚（zuò）：福。胤（yìn）：后嗣。⑮ 被：加，给。⑯ 景命：大命，天命。仆：附。⑰ 釐（lí）：赐。⑱ 从以：随之以。

【赏析】

《既醉》这首诗共分八节，每节有四句，格式整齐，具有韵律感。《既醉》开篇的第一个字就是“既”字，方玉润在《诗经原始》中这样评价这样的开篇方式：“起得飘忽。”开篇显得十分优雅。“既醉以酒”，神主已经充分享受了祭品；“既饱以德”，神主已经充分感受到了主祭者周王的诚心。同时，这两句为后面的祝官代表神主致辞祝福作了铺垫——因为他享受了主祭者为他准备的美酒佳肴，对此他深表感激，同时神主代表神赐给献祭人福泽，也就成了顺理成章的事情了。

诗的内容可以分为两个部分，第一部分主要是描写诸侯们在饱餐了美食之后对周天子给予他们的恩惠表示感谢，他们祝愿周天子能够长寿、聪慧，享受福禄。

第二部分则是“公尸”的祝祷。对古人来说，“公尸”就是神灵与祖先的化身，诸侯们通过称颂“公尸”来表达对神灵的崇敬之情。他们赞叹天子祭祀时彬彬有礼，颂扬天子是难得的孝子，因为天子有丰厚的德行，所以他的孩子们将来也一定会十分孝顺他，周王室必将世代繁荣昌盛，道德高尚的君主必然会得到上天的赐福。

这首诗开始于祝颂，最后又用祝颂的方式结束，前后呼应，充满了欢乐与喜庆的氛围，反映出了周王朝的贵族们对于福寿生活的追求和向往。诗文的前两节，主要讲述神主享受了酒食祭品之后的心满意足，和他对主祭者礼数周到的感激，神主预祝主祭者永远都能够获得神所赐的幸福光明，能够健康长寿。

第三节是一个承上启下的小节，起到了过渡作用。“令终有俶，公尸嘉告”，是神主对“公尸”的祝福。后五节的内容中除了第三节是在答谢献祭人隆重的礼节，其余几节都是祝福的具体内容。所以这些诗句都是围绕着“德”“福”来描写的。这正如方玉润在《诗经原始》中说：

“首二章福德双题，三章单承德字，四章以下皆言福，盖借嘏词以传神意耳。然非有是德何以膺是福？”

《既醉》说明了这样一个道理：要爱护自己的双亲和其他亲人，尊重自己的双亲和其他亲人，每个人都要心有善念，行善事。君主更需如此，要关爱天下苍生，实行仁政，只有这样才能国泰民安，保证江山永固，天下太平。同时，君主要以身作则，给百姓们作出好的示范，规范黎民百姓的行为，从而实现天下大同。

凫　鹥

凫鹥在泾①，公尸在燕来宁②。尔酒既清，尔肴既馨。公尸燕饮，福禄来成。

凫鹥在沙，公尸来燕来宜③。尔酒既多，尔肴既嘉。公尸燕饮，福禄来为④。

凫鹥在渚⑤，公尸来燕来处⑥。尔酒既湑⑦，尔肴既脯⑧。公尸燕饮，福禄来下。

凫鹥在潨⑨，公尸来燕来宗⑩。既燕于宗⑪，福禄攸降。公尸燕饮，福禄来崇⑫。

凫鹥在亹⑬，公尸来止熏熏⑭。旨酒欣欣⑮，燔炙芬芬。公尸燕饮，无有后艰。

【注释】

①凫（fú）：野鸭。鹥（yī）：鸥鸟。泾：泾水。②燕：宴。③宜：相宜。④为：相助。⑤渚（zhǔ）：河流湖泊中的沙洲。⑥处：安处。⑦湑：过滤。⑧脯：干肉。⑨潨（cóng）：水流汇合之处。⑩宗：尊敬。⑪宗：宗庙，祭祀祖先的庙。⑫崇：增加。⑬亹（mén）：对峙如门的山峡口。⑭熏熏：同“醺醺”，香味四传。⑮旨：甘美。

【赏析】

周代的贵族们祭祀十分讲究，一般仪式都要分作两天来进行：第一天是正祭，也就是享祀神灵；“公尸”就是在祭祀神灵以后在宴会中扮演神灵的人，也可以说他们就是祭祀的主持人。

《凫鹥》有一种和乐融融的氛围，“公尸”尽心尽力地为了祈福和祈求神灵降福而努力，而主人们则用清酒馨肴来作为回报。全诗共分五节，每节都有六句，每节的第二句都为六言，其余的句子都是四言句。这样的格式结构就像是音乐中的装饰变奏曲一样，将一个结构完整的主题按照一定的规律进行变奏，但是同时又保持主题的完整，这样的诗句具有优美的旋律，适合吟唱。

诗人描述了这样的场景：野鸭和沙鸥愉快地在泾水边嬉戏觅食，“公尸”为了接受宾尸之礼而来到了宗庙，他就像那野鸭和沙鸥一样，在这里感到自得其所，恬适愉悦。主人将清醇甘甜的酒和香酥鲜美的食物献给了“公尸”，而“公尸”也帮助献祭的人们和受祭的神灵之间进行沟通，同时祈求神灵将福禄赐给人们的愿望。

“尔酒既清”“尔酒既多”“尔酒既湑”“旨酒欣欣”都是在描写酒的美，其中用了“清”“多”“湑”“欣欣”这些词来表现，第四句“尔肴既馨”“尔肴既嘉”“尔肴既脯”“燔炙芬芬”是在写菜肴的美，其中用了“馨”“嘉”“芬芬”这些词来表现。这些关于酒和菜的描写从不同角度强化了这次祭祀的祭品品质十分优良，由此表达出主人宴请的虔诚。因此，“公尸”感到特别高兴，这从诗中反复渲染的公尸“来燕来宁”“来燕来宜”“来燕来处”“来燕来宗”“来止熏熏”。就可以看出了。诗中反复强调“福禄来成”“福禄来为”“福禄来下”“福禄攸降”“福禄来崇”的原因正是因为“公尸”感到高兴，因为他们相信“公尸”感到高兴的话，神灵就会不断降福给他们。

假　乐

假乐君子[①]，显显令德[②]。宜民宜人，受禄于天。保右命之[③]，自天申之。

干禄百福[④]，子孙千亿。穆穆皇皇[⑤]，宜君宜王。不愆不忘[⑥]，率由旧章[⑦]。

威仪抑抑[⑧]，德音秩秩[⑨]。无怨无恶，率由群匹[⑩]。受福无疆，四方之纲。

之纲之纪，燕及朋友[⑪]。百辟卿士[⑫]，媚于天子[⑬]。不解于位[⑭]，民之攸塈[⑮]。

【注释】

①假：通“嘉”，美好。君子：指成王。②令德：美德。③右：通“佑”。④干：求。⑤穆穆：肃敬。皇皇：光明。⑥愆（qiān）：过失。⑦率：循。由：从。⑧抑抑：庄美的样子。⑨秩秩：有条不紊的样子。⑩群匹：众臣。⑪燕：通“宴”。⑫百辟（bì）：众诸侯。⑬媚：爱。⑭解：通“懈”，怠慢。⑮塈（jì）：安宁。

【赏析】

第一节第一句的“假乐”，直接说出了本诗的主题。“显显令德”则直截了当地赞扬周宣王是一个德行品格都十分高尚的人。后面的四句都是对他的赞美之词，像是尊民意顺民心，皇天授命，赐以福禄等。

第二节顺着第一节的势头继续赞美周成王，朱熹在《诗集传》中评论这一节时说：“王者干禄而得百福，故其子孙之蕃，至于千亿。嫡为天子，庶为诸侯，无不穆穆皇皇，以遵先王之法。”所以，这一节主要歌颂成王将能够德荫子孙，受禄千亿，是一个“不愆不忘”的人，能够听从大臣们的建议和劝谏。

第三节继续将劝勉之意加以延伸，一方面热烈地赞美成王有着美好的仪容、高尚的品德，所以没有人对他心怀怨恨；另一方面又具体描述周成王是一个能够“受福无疆”的人，既有享不尽的福禄，同时又能够成为天下臣民、四方诸侯的“纲纪”，任举众贤。

第四节的内容紧接着前文，主要是为了警诫赴宴的“百辟卿士”，这一节勾勒出周成王举行冠礼时的活动场景。成王是一个礼待诸侯的人，所以他宴饮群臣；因为周成王的礼贤下士，所以现场情意融融。但是唱词的人要求百官公卿、朝廷大臣们做到“爱戴天子举杯敬酒忙”和“勤于职守工作不懈怠”两不误，只有这样才能使国民安居乐业。不再流离失所。这样的要求其实不单是对臣子，同时也是针对君王。要他顺从民意，重整天下纲纪。全诗虽然篇幅短小，但是其中确是满注真情，美溢于辞，令人回味无穷。

自古以来，君主都掌握着生杀大权，“伴君如伴虎”是每个大臣都熟悉的一句话。作为一名良臣，劝谏君王是他的责任；但是，忠言不一定必须要逆耳，如何劝谏方能取得最好的效果才是最重要的。

公 刘

笃公刘[①]，匪居匪康[②]。乃埸乃疆[③]，乃积乃仓[④]；乃裹糇粮[⑤]。于橐于囊[⑥]，思辑用光[⑦]。弓矢斯张[⑧]，干戈戚扬[⑨]，爰方启行。

笃公刘，于胥斯原[⑩]。既庶既繁[⑪]，既顺乃宣[⑫]，而无永叹。陟则在巘[⑬]，复降在原。何以舟之[⑭]？维玉及瑶，鞞琫容刀[⑮]。

笃公刘，逝彼百泉[⑯]，瞻彼溥原[⑰]；乃陟南冈，乃觏于京[⑱]。京师之野[⑲]，于时处处[⑳]，于时庐旅[㉑]，于时言言，于时语语。

笃公刘，于京斯依，跄跄济济[㉒]，俾筵俾几[㉓]。既登乃依，乃造其曹[㉔]，执豕于牢[㉕]，酌之用匏[㉖]。食之饮之，君之宗之[㉗]。

笃公刘，既溥既长，既景乃冈[28]，相其阴阳[29]，观其流泉；其君三单[30]；度其隰原[31]，彻田为粮[32]，度其夕阳[33]，豳居允荒[34]。

笃公刘，于豳斯馆。涉渭为乱[35]，取厉取锻[36]。止基乃理[37]，爰众爰有[38]。夹其皇涧[39]，遡其过涧[40]。止旅乃密[41]，芮鞫之即[42]。

【注释】

①笃：诚实、忠厚。②匪：不。居：安。康：宁。③乃：于是。埸（yì）：田界。④积：露天堆粮之处。仓：仓库。⑤糇粮：干粮。⑥于橐（tuó）于囊：指装入口袋。小曰橐，大曰囊。⑦思辑：和睦团结。用光：以为荣光。⑧斯：发语词。张：张罗、准备。⑨干：盾牌。戚：斧。扬：大斧。⑩胥：视察。斯原：这里的原野。⑪庶、繁：人口众多。⑫顺：民心归顺。宣：舒畅。⑬陟：攀登。巘（yǎn）：小山。⑭舟：佩带。⑮鞞（bǐng）：刀鞘。琫（běng）：刀鞘口上的装饰物。⑯逝：往。⑰溥（pǔ）：广阔。⑱觏（gòu）：察看。京：京丘。⑲京师：众人居住之高山，后世将国都称作“京师”。⑳于时：于是。处处：居住。㉑庐旅：“旅旅”，寄居。此处指宫室馆舍。㉒跄跄：形容走路有节奏。济济：从容端庄。㉓俾：使。筵：铺在地上坐的席子。几：放在席子上的小桌。㉔造：通“祰”，指告祭。曹：通“禮”，祭猪神。㉕牢：猪圈。㉖酌之：指斟酒。匏（páo）：葫芦，此处指剖成的瓢。㉗君之：当君长。宗之：当族长。㉘景：通“影”，根据日影来丈量。冈：山冈。㉙相：视察。阴阳，指山之南北。南曰阳，北曰阴。㉚三单（shàn）：轮流值班。㉛度：测量。隰（xí）原：低平之地。㉜彻：开发，治理。㉝夕阳：山的西面。㉞允荒：确实广大。㉟渭：渭水。乱：横渡。㊱厉：通“砺”，磨刀石。锻：打铁，此处指打铁用的石锤。㊲止：居。基：定。乃理：治理田野。㊳爰众爰有：人多且富有。㊴皇涧：豳地水名。㊵过涧：水名。㊶止旅乃密：指前来定居的人口日渐稠密。㊷芮（ruì）：水涯。鞫：水曲。

【赏析】

周人原本是游牧民族，从后稷开始，在邰地以农立国。后稷的儿子后来离开邰，逃至戎狄等部落，直到第四代首领公刘归来，邰地的农业生产才得以恢复。公刘的“公”是爵号，“刘”是名字，后人多以两者合称。

公刘是一位颇具前瞻性眼光的部落之长，他不满于当前的领地，为了谋求更好的发展而率族迁往豳地。这首诗便是通过对公刘迁豳的历史壮举的描写，颂扬了公刘的才识和胆略，以及受万民拥戴的光辉形象。诗的每一章都以“笃公刘”起句，“笃”是忠厚之意，亦有厚待民众之意，这一句赞语体现了后人对公刘的景仰之情。

诗的开篇“笃公刘，匪居匪康”，写公刘决心迁徙的原因，同时也写出他不愿安居享乐的进取之心。

“乃埸乃疆，乃积乃仓，乃裹糇粮”写出发前的准备工作，一连用五个“乃”字，整齐中见错落，造成一种跳跃的节奏感，既呈现了启程之前紧张忙碌的场景，也表现出劳动中的昂扬情绪。

准备好粮食后，“弓矢斯张，干戈戚扬，爰方启行”，族人们佩好弓箭，拿起长矛，举起盾牌，背起刀斧，出发前往豳地。接下来的几章写到达豳地之后的事。第二至三章和第五至六章着重描写公刘勘察地形地貌、规划用地的举动，中间第四章叙述宴会中拜天祭神，推举领袖的场景。

第二章的“于胥斯原”一句，描写公刘在豳地勘察的情景。“陟则在巘，复降在原”，公刘一会儿在山顶瞭望，一会儿在平原细察，突出了他不辞辛苦、事必躬亲的领导特质。这一章主要侧重塑造公刘这个人物，“维玉及瑶，鞞琫容刀”，用他身上佩戴的美玉、琼瑶以及刀鞘上闪光的饰物来展现一位部落首领在族人眼中的光彩形象。

第三章“逝彼百泉，瞻彼溥原；乃陟南冈，乃觏于京”，是上一章的重复。但细节处略有不同。其一。此处提及“百泉”。比上章勘测范围有所扩大。而且“逝彼百泉”这句话一方面陈述公刘勘察泉水的事实，另一方面也为后来择址建都埋下伏笔。正因为有“百泉”，所以原野肥沃，适宜居住，最终公刘决定在此建立城郭。

“于时处处，于时庐旅，于时言言，于时语语”，连用四个“于时”，不仅气脉连贯，而且生动描绘出族人在建造宫室的过程中欢声笑语的场面，表达出民众安定、舒畅的喜悦心情。

第四章写公刘设宴，庆祝新的城郭宫室的建立。宴席之中，“跄跄济济，俾筵俾几”，臣子很有威仪且姿态端庄，入席后纷纷举杯畅饮。席上气氛渐渐高涨，“执豕于牢，酌之用匏”，从猪圈里抓了猪来做菜肴，用瓢来饮美酒，鲜活的宴席氛围扑面而来。“食之饮之，君之宗之”，吃饱喝足之后，族人推举了公刘为首领。

第五章“既溥既长，既景乃冈，相其阴阳，观其流泉”，仍写公刘对平原、山地、水流的勘测，只是比第二至三章细致具体。公刘不仅在原野和山冈上进行丈量，而且围绕着山南山北细细测量，还仔细观察泉流的源头。又“度其隰原，彻田为粮”，勘察低地，划定耕地。“度其夕阳，豳居允荒”，公刘登上西山，俯瞰整个豳地，感叹这片土地的广大。这种感慨中既包含着周部族对美好未来的期盼，也深藏着一种开创基业的豪迈之情。

最后一章描绘了一幅周人在豳地安居乐业的图卷。先写“于豳斯馆”，即宫室周围清幽的环境，再写“涉渭为乱，取厉取锻”，叙述采石业的发达，紧接着写“止基乃理，爰众爰有”，赞扬公刘治理得当，使人口增长，物质丰富。最后写“止旅乃密，芮鞫之即”。前来豳地定居的人越来越多，领地又继而往水边河弯处发展，极言其富饶，也是对公刘所建功业的歌颂。

泂 酌

泂酌彼行潦①，挹彼注兹②，可以餴饎③。岂弟君子④，民之父母。泂酌彼行潦，挹彼注兹，可以濯罍⑤。岂弟君子，民之攸归⑥。泂酌彼行潦，挹彼注兹，可以濯溉⑦。岂弟君子，民之攸塈⑧。

【注释】

①泂（jiǒng）：远。行潦（lǎo）：路边的积水。②挹（yì）：舀出。注：灌入。③餴（fēn）：蒸饭。饎（chì）：酒食。④岂弟（kǎi tì）：“恺悌”，本义为和乐平易，在此特训为恩德深长广大之意。⑤罍（léi）：

古酒器，似壶而大。⑥攸：所。归：归附。⑦溉：通“概”，一种盛酒漆器。⑧塈：休息。

【赏析】

这首诗描述了宴会上人们大碗喝酒的场景。

本诗共有三小节，每一小节都是通过描写远处的流潦之水来开头，它用潦水的多来形容酒水的多。水是人们生活中必不可少的物品，和人们的生活息息相关。本诗中所用的水并不是普通的江河池井水，而是远方的“流潦”。所谓流潦之水，指的是雨后坑洼处的积水，那些水不但十分混浊，还不好取用。但是通过“挹彼注兹”，就可以用来蒸煮食物，洗濯酒器，因为此时这些流潦之水已经变得十分清澈。

虽然最后的结果是好的，但也许人们会有疑问：为什么要取远方混浊不堪的“流潦”之水，然后再将其澄清后使用呢？乍看之下，这样的行为也许不符合生活常识，但其中有着十分深刻的寓意。

本诗的作者是想要通过这样的描写表达以下观点：远方的“流潦”之水虽然很混浊，但我并没有放弃它，在我的努力下它最终变成了洁净的水，被我使用了。

这样的“流潦”之水其实就和四方边远的百姓一样，只要君王施行仁政，他们就会感恩戴德、心悦诚服。方玉润在《诗经原始》中是这样说的：“此等诗总是欲在上之人当以父母斯民为心，盖必在上者有慈祥岂弟之念，而后在下者有亲附来归之诚。曰‘攸归’者，为民所归往也；曰‘攸塈’者，为民所安息也。使君子不以‘父母’自居，外视其赤子，则小民又岂如赤子相依，乐从夫‘父母’？故词若褒美而意实劝戒。”

如果君主做到这些，那么就一定能变成“岂弟君子，民之父母”。因为君主没有凌驾于民众头上作威作福，而是关心爱护百姓。

《泂酌》借日常生活中常见的事物引出劝谏，全诗采用重章叠句，反复歌咏的写法，结构严谨，影响深远。

这首诗通过用水比喻君主与人民之间的关系来劝谏君王，告诉他要如何做好百姓的衣食父母，表现出诗人对百姓的重视。通过这首诗可以看到他对国家的关切之心。

卷阿

有卷者阿[①]，飘风自南[②]。岂弟君子[③]，来游来歌，以矢其音[④]。

伴奂尔游矣[⑤]，优游尔休矣[⑥]。岂弟君子，俾尔弥尔性[⑦]，似先公酋矣[⑧]。

尔土宇昄章[⑨]，亦孔之厚矣[⑩]。岂弟君子，俾尔弥尔性，百神尔主矣[⑪]。

尔受命长矣，茀禄尔康矣[⑫]。岂弟君子，俾尔弥尔性，纯嘏尔常矣[⑬]。

有冯有翼[⑭]，有孝有德。以引以翼[⑮]。岂弟君子，四方为则[⑯]。

颙颙卬卬[⑰]，如圭如璋[⑱]，令闻令望[⑲]。岂弟君子，四方为纲。

凤凰于飞，翙翙其羽[⑳]，亦集爰止[㉑]。蔼蔼王多吉士[㉒]，维君子使，媚于天子[㉓]。

凤凰于飞，翙翙其羽，亦傅于天[㉔]。蔼蔼王多吉人，维君子命，媚于庶人。

凤凰鸣矣，于彼高冈。梧桐生矣，于彼朝阳[㉕]。菶菶萋萋[㉖]，雝雝喈喈[㉗]。

君子之车，既庶且多[㉘]。君子之马，既闲且驰[㉙]。矢诗不多[㉚]，维以遂歌。

【注释】

①卷（quán）：卷曲。阿：大土山。②飘风：旋风。③岂弟（kǎi tì）："恺悌"，和气、平易近人。④矢：陈述。⑤伴奂：无拘无束之貌。⑥优游：悠然自得。⑦俾：使。尔：指周天子。弥：终，尽。性：寿

命。⑧似：同“嗣”，继承。酋：久。⑨昄（bǎn）章：版图。⑩孔：很。⑪尔：你。⑫茀：小福。⑬纯嘏（gǔ）：大福。⑭冯（píng）：依靠。翼：庇护。⑮引：引导。⑯则：标准。⑰颙（yóng）颙：庄重恭敬。卬（áng）卬：器宇轩昂的样子。⑱圭：古代玉制礼器，长条形，上端尖。璋：也是古代玉制礼器，长条形，上端作斜锐角。⑲令：美好。闻：声誉。⑳翙（huì）翙：鸟展翅振动发出的声音。㉑爰：而。㉒蔼蔼：众多。吉士：贤良之士。㉓媚：爱戴。㉔傅：至。㉕朝阳：指山的东面。㉖菶（běng）菶：草木茂盛。㉗雝（yōng）雝喈（jiē）喈：鸟鸣声。㉘庶：众。㉙闲：娴熟。㉚丕：通“丕”，大。

【赏析】

这是一首记叙周成王出游，并对其歌功颂德的诗。诗的作者应是当时伴游的臣子之一。开篇几句“有卷者阿，飘风自南。岂弟君子，来游来歌，以矢其音”，点明地点、时间、人物和事件：在刮着南风的季节里，平易近人的君主到丘陵上游玩，伴游的臣子纷纷献上诗歌助兴。

交代完出游的基本情况后，作者以一句“伴奂尔游矣”起调，开始对君王进行歌颂。接下来的几章，都是解释周王得以无拘无束闲游的原因。“尔土宇昄章，亦孔之厚矣”是称颂周王朝疆土辽阔，一望无际；“尔受命长矣，茀禄尔康矣”是歌颂周王天命所归，福禄加身。

这些颂扬最终都归结到一点：“岂弟君子，俾尔弥尔性”，这句话在二、三、四章重复了三次，意在强调周王的和乐平易、勤于政事。正因为君主英明伟大，国家才能安宁，才能有今日出游卷阿的盛景。以上是对君王内在德行的直接赞美，紧随其后的两章则通过赞扬君王身边的贤臣良士来反衬君王的厚德。“有冯有翼”“颙颙卬卬”，写贤能之才尽心尽力、忠心耿耿辅佐君主，这既是促使周王建立伟大功业、声望远播的原因，也是周王“四方为则”“四方为纲”的必然结果。

作者对疆域和才臣的唱颂，在一定程度上弥补了颂诗在主题上的单调乏味，而且，这些唱颂全都紧扣住了歌颂君王的主题，使得整首诗在逻辑上严丝合缝。七八章以比喻手法，总括上文对周王的赞美。作者将出游的盛况比喻成百鸟随凤。“凤凰于飞，翙翙其羽，亦集爰止”，“凤凰”是指周王，“翙翙其羽”用鸟群展翅之声，描写百鸟追随的盛大场面。

这两章的末一句，句式相同，只改动一词。“媚于天子”“媚于庶人”，进一步写臣子对君主的忠诚追随，状君臣浩荡出游之景，如在目前。如此形容一番，作者仍意犹未尽，接着以想象虚构出一幅凤凰在“菶菶萋萋”之间，面向东方的朝阳“雝雝喈喈”，高声和鸣的画卷。

从这幅画卷中可以见出君臣相和、威仪俨然的景状。最后一章，作者由想象回到现实，实写“君子之车”“君子之马”，但仍紧扣出游之盛来写，车“既庶且多”、马“既闲且驰”，车马之多，凸显出随从之多。作者反复从不同角度来描述游卷阿的热闹场面，归根究底仍是为了颂扬君王。末句“矢诗不多，维以遂歌”写群臣争相献诗的场景，呼应第一章的末句，对全诗进行了完整的收结。

民 劳

民亦劳止①，汔可小康②。惠此中国③，以绥四方④。无纵诡随⑤，以谨无良⑥。式遏寇虐⑦，憯不畏明⑧。柔远能迩⑨，以定我王。

民亦劳止，汔可小休。惠此中国，以为民逑⑩。无纵诡随，以谨惛怓⑪。式遏寇虐，无俾民忧。无弃尔劳⑫，以为王休⑬。

民亦劳止，汔可小息。惠此京师，以绥四国。无纵诡随，以谨罔极⑭。式遏寇虐，无俾作慝⑮。敬慎威仪，以近有德。

民亦劳止，汔可小愒⑯。惠此中国，俾民忧泄。无纵诡随，以谨丑厉⑰。式遏寇虐，无俾正败⑱。戎虽小子⑲，而式弘大⑳。

民亦劳止，汔可小安。惠此中国，国无有残。无纵诡随，以谨缱绻㉑。式遏寇虐，无俾正反㉒。王欲玉女㉓，是用大谏㉔。

【注释】

①止：语气助词。②汔（qì）：求得。康：安康，安居。③惠：爱。中国：周王朝直接统治的地区，也就是“王畿”，相对于四方诸侯国而言。④绥：安。⑤纵：放纵。诡随：诡诈欺骗。⑥谨：指谨慎提防。⑦式：发语词。寇虐：残害掠夺。⑧憯（cǎn）：曾，乃。⑨柔：爱抚。能：亲善。⑩逑：聚合。⑪惛怓（hūn náo）：喧嚷争吵。⑫尔：指在位者。劳：劳绩，功劳。⑬休：美，此指利益。⑭罔极：没有准则，没有法纪。⑮慝（tè）：恶。⑯愒（qì）：休息。⑰丑厉：恶人。⑱无俾正败：无使正道败坏。⑲戎：你，指在位者。小子：年轻人。⑳式：作用。㉑缱绻（qiǎn quǎn）：固结不解，指统治者内部纠纷。㉒正反：政治颠倒。㉓玉女（rǔ）：成就你。㉔是用：是以，因此。

【赏析】

这首诗每一节第一句都是“民亦劳止”，可见人民当时的困难。

第一节是在论证天下的形势，“民亦劳止，汔可小康。”这两句在说人民已经很劳苦了，他们想要求短暂的安康都不可能。姚际恒在《诗经通论》中这样评价这两句：“开口说民劳，便已凄楚；‘汔可小康’，亦安于时运而不敢过望之辞。曰‘可’者，又见唯此时可为，他日恐将不及也，亦危之之词。”表明周厉王的残暴使国人忧心忡忡，敢怒而不敢言，生活困苦，已经想要造反了，很能抓住要害。

接着诗人又提出策略“惠此中国，以绥四方”，先对王畿之内施以恩惠，安抚国中百姓，然后再使四境得以安定；“无纵诡随，以谨无良”，是说不要放纵谲诈的人，不要听信他们的坏话。

第二节诗人提出了恤民抚内的主张。他希望人们能在“民亦劳止”的基础上，稍稍休息，希望君王不要过度劳民伤财，那样会使人民铤而走险，进而叛变。这种观点也就是要“与民休养生息”。他希望周厉王能够用仁德的心爱护百姓，让他们能够安居乐业。他要求周厉王惩恶扬善，不要盲从诡诈佞臣，要像历代明君一样爱惜百姓。

第三节诗人强调要保全京师。因为京师是一个国家政治经济的中心，它的安定对于稳定全国的形势十分重要。

诗人提出“惠此京师，以绥四国”，也就是先稳定京师，之后再去安抚四方诸侯，这样国家就能一片安稳，国家的富强也就指日可待了。

第四节诗人告诉周厉王国家兴旺时，就一定有忠臣；国家将要灭亡时，就一定会妖孽横生。现在朝政已经被小人摆弄得腐败不堪了，他希望周厉王能够远小人而近贤臣，用仁德的心爱护百姓。只有这样，国家才能再次好起来。最后规劝竟然变成了指责。

第五节诗人希望周厉王不要让周王朝就这样丧弃了，而是能够像“莹玉般光耀又纯美”。他希望自己的劝谏能够让君王和同僚觉醒，大家共同为国分忧。

文中第二、三、四、五节“以为民逑”“以绥四国”“俾民忧泄”“国无有残”与“以谨惛怓”“以谨罔极”“以谨丑厉”“以谨缱绻”这几句，就是围绕着恤民、保京、防奸、止乱这方面来说的。陈子展在《诗经直解》中说：“盖诗人已豫见厉王溃灭，故不觉其言之丁宁而沉痛也。”

《民劳》一诗表现了诗人对国家的期望，他与民众同命，深恶痛绝那些奸邪之臣。他痛恨周厉王的残暴专制，希望通过自己的劝谏改善当时的现状，可见其是一位忠肝义胆之人。

板

上帝板板①，下民卒瘅②。出话不然③，为犹不远④。靡圣管管⑤，不实于亶⑥。犹之未远，是用大谏⑦。

天之方难，无然宪宪⑧。天之方蹶⑨，无然泄泄⑩。辞之辑矣⑪，民之洽矣⑫。辞之怿矣⑬，民之莫矣⑭。

我虽异事，及尔同僚⑮。我即尔谋，听我嚣嚣⑯。我言维服⑰，勿以为笑。先民有言，询于刍荛⑱。

天之方虐，无然谑谑⑲。老夫灌灌⑳，小子跻跻㉑。匪我言耄㉒，尔用忧谑。多将熇熇㉓，不可救药。

天之方懠[24]，无为夸毗[25]。威仪卒迷[26]，善人载尸[27]。民之方殿屎[28]，则莫我敢葵[29]。丧乱蔑资[30]，曾莫惠我师[31]。

天之牖民[32]，如埙如篪[33]，如璋如圭[34]，如取如携。携无曰益[35]，牖民孔易。民之多辟[36]，无自立辟[37]。

价人维藩[38]，大师维垣[39]。大邦维屏[40]，大宗维翰[41]，怀德维宁，宗子维城[42]。无俾城坏，无独斯畏。

敬天之怒，无敢戏豫[43]。敬天之渝[44]，无敢驰驱[45]。昊天曰明[46]，及尔出王[47]。昊天曰旦，及尔游衍[48]。

【注释】

①板板：反，指违背常道。②卒瘅（dàn）：劳累多病。③不然：不对，不合理。④犹：谋划。⑤靡圣：不把圣贤放在眼里。管管：任意放纵。⑥亶（dǎn）：诚信。⑦大谏：郑重劝诫。⑧无然：不要这样。宪宪：欢欣喜悦的样子。⑨蹶：动乱。⑩泄泄：妄加议论。⑪辞：指政令。辑：调和。⑫洽：融洽，和睦。⑬怿：通“殬”，败坏。⑭莫：通“瘼”，疾苦。⑮及：与。同僚：同事。⑯嚣（áo）嚣：同“敖敖”，不接受意见的样子。⑰维：是。服：事。⑱询：征求、请教。刍荛（ráo）：割草打柴的人。⑲谑谑：嬉笑的样子。⑳灌灌：诚恳的样子。㉑跻（jué）跻：傲慢的样子。㉒匪：非，不要。耄：八十九十曰耄，此指昏聩。㉓熇（hè）熇：火势炽烈的样子，此指一发而不可收。㉔懠（qí）：愤怒。㉕夸毗：卑躬屈膝、谄媚曲从。㉖威仪：指君臣间的礼节。卒：尽。迷：混乱。㉗尸：祭祀时由人扮成的神尸，终祭不言。㉘殿屎（xī）：呻吟也。㉙葵：通“揆”，猜测。㉚蔑：无。资：财产。㉛惠：施恩。师：此指民众。㉜牖：通“诱”，诱导。㉝埙（xūn）：陶制吹奏乐器。篪（chí）：古竹制管乐器。㉞如璋如圭：半圭曰璋，合璋叫圭，指相配合。㉟益：通“隘”，阻碍。㊱辟：通“僻”，邪僻。㊲立辟：制定法律。㊳价人：武人。维：是。藩：篱笆。㊴大师：太师。垣：墙。㊵大邦：指诸侯大国。屏：屏障。㊶大宗：指与周王同姓的宗族。翰：骨干，栋梁。㊷宗子：周王的嫡子。㊸戏豫：游戏娱乐。㊹渝：改变。㊺驰驱：指恣意放纵。㊻昊天：上天。明：光明。㊼王：往。㊽游衍：游荡。

【赏析】

据《毛诗序》记载，《板》就是凡伯“刺厉王”之作。

《诗经》中另一首《民劳》也是“警同列以戒王”的诗，不同的是，在结构上《民劳》卒章显志，而《板》开宗明义。此诗一开头就说明了劝谏的原因：“上帝板板，下民卒瘅。出话不然，为犹不远。靡圣管管，不实于亶。犹之未远，是用大谏。”因为上天违反常道，致使下方百姓忧苦不堪。而在朝之人又不纳善言，妄行政令，无视圣人之道，言行不一。所以，诗人要“用大谏”。“下民卒瘅”本是统治者不施良政的结果，诗人却归咎于上天，不言厉王之错，而人人皆知此乃厉王无道所致。

从第二章起，诗进入了劝谏的正文。“天之方难，无然宪宪。天之方蹶，无然泄泄。辞之辑矣，民之洽矣。辞之怿矣，民之莫矣。”一方面使人相信周王朝的统治顺承天意，周天子拥有神圣不可侵犯的权力；另一方面，又用天意的种种表现来制约天子的权威。凡伯以“天之方难”和“天之方蹶”规劝厉王不要实行无道。上天已经显示种种乱象，摆在周天子面前的选择有两条，即凡伯指出的“辞之辑矣”和“辞之怿矣”。如果厉王认识到自己的错误，摒弃从前的暴政，采用善政，那么就能达到治世目的；反之，如果无视上天的警告，一意孤行，人民必将陷于危难中，人民陷于危难，国之危难就不远了。

诗人唯恐自己一片良苦用心不为君王采纳，于是在第三、第四两章假托劝诫同僚向天子说明听取谏言的重要性。“我虽异事，及尔同寮。我即尔谋，听我嚣嚣。我言维服，勿以为笑。先民有言，询于刍荛。天之方虐，无然谑谑。老夫灌灌，小子跅跅。匪我言耄，尔用忧谑。多将熇熇，不可救药。”先贤为成就大业，不以听取樵夫的意见为耻，如今老臣的忠直良言更不可不听。但对于凡伯这些人的忠言，厉王根本无心听取，反将他们的话当作戏语玩笑。愤慨之下，诗人说道：“多将熇熇，不可救药。”意思是如果厉王继续这样无道下去，大周亡国将无可挽回。

怎样才能避免走向“不可救药”的地步？诗的第五至六章提出了救治之方。与国家命运息息相关的是百姓，要治国必须先救民。“天之方懠，无为夸毗。威仪卒迷，善人载尸。民之方殿屎。则莫我敢葵。丧乱蔑资，曾莫惠我师。”天道沦丧，君臣威仪尽失，贤良之人备受排挤。

上层统治者背道而行。直接导致下层百姓的生活陷入困苦中。国民呻吟叹息，资财耗尽。诗人不禁感叹："曾莫惠我师。"希望君王看到黎民之苦，施以恩惠。

天子恩惠民众其实很简单，良好的引导便是最大的恩惠。"天之牖民，如埙如篪，如璋如圭，如取如携。携无曰益，牖民孔易。"百姓本来就渴望安定康乐，君王若能主动引导他们走向安康生活，他们自然会顺从地跟随。因此，引导人民其实很容易，如同圭璋相契、埙篪相和般和谐。然而这只是理想的情形，现实的情况是"民之多辟"，君王逆天而行，奸人当道，委实堪忧。所以诗人向君上发出警告"无自立辟"，告诫厉王万不可肆意妄为，作法自毙。

"价人维藩，大师维垣，引大邦维屏，大宗维翰。怀德维宁，宗子维城。无俾城坏，无独斯畏。"天子诚然是国之中央，可是国家是由民众、诸侯国、宗族等共同维系的，臣民是国之藩篱，诸侯、宗室是国之干城，没有他们的存在，国家便不成其为国家。国之不存，何来天子之安？"无俾城坏，无独斯畏"正是警告厉王不要本末倒置，逞一时之威。

诗的末章，诗人重新拿出上天的意志劝谏厉王，与首章遥相呼应。诗人希望厉王听从天意，"敬天之怒，无敢戏豫。敬天之渝，无敢驰驱"。君王若能如此行事，那么国家才能安定清明。"昊天曰明，及尔出王。昊天曰旦，及尔游衍"，这最后四句表达了一位关心国家命运的老臣对国家安泰的衷心企盼。

荡

荡荡上帝[①]，下民之辟[②]。疾威上帝[③]，其命多辟[④]。天生烝民[⑤]，其命匪谌[⑥]。靡不有初，鲜克有终[⑦]。

文王曰咨[⑧]，咨女殷商[⑨]！曾是强御[⑩]，曾是掊克[⑪]，曾是在位，曾是在服[12]。天降滔德[13]，女兴是力[14]。

文王曰咨，咨女殷商！而秉义类[15]，强御多怼[16]。流言以对，寇攘式内[17]。侯作侯祝[18]，靡届靡究[19]。

文王曰咨，咨女殷商！女炰烋于中国[20]，敛怨以为德。不明尔德，时无背无侧[21]。尔德不明，以无陪无卿[22]。

文王曰咨，咨女殷商！天不湎尔以酒[23]，不义从式[24]。既愆尔止[25]，靡明靡晦。式号式呼[26]，俾昼作夜。

文王曰咨，咨女殷商！如蜩如螗[27]，如沸如羹。小大近丧[28]，人尚乎由行[29]。内奰于中国[30]，覃及鬼方[31]。

文王曰咨，咨女殷商！匪上帝不时[32]，殷不用旧。虽无老成人，尚有典刑[33]。曾是莫听，大命以倾。

文王曰咨，咨女殷商！人亦有言，颠沛之揭[34]，枝叶未有害，本实先拨[35]。殷鉴不远，在夏后之世[36]。

【注释】

⑪掊（póu）克：聚敛，搜刮。⑫在服：在职。⑬滔：放纵不法。⑭兴：助长。力：勤，努力。⑮而：尔，你。秉：执持。义类：善类，此指强族。⑯怼（duì）：怨恨。⑰寇攘：像盗寇一样掠取。式内：在朝廷内。⑱侯：于是。作、祝：诅咒。⑲届究：穷，尽。⑳炰烋（páo xiāo）：同“咆哮”。㉑无背无侧：不知有人背叛、反侧。㉒无陪无卿：无陪臣无卿相。㉓湎（miǎn）：沉湎，沉迷。㉔不义从式：不放纵你们。㉕愆：过错。止：容止。㉖式：语助词。㉗蜩（tiáo）：蝉。螗：一种蝉。㉘丧：败亡。㉙由行：学老样。㉚奰（bì）：愤怒。㉛覃：延及。鬼方：指远方。㉜时：善。㉝典刑：指旧的典章法规。㉞颠沛：跌仆，此指树木倒下。揭：举，此指树根翻出。㉟本：根。拨：败。㊱后：君主。

【赏析】

第一节的“荡”字是全篇的中心。“荡荡上帝”这一句，通过呼告的语气，喊出了上天败坏法度的现状。之后“疾威上帝”这一句中的“疾威”突出了“荡”的程度。同时，下面几章的内容都是围绕“疾威”

来描写的。

从第二节开始，都用周文王的语气感叹殷纣王的荒淫无道。

第二节通过连用四个“曾是”营造出一种气势，增强了谴责效果。

第三节所写的内容表面上虽然是在斥责纣王，但暗地里却是在指责厉王的残暴。这一节主要指出厉王的这种行为，终会导致国家将被贤良所摒弃，祸乱四处横生。

第四节的内容主要是说厉王的刚愎自用、恣意妄为。本节指出他是一个内无美德、外无良臣的君王，他的一系列行为给国家招来了重大的灾难。“不明尔德”“尔德不明”，是作者在反复诉说来表现自己内心的沉重。

第五节的内容是在讽刺厉王不思进取，纵酒败德。通过描写商纣王在酒池肉林中昼夜长饮来表现。正是因为有纣王这个例子，周朝在开国之初就规定国人不可轻易饮酒，并且曾经下过禁酒令，但是随着时间的流逝，这些禁令被人们遗忘了，厉王不在乎有什么后果，不在乎历史教训，在他纵情声色的同时作者感到非常痛心疾首。

第六节主要是在描述国家因为纣王种种败德乱政的行为变得一片混乱，然后借纣王来比喻厉王，点明厉王的残暴已经更甚于纣王了，人们对他的怨恨已经蔓延到荒远的国家。这一节的内容既承接了四五节，又呼应了第三节，表明现在国家的灾祸已经由国内绵延到了国外，国家已经变得岌岌可危。

第七节诗人从另一面说明了纣王的过错，通过这些总结痛斥纣王并劝解厉王不要再重用那些阴险的恶人和小人，同时，这一节也表现诗人对于厉王忘“旧”的不满，在本诗中，“旧”既是指旧章程，同时也是指善于把握旧章程的老臣。所以这一节“殷不用旧”和第四节“无背无侧”“无陪无卿”两句所表达的意思是一脉相承的。

第八节中诗人通过“颠沛之揭，枝叶未有害，本实先拨”来告诉厉王，现在亡羊补牢还来得及，千万不要等到大祸临头才知道后悔。遗憾的是，诗人的劝解没有引起周厉王的重视。

抑

抑抑威仪[①]，维德之隅[②]。人亦有言，靡哲不愚。庶人之愚，亦职维疾[③]。哲人之愚，亦维斯戾[④]。

无竞维人[⑤]，四方其训之[⑥]。有觉德行[⑦]，四国顺之。讦谟定命[⑧]，远犹辰告[⑨]。敬慎威仪，维民之则。

其在于今，兴迷乱于政；颠覆厥德，荒湛于酒[⑩]。女虽湛乐从[⑪]，弗念厥绍[⑫]。罔傅求先王[⑬]，克共明刑[⑭]。

肆皇天弗尚[⑮]，如彼泉流，无沦胥以亡[⑯]。夙兴夜寐，洒扫廷内，维民之章[⑰]。修尔车马，弓矢戎兵[⑱]，用戒戎作[⑲]，用逷蛮方[⑳]。

质尔人民[㉑]，谨尔侯度[㉒]，用戒不虞[㉓]。慎尔出话，敬尔威仪，无不柔嘉。白圭之玷，尚可磨也；斯言之玷，不可为也。

无易由言[㉔]，无曰苟矣，莫扪朕舌[㉕]，言不可逝矣[㉖]。无言不雠[㉗]，无德不报。惠于朋友，庶民小子。子孙绳绳[㉘]，万民靡不承[㉙]。

视尔友君子[㉚]，辑柔尔颜[㉛]，不遐有愆[㉜]。相在尔室[㉝]，尚不愧于屋漏[㉞]。无曰不显，莫予云觏[㉟]，神之格思[㊱]，不可度思[㊲]，矧可射思[㊳]。

辟尔为德[㊴]，俾臧俾嘉。淑慎尔止[㊵]，不愆于仪。不僭不贼[㊶]，鲜不为则[㊷]。投我以桃，报之以李。彼童而角[㊸]，实虹小子[㊹]。

荏染柔木[㊺]，言缗之丝[㊻]。温温恭人，维德之基。其维哲人，告之话言[㊼]，顺德之行。其维愚人，覆谓我僭，民各有心。

於乎小子[㊽]，未知臧否[㊾]。匪手携之[㊿]，言示之事[51]。匪面命之[52]，言提其耳。借曰未知[53]，亦既抱子。民之靡盈[54]，谁夙知而莫成[55]？

昊天孔昭，我生靡乐。视尔梦梦[56]，我心惨惨。诲尔谆谆，听我藐藐[57]。匪用为教，覆用为虐[58]。借曰未知，亦聿既耄[59]。

於乎小子，告尔旧止。听用我谋，庶无大悔[60]。天方艰难，曰丧厥国[61]。取譬不远，昊天不忒[62]。回遹其德[63]，俾民大棘[64]。

【注释】

①抑抑：慎密。②隅：屋角，借指品行方正。③职：主。④戾：罪。⑤无：发语词。竞：强盛。维人：由于（贤）人。⑥训：顺从。⑦觉：正直。⑧讦（xū）谟：大谋。命：政令。⑨犹：谋略。辰：按时。⑩荒湛：沉迷。⑪女：汝。从：通“纵”，放纵。⑫绍：继承。⑬罔：不。敷求：指广求先王之道。⑭克：能。共：执行，推行。刑：法。⑮肆：于是。尚：佑助。⑯沦胥：沉没。⑰章：模范，准则。⑱戎兵：武器。⑲用：以。戎作：代戎事。⑳逷（tì）：治服。蛮方：边远地区的民族部落。㉑质：告诫。㉒谨：谨慎。度：法度。㉓不虞：不测。㉔易：轻易，轻率。由言：发言。㉕扪：按住。朕：我，秦时始作为皇帝专用的自称。㉖逝：追。㉗雠：应验，回应。㉘绳绳：谨慎的样子。㉙承：接受。㉚友：结交。㉛辑：和。㉜不遐有愆：没有一点过错。㉝相：察看。㉞屋漏：屋顶漏则见天光，暗中之事全现，喻神明监察。㉟觏（gòu）：遇见，此指看见。㊱格：至。思：语助词。㊲度（duó）：推测，估计。㊳矧（shěn）：况且。射：厌恶。㊴辟：修明，一说训法。㊵淑：美好。止：举止行为。㊶僭（jiàn）：超越本分。贼：残害。㊷鲜（xiǎn）：少。则：法则。㊸童：雏，幼小。此指没角的小羊羔。㊹虹：同“讧”，溃乱。㊺荏染：柔弱。㊻言：语气助词。缗（mín）：给乐器安上弦。㊼话言：诂言，老古话。㊽於乎：叹词。㊾臧否（pǐ）：好恶。㊿匪：非。51示：指示。52面命：当面开导。53借曰：假如说。54盈：完满。55莫：同“暮”，晚。56梦梦：昏而不明。57藐藐：轻视的样子。58虐：“谑”的假借，戏谑。59聿：语气助词。耄：年老。60庶：庶几。61曰：语气助词。62忒（tè）：偏差。63回遹（yù）：邪僻。64棘：通“急”，危难。

【赏析】

《毛诗序》评论此诗为：“卫武公刺厉王，亦以自警也。”诗歌层次分明。前三章组成第一个层次，陈说“靡哲不愚”的普遍道理，从正反两面进行对比；接下来的六章和最末三章构成了第二和第三部分，从正反两面深入分析，苦口婆心地告诫。首章先从哲和愚的关系说起，“抑抑威仪，维德之隅”，采用赋法，从哲人形象写起，并进而引出“靡哲不愚”的谚语，作为提纲挈领式的文字来说明道理。次章从内外政策说起，告诫子孙要做到以德服人，外修文治，内修德政。第三章诗人不再遮遮掩掩，直斥当今君王之“愚”。“兴迷乱于政”“颠覆厥德，荒湛于酒”“女虽湛乐从，弗念厥绍”，多是无道之举，迷乱之政兴，道德之风坏，骄纵酒乐，不思治国。此章诗人指出了君王的平庸无能——内不能主持国政，外不能抵御外辱。

诗人在第四章中提醒子孙不要迷信上天庇佑，而要整顿甲兵，勤于政务，防止外敌入侵。第五至第九章中，诗人强调慎言慎令，言论政令都要合乎民意，而且需要认真审察民意，如此才会得到人民的认可和信服。总而言之，诗人认为只要自己“敏于事而慎于言”，就不用担心别人的指责。

后三章中诗人直呼“小子”，既有对子孙不听自己忠告的忧虑，又有长辈对后辈们殷切的希望。子孙依然浑浑噩噩，不明自己良苦用心。在忧愤中诗人结束了全诗，警告子孙当前天下危难，四方多事，应该听从劝诫，如此才能保存自己的封国。

诗歌结构严整，典雅厚重，忧愤多变的语言具有较高的艺术价值。诗人作为一个长者，见多识广，博学多识，富有智慧，语气在前部分诗歌中显得雍容和缓，见识高妙，感情真挚。随着感情的加深，诗人对子孙的不良行为产生了忧愤之情，显得急切。此外，语言精练，富有警醒意味。诗人用“白圭之玷，尚可磨也；斯言之玷，不可为也”作比，说明言论谨慎的重要性。用浅显易懂的事物说明了深奥的道理，可谓诗中充满箴言道理。

诗人从“靡哲不愚”推演出一套普遍的人生哲理，说明哲人都会有愚昧的时候，就更不用说常人了，因此把后天对人的影响和改造放在了一个很重要的地位。诗人高人一筹的认识在于，他跳出了“王者圣人”“受天命”的条条框框，看清了君主也需要加强德行的学习，从而揭开了统治者身上的神秘面纱，反映出了历史的发展趋势。

桑柔

菀彼桑柔[①]，其下侯旬[②]，捋采其刘[③]。瘼此下民[④]，不殄心忧[⑤]。仓兄填兮[⑥]，倬彼昊天[⑦]，宁不我矜[⑧]？

四牡骙骙[⑨]，旟旐有翩[⑩]。乱生不夷[⑪]，靡国不泯[⑫]。民靡有黎[⑬]，具祸以烬[⑭]。於乎有哀，国步斯频[⑮]。

国步蔑资[⑯]，天不我将[⑰]。靡所止疑[⑱]，云徂何往[⑲]？君子实维[⑳]，秉心无竞[㉑]。谁生厉阶[㉒]，至今为梗[㉓]？

忧心慇慇[㉔]，念我土宇[㉕]。我生不辰，逢倬天怒[㉖]。自西徂东，靡所定处。多我觏痻[㉗]，孔棘我圉[㉘]。

为谋为毖[㉙]，乱况斯削[㉚]。告尔忧恤[㉛]，诲尔序爵[㉜]。谁能执热[㉝]，逝不以濯[㉞]？其何能淑[㉟]，载胥及溺[㊱]。

如彼遡风[㊲]，亦孔之僾[㊳]。民有肃心[㊴]，荓云不逮[㊵]。好是稼穑[㊶]，力民代食[㊷]。稼穑维宝，代食维好。

天降丧乱，灭我立王[㊸]。降此蟊贼[㊹]，稼穑卒痒[㊺]。哀恫中国[㊻]，具赘卒荒[㊼]。靡有旅力[㊽]，以念穹苍[㊾]。

维此惠君[㊿]，民人所瞻。秉心宣犹[51]，考慎其相[52]。维彼不顺，自独俾臧[53]。自有肺肠，俾民卒狂。

瞻彼中林，甡甡其鹿[54]。朋友已谮[55]，不胥以穀[56]。人亦有言，进退维谷[57]。

维此圣人，瞻言百里。维彼愚人，复狂以喜[58]。匪言不能[59]，胡斯畏忌[60]。

维此良人，弗求弗迪[61]。维彼忍心，是顾是复。民之贪乱，宁为荼毒[62]。

大风有隧[63]，有空大谷。维此良人，作为式穀。维彼不顺，征以中垢[64]。

大风有隧，贪人败类[65]。听言则对[66]，诵言如醉[67]。匪用其良，复俾我悖[68]。

嗟尔朋友，予岂不知而作[69]。如彼飞虫[70]，时亦弋获。既之阴女[71]，反予来赫[72]。

民之罔极[73]，职凉善背[74]。为民不利，如云不克[75]。民之回遹[76]，职竞用力[77]。

民之未戾[78]，职盗为寇。凉曰不可[79]，复背善詈。虽曰匪予[80]，既作尔歌[81]。

【注释】

①菀（wǎn）：茂盛的样子。②旬：树荫遍布。③刘：剥落稀疏，句意谓桑叶被采后，稀疏无叶。④瘼：病、害。⑤殄：断绝。⑥仓兄：通“怆恍”悲伤失意的样子。填：久。⑦倬：明察。⑧宁：何。不我矜：“不矜我”的倒装句。⑨骙骙：形容马奔跑不息。⑩旟旐：画有鹰隼、龟蛇的旗。有翩：翩翩，翻飞的样子。⑪夷：平。⑫泯：乱。⑬民靡有黎：没有黎民。⑭具：通“俱”。⑮频：危急。⑯蔑：无。资：财。⑰将：扶助。“不我将”为“不将我”之倒装句。⑱靡所止疑：没有住处终疑难。⑲云：发语词。徂：往。⑳实维：是作。㉑秉心：存心。竞：争。㉒厉阶：祸端。㉓梗：灾害。㉔慇（yīn）慇：心痛的样子。㉕土宇：土地、房屋。㉖僤（dàn）怒：重怒。㉗觏：遇。痻（mín）：灾难。㉘棘：通“急”。圉（yǔ）：边疆。㉙毖：谨慎。㉚斯：乃。削：减少。㉛尔：指周厉王及当时执政大臣。㉜序：次序。爵：官爵。㉝执热：救热。㉞逝：发语词。濯：洗。㉟淑：善。㊱载：乃。胥：互相。㊲遡：逆。㊳僾：呼吸不畅的样子。㊴肃：进取。㊵荓（pīng）：使。不逮：不及。㊶稼穑：通“家啬”，指家居吝啬聚敛。㊷力民：使人民出力劳动。代食：指官吏靠劳动者养活。㊸灭我立王：意谓灭我所立之王。㊹蟊贼：蟊为食苗根的害虫，贼为吃苗节的害虫。泛指农作物的病虫害。㊺卒：完全。痒：病。㊻恫（tōng）：哀痛。㊼赘：连绵，不断。㊽旅力：指宣扬。㊾念：感动。㊿惠君：惠，顺。顺理的君主，称惠君。51宣犹：好谋划。52考慎：慎重考察。相：辅佐大臣。53臧：善。54甡（shēn）甡：众多的样子。55谮：中伤。56胥：相。穀：善。57进退维谷：谓进退皆难。58复：

反而。⑲ 匪言不能："匪不能言"。⑳ 胡：何。斯：这样。㉑ 迪：钻营。㉒ 宁：乃。荼毒：荼指苦草，毒指毒虫毒蛇之类，此指毒害。㉓ 有隧：隧隧，形容大风疾速吹动。㉔ 中垢：指宫廷秽闻。㉕ 贪人：贪财枉法的小人。㉖ 听言：顺从心意的话。㉗ 诵言：忠告的言语。㉘ 悖：违理。㉙ 而：你。㉚ 飞虫：指飞鸟。古人用"虫"泛指一切动物。㉛ 既：已经。阴：通"荫"，庇护。㉜ 赫：威赫。㉝ 罔极：无法则。㉞ 职：主。凉：通"谅"，信。背：背叛。㉟ 云：句中助词。克：胜。㊱ 回遹：邪僻。㊲ 用力：指用暴力。㊳ 戾：善。㊴ 凉曰不可：凉，"谅"的假借，指说你不可这样做。㊵ 虽曰匪予：虽然不是来骂我。㊶ 既：还是。

【赏析】

"菀彼桑柔，其下侯旬"，诗歌开篇以桑柔作比，说明祸乱对人民危害甚重。桑树本来是枝繁叶茂，蓊蓊郁郁，却因择采殆尽而剥落稀疏。形象的喻体，将老百姓受剥夺之深，不胜其苦的现实表现出来。因此诗人不禁仰天控诉："倬彼昊天，宁不我矜。"诗人无可奈何之中，只能哀怨高明的上天，你为何不怜悯百姓呢？由此"瘼此下民"的重心得到了很好的点染。"仓兄填兮"的忧愁亦显得更加悲怆、深沉。开篇题旨，诗意严肃。

诗人顺承"瘼此下民"一句紧接着指出祸乱之本，国势倾颓，征役不息，民无安居之所。"民靡有黎，具祸以烬"，此处再次和"瘼此下民"遥相呼应，一直没有离开"民"字，在诗人眼中，"民惟邦本""得民心者得天下"。面对征伐、"民靡有黎"的现实，诗人大声疾呼："於乎有哀，国步斯频。"国运衰微，必难长久。第三章写出祸乱既危乎国，亦危乎己。民穷财尽，天不助我。人民流离失所，"君子实维"，这些现象确实应该引起君子们的深思呀！第四章诗人进一步深化，写出乱上加乱的国情。诗人感叹自己生不逢时。表现出对现实的殷忧之深。内乱方兴，外患又至，现在的国家可谓是祸不单行。尽管诗人忧心如焚，但是也难以力挽倾颓之势。

"国家兴亡，匹夫有责"，诗人也不愿意看到国家的毁灭。在接下来的几章中，诗人再次申述为国之道，再进忠言。"为谋为毖，乱况斯削"，反题正作，从救乱说起，只要谋虑周到，做事慎重，祸乱情况就可以衰减。诗人进一步提出纲领性的观点——"告尔忧恤，诲尔序爵"，只有君王从根本上忧心国事，谨慎授官拜爵，任用贤良，国家就必然能够得以挽救。诗人再次用喻，借凉水解渴之意来比喻解救国家危难必须任用贤能。相比于“国人莫敢言。道路以目”来看。诗人更加明白百姓善良的道理，他们勤于稼穑，是以耕种养活“力民代食”的人。官府要体恤民情，爱护人民。“防民之口，甚于防川”，民心在疏导而不在堵。国王为政，不得民心，人民必将如处在逆风中一样感到窒息丧气。天降灾害，祸乱频仍，执政者只知敛财，导致天怒人怨。

纵观全诗，前八章从国家产生祸乱的原因入手，写出了厉王的不恤民瘼，不用贤良，以致民怨沸腾，诗人产生了忧国忧民的悲慨。后八章则是谴责同僚执政者，不能清正廉明、勇于进谏，从而加速国家危亡，更加引起了人民的怨恨。小人当权，厉王昏聩，诗人有感于此，因而作成此诗。

从第八章开始，诗人指出合乎天理的君王受到人民拥戴，君主昏聩不明则必将受到人民的反对和唾弃。本来诗人想有所作为，可恨小人当道，自身处境进退维谷，没有志同道合、共赴国难之人。相反，他们对其进行威胁，谗害忠良。

此诗并未对厉王的暴政直接进行指斥，而是通过对人民痛苦的描述，通过对社会动乱原因的分析，含蓄委婉地提出了对君王的批评。徭役不止，横征暴敛，小人当权，忠良被贬，在诗人看来，这些就是造成社会不安定的原因。但是，就算有寥寥几个像诗人这样的正直之士，也无力回天。诗中充满了诗人的批判，也表现出了诗人对现实的清醒认识。

云 汉

倬彼云汉[①]，昭回于天[②]。王曰於乎[③]，何辜今之人[④]！天降丧乱，饥馑荐臻[⑤]。靡神不举[⑥]，靡爱斯牲[⑦]。圭璧既卒[⑧]，宁莫我听[⑨]？

旱既大甚[10]，蕴隆虫虫[11]。不殄禋祀[12]，自郊徂宫[13]。上下奠瘗[14]，靡神不宗[15]。后稷不克，上帝不临。耗斁下土[16]，宁丁我躬[17]？

旱既大甚，则不可推。兢兢业业，如霆如雷。周余黎民[18]，靡有孑遗[19]。昊天上帝，则不我遗[20]。胡不相畏，先祖于摧[21]？

旱既大甚，则不可沮。赫赫炎炎，云我无所[22]。大命近止[23]，靡瞻靡顾。群公先正[24]，则不我助。父母先祖，胡宁忍予[25]？

旱既大甚，涤涤山川[26]。旱魃为虐[27]，如惔如焚[28]。我心惮暑[29]，忧心如熏[30]。群公先正，则不我闻[31]。昊天上帝，宁俾我遯[32]？

旱既大甚，黾勉畏去[33]。胡宁瘨我以旱[34]，憯不知其故[35]。祈年孔夙[36]，方社不莫[37]。昊天上帝，则不我虞[38]。敬恭明神，宜无悔怒。

旱既大甚，散无友纪[39]。鞫哉庶正[40]。

疚哉冢宰[41]，趣马师氏[42]，膳夫左右[43]。靡人不周，无不能止。瞻卬昊天[44]，云如何里[45]？

瞻卬昊天，有嘒其星[46]。大夫君子，昭假无赢[47]。大命近止，无弃尔成[48]。何求为我，以戾庶正[49]。瞻卬昊天，曷惠其宁[50]？

【注释】

①倬（zhuō）：大。云汉：银河。②昭：光。回：转。③於（wū）乎："呜呼"，叹词。④辜：罪。⑤荐：重，再。臻：至。⑥靡：无，不。举：祭祀。⑦爱：吝惜，舍不得。牲：祭祀用的牲口。⑧圭璧：祭神用的玉器。⑨宁：乃。莫我听：即"莫听我"。⑩大：同"太"。⑪蕴隆：暑气郁盛。虫虫：热气熏蒸的样子。⑫殄：断绝。禋（yīn）祀：祭天神的典礼。⑬宫：指宗庙。⑭奠：祭天。瘗（yì）：指把祭品埋在地下以祭地神。⑮宗：尊敬。⑯斁（dù）：败坏。⑰丁：当，遭逢。⑱黎民：百姓。⑲孑遗：遗留，剩余。⑳遗（wèi）：赠。㉑于摧：将灭。㉒云：遮蔽。㉓大命：国命。㉔群公：先世诸侯之神。先正：

先世卿士之神。㉕忍：忍心。㉖涤涤：光秃的样子。㉗旱魃（bá）：古代传说中指能造成旱灾的鬼怪。㉘惔（tán）：火烧。㉙惮：畏。㉚熏：灼。㉛闻：恤问。㉜遯（dùn）：受困。㉝黾勉：勉力为之，尽力事神，急于祷告祈求。㉞瘨（diān）：病。㉟憯（cǎn）：曾。㊱祈年：指“孟春祈谷于上帝，孟冬祈来年于天宗”之祭礼。孔夙（sù）：很早。㊲方：祭四方之神。社：祭土神。莫（mù）：古“暮”字，晚。㊳虞：忖度。㊴友：通“有”。纪：纪纲，法度。㊵鞫（jū）：穷困。庶正：众官之长。㊶疚：忧苦。冢宰：周代官名，相当于后世的宰相。㊷趣马：官名，职责是掌管国王马匹。师氏：官名，主管教育的官。㊸膳夫：主管国王、后妃饮食的官。㊹卬（yǎng）：通“仰”。㊺里：通“悝”，忧伤。㊻嘒（huì）：微光。㊼昭假：祭祀。无赢：无爽，无差错。㊽成：功。㊾戾：定。㊿曷：何，何时。惠：赐。

【赏析】

首句“倬彼云汉，昭回于天”，描写银河高远、星光闪闪的景象。“王曰於乎”一句，点出观景之人。王在夜间仰头观望星象，看到辽远高阔、清澈晴朗的夜空，不禁连声叹息：“何辜今之人！”

诗人并未开门见山地写出大旱之时的情形，而是从周宣王夜观天象的举动，以及由此而生的叹息入手，刻画出一个忧心天下民生的君主形象，也为全诗奠定了一种焦虑哀伤的基调。“倬彼云汉，昭回于天”这一意象，若独立来看，不失为一幅美妙的夜景图。然而，放在此诗起首，却有“乐景写哀”之功用。

周人敬天畏神，逢此大旱，自然首先怀疑自己是否对神不敬。但“靡神不举，靡爱斯牲”，明明没有神灵不曾供奉，也没有吝惜祭品，却依然“天降丧乱，饥馑荐臻”，老天仍旧不断降下灾难。双重否定句式的运用，表现出宣王困惑、焦灼、畏惧交织的复杂心情。

第二章至第七章，诗人连用六句“旱既大甚”，既点明旱灾的现状和形势，也营造出了一种紧张、焦急的阅读效果，使读者对周宣王为旱灾所苦的心情感同身受。这六章一方面写宣王眼中所见旱情，另一方面摹写宣王的心理状态。诗人对灾情的描写多用夸张手法，将情与景巧妙地进行融合。如“周余黎民，靡有孑遗”一句，表现旱灾波及之处，赤地千里、民不聊生的景状。“周地之民所剩无几”的夸大说辞中，蕴含着宣王深深的痛苦和忧虑。再如“旱魃为虐，如惔如焚”一句，写旱魔在原本丰饶的大地上肆虐横行，导致山河枯槁，像被一场大火烧过一般。将旱灾遍地的情景想象成大火燎原，十分准确贴切；而且以大地赤火比宣王的忧心如焚，情景交融，相得益彰。

触目所见，举国上下一片焦渴，宣王由此向上天接二连三发出呼号："父母先祖，胡宁忍予！""昊天上帝，宁俾我遁！""瞻卬昊天，云如何里！"——先祖们，神灵们，苍天啊，为何你们忍心见我受苦？难道想要将我们赶出此地，断绝我们的生路？如何才能止住这场干旱，让我不再忧伤？

这种发自肺腑的呼号，字字句句皆为血泪。它是先民在面对灾难时的无助、无力和无奈心情最直接、最忠实的体现。尽管宣王将这场灾难看作上天"如霆如雷"的惩罚，并带领百官和民众"不殄禋祀，自郊徂宫。上下奠瘗，靡神不宗"，不断地举行祭祀，拜祭上天和诸神，甚至"趣马师氏，膳夫左右"，让管理马匹的官员、教导自己的老师，负责王室膳食的官员都来助祭，却"无不能止"，旱情仍然持续着。夜观星象，"瞻卬昊天，有嘒其星"，天空仍然星辰无数，一望无垠。

无论怎样向上天呼告表达自己的忧愤与失望，宣王唯一能做的事也仍是祈祷。他还劝告"大夫君子"，祈祷要虔诚，不能出差错。诗中两次提及"大命近止"，一方面写出旱灾的可怕：它好像一片死亡的阴云，悬浮在人们头顶，随时可能落下来，置人于死地；另一方面，描绘出大难临头时人们的惶恐与绝望。宣王为安定民心，只能"无弃尔成"，存着一线希望，坚持不懈地祷告下去，期望上天终有一天会听见。

经过前文的铺垫，此时的祭祀和祷告仪式已染上了深深的悲凉和哀伤。"何求为我，以戾庶正"一句，鲜明地表达出宣王的心情：这场祈雨的仪式并非为了自己，而是为了安抚百官之心。周宣王在臣子和百姓面前，保持着一个君王的威仪，给人带来了安稳和信心；但面对上天时，他却发出忧苦的叹息："曷惠其宁？"——苍天神灵，你们何时才会赐予我安宁？

崧 高

崧高维岳[①]，骏极于天[②]。维岳降神[③]，生甫及申[④]。维申及甫，维周之翰[⑤]，四国于蕃[⑥]，四方于宣[⑦]。

亹亹申伯[⑧]，王缵之事[⑨]，于邑于谢[⑩]，南国是式[⑪]。王命召伯[⑫]，定申伯之宅[⑬]。登是南邦[⑭]，世执其功[⑮]。

王命申伯，式是南邦。因是谢人[⑯]，以作尔庸[⑰]。王命召伯，彻申伯土田[⑱]。王命傅御[⑲]，迁其私人[⑳]。

申伯之功，召伯是营。有俶其城[㉑]，寝庙既成[㉒]，既成藐藐[㉓]。王锡申伯[㉔]，四牡蹻蹻[㉕]，钩膺濯濯[㉖]。

王遣申伯[㉗]，路车乘马[㉘]。我图尔居[㉙]，莫如南土。锡尔介圭[㉚]，以作尔宝。往近王舅[㉛]，南土是保[㉜]。

申伯信迈[㉝]，王饯于郿[㉞]。申伯还南，谢于诚归[㉟]。王命召伯，彻申伯土邢疆。以峙其粻[㊱]，式遄其行[㊲]。

申伯番番[㊳]，既入于谢，徒御啴啴[㊴]。周邦咸喜，戎有良翰[㊵]。不显申伯[㊶]，王之元舅[㊷]，文武是宪[㊸]。

申伯之德，柔惠且直[㊹]。揉此万邦[㊺]，闻于四国。吉甫作诵[㊻]，其诗孔硕[㊼]。其风肆好[㊽]，以赠申伯。

【注释】

①崧（sōng）：山高而大。维：是。岳：特别高大的山。②骏：通“峻”，高大。极：至。③维：发语词。④甫：国名，此指甫侯。申：国名，此指申伯。⑤翰：屏障。⑥于：犹“为”。蕃：“藩”，藩篱，屏障。⑦宣：城垣。⑧亹（wěi）亹：勤勉貌。⑨王缵之事：王使申伯办他事。⑩前一“于”字：为，建。谢：地名。⑪式：法。⑫召伯：召虎，亦称召穆公，周宣王大臣。⑬定：确定。⑭登：成为。⑮执：守持。功：事业。⑯因：依靠。⑰庸：通“墉”，城墙。⑱彻：治理。⑲傅御：诸侯之臣，治事之官，为家臣之长。⑳私人：傅御之

家臣。㉑俶（chù）：修缮。㉒寝庙：周代宗庙的建筑有庙和寝两部分，合称寝庙。㉓藐藐：美貌。㉔锡（cì）：同“赐”。㉕牡：公马。蹻（jué）蹻：强壮勇武貌。㉖钩膺：马颈腹上的带饰。濯濯：光泽鲜明貌。㉗遣：派遣。㉘路车：诸侯乘坐的一种大型马车。㉙图：图谋，谋虑。㉚介：大。圭：古代玉制的礼器，诸侯执此以朝见周王。㉛迈（jì）：语助词，相当于“了”。㉜保：安保。㉝信：再宿。迈：走。㉞饯：备酒食送行。郿（méi）：古地名，在今陕西眉县。㉟谢于诚归：“诚归于谢”。㊱峙：储备。粻（zhāng）：米粮。㊲遄（chuán）：加速。㊳番番：勇武貌。㊴徒：徒行之士兵。御：御车之士兵。啴（chǎn）啴：和乐貌。㊵戎：汝，你。㊶不：通“丕”，太。显：显赫。㊷元舅：长舅。㊸宪：法式，模范。㊹柔惠：温顺恭谨。㊺揉：安顺。㊻吉甫：尹吉甫，周宣王大臣。诵：同“颂”，颂赞之诗。㊼其：是，此。孔硕：指篇幅很长。㊽肆好：极好。

【赏析】

《嵩高》全诗共八章，每章八句。开篇叙写申伯降生之异，说他是由四岳神灵所降生，突出他的不同凡响。在当时神权凌驾一切的社会，如此崇高的颂扬似乎在为申伯在周朝的地位和诸侯中的重要作用作顺理成章的铺叙。诗歌以这样的方式起头，别有一番气势。

第二章写周王命召伯选定申伯的封地，突出君王对申伯的重视。自此以下，就是周王对申伯的加官晋爵、称王封地的描写。诗人着重突出申伯临别赠言，宣王饯行以及申伯启程时的盛况，最后叙写申伯荣归故里，不负众望，给各国诸侯们做出了榜样，至此，诗人点明了全诗意旨。王命是贯穿全诗的线索，以申伯受封之事为中心，按照时间顺序，写出事件发展的经过。行文过程中却又不忘添加对宣王的溢美之词和突出宣王对申伯的倚重宠眷。后面几章写申伯定封于谢、筑城池、治土田、定宗庙等，不断重申“王命召伯”之语，写出宣王的叮咛郑重之意。

“申伯之德，柔惠且直。揉此万邦，闻于四国”，最后一章点明作诗之意，特别申明申伯的功德之盛，表明其受赐绝非因先祖功德因袭或恃亲贵以邀宠。诗人作诗也只是为了申明宣王之精明能干和臣子的尽忠竭力，绝非阿谀逢迎。这是一首送行诗，主要叙述申伯南征后宣王封其于谢城，以安定民心，作王室屏障，平铺直叙，叙事详尽，多为真情实感。

烝　民

天生烝民[①]，有物有则。民之秉彝[②]，好是懿德。天监有周，昭假于下[③]。保兹天子，生仲山甫[④]。

仲山甫之德，柔嘉维则。令仪令色，小心翼翼。古训是式[⑤]，威仪是力。天子是若[⑥]，明命使赋。

王命仲山甫，式是百辟[⑦]。缵戎祖考[⑧]，王躬是保。出纳王命[⑨]，王之喉舌。赋政于外，四方爰发[⑩]。

肃肃王命，仲山甫将之[⑪]。邦国若否[⑫]，仲山甫明之。既明且哲，以保其身。夙夜匪解[⑬]，以事一人。

人亦有言，柔则茹之[⑭]，刚则吐之。维仲山甫，柔亦不茹，刚亦不吐。不侮矜寡，不畏强御[⑮]。

人亦有言，德輶如毛[⑯]，民鲜克举之。我仪图之[⑰]，维仲山甫举之，爱莫助之。衮职有缺[⑱]，维仲山甫补之。

仲山甫出祖[⑲]，四牡业业[⑳]，征夫捷捷，每怀靡及[㉑]。四牡彭彭，八鸾锵锵[㉒]。王命仲山甫，城彼东方。

四牡骙骙[㉓]，八鸾喈喈。仲山甫徂齐，式遄其归[㉔]。吉甫作诵，穆如清风[㉕]。仲山甫永怀[㉖]，以慰其心。

【注释】

①烝：众。②秉彝：常理，常性。③假：至。④仲山甫：人名，为宣王卿士。⑤式：用，效法。⑥若：选择。⑦辟：法式。⑧缵：继承。戎：你。⑨出纳：指受命与传令。⑩爰发：乃行。⑪将：执行。⑫若否：好坏。⑬解：通“懈”。⑭茹：吃。⑮强御：强悍。⑯輶（yóu）：轻。⑰仪图：揣度。⑱衮（gǔn）：绣龙图案的王服。⑲祖：祭路神。⑳业业：马高大的样子。㉑每怀靡及：每人怀有私心，顾不上。㉒鸾：鸾铃。㉓骙（kuí）骙：强壮。㉔遄（chuán）：速。㉕穆如清风：柔和得像清风一样。㉖永：长。怀：思。

【赏析】

此诗写的应是周宣王派大臣仲山甫到齐地筑城、平乱、巩固东方边防的事迹。

全诗大致可以分为三个部分。首章“民之秉彝，好是懿德”，写出天降仲山甫于大周，辅佐周王实现中兴，不同凡响。首章写出了仲山甫应天运而生，非一般人物可比，总领全诗。第二部分主要写仲山甫“古训是式“天子是若”“出纳王命”的才干和功绩，以及不欺负鳏寡弱小、不畏豪绅、敢于向天子进谏的高贵品质和刚直无畏的精神。诗人对仲山甫推崇备至，极意美化，塑造了一位身负重任、德才兼备、忠于职守、攸关国运的忠臣形象。此部分内容由第二章开始一直写到第六章，是整首诗歌的重点和中心。末尾两章作为诗歌的第三部分，主要写仲山甫接受周王的命令启程“城彼东方”的场面。“四牡业业，征夫捷捷，每怀靡及。四牡彭彭，八鸾锵锵”，写出他的威仪，表达出诗人的敬佩之情。

韩　奕

奕奕梁山[①]，维禹甸之[②]。有倬其道[③]，韩侯受命[④]。王亲命之[⑤]：

“缵戎祖考[⑥]，无废朕命[⑦]。夙夜匪解[⑧]，虔共尔位[⑨]。朕命不易。榦不庭方[⑩]，以佐戎辟[⑪]。”

四牡奕奕[⑫]，孔修且张[⑬]。韩侯入觐[⑭]，以其介圭[⑮]，入觐于王。王锡韩侯[⑯]，淑旂绥章[⑰]，簟茀错衡[⑱]。玄衮赤舄[⑲]，钩膺镂钖[⑳]，鞹鞃浅幭[㉑]，鞗革金厄[㉒]。

韩侯出祖[㉓]，出宿于屠[㉔]。显父饯之[㉕]，清酒百壶。其肴维何？炰鳖鲜鱼[㉖]。其蔌维何[㉗]？维笋及蒲[㉘]。其赠维何？乘马路车[29]。笾豆有且[30]，侯氏燕胥[31]。

韩侯取妻[32]，汾王之甥[33]，蹶父之子[34]。韩侯迎止[35]，于蹶之里。百两彭彭[36]，八鸾锵锵[37]，不显其光[38]。诸娣从之[39]，祁祁如云[40]。韩侯顾之[41]，烂其盈门[42]。

蹶父孔武[43]，靡国不到[44]。为韩姞相攸[45]，莫如韩乐。孔乐韩土，川泽讦讦[46]，鲂鲊甫甫[47]，麀鹿噳噳[48]，有熊有罴，有猫有虎。庆既令居[49]，韩姞燕誉[50]。

溥彼韩城[51]，燕师所完[52]。以先祖受命，因时百蛮[53]。王锡韩侯，其追其貊[54]。奄受北国[55]，因以其伯[56]。实墉实壑[57]，实亩实籍[58]。献其貔皮[59]，赤豹黄罴。

【注释】

①奕奕：高大的样子。梁山：在今陕西韩城县西北。②维：发语词。甸：治理。③倬：宽大。④韩侯：姬姓，周王近宗贵族，诸侯国韩国国君。⑤王：指周宣王。⑥缵（zuǎn）：继承。⑦朕：周王自称。⑧夙夜：早晚。匪解：即"非懈"，不懈怠的意思。⑨虔共：敬诚恭敬。⑩干（gàn）：纠正。不庭方：不来朝觐的方国诸侯。⑪辟：君。⑫牡：公马。⑬孔修（xiū）：很长。⑭入觐（jìn）：入朝朝见天子。⑮介圭：玉器，周王册封诸侯时赐予的镇国宝器，诸侯入觐时须手执介圭。⑯锡：同"赐"，赏赐。⑰淑旂（qí）：色彩鲜艳，绘有蛟龙图案的旗子。绥（suí）章：安全挂起。⑱簟茀（diàn fú）：竹编的车篷。错衡：饰有交错花纹的车前横木。⑲玄衮：黑色龙袍，周朝王公贵族的礼服。赤舄（xì）：红鞋。⑳钩膺：束在马腰部的革制装饰品。镂钖（yáng）：马额上的金属制装饰品。㉑鞹鞃（kuò hóng）：包皮革的车轼横木。浅幭（miè）：用浅毛皮裹的车上覆盖物。㉒鞗（tiáo）革：马辔头。厄：通"轭"，在辕。㉓出祖：出行之前祭路神。㉔屠：地名。㉕显父：周宣王的卿士。父，是对男子的美称。㉖炰（páo）鳖：烹煮鳖肉。㉗蔌：蔬菜。㉘笋：竹笋。㉙乘（shèng）马：一乘车四匹马。路车：辂车，贵族用大车。㉚笾豆：饮食用具。㉛燕：通"宴"。胥：皆。㉜取妻：同"娶妻"。㉝汾王：郑笺："厉王流于彘（地名，今山西霍县东北），彘在汾水之上，故时人因以号之。"㉞蹶父：周朝的卿大夫。㉟迎止：迎亲。㊱百两：百辆。彭彭：盛多。㊲鸾：通

“銮”，挂在马嚼子两端的铃。㊳ 丕（pī）：通“丕”，大。㊴ 诸娣从之：诸位娣女跟从她。㊵ 祁祁：盛多之貌。㊶ 顾：当时嫁娶的礼。㊷ 烂：光彩。㊸ 孔武：很勇武。孔，甚。㊹ 靡：没有。㊺ 韩姞：即蹶父之女，姞姓，嫁韩侯为妻，故称韩姞。相攸：指相女婿。㊻ 讦讦：广大貌。㊼ 甫甫：大貌。㊽ 麀（yōu）：母鹿。噳（yǔ）噳：鹿群聚的场面。㊾ 令居：美好的居所。㊿ 燕誉：安乐高兴。51 溥（pǔ）：广大。韩城：韩国都城。52 燕师：燕国人。53 时：掌管、统辖。蛮：古时称异族土著部落为蛮、夷。54 追、貊（mò）：北方两个少数民族。55 奄：完全。56 伯：诸侯之长。57 实：乃。墉：城墙，用作动词。壑：壕沟，用作动词。58 亩：田亩，此作动词，指划分田亩。籍：征收赋税。59 貔（pí）：猛兽名。

【赏析】

这首诗按时间顺序进行叙述，条理十分清晰。先写周宣王宣布册命，后写韩侯入朝拜见天子，接受封赏。再写韩侯出发前卿士为他饯行。继写韩侯娶亲。最后写韩侯归国。全诗无一处直接夸赞韩侯的诗句，而是通过具体细致描写韩侯受天子册封的荣耀、饯行之宴的丰盛、婚礼的铺张奢华以及归国之后的活动，让读者从中体会韩侯的显贵和作为韩城之主的才干。

开篇“奕奕梁山，维禹甸之。有倬其道”，写大禹曾治理梁山，如今更有大道直通京城，因此韩城所在地域本属于西周王朝，从而点出宣王册封韩侯的缘由。接下来写宣王册命的内容：“缵戎祖考。无废朕命，夙夜匪解。虔共尔位，朕命不易。干不庭方，以佐戎辟。”这几句话大意是说：承接你先祖的功业，不要辜负我委托于你的重任。切记日夜不懈，一定要时刻保持恭敬虔诚和谨慎之心，如此一来。我的册命自然不会变更。发挥你的才干来辅佐我，你必能让那些不来朝觐的诸侯国一一归顺。这段册命的用词庄重典雅，很符合君王的身份。

册命之后，韩侯入朝受封。“四牡奕奕，孔修且张”，在写“韩侯入觐”之前，先对他乘坐的马车进行了描写，凸显他觐见天子的气派和排场。接着，诗中花了大半篇幅叙述天子的赏赐：“王锡韩侯，淑旂绥章，簟茀错衡。玄衮赤舄，钩膺镂锡，鞹鞃浅幭，鞗革金厄。”交龙日月旗、黑色的龙袍、红色的木底高靴，雕着交错花纹、配着金质挽具、车饰华美的大车等，用华丽的辞藻详细列举，显示出韩侯所得到的无上荣耀。

“韩侯出祖，出宿于屠。显父饯之，清酒百壶”，写韩侯启程前往韩城之前祭拜祖先，随即“显父”遵照君主之令，依照礼制到郊外为韩侯饯行，备下“清酒百壶”。紧接着是对这场宴席的描述：“其殽维何？炰鳖鲜鱼。其蔌维何？维笋及蒲。其赠维何？乘马路车。”连用三个问句，从酒肴、蔬菜问到宴后所赠之物，并一一做出回答，这种自问自答的手法颇具口语化和民歌化的风味，相当贴切地表现了宴席的热闹和欢畅。

叙述韩侯娶亲场面时，诗中连用“彭彭”“锵锵”“祁祁”三个叠词，写出迎亲车队之多，陪嫁之盛，极具表现力。随后，诗作笔锋一转，开始从韩侯岳父的角度写韩国的富庶。写他“为韩姞相攸”，选婿过程中，他相中了韩国这块地方。诗中说“莫如韩乐”，实际是通过赞美韩国土地来夸耀韩侯。

“孔乐韩土。川泽讦讦，鲂鱮甫甫，麀鹿噳噳”，如前一章一样，叠词的连续运用，不仅使诗歌朗朗上口，而且加深了词语的表现力。“有熊有罴，有猫有虎”，则近乎白话，罗列韩国珍稀的动物种类，实则还是为了突出韩国的物产丰富。“庆既令居，韩姞燕誉”，写韩侯妻子的满意之情。这是从侧面表现韩侯的治理有方，赞扬之意不言而喻。

最后一章与首章密切呼应，“溥彼韩城，燕师所完”一句，与首句“奕奕梁山”呼应，巍峨的梁山所在的韩城，如今已扩建得又高又大；“以先祖受命，因时百蛮”，则呼应首章的“缵戎祖考，无废朕命”和“干不庭方，以佐戎辟”，册命时君王所提的要求，如今韩侯不负所托，尽数完成。他在韩国“实墉实壑，实亩实藉”，将当地治理得井井有条，使韩城成为西周王朝北方边境的强大屏障。

韩侯做出的功绩是周宣王实现中兴的助力之一。这首诗以多变的语言、严谨的结构、客观的笔法叙述了韩侯的事迹，用词铺张、张弛有度地表达了对韩侯的赞誉。

江　汉

江汉浮浮，武夫滔滔①。匪安匪游②，淮夷来求③。既出我车，既设我旟④。匪安匪舒，淮夷来铺⑤。

江汉汤汤⑥，武夫洸洸⑦。经营四方，告成于王。四方既平，王国庶定⑧。时靡有争，王心载宁⑨。

江汉之浒⑩，王命召虎："式辟四方⑪，彻我疆土⑫。匪疚匪棘⑬，王国来极⑭。"于疆于理⑮，至于南海。王命召虎："来旬来宣⑯。文武受命，召公维翰⑰。无曰予小子⑱，召公是似⑲。肇敏戎公⑳，用锡尔祉㉑。"

"釐尔圭瓒㉒，秬鬯一卣㉓。告于文人㉔，锡山土田。于周受命㉕，自召祖命㉖。"虎拜稽首㉗："天子万年！"

虎拜稽首，"对扬王休㉘，作召公考，天子万寿！"明明天子㉙，令闻不已㉚。矢其文德㉛，洽此四国。

【注释】

①滔滔：水广大。②匪：同"非"。③来：语助词，含有"是"的意义。求：讨伐。④旟：画有鸟隼的旗。⑤铺：通"抚"，安抚。⑥汤（shāng）汤：水势大的样子。⑦洸（guāng）洸：威武的样子。⑧庶：幸好。⑨载：则。⑩浒：水边。⑪式：发语词。辟：开辟。⑫彻：开发。⑬疚：病，害。棘："急"的假借。⑭极：准则。⑮于：意义虚泛的助词，其词义取决于后面所带之词。⑯旬："巡"的假借。⑰召公：召虎的太祖，谥康公。维：是。翰：桢干。⑱予小子：宣王自称。⑲似："嗣"的假借，继承。⑳肇敏：勉力。戎：你。公：功业。㉑锡：赐。祉：福禄。㉒釐（lài）："赉"的假借，赏赐。圭瓒（zàn）：用玉做柄的酒勺。㉓秬（jù）：黑黍。鬯（chàng）：古时祭祀用的香酒，用郁金草和黑黍酿成。卣（yǒu）：带柄的酒壶。㉔文人：有文德的人。㉕于周受命：你在周朝受册封。㉖召祖：召氏之祖，指召康公。㉗稽首：古

时礼节，跪下拱手磕头，手、头都触地。㉘对扬：颂扬。休：美德。㉙明明：勉勉。㉚令闻：美好的声誉。㉛矢：施行。

【赏析】

此诗首章起笔先声夺人，卓绝不凡。举兵伐淮夷，宣王亲征，驻于江汉之滨，召公的受命、誓师、率师出征俱在此，所以诗的前二章均以"江汉"为喻，借长江、汉水的宽阔水势。喻周天子大军浩浩荡荡的气势。也同样因为天子亲征，故曰"匪安匪游，淮夷来求""匪安匪舒，淮夷来铺"。横无际涯的滔滔江水与英姿飒爽的纤纤武夫，烘托出大军压境的气势和周王的威仪，雄浑博大。"匪安匪游，淮夷来求""匪安匪舒，淮夷来铺"，连用排比，反复强调周王的出行不是为了安乐，不是为了嬉戏，而是要让"淮夷"臣服。"既出我车，既设我旟"，连用叠句，紧承上文气势。读罢此章，一幅王师向江汉征讨的宏大图景浮现，起到总叙其事的效果。

第二章略去征战场面的描写，而是只用"经营四方，告成于王"两句点出战果，表现出另一种深意：平定边乱，不可穷兵黩武，而要讲求"文治武功"的结合。第二章开头使用复沓法与首章呼应，依然将汤汤江汉之水和勇猛的武夫作比较，简约的文字，表现的却是一场复杂但有摧枯拉朽式效果的战争，似不战而定，瞬间即止，四海康宁。虽然省略了战争的描绘，但是这种疏密相间、繁简得当的措辞却表现出文治武功的深意。

"江汉之浒，王命召虎"，写周宣王对召虎面授机宜，教诲召虎不失时机地进行整顿治理，未雨绸缪，做好善后事宜。君王的教诲表现出明君的深识卓见。而"匪疚匪棘，王国来极"颂扬了战乱平息的功绩，也衬托出王都政治清明，百姓安乐，表现出宣王的仁德。宣王再次勉励召虎，继承祖志，做栋梁之臣。宣王的谆谆面谕，反复叮咛，情见于词。而"来旬来宣"以下几句是写宣王教诲召虎要体恤下民，勤于巡视宣抚，施行德政。这看起来在表现召虎的功绩，但这种教诲又何尝不是君王自身的希冀，又何尝不是对宣王德政的赞美和颂扬呢？

"无曰予小子"犹如今日"不要说我是小子"，十分口语化，庄重之中含亲切，上追召公辅佐文王武王之功绩，下勉励召虎效先祖之忠心和鞠躬尽瘁，语带亲昵，言简意远，听着只能恭谨从命。

言语安抚已毕，宣王拿出美酒，赏赐召虎土地，召他回祖庙接受册命，以示宠信。这愈发显得庄严隆重，皇恩浩荡，愈发使得召虎伏地拜谢不迭，呼祝天子万寿无疆，既表现出宣王之德，也显示出召虎对恩赐的诚惶诚恐。全诗以赞美宣王收结，以盛赞武功始，以极颂文德终，宣扬了周王朝明君的武功文治。

常　武

赫赫明明①，王命卿士②。南仲大祖③，大师皇父④。“整我六师⑤，以修我戎⑥。既敬既戒⑦，惠此南国⑧。”

王谓尹氏⑨：“命程伯休父⑩，左右陈行⑪。戒我师旅，率彼淮浦⑫，省此徐土⑬。”不留不处⑭，三事就绪⑮。

赫赫业业⑯，有严天子⑰。王舒保作⑱，匪绍匪游⑲。徐方绎骚⑳，震惊徐方。如雷如霆㉑，徐方震惊。

王奋厥武㉒，如震如怒。进厥虎臣㉓，阚如虓虎㉔。铺敦淮溃㉕，仍执丑虏㉖。截彼淮浦㉗，王师之所㉘。

王旅啴啴㉙，如飞如翰㉚，如江如汉，如山之苞㉛，如川之流。绵绵翼翼㉜，不测不克，濯征徐国㉝。

王犹允塞㉞。徐方既来，徐方既同，天子之功。四方既平，徐方来庭㉟。徐方不回㊱，王曰还归。

【注释】

①赫赫：威严的样子。明明：明智的样子。②卿士：周朝廷执政大臣。③南仲：人名，宣王主事大臣。大祖：太祖。④大师：职掌军政的大臣。皇父：人名，周宣王太师。⑤整：治。六师：六军。周制，王建六军。一军一万二千五百人。⑥修我戎：整顿我的军备。⑦敬：

警惕。⑧惠：爱。⑨尹氏：此指尹吉甫。⑩程伯休父：人名，宣王时大司马。⑪陈行：列队。⑫率：率领。⑬省：察视。徐土：指徐国。⑭不留不处："不"字皆语助词，无实际意义。留：同"刘"，杀。处：安。⑮三事：三卿。绪：业。⑯业业：前行的样子。⑰有严：严严，威严的样子。⑱舒：舒徐。保：安。作：起。⑲绍：舒缓。游：优游。⑳绎骚：骚动。㉑霆：打雷。㉒奋厥武：奋发勇武。㉓虎臣：猛如虎的武士。㉔阚（hǎn）如：虎怒的样子。虓（xiāo）：虎啸。㉕铺：大。敦：屯聚。此处指陈列。濆（fén）：大堤。㉖仍：就。丑虏：对敌军的蔑称。㉗截：断绝。㉘所：处。㉙啴（tān）啴：人多势众的样子。㉚翰：指鸷鸟。㉛苞：指根基。㉜翼翼：壮盛的样子。㉝濯：大。㉞犹：谋略。允：诚。塞：实，指谋略不落空。㉟来庭：来王庭，指朝觐。㊱回：违。

【赏析】

诗的首章以生动传神的字句传达了宣王任命将领率部出征的非凡场面。两个叠字"赫赫明明"，形象地突出了宣王的王者威仪。宣王任命了南仲，让其整顿六军士气，发布安民指令。这一系列活动就充分显示了宣王出征之前所进行的精心准备。第二章接着又叙述宣王任命司马、细查敌情、速战回朝的战前训示。

从这些简明准确的语句中就可以了解作为中兴之主的宣王胸有成竹、指挥若定、非同凡响的形象。第三章诗人又用"赫赫业业"表现了宣王非凡的举止气度，连用叠字，使诗歌在节奏上有了一种独特的音乐美。

此外，这章更为独特的地方在于，它从对交战双方的战前状态的对比描写中体现出了王师的威力。王师从容不迫的行军之中，凝聚着克敌制胜的勇气和信心。与王师的这种从容和安行所对应的，则是徐方之部风声鹤唳、草木皆兵的不安之势。这种备战状态上截然不同的表现既能让人想象王师蓄势待发的威力，也让人看到了徐方的萎靡之势。

这首诗中最能体现王师势如破竹的王者风范的描写在第五章，诗人以充沛的感情，铺陈扬厉，一气呵成，连用数个排比，如同浩荡之水，倾泻而出，令人目不暇接，震撼不已，将王师的勇猛无敌、迅疾敏捷描述得十分形象生动。以叠字"啴啴"比喻王师盛大之貌，"如飞如翰"则是说王师行动迅捷变幻莫测，如凌空高飞，风驰电掣。王师"如江如汉”汹涌奔腾，锐不可当。接下来诗又从静和动两方面着笔，用“如山之苞”写王师驻扎如山环抱，稳如山岳不可撼动；以“如川之流”写王师行军如江河奔泻，气势如虹；动静相结合，所谓“静如山、动如川”。又连用双声连绵词“绵绵翼翼”，形容王师浩大密集、连绵不绝。

瞻 卬

瞻卬昊天①，则不我惠②。孔填不宁③，降此大厉④。邦靡有定，士民其瘵⑤。蟊贼蟊疾⑥，靡有夷届⑦。罪罟不收⑧，靡有夷瘳⑨。

人有土田，女反有之。人有民人，女覆夺之⑩。此宜无罪，女反收之。彼宜有罪，女复说之⑪。

哲夫成城⑫，哲妇倾城。懿厥哲妇⑬，为枭为鸱⑭。妇有长舌，维厉之阶⑮。乱匪降自天，生自妇人。匪教匪诲⑯，时维妇寺⑰。

鞫人忮忒⑱，谮始竟背⑲。岂曰不极⑳，伊胡为慝㉑？如贾三倍㉒，君子是识㉓。妇无公事㉔，休其蚕织。

天何以刺㉕？何神不富㉖？舍尔介狄㉗，维予胥忌㉘。不吊不祥㉙，威仪不类㉚。人之云亡㉛，邦国殄瘁㉜。

天之降罔㉝，维其优矣㉞。人之云亡，心之忧矣。天之降罔，维其几矣㉟。人之云亡，心之悲矣。

觱沸槛泉㊱，维其深矣。心之忧矣，宁自今矣。不自我先，不自我后。藐藐昊天㊲，无不克巩㊳。无忝皇祖㊴，式救尔后㊵。

【注释】

① 瞻卬（yǎng）：通“瞻仰”。② 惠：爱。③ 填（chén）：通

“陈”，长久。④ 厉：祸患。⑤ 士民：士人与平民。瘵（zhài）：病。⑥ 蟊（máo）：伤害禾稼的虫子。贼、疾：害。⑦ 夷：语气助词。届：至，极。⑧ 罪罟（gǔ）：刑罪之法网。⑨ 瘳（chōu）：病愈。⑩ 覆：反。⑪ 说（tuō）：通“脱”，解脱。⑫ 哲：智。⑬ 懿：通“噫”，叹词。⑭ 枭（xiāo）：传说长大后食母的恶鸟。鸱（chī）：猫头鹰的一种。⑮ 阶：阶梯，此处作“因由”解。⑯ 匪：不可。教诲：教导。⑰ 时：是。维：为。寺人：内侍，指宦官。⑱ 鞫（jū）人：奸人。忮（zhì）忒：害人。⑲ 谮：进谗言。竟：终。背：违背，自相矛盾。⑳ 极：狠。㉑ 伊：语助词。慝（tè）：恶，错。㉒ 贾（gǔ）：经商。三倍：三倍的利润。㉓ 君子：指在朝执政者。识：见识。㉔ 公事：即功事，指妇女所从事的纺织蚕桑之事。㉕ 刺：指责，责备。㉖ 富：福祐。㉗ 介：大。狄：坏人。㉘ 胥：相。忌：怨恨。㉙ 吊：慰问，抚恤。㉚ 类：善。㉛ 亡：散去。㉜ 殄瘁：病困，困穷。㉝ 罔：罗网。㉞ 其：它。㉟ 几：危险。㊱ 觱沸：泉水上涌的样子。槛泉：喷涌而出的泉水。㊲ 藐藐：高远貌。㊳ 巩：固，指约束控制。㊴ 忝（tiǎn）：辱。㊵ 后：后代子孙。

【赏析】

古往今来，红颜祸水，几成定论。殊不知，“千金买一笑”“冲冠一发为红颜”都非红颜之过，而是自身之责。这首诗尖锐讽刺和严正痛斥了昏庸荒淫的周幽王宠幸褒姒，斥逐贤良，败坏纲纪，倒行逆施，祸国殃民的罪恶。凄楚激越的言辞，表现出了诗人忧国忧民的情怀和嫉恶如仇的愤慨。

诗歌开宗明义，直击主题，以赋的手法概括地展现出一幅人民生活于水生火热之中的末世丑态图——天灾人祸交并，生灵涂炭。诗人痛心疾首，无可奈何地仰呼上苍，痛陈人民辛酸。随后，诗人开始着手分析造成这种现象的原因，展示了社会上形形色色本末倒置的现象——土地被占、人口被夺、无罪遭捕、有罪逃脱。在第三章中，诗人从周幽王宠幸褒姒荒淫误国上分析出了民生疾苦的根源，因而痛斥道：“乱匪降自天，生自妇人。”将褒姒比为“枭鸱”“长舌妇”，并在接下来的一章中详尽地写出了褒姒祸国的罪恶。

诗人已经不能仅仅满足于自身的愤慨了，在第五章中，诗人转向了更为深刻的分析上，不仅仅集中于褒姒乱国一点之上，而是预见整个周王朝大厦将倾的可悲结局。“天何以刺？何神不富？”诗人怨恨上苍不明，怨恨君主昏庸无道，怨恨忠臣贤良的真知灼见不被采纳，忧国忧民的苦衷，此处只能化为几章凄惨激越的言辞。

全诗感情波澜起伏，诗人作为有见识的爱国者，清醒的认识和特定的身份注定了他不可摆脱的矛盾痛苦和深深忧虑。他从冷静客观的观察分析中看到了周王朝行将毁灭的未来。但是作为一个爱国者，诗人又不忍心承认这种现实，承受这种残酷。怀着几分爱国情，诗人并没有完全绝望，在全诗的结尾，诗人依然抱着一丝希望，高声疾呼“藐藐昊天，无不克巩。无忝皇祖，式救尔后”。这或许是作者对周王朝抱有的最后一丝幻想。当然，历史证明诗人的幻想终究只能是空想。

长篇的抒情和控诉，诗人采用了多种手法，长篇铺叙，直陈其事，直抒胸臆，言辞迫切严正，诗风端庄朴实。

召旻

旻天疾威[①]，天笃降丧[②]。瘨我饥馑[③]，民卒流亡。我居圉卒荒[④]。

天降罪罟[⑤]，蟊贼内讧。昏椓靡共[⑥]，溃溃回遹[⑦]；实靖夷我邦[⑧]。

皋皋訿訿[⑨]，曾不知其玷。兢兢业业，孔填不宁[⑩]。我位孔贬[⑪]。

如彼岁旱，草不溃茂[⑫]，如彼栖苴[⑬]。我相此邦[⑭]，无不溃止[⑮]。

维昔之富不如时[⑯]，维今之疚不如兹[⑰]。彼疏斯粺[⑱]，胡不自替[⑲]？职兄斯引[⑳]。

池之竭矣，不云自频[㉑]。泉之竭矣，不云自中。溥斯害矣[㉒]。职兄斯弘[㉓]，不灾我躬[㉔]！

昔先王受命㉕，有如召公㉖，日辟国百里。今也日蹙国百里㉗。於乎哀哉㉘！维今之人，不尚有旧！

【注释】

①旻（mín）天：上天。疾威：暴虐。②天笃降丧：天降灾荒使人丧。③瘨（diān）：灾病。④居圉（yǔ）：居住之处。⑤罪罟（gǔ）：法网。⑥昏椓：《郑笺》："昏、椓皆奄人也。"靡共：不供职。共，通"供"。⑦溃溃：昏乱。回遹：邪僻。⑧靖夷：想毁灭。⑨皋皋：欺诳。訿：懒惰。⑩孔：很。填（chén）：通"陈"长久。⑪贬：指职位低。⑫溃：遂。⑬苴（chá）：枯草。⑭相：察看。⑮止：语气词。⑯时：是，此，指今时。⑰疚：贫病。⑱疏：糙米。粺（bài）：精米。⑲替：废，退。⑳职：主。兄（kuàng）："况"的假借。引：延长。㉑频：滨。㉒溥（pǔ）：普遍。㉓弘：大。㉔不灾我躬：灾害怎不向我来。㉕先王：指武王、成王。㉖召公：周武王、成王时的大臣。㉗蹙（cù）：收缩。㉘於乎：同"呜呼"。

【赏析】

纵观全诗七章，诗人指责周幽王任用奸邪，朝政昏乱，以致外患严重，国势衰微，国土日减，大厦将倾。七章各有其主旨内容，概括来看，全诗包括三部分内容：忧国，斥奸邪，自伤身世。从开篇到结尾，这三部分内容依次展开，但是又并非截然分开，三部分内容既有一定的顺序排列，又分散各章中。

开篇五句极力铺陈，铺叙天灾的残酷和民生的痛苦，尽管慑服于"旻天疾威"，表现出一种无可奈何；但同时又掩饰不了对"天笃降丧"的强烈不满，敢怒而不敢言。

天灾只是一方面，诗人从第二章开始就转向了人祸，一针见血地指明朝中那些只顾私利终日诋毁无辜的奸佞将致使周王朝毁灭。"瘨我饥馑，民卒流亡"不过是诗人不好明说王政得失的委婉表达，实际上"蟊贼内讧""昏椓靡共"才是"民卒流亡"、生灵涂炭的真正原因。第三章开始诗人似乎不再避讳，直言君王昏庸不明导致了奸佞得势，忠臣遭贬谪，出现"我相此邦，无不溃止"的危险局面。

诗人沉痛感情变得愈发强烈，抚今追昔，通过古今对比，指出了西周社会每况愈下的国势——小人当道，国家必亡。诗人清醒地认识到了奸佞贼臣的危害，同时也超越自身的阶级和时代，看清了“池之竭矣，不云自频。泉之竭矣，不云自中”，即国力渐微的根本原因。那时的周朝就如同泉源枯涸，不可能再有汩汩流水，只能被新的朝代所取代，由此就会世风日下、国势倾颓，寥寥无几的贤臣良将已经无力回天。正是因为诗人清醒地认识到了这一点，所以他才会痛心疾首，沉痛哀叹：“昔先王受命，有如召公。日辟国百里。今也日蹙国百里。”诗人末句“维今之人，不尚有旧”发人深省，如千钧之力，戛然而止，点明国势倾颓的真正原因。

忧国忧民和斥奸邪是诗人在诗歌中突出的重点，对自身的担忧只是次要的。第三章哀叹自己兢兢业业，职位不升反降。第六章则写出了诗人的恐惧，担心灾难的扩大殃及自身，当联想到将来时，诗人更是心急如焚。

全诗既有诗人的慷慨陈词，对奸佞贼臣的冷嘲和责骂，也有对君主昏庸不明的不满，表现出对国家前途的担忧，同时对自身将来的命运也表现出了恐惧。

颂篇

《颂》包括《周颂》《鲁颂》和《商颂》，为宗庙祭祀之诗歌。

周　颂

清　庙

於穆清庙[①]，肃雍显相[②]！济济多士[③]，秉文之德[④]，对越在天[⑤]，骏奔走在庙[⑥]，不显不承[⑦]，无射于人斯[⑧]！

【注释】

①於（wū）：赞叹词，犹如今天的“啊”。穆：庄严、壮美。清庙：祭文王的宗庙。②肃雍（yōng）：庄重而和顺的样子。显：高贵显赫。相：助祭的人，此指助祭的公卿诸侯。③济济：众多。多士：指祭祀时承担各种职事的官吏。④秉：秉承，操持。文之德：周文王的德行。⑤对越：犹“对扬”，对是报答，扬是颂扬。在天：指周文王的在天之灵。⑥骏：敏捷、迅速。⑦不（pī）：通“丕”，大。承：继承。⑧射（yì）：借为“斁”，厌弃。斯：语气词。

【赏析】

《清庙》是《周颂》的第一篇，“颂”是宗庙之音，《周颂》就是周王朝用于宗庙祭祀的乐歌。

《毛诗序》云：“《清庙》，祀文王也。”文王是周王朝的奠基者，《清庙》作为《周颂》之首自然要先赞颂文王。周文王姬昌在商纣王时期为西伯，他在世时，周人还没有完成灭商立周、统一中原的大业，但他奠定了周部族攻取天下的基础。文王在位期间，广招贤士，吕尚、鬻熊、辛甲等人纷纷来归；又先后伐犬戎、密须、黎国、邘及崇侯虎，迁都丰邑。正是由于文王治理有方，周部族才有了灭商立周的雄厚基础。周人将文王与武王看成周朝建立的两大开国贤君，赞颂之辞无数。

本诗并不直接赞美文王，而是先向人展示文王庙的气氛："於穆清庙，肃雍显相。"庙宇庄严静穆，助祭者都是高贵显赫的王侯公卿，他们的神情也无比庄重而恭敬。

"济济多士，秉文之德"说明众多祭祀者正在祭祀的对象是周文王。庙中祭祀的人济济一堂，排列整齐有序，个个态度恭谨严肃，这是因为他们继承了文王的美好德行。"秉文之德"一方面是对参与祭祀的众人精神面貌的展示，另一方面也暗含对文王之德的赞颂。

"对越在天，骏奔走在庙"描写的是祭祀者的行动：他们对着文王的在天之灵虔诚祷告，为了祭祀活动而不停地来往奔走于庙中。他们之所以心甘情愿地奔走忙碌，就是因为他们由衷地崇敬受祭的文王。

文王之德既然如此美好，就理应得到继承。最后两句"不显不承。无射于人斯"表达的就是祭祀者将把文王之德发扬光大的决心。

诗颂文王，却将笔墨集中于参与祭祀的众人身上，可谓匠心独运。称赞文王的言辞不计其数，人们对于文王的事迹已经十分清楚，因此无须多言。本诗的高明之处就在于，作者并不正面叙述文王的功德，而是重点描写助祭者和祭祀者恭敬严肃的态度，以此侧面烘托文王之德的光明伟大。

维天之命

维天之命①，於穆不已②。於穆不显③，文王之德之纯。假以溢我④，我其收之。骏惠我文王⑤，曾孙笃之⑥。

【注释】

①维：语助词。②於（wū）：叹词，表示赞美。穆：庄严粹美。③不（pī）：借为“丕”，大。④假以溢我：借文王之美德来丰富我。⑤骏惠：顺。⑥曾孙：孙以下后代均称曾孙。笃：厚。

【赏析】

诗的开头两句“维天之命，於穆不已”赞颂天道的光明远大、无穷无尽，三四两句才开始称赞美好纯正的文王之德。表面上看，一二两句似乎与文王之德没有什么联系，其实不然。《周颂》中提到“天”或者“天命”的诗有很多，显示出周人对上天的无比崇敬之情。上天自有其道，主宰着宇宙万物，其英明神圣不容怀疑。而周王室是天命的顺承者，周王是天之子，周王的德行乃秉承昭昭天道而来，与天命一样神圣不可侵犯。诗先颂“天之命”，再颂文王之德，正是为了显示文王与上天的这种承继关系。天之命完美无尽，作为天命继承者的文王，其德行自然也光辉万丈了。有了天道的灿烂光环做背景，不用多费言辞，就能尽显文王德行的完美光明。

溢美之词的确可以表达对文王的敬爱之心，但以具体行动来表达心意也许更有说服力。既然文王之德如此美好，那么后人就应该将其延续下去。诗的后四句表达的正是作者继承文王德行的决心：“假以溢我，我其收之。骏惠我文王，曾孙笃之。”文王之德正大光明，子孙皆沐浴在他的光辉下，祭祀者表示周室子孙一定会永遵文王教诲，认真推行文王的德行。对于圣明的文王，祭祀者除了赞美想必还有祈福之心，因为祈祷护佑才是祭祀的真正目的。但在这里，祭祀者没有对文王提出任何要求，只是恭敬地说要把文王流传下的美好德行继承下去。这种毫无条件地顺应祖先遗训的态度，更加表现出祭祀者对文王的恭顺崇敬，是文王之德深得人心的有力证据。而把文王之德与天命融为一体的赞颂方式。增强了文王之德的威慑力。

维　清

维清缉熙[①]，文王之典[②]。肇禋[③]，迄用有成[④]，维周之祯[⑤]。

【注释】

①维：语助词。②典：法。③肇：开始。禋（yīn）：祭天。④迄：至。⑤祯：吉祥。

【赏析】

《维清》全文只有十八个字，是《诗经》中最短的一首诗。朱熹甚至怀疑此诗有所缺漏，但全诗条理清晰，内容完整，应该没有漏文。

《毛诗序》云："《维清》，奏《象舞》也。"清陈奂《诗毛氏传疏》考证说："《象》，文王乐，象文王之武功曰《象》，象武王之武功曰《武》。《象》有舞，故云《象舞》。"《象舞》是模仿文王征战姿态的舞蹈，通过取象文王的击刺征伐之法来表现内在的武烈精神。《维清》就是配合《象舞》的歌词。

诗开篇直接称赞文王："维清缉熙，文王之典。"有人认为这两句的意思是文王之典光辉清明，"维清缉熙"就是直接形容"文王之典"的。

但还有观点认为，"维清缉熙"感叹的是当时天下的清平光明，将此二句理解为"天下清平光明，这是因为有文王法典的缘故"。这两种解释都有道理。且无论哪种解释，都说明"文王之典"是光明美好的。

"肇禋，迄用有成，维周之祯。""肇禋"的字面意思是"开始祭祀"，郑玄认为具体指的是文王始创出师祭天之典；因而"迄用有成"这句是说。周人继承这一征伐之法，"至今用之而有成功"（郑笺）。"祯"为吉祥之意，"维周之祯"赞叹周室天下的祥和安宁，再次强调大周天下的吉祥得益于文王的征伐之法。末句"维周之祯"与首句"维清缉熙"相互呼应，形成回环吞吐的巧妙结构，给这首十八字的短诗增添了天然妙趣。

清代学者李光地认为《清庙》《维天之命》和《维清》是相连为义

的三首诗，《清庙》是开始祭祀时的颂歌，《维天之命》是祭而得福之歌，《维清》是祭礼结束时的送神之作。而《维清》这首诗极为精简，“辞弥少而意旨极深远”（戴震《诗经补注》），读起来确实有些尾声的味道。李光地的说法也许不完全正确，但为读者理解这几首诗提供了新的角度，不妨作为一种参考。

烈 文

烈文辟公①，锡兹祉福②。惠我无疆，子孙保之。无封靡于尔邦③，维王其崇之④。念兹戎功⑤，继序其皇之⑥。无竞维人⑦，四方其训之⑧。不显维德⑨，百辟其刑之⑩。於乎前王不忘⑪。

【注释】

①烈文：功烈文德。辟公：君公。文王起初不称王。②锡：同“赐”。兹：此。祉（zhǐ）：福。③封：通“丰”，大。靡：累，罪恶。④崇：尊重。⑤戎：大。⑥序：弘扬。皇：美。⑦无竞维人：最强的只有得贤人。⑧四方其训之：四方来归顺。⑨不（pī）：通“丕”，大。⑩百辟：众诸侯。刑：通“型”，效法。⑪前王：指周文王、周武王。

【赏析】

此诗共十三句，依内容可分为两部分。前八句为成王赦诫诸侯之辞；后五句成王既赦诫诸侯，又自我告诫。

诗歌开头四句说：“烈文辟公，锡兹祉福。惠我无疆，子孙保之。”这是成王对助祭诸侯的赞扬：各位功德无量的诸侯公，你们赐予了周王朝福祉；又带给我无穷无尽的恩惠，诸公的恩惠我要让周室子孙永远保存下去。这是对助祭诸侯至高的赞扬，肯定了他们为灭商立周大业作出的功劳，他们的功绩不仅赐予周王福祉，而且惠及周王室子孙各代。诸侯被邀来助祭本身就是一种荣耀，在宗庙里又得到天子的赞颂，更是无上光荣之事。当然，成王的用意不在褒扬，而在敕诫。周王的赞颂可以使诸侯产生感激之情，而在他们心怀感激时进行训诫更容易收到效果。

成王告诫助祭诸侯："无封靡于尔邦，维王其崇之。念兹戎功，继序其皇之。"诸侯国是周朝疆土的组成部分，其兴衰治乱与整个周王朝的命运有莫大的关系。所以周王要求诸侯在封国内勤勉执政，不要做出有损封国之事。只有这样，周王才会尊崇他们，并心念他们的功劳，让诸侯的子孙在其封地内代代继承下去，光大各位诸侯的基业。这四句看似语气平和，其实透露出周王的雄威。"无"意为"不要"，是具有强烈命令色彩的祈使词。"无封靡于尔邦"实际上是周王对助祭诸侯的威令，言下之意，如果诸侯在封国内做出损害国家之事，周王室将收回曾经的恩赐，并给以无情的惩罚。

接下来是诗的第二部分。前半部分成王告诫诸侯不要做损国之事，那么究竟什么样的作为是不损国家的呢？成王指出："无竞维人，四方其训之。不显维德，百辟其刑之。於乎前王不忘！"管理者的好坏决定邦国的强盛与否，因此要想封国昌盛，诸侯须修养品德，同时任用贤人。周王希望大显先王之德，并希望诸侯以先王之德为效仿对象，永记前王遗德。由于参与助祭的诸侯多是文王和武王时期的功臣，"前王不忘"一句不只是告诫他们不要遗忘先王之德，也是提醒诸侯勿忘先王曾经消灭纣王的赫赫战功，用周王室强大的实力震慑诸侯。

天 作

天作高山[①]，大王荒之[②]。彼作矣[③]，文王康之[④]。彼徂矣[⑤]，岐有夷之行[⑥]，子孙保之。

【注释】

①高山：指岐山。②大王：即太王古公亶父，周文王的祖父。荒：扩大，治理。③彼：指大王。作：治理。④康：安。⑤彼：指文王。徂：往。⑥夷：平坦易通。行：道路。

【赏析】

《毛诗序》说："《天作》，祀先王、先公也。"朱熹认为这是"祭大王之诗"，姚际恒则认为这是祭祀岐山的诗。从诗的内容来看，《天作》更像是通过祭祀岐山而追怀先祖功业的诗。

"天作高山，大王荒之。""高山"就是岐山，之所以不直呼其名，大概是为了显示对岐山的尊崇。正如子孙避祖先名讳一样；"大王"即太王，为文王之祖古公亶父。这两句的意思是：上天造就了岐山这块圣地，大王将它开垦治理。史书记载，周人本居于豳地，到古公亶父时期，由于不堪熏育、戎狄的骚扰，才迁至岐山。古公亶父率领周族人在岐山开荒种地，营建城郭屋室，周人得以安居乐业。

岐山是周族人兴盛的起点，而古公亶父作为这个起点的开创者，自然受到周人的万世敬仰。为表示对古公亶父的崇敬，后人将他追尊为大王。上天是岐山的创造者，而古公亶父是它的开辟者，是上天和大王共同成就了岐山圣地。"天作高山。大王荒之"将天与大王对举，正是暗示古公亶父的德行堪与昊天相匹。

文王是古公亶父少子季历之子，他在大王创业的基础上进一步发展了周族的势力。"彼作矣，文王康之"，"彼"就是大王。在岐山九世周主中，大王、文王可谓最杰出的代表。伐纣灭商虽然完成于武王，但周代商的必然历史趋势却早在文王时就已显现出来。

经过文王的苦心经营。岐山圣地已成为武王灭商的雄厚实力基地，它提供的不仅是征战所需的物资，还有成就霸业所需的济济人才。

文王虽死，却给周族人留下了一条通向成功的平坦大道，这就是"彼徂矣，岐有夷之行"的含义。原本艰险难行的岐山在大王、文王等人的不懈努力下，出现了坦荡的道路；周人也从最初的弱势部族最终发展成为拥有天下的强盛民族。可以说，古老的岐山是周人崛起的见证者。

岐山是周人的兴盛之地，凝聚着周族几代先王的艰辛。诗末一句“子孙保之”便是后人缅怀圣地和先祖之余许下的誓言。保守先人留下的基业是子孙给予先辈的最好回报。

《天作》一诗围绕一座神圣的岐山展开叙述，带领读者回顾了周族的发展历程，虽然是歌功颂德之辞，但不显枯燥寡味，保持了质朴无华的品质。

昊天有成命

昊天有成命①，二后受之②。成王不敢康③，夙夜基命宥密④。於缉熙⑤，单厥心⑥，肆其靖之⑦。

【注释】

①昊天：苍天。成命：既定的天命。②二后：二王，指周文王与周武王。③康：安乐，安宁。④夙夜：日夜，朝夕。基命：王者始承的天命。宥（yòu）密：宽仁宁静。⑤於（wū）：叹词，有赞美之意。缉熙：光明。⑥单：忠厚。厥：其，指成王。⑦靖：安定。

【赏析】

《毛诗序》认为本诗的目的是祭祀天地，但多数人不同意《毛诗序》的说法，认为此乃祭祀成王的诗。从诗的内容来看，除了一二两句，余下五句都是直接叙述成王之德的，说成祭天地确实不妥。

首二句是全诗的引子，先从高高在上的“昊天”起笔，指出上天有成命，文王和武王受命于天，灭殷商，建西周。祭祀成王却不从成王下笔，先言上天，次言文、武二王。这是因为，成王受文王和武王之命。而文、武二王又受天之命，开篇如此写法正可表示成王与文、武二王一脉相承，顺承天意。而且，上古社会中，天地、祖先是人们的精神支柱，人间的祸福都被看成上天和祖先的意志作用的结果。歌颂成王的功德时自然不能忘记“昊天”和“二后”，这也是饮水思源、敬天尊祖之意。

之后五句是诗的主体，赞颂成王之德。“成王不敢康，夙夜基命宥密”是说成王即位后，不敢贪图安逸，日夜为保国安民而深谋远虑。成王是武王之子、康王之父，西周第二代天子。文王和武王缔造了西周王朝，成王是这个王朝的巩固者。武王在西周江山刚刚开始稳固时驾崩，把巩固江山的大业留给了年幼的成王。创业艰难，守业也非易事，攻取江山后却没能坐稳江山的王朝历史上并不少见。成王深谙此理，所以他“不敢康”，在治理国家、巩固基业上毫不懈怠。在两句平实的叙述后，诗人突然发出一声“於缉熙”的赞叹，情感顿时扬起。“缉熙”为连绵词，作光明解。成王在位期间励精图治，使得国家安定富强。成功继承了文、武二王的光明功绩，因此后人发出“於缉熙”的赞叹，肯定了成王的光明之道。

赞叹之后诗人马上又回归到平实的叙述：“单厥心，肆其靖之”，刚刚上扬的情感也回到之前的沉着、静穆。成王尽其一生为治国安天下而不懈奋斗，可谓耗尽心力。他的努力没有白费，“单厥心”的结果是“肆其靖之”，西周在他的治理下最终得以江山稳固、国家太平。

成王之后。康王继续精心治国，西周在成、康统治期间达到鼎盛时期，史称“成康之治”。

诗以简洁的语言概括了成王巩固江山、安定天下的功绩，朴素而不失庄重。短短七句颂辞充分表达了对成王的赞美之意；同时，当西周臣民闻此颂诗，回想先王创业守业的过程时，崇敬之余必当受到鼓舞，从而更加奋发治国。

我 将

我将我享[①]，维羊维牛，维天其右之[②]！仪式刑文王之典[③]，日靖四方[④]。伊嘏文王[⑤]，既右飨之[⑥]。我其夙夜，畏天之威，于时保之⑦。

【注释】

①享：献祭品。②右：通“佑”，保佑。③仪式刑：则用法。典：典章，法则。④靖：平定。⑤伊：语助词。嘏：大，伟大。⑥右：佑助。飨（xiǎng）：享用祭品。⑦于时：于是。

【赏析】

《毛诗序》云：“《我将》，祀文王于明堂也。”《我将》表现的是武王出征前祭祀上帝和文王，并祈求保佑的情景。前三句“我将我享，维羊维牛，维天其右之”为第一层，祭祀上天。

“我将我享，维羊维牛”展示出热烈、忙碌的祭祀场面，人们杀牛宰羊，又烹又煮，忙得不亦乐乎，使人从中感受到周人对上天信仰的无比虔诚。周人把贵重的牛羊牺牲进献给上天是因为对天的崇敬，更是因为希望得到上天的保佑，“维天其右之”可以说是崇敬之下的虔诚祈祷。

接下来四句为诗的第二层，从祭天转到祭文王：“仪式刑文王之典，日靖四方。伊嘏文王，既右飨之。”周人凭着文王之典走到了今天的兴盛，要想取得更大的成就，安定天下四方，仍须遵循文王之典。文王是天命的继承者，他制定的法则自然也体现了上天的意志。效法“文王之典”就是继承文王遗志，从这个意义上说，“仪式刑文王之典”相当于为此次出兵伐纣找到了一个“替天行道”的理由。追思文王创业之功，祭祀者不禁发出“伊嘏文王”的赞叹，向文王之灵献上丰盛的祭品。

在诗的最后三句，武王特别表达了自己对天命的敬畏之心。“我其夙夜，畏天之威”，武王日夜敬畏的“天之威”是上帝的威灵，更是代表天意的文王遗命。既然敬畏天威，便要顺从天命，所谓“于时保之”其实就是武王继承文王遗志，消灭殷商的决心。

全诗通篇使用第一人称的语气，使人真切感受到武王对上帝和文王的敬畏心理。本诗虽然简短，但由于反映的是伐纣前的祭祀，历史感十分厚重。

时 迈

时迈其邦[①]，昊天其子之[②]。实右序有周[③]，薄言震之[④]，莫不震叠[⑤]。怀柔百神[⑥]，及河乔岳[⑦]。允王维后[⑧]，明昭有周[⑨]，式序在位[⑩]。载戢干戈[⑪]，载櫜弓矢[⑫]。我求懿德[⑬]，肆于时夏[⑭]。允王保之[⑮]！

【注释】

①时：按时。迈：巡视。邦：国。②昊天：苍天，皇天。子之：以之为子，谓使之为王也。③实：语助词。一说指“实在，的确”。右：同“佑”，保佑。序：顺，顺应。有周：即周王朝。④薄言：发语词，有急追之意。震：威严。之：指各诸侯邦国。⑤震叠：震惊慑服。⑥怀柔：安抚。百神：泛指天地山川之众神。此句谓祭祀百神。⑦及：指祭及。河：此指河神。乔岳：此指山神。⑧允：诚然，的确。王：周武王。维：犹“为”。后：君。⑨明昭：“昭明”，显著，此为发扬光大的意思。⑩式：发语词。序在位：合理安排在位的诸侯。⑪载：犹“则”，于是，乃。戢：聚拢。干：盾。干戈：泛指兵器。⑫櫜（gāo）：古代盛衣甲或弓箭的皮囊。此处用为动词。⑬我：周人自谓。懿：美。懿德：美德，指文治教化。⑭肆：于是。时：犹“是”，这、此。夏：中国。指周王朝统治的天下。⑮保：指保持天命、保持先祖的功业。

【赏析】

《时迈》是武王灭商后，巡守邦国而告祭上天及山川的乐歌。所谓柴，望是指柴祭、望祭，柴祭即燔柴以祭天地，望祭即遥望而祭山川。

全诗从“时迈其邦”到“及河乔岳”为第一层。“允王维后”以后为第二层。

第一层写武王既得天命，巡守天下。“时迈其邦，昊天其子之”，此为诗的开头，“迈”为巡守之意。武王灭商建周，分封诸侯，一切都是合乎天意的。周人认为周王的位置和权力是上天赐予的，周王巡守诸侯国是“为天远行”。周天子巡守诸侯国时会举行祭祀，目的就是借天命震慑天下，为天子行使权力树立威望。“昊天其子之”一句是说，上天把周王当作自己的儿子，其实是昭告天下，周朝顺应天命，有天威相助。此二句气势颇壮，写出周朝初建时天下安定、万邦臣服的盛大气象。第三句“实右序有周”承接首二句而来，既然周朝顺乎天命，那么当然会得到上天的保佑了。

巡守诸侯意在使各诸侯国更加效忠周王室，所以祭祀时显示王威是必要的，“薄言震之，莫不震叠”的作用就是如此。武王率领周人一举消灭殷商，又兴立大周，有这等伟大功绩在身，谁不为之震慑?

“怀柔百神，及河乔岳”两句进一步强调了武王的威慑力，由于武王德行光明，连山川百神都为之感动，欣然接受他的祭祀。对武王的德行和威信进行充分的展示后，作者很自然地得出“允王维后”的结论。盛赞武王不愧为天下之君。

天命赋予武王拥有天下的权力，武王就必须保住天命。虽然武王已得天命，但如若不谨慎治理国家，终将失去上天的庇佑。诗的第二层写的即是武王如何保住天命。周人已成为中原的统治者，诸侯“式序在位”，大局已定。天下经过长期的动荡急需一个安定的环境来休养生息，增强国力。“载戢干戈，载櫜弓矢”是说把武器全部收起来，表示战争已经结束，不再需要武功。对初建政权的周朝来说，寻求治国良方是当务之急。所以武王说“我求懿德，肆于时夏”，即是希望求得治理国家的美好德行，并将之施行于天下。武王以非凡的武功消灭了殷商，建立了大周，又具备治理天下所需的德行，所以诗的最后一句称颂“允王保之”。赞叹武王能保持天命，继承祖德。

本诗结构紧密，层次清晰，重点歌颂了武王的武功和文德，再次展示了大周初建时的自信，使人看到了上升时期的周人的雄心壮志，字里行间充溢着深挚而敬慕的感情，从头至尾不用韵，语意参差，错落有致。

执　竞

执竞武王[①]，无竞维烈[②]。不显成康[③]，上帝是皇[④]。自彼成康，奄有四方[⑤]，斤斤其明[⑥]，钟鼓喤喤[⑦]。磬筦将将[⑧]，降福穰穰[⑨]。降福简简[⑩]，威仪反反[⑪]。既醉既饱，福禄来反。

【注释】

①执：执持。竞：自强。②竞：自强。维：是。烈：功绩。③不（pī）：通“丕”，大。成：周成王。康：周康王，成王子。④上帝：指上天。皇：美。⑤奄：覆盖，此处指统治。⑥斤斤：明察。⑦喤（huáng）喤：声音洪亮和谐。⑧磬：一种石制打击乐器。筦：同“管”，管乐器。将将：声音盛多。⑨穰（ráng）穰：众多。⑩简简：盛大。⑪威仪：祭祀时的礼节仪式。反反：慎重。

【赏析】

“执竞武王，无竞维烈。不显成康，上帝是皇”，先赞武王再颂成康，是按照历史顺序进行的。赞武王强调其勇武和自强不息，颂成康则突出其守业之功。

虽然语言极为简练，但读者在听到这些赞颂时会自然而然地想起周朝建立与发展的历史，武王伐纣、分封诸侯、管蔡之乱、成康之治等重大事件一一浮现脑海。所以，四句赞语有展现西周历史进程的作用。

“钟鼓喤喤，磬筦将将，降福穰穰。降福简简，威仪反反。既醉既饱，福禄来反。”钟、鼓、磬、筦是祭祀时所用的典型乐器，喤喤、将将形容音乐的悦耳和谐。钟鼓声声。筦磬悠扬，一派其乐融融的升平景象。在热烈欢快的气氛中，人们仿佛觉得先王神灵正把无穷无尽的福禄降临到人间。音乐的盛大反映出这场祭祀的隆重，也说明此时的周朝已经拥有强盛的国力，因为一个贫弱的国家是无法承受如此耗费财力的祭祀的。花费巨大财富和精力举行祭祀的最终目的还在于祈福，祭祀者希望先王的神灵醉饱后，给予福禄。

比起之前的颂诗,《执竞》在用韵方面有了明显的进步。

诗中连续使用了“喤喤”“将将”“穰穰”“简简”“反反”等叠音词。与完全不用韵的颂诗相比，多了几分绚丽的文学色彩；同时叠音词极富音乐感。又渲染出庄严肃穆的祭祀氛围。使人领略到庙堂文化的深厚底蕴。

思　文

思文后稷①，克配彼天②。立我烝民③，莫匪尔极④。贻我来牟⑤，帝命率育⑥。无此疆尔界，陈常于时夏⑦。

【注释】

①文：文德，即治理国家、发展经济的功德。后稷：周人始祖，姓姬氏，名弃，号后稷。②克：能够。配：配享，即一同受祭祀。③立：通“粒”，米食。此处用如动词，养育。烝民：众民。④极：无量功德。⑤贻：赐予。来：小麦。牟：大麦。⑥帝命率育：上天命令与民种育相连。⑦陈：遍布。常：此指农政。时：此。夏：中国。

【赏析】

虽然本诗只有短短的八句话，但是它用这简短的几句话展现了一幅祭祀后稷的画面。这类祭祀诗大都简短的原因在于他们祭祀的对象是周朝的历代先王，而关于这些先王们的丰功伟绩，在当时已经深入人心、家喻户晓，而且《诗经》也有其他的诗篇做过详细的介绍。对于人们来说这是无须多做解释的事情。

周颂是产生于西周早期的作品。这个时期是周朝刚刚建国，在这样特定的历史时期中，人们最愿意称颂的就是周代的先王们。《思文》篇幅的简短，正是当时政治清明的一种表现。

大多数学者认为本文的作者是周公。对于人们来说，歌颂盛朝的颂歌，其作者是盛朝的大圣人。这是无可争议的事情，所以在《诗经》中，有很多的诗篇其作者都被认为是周公。周公作为一个辅佐了文王、武王、成王三代君王的大臣．他见证了国家的兴盛和繁荣，可以说周公是一个功勋卓著的人。

在古时候，祭祀上天的活动都是在南郊举行的．所以“思文后稷。克配彼天”的祭祀也在郊外。

古代的祭祀首先是先王配享，因为被视为天子的君王有着至高无上的权力，他们身份高贵可以实现和上天之间的沟通，这是在进一步表明王权天授的观点。所以在那个时期祭祀活动都是为了巩固政权的一种手段，也就说原本空泛的祭天活动变成了具有重大意义的政治活动。这种祭祀活动对于稳定人心、统一思想、凝聚力量有着十分重要的作用。

在祭祀的现场通过反复吟唱这首诗歌会使得祭祀的会场气氛变得十分庄严，让人们仿佛沐浴在一种庄严肃穆的氛围之中。他们将参与盛典的自豪感和肩负上天使命的责任感完美地融合在了一起。

文中“天”“帝”两字形成了一种紧扣和呼应的感觉，通过对于天人沟通的描写彰显了君王的威信。

作为一个已经君临天下的王朝，西周的“无此疆尔界，陈常于时夏”是在向天下预示自己的权威，但同时又有一种秉承天命、滋育万民的怀柔之感，具有很强的感染力。

臣 工

嗟嗟臣工①，敬尔在公②。王釐尔成③，来咨来茹④。嗟嗟保介⑤，维莫之春⑥，亦又何求⑦？如何新畬⑧？於皇来牟⑨，将受厥明⑩。明昭上帝⑪，迄用康年⑫。命我众人⑬，庤乃钱镈⑭，奄观铚艾⑮。

【注释】

①嗟嗟：重言以加重语气。臣工：群臣百官。②敬尔：尔敬。在公：为公家工作。③釐：通“赉（lài）”，赐。成：指收成。④咨：询问、商量。茹：度。⑤保介：田官。⑥莫（mù）：古“暮”字，莫之春即暮春，是麦将成熟之时。⑦又：有。求：需求。⑧新畬（yú）：新田，熟田。⑨於（wū）：叹词，相当于“啊”。皇：美盛。来牟：麦子。⑩厥：其，指代将熟之麦。明：收成。⑪明昭：明明，明智而洞察。⑫迄用：至今。康年：丰年。⑬众人：庶民们，指农人。⑭庤（zhì）：储备。钱（jiǎn）：农具名，掘土用。镈（bó）：农具名，锄草用。⑯奄观：尽观，即视察之意。铚（zhì）：农具名，一种短小的镰刀。艾：割。

【赏析】

这是一首跟农业有关的乐歌，也是《周颂》里首篇写农事的乐歌。周部族是古老的农耕民族，历代重视农业生产。西周建立后，更是将农业视为立国之本。西周制度，周天子直接拥有大片土地，让农奴耕种，称为“藉田”。每年春季，周王都会举行“藉田礼”，与群臣一起躬耕藉田。农业祭祀是周朝所有祭祀中非常重要的一项，开耕前有典礼，收获后也要举行祭祀。这首《臣工》可使今人详细了解先人对农业的热爱和重视。

一般认为此诗产生于周成王时期。因此诗中的“王”应为周成王。诗共十五句，皆为成王对群臣及农官重视农业的告诫。前四句是周王对群臣说的话：“嗟嗟臣工，敬尔在公。王求釐尔成。来咨来茹。”“嗟嗟臣工，敬尔在公”，周王首先肯定了群臣在各自职位上的表现，对他们的恪尽职守予以赞许。做好本职工作当然很好，但是周王还希望众臣能够多多关心农业。农业生产是全国上下的大事，“臣工”（公卿大夫和诸侯）虽然不亲自耕地，但作为国家的统治阶层，应当时常关心农事，以身作则，这样才能有利于农业的发展。

群臣关心农事主要是研究制定执行农业政策，而农官（保介）则直接管理着农民的耕作活动。于是农官成为周王的重点告诫对象。“嗟嗟保介。维莫之春，亦又何求，如何新畬。”周王来到田间，唤来司耕的农官。对他们说：“现在已是暮春时节，你们还有什么要求？打算怎样耕种那些新田和熟田？”这几句话看似简单，却是古人多年农耕的经验之谈。

“维莫之春”即春夏交替之时，在这时问农官“亦又何求，如何新畬”，其实是提醒农官要抓紧季节耕田，同时要对不同土质的田土进行不同的除草施肥活动。这正是古人看重天时、地利对农业的影响的反映。

“於皇来牟，将受厥明。”周王看到麦田里长势喜人的麦子，不禁发出“於皇来牟”的赞叹，并由此得出将大获丰收（“将受厥明”）的结论。农业能够获得丰收，除了得益于人们的辛勤耕耘，也要有风调雨顺的气候保障。周人敬天，看到庄稼如此茁壮。当然不免感激一番降施雨露的上天，所谓“明昭上帝，迄用康年”是也。说得再多，最重要的还是农夫们的实际耕作，于是最后周王对农官说：“命我众人，庤乃钱镈，奄观铚艾。”如今才到暮春，麦子成熟在夏秋之际，虽然还有几个月才到收获季节，但周王似乎生怕误了农时，便早早催促农官，叫农夫赶紧准备收割的农具。以待麦熟时及时收获。

全诗篇幅不长，却对群臣、农官、农夫都一一作了嘱咐，而涉及方面虽广，却不显杂乱，由上至下，层次分明。井然有序。诗的内容详略有当，虽告诫之人甚多，却将重点放在对农官的嘱咐上；而在告诫农官时，又只是提出“亦又何求，如何新畬”两个极为简单却十分值得注意的问题，从逻辑严密而简洁精练的语言中足见周王对农业的重视程度之深。

噫 嘻

噫嘻成王[①]，既昭假尔[②]。率时农夫[③]，播厥百谷。骏发尔私[④]，终三十里[⑤]。亦服尔耕[⑥]，十千维耦[⑦]。

【注释】

①噫嘻：感叹声，兼有神圣的意味。成王：周成王。②昭：招请。假：通“格”，义为至。尔：您，指所请之神。③时：通“是”，此。④骏发：快开发。⑤终：井田制的土地单位之一。每终占地一千平方公里，纵横各长约三十一点六里，取整数称三十里。⑥服：配合，服从。⑦耦：两人各持一耜并肩共耕。

【赏析】

全诗大概的意思是：可敬的成王已经招请过先王先公之灵，祈求他们赐予谷种。他让农官率领众农夫播种五谷杂粮，又号召农夫们抓紧开垦农田，齐心协力进行劳作。诗以语气词“噫嘻”发端，引出赞美的对象成王，也含有对成王的赞叹意。“既昭假尔”：在农业祭祀时呼请神明和先祖之灵是希望得到他们的保佑，同时祈求获得耕种所需的谷种。

以下六句是成王告诫农官的内容。首先要“率时农夫，播厥百谷”。春天来临，农时不可耽误，农官们要带领众多农夫开始劳作，把各类种子播撒田间。在生产力有限的时代。提高粮食产量的最好方法就是扩大耕种面积。因此，成王叮嘱农官在耕种原有土地的同时，要赶快开垦更多耕地。在诗的末尾，成王勉励众人辛勤耕耘：“亦服尔耕。十千维耦。”在奴隶制社会的西周，土地归奴隶主所有，农民在奴隶主的土地上集体劳作，“十千维耦”反映的即是这种集体耕种的场景。“耦”指双人耕作，“十千”极言劳动人数之多，是夸张的手法。“十千维耦”描绘出众多农民忙碌耕作的情景，以壮观的春耕场面结束全诗。诗虽至此结束，但那播撒百谷、万人耕种的繁忙景象仍停留于读者脑海，使人仿佛看到一个丰收的好年头正酝酿在这辛勤的劳动中。本诗句式整齐而全篇无韵，语言朴实无华，为今天的读者展示了周代农业生产的画卷。诗的后四句尤其具有历史意义，对其做深入研究可深入了解西周生产力、生产关系的发展状况。

振 鹭

振鹭于飞[①]，于彼西雝[②]。我客戾止[③]，亦有斯容。在彼无恶[④]，在此无斁[⑤]。庶几夙夜[⑥]，以永终誉[⑦]。

【注释】

①振：群飞的样子。②雝（yōng）：水泽。③戾（lì）：到。止：语助词。④恶：恶感。⑤斁（yì）：厌弃。⑥庶几：差不多，此表希望。⑦永：长。终誉：恒久的荣誉。

【赏析】

诗以白鹭这一飞鸟形象起兴，引出赞颂对象微子。"振鹭于飞，于彼西雝"描写的是栖居在西面水泽的白鹭飞翔于天空的景象。

鹭为毛色洁白之鸟，外表优美，而商人崇尚白色，又是鸟图腾民族．因此白鹭在商人心目中当为高洁神圣之物。而且白鹭是有德之鸟。它飞翔时排列成行。秩序井然。栖息时神态安详从容。可谓内外兼美。用白鹭起兴既可象征客人形象，又可比喻客人美德。"我客戾止，亦有斯容"两句便是称赞微子之仪容品德有如白鹭。而此处周王称呼微子为"我客"，既表现出对微子的尊敬又显得十分亲切，不像一般颂诗那样严肃庄重。

五六两句夸赞微子之德。"在彼无恶"是说微子在邦国之内无人怨恨，说明他受到宋国臣民的拥戴：而"在此无斁"是说微子在周王室这里也十分受欢迎。

《史记·殷本纪》记载，纣王荒淫无道，微子屡次劝谏均不听取，于是微子离开了纣王。被封于宋后，微子便对外尊周王为天下之主，这种做法自然受到周人的赞许。当然，只是效忠新朝不一定能得到尊敬，能在效忠的同时做到不卑不亢才会真正使周王尊敬，然而这实非易事。微子作为殷商之后却能受到周王的如此赞美，有力地说明了微子德行的高尚。但毕竟微子是周王的臣子，周王还是要对其施行天子的威令。因此在盛赞微子高尚的德行之后，周王不忘告诫他："庶几夙夜，以永终誉。"这是希望微子能够日夜勤勉，将已有的德行保持下去，如此才能永保美誉。此二句虽是天子对诸侯的告诫，但语气柔和，情意殷切，大有爱惜贤人之心。

本诗以白鹭这一具体形象来赞美来客，富有诗意；而在遣词造句和用韵上也颇有讲究，文学性较强。是颂诗中较有特色的一篇。

丰　年

丰年多黍多稌①，亦有高廪②，万亿及秭③。为酒为醴④，烝畀祖妣⑤。以洽百礼⑥，降福孔皆⑦。

【注释】

①黍：黍子，去皮后叫黏黄米。稌（tú）：稻。②廪：粮仓。③亿：周代以十万为亿。秭（zǐ）：数词，十亿。④醴（lǐ）：甜酒。⑤烝：进献。畀（bì）：给予。祖妣：先祖和先妣。⑥洽：配合。百礼：各种礼仪。⑦孔：很。皆：普遍。

【赏析】

诗一开篇就向祖先及诸神描绘了丰收的景象："丰年多黍多稌，亦有高廪，万亿及秭。""丰年多黍多稌"一句开门见山，使人知道这是一个大获丰收之年。若说"多黍多稌"只是对丰年的泛泛而谈，那么下面这句"亦有高廪"就是具体描写了。粮食收获后自然要装入粮仓。通常情况下，仓廪能被装满就是不错的结果了；而今年，由于收成极好，普通的粮仓已经容纳不下收获的粮食，只好用更加高大的仓廪来贮藏。

"高廪"这一具体的物象在诗里成了丰年的象征。为更加突出丰年之"丰"，诗人又用粮食的数量加以渲染：稻米成仓，难以计数，人们只好用“万、亿、秭”来表示。抽象的数字往往比具体的数字更有表现力。

周人重祭祀，农业获得如此丰收当然也免不了一番祭祀。因丰收而祭祀，最好的祭品莫过于丰收的果实：一束刚收割的稻黍和用新收获的粮谷酿成的美酒。就是上好的祭品。“为酒为醴，烝畀祖妣”，祭品已备，最先献给祖先。

周代实行宗法制度，十分看重血缘关系在社会生活中的作用，提倡亲近自己的亲属，而祖先是所有亲属中首先应该尊重和敬爱的人。获得丰收，自然也要先给祖先享用。期望祖先得到祭祀后继续施以恩泽。

除了祖先，人们还要祭祀神明。周人敬天，相信世界万事万物的运转是上帝意志的作用。在他们看来，神明是上天意志的代表，农业的丰收是神明保佑的结果。

作为回报，人们当然要献上丰盛的祭品了。由于粮食丰盛，人们慷慨献祭，拿出丰厚的祭品“以洽百礼”，向神明表示感谢。“降福孔皆”是对神明庇佑的颂赞，也有祈求神明继续赐福的意思。

《丰年》是周代先民为丰收而作的赞歌，喜悦之情难以掩饰。然而对祖先、神明“降福孔皆”的虔诚祈求也说明，身处难以对抗自然的时代，人们难以主宰自己的命运。

有瞽

有瞽有瞽①，在周之庭。设业设虡②，崇牙树羽③。应田县鼓④，鞉磬柷圉⑤。既备乃奏⑥，箫管备举⑦。喤喤厥声⑧，肃雍和鸣⑨，先祖是听。我客戾止⑩，永观厥成⑪。

【注释】

①瞽（gǔ）：盲人。这里指周代的盲人乐师。②业：悬挂乐器的横

木上的大板，为锯齿状。虡（jù）：悬挂乐器的直木架，上有业。③ 崇牙：业上用以挂乐器的木钉。树羽：用五彩羽毛做崇牙的装饰。④ 应：小鼓。田：大鼓。县（xuán）："悬"的本字。⑤ 鞉（táo）：摇鼓。磬（qìng）：玉石制的板状打击乐器。柷（zhù）：木制的打击乐器，状如漆桶。音乐开始时击柷。圉（yǔ）：打击乐器，状如伏虎，背上有锯齿。以木尺刮之发声，用以止乐。⑥ 备：安排就绪。⑦ 箫管：竹制吹奏乐器。⑧ 喤（huáng）喤：乐声大而和谐。⑨ 肃雍（yōng）：肃穆舒缓。⑩ 戾（lì）：到达。⑪ 永：长。成：一曲奏完。

【赏析】

《礼记·乐记》云："治世之音安以乐，其政和；乱世之音怨以怒，其政乖；亡国之音哀以思，其政困。声音之道，与政通矣。"由此可见，音乐的种类和政体得失有着密切的关系。这一首《有瞽》是周天子合乐于庙宇所唱的乐歌，集合各种乐器，在庙宇里奏给先祖听，成为周朝一整套法定礼乐制度的重要组成部分。诗歌大致可以分为三部分，前六句采用铺陈的手法写出准备时的场景，中间四句描写"合诸乐器于祖庙奏之"的情形。最终三句以点染法描绘降临神庙的周先祖神灵和周王朝客人欣赏音乐的情形。层次分明，结构完整。

开篇写盲人乐师已经把诸种乐器排列在庙宇大庭之上，他们以紧张而娴熟的动作放置支架、横板。诗人并未仅仅局限于对忙碌准备场景的描绘，也详细地描述了各种乐器设施。这些用来悬挂编钟、磬和各种乐器的板架上雕刻着精美的花纹，那些钉子上也插着五色羽毛，然后依次把各种乐器安放停当。演奏前准备和各种器乐设施的描述，表现出了"始作乐"的盛况，突出周天子受天命、君临天下的正统地位和征服者的煊赫威严。

"既备乃奏"，准备就绪，自然开始乐器的演奏。尽管先秦时期舞乐一体，但是诗人并没有对舞蹈场面进行描绘，而是着重描写乐队的演奏。肃静的庙堂中，一声鸣响，顷刻间钟鼓齐鸣、箫管齐吹、笙簧相间，余音绕梁。众乐器同奏，声音洪亮、高亢，转而又徐缓肃穆，庙堂气氛也更加凝重、肃穆。

诗末三句虚写神灵、实写活人，虚实相映，将美妙悠扬的乐声、和谐的节奏以空外传音的方式加以渲染，正当众人沉浸在肃穆的音乐中时，一声清脆悦耳的响声。众人才如梦初醒。"永观厥成"短短四字。

却将听者凝神聆听的神态、曲终兴犹未尽、不觉时间流逝的心理描写得淋漓尽致。

潜

猗与漆沮①，潜有多鱼②。有鳣有鲔③，鲦鲿鰋鲤④。以享以祀，以介景福⑤。

【注释】

①猗与：赞美之词。漆沮：两条河流名，均在今陕西省。②潜：放在水中供鱼栖止的柴堆。③鳣（zhān）：大鲤鱼。鲔（wěi）：鲟鱼。④鲦（tiáo）：白条鱼。鲿（cháng）：黄颊鱼。鰋（yǎn）：鲇鱼。⑤介：求。景：大。

【赏析】

一般祭祀乐歌歌颂的是人或事，而《潜》却用重点强调祭祀品“鱼”，显得十分特别。诗中提到的漆、沮为西周时两河之名，与岐山一样，漆、沮二水也是周族人发展过程中的重要历史印记。

与岐山直接有关的人是古公亶父，因而《天作》一诗歌颂岐山的同时也歌颂了古公亶父。公刘是比古公亶父更早的周部落首领，他在漆、沮二水的作为是为周人所熟知的。《史记·周本纪》记载。公刘“自漆、沮渡渭，取材用，行者有资，居者有畜积，民赖其庆。百姓怀之。多徙而保归焉。周道之兴自此始”。因此，本诗既然明确提到漆、沮，必然包含对公刘的歌颂之意。

漆、沮二水盛产鱼类，因此祭祀公刘专用鱼为祭品。首二句开门见山，总写漆水和沮水鱼类繁盛，“猗与漆沮，潜有多鱼”。“猗与”是语气词，舒缓的语调中似有赞叹漆沮之意。“潜”是放在水中供鱼栖止的柴草堆。“潜有多鱼”直言养鱼之多，直述了先民们得到劳动成果时的自豪感和幸福感。

若说一二两句是对漆沮之鱼的总述，那么三四句就是具体描述了。“潜有多鱼”的“多”应有两层含义，其一当然是鱼的数量很多，其二当指鱼的种类繁多。“有鳣有鲔，鲦鲿鰋鲤”承上句“潜有多鱼”而来，历数漆水和沮水中鱼的种类。鳣是一种大鲤鱼，鲔即鲟鱼，鲦、鲿、鰋、鲤分别指白条鱼、黄颊鱼、鲇鱼、鲤鱼。这两句纯是介绍性文字，将六种鱼的名称一一罗列，有如白话。但是“鲦鲿鰋鲤”这种堆砌铺陈的句式可谓汉赋句法的先导，扬雄《长杨赋》“虎豹狖玃，狐兔麋鹿”一句与此相同。孔子曾对弟子说，读《诗》可以“多识于鸟兽草木之名”。这种作用在本诗中十分明显。

最后两句“以享以祀，以介景福”十分直接地表达了祭祀者对于美好生活的向往。丰富的鱼类自然让人欣喜，但人们希望祖先之灵受享过祭品后继续给他们赐予更多的福祉。民间至今仍广泛流传着“连年有鱼（余）”的民俗，这种信念与《潜》所表达的愿望一脉相承。

以鱼类献祭，使人不禁联想起西安半坡出土的人面鱼纹陶器，陶器上稚拙古朴的图案传达着远古先民对具有强大繁殖力的鱼类的崇拜。鱼类作为食物满足了人的生存需要，它强大的繁殖力也让人类为之赞叹。因此，“鱼”在古人心目中成为生存和生殖的象征。加上本诗中以鱼祈求福禄，“鱼”这一意象的含意就极为丰富了。

雍

有来雍雍①，至止肃肃②。相维辟公③，天子穆穆④。於荐广牡⑤，相予肆祀⑥。假哉皇考⑦，绥予孝子⑧。宣哲维人⑨，文武维后⑩。燕及皇天⑪，克昌厥后⑫。绥我眉寿⑬，介以繁祉⑭。既右烈考⑮，亦右文母⑯。

【注释】

①雍（yōng）雍：和睦。②肃肃：恭敬。③相：助祭。辟公：诸侯。④穆穆：庄重盛美。⑤於（wū）：赞叹声。荐：进献。广：大。牡：雄性牲口。⑥相：助。予：周天子自称。肆：陈列。⑦假哉：美啊。皇考：对已故父亲的美称。⑧绥：安。⑨宣哲：明智。⑩后：君主。⑪燕：安。⑫克：能。厥：其。⑬绥：安定。眉寿：长寿。⑭介：用。繁祉：多福。⑮右：保佑。烈考：先父。⑯文母：有文德的母亲。

【赏析】

颂作为一种祭祀的乐歌。从不同角度和侧面反映出古人祭祀天地祖宗的场景。《雍》是周王祭祀宗庙撤去祭品祭器时所演唱的乐歌，既完整体现了贵族祭祀的过程，又具有较强的艺术特色。

“有来雍雍，至止肃肃。相维辟公，天子穆穆”，开篇隆重庄严的祭祀场面。众诸侯举止雍雍协和。态度恭敬，周天子更是仪表堂堂、穆穆端庄和静，突出一种静态的表现。盛大的祭祀场景体现的是泱泱大国的繁荣富强。诗中并未对祭祀盛况作直接的描绘。而是连用“雍雍”“肃肃”“穆穆”六字，着眼于诸侯王公和周天子祭祀神态的表现，描摹人们来到宗庙前后的不同神态。渲染了一种庄严肃穆的气氛，又显示了人们来此庄严场所经历的情感升华，更重要的是，借助祭祀的场景烘托周王朝统治的强大。

紧接着，诗歌由静态、无声的景象再现转入祭祀中的献祭和祝祷，通过祭品的丰富来进一步突出祭祀的隆重。“於荐广牡，相予肆祀”，以咏叹的口吻，叙述献牲和陈馔，呼应上文的庄严气氛，突出祭祀者的虔诚。而祭祀者情不自禁的呼唤和祝祷——“假哉皇考！绥予孝子”，拖延颤动的语调，感情热烈诚挚，淋漓尽致地写出了祖先的恩泽和国家的富强。

文武德备的君王，聪慧明睿的臣子，稳定和谐的君臣关系。这是在皇考安抚之下人尽其才、物尽其用的理想境界。“宣哲维人，文武维后。燕及皇天，克昌厥后”，皇考英明睿智，文武双兼，德配皇天，泽被后世，这种广大无边的功德，既能让皇天降祥瑞，又必然能够使得子孙兴旺发达。这是众多诸侯的助祭之词，也是普天之下芸芸众生的祈愿。

在古代那个讲求男尊女卑的社会中，母亲往往只是家族传宗接代的高级保姆，在祭祀过程中很少会提及母亲的。《雍》诗“既右烈考，亦右文母”，父母同祭，既拜献功德无边的皇考，又答谢文德之母。

诗章虽短，但父母同祭，始末完整，过程完备。“颂”诗因其庄重而少变化。但此诗却别具一格，多了几分灵活。对祭祀过程的灵活表现，使读者仿佛观赏几千年前周人祭祖时的二重唱歌舞，此起彼伏的音声应和着那纡徐翩跹的歌舞，庄重之中却显出了动人之处。

载见

载见辟王①，曰求厥章②。龙旂阳阳③，和铃央央④。鞗革有鸧⑤，休有烈光⑥。率见昭考⑦，以孝以享⑧。以介眉寿，永言保之⑨，思皇多祜⑩。烈文辟公⑪，绥以多福，俾缉熙于纯嘏⑫。

【注释】

①载：始。辟王：君王。②曰：发语词。章：法度。③旂（qí）：画有蛟龙的旗，旗杆头系铃。阳阳：鲜明。④和：挂在车轼（扶手横木）前的铃。铃：挂在旂上的铃。央央：铃声和谐。⑤鞗（tiáo）革：马缰绳。有鸧（cāng）：鸧鸧，金饰貌。⑥休：美。⑦昭考：此处指周武王。⑧孝、享：均献祭义。⑨言：语助词。⑩思：发语词。皇：指周成王。祜（hù）：福。⑪烈文：辉煌而有文德。⑫俾：使。缉熙：光明。纯嘏（gǔ）：大福。

【赏析】

此诗可分前、后两个部分。前半部分绘声绘色地描绘了诸侯来朝的壮观，堂堂皇皇，颇有情景如画之感，比较富于文学色彩。开头至“休有烈光”，开宗明义，直接叙述诸侯群至，初次朝见周王的景象。他们主动求取礼仪典章，彰显出了周王朝的威仪。一面面交龙大旂鲜明夺目，迎风招展，簇拥着周王向庙堂汇聚；装饰豪华的车鸾与和悦动听的铃声响成一片；马缰绳上所缀的玉片互相撞击，苍苍有声；马辔上的铜印辉映着丽日闪闪发光，美不胜收。诗歌以浓墨重彩描绘了诸侯云集朝廷的盛大场面，铺叙排比，文采华美。

难道长篇叙述就只是为了对盛大场景进行描绘吗？结合古代君王借旗帐、车饰来昭示“令德”来看，此处宏大场景的描写另有深意。诗中着意渲染天子诸侯的旗帐、马饰，不仅仅是对一种热烈场景的展现，更是对周天下“令德”的由衷歌颂。“阳阳”“央央”等叠词的运用，加强了夸赞色彩和音响效果。更加凸显出一种宏大的场景；鲜明夺目的旗帐和装饰豪华的车鸾，让众诸侯大开眼界，见识了王朝礼仪的威风，就连诗人也情不自禁地赞叹“休有烈光”。

在对盛大场景描绘之后，诗人步入正题，开始对祭祀活动进行描绘，记述周天子带领众诸侯谒见先祖的情状。一个“率”字足以表现出此次赶来朝见的诸侯全部参加了祭祀活动，更加突出了周王朝的强盛和周天子的威仪。周天子和众诸侯庄严地步入庙堂，开始了虔诚庄重的献祭仪式，当祭品供上之时，庙堂便响起一片祈祝之声：“以介眉寿，永言保之，思皇多祜。”活得长久些吧，普天之下芸芸众生都对神灵、先祖祈求着，但是周王之祈求长寿，在于君权神授，长享天下。

读到此处，再也寻不回前面几句的韵脚，而是无韵脚可循。现代学者王国维《观堂集林》卷二《说周颂》：“窃谓风、雅、颂之别，当于声求之。……然则风、雅所以有韵者。其声促也。颂之所以多无韵者，其声缓，而失韵之用，故不用韵。”此刻众人已置身于庄严的庙堂，耳边振响着舒缓的钟声，周天子怀着无比的虔诚，向着祖宗神明喃喃诉说着心中“永保”天下的愿望。

最后三句是对诸侯王公的祝祷，这些诸侯功业辉煌、文德彰显，周王祈求先祖赐给福气，使得他们能够奋发前进。作为周王朝的藩卫，只有安康“多福”，他们才能辅佐周天子坐稳江山，永保天下。结句“俾缉熙于纯嘏”一变四言之体，改为六言长句，其效果在于使庄严的祝祷，于曲终延续为绵绵长声，在庙堂中继续萦绕。

下半部分没有再描绘场面的盛大豪华、凝重肃穆。为了避免重复，作者把笔端伸向天子和诸侯们的内心，揭示出他们的心理追求和祈愿。

尽管颂诗多套语，但是此诗前半部分铺陈的文采，后部分着重于心理的刻画，都是值得一读的。

有 客

有客有客[①]，亦白其马[②]。有萋有且[③]，敦琢其旅[④]。有客宿宿[⑤]，有客信信[⑥]。言授之絷[⑦]，以絷其马。薄言追之[⑧]，左右绥之[⑨]。既有淫威[⑩]，降福孔夷[⑪]。

【注释】

①客：指宋微子。②亦白其马：他用白马驾车乘。③有萋有且（jū）："萋萋且且"，此指随从众多。④敦琢：意为雕琢，引申为选择。旅：通"侣"，指伴随微子的宋大夫。⑤宿：一宿曰宿。⑥信：再宿曰信。或谓宿宿为再宿，信信为再信，亦可通。⑦絷（zhí）：拴马索。⑧薄言：语助词。追：饯行送别。⑨绥：安定。⑩淫：盛，大。威：德。⑪孔：很。夷：大。

【赏析】

近人说诗，多认为《有客》一诗是"微子来见祖庙"之歌，但也有人认为"此篇乃周天子饯诸侯所奏之乐歌"。归结一点，此诗是古代王公贵族接待宾客之诗。全诗是一个前后呼应、始末完整的整体，从客之至的喜悦，到客之留的殷切，再到最后客之去的祝福和深深情意，语言活泼、节奏轻快跳跃，表现出了主人对客人的真诚情谊和美好祝愿，让人感到亲切动人。

开篇叠词，"有客有客"表现出了对贵客驾临的喜悦呼告。车声辚辚，从远处传来，客人虽然因为距离较远还无法辨别是谁，那驾车的白马却早已让人看得分明，想必一定是贵客临门。主人精神为之一振，奴仆们也随着主人喜色浮动。欢快跳跃的语言，传神地表现出主仆遥见贵客到来时相互传告的欣喜；纯白一色的马，潇洒大方地展示出车骑雍容的气派与华贵不俗的风度。先闻声，后见人，颇有“粉面含春威不露，丹唇未启笑先闻”的妙处。

全诗并未就此而止，但也未对贵客有更深更近更细的描写，而是宕开一笔，转到贵客的随员身上，以求达到烘云托月、绿叶衬花的效果。但见随员衣着花团锦簇。气宇轩昂不凡，全都是百里挑一的人才。“有萋有且，敦琢其旅”两句并未直接描写贵客的高贵，而是在随从的不凡中以烘云托月的方式写出了贵客的气宇和风采。恰如“处处景语皆情语”的妙处，诗表面写客，但是字里行间跳动着的却是迎客主人的欣喜、赞叹和自豪之情。

诗歌并未顺接写出相见时的寒喧热闹的场景，而是宕开，冷却迎客主人的那份喜悦之情，表现出主人对客人很快离开的担心和忧虑。“有客宿宿，有客信信”，相逢的其乐无穷加上主人的盛情款待，使得客人有着宾至如归的感受。由此住了一天又一天，时光流逝，已经住了好几天了，但是主人依依不舍，不愿客人离开，但客人却执意要走，无可奈何之中主人只能“言授之絷，以絷其马”，只能通过绊住客人的马来挽留贵客，表现出了一种古朴纯真的待客深情。

去意已决，无论主人有多么的热情，客人终究不能久留，揖别之际，主人只能“薄言追之”，表现主人送之远、别之难，显示出“送”中之“情”。尽管主人自己虽在为别离伤感，但作为送行者，却又在贵客去意已决之时，不停地抚慰客人，让其安心登程。

“既有淫威。降福孔夷”，末尾二句常被古人用为作别套语。但在主人的诚挚与深情中，却表达出了对远去客人的真诚美好祝愿。

武

於皇武王①，无竞维烈②。允文文王③，克开厥后④。嗣武受之⑤，胜殷遏刘⑥，耆定尔功⑦。

【注释】

①於（wū）：叹词。皇：光耀。②竞：争，比。烈：功业。③允：信然。文（第一个“文”）：文德。④克：能。厥：其。⑤嗣：后嗣。武：指周武王。⑥遏：制止。刘：杀戮。⑦耆（zhǐ）：致，做到。尔：指武王。

【赏析】

《武》是歌颂武王克商的乐舞。

诗一开头就以强烈的语气赞叹武王：“於皇武王，无竞维烈。”句中感叹词“於”将人们对武王的敬仰和赞美表现得非常充分。武王伐纣其实并非从百姓利益出发。但他结束了纣王的荒淫统治。确实拯救了众多在残暴压迫下苦不堪言的生灵。而且，与纣王相比，武王的统治实在开明许多，因此他能得到普通百姓的赞美。

《诗经》中的很多诗在歌颂武王时往往会提到文王，原因就在于武王的功绩是建立在文王功绩基础上的。本诗的三四句点明文王对武王功业的开辟作用。“允文文王，克开厥后”，歌颂武王时一般赞其武功，而颂文王时常常赞其文德，这也说明文王和武王对周的贡献一在文德、一在武功。文王在位时，周逐渐强大，先解决了虞、芮两国争端，又征服了戎和密须；更重要的是，文王招贤纳士，发展生产，极大地增强了周的实力。这一切都为武王克商奠定了良好的基础。

“嗣武受之，胜殷遏刘，耆定尔功”接续“无竞维烈”一句，直陈武王伐纣除暴的功绩。武王继承文王遗志继续发展壮大周的势力，最终走向灭商并取而代之的道路。“胜殷遏刘”一句是说，武王伐纣是代表上天意志制止暴君的残杀，这实际上是为武王伐纣寻找冠冕堂皇的借口。最后一句“耆定尔功”简明扼要，斩钉截铁地表明这种大功劳是属于武王的。

作为庙堂颂歌，《武》仍然表现出庄重的风格。但也有一些曲折动人之处。如诗的开头高声称颂武王的征伐之功，三四两句却笔锋一转，开始缅怀文王之德；之后又转回对武王的歌颂，可谓一波三折之笔。

闵予小子

闵予小子①，遭家不造②，嬛嬛在疚③。於乎皇考④，永世克孝⑤。念兹皇祖⑥，陟降庭止⑦。维予小子，夙夜敬止。於乎皇王⑧，继序思不忘⑨。

【注释】

①闵：怜悯。予小子：成王自称。②不造：不幸，不善，指遭周武王之丧。③嬛（qióng）嬛：孤独无依靠。疚：忧伤。④於（wū）乎：同“呜呼”，表感叹。皇考：指武王。⑤克：能。⑥皇祖：指祖父。⑦陟降：升降。庭：通“廷”。止：语气词。⑧皇王：兼指文王、武王。⑨继序：继承大业。

【赏析】

按《毛诗序》《诗集传》的说法，《闵予小子》歌颂的是成王即位初期之事。《闵予小子》为这组诗的首篇。记叙丧中即位的成王祷告于祖庙的情形。成王即位时，年龄尚小，没有足够的政治经验，也并不清楚当如何行事，因此本诗很有可能是辅政的周公拟成王自述的口吻所作。

武王克商四年后驾崩，未满十三岁的成王姬诵继位。周公姬旦担心新王年幼不能控制大局，于是不顾猜疑，担起了辅政的重任。成王二十岁时，周公还政，摄政长达七年。

“闵予小子，遭家不造，嬛嬛在疚。”“闵”为“可怜”之意；“小子”是商周天子的谦称，成王面对功勋卓著的先王和群臣、诸侯，自然是“小子”。“遭家不造”指武王驾崩一事，这不仅是成王幼年丧父的个人悲痛。更是整个国家的不幸遭遇。一个十来岁的孩子既要承受丧父之痛，还要肩负家国重任，怎么不可怜！“嬛嬛在疚”是这种情况下成王的心境。武王的死使成王变成了孤子，他初即位又缺乏群臣的支持，于是产生了茕茕孑立的孤独感和深深的忧虑。此三句如实叙述了成王的艰难处境，尤为突出成王的孤独无依和忧思重重。这是一种主动示弱示困的态度，目的在于驱使群臣尽心尽力辅佐嗣王。

接下来“於乎皇考，永世克孝。念兹皇祖，陟降庭止”这四句是成王追念文、武二王之辞：他赞美父亲武王克己尽孝，又称赞祖父文王举贤任能，用人得当。武王一生功勋盖世，伐纣灭商和建立西周王朝是最为人称颂的两件事；但在此成王却对父皇最辉煌的业绩一字不提。只强调他“永世克孝”的德行。这样的表达自然不是随意为之，而有一番特殊的用意。众所周知，古代最看重君臣之道与父子之道，臣子对君上须尽忠。子女对父亲须尽孝，其理一致。诗言武王“永世克孝”，根本意图是提醒群臣对成王尽忠。而成王此时正处急需援助的困窘之际，明令不如感化。故此用武王“克孝”来感化在朝的武王旧臣，以期获得他们的支持。

先祖先父的功德对成王来说是一种鞭策和激励，诗的最后几句表明了成王敬重先王、继志守成的决心。“维予小子，夙夜敬止”，面对文王和武王的光明业绩，成王自感能力不足，唯有不辞辛劳，日夜用功治理国家，才对得起先祖。“於乎皇王，继序思不忘”，在祖先的神灵面前，成王许下“继序思不忘”的誓言，表示要继承两位先王的遗志，时刻不忘他们的光明之道。“继序”一语出现在诗的末尾，也有别的用意，这是在向诸侯及群臣示威：成王年纪虽小，但他贵为大周天子，是文王和武王的嫡亲血脉，他继承的乃是文王和武王的大业。诸位当以事文王、武王之心事成王。所以，“思不忘”不妨也可理解为对诸侯、群臣的提醒。

本诗是配合皇家乐舞的颂诗，语言艰深生涩，朱熹评价雅颂的用语时说：“其语和而庄，其义宽而密，其作者往往圣人之徒，固所以万世法程而不可易者也。”《闵予小子》也不例外，虽也有“嬛嬛在疚”这样的真情流露，终不免天子声音的庄严肃穆，无甚诗味可言。它让人看到了三千多年前的历史情境，虽无多少美学价值，但其历史价值仍值得重视。

访 落

访予落止①，率时昭考②。於乎悠哉③，朕未有艾④。将予就之⑤，继犹判涣⑥。维予小子，未堪家多难。绍庭上下⑦，陟降厥家⑧。休矣皇考⑨，以保明其身⑩。

【注释】

①访：谋，商讨。落：始。止：语气词。②率：遵循。时：是，这。昭考：指武王。③悠：远。④艾：阅历，此处指成王年幼无知。⑤就：接近，趋向。⑥判涣：分散。⑦绍：继。⑧陟降：提升和贬谪。厥：其。⑨休：美。皇考：指先祖。⑩保明：保佑。

【赏析】

西周在文王和武王的苦心经营下，取代殷商，逐渐成为强大的王朝。然而西周兴国不久，武王就驾崩了，即位的是年幼的成王。《访落》便是成王登位伊始谨慎惶恐心境的反映。

武王是一位政治经验极为丰富，同时善于治国的帝王。由于文王被纣王囚于羑里，武王在做太子时就开始处理朝政，具备了控制大局的能力。文王归来后，武王又协助他征战诸侯，威名远振各诸侯国。武王在位期间，励精图治，局势平稳，国势蒸蒸日上，最终完成了伐纣的使命。如今这样一位伟大帝王的权位却要由一个年幼无知的“小子”来继承，其中的艰难可想而知。武王用他的文治武功征服了群臣和诸侯，然而所谓一朝天子一朝臣，臣服于武王的人未必愿意对新王俯首帖耳。蠢蠢欲动的诸侯是新局面中最不稳定的因素。帝王更替对一些怀有野心的诸侯而言，是一个重新分配权力的机会，何况新王只是一个乳臭未干的小儿。新君即位之初要祭告先王庙，并和诸臣谋划国政，这次议政对于新王威信的建立意义十分重大。“访予落止，率时昭考”，成王宣布谋政正式开始，并表明自己要遵循武王的治国之道。成王在议政一开始就提出“率时昭考”，既是确定施政纲领，又是利用先王之名威慑参与朝庙的群臣诸侯。

然而实现武王之道谈何容易！成王叹道："於乎悠哉，朕未有艾。"武王之道如此光明远大，而自己年纪尚幼，缺少治国经验，实在是任重道远。"於乎悠哉"，一语四字却有三个叹词，恰切地传达出新登位的成王面对重任时的忐忑心境。

天子需要大臣的辅弼。年少的成王立志继承武王之道，更需要群臣的帮助，于是成王向群臣道"将予就之，继犹判涣"，希望众大臣帮助自己向武王之道靠拢。这是一种主动亲近臣下的举动。对于初即位的新君来说，这种谦恭的态度可以帮助他获得大臣们的拥护。

接下来两句"维予小子，未堪家多难"上承第三至四句，均言自己能力不足。成王身为天子，却称自己为"小子"，一则是因为他确实少不更事；二则前有丰功伟业的武王，现又面对在朝多年的老臣，就更显稚嫩了。"家多难"是国家当前面临的现实情势，成王将国情如实相告，并明确表示这种局面是自己这个"小子"难堪重负的。这两句的言辞谦卑而恳切，群臣听闻，自然又对成王多一分怜悯。怜悯之余就会生出辅佐之心。

新王即位，谦卑的态度当然很重要，但一味谦卑却不利于树立威信。因此，成王收起对臣下的谦卑，将话题转移到具体治国政策上，提出"绍庭上下，陟降厥家"的主张。"绍庭上下"依然是继承先王之正道的意思，属于泛泛而谈。此主张的重心在后一句"陟降厥家"，这是成王的一项具体措施。国家的治与乱很大程度上取决于用人的得当与否，君王若想国家安定，身边必须有一群可靠的贤臣。成王决定"陟降厥家"，起用贤能之人，罢免无能之辈，如此则朝纲可振，国家有望。成王初即位便作出这等果断、正确的决策，可见绝非懦弱昏庸之辈。这等决断之语对诸侯的震慑比严厉的威吓更有力。

尾句"休矣皇考，以保明其身"呼应首二句，再次点明告庙之意。此时成王与群臣已经议政完毕，便向武王祷告，希望武王在天之灵保佑自己将国家治理好。这种祷告也许透露出成王对自己治国能力的担忧，但同时，在告庙结束之际再度提出"皇考"也能提醒众人：你们的爵位都是武王所封，武王虽逝，他建立的基业还在，你们若铭记武王恩惠，就要忠于新王。

敬之

敬之敬之①，天维显思②，命不易哉③。无曰高高在上，陟降厥士④，日监在兹⑤。维予小子⑥，不聪敬止⑦？日就月将⑧，学有缉熙于光明⑨。佛时仔肩⑩，示我显德行⑪。

【注释】

①敬：警诫。②显：明白。思：语气助词。③命：天命。易：变更。④陟降：升降。士：《说文》："士，事也。"⑤日：每天。监：察，监视。兹：此。⑥小子：年轻人，周成王自称。⑦聪：听。⑧日就月将：每日有成就，每月有奉行。⑨缉熙：积累光亮，喻掌握知识渐广渐深。⑩佛（bì）：通"弼"，辅助。时：是。仔肩：责任。⑪显：显示。

【赏析】

"敬之"就是敬天。周人为巩固统治，创造了一个主宰世界的自然神"天"，周代替商是顺应"天命"而为，而"天命"是不可违抗的，这就为周王的统治蒙上了一层神秘的色彩。周朝君王自称是受命于天的天子，自然时时刻刻维护天的至高地位，并以天威警示群臣及百姓。

"敬之敬之"是成王对群臣的郑重嘱咐。两个"敬之"连用，使人仿佛看见周人诚惶诚恐地对天跪拜之态。敬天的原因是"天维显思，命不易哉"，天道昭昭，不可改变，众人只能顺从它。"天维显""命不易"并不是纯粹地叙述天命，它的言外之意是，我周王室乃顺承天命的正统，你们作为我周朝的臣子必须牢记这一点，并且要对我周室拥戴服从。

"无曰高高在上，陟降厥士，日监在兹"三句是对群臣的进一步警告。在这里成王指出了敬天的另一个原因：天能洞悉人的作为。"天"看似高高在上不理人事，其实天的意志无处不在，人间的一切活动都逃不过“天”的监视。文武百官的一言一行自然也在天所监视的范围内，“天”会根据他们的不同作为，作出相应的升降任免决定。这颇有“善有善报，恶有恶报”的意味。其实，决定“陟降”群臣的是周王室而非“天”，“日监在兹”的，与其说是苍天，不如说是周王室。成王的用意很明显，就是希望群臣恪尽职守，不要有任何不轨行为，因为你们的一切言行都在周王室的掌控之中。

此诗创作时，成王还未亲政，作为年少而缺乏经验的君王，他当然要虚心自律，而不只是以居高临下的姿态告诫群臣。

“维予小子，不聪敬止。日就月将，学有缉熙于光明。”“小子”一词在《闵予小子》《访落》中也多次出现，反映出年幼的成王在年长的群臣面前谦恭的态度。“维予小子，不聪敬止”是说：我年少不晓事，还未完全明白敬天的道理。但是成王下定决心克己勤学，通过日积月累的学习走上光明之道，这是“日就月将，学有缉熙于光明”的含义。

本诗的目的是告诫群臣，所以最后两句仍归到警示臣心上。成王决心“学有缉熙于光明”，但这个目标的实现需要臣子的扶助，所以他希望群臣“佛时仔肩，示我以德行”。这里的“德行”当特指文、武二王的品行和德政。

成王即位之初。朝中大臣不少是文王和武王的旧臣，从他们身上学习前王之德行不失为一个好方法。而且，文王、武王是天命的施行者，成王作为他们的正统继承者自然也是顺乎天命的，所以全心全意为成王效力也是群臣敬天的一项基本内容。

《敬之》通篇以“天命”的威慑力作为告诫的力量支撑。在中华民族的传统观念里，“天”占据着极为特殊的地位。无论哪个阶层的人都或多或少地敬畏“天”的力量，不仅历朝历代的帝王以“天子”自居，而且不堪压迫的反抗者也每每打着“替天行道”的旗号发动起义，此诗作为“敬天”观念的源头之一，其深厚的意蕴和历史价值不容忽视。

小 毖

予其惩而毖后患[①]！莫予荓蜂[②]，自求辛螫[③]；肇允彼桃虫[④]，拼飞维鸟[⑤]。未堪家多难[⑥]，予又集于蓼[⑦]。

【注释】

①惩：警诫。毖：谨慎。②荓蜂：抚乱群蜂。③螫（shì）：毒虫刺人。④肇：开始。允：诚，信。桃虫：鸟名，即鹪鹩。⑤拼：翻飞。⑥多难：指武庚、管叔、蔡叔之乱。⑦蓼（liǎo）：草名，生于水边，味辛辣苦涩。

【赏析】

《小毖》是成王亲政后的作品。成王即位时年幼，由其叔父周公旦辅佐朝政，七年后还政。周公摄政期间，大行封建，制定礼乐，对巩固和发展西周的统治做出了重要的贡献。周公辅政一度引起一些人的猜疑，管叔、蔡叔和霍叔等人在朝廷内外散布谣言。说周公有篡位的野心，成王听信谗言而疏远周公。之后，管叔、蔡叔与已受封为殷侯的商纣王之子武庚串通谋反，攻打镐京。成王急忙召回身在洛阳的周公，命周公率兵平息叛乱。成王亲政后作《小毖》表达了对以往过错的深刻反省。

诗以“予其惩而毖后患”开头，直接点明本诗的主题：惩戒以往的过错以防后患。“毖”是谨慎之意，诗题为“小毖”其实就是要谨慎于小错误，防止大患发生的意思。

以后六句皆为成王自省过错之辞。成王轻信谣言，给小人以可乘之机，以致酿成“管蔡之乱”的大祸。对此，成王并无掩饰过错之意，“莫予荓蜂，自求辛螫”两句就是他主动认错的表现。

“荓蜂”不仅仅指管、蔡等人的谗言，也指一切祸患的发端。成王认为祸患的发生是他自己造成的，与别人无关。在叛乱发生后，成王能首先自我批评而不是将过错推到臣子身上，显示出他作为一国之君的坦荡胸襟和博大气度。

“肇允彼桃虫，拚飞维鸟”讲述的是“防微杜渐”的道理。“桃虫”即“鹪鹩”，是一种小鸟。小鸟不足为惧，但一转眼鹪鹩之雏就能变成大鹰。

管叔、蔡叔与武庚等人开始力量很弱小，但由于没有及时制止，终于发生大乱，这两句正是对“管蔡之乱”由小乱变为大祸的绝妙比喻。所谓“千里之堤，溃于蚁穴”，事物的发展形成都有一个逐渐积累的过程。祸患绝非一日形成，避免灾祸就要慎于初始，防患于未然。桃虫变大鸟的意象含蓄地表达了这个道理。

“未堪家多难，予又集于蓼。”西周取得天下不久，需要的是安定和平，自然经不起太多动乱，成王说“未堪家多难”正是此意。《访落》中同样有“未堪家多难”这一句。只是《访落》作于周公摄政之初，《小毖》作于周公还政之后，前者之“难”是武王驾崩带来的局势动荡，后者之“难”则是管叔、蔡叔、武庚等人的叛乱，含义不同。“蓼”是一种苦草，“集于蓼”比喻陷入困境中，“予又集于蓼”一句是成王自述其艰难处境。从这两句可以看出，成王此时十分清楚自己和整个国家的处境，知道国家难以担负从前那样的险难，其中隐含着成王将谨慎行事、避免再陷险境的决心。

载芟

载芟载柞[①]，其耕泽泽[②]。千耦其耘[③]，徂隰徂畛[④]。侯主侯伯[⑤]，侯亚侯旅[⑥]，侯彊侯以[⑦]，有嗿其馌[⑧]。思媚其妇[⑨]，有依其士[⑩]。有略其耜[⑪]，俶载南亩[⑫]。播厥百谷，实函斯活[⑬]。驿驿其达[⑭]，有厌其杰[⑮]。厌厌其苗，绵绵其麃[⑯]。载获济济，有实其积，万亿及秭[⑰]。为酒为醴[⑱]，烝畀祖妣[⑲]，以洽百礼[⑳]。有飶其香[㉑]，邦家之光。有椒其馨[㉒]，胡考之宁[㉓]。匪且有且[24]，匪今斯今，振古如兹[25]。

【注释】

①芟（shān）：割除杂草。柞（zé）：砍除树木。②泽泽：土解之貌。③千：指数量多。耦：二人并耕。耘：除田间杂草。④徂（cú）：往。隰（xí）：低湿地。畛（zhěn）：以前开垦的田界。⑤侯：语助词，犹“维”。主：家长，古代一国或一家之长均称主。伯：长子。⑥亚：叔、仲诸子。旅：幼小子弟辈。⑦彊：强壮者。侯以：其他帮忙者。⑧噆（tǎn）：众人饮食声。馌（yè）：送饭。⑨思：语助词。媚：讨好。⑩依：取悦。⑪略：锋利。耜（sì）：古代农具名，用于耕作翻土。⑫俶（chù）载：始耕好。南亩：向阳的田地。⑬实：种子。函：含。⑭驿驿：苗生貌。达：出土。⑮厌：美好。杰：壮苗。⑯麃（biāo）：谷物的末梢。⑰亿：十万。秭（zǐ）：亿亿。⑱醴（lǐ）：甜酒。⑲烝：进献。畀（bì）：给予。祖妣：先祖、先妣。⑳洽：合。㉑有飶（bì）：芬芳。㉒椒：香气缭绕。㉓胡考：长寿，指老人。㉔匪：非。且：此。㉕振古：终古。

【赏析】

本诗虽然没有分章节。但自成段落，层次清晰，可自然分成两部分，且诗中押韵。以说本诗是《周颂》中用韵较密且篇幅最长的一篇。本诗所记叙的内容主要是西周前期的农业生产状况，因此，这首诗也是历史学家们关注度最高的诗篇之一。它可帮助后人了解西周的社会形态，明白当时农业生产力的发展水平；诗中提供的一些可靠的信息能帮助人们了解那个时代的方方面面，因此有着极高的文化和历史价值。

《载芟》一诗反映了当时的农政思想，开头四句主要写开垦土地的具体方式。这时人们有的在割草，有的在刨树根，通过努力，大片的土地被翻掘得十分松散。“千耦其耘”一句指的就是这一场面：遍布在低洼地、旧田埂的那些春耕生产活动正如火如荼地进行着。这一句中的“耘”字，可以是除去田间杂草的意思；在诗中将它和“耕”合在一起，泛指农田作业。这一句中，“耘”其实也就是所谓的“耦耕”，这是那个时期的一种耕作方式，这种耕作方式是通过两个人共同合作来完成的，他们合作翻掘土壤。关于要如何合作，其方法是多种多样的，常见的有如果要挖掘树根，就应该面对面地合作；如果要开沟挖垅，那就不妨肩并肩工作；如果是耒耜翻地，就应该是一推一拉。

参加春耕的人，不分男女老少全体出动，努力耕作。其中有漂亮的女子，健壮的男子，他们在田间狼吞虎咽地吃着饭，诗人通过这种细节描写，将一幅生动的画面展现在读者面前。

在古代，天下的所有土地都是归君王所有的。他再将这些土地划分给各个诸侯，君王具有随时收回土地的特权，同时，诸侯要给君主上交一定的贡赋。这些土地是长期分封给固定的使用者的。然后各诸侯也可以再将土地下分给他们的下属。就这样层层分下去，土地的最终所有者是以家庭为基本单位的。在一个庞大的家族中，众兄弟、子孙以家长为首，同时进行劳作。

人们运用锋利的耒耜开始耕种，他们首先在向阳的田地播种，那些作物非常易活，种子只要沾地就能成活。人们不禁感叹："多么锋利的耒耜啊，百谷刚播下就出芽了。"这些赞叹中饱含着无限的欢欣，反映出农具的使用和农业技术的进步。

"驿驿其达""厌厌其苗"中包含了人们对于丰收的赞叹和喜悦；"绵绵其麃"一句说明，这一切都是人们精心管理的结果，正是因为有人在努力工作，作物才能很快生长，这些都表现了人们极大的生产热情。

诗人通过夸张的手法，用"万亿及秭"来形容那广大无边堆积在露天的谷物，透露出丰收的喜悦之情。"万亿及秭"这一句则成了全诗的一个转折点。在这句之前主要是写农事。而从这句之后则主要写祭祀和祈祷，也就是诗的第二部分。

制酒祭祀，是全诗的中心。周代有严格的禁酒规章制度，他们的酒主要是在祭祀和百礼时饮用，平日里并不经常饮酒，所以此处制酒就体现出人们发展生产的目的——报答祖先，光大家国，保障和提高人民生活水平而进行耕作。这正是周代发展生产的最根本政策。

本诗最后三句是人们祈祷的话语，他们在向神祈祷年年都能够获得丰收。《毛诗序》中有这样的话："《载芟》，春藉田而祈社稷也。"因为这样的记载，人们认为这并不单单是一首藉田祀神的诗，同时也是一首秋冬祀神诗。

良　耜

畟畟良耜[①]，俶载南亩[②]。播厥百谷，实函斯活[③]。或来瞻女[④]，载筐及筥[⑤]，其馕伊黍[⑥]。其笠伊纠[⑦]，其镈斯赵[⑧]。以薅荼蓼[⑨]，荼蓼朽止[⑩]。黍稷茂止，获之挃挃[⑪]。积之栗栗[⑫]，其崇如墉[⑬]，其比如栉[⑭]。以开百室[⑮]，百室盈止，妇子宁止。杀时犉牡[⑯]，有捄其角[⑰]。以似以续[⑱]，续古之人。

【注释】

①畟（cè）畟：形容耒耜（古代一种像犁的农具）的锋刃快速入土。②俶（chù）：开始。南亩：古时将东西向的耕地叫东亩，南北向的叫南亩。③实：百谷的种子。函：含，指种子播下之后孕育发芽。斯：乃。④瞻：看望。女：读同“汝”，指耕地者。⑤筐：方筐。筥（jǔ）：圆筐。⑥馕（xiǎng）：所送的饭食。⑦纠：用草绳编织而成，形容结实。⑧镈：古代锄田去草的农具。赵（tiǎo）：锋利好使。⑨薅（hāo）：去掉田中杂草。荼蓼：两种野草名。⑩朽止：朽死。⑪挃（zhì）挃：形容收割庄稼的摩擦声。⑫栗栗：形容收割的庄稼堆积之多。⑬崇：高。墉（yōng）：高高的城墙。⑭比：排列，此言其广度。栉（zhì）：梳齿。⑮百室：指众多的粮仓。⑯犉（rǔn）：黄毛黑唇的牛。⑰捄（qiú）：形容牛角弯曲。⑱似（sì）：通“嗣”，继续。

【赏析】

本诗真实反映了当时社会的生产力情况，将当时正在蓬勃发展的农业大发展展现在读者面前。《良耜》这首诗产生的时期应该是西周初期，那时经过了成、康时期，农业得到了较快发展，在这样的背景下诗人创作了这首极具价值的诗篇。

本诗首先赞美了锋利的犁头。这是因为在那个年代农耕是社会的主流，锋利的金属犁头是最能够代表当时先进生产力的物品。后人通过它可以看到当时的农业到底发展到了什么阶段，这些锋利的犁头也是当时农业生产能够获得丰收的基础。

诗人描述了播种、送饭、锄草等具体的劳动场景，表达了人们在大丰收之后的喜悦之情。当丰收的粮食要入仓的时候，人们开始为祭祀做准备。祭祀这种行为是先民从祖先那里继承下来的传统，人们通过祭祀表达自己渴望丰收的愿望和感谢神灵庇佑的心情。

这首诗共有二十三句，可以分为三个层次：第一层，从开篇一直到“荼蓼朽止”，主要是写春耕夏耘的画面；第二层，从“黍稷茂止”一直到“妇子宁止”。这一部分写出了秋天大丰收时的画面；第三层，就是最后四句，这几句主要是在写秋冬祭祀时的情景。

开篇就展现了一幅农忙的画面：人们忙于春耕夏耘，当春日到来之时，农人们开始进行耕种，他们手里扶着耒耜在南亩深翻着土地，读者仿佛可以听见那些尖利的犁头在快速前进中发出嚓嚓的声音。再将土地都翻了一遍之后，农人们开始将各种农作物的种子撒入土中，期盼着它们能够尽快发芽和成熟。当人们在劳动中感到辛苦和饥饿的时候，他们就会聚集在一边，等待着家中的妇女、孩子们挑着方筐或者圆筐，将香气腾腾的饭送到他们面前。

到了炎热的夏天，农人们开始耘苗，这时炎炎的烈日挂在空中，辛苦劳作的农人们戴着用草绳编织的斗笠，通过将锄头刺入土中来实现将荼、蓼等杂草锄掉的目的。这样做的好处不但可以清除和庄稼争夺营养的杂草，同时像荼、蓼这样的植物在腐烂之后还可以变成作物的肥料，可谓一箭双雕。通过诗人的叙述，我们仿佛看到了那大片大片绿油油的黍和稷的田地，它们长势喜人，预示着又一个丰收年的到来。

等到了秋天，人们迎来了盼望的大丰收，这时诗人将另一个欢快的画面展现在人们面前。农人们正忙着用镰刀收割庄稼，割裂的声音此起彼伏，就像是一首节奏明快的歌曲一样。就这样，丰收的谷物堆满了粮仓，渐渐地堆积成了像高高的城墙一样的高山。这些上百个高高的粮食山一字儿排开，之后农人将这些粮食逐一收入了粮库。因为获得了大丰盛，所以每个粮仓都被粮食装得满满的。看到这些，妇人和孩子内心里十分安宁，脸上喜气洋洋。

丝　衣

丝衣其紑[①]，载弁俅俅[②]。自堂徂基[③]，自羊徂牛。鼐鼎及鼒[④]，兕觥其觩[⑤]，旨酒思柔[⑥]。不吴不敖[⑦]，胡考之休[⑧]。

【注释】

①丝衣：丝织祭服。紑（fóu）：洁白鲜明貌。②载：借为“戴”。弁：帽。俅（qiú）俅：冠饰美丽的样子。③徂：往，到。基：房屋等建筑地基。④鼐（nài）：大鼎。鼒（zī）：小鼎。⑤兕觥（sì gōng）：盛酒器。觩（qiú）：形容兕觥弯曲的样子。⑥旨酒：美酒。柔：指文德好。⑦吴：大声说话，喧哗。敖：通“傲”，傲慢。⑧胡考：寿考，长寿之意。休：福。

【赏析】

本诗是一首在祭祀现场诵唱的歌。吟唱诗歌的人要换上祭祀的礼服、礼帽等服装，他的神情恭恭敬敬，在将和祭祀相关的物品从内到外、从供牲到礼器都逐一查看之后。他开始表达粮食丰收的感激之情。诗人在祭台前歌唱，他的歌声告诉祖先们丰收的景象，他们之所以能够获得丰收是因为托了祖宗的福，他们美好的丰年是祖先带给他们的。

诗中开篇的两句主要是描写祭祀时助祭的官员的穿戴和神情。关于这些衣服，郑玄注：“纯衣，丝衣也”，“其色赤而微黑。”在《礼记·檀弓上》中有这样的描述：“天子之哭诸侯也，爵弁绖缁衣。”这样的衣服和白色的丝衣搭配在一起，就构成了祭祀专用的服饰。

第三句到第六句主要是叙述这场祭祀的祭品十分丰富以及祭祀者面对祭祀的那种一丝不苟的态度，表现出主持祭祀的周天子对于神灵的敬重与虔诚之情。

祭祀中的祭品通常被称为牺牲，而作为牺牲的通常是羊、牛这样的牲畜。第五句和第六句是在写祭祀的器具。在古代最常用的器具就是鼎，这是古代的炊具，同时也是人们在祭祀的时候用来盛放熟牲的器具。文中提到的鼐和鼒是大小不同的鼎。其中最大的是鼐，它是用来盛牛的，在《说文解字》中有这样的解释：“鼐，鼎之绝大者。”鼎要比鼐稍小些，是用来盛羊的，鼒是最小的一个，是用来盛猪的。本诗最后的两句是写祭祀后的宴饮。这一段描写的重点是突出宴饮时的不吵不闹、合乎礼仪的气氛。

酌

於铄王师①，遵养时晦②。时纯熙矣③，是用大介④。我龙受之⑤，跻跻王之造⑥。载用有嗣⑦，实维尔公允师⑧。

【注释】

①於（wū）：叹词，赞美。铄（shuò）：美，辉煌。王师：王朝的军队。②遵养时晦：遵循时势计韬晦。③纯：大。熙：光明。④是用：是以，因此。大介：大甲兵。⑤龙：借为“宠”。荣，荣幸。⑥跻（jué）跻：勇武之貌。造：造就，成就。⑦载：乃。用：以。有嗣：有司，官之通称。⑧实：是。公：功业。允师：确实值得效法。

【赏析】

《毛诗序》：“酌，造成《大武》也。言能酌先祖之道以养天下也。”《大武》五成的乐舞主要是表现周公平定东南叛乱回到镐京之后，被成王任命和召公一起分职治理天下的事情。那个时候虽然天下已经不再动荡不安，但是因为国家刚刚稳定，所以不能掉以轻心。在这样的环境下，成王任命自己信任的周公治左，召公治右，也就是负责镇守东南的是周公，负责镇守西北的是召公。

从《酌》这首诗的内容来看，诗文的前四句是成王在歌颂王师获得的战绩，其中表达了成王对统兵出征的统帅们的感激之情。在诗中成王所感激的对象就是周公，歌颂了周公的功绩。诗文的后四句是写成王所下达的任命，他将天下分给周公、召公两人分职治理。这时的任命虽然是用成王的名义发布的，告庙的仪式也是由成王主持的，但是因为当时周公仍然在代天子摄政，所以本诗中所写的主人公表面上虽然是成王，但实际上还是周公。因为这样，《酌》这首诗被广大学者认为是一首赞颂周公的乐舞诗。

本诗的前半部分是在表现弦乐柔板般的从容，而后半部分则主要在写铜管乐进行曲般的激昂。在当时，作为乐舞的《酌》和极具代表性的《象》舞一样十分重要，它既可以作为《大武》的一成和其他五成合起来一起表演，也可以单独表演。

桓

绥万邦①，娄丰年②，天命匪解③。桓桓武王④，保有厥士⑤，于以四方，克定厥家⑥，於昭于天⑦，皇以间之⑧。

【注释】

①绥：安定。万邦：指天下各诸侯国。②娄（lǚ）：同“屡”，经常。③匪解：不懈怠。④桓桓：威武。⑤保：拥有。士：指功业。⑥克：能。家：周室，周王宗室。⑦於（wū）：叹词。昭：光明，显耀。⑧间：代替。

【赏析】

《毛诗序》说《桓》为“讲武类祃”之作，是武王伐纣前讲习武事。祭祀上帝和军神的乐歌。《左传·宣公十二年》记载：“楚子曰：‘武王克商，作《颂》曰：……又作《武》，……其六曰：‘绥万邦，屡丰年。’”近代和当代学者据此认为《桓》是成王时《大武》乐舞第六场的歌诗，歌颂武王之功。从内容上看，后一说似乎更有说服力。

“绥万邦，娄丰年，天命匪解。”“邦”指的是诸侯的封地。史书记载，西周灭商后为加强对各地区的控制，把周王室宗亲和功臣分封到各地，各自建立诸侯国。诸侯在享有受封地世袭统治权的同时，有服从王命，向周王朝贡和提供军赋以及护卫王室的义务。这一制度在天下初定的西周初期，确实有效地稳定了政权。

武王灭商之后，各方臣服于周王室，天下安定；在安宁的环境下，西周百姓连年喜获丰收。“绥万邦，娄丰年”是西周太平盛世的图景，而这种局面的出现被认为是武王“天命匪解”的结果。在西周人看来，天下之所以太平，农业之所以五谷丰登、六畜兴旺，理所当然是由冥冥之中的“天命”决定的。正是由于周朝顺应天意灭掉殷商，而且不断奋发进取，一刻不敢松懈，西周才得以“绥万邦，屡丰年”。

而缔造太平西周的人是“桓桓武王”，他有“保有厥士，于以四方，克定厥家”的伟大功绩。“桓”是威武之貌，“桓桓”叠用更突出武王雄壮威武的气势。

最后两句“於昭于天。皇以间之”乃是对武王的总结性赞美：武王的功德光芒万丈，昭著于天！这种赞美虽十分直白，但并无阿谀之态。

很多人认为《诗经》中的颂诗多是歌功颂德之作，内容空泛，味同嚼蜡。单只看颂诗的语言，确实无多少诗歌的浪漫可言。但这是今人的看法。实际上，在“诗、乐、舞结合”的先秦时代，这些颂诗都是配合乐舞进行表演的，它们作为歌舞的有机组成部分自有其活力。简短的歌词配上典雅庄重的乐曲和舞蹈动作，便具有强烈的感染力。

赉①

文王既勤止②，我应受之③。敷时绎思④，我徂维求定⑤。时周之命⑥，於绎思⑦。

【注释】

①赉（lài）：赐予。②既：尽。止：语气助词。③我：周武王自称。④敷：布陈、传布（恩泽）。时：是。绎：连续不断，此指继承。思：语气助词。⑤徂：往。⑥时：是。⑦於（wū）：叹词。

【赏析】

《赉》是武王克商凯旋后，归祀文王庙的乐歌。诗中满怀周武王对文王功德的赞颂和缅怀之情，也表达了武王承受文王基业，传扬文王业绩的愿望和决心。清人姚际恒的《诗经通论》认为是："武王初克商，归祀文王庙，大告诸侯所以得天下之意。"

诗以"文王既勤止，我应受之"起始，通过武王的口气称颂文王的千秋功绩。武王在祭祀先王之时追述文王的丰功伟业，一方面是对周朝乱世立国的历史的回顾和追念；另一方面也是自我明志，表示自己一定要以身作则，身体力行，将先王开创的宏大事业继承发扬。由此便可想象周朝的盛世之兴。

接着武王指出平定天下是他所追求的宏大目标，为了实现这个兴国强国的目标，他再次告诫各路诸侯都必须牢记文王的美好品德，切忌荒淫懈怠，贻误国事。在此武王也提出了他所谓的守成立业的方法，那就是"敷时绎思"，"敷"即布施恩泽之意。周武王伐纣灭商，开创周朝天下，同时他也分封了诸多的诸侯，这些分封的诸侯为周朝巩固统治发挥了巨大的作用。最后两句点出，周朝乃是顺应天命而立，后人应继承上天之意志，光大周朝。

《赉》属于周颂中的一首，是武王赞扬追思文王功业之作。《赉》雍容典雅，质朴无华。开头两句，句句用韵，后四句则间断用韵，反复颂美，音调纡徐舒缓，能够体现《诗经》在音韵节奏上的独到之美。

般①

於皇时周②，陟其高山③，隨山乔岳④，允犹翕河⑤。敷天之下⑥，裒时之对⑦，时周之命⑧。

【注释】

①般：乐。②皇：伟大。时：是。③陟（zhì）：登高。④隨（duò）：低矮狭长的山。乔：高。岳：高大的山。⑤允：通"沇"，水名。犹：通"湭"，水名。翕：合。河：黄河。⑥敷：普。⑦裒（póu）：聚集。对：配，此处指配祭。⑧时：是。

【赏析】

王国维认为，《般》是《大武》曲的第四篇。

周邦在武王的统领下，经过多年的奋斗，终于灭掉了商王朝，成为广有天下的大周王朝。对于这个新兴的王朝而言，赞美可以激发臣民的豪情，有利于巩固江山社稷。

颂歌当然要有所赞颂，这首《般》为周天子巡狩时祭祀山川之辞，赞颂对象自然也就是大周土地上的壮丽山河了。歌者面对广大的周国疆域，不禁赞叹道："於皇时周！"相当于说"啊，多么壮美啊，我们的大周！"歌者以叹词"於"发端，紧接着是形容词"皇"，而主语"时周"却放在"於皇"之后。按照正常语序，此句应为"时周皇矣"，只是普通的陈述语气，毫无诗意；而语序颠倒后，则变为感叹句，强调的是大周之"皇"，语气极为强烈，有先声夺人的气势。看似简单的四言句，却显示出《诗经》高妙的语言艺术。

如果说"於皇时周"是整体感受，那么接下来的"陟其高山，隨山乔岳，允犹翕河"则是具体描述。此时诗人登上了巍巍高山，看到狭长的山峦起伏，高峻的四岳耸立其间，大大小小的河流顺势汇入黄河。这是一种雄伟壮美的图景，展示着大自然的神奇魅力。古人敬畏自然，面对这样壮阔的山川想必更添崇敬之情。同时，这样广阔的河山此时已经变成大周的领土，所以崇敬之外，当另有一番拥有天下的自豪和自信。

需要说明的是，“陟其高山，嶞山乔岳，允犹翕河”三句并不是单纯地赞美山河，它的真正内涵是先民们对于天下安定的祈求，隐含了古人的特殊心理。古人无法解释万事万物的变化，于是冥冥中祈望能够得到大自然神灵的庇佑，国家安定，百姓富足。而对于取得天下不久的西周王朝来说，国家的安定和国力的增强显得尤为重要。所以，周王除了祈求先祖的保佑外，还要敬山岳江河，祭自然神灵。

饱览大周江山的壮丽景色后，诗人更加强烈地感受到西周王朝的恢宏气势，于是又一次发出赞叹声：“敷天之下，裒时之对。时周之命。”大周定国之后，拥有广袤无垠的土地，诸侯国纷纷来朝，对周天子俯首听命。这一派大一统的气象确实令人心潮澎湃。

全诗四言七句，语言极为简练却有震慑人心的威力。诗中“高”“乔”“敷”“裒”等均是表示空间广阔的词，象征着周王朝的盛大；同时又描写了最能体现空间感的山川河流，进一步充实了广阔的空间，一统天下应有的雄浑气魄由此而生。

《般》是周颂的最后一篇，也是一次祭祀仪式的尾声。在祭祀仪式即将结束之际，《般》以恢宏的气势告示天下：周已经不再是当初的小部落，而是掌握天下的大王朝；周的统治顺乎天命，普天下所有人都要服从大周的号令。可以说，《般》就是周人向天下展示周王朝非凡气势的响亮乐声。

鲁　颂

駉

駉駉牡马①，在坰之野②。薄言駉者③，有驈有皇④，有骊有黄⑤，以车彭彭⑥。思无疆，思马斯臧⑦。

駉駉牡马，在坰之野。薄言駉者，有骓有駓⑧，有骍有骐⑨，以车伾伾⑩。思无期，思马斯才。

駉駉牡马，在坰之野。薄言駉者，有驒有骆⑪，有骝有雒⑫，以车绎绎⑬。思无斁⑭，思马斯作。

駉駉牡马，在坰之野。薄言駉者，有骃有騢⑮，有驔有鱼⑯，以车祛祛⑰。思无邪，思马斯徂。

【注释】

①駉（jiōng）駉：马健壮貌。②坰（jiōng）：郊外。③薄言：语助词。④驈（yù）：黑身白胯的马。皇：黄白杂色的马。⑤骊（lí）：纯黑色的马。黄：黄赤色的马。⑥以车：用马驾车。彭彭：强壮有力的样子。⑦思：语助词。臧：好。⑧骓（zhuī）：苍白杂色的马。⑨骍（xīn）：赤黄色的马。骐：青黑色相间的马。⑩伾（pī）伾：有力的样子。⑪驒（tuó）：青色而有鳞状斑纹的马。骆：黑身白鬃的马。⑫骝（liú）：赤身黑鬣的马。雒（luò）：黑身白鬣的马。⑬绎绎：跑得很快的样子。⑭斁（yì）：厌倦。⑮骃（yīn）：浅黑间杂白色的马。騢（xiá）：

赤白杂色的马。⑯ 驔（diàn）：黑身黄脊的马。鱼：两眼长两圈白毛的马。⑰ 祛（qū）祛：强健的样子。

【赏析】

《毛诗序》说："《駉》，颂僖公也。僖公能遵伯禽之法，俭以足用，宽以爱民，务农重谷，牧于坰野，鲁人尊之。于是季孙行父请命于周，而史克作是颂。"《駉》为鲁僖公之颂当无疑，只不过全诗并无直接颂扬僖公之辞，而是以写马表现鲁国对马政的重视，在对骏马的赞美中流露出对僖公的赞扬之意。

"駉駉牡马，在坰之野"，开头这两句总写牧马的场景，给人一个完整的初步印象。"駉駉"重叠，强调马匹身躯的肥壮。而这些膘肥体壮的骏马活动的背景是"坰之野"，在辽远广阔的原野上，有成群的骏马或食或饮，或踏或卧，或奔或跃。有"在坰之野"这样一个阔大背景的烘托，愈加突显出骏马的雄健与活力。

"駉駉牡马，在坰之野"大笔勾勒群马在野之场景，可谓气势沛然，宏阔远大。之后诗人一变高声壮语为低声细语，以"薄言駉者"发端，进入对马的具体描绘。薄、言均为语助词，有延缓语气的作用。一句话里若有多个语气词，往往显得情感低回，"薄言駉者"一句，似乎是作者在独自欣赏，暗自点头赞叹马匹的繁盛和俊美。诗人如数家珍，用"有……有……"的句式点出各种骏马的名称："有驈有皇，有骊有黄""有骓有駓，有骍有骐""有驒有骆，有駵有雒""有骃有騢，有驔有鱼"。

这些名称都是根据马匹不同的毛色命名的。诗人介绍了十几种马，每一种马其实就是一道艳丽的色彩。试想这么多颜色各异的马奔走在郊野上，该是多么壮观。

好马固然赏心悦目，但其真正价值却不在于此。古代多战事，战争是每个国家朝堂之上的一项永久议题。而马匹既是将士们驰骋沙场必不可少的工具，又可用于运输粮草，对战争的重要性不言而喻。西周时期，马在战争中的地位很高。车战是这一时期的主要作战形式，一辆兵车驾四匹马，配以甲士三名和步卒七十二名。驾车之马若驯良而劲健有力，则有大半胜算；不然，车马一乱，队伍便溃不成军。所以，马的优劣关键还在于能否驾好战车。诗人细数完马的名称后，就赞扬马"以车彭彭”“以车伾伾”“以车绎绎”“以车祛祛”。这里的“车”无疑当为战车，而彭彭、伾伾、绎绎、祛祛都是形容马迅猛有力的词，也就是说这些“駉駉”骏马都是善驾之马。

经过对骏马的具体描绘，末二句又归到概括性的赞美上。“思无疆，思马斯臧”，“思无期，思马斯才”，“思无斁，思马斯作”，“思无邪，思马斯徂”，这几句意思互补。都是赞美马矫健善走，令人喜爱。

有駜

有駜有駜①，駜彼乘黄②。夙夜在公③，在公明明④。振振鹭⑤，鹭于下。鼓咽咽⑥，醉言舞。于胥乐兮⑦！

有駜有駜，駜彼乘牡⑧。夙夜在公，在公饮酒。振振鹭，鹭于飞。鼓咽咽，醉言归。于胥乐兮！

有駜有駜，駜彼乘駽⑨。夙夜在公，在公载燕⑩。自今以始，岁其有⑪。君子有穀⑫，诒孙子⑬。于胥乐兮！

【注释】

①駜（bì）：马肥壮貌。②乘（shèng）黄：四匹黄马。古者一车四马曰乘。③公：公家。④明明：通“勉勉”，努力貌。⑤振振：群飞貌。鹭：白鹭鸟。⑥咽咽：不停的鼓声。⑦于：通“吁”，感叹词。胥乐：都快乐。⑧牡：公马。⑨駽（xuān）：青黑色的马。⑩燕：通“宴”。⑪岁其有：指年年丰收。⑫穀：善。⑬诒：留。

【赏析】

《有駜》是一首颂扬鲁僖公和群臣宴饮的诗。鲁国自庆父之难以后，外有强齐睥睨，大有袭取并吞之势。国内多有饥荒，国势江河日下。至鲁僖公继位，采取了一系列措施来振兴国势，内修武备，安抚臣民；外结盟国，巩固政权，才使鲁国转危为安。由于克服了天灾人祸，使鲁国获得了丰收。这首《有駜》正是在鲁国国运昌隆之时所作的。

此诗第一章就极力渲染了鲁国强盛的国力和奋发昂扬的精神。

首句写马的强健肥壮，四匹良马拉起兵车气势轩昂，以此来显示今日的鲁国已是何等的强盛，可谓兵强马壮。鲁国的强大不仅体现在军事武备上，也体现在鲁国的文治政事上。鲁国的官吏，忠于职守，兢兢业业，“夙夜在公”，为国家大事鞠躬尽瘁，可谓“位卑未敢忘忧国”。官吏的奋发向上精神，折射出鲁国政治的清明廉洁、吏治的朴实敬业。这也从侧面反映了鲁国之所以能取得如此辉煌事业的根本原因，那就是君臣齐心、全民奋斗的凝聚力。

接着，诗中描写了群臣宴饮的场面。大臣们在公事之余与国君一同宴饮。宴饮中，歌舞自是不可或缺的。一时间鼓乐齐发，在一片鼓乐声中，美人们手拿鹭羽翩翩起舞，舞姿轻盈。宛如成群的白鹭飞过。难怪舞者陶醉，酒者狂醉，直到酩酊大醉之时才归家。如此盛宴，君臣同乐，上下欢笑，构成一幅太平盛世的君臣宴饮图。

全诗通过对宴饮场面绘声绘色的描写，体现了鲁国的和睦、强盛。

诗的第二章和第三章的前半部分，是对第一章内容的重复，只是个别字有所变化，一方面运用重言叠词的手法一唱三叹，感染读者；另一方面，步步加深，使原有画面产生变化，形成一幅动态图。

宴饮欢歌之时，于觥筹交错中，观舞者仿白鹭之形。一会儿于浅滩溪流中翩翩起舞，一会儿又振翅冲向云天。鼓声咽咽，整齐而有节奏。第三章指出郊祀之事。群臣的欢乐来自于君主的恩赐，因而说“在公载燕”。

在庆贺丰收的酒宴上，人们高兴之余，自然要想到年年有余、岁岁丰收的问题。于是君臣们祝愿、祈祷“自今以始，岁其有”。鲁国的臣民们希望这种盛世之势能永久保持，福禄荫庇后世的子子孙孙。

这首诗是从一个为人臣子的视角来写的。他们因为遇上明君而奋发向上全心致力于国事，与君宴饮中的快乐，来自身处太平盛世而感受到的喜悦。在他们的眼里，“君子有榖”便是一国兴盛最大的梦想。

鲁国的强大中兴让人们对作为人君的鲁僖公满含期待与颂扬。这首诗恰如其分地显示了鲁国君民期望国运昌隆、盛世永驻的美好心愿。

泮 水

思乐泮水[①]，薄采其芹[②]。鲁侯戾止[③]，言观其旂[④]。其旂茷茷[⑤]，鸾声哕哕[⑥]。无小无大，从公于迈[⑦]。

思乐泮水，薄采其藻[⑧]。鲁侯戾止，其马蹻蹻[⑨]。其马蹻蹻，其音昭昭[⑩]。载色载笑[⑪]，匪怒伊教[⑫]。

思乐泮水，薄采其茆[⑬]。鲁侯戾止，在泮饮酒。既饮旨酒[⑭]，永锡难老[⑮]。顺彼长道[⑯]，屈此群丑[⑰]。

穆穆鲁侯[⑱]，敬明其德[⑲]。敬慎威仪，维民之则。允文允武，昭假烈祖[⑳]。靡有不孝[㉑]，自求伊祜[㉒]。

明明鲁侯[㉓]，克明其德。既作泮宫，淮夷攸服[㉔]。矫矫虎臣[㉕]，在泮献馘[㉖]。淑问如皋陶[㉗]，在泮献囚。

济济多士，克广德心。桓桓于征[㉘]，狄彼东南[㉙]。烝烝皇皇[㉚]，不吴不扬[㉛]。不告于讻[㉜]，在泮献功。

角弓其觩[㉝]。束矢其搜[㉞]。戎车孔博[㉟]，徒御无斁[㊱]。既克淮夷，孔淑不逆[㊲]。式固尔犹[㊳]，淮夷卒获[㊴]。

翩彼飞鸮[㊵]，集于泮林。食我桑黮，怀我好音[㊶]。憬彼淮夷[㊷]，来献其琛[㊸]。元龟象齿[㊹]，大赂南金[㊺]。

【注释】

①泮水：泮宫（诸侯国的学宫）前的半月形水池。②芹：水中的一种植物，即水芹菜。③戾：临。止：语尾助词。④言：我。旂（qí）：绘有龙形图案的旗帜。⑤茷（pèi）茷：飘扬貌。⑥鸾：古代的车铃。哕（huì）哕：铃和鸣声。⑦公：僖公。迈：行走。⑧藻：水中植物名。⑨蹻（jiǎo）蹻：马强壮貌。⑩昭昭：指声音洪亮。⑪色：指容颜和蔼。⑫伊：语助词，无义。⑬茆（mǎo）：即今言莼菜。⑭旨酒：美酒。⑮锡：同“赐”。⑯道：指礼仪制度等。⑰丑：对敌人的蔑称，指淮夷。⑱穆穆：举止庄重貌。⑲敬：恭敬。⑳昭：明。假：

通“格”，至也。烈祖：有功业的祖先。㉑孝：同“效”，效法。㉒祜（hù）：福。㉓明明：同“勉勉”。㉔淮夷：淮水流域不受周王室控制的民族。攸：乃。㉕矫矫：勇武貌。㉖馘（guó）：古代为计算杀敌人数以论功行赏而割下的敌尸左耳。㉗淑：善。皋陶：舜时善于断狱的法官。㉘桓桓：威武貌。㉙狄：扫除。㉚烝烝皇皇：众多盛大貌。㉛吴：喧哗。扬：高声。㉜讻：讼，指因争功而产生的互诉。㉝角弓：两端镶有兽角的弓。觩（qiú）：弯曲貌。㉞束矢：五十支一捆的箭。搜：形容发箭声。㉟孔：很。博：宽大。㊱徒：徒步行走，指步兵。御：驾驭马车，指战车上的武士。斁（yì）：厌倦。㊲淑：顺。逆：违。㊳式：语助词。无义。固：坚定。犹：计谋。㊴淮夷卒获：淮夷终究得服从。㊵鸮（xiāo）：鸟名，即猫头鹰，古人认为是恶鸟。㊶怀：馈，送。㊷憬（jǐng）：觉悟。㊸琛（chēn）：珍宝。㊹元龟：大龟。象齿：象牙。㊺南金：产自南方的黄金。

【赏析】

“鲁颂”被誉之为“庙堂文学”，分有宗庙的祭歌及臣下对国君的歌颂溢美两部分。纵观本诗，《泮水》当属后者，全诗充满了对鲁僖公的颂赞之词，表达出仰慕之情。但据历史记载，鲁僖公虽然多次出兵平淮，但是并未取得赫赫战果，因此，此诗威武及繁盛的描述有言过其实的痕迹。

颂诗以“赋”为基本表现手法，构成了全诗的骨骼。从鲁僖公率众来到泮宫，面带微笑，随行阵容威武雄壮，举行祝颂之事开始，逐渐写出鲁僖公文治武功，以德服人，在泮宫接受战争的胜利。同时不忘对部下的夸赞，写出贤才济济，能征善战。最终，鲁僖公击败淮夷，平天下。诗中插入了战争的相关场景和事迹，但没有给人松散凌乱之感，而是紧凑有力，简洁明快。

此诗开篇就开始运用回环复沓的表现形式，前三章开头句子“思乐泮水，薄采其芹”、“思乐泮水，薄采其藻”、“思乐泮水，薄采其茆”赋其事以起兴，同时形成回环复沓的形式。回环复沓的表现形式形成整饬的章法，突出强调，增强了艺术效果。

当然，本诗“比兴”手法也颇具特色，增强了诗歌的抒情性和感染力。诗歌前三章都是先言他物，以引起所言之事。泮水边的盛会，鲁僖公的形象，出征淮夷的战争，都写得直观且铺陈精彩，加之其精当的描述，文学价值和史料价值兼备。

《泮水》严格遵守《诗经》中最常见的四字句格式，全诗只有第五章“淑问如皋陶”一句是五字，一至三章起始之笔都运用了反复吟咏的手法，仅用“芹”、“藻”、“茆”几个字就区分了不同的活动场所，点出不同地点，用词精炼之至。全诗在用词上颇为讲究，多处运用复词，用“穆穆”写鲁公的威严，“桓桓”写三军的雄壮，点睛之笔让诗歌的色彩增添不少。

《泮水》作为《诗经》中的长篇制作，以“赋”的基本写法，灵活运用“比兴”、回环复沓、排比等手法，描写了鲁公到泮宫的盛大场面，比较细致全面地刻画了人物。泮水之宴、三军出战，都写得轰轰烈烈。对鲁僖公的描绘，更是极尽溢美之词，描绘成一个神人般的人物。起到了突出表现的效果。

閟 宫

閟宫有侐①，实实枚枚②。赫赫姜嫄③，其德不回④。上帝是依⑤，无灾无害，弥月不迟⑥。是生后稷⑦，降之百福⑧。黍稷重穋⑨，稙稺菽麦⑩。奄有下国⑪，俾民稼穑⑫。有稷有黍，有稻有秬⑬。奄有下土，缵禹之绪⑭。

后稷之孙，实维大王⑮。居岐之阳⑯，实始翦商⑰。至于文武⑱，缵大王之绪，致天之届⑲，于牧之野⑳。无贰无虞㉑，上帝临女㉒。敦商之旅㉓，克咸厥功㉔。王曰叔父㉕，建尔元子㉖，俾侯于鲁，大启尔宇㉗，为周室辅。

乃命鲁公，俾侯于东。锡之山川㉘，土田附庸㉙。周公之孙，庄公之子㉚。龙旂承祀㉛。六辔耳耳㉜。春秋匪解㉝，享祀不忒㉞。皇皇后帝，皇祖后稷。享以骍牺㉟，是飨是宜㊱。降福既多，周公皇祖[37]，亦其福女。

秋而载尝[38]，夏而楅衡[39]，白牡骍刚[40]。牺尊将将，毛炰胾羹[41]。笾豆大房[42]，万舞洋洋[43]。孝孙有庆，俾尔炽而昌，俾尔寿而臧[44]。保彼东方，鲁邦是常[45]。不亏不崩，不震不腾。三寿作朋[46]，如冈如陵。

公车千乘，朱英绿縢[47]，二矛重弓[48]。公徒三万[49]，贝胄朱綅[50]。烝徒增增[51]，戎狄是膺[52]，荆舒是惩[53]，则莫我敢承[54]。俾尔昌而炽，俾尔寿而富。黄发台背[55]，寿胥与试[56]。俾尔昌而大，俾尔耆而艾[57]。万有千岁[58]，眉寿无有害[59]。

泰山岩岩[60]，鲁邦所詹[61]。奄有龟蒙[62]，遂荒大东[63]。至于海邦，淮夷来同[64]。莫不率从，鲁侯之功。

保有凫绎[65]，遂荒徐宅[66]，至于海邦，淮夷蛮貊[67]，及彼南夷[68]，莫不率从。莫敢不诺[69]，鲁侯是若[70]。

天锡公纯嘏[71]，眉寿保鲁。居常与许[72]，复周公之宇。鲁侯燕喜[73]，令妻寿母[74]，宜大夫庶士[75]。邦国是有，既多受祉[76]，黄发儿齿[77]。

徂徕之松[78]，新甫之柏[79]，是断是度[80]，是寻是尺。松桷有舄[81]，路寝孔硕[82]。新庙奕奕[83]，奚斯所作[84]；孔曼且硕[85]，万民是若[86]。

【注释】

①閟（bì）宫：神秘的宫殿，指祭祀后稷母亲姜嫄的庙。侐（xù）：清静貌。②实实：广大貌。枚枚：细密貌。③姜嫄：周始祖后稷之母。④回：邪僻。⑤依：依靠。⑥弥月：满月，指怀胎十月。⑦后稷：周之始祖，名弃。⑧百：言其多。⑨重穋（lù）：两种谷物，先种后熟曰“重”，后种先熟曰“穋”。⑩稙穉（zhí zhì）：两种谷物，早种者曰“稙”，晚种者曰“穉”。菽：豆类作物。⑪奄有：全有。⑫俾：使。稼穑：指务农。⑬秬（jù）：黑谷子。⑭缵（zuǎn）：继承。绪：业绩。⑮大王：太王，周之远祖古公亶父。⑯岐：山名，在今陕西。阳：山南水北。⑰翦：灭。⑱文武：周文王、周武王。⑲届：诛讨。⑳牧：

地名，在今河南淇县西南。㉑贰：二心。虞：疑虑。㉒临：监临。㉓敦：治服。旅：军队。㉔咸：都，共同。㉕叔父：指周公旦，周公为武王之弟，成王叔父。王，指成王，武王之子。㉖元子：长子。㉗启：开辟。㉘锡：同“赐”。㉙附庸：指诸侯国的附属小国。㉚庄公之子：指鲁僖公。㉛承祀：主持祭祀。㉜辔：御马的嚼子和缰绳。㉝解：通“懈”。㉞享：祭献。忒：差错。㉟骍（xīn）：赤色。牺：纯色牺牲。㊱飨：享用祭品。㊲周公皇祖：即皇祖周公。㊳尝：秋季祭祀之名。㊴楅（bì）衡：防止牛抵触用的横木，此指修理牛棚。㊵牡骍：红色公牛。㊶毛炰（páo）：带毛涂泥燔烧熟的肉。胾（zì）：切块的肉。㊷笾（biān）：竹制的献祭容器。豆：木制的献祭容器。大房：大的盛肉容器。㊸万舞：舞名，常用于祭祀活动。洋洋：盛大貌。㊹臧：善。㊺常：长。㊻三寿作朋：古代常用的祝寿语。㊼朱英：矛上用以装饰的红缨。绿縢：将两张弓捆扎在一起的绿绳。㊽二矛：古代每辆兵车上有两支矛，一长一短，用于不同距离的交锋。重弓：古代每辆兵车上有两张弓，一张常用，一张备用。㊾徒：步兵。㊿贝：贝壳，用于装饰头盔。胄：头盔。綅（qīn）：线，用于编缀固定贝壳。51烝：众。增增：多貌。52戎狄：指西方和北方在周王室控制以外的两个民族。膺：击。53荆：楚国的别名。舒：国名，在今安徽庐江。54承：抵抗。55黄发台背：皆高寿的象征。人老则白发变黄，故曰黄发。台，同“鲐”，鲐鱼背有黑纹，老人背有老人斑，如鲐鱼之纹，故云。56寿胥与试：老来相与进言事。57耆：指年老。艾：指年轻。58有：通“又”。59眉寿：指高寿。60岩岩：山高貌。61詹：仰望。62龟、蒙：二山名。63荒：扩大，推广。大东：指最东的地方。64淮夷：淮水流域不受周王室控制的民族。同：会盟。65保：安。凫、绎：二山名，凫山在今山东邹县西南，绎山在今山东邹县东南。66徐：国名。宅：居处。67蛮貊（mò）：泛指北方一些周王室控制外的民族。68南夷：泛指南方一些周王室控制外的民族。69诺：应诺。70若：顺从。71公：鲁公。纯：大。嘏：福。72常、许：鲁国二地名。73燕：通“宴”。74令：善。75宜：适宜。76祉：福。77儿齿：高寿的象征。老人牙落后又生新牙，谓之儿齿。78徂徕：山名，在今山东泰安东南。79新甫：山名，在今山东新甫县西北。80是断是度：是砍下是剖开。81桷（jué）：方椽。舄（xì）：大貌。82路寝：指庙堂后面的寝殿。孔：很。83新庙：指闷宫。奕奕：美好貌。84奚斯：鲁大夫。85曼：广。86若：顺洽。

【赏析】

《宫》应该是《诗经》中篇幅较长的一首诗。相比于鲁国历代君王，鲁僖公应该是比较有作为的一位。他平淮夷，复失地，使鲁国恢复了周公时代的版图。因此，很多人都把他视为能够复兴祖先功业，弘扬国家声威，实现国富民强的一位君主。此诗即是鲁臣为了歌颂鲁僖公的功绩和祭祀祖先而写。

对中兴之主的赞美，大多是赞扬他们能够兴祖业，复疆土，鲁僖公之所以得到赞扬，那是因为他能够恢复“周公之宇”。诗人采用赋的手法，从鲁僖公的远祖姜嫄、后稷、太王等的业绩和鲁国建立的过程写起，徐徐转入到对功业的歌颂上来，极尽铺张扬厉之能事。

开篇采用追溯的写法，追述祖德。“閟宫有侐，实实枚枚”，首句写出姜嫄庙高大寂静、庄严肃穆的景象，慢慢由起兴转入赋比，以时间为轴，按顺序陈述祖先功德。接着写出了后稷善于稼穑，勤劳聪慧，得到人民的拥护。然后从“后稷之孙”的太王、文王、武王，抓住他们从事灭殷的事业一路写来。最后，写到了成王感谢周公辅佐的功劳，称王封侯以致鲁国诞生。犹如史诗一样，写出了周民族的发展历程，所写的每一位先祖，都是抓其重点着笔，剪裁得当，详略有致，自然顺畅。

在对先祖的发展历程进行追述后，诗人转入现实，开始颂美鲁僖公，这种主题成为诗歌的重点，从第三节一直延续到最后一节。借助祭祀祝祷的场景，历数鲁僖公继承王业以来的丰功伟绩，内修政治，外修文武，平淮夷，复失地，拿捏得当，起伏灵动。第三节一开始四句就承上启下，直接点到鲁僖公勤于祭祀，周公所赐的福祉也因此连绵不断。诗人于此处宕开一笔，在第四节写出了精心准备的过程，“夏而楅衡，白牡骍刚”。然后顺承上节，写出了祭祀场面的盛大，祭祀场景的庄重，鲁僖公的虔诚以及祈求神灵的目的——长寿安康，国家永固。如何能够使鲁国江上永固呢？诗人认为必须遏制强敌，收复失地，树立国威，使四夷宾服。诗人写出了鲁僖公不仅仅达到了保卫国土的目的，还能够开疆拓土，文治武功，四夷臣服。神灵保佑，大功告成。所以，“鲁侯燕喜”，举国欢腾。洋洋洒洒，连篇累牍，赞美僖公可谓是铺写详尽，淋漓酣畅。最后一节呼应开篇，写出了鲁国富强，大兴土木，建造新庙，顺应民心，人人爱戴，顺便提出作诗目的，使得诗歌结构完整缜密。

总而言之，《闷宫》作为《诗经》中的鸿篇巨著，既渗透着诗歌的抒隋性，又融入了民族史诗的历史性，在艺术表现上，诗人精心结撰，表现效果也不同凡响。尽心尽致地铺叙，“赋、比、兴”的融合，夸张、比喻的运用，使得诗歌具有较高的艺术价值。

商 颂

那

猗与那与[①]，置我鞉鼓[②]。奏鼓简简[③]，衎我烈祖[④]。汤孙奏假[⑤]，绥我思成[⑥]。鞉鼓渊渊[⑦]，嘒嘒管声[⑧]。既和且平，依我磬声[⑨]。於赫汤孙[⑩]，穆穆厥声[⑪]。庸鼓有斁[⑫]，万舞有奕[⑬]。我有嘉客，亦不夷怿[⑭]？自古在昔，先民有作[⑮]。温恭朝夕，执事有恪[⑯]，顾予烝尝[⑰]，汤孙之将[⑱]。

【注释】

①猗（jī）：盛大貌。与：同“欤”，叹词。那：指武功繁多。②置：竖立。鞉（táo）鼓：一种立鼓。③简简：象声词，鼓声。④衎（kàn）：欢乐。烈祖：有功业的祖先。⑤汤孙：商汤之孙。奏假：奏报。⑥绥：安定。思：语助词。成：平，指汤取得太平。⑦渊渊：象声词，鼓声。⑧嘒（huì）嘒：象声词，吹管的乐声。管：一种竹制吹奏乐器。⑨磬：一种玉制打击乐器。⑩於（wū）：叹词。赫：显赫。⑪穆穆：和美庄肃。⑫庸：同“镛”，大钟。有斁（yì）：乐声盛大貌。⑬万舞：舞名。有奕：“奕奕”，舞蹈场面盛大之貌。⑭亦不夷怿（yì）：意为不亦夷怿，即不是很快乐吗？⑮作：指行止。⑯执事：行事。有恪（kè）：“恪恪”，恭敬诚笃貌。⑰顾：顾念。烝尝：冬祭为烝，秋祭为尝。⑱将：佑助。

【赏析】

《那》是《商颂》的首篇，为祭祀商王成汤的乐歌。全诗一章二十二句，首六句写用鼓乐迎先祖之灵，祈求赐福。“猗与那与。置我鞉鼓”描写摆开乐鼓，即将奏乐的阵势，“猗与那与”表现出对这种宏大气势的赞美和惊叹。乐器摆放停妥后，“简简”的鼓声奏响了，先祖之灵被美妙的乐舞所吸引而降临人间。于是作为商汤后人的祭祀者向先祖祷告，祈求赐予福禄，也就是“绥我思成”。

接下来的十句着重表现乐舞的盛美：“鞉鼓渊渊，嘒嘒管声。既和且平，依我磬声。於赫汤孙，穆穆厥声。庸鼓有斁，万舞有奕。我有嘉客，亦不夷怿。”此段又可分为三层，前六句写乐声的和谐悦耳，鼓声咚咚，管乐悠扬，配合着清越的磬音，构成这场祭祀乐舞震撼人心的宏大声音。下面两句“庸鼓有斁，万舞有奕”为第二层，描写钟鼓齐鸣时，众人起舞的盛况。此处“万舞”为一种舞蹈的名称，舞分“文舞”和“武舞”，“万舞”是指文舞、武舞同时表演。“我有嘉客，亦不夷怿”两句从观者的角度侧面描写了乐舞之盛美，正因为音乐舞蹈宏大壮美，嘉客才会陶醉其中。

在庄严谐和的乐舞中，祭祀者追述起祖先的功德：“自古在昔，先民有作。温恭朝夕，执事有恪。”这诚然是祭祀者对于先民美好德行的赞颂，也是以先民之德行自我勉励。最后，祭祀者祈求先祖享受祭品，并特别指出这些祭品是您成汤的子孙献上的。“顾予烝尝，汤孙之将”既是结束语，也进一步加强了祭祀的神秘气氛和宗教意味。读罢此诗，读者的最深印象恐怕是鼓、管、磬、钟等乐器和充盈于耳的乐声了，如此盛大的音乐彰显的是商汤显赫的德行。

就艺术手法而言，本诗的最大特点是多用叠音词，简简、渊渊、嘒嘒、穆穆均是形容乐声之词，加上类似叠音词作用的“有斁”“有奕”“有恪”等形容词，使得整首诗的语言极富乐感。

由于对祭祀乐舞的详细描写，本诗也成为研究古代音乐舞蹈的重要史料。诗中叙述了先奏鼓乐，再奏管乐，然后击磬，最后钟鼓齐鸣。万舞起跳的乐舞程序，是对上古祭祀礼仪中乐舞表演的真实记录。

烈　祖

嗟嗟烈祖①！有秩斯祜②，申锡无疆③，及尔斯所④。既载清酤⑤，赉我思成⑥。亦有和羹，既戒既平⑦。鬷假无言⑧，时靡有争，绥我眉寿⑨，黄耇无疆⑩。约軧错衡⑪，八鸾鸧鸧⑫。以假以享⑬，我受命溥将⑭。自天降康，丰年穰穰。来假来飨，降福无疆。顾予烝尝⑮，汤孙之将⑯。

【注释】

①烈祖：功业显赫的祖先，此指商朝开国的君王成汤。②有秩斯祜：形容福之大貌。③申：再三。锡：同“赐”。④及尔斯所：直到你所在处所。⑤清酤：清酒。⑥赉（lài）：赐予。思：语助词。⑦戒：齐备。⑧鬷（zōng）假：集合大众祈祷。⑨绥：安抚。眉寿：高寿。⑩黄耇（gǒu）：义同“眉寿”。⑪约軧（qí）错衡：用皮革缠绕车毂两端并涂上红色，车辕前端的横木用金涂装饰。⑫鸾：一种饰于马车上的铃。鸧（qiāng）鸧：同“锵锵”，象声词。⑬假（gé）：同“格”，至也。享：享用。⑭溥（pǔ）：大。将：长。⑮烝尝：冬祭叫“烝”，秋祭叫“尝”。⑯汤孙：指商汤王的后代子孙。将：佑助。

【赏析】

全诗二十二句，层次分明，逐渐深入铺写祭祀烈祖盛况。

“嗟嗟烈祖”以叠字叹词开篇，一叹再叹，祭祀者对先祖崇拜得五体投地的情形如在眼前，无限的溢美之词中透露出深深的崇敬之情，点明了祭祀的缘由——烈祖洪福齐天，给子孙“申锡无疆”。直呼式的呼告修辞，感情的直接表达，毫无掩饰，单刀直入，饱含深情地对先祖进行颂扬，活泼生动的语调取代了一般祭祀语词的刻板和呆滞，呈现出了生活的真实情感，抓住读者的猎奇心，增添了艺术效果。

成汤带给子孙的大福，次数无比之多，时间无比之长，范围无比之广，后代子孙无限的感激之情表露无遗。

祭祀者并未满足于成汤赏赐给子孙们的福禄，而是继续祈求先祖永远赐予祥瑞大福。接踵而至的便是下面结构并列、内容交错的祭祀乐词。

备好了清酒，献上调和均匀的美味羹，心里默默地祷告，请求先祖佑我成功。供品丰盛、讲究，言及酒馔，祈求长寿。再看看那祝祷的景象，众人默然肃穆，没有喧哗，没有纷争，心平气和，可谓百礼具备，渲染出热烈却又严肃的氛围。在如此盛大而庄严肃穆的礼仪之中，祭祀者虔诚，以求精诚所至，神明感动，使得先祖降下福佑，让“汤孙”获得万寿无疆的长眉大寿。

“约軧错衡，八鸾鸧鸧”，红皮的车毂，饰金的车衡，贵宾光临，驷马八铃响声锵锵，多么动听。写车马的整饬在于突出助祭的贵宾，写助祭贵宾的高贵又在于烘托出主人的身份和迎神的场面。

贵宾前来助祭场景的描写，表现出了商朝的强盛，烘托出了场面的热烈，也因此将全诗祈求获福的祭祀场面再次推向高潮。

于是乎，隆重的祭祀活动开始了，祭祀者献享啊，祝祷啊，叩拜啊，祈求安康，盼望丰年穰穰，更希望先祖能够降下福泽无疆。结尾两句祝词点明了举行时祭的是“汤孙”，使得首尾呼应，结构完整。

玄　鸟

天命玄鸟①，降而生商，宅殷土芒芒②。古帝命武汤③，正域彼四方④。方命厥后⑤，奄有九有⑥。商之先后⑦，受命不殆⑧，在武丁孙子⑨。武丁孙子，武王靡不胜⑩。龙旂十乘⑪，大糦是承⑫。邦畿千里⑬，维民所止⑭。肇域彼四海⑮，四海来假⑯，来假祁祁⑰，景员维河⑱。殷受命咸宜⑲，百禄是何⑳。

【注释】

①玄鸟：燕子。②宅：居住。芒芒：同“茫茫”。③古：从前。帝：天帝，上帝。武汤：成汤，汤号曰武。④正域：征服疆域。⑤方：遍，普。后：此指各部落的酋长、首领。⑥奄：全部。九有：九州。⑦先后：先王。⑧命：天命。殆：通“怠”，懈怠。⑨武丁：殷高宗，汤的后代。⑩武王：武汤，成汤。胜：胜任。⑪旂（qí）：古时一种旗帜，上画龙形，杆头系铜铃。乘（shèng）：四马一车为乘。⑫大糦（chì）：大祭。⑬邦畿：国都附近。⑭维民所止：人民所居紧相连。⑮肇域彼四海：始拥有四海之疆域。⑯假（gé）：通“格”，到。⑰祁祁：纷杂众多之貌。⑱景员：通“广运”，东西曰广，南北曰运。指大的国界。⑲咸宜：人们都认为适宜。⑳何：通“荷”，承担。

【赏析】

近人大多认为本诗是祭祀殷高宗武丁的颂歌。成汤建商以来，继续得到宰相伊尹的尽心辅佐，国势日盛。

传至汤的长孙太甲以后，君主和奴隶主们生活开始腐化，不理朝政，奴隶也就开始反抗，国势日衰。后来盘庚东迁，呈现中兴之势，到其弟小乙，又衰落下来，小乙的儿子武丁即位，用傅说为相，讨伐鬼方、大彭等取得胜利，羌氏也都来朝见，殷又复兴。这首《玄鸟》之歌，就在于歌颂武丁中兴的事业。

《玄鸟》一诗二十二句，按照时间顺序，如同记载历史一样，大致可以分为四层。

“天命玄鸟，降而生商”，开篇追叙武丁以前殷商的历史，借神话传说从始祖写起，着重于突出商的起源。

“芒芒”广大的土地，上帝命令成汤治理四方。第一层借“吞卵而生契”的故事着意写出商朝的统治上承天命，而国泰民安的重任得由汤的后代子孙武丁来承当。以武功立国，征服四方，广施号令，据九州为王。立国、治国，两重意思，蝉联而下，为下文的武丁出场慢慢蓄势。

“商之先后，受命不殆，在武丁孙子”，商朝的再次复兴，武丁功不可没。三句顺承而来，既说明成汤上承天命，使得商朝天下不断延续，同时又在分析“不殆”的原因中自然地点出中兴之主武丁的功劳。

武丁外伐鬼方、大彭，内修德政，从而使得成汤事业无往不胜。含蓄中表现出武丁中兴的丰功伟绩，自豪之情油然而生，敬佩之情翩然而至。

颂歌的重点在于歌颂祖德，表现祭祀的场景。紧接而来的是“龙旂十乘，大糦是承”的情形，如果不是武丁中兴，商王朝声威大震，就不会有诸侯十年插龙旗、满载粮食来助祭的热烈场景了。

诗歌在对整体的概述描写之后，笔锋一转，回到祭祀的现实中来，着重于助祭的热烈场面，突出武丁的声威。

第四层描写“四海来假，来假祁祁”的场景。四海部族纷纷前来朝拜，旌旗之盛，人数之多，从侧面烘托出商王朝的繁荣强大。末尾二句与“天命玄鸟”“古帝命武汤”“受命不殆”相联系，以“天命”贯穿始终来结束全诗，既表现出商朝统治的合理性，也表现出商朝统治的绵延性。不仅如此，它同时也是祭祀者对天神的虔诚，祈盼能继续得到庇佑，使得商朝的统治昌盛、久长。

长 发

濬哲维商①，长发其祥②。洪水芒芒③，禹敷下土方④。外大国是疆⑤，幅陨既长⑥。有娀方将⑦，帝立子生商⑧。

玄王桓拨⑨，受小国是达⑩，受大国是达。率履不越⑪，遂视既发⑫。相土烈烈⑬，海外有截⑭。

帝命不违，至于汤齐⑮。汤降不迟，圣敬日跻⑯。昭假迟迟⑰，上帝是祗⑱，帝命式于九围⑲。

受小球大球⑳，为下国缀旒㉑，何天之休㉒。不竞不絿㉓，不刚不柔。敷政优优㉔，百禄是遒㉕。

受小共大共㉖，为下国骏厖㉗。何天之龙㉘，敷奏其勇㉙。不震不动㉚，不戁不竦㉛，百禄是总㉜。

武王载旆[33]，有虔秉钺[34]。如火烈烈，则莫我敢曷[35]。苞有三蘖[36]，莫遂莫达[37]。九有九截[38]，韦顾既伐[39]，昆吾夏桀[40]。

昔在中叶[41]，有震且业[42]。允也天子[43]，降予卿士[44]。实维阿衡[45]，实左右商王[46]。

【注释】

①濬（jùn）哲：明智。商：指商的始祖。②长：久。祥：吉祥。③芒芒：茫茫，水盛貌。④敷：治。下土方：指天下的土地。⑤外大国：外谓邦畿之外，大国指远方诸侯国。疆：疆土。⑥幅陨：面积。长：增长。⑦有娀（sōng）：古国名。⑧帝立子生商：上帝立女生殷商。⑨玄王：商契。桓拨：威武刚毅。⑩达：通达。⑪率履：遵循礼法。履，"礼"的假借。⑫视：巡视；发：施行。⑬相土：人名，契的孙子。烈烈：威武貌。⑭海外：四海之外，泛言边远之地。有截：截截，整齐划一。⑮汤：成汤。齐：齐一，一样。⑯跻：升。⑰昭假：向神祷告，表明诚敬之心。迟迟：久久不息。⑱祗：敬。⑲式于九围：领导九州。⑳球：玉器。㉑下国：下面的诸侯方国。缀旒：旗上的飘带，此指表率。㉒何：同"荷"，承受。休：美。㉓絿（qiú）：急。㉔优优：温和宽厚。㉕遒：聚。㉖共：通"珙"，美玉。㉗骏厖（máng）：庇护。㉘龙：恩宠。㉙敷奏：施展。㉚不震不动：不可惊惮。㉛戁（nǎn）、竦：恐惧。㉜总：聚。㉝武王：指商汤。旆：旌旗，此作动词。㉞有虔：坚强威武貌。秉钺：执持长柄大斧。㉟曷：通"遏"，阻挡。㊱苞：本，指树桩。蘖：旁生的枝丫。㊲遂：草木生长之称。达：苗生出土之称。㊳九有：九州。㊴韦：国名，在今河南滑县东南。顾：国名，在今山东鄄城东北。㊵昆吾：国名，在今河南省许昌市东。㊶中叶：商朝中世。㊷震：威力。业：功业。㊸允：信然。㊹降：天降。㊺实维：是为。阿衡：伊尹，辅佐成汤征服天下建立商王朝的大臣。㊻左右：在王左右辅佐。

【赏析】

《长发》先歌颂了商统治者的祖先契以及契之孙相土，之后才详细叙述主要祭祀对象成汤的事迹。在诗的末尾略提伊尹之事，是以伊尹从祀成汤之意。

诗共七章，一二两章追述汤之祖先契和相土奠定基业之功。

首章开头两句是赞美之辞，“濬哲维商，长发其祥”，称赞商朝世代有睿智、圣明的君王，上天因之赐予商吉祥。之后诗歌笔锋转向汤之祖先契，叙述商部落最初的兴起。契因协助夏禹治水有功而被舜任命为司徒，后封于商地，商人由此立国。而且在契的开拓下，商国的疆土渐渐宽广。章末两句写契的诞生，“有娀方将，帝立子生商”，传说契之母有娀吞玄鸟卵而有孕，生下契。以神话传说来解释契的诞生，颇有神秘色彩，意在表明商之建立得到了上天的允许。

第二章先写契对商的治理，之后过渡到歌颂相土。玄王即契，他治国有方，无论大国小国皆归附于商。不仅如此。契还能遵循礼法，力求教令尽行。

到相土统治时期，商的势力已经扩展到渤海一带，以“烈烈”赞相土，突出的就是他开拓疆土的武功。

在契和相土的治理下，商人蓄积了消灭夏朝、建立商王朝的雄厚实力，成汤是这项事业的实现者，三到六章便是对成汤这一丰功伟绩的赞扬。商汤拥有天下的原因被认为是“帝命不违”，不违帝命的具体表现有二。

其一，成汤礼贤下士，不敢怠慢，合于上天之德；其二，成汤对待上天虔敬恭谨。因此，成汤能够得到上帝的认可，其德行成为九州的典范。由于成汤治国有方，广施德业，商渐渐强大，各方诸侯纷纷归服。而诸侯之所以归服，是因为成汤治国遵循法制，施政宽和，所谓“不竞不絿，不刚不柔”也。

另一方面，强大的商可以荫庇下国诸侯，具有“不震不动，不戁不竦”的强国风范。第六章写成汤讨伐夏桀之功。“武王载旆，有虔秉钺。如火烈烈，则莫我敢曷”，寥寥四句塑造出一个勇猛威武的成汤形象。王旗飘飘，兵器在手，一股所向披靡的气势漫溢于其中。

“苞有三蘖，莫遂莫达。九有九截，韦顾既伐，昆吾夏桀”，这里用比喻的手法说明了夏必亡、商必胜的道理。韦、顾、昆吾为夏朝的三个从国，诗将夏桀比喻为树干，将韦、顾、昆吾比作树干上分出的三个枝丫，生动而具体。诗人指出，夏桀已经是一株枯木，已经无法再长枝叶（莫遂莫达），而商一定会征服九州，完成统一，韦、顾、昆吾连同夏桀将一起灭亡。

成汤能有天下，得益于贤良卿士的辅佐，伊尹是其中最为著名的功臣，因此以他配祭成汤。“昔在中叶，有震且业。允也天子，降予卿士。实维阿衡，实左右商王”，这是诗的第七章，叙述的即是伊尹的辅佐之功。

本诗叙述的事件以殷商的历史事实为基础，又有神话传说的内容，语言虽有古奥生涩之处，但叙事流畅，内容凝练集中，整体表现出平易、充实的风貌。

殷 武

挞彼殷武①，奋伐荆楚②。罙入其阻③，裒荆之旅④，有截其所，汤孙之绪⑤。

维女荆楚⑥，居国南乡⑦。昔有成汤，自彼氐羌⑧，莫敢不来享，莫敢不来王，曰商是常⑨。

天命多辟⑩，设都于禹之绩⑪。岁事来辟⑫，勿予祸适⑬，稼穑匪解⑭。

天命降监，下民有严⑮。不僭不滥⑯，不敢怠遑。命于下国，封建厥福⑰。

商邑翼翼⑱，四方之极⑲。赫赫厥声，濯濯厥灵⑳，寿考且宁，以保我后生㉑。

陟彼景山㉒，松伯丸丸㉓。是断是迁，方斫是虔㉔，松桷有梴㉕，旅楹有闲㉖，寝成孔安㉗。

【注释】

①挞：通“达”，神速。殷武：殷高宗武丁。②荆楚：荆州之楚国。③罙（shēn）：“深”之本字。④裒（póu）：俘虏。⑤汤孙：指商汤的后代武丁。绪：功业。⑥女（rǔ）：同“汝”。⑦居国南乡：住在

我国的南乡。⑧氐羌：散居在今西北陕西、甘肃、青海一带的两种少数民族。⑨常：通“尚”，尊崇。⑩多辟：众多诸侯。⑪绩：通“迹”。⑫来辟：犹言“来王”“来朝”。⑬祸适：谴责。⑭懈：懈怠。⑮严：敬谨。⑯不僭（jiàn）不滥：《毛传》：“赏不僭、刑不滥也。”⑰封建厥福：分封立国福禄有光。⑱商邑：指商朝的国都西亳。翼翼：都城整饬貌。⑲极：表率。⑳濯濯：形容威灵光辉鲜明。后生：犹言后代子孙。㉒景山：今河南偃师。㉓丸丸：形容松柏条直挺拔。㉔斫：砍。虔：削。㉕桷（jué）：方形的椽子。梴（chān）：木长貌。㉖旅楹：众多的楹柱。有闲：闲闲，粗大貌。㉗寝：正殿。孔：很。

【赏析】

《毛诗序》认为《殷武》一诗的祭祀对象是殷高宗武丁，歌颂了武丁伐楚、复兴殷商的功绩。

高宗武丁是商王朝的一代中兴之主。殷商发展到高宗时，国势衰落，荆楚之地叛乱。于是高宗征伐荆楚，终于使国家恢复安定，走上复兴之路。本诗首章即言武丁伐楚之功。发端二句“挞彼殷武，奋伐荆楚”简要交代了征伐的双方，一个“挞”字和一个“奋”字突出了武丁的勇猛神速。

“罙入其阻，裒荆之旅”两句现了战争的基本情况：征伐并非一帆风顺，而是充满重重阻碍；但是武丁的军队克服险阻，最终“裒荆之旅”，取得了征伐的胜利。在本章的末尾，诗人对武丁的伐楚之功特别加以赞美，说“有截其所，汤孙之绪”，指出征服楚地是武丁作为商汤子孙应有的功绩。

在武力征服楚地后，武丁又用言语加以告诫，第二章就是告诫之辞。“维汝荆楚，居国南乡”，这两句是说荆楚之地位于殷商的南方。强调楚地的地理位置，目的在于提醒楚人：你们楚地是我殷商的国土。所以必须对我俯首听命。

“昔有成汤，自彼氐羌，莫敢不来享，莫敢不来王，曰商是常”，当初商汤征服氐、羌，氐、羌纷纷臣服殷商，不敢不朝拜商王。武丁用这样一个历史事实告诉楚人，荆楚必须归服殷商。

第三章到第五章主要叙述殷武的中兴。诸侯国的兴衰治乱直接关乎整个国家的命脉，所以武丁首先对各诸侯施令：“天命多辟，设都于禹之绩。岁事来辟，勿予祸适，稼穑匪懈。”借天之命将诸侯如何执行建都、朝觐、稼穑之事一一作了规定。第四章由对诸侯的训示转到告诫平民百姓，但仍借上天之名义。

“天命降监，下民有严。不僭不滥，不敢怠遑”，这几句以天命之威震慑百姓，使之恭敬严肃，不敢肆意妄为。

“命于下国，封建厥福”是施恩，通过命令诸侯兴建封国使百姓安康幸福。这种恩威并施的方法不失为治国良策。诸侯、百姓皆按武丁的政令行事，国家走上复兴之路就是自然的结果了。

殷商复兴的繁盛景象在第五章得到了大力渲染：“商邑翼翼，四方之极。赫赫厥声，濯濯厥灵。”商都成为天下最为繁华的城邑，名声显赫，威风凛凛。翼翼、赫赫、濯濯三个叠词的使用将商都的盛况形容得有声有色。

由于这一繁荣局面的缔造者是高宗武丁，因此，本章末两句歌颂武丁道：“寿考且宁，以保我后生。”这既是对武丁的称颂，也是祈福之语。

为纪念复兴殷商的武丁，后人为他营建了寝庙，卒章专写修建寝庙的情景。“陟彼景山，松伯丸丸”乃是登山选取木料，高山上苍翠的松柏是上好的建筑材料，也象征着武丁复兴殷商的崇高德行。

“是断是迁，方斫是虔”，断、迁、斫、虔这一系列的动作描写使人仿佛看到人们伐木、运木的劳动景象。经过择木、伐木、运木以及建造等程序后，一座高大威严的正殿终于竣工了，武丁之灵得以安息。诗至此结束。